陳澧集

增訂本

〔清〕陳澧 著

黄國聲 主編

第一册

黄國聲 梁守中 整理

上海古籍出版社

圖書在版編目(CIP)數據

陳澧集 /（清）陳澧著 ；黄國聲主編. -- 增訂本.
上海 ：上海古籍出版社，2024. 12. -- ISBN 978-7-5732-1461-4

Ⅰ. Z425. 2

中國國家版本館 CIP 數據核字第 2024Q2V387 號

書名集字：陳　澧
本版責編：龍偉業
封面設計：黄　琛
技術編輯：伍　愷

陳澧集(增訂本)

（全六册）

〔清〕陳　澧　著

黄國聲　主編

上海古籍出版社出版發行

（上海市閔行區號景路 159 弄 1-5 號 A 座 5F　郵政編碼 201101）

（1）網址：www. guji. com. cn

（2）E-mail：guji1@guji. com. cn

（3）易文網網址：www. ewen. co

金壇市古籍印刷有限公司印刷

開本 850×1186　1/32　印張 132　插頁 35　字數 2,661,000

2024 年 12 月第 1 版　2024 年 12 月第 1 次印刷

印數：1—800

ISBN 978-7-5732-1461-4

I·3886　定價：780. 00 元

如有質量問題，請與承印公司聯繫

陳澧先生畫像

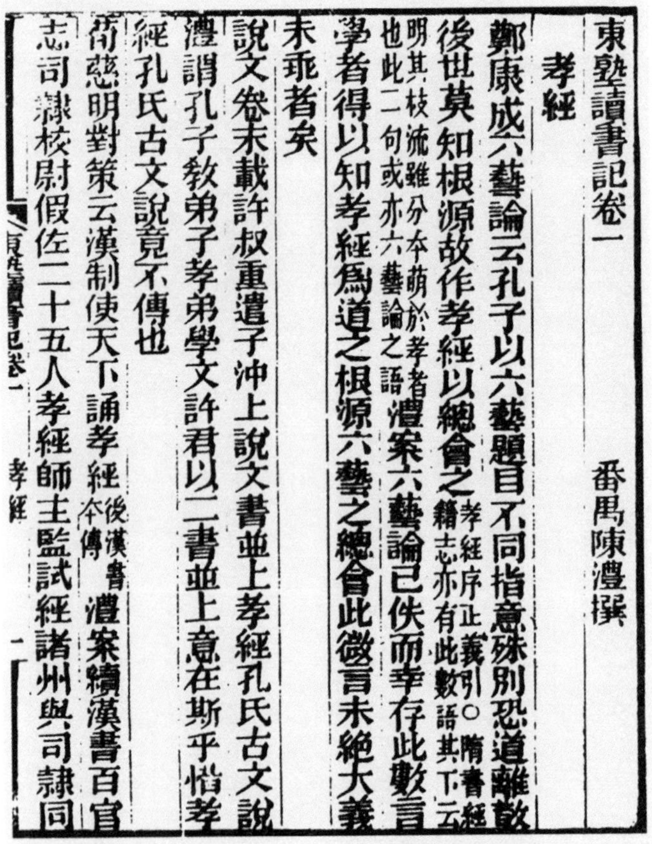

東塾讀書記卷一

番禺陳澧撰

孝經

鄭康成六藝論云孔子以六藝題目不同指意殊別恐道離散後世莫知根源故作孝經以總會之孝經序正義引○隋書經籍志亦有此數語其下云明其枝流雖分本萌於孝者也此二句或亦六藝論之語澧案六藝論已佚而幸存此數言學者得以知孝經爲道之根源六藝之總會此微言未絶大義未乖者矣

說文卷末載許叔重遣子沖上說文書並上孝經孔氏古文說澧謂孔子教弟子孝弟學文許君以二書並上意在斯乎惜孝經孔氏古文說竟不傳也

荀慈明對策云漢制使天下誦孝經後漢書本傳澧案續漢書百官志司隸校尉假佐二十五人孝經師主監試經諸州與司隸同

東塾讀書記卷一　孝經　一

光緒刻本《東塾讀書記》書影

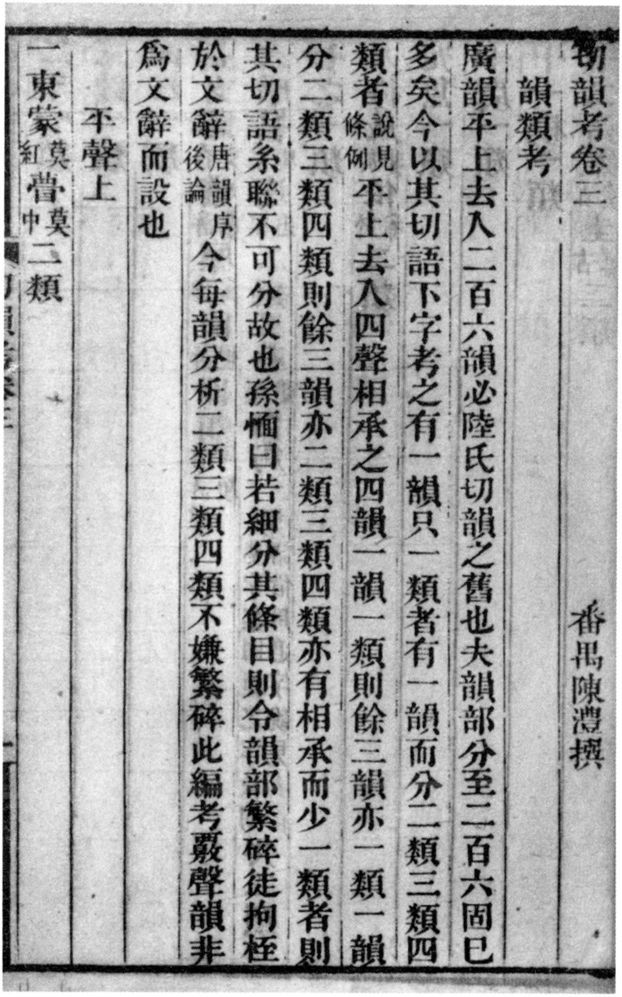
切韻考卷三

韻類考　　　　番禺陳澧撰

廣韻平上去入二百六韻必陸氏切韻之舊也夫韻部分至二百六固已多矣今以其切語下字考之有一韻只一類者有一韻而分二類三類四類者（說見條例）平上去入四聲相承之四韻一韻一類則餘三韻亦一類一韻分二類三類四類則餘三韻亦二類三類四類亦有相承而少一類者則其切語系聯不可分故也孫愐曰若細分其條目則令韻部繁碎徒拘桎於文辭（唐韻序後論）今每韻分析二類三類四類不嫌繁碎此編考覈聲韻非爲文辭而設也

平聲上

一東　蒙（莫紅）　瞢（莫中）　二類

《番禺陳氏東塾叢書》本《切韻考》書影

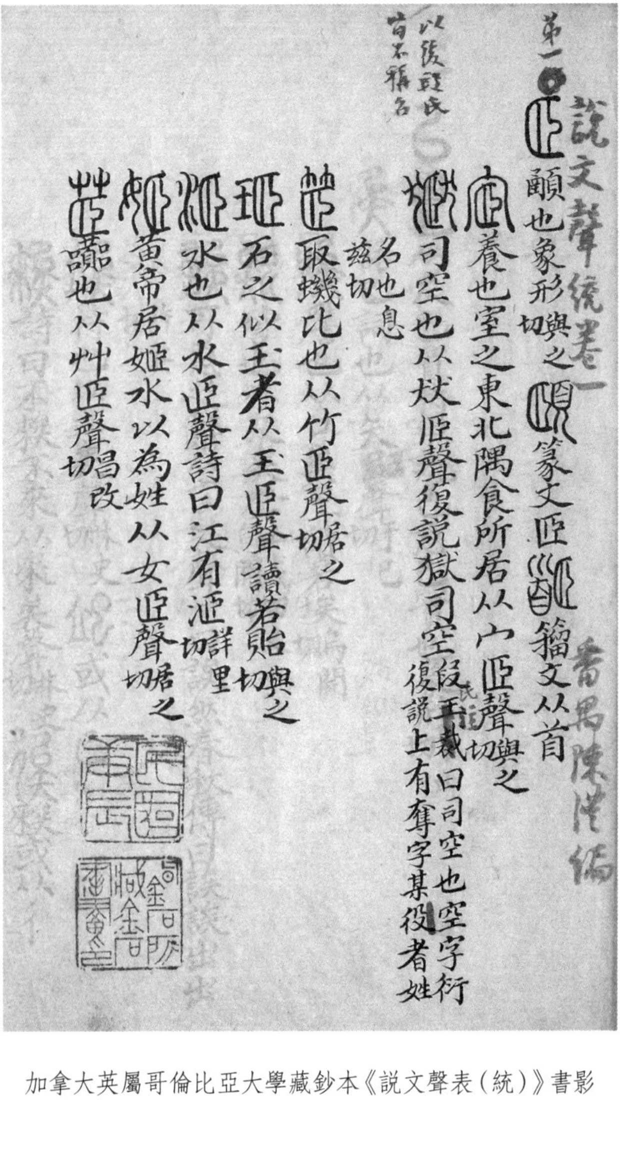
說文聲統卷一　番禺陳澧編

以後段氏皆不稱名

第一 𦣝 頤也象形與之切 𦥓 篆文𦣝 𩠐 籀文从首

宧 養也室之東北隅食所居从宀𦣝聲與之切

[illegible] 司空也从㕣𦣝聲復說獄司空段氏玉裁曰司空也空字衍復說上有奪字某役者姓名也息兹切

[illegible] 取蟣比也从竹𦣝聲居之切

[illegible] 石之似玉者从玉𦣝聲讀若貽與之切

洍 水也从水𦣝聲詩曰江有洍詳里切

姬 黃帝居姬水以為姓从女𦣝聲居之切

茝 虈也从艸𦣝聲昌改切

加拿大英屬哥倫比亞大學藏鈔本《説文聲表(統)》書影

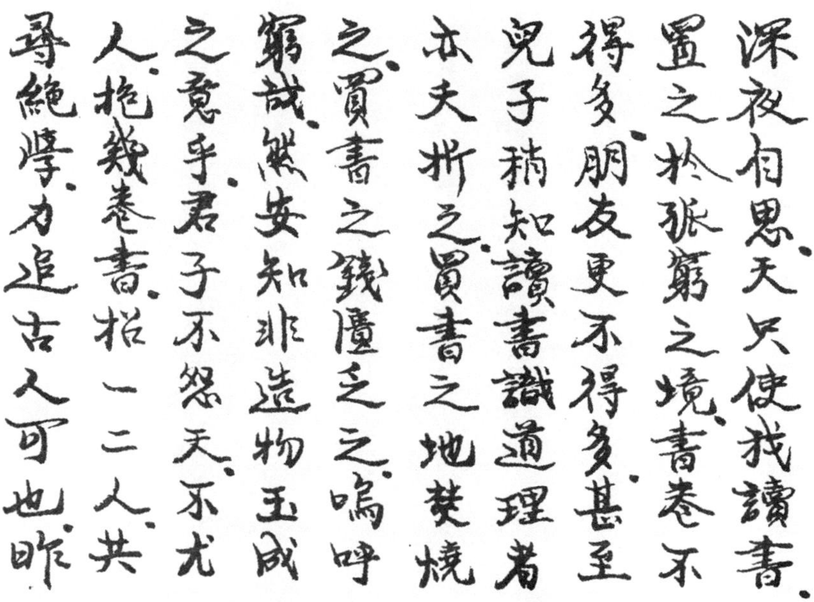
深夜自思天只使我讀書
置之於張窮之境書卷不
得多朋友更不得多甚至
兒子稍知讀書識道理者
亦夭折之買書之地焚燒
之買書之錢匱乏之嗚呼
窮哉然安知非造物玉成
之意乎君子不怨天不尤
人抱殘卷書招一二人共
尋絶學力追古人可也昨

中山大學圖書館藏鈔本《東塾遺稿》書影

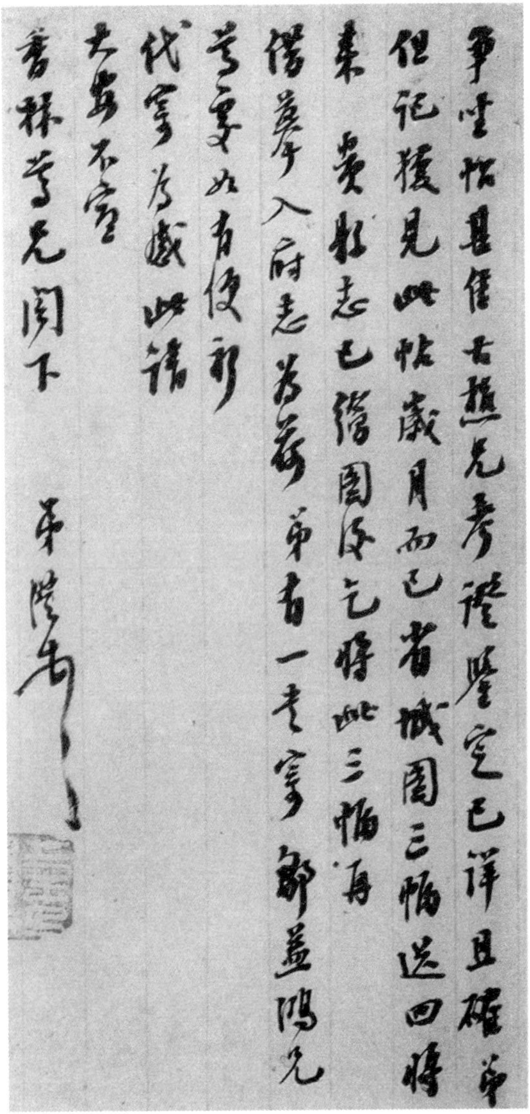

陳澧與友人書札

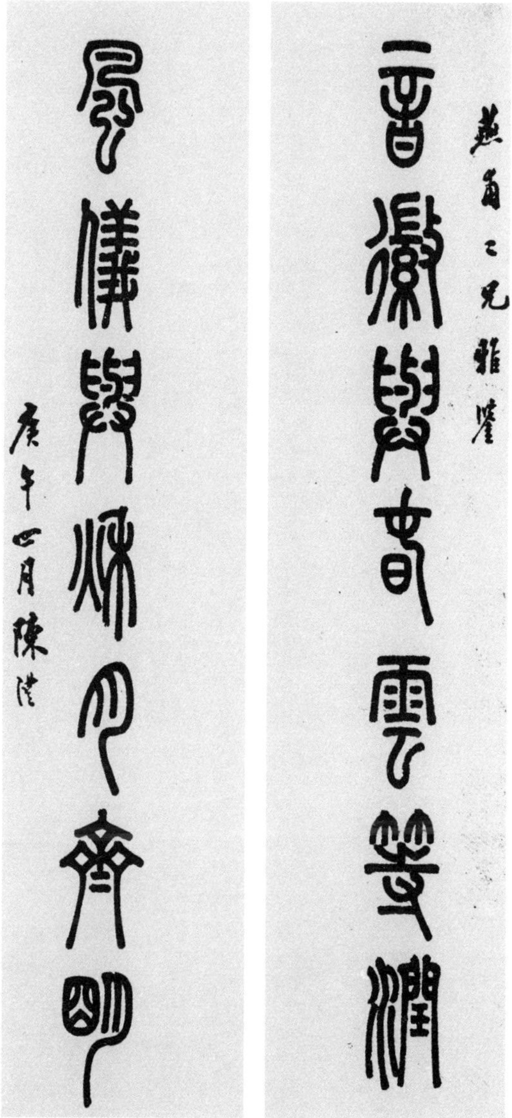

陳澧篆書對聯

陳澧行書扇面

出版説明

陳澧(一八一〇—一八八二),字蘭甫,學者稱東塾先生。先世江蘇上元人,占籍廣東番禺。晚清嶺南學術的代表人物。少肄業粵秀書院。道光十二年(一八三二)中舉人。四應會試落第,大挑二等,於道光二十九年(一八四九),獲選廣東河源縣學訓導。咸豐三年(一八五三)第六次會試失敗,遂宦情澹薄。陳澧一生,除應試和短暫出仕外,主要致力於著述及教學。自道光二十年(一八四〇)起,爲學海堂學長數十年。同治六年(一八六七)始,任菊坡精舍山長。學術上,他服膺顧炎武,重視通經致用,並調和漢宋門户之争,稱:「由考據而致用,亭林之學也。由考據而明理,余之學也。講義理必由考據,否則臆説耳,空談耳。」(《東塾遺稿》)其教學亦貫徹此宗旨,並以「博學於文」、「行已有耻」爲育人標準,一時人才,如桂文燦、陶福祥、廖廷相、文廷式、梁鼎芬等,皆出其門下。

陳澧畢生勤於著述,著作頗豐,尤以《東塾讀書記》、《切韻考》、《聲律通考》、《漢書地理志水道圖説》、《水經注西南諸水考》、《漢儒通義》等聞名學界。由中山大學中國古文獻研究所黄國聲教授主編的《陳澧集》,分六册,收入包括其主要學術成果在内的著作、别集三十餘種,其中新輯《東塾集外文》六卷，以及録自其讀書筆記《東塾遺稿》的《東塾讀書論學札記》、《默記》等，均爲首次刊行。全書之末附有記録其家世及生平的《陳氏家譜》、《東塾先生年譜簡編》（黄國聲編）。此次點校出版，承國家古籍整理出版專項經費、全國高校古籍整理研究工作委員會和上海市古籍整理出版規劃小組資助。

上海古籍出版社
二〇〇八年六月

增訂本題記

《陳澧集》自二〇〇八年出版以來，已經過了十六年，今蒙上海古籍出版社再版，是十分可喜的事。我們除將初版的疏誤作了校訂並增補詩文近一百二十篇外，還增補了五種讀書簡端記：《讀蕭統〈文選〉簡端記》、《讀韓愈〈昌黎先生文集〉簡端記》、《讀顧炎武〈日知録〉簡端記》、《讀姚鼐〈惜抱軒文集〉簡端記》、《龔自珍〈定庵初集〉簽評》。這些簡端記很好反映了陳澧的讀書心得、學術見解與聯繫當時實際對世事的感慨，類皆发自深衷，内容豐富，是值得注意的。他平生讀書，每於書眉批注己見，或正謬誤，或抒寫心得與感慨。這裏僅録得五種，其餘海内外公私所藏，想仍多有，限於條件，不能獲致。他日有有心人爲之搜羅成書，將是我們所期待的。

陳澧還有些草稿以散頁形式收藏於各圖書館，有親筆，也有抄稿，但其主要内容多已納入《東塾集》及《東塾讀書記》、《切韻考》等著作中。陳氏平時習慣命子侄輩抄寫草稿備用，例如《陳蘭甫先生遺稿古音考證》一文，即爲他人抄寫，然後陳澧在稿眉處分段親筆標出其中要點。而這類要點後來都已寫入《切韻考》中，所以没有必要將此文收入。又如《東塾藥方》一册，僅有數頁，裏面除幾副常用藥方外，就是十六個書院課考得獎學生的名字，顯然不屬著作，無關緊要。又如《舊時文》、《春鴻集》兩種稿本，應是陳澧早年爲應科舉而做的習作，此等八股時文，本爲其生平所厭棄，亦無學術價值，所以亦未予收入。此外，陳澧留下對聯頗多，聯語或自撰，或采古人成句而成。本書初版時選了幾副與陳氏有關的，稍作點綴，現考慮到古人對聯例不入集，所以不再收入。現於初版附録的《東塾先生年譜簡編》之後，增補《東塾先生著述考録》，作爲讀者進一步研閱之參考。

此番再版，可惜原來參與的諸位先生中，有三位已經作古，另兩位年登耆耋，不再任文字之勞，一位則始終聯繫無著。歲月飆馳，人事變更，思之憮然。今幸此書再版，或可稍慰於斯人也歟。

本書增訂本經編輯龍偉業先生審讀，提出改善意見，助益良多，在此謹致以衷心的謝意。二〇二四年六月，黄國聲記於康樂園中之參半齋。

前言

清代道光初年，兩廣總督阮元仿照他在浙江創辦的詁經精舍模式，在廣州創建學海堂。從此，學海堂成爲廣東振興學術的主要學府，作育多士，影響深遠。而與學海堂相終始的學者陳澧，由於學術上卓有成就，擔任學長時間最長而成爲該堂的標誌性人物。清中葉後，提到廣東學術和學海堂，總不免要提及陳澧其人。

一

陳澧(一八一〇—一八八二)，字蘭甫，廣東番禺人。學者稱東塾先生。先世江蘇上元人，居粤久，至澧遂占籍番禺。陳澧的一生，簡單而平淡，主要是參加科舉考試和著書育人兩件大事，成爲他生活的主題。而且中年以前主要是從事於前者，中年以後則純爲治學與教學了。因此，這裏就按兩件事的脈絡來叙説他的生平。

陳澧七歲入塾啓蒙,九歲學作詩及時文。十七歲考取番禺縣學生員,爲學使翁心存所賞,命入粤秀書院肄業。院長陳鍾麟極賞譽之。與同院學友楊榮緒、盧同伯、桂文燿並稱,有四俊之目。又學詩於當時詩壇老宿張維屏,頗得其指授與贊譽。道光十二年考中舉人,北上會試,人們對他期許「謂宜得一甲翰林」①。澧則願得縣令,或有益於一方」①。不料未考中,從此一直到咸豐二年,歷時二十年凡六應會試,均失望而歸。其間他曾有一次,也是惟一一次出仕的機會。那是道光二十四年他第四次會試落第,按例可以參加大挑。大挑每六年舉行一次,舉人三次會試不中者可以參加。大挑考試一等可任爲知縣,二等可任爲縣學教諭或訓導。陳澧考得二等,獲得候選教官資格。他本欲得縣令,不料事與願違,猶自慰「此時縣令殊不易爲,不若廣文冷官,轉有痛飲高歌之樂」②。也就安心輪候選任了。

道光二十九年,陳澧獲選授廣東河源縣學訓導。其時那一帶正發生農民暴動,局勢動盪,道路梗阻,赴任與否,曾費躊躇。後來形勢漸靖,他才勉力赴任。但河源縣是個小縣,經費不足,一縣有教諭、訓導兩位教官,工作難以施展。尤其生童只著眼舉業,無意做學問,這使他大爲失望,在給友人徐灝的信中,傾訴他的心情説:

此官真所謂「飯不足」者,如索諸新生印金,又甚可愧赧。大約教官有學租者可爲,專食印金者不可爲;一學一教官者可爲,一學兩教官不可爲也。如果能啓導此邦人士知讀書史,亦是一事，然此殊不易。不談舉業而勸讀書，恐無人肯聽耳。不能稍盡愚心而專爲求食，不如早賦歸去來矣。③

無奈之下，他稱病辭官，回到廣州，前後在任僅八十餘天④，結束了他惟一的出仕經歷。

咸豐三年，陳澧第六次會試失敗，便決心不再應試，亦不再有出仕的打算，從此轉向著述和教書育人。他在寫給侄兒的信中，勉勵其用功赴試：「吾侄當努力，蓋今人之重科名，亦古人重門第之遺意，是以科名未可輕也。」⑤這些話同時也是他六次會試、始終鍥而不捨的答案。到了咸豐六年，按會試科次輪到他可以參與揀選知縣，但他已經宦情淡薄，没有赴選，只申請了一個國子監學録的虛銜，聊以遠紹「古人重門第之遺意」了。

陳澧生平另一重要方面是著述和教學。他中舉後，道光十四年被選入學海堂肄業，課業之餘，又嘗設館授徒，以維生計。道光二十年被舉爲學海堂學長，從此一直爲學長凡四十二年。學海堂由創始者阮元定下規矩，永不設立山長，只設學長八人，分别擔任學生的導師並輪流主持堂務。這有點類似今天大學裏的導師制。同治六年，廣東鹽運使方濬頤在廣州創辦菊坡精舍，敦聘他兼任山長。兩份教職他都擔任到死前。總計其一生，除應試和短暫出仕外，絶大部分時間都是從事讀書著述與教育工作。

道光十四年，陳澧二十五歲，開始著作《漢地理圖》，同時開展對《春秋穀梁傳》的研究。由於年富力强，「嗜好乃益多。小學、音韻、天文、地理、樂律、算術、古文、駢體文、填詞、篆隸真行書，無不好也」⑥。旁騖滋多，本非所宜。好友楊榮緒曾引用東坡「多好竟無成，不精安用夥」語相規，陳澧憬然有悟，自此乃稍稍損所好。到了道光二十四年，會試報罷，歸程與一同赴試的好友李能定論學争辯，大有啓悟，「歸而悔之，乃有此二十年學問」⑦。從此他肆力於漢學考據之學，撰寫《漢書地理志水道圖説》、《切韻考》、《聲律通考》等書。三十歲以後，「讀宋儒書，因而進求之《論語》、《孟子》及漢儒之書。五十乃肆力於群經子史，稍有所得，著爲一書。《論語》曰『學而不思則罔，思而不學則殆』，乃題其書曰《學思録》」⑧。《學思録》後改名《東塾讀書記》，是他用二十餘年的精力寫成的著作。

二

陳澧經歷的時代，是清王朝由盛轉衰，後來更發展到國勢阽危、大厦將傾的時代。清王朝的統治在經過康乾盛世之後，到嘉慶年間已呈疲態，逐漸在走下坡，此時社會積累的各種矛盾交織並加劇，政務廢弛，軍務窳敗，農民的反抗鬥争此起彼伏。到道光朝，繼之以鴉片戰争，益發内外交困，惡劣的形勢讓人困惑彷徨。陳澧在三十多歲之前，正身歷這樣一場前所未有的、驚天動地的變化，其感受的深切，震動之猛烈，自在意中。當道光二十一年，鴉片戰争的戰火剛熄，他會試完畢南歸廣州之時，目睹戰後的慘狀，憂憤不能自已，在寫給留京的同鄉好友信中説：

今錢幣已輸，關門未復。甫乃收集亡命，修繕甲兵，而棘門灞上之軍，本同兒戲，深林青犢之衆，豈是腹心？懷此隱憂，益用疾首。

嗚呼！四郊多壘之辱，屬之何人？百年爲戎之憂，恐在今日！⑨

面對社會積弊已深，危機日近的局面，不謀對策，將不免「百年爲戎」的可怕後果。他在思考對策。可是要進行政治改革，勢必會撼動現行體制，這又談何容易，亦非他一介書生所敢涉想。他本服膺顧炎武的經世致用之學，對於顧氏「目擊世趨，方知治亂之關，必在人心風俗。而所以轉移人心，整頓風俗，則教化綱紀爲不可闕矣」⑩之論，深有同感，認爲只有這樣才能袪弊救時，拯國家於危難之中。於是他想到昌明學術，由學術而出人才，從而轉移風氣，匡濟天下。他傾畢生精力寫作的《東塾讀書記》，目的正是這樣：

至於治法，亦不敢妄談。非無意於天下事也。以爲政治由於人才，人才由於學術。吾之書專明學術，幸而傳於世，庶幾讀書明理之人多，其出而從政者，必有濟於天下。此其效在數十年之後者也。⑪

既然振興學術的終極目標是「有濟於天下」，但學術的最大敵人是當前的科舉制度。這個制度不改善，則出人才、興學術以達政治清明，都無從談起。陳澧浮沉科舉考試多年，深悉個中弊端，認爲那只是齣弄虛作假的鬧劇，其後果是「足以亂天下」。他剖析其中的醜陋説：

文章之弊，至時文而極。時文之弊，至今日而極。士之應試者，又或不自爲文而剿襲舊文。試官患之，乃割裂經書以出題。於是題不成題，文不成文。

於是爲時文者皆不讀書，凡諸經先儒之注疏，諸史治亂興亡之事迹，茫然不知，而可以取科名、得官職。⑫

這些只是陳澧公開的正論，言辭委婉，隱而未發。在他不公開的讀書筆記《東塾遺稿》中就强烈地表達了他的激憤和無奈。例如他讀到《晏子春秋·問下第四》「苟進不擇所道，苟得不知所惡，謂之亂賊」這三句時，對照現實，憤然寫下他的感受：

倩代關節以考試，儘先遇缺以得官，所謂不擇所道者也。小官收賭場之賄，大官得賣缺之贜，所謂不知惡也。⑬

風氣之壞，至今日而極，無事不壞，蓋數百年所未有。⑭

表面看，陳澧是位粹然儒者，議論都平正篤實，鋒芒不露，其實内心是熾烈的。國家的前途，世事的興替，他都有着無比的關切。當時鴉片貿易已導致白銀外流，情況嚴重。加上呢絨、鐘錶、燕窩等不急之物大量進口，更使白銀外流加劇，民生艱困，國本動摇。陳澧對此也和龔自珍、包世臣等人一樣，主張「拔本塞源」，杜絶鴉片及不急之洋貨進口。不過，在實施方法上，他與龔、包稍有不同，龔、包主張「禁絶夷舶到來」，他卻想得更周全、更深遠，他認爲夷人來中國通市已久，諳熟地形，於是：

> 復造輪船來往，如萬里之遥，計日可至。而中國之人懵然不知，猶以爲極西荒遠之國也，豈不愚哉！古人云：知已知彼，百戰百勝。故昔之考地理者，考九州之内，今之考地理者，更當考九州之外。時行世異而猶(下闕)，所謂愚儒無知者矣。禁中國之人不好夷貨，不能使彼不好中國之貨，則彼之通市不絶。絶之則彼必内犯，沿海之地不得安矣。惟有使中國之商販中國之貨出海互市，而不許外國市舶至中國耳。⑮

咸豐初年，郭嵩燾署理廣東巡撫，這位維新思潮的先行者對當時局勢的判斷是：「夷人之入中國，爲患已深，豈虚憍之議論、梠張之意氣所能攘而斥之者。」⑯這些見解和陳澧的尋求攘夷之道、自强之策頗爲契合，兩人因而多有交往，互相賞識，故陳澧曾自言：「今人以我爲詩人，是真不知我者。今亦有知我者，郭中丞也。」⑰確實，郭嵩燾是器重陳澧的，當詩人高心夔南遊廣東，對郭説想一游嶺南名勝羅浮山，否則便虚此一行了。郭嵩燾答曰：「君至廣東，已見陳蘭甫，不枉此行。」⑱陳澧聞言自謙「不敢當一座羅浮山」，但郭嵩燾對他的推重卻可見一斑了。

第二次鴉片戰争的失敗，海内震驚，陳澧尤其感受深切，悲憤難抑。當英法聯軍兵臨廣州城下之際，兩廣總督葉名琛顢頇無能，迷信乩語謂敵必不來襲，遂不設城防，終致廣州陷落。陳澧對此斥爲「葉相亂粤」。後來他讀到《魏書・裴燦傳》、《北史・公孫質傳》時，對傳主信卜筮不設備而城破的事，深有感觸，在筆記裏寫下了心中的憤怒：「信卜筮謂賊不來而不設備，葉相似之。今復見此事，讀此爲之憤恨。」「乃近日葉相國之於夷寇，正復相類，爲之慨然。」⑲他一直在關心時事，當英法聯軍北犯天津時，他「聞天津音耗甚惡，夜不能寐」⑳。可見他並不是深閉書齋中優遊自賞的學問家，而是時刻關心世務、欲有所作爲的愛國學者。

當然，陳澧十分擔心外國經濟入侵，認爲應對之方惟有閉關固拒，徐圖自我改善。甚至主張各城市恢復用銅壺滴漏來計時，以杜絶外國鐘錶的進口。以此爲自強之道，縱不説是幾同兒戲，也不免迂滯不合時宜。至於他所堅持的昌明學術以出人才，由人才以改善政治，亦不過是主觀意願而收效難期的。由於歷史條件的限制以及陳澧本人濃重的儒家思想的局限，注定他的願望難以實現。但作爲有良心、有擔當的知識分子而言，也許只能作這樣的幻想和探索，似亦不必過於苛求了。

陳澧在學海堂和菊坡精舍的教學生涯裏，培育了不少人才，有專心致志於學術並有所成就的，如桂文燦、陶福祥、廖廷相、林國賡、林國贊等；有學而優則仕的，如文廷式、于式枚、梁鼎芬、張其淦等。其中于、梁二人甚至以清朝遺老自居，追隨廢帝溥儀，言行謬妄。而再傳弟子胡漢民則成爲辛亥革命的重要成員，終於推翻清朝統治，開始了民主革命，大大超出了陳澧所盼望的改變現狀的夢想。

陳澧以學術老宿在地方上負有碩望，但他恪守「博學於文」、「行己有耻」的信條，治學之外，避免與達官貴人往來。翁心存本是曾識拔過他的人，其後翁位至大學士，而陳澧與他只是保持淡交，曾自述説：「翁相國在朝，余惟刻所著書寄呈，自餘未嘗通片紙。」[21]郭嵩燾任粤撫時，對他頗爲器重，但他與郭酬應，謹守原則。自言「待澧以禮，澧益自守。恒數月不一見，非二三人同上謁又不敢以見。然而朋友有責澧者，以爲公厚於澧而澧乃緘默以爲高也。澧謝而不答」[22]。他不輕見大官，而地方上的公益事務，則樂意參與，如先後兩次受邀管理番禺縣義倉，又曾負責管理沙田、辦團練籌防等事務。可以説，陳澧又是位操守謹嚴、不屑夤緣躁進的學者。

三

陳澧畢生耽於著述，著作頗多，其中如《東塾讀書記》、《切韻考》、《聲律通考》、《漢書地理志水道圖説》、《水經注西南諸水考》等幾種，尤爲致力所在。另外，他又嫻於文學和書法，詩詞尤獲時譽。

《東塾讀書記》是陳澧的學術代表作之一。早年他繼承學海堂學風，從事訓詁考據之學，《切韻考》、《聲律通考》等便是顯著的成果。中年以後，他讀宋儒書，接觸朱熹、司馬光、胡瑗等人的著作，大受啓發，幡然改圖，開始寫作《讀書記》（初名《學思録》），從此，傾半生精力於此書之中。他在學術上服膺顧炎武，深受顧氏通經致用的思想影響，《東塾讀書記》便是有意仿效顧炎武的《日知録》來寫作的。但他對《日知録》中記博聞和談治法部分有意避開，而只談學術，自言此書要「通論古今學術，不分漢宋門户」[23]，「由考據而致用，亭林之學也。由考據而明理，余之學也。講義理必由考據，否則臆説耳，空談耳」[24]。他充分認識到乾嘉時代學術的優點是「訓釋甚精，考據甚博」，而不足的地方是惟考據之是務，「絶不發明義理以警醒世人」。他要矯正這一偏失，希望通過探求古人著述中的義理，以挽世道而正人心，進而使學術端正，促進政治清明。但《東塾讀書記》自咸豐八年他四十九歲開始撰作，歷時二十年，猶在不斷修改補充之中。到了光緒元年，他已六十六歲了，曾任廣東學使的劉熙載自北京來信，「勸以即所成者先刻，未成者將來爲續編」[25]，蓋隱有歲月不居、人壽幾何之意。陳澧這才付刻了兩卷，其餘的則仍在修改之中，直到他病革之時，還力疾校改不休。今天我們從他手稿或清抄稿中還可以看到稿眉上的批語，有「初定」、「未定」、「定」、「添入」等字樣，並鈐有「己卯年七十」、「辛巳年七十二」等小方朱印。難怪他自己也説「取材既博，用力倍勞」了。

通行本《東塾讀書記》凡十五卷，是陳澧身後由門弟子編録付梓的。後來又有弟子將《西漢》一卷編入，是爲十六卷本。其未成部分的《東漢》、《晉》、《南北朝隋》、《唐五代》、《宋》、《遼金元》、《明》、《國朝》、《通論》等九卷定名爲《東塾雜俎》，遺命由兒子及門人編録。其後由門人廖廷相編輯，未竟其事。一九四三年，陳澧長孫慶龢與菊坡精舍弟子周肇祥共同將《雜俎》稿校理，編成十四卷，由北京古學院刊行。除補充《東塾讀書記》原闕的十卷外，還新增了《唐疏》、《南宋》、《餘録》、《瑣記》等四卷。

《切韻考》是試圖探求隋代陸法言《切韻》的聲韻系統的著作。《切韻》亡佚已久，切語舊法無人知曉，陳澧認爲《切韻》舊法，當求之陸氏《切韻》。《切韻》雖亡，而存於《廣韻》[26]。於是他從《廣韻》入手，並自創了「切語用字偶疏説」、「切語借用字説」、「韻末增加字説」等三條原則，經過細密爬梳，終於鉤稽出《切韻》的大致面貌，使千年舊法，重現人間。對此，梁啓超譽爲研究古代切韻的絶作[27]。近代學者黄侃則評爲：「往者古韻、今韻、等韻之學，各有專家，而苦無條貫。自番禺陳氏出，而後《廣韻》之理明；《廣韻》明，而後古韻明；今古之音盡明，而後等韻之糾紛始解，此音學之進步也。」[28]「番禺陳君《切韻考》，據切語上一字以定聲類，據切語下一字以定韻類，於字母等子之語有所辨明，足補闕失，解拘攣，信乎今音之管籥，古音之津梁也。」[29]《切韻考》完成之後，陳澧感到仍有未盡精密處，於是以後出之法，別爲外篇，寫成了《切韻考外篇》。晚年將此舊稿交由廖澤群審定刊行。

《聲律通考》是繼凌廷堪《燕樂考原》之後又一部古樂研究著作。陳澧通過對歷代樂律有關文獻的排比鉤稽，上溯古樂之源，以期重現古樂面目。梁啓超在《清代學術概論》中評價説：「毛奇齡始著《竟山樂録》，頃則江永著《律吕新論》、《律吕闡微》，江藩著《樂懸考》，凌廷堪著《燕樂考源》，而陳澧之《聲律通考》，晚出最精善。此皆足爲將來著中國音樂史最好之資料也。」陳澧對《燕樂考源》既有繼承又有發展，故「精善」之評，並非虚譽。由於文獻缺乏，他甚至連宋代陳暘的《樂書》也没有，因未見此書，恐立論「暗合古人，致疑剿説」，多方求之，後得丁日昌贈與《樂書》，方始釋然。可見陳澧爲了撰作《聲律通考》，付出的心力是不小的。所以友人鄭獻甫曾對他慨嘆説：「君著此書辛苦，我讀此書亦辛苦。」㉚蓋古樂佚亡已久，雖鉤稽得之，終亦艱深難明，讀來不免辛苦了。

《漢書地理志水道圖説》歷時三年寫成，是早年之作。作者佩服《漢書·地理志》簡而彌周的特點，不過邊徼僻遠之地，川渠交絡之區，後人考證，多有闕誤，澧乃以清代官刻地圖逐一與漢志對勘，從而辨明今古地理水道之遷變與歧異。當時他正掌教學海堂，此書正是學海堂學風的表現。《水經注西南諸水考》亦作於此一時期。陳澧認爲《漢書·地理志》考核的水道，時至今日，變遷不大，差謬無多，惟有《水經注》的作者酈道元身處北方，其書記北方水道，大致無訛，而叙述到偏遠的西南諸水，則無一不誤。故爲逐一考定。但陳澧足迹未至北方及西南，僅憑載籍仔細鉤稽對勘，用力至多且勤，能有創獲，亦屬不易。偶有疏失，自然難免。其詳具見該書《點校説明》及《點校後記》中，此不贅。

《東塾集》是陳澧生前手定的文集，身後由門人廖澤群校刊。作者少時工駢文，並曾在學海堂、菊坡精舍爲弟子講授過駢文作法。中年以後，他專務學術，棄駢文不作，而務爲平正篤實的文字。陳澧的論文宗旨是「文章所貴，貴乎自然」㉛。他自己執筆爲文，也正體現了這一宗尚。嘗自言：「余生平頗似後山，但詩與文不及耳。」㉜則隱然以陳師道的風格爲期尚。因此表現在《東塾集》中，文章皆有爲而作，簡嚴密栗，絶去夸飾，也有點似陳師道。驟觀似樸拙無華，實則蒼健簡浄。另外，他删汰舊文甚多，現將其彙輯爲《東塾集外文》六卷。這些文章雖非作者自己所心許，但其中論學論文之作及親知來往函札，仍多有精義，於知人論世，應是有參考價值的。

陳澧詩詞均有很深造詣，少時曾立志做詩人，頗露頭角。中年棄此而轉事學術，偶有所作，并不存稿，亦無意刊行詩集。今傳的《陳東塾先生遺詩》是身後由門人汪兆鏞從傳鈔本及爲人書箑幅者輯録而成。他的詩早年曾受到座師程恩澤的賞識，謂「近人詩多困卧紙上」，而陳詩「能於紙上躍起者」㉝。他早年的詩確是筆力健舉，意氣飛揚。中歲以後，則詩風漸入老境，轉以樸雅爲宗。或希蹤王維、孟浩然，以清微澹遠見長，如《南山先生招同温伊初聽松園看月》、《中秋夜粤秀山看月》等詩便是。或學韓愈詩的樸健暢達一面，如《讀書八首》之第二、四首便是。他又是極爲關切世局的人，其抨擊時政、反映現實的詩作如《炮子謡二首》、《白蟻行》等，卻又類似元稹、白居易。總之，陳詩博涉衆長又不專主一家，大抵以疏樸雅健的風格爲主。今人錢仲聯《近代詩評》評價「陳蘭甫如木雞養到，虛憍全除」，是頗爲恰當的。

陳澧詞的成就在詩之上，他自己對此亦較爲重視，早於道光二十四年即手定所作爲《燈前細雨詞》，後改名《憶江南館詞》。此後尚有所作，由汪兆鏞輯補刊行。陳澧以學者而爲長短句，卻無板滯酸腐語，而具朗雋雍容之致，固是難得，故朱祖謀《望江南·雜題國朝諸名家詞集後》評云：「甄詩格，凌沈幾家參。若論經儒長短句，巋然高館憶江南，綽有雅音涵。」㉞譚獻則對他的詞作了全面深入的評價：「蘭甫先生，孫卿、仲舒之流，文而又儒，粹然大師，不廢藻詠。填詞朗詣，洋洋乎會於《風》、《雅》，乃使綺靡、奮厲兩宗，廢然知返。」㉟認爲陳詞上薄《風》、《雅》，非清詞的浙派、陽羨派可及，其推許不謂不高了。

陳澧還有一部雖非正式著作，卻極具學術價值的讀書筆記遺稿，其抄本今藏中山大學圖書館。此稿的流傳頗爲曲折。上世紀二十年代，陳澧書稿散出，其中有筆記小册凡七八百册落入書估之手，分割銷售。其中四分之一由駐粵滇軍將領購得，攜回雲南，今入藏雲南省圖書館。其餘售於香港高隱琴氏。高遵中山人莫漢提議，延請何藻翔、鄧爾雅、崔師貫負責校理，校定之稿，則雇員抄録副本。副本上每有校訂改正之處，顯然是做過與原稿校對工夫的。此抄本後由莫氏舉贈鄧爾雅，鄧交由其甥容肇祖商售於嶺南大學。入藏清點，略有遺失，計存六百餘册，由嶺南大學按大體分類分裝成五十三大册，並由該館代擬名爲《東塾遺稿》。此稿所記主要爲陳澧平日談讀書心得，旁及於平生志事、國事得失以及交遊感慨，其中多爲《東塾讀書記》撰作所取資，又有些則是爲《讀書記》未成部分準備的材料。全稿精義紛陳，心聲坦露，從中可窺見他的治學精神、治學方法與治學態度，盡顯他的心志與人品。而對國家的憂虞，對世情的批判，對自己的道德要求，對友朋的誠摯與殷念，直言無隱，深刻尖鋭，言人所不能言。此稿秘藏有日，久爲學者注念。今擇其要者輯録爲《東塾讀書論學札記》、《默記》、《學思自記》、《學思録序目》等四種。

四

陳澧的治學態度、方法和治學精神是值得注意的。當道咸之際，乾嘉樸學已走下坡路，樸學的某些弊病已經顯露無遺。有些經師功利心重，又不肯認真下功夫讀書，只圖略事涉獵，便輕言著述。陳澧對此深爲憂慮和不滿。但他爲人矜慎，對這些流弊的批評只是婉約其辭，點到即止，以免起門户之争，反於學術發展無益。不過，在他的讀書筆記《東塾遺稿》中，由於是不公開的，所以能放言無礙，質疑詰難，既尖鋭而洞見幾微。在這些論議中所表達的治學態度、方法和治學精神，是很值得我們注意的。這裏分别介紹如下：

一、提倡認真讀書，力戒浮躁取巧。他指出當時學術界的毛病是「懶而躁，不肯讀一部書」，「大抵隨手檢閱，聊爲掇拾之資。不識源流，不知首尾」[36]。他教導弟子不要沾染時習，要「收斂聰明，低頭讀一部注疏」，自己更是身體力行，在筆記裏列出已讀的書若干種，未讀者若干種，鞭策自己要遍閱之。文廷式在《純常子枝語》中説道：「師終身讀書必端坐。藏書五萬卷，丹黄幾遍。晚年復讀二十四史，加朱點勘，至《元史》未卒業而卒。」陳澧在快六十歲時還老實地向别人表白自己的勤力，《與陳懿叔書》説：「近年惟讀經史，日有課程，如學童初入學者。」年老而猶力學不輟，固然是他追求學問勝境的毅力起作用，也與他視讀書爲人生樂事有關。「静思此生得爲士人讀書，一樂也。讀書能識好書，二樂也。享二樂久矣，夕死可也」[37]。

二、細密認真的治學方法。《東塾讀書記》、《切韻考》等著作體現了陳澧治學的細密。他自述這方面的心得是：「讀聖人書而求聖人之道，澧不敢言也。讀古人之書而求古人之學，零碎抄録，以俟其會通，此《學思録》之意也。」[38]怎樣才能貫通呢，則要在充足的材料上「排比鉤稽之，而見古人所未知者焉。而後補正之」[39]。而尤要心細，心不細則泛濫無歸，終亦不能有好收穫。所以他又説「大約學問高下，全在心粗心細之不同。其博極群書亦爲欲考證精細而已，若博而不細，則無益也」[40]。細密的治學方法，細心而認真踏實的態度，才能取得學術上的成就。他教導學生説：「於切要處用心力，於不用心力處惜精神。愈繁難愈從容爲之……見解貴高貴通，工夫貴平貴鈍。」[41]陳澧之所謂「平鈍」，指的是做學問要立足於平實，切忌浮夸；要下笨工夫，不要夢想一蹴而就。這真是讀書治學的要義，足以嘉惠後人。

三、虛心謹慎的治學態度。陳澧認爲讀書治學首要是端正心志，超乎名利之外。他指出：「心要常虛明而不可熱，熱則昏矣。非特名利之心不可熱，著述之心亦不可熱。常湛然朗然，超乎萬物之上，而後可以讀書，可以著書。」[42]但著書不可太早，必待沉酣深入有所得後才可言著述，他常常告誡自己及弟子：「識事未精，輕爲著述，爲不知量。吾或免矣，然不可不以爲戒，更願學侶戒之。」[43]又認爲當學識已充，有所撰述之時，亦不過是在學術大道上占得一個小角落而已，没必要沾沾自喜。對此他有個生動的比喻：「讀書如在大街上行，著書則發明一義，如在横街卜居。」[44]

由於他對學術持敬畏之心，因此對待前人或朋友的學術見解，能秉持謙虛謹慎的君子之風和與人爲善的態度。他在《引書法》中特别强調：「前人之説有當辨駁者，必須斟酌語氣。如鄭君、朱子之書，亦豈能無誤，但當辨析，不可詆毁。即辨析亦須存尊敬之意，如鄭注《周禮》不從先鄭之説者，但曰：謂云云。此當奉以爲法者也。若其人不必尊敬，其説又乖謬，足以誤人，則當正言斥駁，仍不可加以謾駡，致有粗暴之病。至其人其書，皆無足輕重，則更不必辨駁矣。」他尊重學術，尊重别人的學術見解，堅持「凡古人之説，今雖不從，亦不可没之」[45]。對待同時代的人，他也真心誠意推重，如對行輩稍後於他的學者鄒伯奇（特夫），既尊重而誠服，曾舉出事例説：「昔我謂特夫精學，不信者云未必真精。我舉特夫爲學長，有問我者曰：特夫是你學生乎？我答曰：是我先生。其人笑

問何也。我答：我所不知者，特夫教之，非先生而何?」㊻

四、教育工作上有獨特見解。陳澧教過學塾，也執教過學海堂這樣的大書院，長期的教學生涯，積累了許多經驗，也自然形成自己的見解。他認爲：「教人者當使之樂其易而知其益。」㊼這句話包含了兩重意思：要讓受教者感到易於入門，不致對書本望而生畏；又要使他知道學了能使自己有所增益，從而產生動力，收到效果。他十分關注初學者的入門問題，在《與徐子遠書》中詳述他的意見説：

新學小生，一見古書便驚若望洋，無由得其門徑。夫學問之事，莫難於入門。既入其門，則稍有智慧者，必知其味，而不肯遽捨，在乎老師宿儒引而入之。入門者多，則此道日昌，其能深造者爲通儒，不能深造者亦知其大略，而不致於茫昧，而文學彬彬矣。

爲了能使初入門者不致因古書艱深望而生畏，他又主張學者宜撰作啓蒙書籍，便於初學者易於入門。在《與徐子遠書》中也詳爲論述啓蒙書的重要。他説：

故精深浩博之書，反不如啓蒙之書之爲功較大。而獨恨百年以來，未有若此等書者也。且啓蒙之書，又非老師宿儒不能爲，蓋必其途至正，其説至明，約而不漏，詳而不支。其書雖曰啓蒙，而實入門，則學者多；學者多，則通人出。門徑端正，則初學不誤；初學不誤，則謬説不作。夫通人出而謬説不作，天下有陰受其益者矣。

此外，對於兒童教育，他也有自己一套想法，迥然有别於當時的觀念。他認爲：

教小兒亦當使之常有喜悦意。不然，彼必不好學矣。喜悦在乎讀書熟，讀書熟在乎功課少而嚴。不容懶惰，早放學，使得嬉戲。㊽

循循善誘，功課少，有嬉戲，寬嚴結合，這樣的教學理念，即使在今天，也是有借鑒意義的。

五

陳澧的著作，據汪宗衍《陳東塾先生著述考略》列舉計八十一種，其中《聽松廬詩略》是代張維屏編選的詩集，《廣州府志》、《番禺縣志》、《香山縣志》、《廣東輿地圖》等則是由陳澧領銜主纂而成於衆手的官書，今均未收入本集。餘所舉列，有些僅具書目，存佚難明；有些則散入海内外公私之藏，珍爲秘籍。此等書或訪問無從，或不易一見，搜訪實在困難。所以現在這個《陳澧集》只能就盡力搜集得到的刊本或稿本進行整理，其所據版本情况，分别詳見各書之首的整理説明中，兹不另贅。

本集的編校整理，因涉及多個專門之學，自揆淺陋，難以勝任。幸蒙衆多專家襄助，各抒所長，校訂精細，始底於成。其中有未盡善處，望讀者、專家指正。

本書得以完成，端賴各方熱情協助。廣東省立中山圖書館特藏部主任林子雄先生、梁笑玲女士；中山大學圖書館古籍部主任馬德鴻先生、劉彦先生在圖書資料方面提供有力幫助。上海古籍出版社副總編輯高克勤先生、第一編輯室主任曹明綱先生暨該室諸位編輯審校精細，助益良多。統此鳴謝。

比年疾病纏身，精竭神疲，今勉力寫成前言，聊作介紹而已。不當之處，敬祈讀者教正。

黄國聲　二〇〇八年五月

注：

①《東塾集》卷四《與黄理厓書》。

②《東塾集外文》卷五《復梁章冉書》。

③《東塾集外文》卷五《與徐子遠書》之十八。

④《東塾遺稿》第四十九册。
⑤《東塾集外文》卷五《與碩卿侄書》。
⑥㉝《東塾集》卷四《與陳懿叔書》。
⑦⑧㉔㊱㊳㊴㊷㊹㊼《東塾遺稿》第二十六册。
⑨《東塾集外文》卷五《與梁玉臣書》。
⑩顧炎武《顧亭林文集》卷四《與人書》之九。
⑪《東塾集》卷四《與胡伯蓟書》。
⑫《東塾集》卷二《科場議》。
⑬《東塾遺稿》第四册。
⑭⑮⑱⑳㉑㉜《東塾遺稿》第四十七册。
⑯陳三立《散原精舍文集》卷三《郭侍郎荔灣話别圖跋》。
⑰《東塾遺稿》第十四册。
⑲《東塾遺稿》第四十一册。
㉒《東塾遺稿》第二十九册。
㉓《東塾集》卷四《與黎震伯書》。
㉕《東塾集外文》卷五《與譚叔裕書》。

㉖ 陳澧《切韻考》自序。
㉗ 梁啓超《清代學者整理舊學之總成績》。
㉘ 黄侃《黄侃論學雜著·聲韻略説》。
㉙ 黄侃《黄侃論學雜著·與人論治小學書》。
㉚《東塾集》卷四《與曹葛民書》。
㉛《東塾集》卷四《與馮鐵華書》。
㉞ 朱祖謀《彊村語業》卷三。
㉟ 譚獻《篋中詞》。
㊲ 陳澧《默記》。
㊵《東塾遺稿》第三十二册。
㊶《東塾集》卷四《與王峻之書五首》。
㊸《東塾遺稿》第十九册。
㊺《東塾遺稿》第五册。
㊻《東塾遺稿》第三十九册。
㊽《東塾遺稿》第十六册。

總目

第一册

第二册

第三册

第四册

第五册

第六册

第一册目録

東塾集

黄國聲　點校

點校説明

《東塾集》六卷爲陳澧手定的文集，生前未及付梓，身後由門人廖廷相於光緒十八年刊刻。現即據此本點校。陳氏中年以後，專注學術，少作文章。他在《自述》中説：「生平不欲爲文章，然有爲先人而作者，及爲親友碑傳事迹不可没者，故過而存之。」今集中除略存少作外，往還書札，皆與朋友、弟子論學論事，碑傳小記則爲先人及知交而作，蓋寓惓惓親故之意。

書中引文，每有僅引大略，或對原文加以删并、酌取的，這原是古人引書的慣例，但都謹守原意，不妄去取。點校時對此都不作改動，仍加引號，以明起訖，而便閱讀。少數引文有訛脱，致影響文義的，則參照原文改正，并出校。

本書校刻頗精細，偶有脱漏或誤刻，所不能免。凡此均予出校。書中避清諱字如「玄」作「元」，「胤」作「允」及缺筆，避孔丘諱「丘」作「邱」等，均徑改不出校。

國史儒林傳採進稿

陳澧，字蘭甫，廣東番禺人。《自述》。幼聰慧，九歲能爲詩文。《行狀》。年十七，督學翁心存考取縣學生員。明年，録科第一，同時諸名士皆出其下。命入粤秀書院肄業，山長陳鍾麟賞譽之，與桂文燿、楊榮緒爲友。復問詩學於張維屏，問經學於侯康。年二十二，舉優行，二十三中舉人。六應會試不第，大挑二等，選授河源縣學訓導。兩月告歸。揀選知縣到班，不願出仕，請京官銜，得國子監學録。《自述》。同治乙丑，詔沿海各省繪地圖。兩廣總督瑞麟、廣東巡撫郭嵩燾屬任其事，成《廣東圖》以進。《行狀》。爲學海堂學長數十年，至老爲菊坡精舍山長，《自述》。以經史及漢魏六朝唐宋詩文教士。《菊坡精舍記》。與諸生講論文藝，勉以篤行立品，聽者恒數十人，十餘年如一日。《行狀》。士人出其門者，率知束身修行，成就甚衆。保舉摺子。少好爲詩，及長棄去。泛濫群籍，《自述》。凡天文、地理、樂律、算術、古文、駢文、填詞、篆隸真行書無不研究。集中《與人書》。中年讀朱子書，讀諸經注疏、子史日有課程。尤好讀《孟子》，以爲《孟子》所謂性善者，人性皆有善，荀、楊輩皆未知也。讀鄭氏諸經注，以爲鄭氏有宗主復有不同，中正無弊，勝於許氏《異義》、何氏《墨守》之學。魏晉以後，天下大亂，聖人之道不絕，惟鄭學是賴。讀《後漢書》，以爲學漢儒之學，尤當學漢儒之行。讀朱子書，以爲國朝考據之學源出朱子，不可反詆朱子。又以爲國朝考據之學盛矣，猶有未備者，宜補苴之。著《聲律通考》十卷，謂古音十二宮自有轉調，今俗樂仍存七調，然古律尺度具在，可考歷代樂聲高下，晉十二笛可倣而製，唐《鹿鳴》《關雎》十二詩可按而歌，而古樂不墜於地。又著《切韻考》六卷、《外篇》三卷，謂孫叔然、陸法言之學存於《廣韻》，宜明其法而不惑於沙門之説。又著《漢志水道圖説》七卷，謂地理之學當自水道始，知漢水道則可考漢郡縣。又著《漢儒通義》七卷，謂漢儒言義理無異於宋儒，宋儒輕蔑漢儒者，非也；近儒尊漢儒而不講義理，亦非也。其餘有《説文聲表》十七卷，《水經注提綱》四十卷，《水經注西南諸水考》三卷，《三統術詳説》三卷，《弧三角平視法》一卷，《琴律譜》一卷，文集若干卷。《自述》。《水經注西南諸水考》據《遺書》增入。《水道》、《聲律》二書，大學士曾國藩服其精博，《求闕齋日記》。象州鄭獻甫歎爲有用之書。集中《與人書》。所考《切韻》，南海鄒伯奇稱爲絕妙之作，超越前人。《事實册》。所考《水經注》諸水，江寧汪士鐸亦惜未之見。汪氏《水經注圖》附録原作南海陳蘭隅，蓋傳聞之誤。其著述傾倒一時如此。邵陽魏源著《海國圖志》初成，中有可議者，澧嘗著論辨之。後源至粵，見而大悦，遂定交焉。并改其書。寶應劉寶楠著《論語正義》，未成而卒，命其子恭冕成之，并言當就正於澧。後郵寄至粵，致書道意，深以未識面爲憾。《事實册》。張維屏長澧三十歲，引爲忘年交，嘗贈以詩，推崇備至。見《松心詩録》。咸豐初，有奏請開鴻博科者，時澧會試報罷，將出都，侍郎翁心存留之曰：吾當具疏特薦子。後部議格不行，事遂寢。其爲海内引重又如此。《事實册》。光緒七年，兩廣總督張樹聲、廣東巡撫裕寬以耆年碩德奏請褒異，奉旨恩賞五品卿銜，以爲績學敦品者勸。《邸鈔》。八年正月卒，年七十三。《自述》附識。澧才既淹通，行又醇摯，《松心詩録》。好與學者談論。值寇亂、夷亂，家計不給，晏如也。《自述》。生平讀書心有所得，即手録之，《行述》。積數百册。集中《與人書》。漢學宋學，能會其通。《松心詩録》。晚年所著書曰《東塾讀書記》，《自述》。乃尋求微言大義及經學源流正變得失所在而論贊之，外及九流諸子、兩漢以後學術。嘗曰：吾之書但論學術，非無意於天下事也，以爲政治由於人才，人才由於學術，吾之意專明學術，幸而傳於天下，此其效在數十年後，故於《論語》之四科，《學記》之小成、大成，《孟子》之取狂狷、惡鄉原，言之尤詳，則意之所在也。集中《與人書》。其書刻成者得十五卷，又稿本十卷名曰《東塾雜俎》，則其子及門人所編録。《自述》附識。其教人不自立説，嘗取顧炎武論學之語而申之，謂博學於文，當先習一藝。《韓詩外傳》曰：好一則博，多好則雜也，非博也。讀經史子集四部書皆學也，而當以經爲主，尤當以行己有耻爲主。《菊坡精舍記》。故英偉之士多出其門，《自述》。此上諭所謂學行純篤，足以矜式士民者歟！《邸鈔》。其卒也，門人請於大吏，祀其主於菊坡精舍，蓋誨人不倦，宜有去思云。《菊坡精舍章程》。

目録

卷二

卷三

卷四

卷六

大凡文六卷，二百二十篇，京卿師陳蘭甫先生所作也。同治戊辰、庚午間，廷相讀書先生塾中，承命編輯文集，録呈函丈。後有所作，依次編入。壬午春，先生捐館。遺藁待梓，人事牽阻，忽忽十年，今檢録校刊，一遵手定。先生學術大旨，詳所著《讀書記》及《漢儒通義》，而樂律、音韻、天算、水地亦具有專書，此集所録，特其緒餘，然扶世立教，類皆不刊之語。顧亭林有言：凡文無關於經術政理之大者，則不作也。讀斯集者，當有會焉。校讎者，同門鄭君權、梁君起、楊君繼芬、汪君光銓及先生之子宗侃、宗穎、從孫慶修也。光緒十八年歲在壬辰十二月，門人廖廷相謹識。

卷一

黑水説

《禹貢》黑水，昔人之説不一，嘗綜諸説而考之，則以爲今潞江者是也。潞江上源曰哈喇烏蘇。蒙古謂黑曰哈喇，謂水曰烏蘇。《水道提綱》言其水色深黑，其爲黑水明矣。哈喇烏蘇源出西藏喀薩北境，東流至喀木，乃屈南流，蓋即《禹貢》雍、梁二州之界，三危當在其地。自喀木南流，爲《禹貢》梁州西界，至雲南曰潞江，又南出雲南徼外，入南海。以今證古，無疑義矣。説者以雍州黑水與梁州黑水爲二水，然雍州，《經》文云「三危既宅」，則道水。云至於三危者，在雍州境。而雍州不近南海，其入於南海，必過梁州，不能分爲二也。《禹貢》以山水明九州之界：青、徐同一岱，荆、豫同一荆，青、徐、揚同一海，徐、揚同一淮，兖、豫、雍同一河。且雍州不但曰河而曰西河，以明在冀州西界。若雍、梁各一黑水，豈得漫無分别？其爲二州同一黑水明矣。又有謂道黑水非雍非梁，而分爲三者，尤不足辯。胡朏明謂潞江源在河源之東，黑水不能越河而接爲一川。胡氏當國初時，所據者明人地圖，於徼外之地多不確，不知潞江源出河源之西也。雍州黑水即潞江之源，非别有一水與潞江接，其過梁州，尤不必越河也。或以雍州之境太廣爲疑，亦不必疑也。九州之境，大小不同，雍州東至西河，西至弱水，較兖、徐二州之廣幾及三倍，不必以黑水而疑其太廣也。雍州界至喀木，則河源在雍州境内。《經》言「導河積石」，昔人以爲河源不始於積石，則河源爲禹迹所不及，不得在雍州境。澧謂今阿木你馬勒産母孫大雪山以西至星宿海，群山圍繞，皆《禹貢》所謂積石，河源固禹迹所及至也。梁州南境則非直至南海，故梁州《經》文不言南海也。又《漢書・地理志》不志黑水《益州郡滇池縣》下云：「有黑水祠。」蓋漢時黑水不在中國，故立祠於滇池，望祀之。鄭注《禹貢》云：「今中國無也。」考《漢志》，越巂郡青蛉僕水爲今瀾滄江，漢地至此而止，又西則徼外地。《漢志》僕水爲今瀾滄江，僕水所入之勞水爲今越南國洮江，其入僕之貪水爲今漾備江，即水爲今巴景河。詳見澧所著《地理志水道圖説》。潞江在瀾滄江之西，所行皆漢徼外地，故班《志》不載而鄭注以爲中國無也。黑水爲潞江，得班《志》、鄭注而益明矣。班、鄭不言黑水所在，是蓋闕之義。若《通典》云：「年代久遠，遂至湮没。」則非也。梁州西境皆山，與沙土平曠之地不同，水流何能湮没？若湮没，則必自雍州西流至流沙而没矣。然當其未没，則必并流沙而西南繞出哈喇烏蘇上源之西，過前藏西境，後藏東境，乃能入於南海。梁州西界，必不至此也。凡考地理者，於邊徼之地，必得國朝康熙、乾隆内府地圖而始明。國朝輿地之廣大，地圖之精確，非漢、唐以後所及也。

禹貢道水次第説

《禹貢》道水，先記不入東海之水，次記入東海之水，又次記入河之水。三者之中，又先西而後東，先北而後南。弱水、黑水最在九州之西，不入東海。弱水又在黑水之北，故先弱水，而黑水次之。入東海之水，河源最在西，故河次之。江漢之源并在河源東南，江又在漢南，故漢次之，江又次之。濟源在江漢源之東北，故濟又次之。淮源在濟源東南，故淮又次之。渭、洛入河，渭在西，洛在東，故渭次之，洛又次之也。

校毛傳也字説

《毛傳》連以一字訓一字者，惟於最後一訓用「也」字，其上雖纍至數十字，并不用「也」字，此傳例也。而今本有不盡然者。尋今本「也」字不合傳例之處，其下皆有鄭箋，此由後人因箋綴傳下，傳無「也」字，則文勢不斷，故增「也」字以隔絶之。不然，毛豈逆知某處鄭當有箋而用「也」字，預爲隔絶乎？ 凡此等「也」字，皆當删之，蓋「也」字之有無，無關大義，以傳例如此，當得其真耳。《何彼襛矣》傳：「肅，敬。雝，和。」「平，正也」。「肅敬」、「雝和」下有箋，而「和」下無「也」字，此增加之未盡者。《樛木》傳：「縈，旋也。成，就也。」「縈旋」下無箋而亦增「也」字，則以上文「綏，安」。「將，大」。下皆因有箋而增「也」字，遂相連增之矣。

戈戟圖説

《考工記》之戈戟，程易田《通藝録》初定之圖得之矣。其後定之圖以戈爲戟，以《記》文强合鄭注，以鄭注强合己意，則三思而反惑也。鄭注云：「戈，今句孑戟；戟，今三鋒戟。」此二者，鄭君目驗當時之形制，乃以當時之句孑戟當古之戈，以當時之三鋒戟當古之戟。然鄭所謂句孑戟，實《記》之戟也；所謂三鋒戟，則《記》所無也。金輔之《禮箋》所繪戟圖，不合於《記》之戟，乃鄭所謂三鋒戟也。今依《記》文及注文各爲之圖，讀者當瞭然矣。

《記》曰：「戈廣二寸，内倍之，四寸也。胡三之，六寸也。援四之。八寸也。已倨則不入，已句則不決，長内則折前，短内則不疾，是故倨句外博。重三鋝。」又曰：「戟廣寸有半寸，内三之，四寸半也。胡四之，六寸也。援五之。七寸半也。倨句中矩，與刺重三鋝。」

鄭注曰：「戈，今句孑戟也，或謂之鷄鳴，或謂之擁頸。内，謂胡以内接柲者也，長四寸。胡六寸，援八寸。」鄭司農云：「援，直刃也；胡，其孑。」又曰：「戈，句兵也，主於胡也。已倨，謂胡微直而邪多也，以啄人，則不入。已句，謂胡曲多也，以啄人，則創不決。胡之曲直鋒，本必横，而取圜

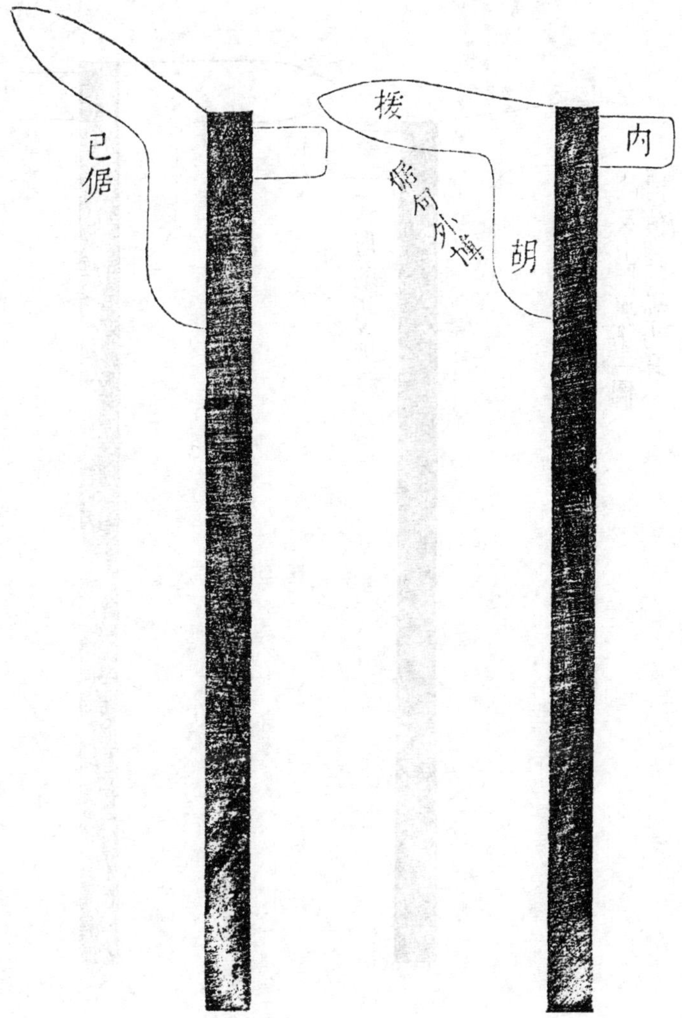

内
援
胡
倨句外博
已倨

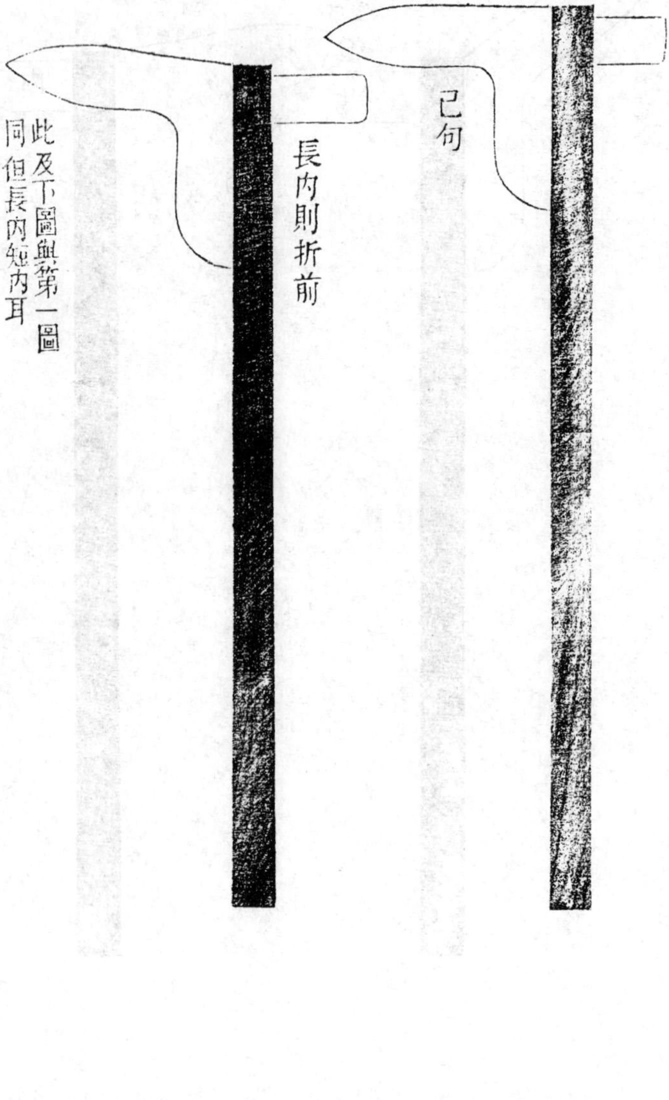
己句
長内則折前
此及下圖與第一圖同但長内短内耳

短内則不疾

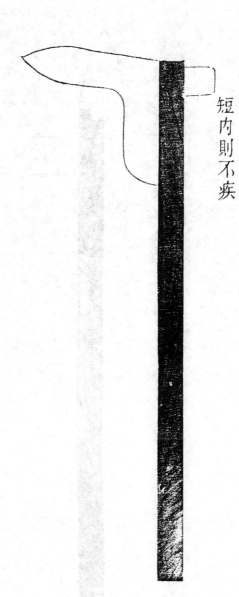

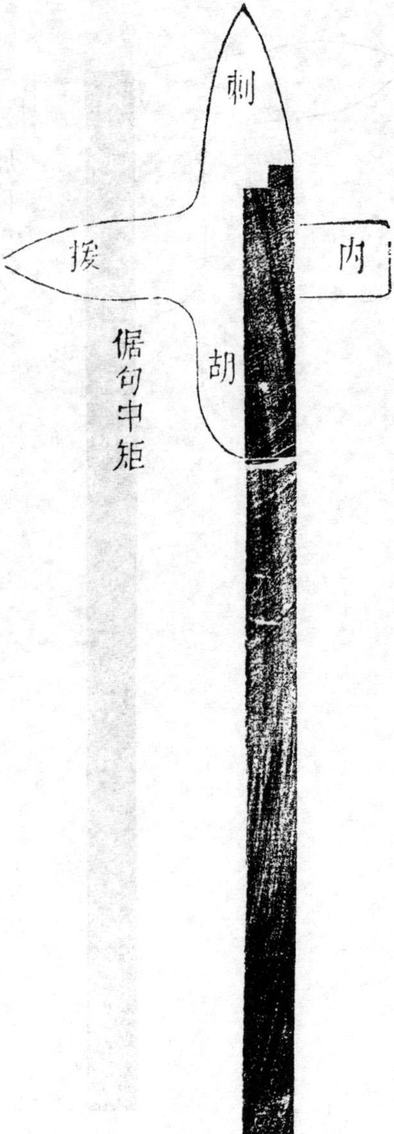
刺
援
内
胡
倨句中矩

於磬折。前，謂援也。內長則援短，援短則曲於磬折；曲於磬折則引之與胡并鈎。內短則援長，援長則倨於磬折；倨於磬折，則引之不疾。」又曰：「博，廣也。倨之外，胡之裏也。句之外，胡之表也。廣其本以除四病而便用也。俗謂之曼胡似此。」

援短
句之外胡之表
胡
曲於磬折
内長

援長
倨之外胡之裏
胡微直而邪多
内短
倨於磬折

又曰：「戟，今三鋒戟也。內長四寸半，胡長六寸，援長七寸半。三鋒者，胡直中矩，言正方也。」鄭司農云：「刺，謂援也。玄，謂刺者，著柲直前如鐏者也。戟，胡橫貫之，胡中矩，則援之外句磬折與？」

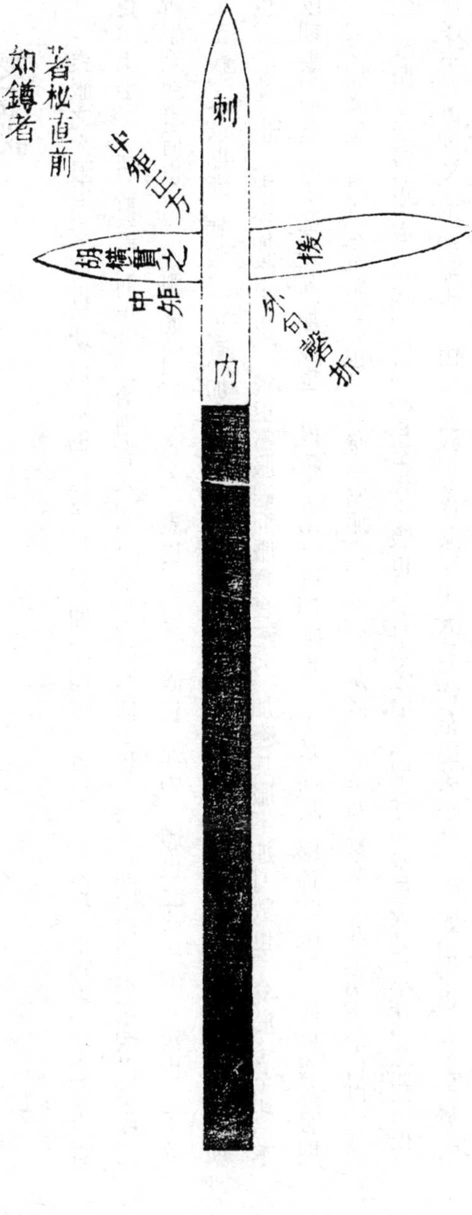

喪服説

喪服之大限三：期也，功也，緦也。其三年者，期之加隆焉者也。其大功、小功者，功之分焉者也。上治、下治，皆至三而止。旁治則有大功，有小功，至四而止也。《三年問》曰：「至親以期斷。」所謂至親者何也？《喪服》傳曰：「父子一體也，夫妻一體也，兄弟一體也。」此所謂至親也。子於父至親，本以期斷，其服三年者，加隆也。父本以期斷，則祖父當服功，其服期者，傳曰：「何以期也？至尊也。」則亦加隆者也。曾祖當服緦而服齊衰三月，加隆其服不加月數也。父於子至親，本以期斷，而爲長子三年，亦加隆也。爲衆子則仍以期斷也。子以期斷，則孫當服功，而爲適孫服期者，亦加隆也。爲庶孫仍服功也。曾孫本當服緦，此則無加隆而嫡庶無異矣。此上治下治皆以三爲限，故服上至曾祖下至曾孫，而無高祖玄孫之服也。若夫旁治者，則分功服爲大功、小功，至四而止。昆弟至親以期斷，不加隆也。由是旁殺，故從父昆弟大功，從祖昆弟小功，族昆弟緦也。父至親，本以期斷，加隆乃三年。世父、叔父本當服大功，以其與尊者一體《喪服》傳文。加隆而服期也。從祖父小功，族父緦，則不加隆也。祖父本當服功，加隆故服期；從祖祖父小功，族祖父緦，亦不加隆也。曾祖父加隆齊衰，而本當服緦；族曾祖父可以無服，然齊衰旁殺而遂無服，不可也，故服緦也。子服期，昆弟之子當服大功，而服期者，傳曰「報之也」。以彼加隆於我，我不可不加隆於彼也。然本當服大功，故從父昆弟之子小功，從祖昆弟之子緦也。孫服大功，故昆弟之孫小功。然則從父昆弟之孫當服緦而無服者，曾孫緦，故昆弟之曾孫無服也。其間參差不齊者有二焉：昆弟之曾孫無服，而族曾祖父有服；族祖父有服，而從父昆弟之孫無服，故學者疑焉。余竊推求《禮》意，而知族曾祖父本可無服，其有服者，以曾祖齊衰而非緦故也。從父昆弟之孫本可有服，其無服者，以昆弟之曾孫無服故也。此其參差不齊之故也。其所以旁治限以四，而上下治則限以三者，旁治之人必相見，而上見高祖、下見玄孫者少也。後世於上治增高祖之服，下治增玄孫之服；又於旁治因族曾祖父有服而增昆弟之曾孫之服，又因族祖父有服而增從父昆弟之孫之服，使無參差不齊，然而非禮意矣。上治、下治之三限，旁治之四限，程易田已得其解，而參差不齊之二事，則易田未解，故說此以明之。

喪服鄭注衣衽裁布圖說

《喪服》記「衽，二尺有五寸」，鄭注：「上正一尺，燕尾一尺五寸，凡用布三尺五寸。」疏云：「取布三尺五寸，廣一幅，留上一尺爲正。一尺之下，從一畔旁入六寸，乃向下，斜向下一畔一尺五寸，去下畔亦六寸，横斷之，留下一尺爲正。如是，則用布三尺五寸，得兩條衽，衽各二尺五寸。」澧按：如疏說，則兩條衽燕尾皆在左，不可用。若欲其一在右，則必反屈之，使背向外而後可矣。且前下鋭似燕尾，後下齊不似燕尾，澧以爲布三尺五寸，廣一幅，中分爲二，其一從左畔距上一尺處斜裁，至右畔距下一尺處；其一從右畔距上一尺處斜裁，至左畔距下一尺處。凡四條，分置前後，則燕尾在左者二，在右者二，且前後皆銳如燕尾矣。輒爲圖以明之，并如疏説爲圖，而指其誤焉。

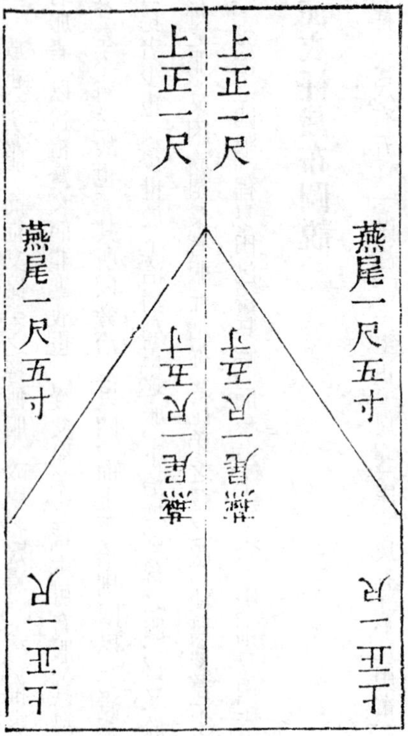

今定裁布圖

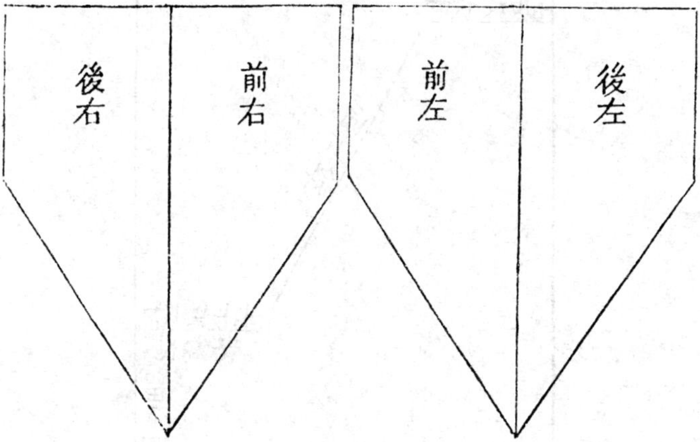
後右
前右
前左
後左

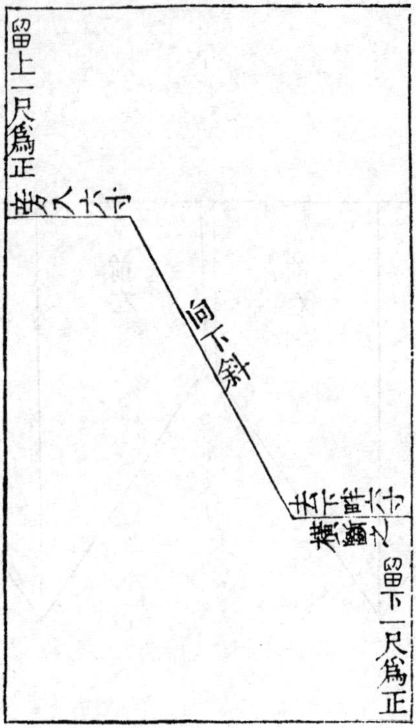

賈疏裁布圖

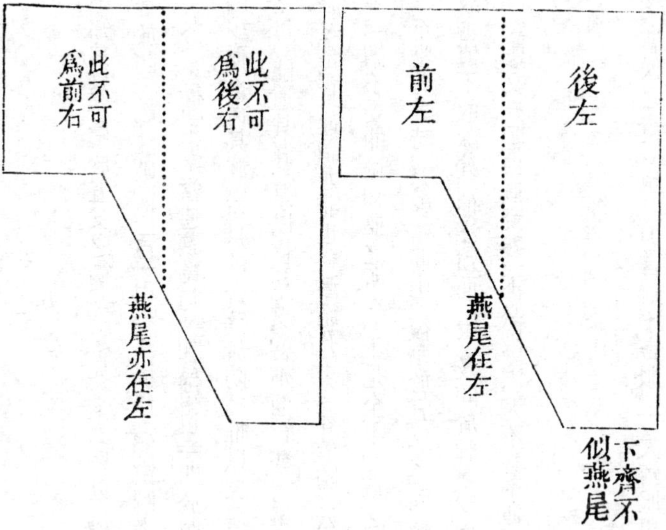
此不可爲後右
此不可爲前右
燕尾亦在左
後左
前左
燕尾在左
下齊不似燕尾

孔子合葬於防説

《檀弓》:「孔子少孤,不知其墓。殯於五父之衢,人之見之者,皆以爲葬也。其慎也,蓋殯也。問於郰[二]曼父之母,然後得合葬於防。」鄭注破「慎」爲「引」,江慎修《鄉黨圖考》以爲無義理,而稱高郵孫邃人之説,謂「不知其墓殯於五父之衢」十字當連讀爲句。「蓋殯也」「問於郰曼父之母」兩句爲倒句,以爲孔子父淺葬於五父之衢,因少孤不得其詳,至是欲合葬於防。惟以父墓淺深爲疑,不敢輕啓。後乃知其果爲殯,由問於郰曼父之母,能道其詳,是以信其言,啓殯而合葬。案:此説讀「慎」如字,是也。其倒句文勢不順,且殯不得謂之墓,其連讀尤非也。澧謂孔子父葬於防,云不知其墓者,非不知父墓在防,但不知墓地耳。正義曰:「謂不委曲適知柩之所在,不是全不知墓之去處。」是也。及母卒,既殯於家,鄭注以爲不殯於家,非是。至當葬之時,乃啓殯而出,復殯於五父之衢,故見者皆以爲葬也。孔子以將來當遷母柩合葬於父墓,故審慎不敢深葬,但淺殯而已。及問於郰曼父之母,知父墓地,然後遷柩合葬也。當時情事,了然可見。《記》文亦明白無疑義,不必破字,尤不必牽連顛倒而讀之也。

諸侯大夫齋服説

《玉藻》:「玄冠丹組纓,諸侯之齋冠也。」但言冠不言服,大夫齋服更無明文。《玉藻》正義稱熊氏、皇氏，并謂諸侯以下皆以玄端齋，同士禮。《司服》：士，齋服有玄端、素端。澧謂大夫以玄端齋，當是也，諸侯則不然。《文王世子》：「若内豎言疾，則世子親齋玄而養。」注：齋玄，玄冠、玄端。任氏大椿《弁服釋例》以此傅合《玉藻》諸侯玄冠之文，謂諸侯言齋玄冠亦玄端，與世子同。任氏謂《文王世子》孔疏引《玉藻》「玄冠丹組纓，諸侯之齋冠」作證。按：「孔疏并引玄冠綦組纓，士之齋冠也。」任氏舉其一而遺其一矣。不知《文王世子》注之玄冠、玄端，正士之齋服。《郊特牲》云：「天子之元子，士也。」故世子齋服同於士，諸侯不得同於士也。王齋服衮冕，見「旅賁氏」注。不應諸侯齋服直降至玄端，而諸侯以下乃無等差也。且諸侯燕居服玄端，《玉藻》：大夫退，然後適小寢，釋服。注：釋服，服玄端。豈得以燕居之服爲齋服乎？然則諸侯齋服，蓋玄冠朝服歟！何以明之？大夫、士齋服玄端，與視私朝同。《玉藻》「朝玄端」，注：謂大夫士也。正義曰：「以視私朝，故服玄端。」則諸侯齋服亦當與視朝同。《玉藻》：「諸侯朝服以日視朝於内朝。」則齋亦必朝服矣。且玄冠、玄端爲士祭服，《特牲饋食禮》：「及筮日，主人冠端玄。」「夙興，主人服如初」。大夫則爲齋服，以此推之，玄冠朝服爲大夫祭服，《少牢饋食禮》：「主人朝服，即位於阼階。」諸侯則爲齋服也。其大夫齋服玄端，澧以爲然者，諸侯朝服，大夫降一等則玄端。《玉藻》注云：「四命以上齋祭異冠。」是大夫三命不異冠，祭服玄冠，朝服、齋服玄冠、玄端，士則齋祭皆玄冠、玄端，冠服并同矣。

深衣説

《深衣》曰：「制，十有二幅。」此通衣裳數之也。衣中二幅，袂二幅，凡四幅。裳中正幅二，兩旁斜裁之幅各二，爲四幅，合前後凡八幅。通衣裳數之，則爲十有二幅也。裳左前後縫合，而右有鉤邊一幅，以其在内不見，故不數之也。衣前之右，别有外襟一幅，然自後觀之則不見，自前觀之則又掩去内幅，故亦不數之也。《深衣》云：「要縫半下。」《玉藻》云：「深衣三袪，縫齊倍要。」鄭注云：「袪，尺二寸；圍之爲二尺四寸；三之，七尺二寸。紩下齊倍要中，齊丈四尺四寸。」按：布幅廣二尺二寸，衣中二幅，裳中二幅，每一幅皆削兩邊而縫之，每一邊去二寸，得一尺八寸，二幅得三尺六寸。兩旁斜裁之幅，其上鋭，其下廣，終幅亦削而縫之，每一邊各去二寸，二幅亦得三尺六寸。合中二幅爲七尺二寸，通前後爲丈四尺四寸也。布幅每邊削之，縫之。去二寸，似所去稍多，但衣之下際必與裳之上際同廣。孔疏但言裳幅邊去一寸，而不言衣幅。若衣幅亦但每邊去一寸，則二幅四尺四寸，去四邊四寸，餘四尺，較裳上際三尺六寸多四寸，不可縫合矣。然則如疏説，衣幅每邊亦必去二寸也。至江慎修《深衣圖》則竟繪衣下際闊於裳上際，不成制度矣。鄭注以十有二幅專數裳，不數衣，云「裳六幅，幅分之，以爲上下之殺」，殆非也。鄭欲求上下之殺，遂以爲幅幅皆斜裁；既六幅皆裁，則裳已有十二幅，故不數衣耳。然如此則奇衺不正，江慎修《深衣考誤》駁之，誠是也。至江氏之説，謂裳旁始用斜裁，是也。謂當裳之前後正處，以布四幅正裁爲八幅，則非也。夫布之所以裁者，不得不裁者也。豈有甫裁之而仍即縫合之者乎？十二幅所以應十二月者，因其自然也，豈有不必裁而强裁之以應十二月者乎？古人必不如是之迂也，皆由不知十有二幅通衣裳言之耳。至鄭注誠誤，然其言「裳六幅，幅分之」，則謂六幅每幅皆分裁甚明。正義曰「每幅交解爲二」，其解鄭注固不誤。又《玉藻》云：「衽當旁。」鄭注云：「衽，謂裳幅所交裂也。凡衽者，或殺而下，或殺而上。衽屬衣，則垂而放之；屬裳，則縫之以合前後。」正義曰：「裳幅下廣尺二寸，上闊六寸，交裂一幅而爲之。」引皇氏云：「言『凡衽』，非一之辭。『或殺而下』，謂喪服之衽；『或殺而上』，謂深衣之衽。」尤得鄭意。乃江氏以鄭注强合己說，而謂幅幅斜裁爲疏家之説，則誣矣。然江氏雖誤解鄭注，而解《經》則較鄭注爲長，余以裳中二幅不裁，亦由江氏之説推知之耳。

明堂圖説一

明堂之制，見《禮記·月令》，曰「太廟」者四，曰「个」者八，曰「太廟太室」者一。見《考工記》，曰「五室」。見《大戴禮·盛德》，曰「上圓下方」。其度見《考工記》，曰：「度九尺之筵，東西九筵，南北七筵。凡室二筵。」説者大都以四太廟、八个、五室皆在九筵、七筵之内，其制度太狹，廣與袤又不稱。阮太傅始辨其誤，江徵君聲、孔檢討廣森與太傅并以九筵、七筵爲一面之度，舉一面以該三面。於是九筵、七筵之義始明。其三家之不同者，孔氏謂九筵爲九仞之誤。據《五經異義》、《隋書·宇文愷傳》引《明堂月令》。又謂中室方九仞，與《考工記》云「凡室二筵」不合。其説較江、阮二家爲短。阮氏《圖》个與太廟同深，四太廟八个之中央，地方九筵，中爲太室，四隅爲四室，而虚其四正。江氏《圖》太廟之左右，前爲个，後爲室，四太廟之後即太室，又較阮氏《圖》爲密。然猶有未合者，每一面太廟與兩个合九筵，而其後當三室僅六筵。江氏《圖》五室離立，遂使廟、个後隅皆空缺而不能掩。且四隅室在四太廟序外，其室壁與序之間有如隘巷，又室牖爲序所蔽，不能納明，則牖亦爲無用。此由未明《考工記》「室二筵」之義也。澧謂室二筵者，其地本方三筵，四壁皆厚半筵，室中方二筵也。《記》云「室中度以几」，鄭注云「室中，舉謂四壁之内」，即其義也。《記》不云「室中二筵」者，猶九筵、七筵不必云堂上也。云「二筵」不云「若干几」者，與上文九筵、七筵連文也。其度去聲。則二筵，而度入聲。之則以几不以筵耳。築土爲壁，上承重屋，非半筵之厚，不勝其任。且古一尺當今六寸許，二筵僅當今一丈許，若復去四壁，其中太狹，不足行禮。二筵不計四壁，明矣。并四壁則方三筵，三室則九筵，與一面之廟、个同廣也。由此計之，太室并四壁方三筵，四太廟各深七筵，則堂基廣袤皆十七筵也。太廟深七筵，兩旁室、个與太廟同深，室并四壁方三筵，則个深四筵也。東南、西南、西北、東北，每兩个之間餘地方四筵，不在堂基之内。堂基爲亞字形，八隅立柱，以承圓屋也。《盛德》所云「上圓」者，圓屋也；「下方」者，堂基亞形八隅也。或曰：江氏據《通典》引《盛德》、《隋書·宇文愷傳》引《黄圖》及蔡邕《明堂月令論》言堂方百四十四尺，法坤之策；屋圜徑二百一十六尺，法乾之策。以爲兩面各七筵，加太室二筵，共十六筵，適得百四十四尺。堂基正方，其東南、西南、西北、東北，每兩个間餘地謂之坫。今謂堂基亞形，則非正方；謂堂基廣袤各十七筵爲一百五十三尺，則非法坤之策；以九筵八十一尺爲句，十七筵一百五十三尺爲股，求得弦一百七十三尺有奇，爲堂基亞形之斜徑，南堂左隅至北堂左隅，南堂右隅至北堂右隅，東堂左隅至西堂左隅，東堂右隅至西堂右隅。其上覆圓屋之徑，必不能較堂之斜徑多至四十二尺有奇，以成二百一十六尺，則非法乾之策。然則《盛德》、《黃圖》、《明堂月令論》非歟？曰：《通典》所引《盛德》，今本《大戴禮》無之，其文與宇文愷所引《黃圖》同，而愷不云《大戴禮》，愷引《盛德篇》：「明堂者，古有之」也云云。則稱《大戴禮》。竊疑此非《盛德篇》文，《通典》誤也。且《盛德》有「蒿爲宮柱」之説，頗近荒誕，本不可盡信。至如《黃圖》云：「太室方六丈。」《明堂月令論》云：「太廟明堂方三十六丈。」《通典》引《盛德》同。其説與《考工記》斷不能合。其云法乾坤之策，傅會《易》義，不足據也。如其説，屋圜徑二百一十六尺，較堂方一百四十四尺多七十二尺，半之得三十六尺，爲每面屋檐出於堂基外之數，屋檐之深如此，堂柱安能承之？江氏以堂基方一百四十四尺，用句股求弦法，得弦二百三尺六寸，爲堂基斜徑。以圜屋徑二百一十六尺較之，多十二尺四寸，半之六尺二寸，爲屋檐出於堂隅之數。然但計四隅而不計四正，疏矣。江氏以爲柱立堂下，然柱豈有立於堂下者？又其增四隅以成方基，引《爾雅》郭注「坫在堂隅」爲證。然堂隅者，堂之隅也，江氏所增，在八个之外，

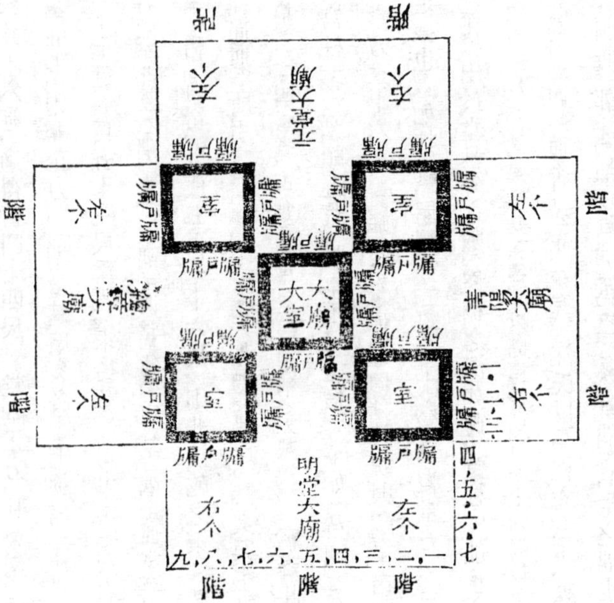

明堂圖一

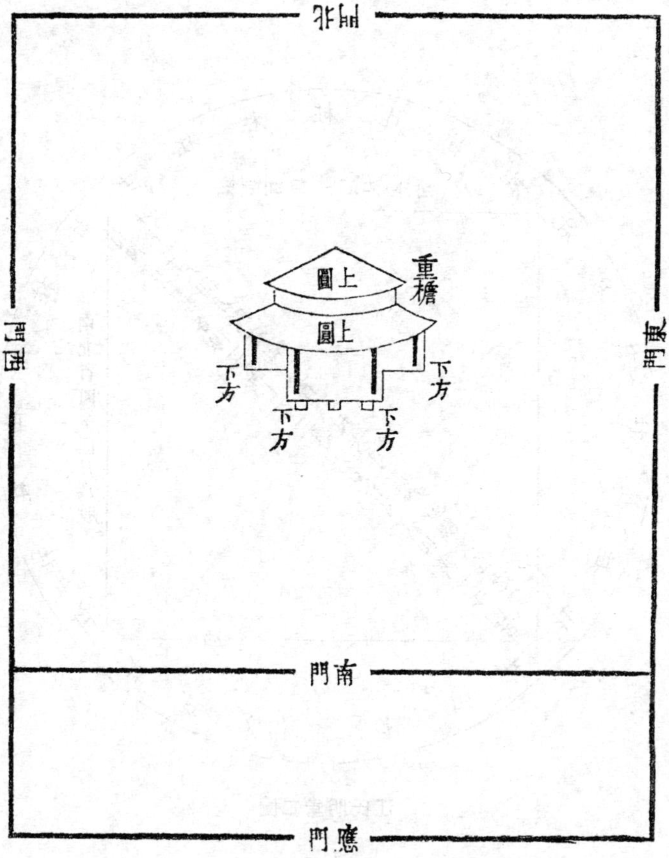

明堂圖二

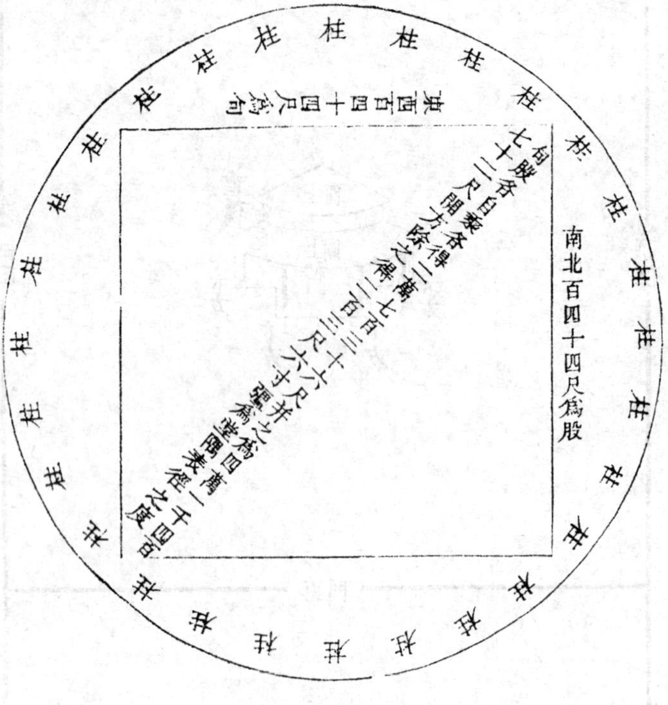
東西百四十四尺爲句
南北百四十四尺爲股
句股各自乘各得二萬七百三十六尺并之爲四萬一千四百
七十二尺開方除之得二百三尺六寸强爲堂隅表徑之度
柱

江氏明堂二圖

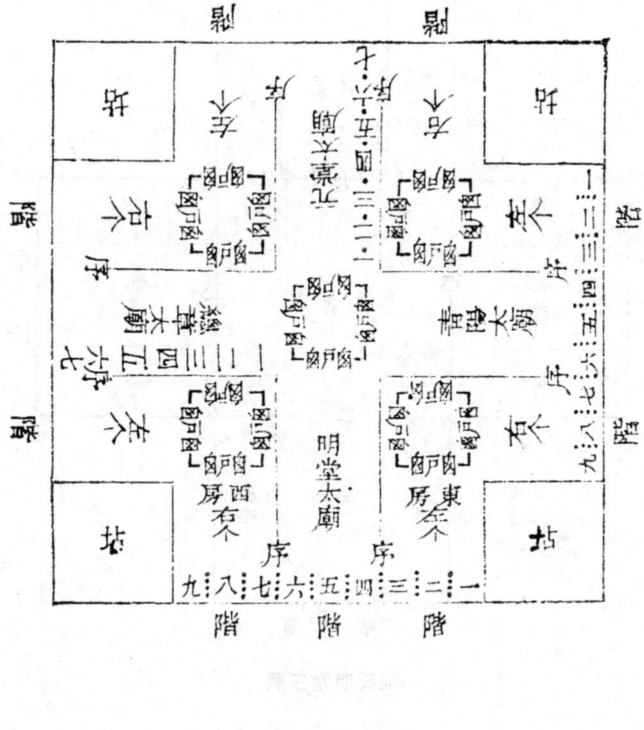

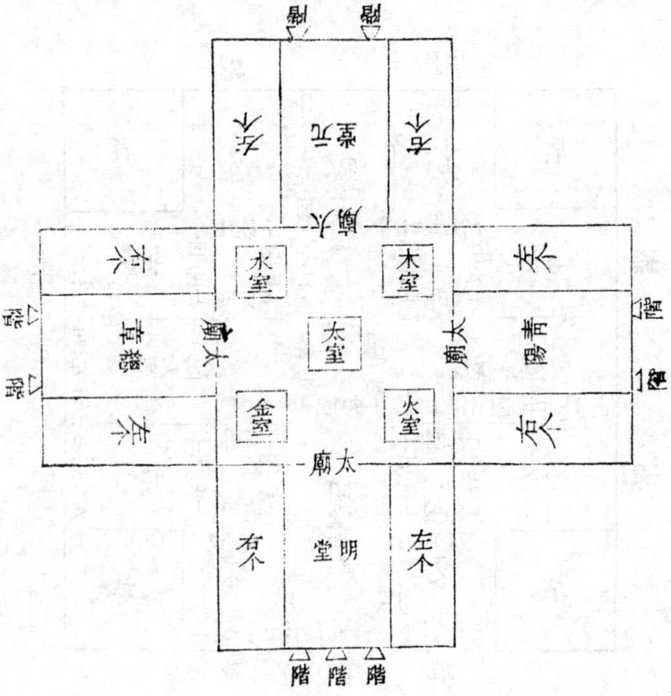

阮氏明堂三圖

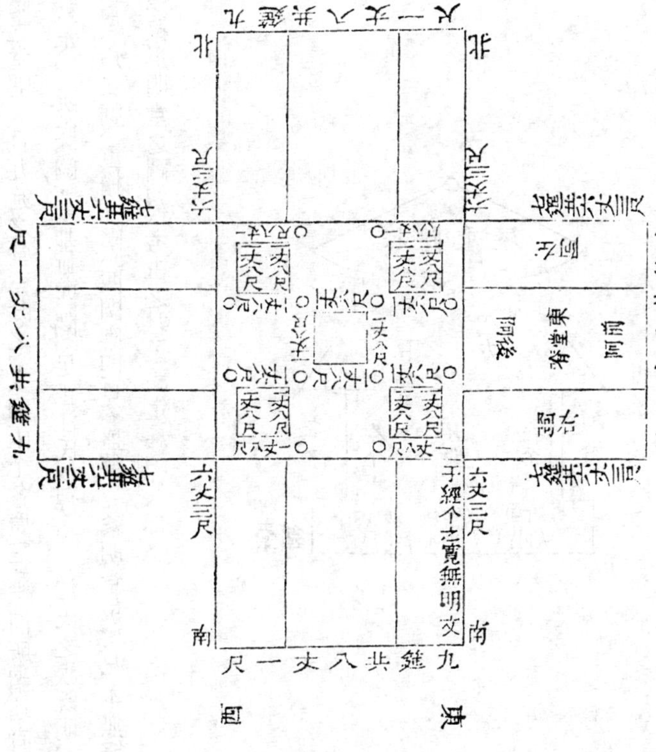
東
西
南
九楹共八丈一尺

則是在堂外，不得謂之堂隅。且九筵之堂三分之，太廟兩个各廣三筵，而所謂坫者，乃方三筵有半，反廣於廟、个，必不然矣。阮氏《圖》堂基無四隅，足正江氏之誤也。江氏之誤既明，而明堂制度疑義盡析。其餘若室四户、户二牖、重檐九階、四門應門見《盛德》及《明堂位》者，本無疑義。爰因江、阮二家之説而補苴之，擬爲明堂之圖，俟考古之君子論定焉。

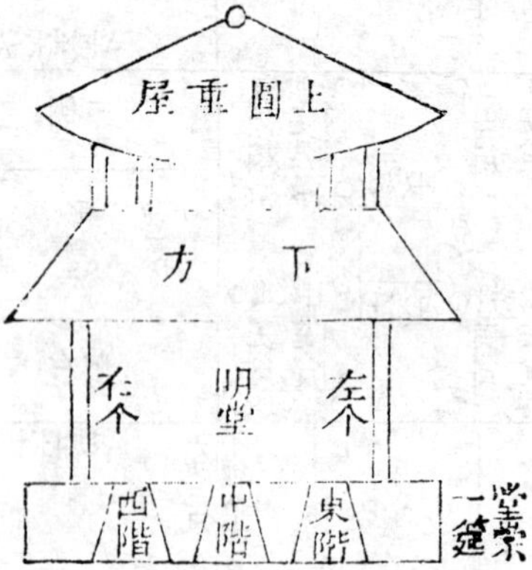

明堂圖説二

澧既據《考工記》、《月令》爲《明堂圖説》，復讀汪容甫《明堂通釋》以《月令》爲呂氏書，古未有此制，而譏宋人爲《考工》、《月令》之調人。蓋以《考工記》言堂、言五室而不言四太廟、八个，《月令》言太廟、太室而不言五室，未可合爲一也。澧謂《考工》、《月令》正相發明，蓋室方二筵，五室平列則廣十筵，與堂廣九筵參差不合。汪氏以五室平列堂後，阮太傅已駁之。而亦不能以四室蔽太室四面，其爲太室居中，四室居四隅，無疑義也。四隅有室，必四面有堂，故《考工記》但言五室，而四面之堂不待言而明也。四室既在四隅，則四面之堂皆中深而左右淺，故左右别名爲个。《考工記》但言五室，則四堂皆三分太廟與左右个，亦不待言而明也。明堂一面正與路寢同制。明堂之太廟，猶路寢之堂；明堂之左个、右个，猶路寢之東堂、西堂；明堂之太室，猶路寢之室；明堂每一面之二隅室，猶路寢之夾室。明堂左右个不與太廟同深，猶路寢東堂、西堂不與堂同深。《月令》但言太室，使無四隅之室，則惟四太廟有後壁，而八个竟無後壁矣。其有四隅之室，又不待言而明也。《考工記》、《月令》吻合如此，信《考工記》安得不信《月令》耶？汪氏又以聖人南面而聽天下，天子之居，不得四時易位。然《明堂位》：夷、蠻、戎、狄之國在四門外。使明堂惟南面一堂，則在東門、西門、北門之外者，或朝堂背或朝堂側矣。來朝者不必盡北面，則天子不必恒南面可知也。《月令》不可信，《明堂位》亦不可信耶？呂氏著書雖不盡述周制，而周制亦往往而在，况其與《考工記》、《明堂位》皆相發明，安得而不信哉！

春秋日有食之説

隱公三年春王二月，己巳，日有食之。《穀梁》以爲食晦日，疏引徐邈云：「己巳爲二月晦，則三月不得有庚戌也。」「則此己巳，正月晦，冠以二月者，蓋交會之正，必主於朔，今雖未朔而食，著之此月，所以正其本。」澧謂此説甚善，由此知聖人明於曆數。蓋未修之《春秋》必書正月晦，孔子修之，改書二月也。孔子既以日食必主於朔，則固知日食由於月掩日矣。然不能使人盡知之，故但書曰「日有食之」耳。《穀梁》傳云：「其不言食之者何也，知其不可知，知也。」豈月之食日不可知哉，亦《論語》所謂「民不可使知之」耳！

周髀北極璿璣四游説

《周髀》所謂北極者，北極五星也。所謂北極樞者，不動處也。所謂北極璿璣者，北極五星中之一大星也。戴東原以北極璿璣爲黄道極，非也。《周髀》欲測北極樞一節，乃測不動處之法，以近極大星環繞成規而折中取之也。正極之所游一節，乃定東西南北之法。測望大星東西所極，以正東西，而中折之以正南北也。《曆象考成》測句陳大星以定北極及南北真綫即此法，此在《周髀》本文甚明，趙君卿注亦甚明。若如戴氏説以爲黄極，黄極乃虚位，不可見，何由測其周四極乎？《周髀》云：「希望北極中大星。」黄極中豈有大星乎？戴氏云：「古者冬夏致日，故《周髀》之文但舉二至，則二分可知。又錯舉冬至卯酉，則一晝夜必周四游咸可知。」澧謂東游、西游二至在卯酉，夏至日永，卯酉不見星，冬至日短，卯酉見星，故東游、西游皆不得舉夏至，而必舉冬至也。南游冬至在午，不見星，故不得舉冬至。北游夏至在午，不見星，故不得舉夏至也。南游春分在酉，秋分在卯，北游春分在卯，秋分在酉，二分卯時，星已没，酉時星甫見，故南游并不得舉二分，而必舉夏至，北游亦不得舉二分，而必舉冬至也。春分夜半可見東游，秋分夜半可見西游，然欲於一夜中測定不動處及東西南北綫，不得於春分一測，直待秋分再測，故東游、西游亦不得舉二分也。《周髀》之文一字不可易，非錯舉也。戴氏又引姚信《昕天論》以説黄極。按：《昕天論》云：「冬至極低而天運近南，故日去人遠，而斗去人近。夏至極起而天運近北，故斗去人遠，而日去人近。」信之意以爲日麗於赤道，日之發斂，由天有低有起。冬則天低，故斗近而赤道遠；夏則天高，故斗遠而赤道近也。然天若冬低夏起，則冬至地平上星當少於二分，夏至地平上星當多於二分矣。其説本不通而其文則明白無疑義。戴氏以其所謂極低者，爲黄道極低，在赤道極之下；所謂極起者，爲黄道極起，在赤道極之上。若如此説，何以黄極低在赤極下時，則斗去人近，黄極起在赤極上時，則斗去人遠乎？且信之意以爲「日麗赤道」，是并不知有黄道，而謂其知有黄極，豈其然乎！

黄鍾之宫説

《吕氏春秋·適音篇》云:「黄鍾之宫,聲之本也,清濁之衷也。」《古樂篇》云:「黄鍾之宫長三寸九分。」江慎修《律吕闡微》據此謂宫聲居中,是不清不濁之聲,是也。然黄鍾之宫所以居清濁之中者,則未發明也。澧謂黄鍾之宫長三寸九分者,黄鍾半律也。江氏謂三寸九分爲四寸五分之誤。非也。由此而遞濁,則有應鍾至大吕十一聲;由此而遞清,則有大吕半律至應鍾半律十一聲。故黄鍾半律居清濁之中也。謂之黄鍾之宫者,以此爲宫聲,即今所謂「上」字也。江氏謂宫聲爲今之「四」字,尤誤。以黄鍾半律爲宫聲,其清於宫聲者,太蔟半律爲商,姑洗半律爲角;其濁於宫聲者,南吕爲羽,林鍾爲徵,故宫聲居中也。以今俗字譜言之,黄鍾之宫即「上」字,清於「上」字者「尺」字、「工」字;濁於「上」字者,「四」字、「合」字。若更進而清,則林鍾半律爲徵,即今「六」字;南吕半律爲羽,即今「五」字。更降而濁,則姑洗爲角,即今「低工」字;太蔟爲商,即今「低尺」字。今俗樂最高者「五」字,最低者「低尺」字。高工、高尺、高上不常用,低上尤不用。而「上」字爲不高不低之聲,與黄鍾之宫居清濁之中正相合也。蓋必以十二律與十二半律通而言之,然後黄鍾之宫長三寸九分者得爲清濁之中,否則三寸九分比十二律爲最短,其聲比十二律爲最清,安得爲清濁之中乎!

律呂正義陽律陰呂二均十四聲説

或問曰：「子爲《聲律通考》，所考古書則詳矣，國朝《律呂正義》：『陽律從陽，陰呂從陰，各成一均。』其法若何？」曰：「倍半相應，三分損益，弦音則然，管音則否。」《律呂正義》謂《呂氏春秋》三寸九分之管、聲中黄鍾之宫者，乃半太蔟合黄鍾之義，此誠千古未發之藴也。夫黄鍾之管截其半而吹之，其聲與黄鍾不相應，稍短而爲太蔟管之半，乃與黄鍾相應。由是黄鍾之管三分損一，下生林鍾，亦當稍短，故謂之夷則。夷則之管三分益一，上生夾鍾，當稍長，下生者當稍短，故上生者當稍長。故謂之太蔟。太蔟之管三分損一，下生南呂，當稍短，故謂之無射。無射之管三分益一，上生仲呂，當稍長，故謂之姑洗。姑洗之管三分損一，下生應鍾，當稍短，故謂之半黄鍾。半黄鍾之管三分益一，上生林鍾，當稍長，故謂之蕤賓。是爲陽律一均七聲也。大呂之管三分損一，下生夷則，當稍短，故謂之南呂。南呂之管三分益一，上生姑洗，當稍長，故謂之夾鍾。夾鍾之管三分損一，下生無射，當稍短，故謂之應鍾。應鍾之管三分益一，上生蕤賓，當稍長，故謂之仲呂。仲呂之管三分損一，下生半黄鍾，當稍短，故謂之半大呂。半大呂之管三分益一，上生夷則，當稍長，故謂之林鍾。是爲陰呂一均七聲也，皆以竹管之長短名之也。是故黄鍾所生者，名曰夷則之管，其聲即古之林鍾也，至其所生者，則仍爲太蔟矣。太蔟所生者，名曰無射之管，其聲即古之南呂也，至其所生者，則仍爲姑洗矣。姑洗所生者，名曰半黃鍾之管，其聲即古之應鍾也，至其所生者，則仍爲蕤賓矣。大呂所生者，名曰南呂之管，其聲即古之夷則也，至其所生者，則仍爲夾鍾矣。夾鍾所生者，名曰應鍾之管，其聲即古之無射也，至其所生者，則仍爲仲呂矣。仲呂所生者，名曰大呂之管，其聲即古之半黃鍾也，至其所生者，則仍爲林鍾矣。《律呂正義》之法爲千古所未有，而古法亦在其中。今謹爲表於左，覽者可以瞭如指掌矣。

黃鍾生夷則即古之林鍾聲。

夷則生太蔟即古之林鍾生太蔟。

太蔟生無射即古之南呂聲。

無射生姑洗即古之南呂生姑洗。

姑洗生半黃鍾即古之應鍾聲。

半黃鍾生蕤賓即古之應鍾生蕤賓。

大呂生南呂即古之夷則聲。

南呂生夾鍾即古之夷則生夾鍾。

夾鍾生應鍾即古之無射聲。

應鍾生仲呂即古之無射生仲呂。

仲吕生半大吕即古之半黄鍾聲。半大吕生林鍾即古之黄鍾生林鍾。

説長白山

長白山，我大清發祥之地，在漢玄菟郡境，非塞外地也。《漢書·地理志》：「玄菟郡：西蓋馬縣，馬訾水西北入鹽難水，西南至西安平入海。」案：馬訾水，今鴨緑江也。鹽難水，今佟家江也。鴨緑江源出長白山，是長白山乃漢西蓋馬縣境之山也。《漢志》於近塞之水源出塞外者，必著之。如遼東郡：「望平，大遼水出塞外。」「番汗，沛水出塞外」。是也。馬訾水不云出塞外，則水源在塞内，即長白山在塞内明矣。或曰：長白山緜亘數百里，鴨緑江出其南麓，其山北亦漢地乎？曰：山北蓋漢上殷台縣地也。《漢志》：玄菟郡三縣：一高句驪，一上殷台，一西蓋馬。上殷台雖無山水可考，然排比鈎稽而知其當在西蓋馬之北，高句驪之東，其地爲長白山之北也。何以明之？《漢志》云：「高句驪，遼山、遼水所出，西南至遼隊入大遼水。」案：遼山，今興京英額門外長嶺也；遼水，今渾河也。渾河與佟家江相去僅百餘里，則漢高句驪、西蓋馬二縣接界，其間不得復容上殷台一縣也。《志》又云：「高句驪又有南蘇水，西北經塞外。」案：南蘇水，今赫爾蘇河也。此水澧所考定，詳見澧所著《地理志水道圖説》。《志》言此水經塞外，則漢高句驪縣之北即塞外，上殷台不得在高句驪北境也。《志》又云：「遼東郡：望平，大遼水出塞外，南至安市入海。遼陽，大梁水西南至遼陽當作遼隊。入遼。」案：大遼水，今潢河也，在渾河西百餘里。大梁水，今太子河也，在渾河南百餘里。是漢高句驪縣西與望平縣接界，南與遼陽縣接界，皆遼東郡境，非玄菟郡境。上殷台又不得在高句驪之西境、南境也。太子河之源在佟家江西百餘里。又《志》云：「遼東郡：番汗，沛水出塞外，西南入海。」案：沛水，今朝鮮國大定江也，此水亦澧所考定，詳見《地理志水道圖説》。在鴨緑江南百餘里。是漢西蓋馬縣西與遼陽縣接界，南與番汗縣接界，亦皆遼東郡境，非玄菟郡境。上殷台又不得在西蓋馬之西境、南境也。然則上殷台既不在高句驪、西蓋馬二縣之間，又不在高句驪之北、之西、之南，又不在西蓋馬之西、之南，必在高句驪之東，西蓋馬之東、之北，其地爲長白山之北無疑也。漢上殷台縣或爲今吉林，或爲今寧古塔，但《漢志》不載水道，故無以定之。長白山南爲漢西蓋馬縣，北爲漢上殷台縣，是大清發祥之地，乃漢西蓋馬、上殷台二縣地也。又案：《續漢書·郡國志》玄菟郡六城，其高句驪、西蓋馬、上殷台三縣與前志同。《晉書·地理志》玄菟郡乃無西蓋馬、上殷台二縣，是二縣自晉始失之。然此猶幽、薊十六州自石晉失之，而其地固唐時郡縣也。澧因考兩漢地理，知大清發祥長白山本兩漢郡縣之地，爰敬謹考證而爲之説，并爲圖以明之。

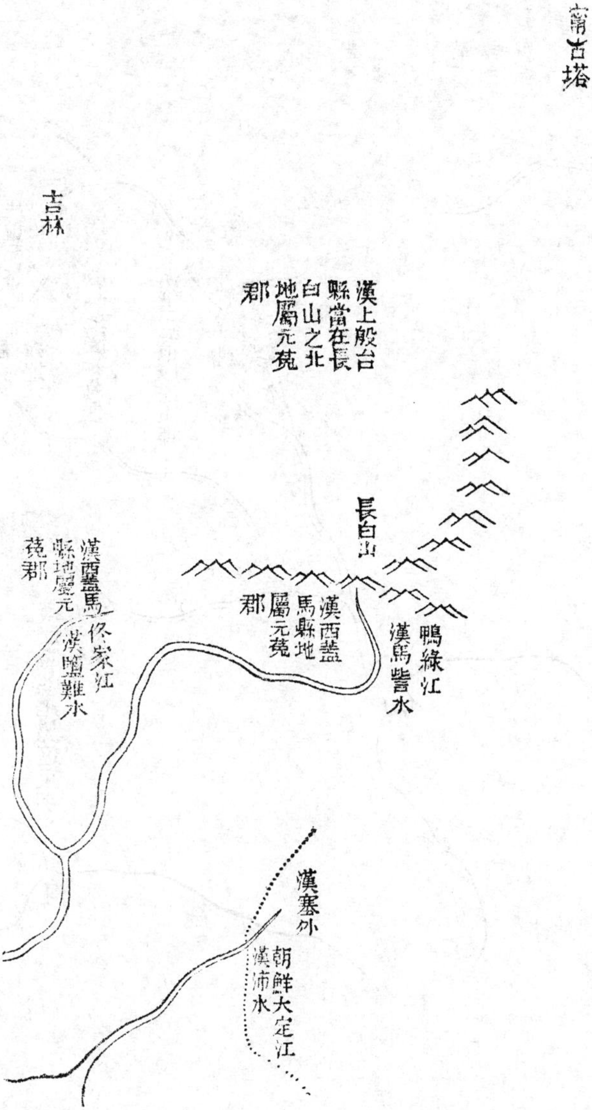
甯古塔
吉林
漢上殷台縣當在長白山之北地屬元菟郡
長白山
漢西蓋馬縣地屬元菟郡
鴨綠江
漢馬訾水
漢西蓋馬縣地屬元菟郡
佟家江
漢鹽難水
漢塞外
朝鮮大定江
漢沛水

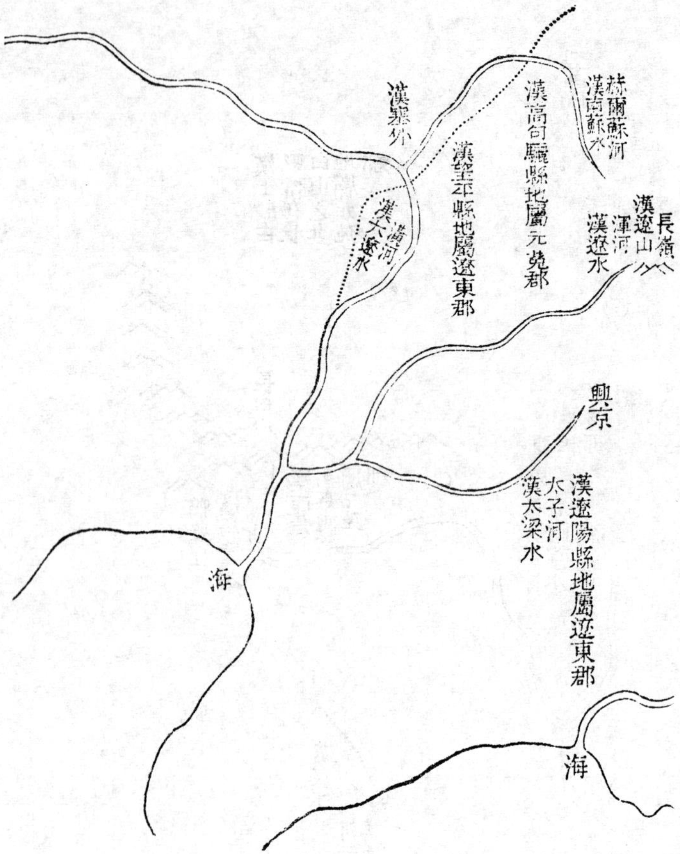
漢塞外
潢河
漢大遼水
漢望平縣地屬遼東郡
漢高句驪縣地屬元菟郡
赫爾蘇河
漢南蘇水
長嶺
漢遼山
渾河
漢遼水
興京
太子河
漢太梁水
漢遼陽縣地屬遼東郡
海
海

廣州音說

廣州方音合於隋唐韻書切語爲他方所不及者，約有數端。余廣州人也，請略言之。平上去入四聲，各有一清一濁，他方之音多不能分上去入之清濁。如平聲邕《廣韻》於容切。容餘封切。一清一濁，處處能分。上聲擁於隴切。勇余隴切。去聲雍此雍州之雍，於用切。用余頌切。入聲郁於六切。育余六切。亦皆一清一濁，則多不能分者。福建人能分去入清濁，而上聲清濁則似不分。而廣音四聲皆分清濁，截然不溷，其善一也。上聲之濁音，他方多誤讀爲去聲，惟廣音不誤。如棒、三講。似、市、恃六止。佇、墅、拒八語。柱九麌。倍、殆、怠十五海。旱二十三旱。踐二十八獮。抱三十二皓。婦、舅四十四有。斂五十琰。等字是也。又如孝弟之弟去聲，十二霽。兄弟之弟上聲濁音，十二薺。鄭重之重去聲，三用。輕重之重上聲濁音。二腫。他方則兄弟之弟、輕重之重亦皆去聲，無所分別。惟廣音不溷，其善二也。李登《書文音義便考私編》云：「弟子之弟上聲，孝弟之弟去聲；輕重之重上聲，鄭重之重去聲。愚積疑有年，遇四方之人亦甚夥矣，曾有呼弟、重等字爲上聲者乎？未有也。」案：李登蓋未遇廣州之人而審其音耳。侵、覃、談、鹽、添、咸、銜、嚴、凡九韻皆合脣音，上去入聲倣此。他方多誤讀，與真、諄、臻、文、殷、元、魂、痕、寒、桓、删、山、先、仙十四韻無別。如侵讀若親，覃談讀若壇，鹽讀若延，添讀若天，咸、銜讀若閑，嚴讀若妍。御定《曲譜》於侵、覃諸韻之字皆加圈於字旁以識之，正以此諸韻字人皆誤讀也。廣音則此諸韻皆合脣，與真、諄諸韻不溷，其善三也。廣音亦有數字誤讀者，如凡、范、梵、乏等字亦不合脣。然但數字耳，不似他方字字皆誤也。庚、耕、清、青諸韻合口呼之字，他方多誤讀爲東、冬韻。如觥讀若公，瓊讀若窮，榮、縈、熒并讀若容，兄讀若凶，轟讀若烘。廣音則皆庚、青韻，其善四也。《廣韻》每卷後有《新添類隔今更音和切》，如眉，武悲切，改爲目悲切；緜，武延切，改爲名延切。此因字母有明、微二母之不同，而陸法言《切韻》、孫愐《唐韻》則不分，故改之耳。然字母出於唐季而盛行於宋代，不合隋及唐初之音也。廣音則明、微二母不分，武悲正切眉字，武延正切緜字，此直超越乎唐季宋代之音而上合乎《切韻》、《唐韻》，其善五也。五者之中，又以四聲皆分清濁爲最善，蓋能分四聲清濁，然後能讀古書切語而識其音也。切語古法上一字定清濁而不論四聲，下一字定四聲而不論清濁，若不能分上去入之清濁，則遇切語上一字上去入聲者，不知其爲清音爲濁音矣。如東，德紅切，不知德字清音，必疑德紅切未善矣。魚，語居切，不知語字濁音，必疑語居切未善矣。自明以來韻書多改古切語者，以此故也。廣音四聲皆分清濁，故讀古書切語瞭然無疑也。余考古韻書切語有年，而知廣州方音之善，故特舉而論之，非自私其鄉也。他方之人宦游廣州者甚多，能爲廣州語者亦不少，試取古韻書切語核之，則知余言之不謬也。朱子云：「四方聲音多訛，卻是廣中人説得聲音尚好。」《語類》一百三十八。此論自朱子發之，又非余今日之創論也。至廣中人聲音之所以善者，蓋千餘年來中原之人徙居廣中，今之廣音，實隋唐時中原之音，故以隋唐韻書切語核之而密合如此也。請以質之海内審音者。

書字説

凡書字用右手，故其勢向左，自蒼頡以來已然矣。象形之文，蒼頡所製，如大字象正視形，人字則象左側形，牛、羊象正視形，馬、鳥則象左側形，而無象右側形者。諧聲之字，左形右聲者多，右形左聲者少，皆由先左後右故也。篆變爲隸則偏於左，如大字，由中貫左之字，左昂右低，反之則不成字。且篆書用筆，始末皆圓，可以左右反而觀之，隸書筆鋒始藏而末放，左右不同，尤與篆異矣。至於真書、草書，則落筆必偏而露鋒，譬之畫人，古文篆文有正面者，有側於面左者，隸書、真書、草書則皆側左，而真、草尤側，其精神皆向左而背右，此無他，右手作字，勢必如是也。試以左手作字，則不如是矣。黄涪翁論書，言自左而右之筆宜先自右而左，此乃於真、草中用篆法。涪翁嘗言作真、行當看古篆。段茂堂論書力持中鋒之説，獨謂點不可中鋒，中鋒則成墨團。點之筆鋒必偏向前左，以右手點之，故向左也。手在面前，故向前也。此自然之勢也。然凡寫字落筆皆起於點，然後引而長之，點不可中鋒，則是始偏鋒而後中鋒耳。鍾繇變隸書爲真書，其變處正在落筆偏鋒，實則漢人章草已如此，鍾繇用章草之筆以作隸書，遂成真書也。自鍾繇真書之後，至今不復變，以便於右手落筆故也。

説佛

余讀《南齊書》顧歡《夷夏論》曰「佛是破惡之方」、「破惡則勇猛爲貴」，吾於是知佛之説焉。蓋佛者，勇猛之至也。吾聖賢之書曰「無故不殺」，此飲食之道也。佛慮人之不能然也，於是不肉食焉。人學之而不能至，則雖肉食而不敢濫殺，然而合於飲食之道矣。吾聖賢之書曰「樂而不淫」，此男女之道也。佛慮人之不能然也，於是不婚配焉。人學之而不能至，則雖婚配而不敢縱慾，然而合於男女之道矣。吾聖賢之書曰「殺身成仁，舍生取義」，此死生之道也。佛慮人之不能然也，於是無故而捐其首、割其肉焉。人學之而不能至，則於其當死而不敢愛死，然而合於死生之道矣。夫人之情甘食悦色，愛生惡死，佛亦豈有異焉，而獨矯其情爲人所不能爲，絶人所不能絶，故曰猛也。且佛非不知人之不能學也，亦未嘗必欲人之學之也，使人人學之，則人類死絶，佛願物之生，必不願人之死絶，明矣。以爲使人與物各安其生，則我自甘於死絶焉耳，故曰猛也。是故聖賢所以爲聖賢，以其能爲人人所可學也。佛所以爲佛，以其能爲人人所不可學也。故聖人之道曰中庸，佛之道曰勇猛。

《二程遺書·入關語録》有云：「釋氏自己不爲君臣、父子、夫婦之道，而謂他人不能如是，容人爲之而已不爲，别做一等人。若以此率人，是絶類也。」竊歎先賢先得我心矣。自記。

【校記】

[一]聊 原誤作「聊」，據《四庫全書》本《禮記·檀弓》改。下文同誤者并改。

卷二

精氣爲物解

《易繫辭傳》曰：「精氣爲物，游魂爲變，是故知鬼神之情狀。」游魂爲變，謂鬼無疑矣。然則精氣爲物，謂神也。《祭法》曰：「山林、川谷、丘陵能出雲，爲風雨，見怪物皆曰神。」鄭注云：「怪物雲氣非常見者。」澧謂此即《繫辭傳》所謂精氣爲物也。又如《國語》言蓐收「人面白毛〔一〕，虎爪，執鉞」，此即秋金之神精氣所見也。所見者，或似人形，或不似人形，故《繫辭傳》謂之物，《祭法》謂之怪物。蓐收虎爪執鉞，亦見《山海經》。《山海經》所載之神，其狀或似人，或似鳥獸龍蛇，雖不可信，然亦未可決其必無也。鄭君以爲雲氣者，注經之體不可語怪，此鄭學之醇雅。且神怪之物多遠見其形，狀似雲氣而已。神有神之狀，鬼有鬼之狀，且有其狀更有其情，如蓐收爲刑神，刑即其情也。韓注、孔疏以爲陰陽精氣煙熅聚而爲萬物，聚極則散，浮游精魂，生變爲死。如此則是生與死之狀，非神與鬼之狀也。

中庸仁者人也解

《中庸》「仁者人也」，鄭注云：「人也讀如相人偶之人，以人意相存問之言。」朱子《與呂伯恭書》云：「『相人偶』此句不知出於何書，疏中亦不説破，幸以見告。所謂人意相存問者，卻似説得字義有意思也。」按：鄭君之注，朱子稱之，漢學、宋學兩家可無異議矣。人字篆作，古鼎彝石鼓文人字皆如此，後世篆作，取字體方整耳。象曲身引手之形，凡人相存問，其形必如此，所謂相人偶也。當造字時，人字所以象此形者。人之所以名爲人，以其性仁愛異於禽獸之頑惡，而仁愛之意，惟曲身引手相存問之形能顯之，故造字如此，此最初之義也。古未有「仁」字先有「人」字，則仁愛之「仁」亦作「人」，其後則造「仁」字爲仁愛之「仁」，而「人」字乃專爲人物之「人」。《中庸》「人也」之「人」，猶用最初之義，至鄭君時，「人」字有最初之義者，惟「相人偶」一語，故取以爲訓也。此朱子所以謂其「説字義有意思」也。

皮弁素積解

皮弁衣用十五升白布，《三禮》鄭注有明文矣。而裳無明文，《史記·禮書》曰「皮弁布裳」，蓋必衣裳同用白布。故《經》言皮弁素積者，謂首冠皮弁，身著白布衣裳，而裳有辟積。《士冠禮》「皮弁服」，素積」，賈疏以爲白繒爲裳，其説云：「衣裳言素，謂白繒；畫繪言素，謂白色。」澧以爲非也。上文「爵弁服，纁裳，純衣」，下文「玄端，玄裳，黄裳，雜裳」，皆兼言衣裳，若素積惟言裳，則皮弁之衣獨闕焉，《儀禮》之文不如是之疏漏也。且纁、玄、黄、雜皆言其色，而獨謂素非言色，可乎？著此篇後，讀孔撝約《禮服釋名》云：「素積者，白布爲裳，要有辟積也。」與余説正合。然其説太簡，又未引《史記》爲證，故存此篇而不删也。

亥有二首六身解

《左傳》史趙曰：「亥有二首六身，下二如身，是其日數也。」士文伯曰：「然則二萬六千六百有六旬也。」今本杜注云：「併三人爲身，如算之六。」「下亥上二畫，豎置身旁。」案：《説文》亥从二人从乚，乚非人字，不得云三人。《後漢書·謝該傳》注引杜注作「併三六爲身」，蓋杜注本作「併三乚爲身」，算家「六」字作「乚」，故云「如算之六」。今本「乚」誤作「人」，《後漢書》注則誤引作六耳。孔疏云：「六畫爲身，非杜意也。且上二畫下六畫但可爲二萬六千，安得更有六百有六旬乎？」孔疏誤矣，然杜解亦非也。蓋六身，謂乚也；下二者，二「人」字也；下謂在上二畫之下，非謂降而下之也。如身者，謂二「人」字皆變作「乚」也。云下二不云二人者，古文「亥」字作「𠀅」，不从二人也。薛氏《鐘鼎款識》所載《楚邛仲南和鐘銘》，「亥」字正如此。徐楚金亦云：「李斯所書碑亥字旁人皆作丁字形。」下二筆曲之如乚，則成三「乚」，故爲二萬六千六百有六旬，此是設言，實則「亥」字本不从三「乚」也。徐楚金《説文繫傳》謂：「左人字曲之，上横下豎，爲算家之六百；右人字亦然，爲單六。」其説近之。然上横下豎，則與「乚」不同，不得爲如身，楚金仍沿杜注，解下二如身爲降上二畫於身旁耳。楚金又云：「右人字隔一位爲單六。」則尤非也，此誤讀有六旬之有字耳。如有隔位，則二萬六千六百有六旬爲二十六萬六千零六十日矣。不知二萬六千六百下所以加有字者，正以明二萬六千六百是日數，非旬數。《堯典》三百有六旬，亦謂三百日有六旬，若有字爲隔位，則是三千零六十日矣。

論語北辰解

北辰者，北極五星之總名也。《爾雅·釋天·星名》：「北極謂之北辰。」《春秋合誠圖》云：「北辰，其星五，在紫微中。」《史記·天官書》索隱引。此最古最確之説也。《公羊》昭十七年傳云：「大火爲大辰，伐爲大辰，北辰亦爲大辰。」何注云：「迷惑不知東西者，須視北辰以別心、伐所在。」大火與伐皆星名，則北辰亦必爲星名。且北辰是星，故可視，若無星，何從視之。又北辰五星，大端指心，小端指參、伐，故可視而別之。若僅爲一星，則了無向背，何從別之乎？故《楚詞·遠逝》王注直云：「北辰，北極星也。」《續漢書·天文志》則直謂之北辰星，皆合於《爾雅·星名》之義。《晉書·天文志》云：「北極五星，在紫宮中。北極，北辰最尊者也。」尤合於《合誠圖》其星五之説。然北極五星亦自旋轉，而《論語》云「居其所」者，居其所非不動之謂，謂動而不出其位耳。《尚書大傳》云：「琁機者何也？傳曰：琁者，還也；機者，幾也，微也。其變幾微而所動者大，謂之琁機。是故琁機謂之北極。」是北極亦旋轉矣。衆星旋轉皆離其位，惟北極五星雖旋轉而仍在中央；且衆星皆繞北極而行，北極不繞衆星而行，不可謂之居其所乎！後儒多泥「居其所」三字，其説乃多歧誤。邵康節云：「地無石處皆土，天無星處皆辰。」夫《爾雅》明明題曰星名，安得以爲無星。且辰者，時也。《毛詩·齊風》、《秦風》、《小雅》、《大雅》傳并云：「辰，時也。」《爾雅·釋訓》：「不辰，不時也。」郭璞注《爾雅》云：「北極，天之中，以正四時。」然則北辰之名爲辰，以此。他如日月之會謂之辰，昭七年《左傳》。日月星爲三辰，《周禮·司服》注：「周以日月星辰畫於旌旗，所謂三辰旂旗，昭其明也。」《尚書》：「日月星辰。」僞孔傳云：「日月星辰爲三辰。」大火爲大辰，伐爲大辰，見上文。又《爾雅·釋天》：「大火謂之大辰。」房、心、尾爲大辰，《爾雅·釋天》：「大辰，房、心、尾也。」日月列宿皆所以定四時十二月之節，故皆名爲辰。若無星之處，蒼蒼然無物可見，何以正時，何得名爲辰乎？《尚書》作服十二章，星辰爲一章，若辰非星，則別爲一物，當爲十三章矣。且無形無質，如何繪畫乎？又《論語》云「居其所」，所猶地也。本皇疏。北辰之星居不動之地，故云北辰居其所；若北辰無星，則北辰即是所，而何云居之乎？又如《中庸》云：「今夫天，日月星辰繫焉。」《孟子》云：「天之高也，星辰之遠也。」若辰爲無星處，則直是天矣，孟子何爲與天分言之？而《中庸》直謂天繫於天，豈可通乎？又或以北極第五星爲北辰，亦非也。北極惟第五星最小，《公羊》何以謂之大辰？《史記·天官書》云：「中宮[三]天極星，其一明者，太一常居也。《五禮通考》云：「謂第二星也。」旁三星三公。」《五禮通考》云：「即第一、第三、第四星也。」而不及第五星。如第五星是北辰，則太史公記盈天之星而獨遺北辰，有是理乎？

門屏之間謂之宁解

《爾雅》：「門屏之間謂之宁。」李巡注云：「正門内兩塾間曰宁。」按《荀子·大略篇》云：「天子外屏，諸侯内屏，禮也。」《郊特牲》鄭注云：「禮，天子外屏，諸侯内屏，大夫以簾，士以帷。」正義云：「禮，緯文。」若然，則門屏之間謂之宁者，天子之制也。猶下文「正門謂之應門」，亦專言天子之制。正門内兩塾間曰宁者，諸侯、大夫、士之制也。何以言之？天子設屏於門外以爲蔽，而宁立於門外屏内，故曰門屏之間謂之宁。邵氏《爾雅正義》云：「天子外屏，屏在路門之外，門以外屏以内，其間謂之宁。諸侯未集，天子宁立於此，設屏以蔽内外也。諸侯既集，則出至屏外，負屏而立。《曲禮》以負屏爲當宁，猶以負扆爲當依也。」其説最明。江氏《鄉黨圖考》云：「人君所立，位之南群臣甚多，宜去屏遠。」則誤以當宁即宁立處耳。諸侯屏既在門内，若宁在門屏之間，則在門内屏外矣。屏者，所以蔽也，人立屏外，屏不能蔽，何必設屏乎？然則諸侯屏在門内，宁又在屏内，不在門屏之間也。《論語》以「管氏樹塞門」爲不知禮，是大夫、士不得設屏，故但以簾帷爲蔽。簾帷懸於門，則宁亦在門内，皆李巡注所謂「正門内兩塾間」者也。李注可以補《爾雅》之義，不可以解《爾雅》之義也。又李云：「正門内者，門謂路門；正，猶當也。」非《爾雅》所謂正門謂之應門也。應門内，不得有兩塾也。

大射所在考

《大射儀》：「公入，鷩。」鄭注云：「射宫在郊。」《鄉射．記》：「於郊，則閭中。」鄭注云：「於郊，謂大射也。大射於大學。」引《王制》曰：「小學在公宫之左，大學在郊。」澧案：鄭駁《異義》云：「《王制》大學在郊。天子曰辟廱，諸侯曰泮宫。」「然則太學即辟廱也」。見《詩．靈臺》疏。又云：「辟廱及三靈皆同處在郊。」見《靈臺》疏、《王制》疏。鄭既謂大射於大學，大學在郊，又謂《王制》之大學即辟廱，辟廱在郊。然則天子大射在郊之辟廱明矣。《説文》廱字解説云：「天子饗飲辟廱。」案《射義》云：「古者諸侯之射也，必先行燕禮。卿、大夫、士[三]之射也，必先行鄉飲酒之禮。」疏云：「《儀禮．大射》在未旅之前，燕初似饗，即是先行饗禮。」鄉飲酒禮亦即饗禮，《説文》云：「饗，鄉人飲酒也。」然則天子大射必先行饗禮，許云「饗飲辟廱」，段注云：「舉飲以該射是也。」此天子大射在辟廱之證也。乃《鄉射．記》賈疏云：「大射於大學者，據諸侯而言也。天子大射在虞庠小學，以其天子大學在國中，小學在郊。鄭引《王制》是殷法，諸侯用焉。」《大射儀》疏及《周禮》司几筵、司服疏皆同此説，澧以爲非也，賈誤讀《王制》耳。《王制》云：「周人養國老於東膠，養庶老於虞庠，虞庠在國之四郊。」注：「東膠大學，在國中；虞庠亦小學也，周立小學於四郊。」又云：「小學在公宮南之左，大學在郊。天子曰辟廱，諸侯曰頖宫。」注云：「此小學大學，殷之制。」賈緣此遂疑天子大射若在大學，則在國中，非在郊矣，乃舉在郊之虞庠以當之。不知東膠與辟廱地不同而同爲大學，殷制大學在郊，小學在國中。周制虞庠小學在郊，東序大學在國中，而別有辟廱大學仍在郊也。諸侯則小學在國中，與殷制同。其頖宫大學在郊，仍與周制同。然諸侯更無大學準天子東序者，是頖宫在郊，亦即與殷制大學在郊同，故鄭注謂爲殷制，非謂周制辟廱不在郊也。《詩·靈臺》疏亦泥於《王制》太學在郊是殷制，謂「周制大學在國，辟廱在郊，周以虞庠爲辟廱，不必常。以大學爲辟廱，小學亦可矣」。其説尤非。又《射義》疏云：「其射宫，天子則在廟也，故《司服》：『享先公，饗、射則鷩冕。』」此尤不然也。但以饗射與享先公同服鷩冕，故云在廟耳。不知饗禮亦不獨在廟中，如《月令》「大飲烝」注云：「天子飲酒於大學。」引《詩》「朋酒斯饗」。則饗不在廟矣，豈遂不服鷩冕乎？安得以服鷩冕而斷大射在廟哉！

月令考

《月令》之作，賈、馬之徒咸謂出自周公，自鄭君以爲禮家鈔合《吕氏春秋·十二月紀》之首章，其所舉證，若太尉秦官，及孟冬爲來歲受朔日由秦以建亥爲歲首，其非出周公已明矣。然吕氏著書，固亦蒐往古之舊文，成一家之新制，雖事有造因，體非沿襲，鉅典宏綱，往往而在，故即其大義求之諸經，有若疊矩重規，同條共理者焉。試爲論之。《考工記》言明堂五室而不言堂，而《堯典》言「舜格于文祖」，「闢四門」。《明堂位》亦有東、西、南、北之門。使非四面有堂，何以四面有門？唯《月令》備舉四堂，厥制乃顯。又廟个有四，總號明堂。考《明堂位》東、西、北皆一門，惟南有應門。又三階獨在南面，是堂雖四方，而嚮明爲重，故總號明堂也。《孝經》：「宗祀文王於明堂，以配上帝。」鄭君注《祭法》，以爲明堂祭五帝，後儒不信六天之說，以爲帝一而已。考《月令》季秋有「大饗帝」之文，既與祫祭同稱大饗，祫乃合祭先祖，則宗祀自爲合祭五帝，何有但祭一帝而蒙大饗之名乎？又《月令》或兼言皇天上帝，或但云上帝，明皇天與上帝有殊，天極太微，以斯而判矣。《春秋左氏傳》「啓蟄而郊」，「以祈農事」。而《月令》有「孟春祈穀」。孟春正當啓蟄，明祈穀即郊。而後儒乃以圜丘爲郊祭，是以孟春之時移之冬至，其爲紕繆，豈待言乎！且祈穀上帝已有明文，移之圜丘，便爲昊天之祭，又其謬也。若云祈穀非郊，則一月之中再行享帝之禮，煩數如斯，禮意安在？凡兹曲說，皆賴《月令》足以訂之。他如《穀梁傳》「春曰田，夏曰苗，秋曰獮[四]，冬曰狩」，何休《穀梁廢疾》據《運斗樞》云：「夏不田，《穀梁》有夏田，於義爲短。」案：《周禮》、《左傳》咸有「春蒐，夏苗，秋獮，冬狩」。穀梁家説自有據依。而《月令》孟夏「毋大田獵」，公羊家説乃非孤證矣。此秦尚書蕙田説。《豳風》：「十月滌場，朋酒斯饗。」毛以爲鄉人飲酒，大夫加以羔羊。鄭以爲國君饗群臣。考《月令》孟冬之月「大飲烝」，用知十月鄉飲非止大夫。《文王世子》亦云：於成均，取爵於上尊。是天子飲酒於虞庠之禮也。又《豳風》、《月令》氣候或差，而典禮所垂，乃無參錯。若十月稱其始播百穀，而《月令》孟冬乃祈來年。及「二之日鑿冰沖沖」，「四之日其蚤，獻羔祭韭」。若此之等，咸與《月令》如合符節矣。或其所紀未見諸經，彼時秦火未焚，古籍畢在，後儒去古已遠，烏可執其所見，輕用致疑？ 當時懸於國門，後世登諸經記，良有以也。

牂牁江考

牂牁江者，今廣西紅水河，首受南北兩盤江，東南流曰都泥江，曰潯江，曰龔江，入廣東界曰西江，至廣州府境分數支入海。《史記·西南夷傳》云：「南粵食唐蒙蜀枸醬，蒙問所從來，曰：『道西北牂牁。牂牁江廣數里，出番禺城下。』」《漢書》「牁」作「柯」。此由今廣西紅水河順流至廣東番禺縣也。又云：「發巴蜀卒治道，自僰道指牂牁江。」按：僰道爲今四川宜賓縣地。《漢書·地理志》越巂郡遂久下云：「繩水東至僰道入江。」繩水，今金沙江也。至宜賓縣入江。此治道由宜賓而南，至貴州大定府西南境，則得北盤江也。《華陽國志》云：「周之季世，楚威王遣將軍莊蹻泝沅出且蘭，以伐夜郎。植牂柯繫船。」「因名且蘭爲牂柯國」。《史記》正義引《華陽國志》與今本小異，而與《後漢書》同。《後漢書》、《水經注》略同。「莊蹻」，《後漢書》作「莊豪」。按：且蘭今貴州都勻縣，沅水所出。縣南之水南入紅水河，紅水河爲牂牁江明矣。《漢書·地理志》無牂牁江之名，益州郡毋棳縣下云：「橋水首受橋山，東至中留入潭，過郡四，行三千一百二十里。」此今紅水河首受北盤江，橋山，今雲南霑益州西北境花山，北盤江所出。東至象州與柳江合，即牂牁江也。《水經注》云：「《地理志》曰：『橋水東至中留入潭。』又云：『領方縣又有橋水。』余診其川流，更無殊津，正是橋、温亂流，故兼通稱。作者咸言至中留入潭，潭水又得鬱之兼稱，而字當爲温，非橋水也。蓋書字誤矣。」澧按：酈以班《志》橋水入潭，橋字爲温字之誤。又以班《志》言入潭爲即入鬱，由其以今紅水河爲鬱水，以今南盤江爲温水，於是班《志》所云橋水入潭，行三千餘里者，無水可以當之。故以爲字誤，以爲兼稱耳。其鬱水、温水之誤，辯見下文。其引《地理志》領方縣橋水，以爲更無殊津，亦誤也。《地理志》領方橋水，字不作橋，其水爲今廣西上思州明江，與紅水河相去遠矣。

考牂牁江者，其説不一，其誤則自酈道元始。酈云：温水自夜郎縣西北流，逕談藁縣，又西逕昆澤縣南，又逕味縣，又西南逕滇池城，池在縣西北。此指今南盤江也。酈氏以南盤江爲温水，非《漢志》温水。《漢志》牂柯郡鐔封下云：「温水東至廣鬱入鬱。」今廣西西林縣同舍河也。其源流甚短，若以爲南盤江，則源遠流長，《漢志》不應不記里數矣。又云：鬱水即夜郎豚水也。東北流逕談藁縣，東逕牂柯郡且蘭縣，謂之牂柯水。又逕鬱林廣鬱縣爲鬱水。如其言，此豚水與所云温水同出一縣，而豚水東北流。今北盤江與南盤江同出雲南霑益州，而北盤江東北流。則酈所謂豚水者，今北盤江也。酈以其下流爲牂柯水，是所謂牂柯水亦指今紅水河，未誤也。而以豚水爲牂柯水上源，以鬱水爲牂柯水下流，乃大誤矣。《漢志》牂柯郡夜郎下云：「豚水東至廣鬱。」鬱林郡廣鬱下云：「鬱水首受夜郎豚水，東至四會入海。」按：鬱水者，今廣西西洋江下流曰鬱江也。豚水者，今西洋江所受泗城府水也。夜郎，今泗城府治淩雲縣也。廣鬱，今百色廳也。百色廳以下之西洋江，爲《漢志》鬱水。西林縣同舍河及縣東南至百色之西洋江，爲《漢志》温水也。西林爲漢鐔封縣，同舍河徑西林東界、淩雲西界，故《漢志》温水屬鐔封，《水經》則云夜郎温水，各舉一縣耳。又《漢志》俞元縣下云：「池在南，橋水所出，東至毋單入温，行千九百里。」此今南盤江也。池者，今南盤江上源中延澤也。南盤江與北盤江同出霑益州之花山，爲《漢志》之橋山。《漢志》於毋棳橋水云「首受橋山」。其俞元橋水上有池，則但以池爲橋水所出，其實池水亦出橋山，故毋棳、俞元兩大水皆名橋水矣。南盤江不與同舍河通流，《志》言俞元橋水入温，誤也。勝休縣下云：「河水東至毋棳入橋。」此今貴州興義縣馬别河及廣西西隆州北境之南盤江，東至淩雲縣北境，與北盤江合也。俞元橋水爲南盤江自中延澤西南流，屈東北流，與馬别河合。《志》文當云入河，其云入温者，殆班氏之誤歟？抑傳寫者疑河爲黄河，非益州之水所得入，而《水經注》云：橋水上承俞元之南池，至毋單縣注於温。遂據以改班《志》歟？所未詳也。

廣西水道分左江、右江，鬱江爲左江，紅水河爲右江。酈以豚水爲牂柯水上源，是移左江水爲右江水上源也。又以鬱水爲牂柯水下流，是又移左江水爲右江水下流也，其誤甚矣。尋酈氏所以致誤者，由據莊蹻泝沅伐夜郎，而沅水出且蘭，遂謂夜郎豚水徑且蘭縣。不知莊蹻所伐者，古夜郎國也。豚水所出者，漢夜郎縣也。《史記》、《漢書》并云：「西南夷君長以什數，夜郎最大。」莊蹻泝沅至且蘭，乃甫至其國北境耳。若漢夜郎乃牂柯郡之一縣，其縣固必在古夜郎國境内，然豈必在其國之北境耶！酈誤以莊蹻所至爲漢夜郎縣，遂以漢夜郎縣之豚水爲牂柯水上源，又以《漢志》言鬱水首受豚水,遂以鬱水爲牂柯水下流矣。《史記》索隱云:「《地理志》:『夜郎又有豚水,東至四會入海,此牂牁江也。』」亦與酈同誤也。又今紅水河無支分之水,而酈云牂柯水又東南逕毋斂縣西,毋斂水出焉。又《水經》云:「存水出犍爲郁鄢縣,東南至鬱林定周縣,爲周水。又東至潭中縣,注于潭。」酈云:「毋斂水首受牂柯水。」「東注于存水。」此并誤也。《漢志》牂柯郡毋斂下云:「剛水東至潭中入潭。」此今廣西融縣西北境背江也,東至縣東境入柳江。又鬱林郡定周下云:「水首受毋斂,東入潭。」此今廣西思恩縣龍江,首受貴州荔波縣勞村江,東入柳江。酈所云毋斂水,不知其指今背江歟,抑指今勞村江歟?然二水皆非首受北盤江也。酈注又云:「牂柯水又東,驩水出焉。」又云:「驩水源上承牂柯水,東逕增食縣,而下注朱涯水。朱涯水又東北徑臨塵縣,入領方縣,注鬱水。」此又誤也。《漢志》鬱林郡增食下云:「驩水首受牂柯東界,入朱涯。」此今廣西歸順州水,乃麗江之北源也。鬱林郡臨塵下云:「朱涯水入領方。」此今廣西龍州廳龍江,乃麗江之南源也。此二水與紅水江中隔鬱江,豈得越鬱江而上承紅水江耶!《漢志》言驩水首受牂柯東界者,言此水源出牂柯郡東界地,非謂首受牂柯水,《漢志》無牂柯水之名也。酈氏誤讀《漢志》耳。漢牂柯郡地,可以水道約略定之。其故且蘭沅水爲今貴州都匀縣沅水,其鐔封温水爲今廣西西林縣同舍河,其毋斂剛水爲今廣西融縣背江,其夜郎豚水爲今廣西泗城府水。又鬱林郡定周水首受毋斂,爲今廣西思恩縣龍江,首受貴州荔波縣勞村江。又益州郡俞元縣橋水至毋單入温,爲入河之誤,即今南盤江至廣西西隆州與馬別河合,并已見前文。其鷩縣鷩水,今貴州貴陽府北境烏江也。《志》云鼈水入沅，今烏江入沅之瀆已湮也。其西隨糜水，今雲南元江州河底江也。其都夢壺水，今雲南寶寧縣南境普梅河，入越南國境曰宣化水也。其句町文象水，今廣西天保縣泓濟江也。又有盧唯水、來細水、伐水，今雲南土富州者郎河及廣西小鎮安廳下勞村、那旺村諸水也。又益州郡銅瀨縣迷水，至談虆入温，今雲南寶寧縣西洋江，上源至廣西西林縣南境與同舍河合也。是漢牂柯郡地北至今貴州貴陽府境，南至今越南國境，西南至今雲南元江州境，西至今廣西泗城府境，東北至今貴州都匀縣、荔波縣境及廣西融縣境，東南至今廣西天保縣境。此漢牂柯郡界也。驩水爲今歸順州水，歸順州在天保縣西南，故爲牂柯郡東界矣。凡今所考《漢志》水道及考酈注之誤，詳見澧所著《地理志水道圖説》及《水經注西南諸水考》。酈氏北朝人，未諳南方水道，故其書於今雲、貴、兩廣諸水多不合。近人考牂牁江者，又或以爲貴州烏江，或以爲廣西柳江。烏江則入江，不至番禺。柳江則距棼道太遠，皆與《史記》、《漢書》不合。其誤易見，斯不必辯矣。

釋食

《易·豐·彖》傳曰：「日中則昃，月盈則食。」嘗讀而疑之，以謂日中則必昃，月盈不必食也。《詩·十月之交》曰：「彼月而食，則維其常。此日而食，于何不臧！」又讀而疑之，以謂日食誠爲變，然月食亦豈常乎？讀《逸周書·周祝》「日之中也仄，月之望也食」，孔晁注云：「食謂毁明而生魄也。」乃解其義。蓋古者本謂月闕爲食，日月交食亦闕，因亦謂之食。《豐·彖》傳文猶云日中則昃，月盈則闕也。《越語》：「日困而還，月盈而匡。」《史記·蔡澤傳》、《老子》河上公注并云：「日中則移，月滿則虧。」張華《女史箴》云：「日中則昃，月滿則微。」皆同義。《十月之交》之文，猶言彼月而闕則維其常，此日而闕於何不臧也。月既望必闕，故交食之闕不以爲變。日本不闕，交食而闕則以爲變矣。故《春秋》書日食不書月食也。又書日食云「日有食之」者，《説文》云：「有，不宜有也。」正謂日不宜有闕，非如月之常有闕也。

辨焦里堂釋月

焦里堂《釋月篇》謂「月形半圓如釜，其弧背常向日」。且謂「魄而有形，則當其弦也必半明半黑，今其半不著其魄，又初生明時，有圓影一規，漸至上弦，轉無此影，尤可見。故聖人制字，月象其闕」。此説非也。使月爲半圓形，則初生明及將晦時，其勢稍側，人目見平面之黑者，當作橢圓形，漸近上下弦則愈側，橢圓愈狹，而兩端愈鋭，不能與弧背之明者成正圓形矣。今見黑魄與弧背之明成正圓形，其非半圓之平面必矣。且使月爲半圓體，弧背常向日而明，平面常暗，則其生明生魄，由於月體之旋轉，而月中黑影，昔人所謂桂樹者，必全在弧背。生明後，弧背漸轉向下，望後弧背漸轉向上，黑影所在必夜夜漸移。今黑影夜夜定在其處，月圓月闕，影有多少而無移動，是向地之處終古向地，非半圓之旋轉明矣。其疑上弦後不見魄影，亦不必疑也。月初生明時光芒尚小，不能奪魄之暗；至上弦則光芒已盛，能奪暗影，而人目不見之矣。此與晝不見星，及有月時見星稀，無月時見星多同理。星有光且爲光所掩，況月魄暗體乎！若以制字論，則月盈時少闕時多，故象其闕，且以别於日字也。若又象其圓，必如武后日月字作㉠㉡而後可矣。里堂云：「乾隆戊午六月下弦，歲星交於月，星貫弧背自兩角間出，月魄不能掩星。」里堂言親見之，余頗疑其見之未審，俟他時遇星交於月，當審觀之耳。

科場議一

文章之弊，至時文而極，時文之弊，至今日而極。士之應試者又或不自爲文而剿襲舊文，試官患之，乃割裂經書以出題。於是題不成題，文不成文。故朱子謂時文爲經學之賊，文字之妖。其割裂出題，則經學賊中之賊，文字妖中之妖也。然則考試廢時文而用經説、史論，不亦善乎？時文弊極矣，而不可驟廢也；經説、史論善矣，而不能驟行也。大凡變法者，漸則行，驟則不行。今之士人不習爲經説、史論，一旦用以考試，束手不能下筆，必譁然以爲奇異，而俗士之居大官者出而阻撓之。是故時文不可驟廢，經説、史論不可驟行也。時文之弊有二：代古人語氣，不能引秦漢以後之書，不能引秦漢以後之事，於是爲時文者皆不讀書，凡諸經先儒之注疏，諸史治亂興亡之事迹，茫然不知，而可以取科名、得官職。此一弊也。破題、承題、起講、提比、中比、後比,從古文章無此體格,而妄立名目,私相沿襲,心思耳目縛束既久,錮蔽既深,凡駢散文字、詩、賦皆不能爲。此又一弊也。前之弊大,後之弊小。當先去大弊,考試仍用時文而去其代語氣之法,以能援據諸儒之説、引證諸史之事者爲上。且時文家於題有子曰、孟子曰者,本可不代語氣,奈何猶不引後世之言、證後代之事哉!今時文家亦用書卷,如用《三禮》,今特并引《三禮》注疏耳;用《左傳》,今特并用《史記》、《漢書》耳。其所謂破題、承題、起講、提比、中比、後比者,仍而不變,雖欲委以不能而不得也。而又無可勦襲之文,則割裂之題皆不必出矣。如是,則士人漸讀書,至考試三科,讀書漸多,乃使之去其破題、承題、起講八比之陋格,於是出經題即成爲經説矣,出史題即成爲史論矣。自然而成,其勢易易也。於是選古人經説、史論之精醇者,板刻頒示以爲之法。又三科以後,經史之學盛,文章之道昌,如是,士習醇而人才出矣。

科場議二

今之試士,第一場以《四書》題八股文及八韻詩,第二場以《五經》題八股文,第三場對策。其法備矣,然行之久而有弊,有當改法者:其一,《五經》題當試經解也,八股文代古人語氣,古之文章本無是體也。《四書》文不能驟變,所當變者《五經》文也。夫説經者必根據先儒之説而後不失於杜撰,必博考先儒之書而後不失於固陋，又必辨析先儒之説之異同而擇其善，而後不失於駁雜。今使之代古人語氣，不能引證先儒之説，應試者挾一坊刻《五經》標題足矣。是適以困讀書之人而便不讀書之人，故曰《五經》題當改試經解也。其一，當復專經之舊例，又當增《周禮》、《儀禮》、《公羊春秋》、《穀梁春秋》爲《九經》。夫《禮記》爲《儀禮》之傳，朱子之言也。今但以《禮記》試士，是用傳而棄經也。孔穎達曰：「《周禮》爲本，《儀禮》爲末。」則《周禮》、《儀禮》又不可廢也。朱子論《春秋》三傳，謂左氏長於述事，而公、穀長於經義，然則公、穀二傳又不可廢也。班固曰：古之學者三年而通一經，三十而五經立。此殆以意爲之，試問自漢以來兼通五經者幾人？夫以二千年中寥寥無幾人，而悉以責之天下科舉之士，無怪其粗疏蔑裂，有通五經之名，而無通一經之實也。如曰不然，試問衡文者曾見五經皆通之卷乎？

夫治五經而不通，不如治一經而通。今謂宜以九經試士，會試十八房，每一經二房；鄉試卷多者亦如之，卷少者九房皆均分其中額，以杜士之避難趨易。昔時各經中額，皆以卷多少爲準，故士皆治《易》、《詩》、《書》而不治《禮》、《春秋》。如均分中額，則經文少者治之易，而卷多難中；經文繁者治之難，而卷少易中。則無避難趨易之弊矣。如是，則經學必盛。試觀乾隆以前專經之時，經學盛於今日，其效可睹也。其一，改對策爲史論，而命題以《御批通鑑輯覽》爲準。夫對策者，所以觀其人博通今古也。然而古今之書浩如煙海，即問十對五，亦難其人。於是考官皆舉淺俗習見者爲問，使人易對，明知能對者亦非可貴，遂置之不閲。而士亦鈔襲習見之語以待問,且又明知主司不閲而皆信筆空寫數行以塞責,此而不廢,甚無謂也。夫士不可不知史事,前代之治亂興亡,與夫典章制度、前言往行,有益於人者甚大,但二十四史之書太多,《資治通鑑》亦復繁博,且作史者人非聖賢,不能無偏,惟《御批通鑑輯覽》書不多而事備,又經聖人之論定,以此命題著論,則士必通知古事,有益政治,與陳陳相因之對策相去天淵矣。又問策一道,往往舉十餘事,易於鋪排成篇。史論則以一人一事爲題,非通悉此人之事迹,此事之本末,不能成篇。夫論一事而精通,固勝於對數十事而鈔襲也。其一,試詩改爲試賦。或不廢詩,但增試賦。夫士通經史原不必以賦見長,然八股文、經解、史論或可場外預擬,以其無韻也。詩雖有官韻,而一韻亦可以預擬。賦則限以八韻,雖同題而不同韻,則不可以直鈔,其於鑒别真僞爲最易,當以第三場試之。如其賦不通,則《四書》文、經解、史論非其自作,可知也。如是,則《四書》文爲一場,經解爲一場,如不廢詩,則第二場并試之。史論及賦爲一場,其法盡善矣。又自來以《四書》爲一場者,以尊朱子故也。然朱子所作者,注也,以《經》而論,則《五經》爲孔子所誦述,而《論語》、《中庸》、《大學》乃孔子與弟子之言,《孟子》又在其後。《五經》先於《四書》,於義爲當,朱彝尊嘗有《五經》題爲第一場之議,採而行之,尤善之善者也。

科場議三

今之科場,士子多者至萬餘人,人各爲十四藝,試官不能盡閲也。於是三場專重第一場,視二場三場無足重輕，甚至有不閱者。故士皆專力於《四書》文，而成荒經蔑古之風也。歐陽文忠有《論更改貢舉札子》云：「貢舉之法，用之已久則弊，當更變。然臣謂必知致弊之因，方可言變法之利。今爲考官者，非不欲精較能否，而常恨不能如意。患在詩賦、策論通同雜考，人數既衆，而文卷又多，使考者心識勞而愈昏，是非紛而益惑。當隨場去留而後可，使學者不能濫進，考者不至疲勞。」其法云：「凡貢舉，舊法若二千人就試，常額不過選五百人。今臣所請者，寬其日限，而先試以策而考之，可去五六百人。以其留者次試以論，又如前法而考之，又可去其二三百。其留而試詩賦者不過千人，於千人而選五百，則少而易考，不至勞昏，考而精當，則盡善矣。縱使考之不精，亦選者不至太濫。」竊謂文忠所云，誠最善之法也。今學政及府州縣之試士即此法，鄉試、會試誠當仿而行之。第一場去其文不佳者，其留者視中額三十倍以爲準。乃試第二場又去其不佳者，其留者視中額十倍以爲準。乃試第三場然後取中如額。歐陽公以二千人爲率，故試策、試論所去皆四之一。今科場人數多至萬人，如第一場第二場僅去四之一，則文卷仍多，考官不能盡閱。且文之佳者，亦斷不能及四之三也。其第一場第二場所取必限以數者，慮考官苟且自便，於第一場僅取足中額，而第二場第三場無去取也。今學政試正如此，故其二場、三場皆虛設。此法行則考官於二場、三場卷可盡閱，且二場、三場皆所以定去取，且亦不能不盡閱。而士於二場、三場皆所以決得失，其用力必篤，十年之後，通經博古之才，必漸多矣。且三場通閱，考官固勞，三場連試，士亦甚勞，其入二場、三場，皆疲乏之餘，往往有績學工文而不能發抒者。如每場後得以休息，則亦可以盡其才也。此法於考官及士皆甚便，必可行也。

推廣拔貢議

取士之法有二：薦舉也，考試也。論者曰：考試善，糊名易書，至公也。薦舉不善，夤緣奔競，多私也。竊以爲不然。今之拔貢，非薦舉耶？舉人、進士，夤緣關節者豈無其人耶？舉人、進士文理不通者，多矣。而文理不通之拔貢實少。然則薦舉之法善矣，其故何也？拔貢始舉於教官，必嘗試高等而無劣行者，否則懼學政詰責。學政三年一任，其試士也再，又合前任所試以稽其高下，而三年中，於士之知名者亦必有聞焉。及教官之舉之也，又一再試而後拔之，非如鄉試、會試以一日之短長而去取之也。且一縣而拔一人，苟文行庸劣，即不能服一縣之士之心，非如鄉試、會試可謝以糊名易書，而文字之真僞、素行之善否皆不得而知也。此拔貢之法所以善也。今鄉試、會試作弊之案疊見矣，法久而弊多，防之不勝防，不若推廣拔貢，分其登進之途。夫一縣之士，文行優者必有數人，今惟拔一人焉，又十二年而一拔焉，其得才也幾何？莫若仿鄉試之例，三年一拔，其數以州縣之大小爲差。其廷試授官也，與進士等。使天下之士得由二途并進，豈不善哉！至若優貢三年一舉，而廷試例無一等，案：同治初，官文襄任湖廣總督，奏請優貢廷試如拔貢例。自是始有一等，此文作於同治前，故云然。若三年一拔貢，則優貢可廢矣。

講書議

吾粤老師宿儒教授生徒百數十人者，謂之大館，其來久矣，此風氣大可用也。《論語》曰：「齊一變至於魯，魯一變至於道。」大館者，一變而可以至於道者也。省城及近縣大館，師十餘人，弟子千餘人，所講授者《四書》、《五經》。朝一講，暮一講，倣古人鼓篋之法以集衆，師升講堂，南面坐講，弟子兩旁坐聽，美矣哉！古人授經講學，何以異此。此天下所罕有也。然則學術日衰，人材日少，何也？但爲作時文計，而非欲明聖賢之書故也。夫講聖賢之書而但視爲時文計，學術安得不衰？人材安得不少？然欲興學術、作人材，何以興之作之，以教官歟？以書院歟？教官不講書也，書院不講書也。就令講書，一學講之，各學不講；一書院講之，各書院不講。欲其成爲風氣，斷斷難也。幸有十餘大館，講書久成風氣，興學術，作人材，不望之大館而更何望耶！今欲大館講書勿專爲時文計，必使學者知此書爲聖賢教我治人之法，非爲我取科第之物，以朱子集注章句之道理，切實而講明之。且不可急急而講，今大館限一年講盡《四書》，太急矣。講《論語》必二年而畢，《大學》、《中庸》、《孟子》一年而畢，使其學者三年而通《四書》，而後進而講《五經》。夫能通《四書》與能爲時文者，相去不可道里計也。且能通《四書》又斷無不能爲時文者也。即使弟子祇爲時文而來，然而數十百人中必有數人氣質稍清，見識稍高，可以引而進之者。況講書時自講書，講時文時仍講時文，亦何害於其作時文也哉！如此，則變講時文之風氣爲授經講學之風氣，其有益於學術、人材者甚大。但恐時文風氣牢不可破，聞此言而笑之，以爲迂闊，且有以爲相詆訶者。所謂夜光之珠以暗投人，必遭按劍，則非澧所敢知矣。

書天官書後

此書所云：「輔星明近，輔臣親彊；斥小，疏弱。」「有句圜十五星，屬杓，曰賤人之牢。其牢中星實[五]則囚多，虛則開出。」「心爲明堂，大星天王，前後星子屬。不欲直，直則天王失計。」「市中星衆[六]者實，其虛則耗。」「五潢，五帝車舍。中有三柱，柱不具，兵起。」「畢旁小星爲附耳。附耳摇動，有讒亂臣在側。」「附耳入畢中，兵起。」「王良策馬，車騎滿野。」「江星動，人涉水。」「匏瓜有青黑星守之，魚鹽貴。」凡此古天文家之説，以爲恒星有變動、大小、多少，而太史公述之也。又云：「紫宫、房心、權衡、咸池、虛危列宿部星，此天之五官坐位也，爲經，不移徙，大小有差，闊狹有常。」此太史公自爲説，與古天文家之説異也。後之天文家云：星之在天，如木節之在枝。即太史公之意也。然古天文家之占驗雖不可盡信，而其言恒星有移動、大小、多少，則必由屢測而得之，豈盡虛語哉！近有海寧李壬叔著談天之書，述西洋人説云：「諸恒星中有光，變明變暗，有一定周時，甚者其光消盡而復生。」又云：「恒星俱有自行。」且曰：「星體甚大，居空中，無力令常静，能不生動乎？」此西洋人之新説，而正可以證古天文家説也。

書漢書地理志後

昔時番禺修志書，陸磐石廣文謂番禺爲秦縣，然無證據。廣州府修志，廣文没矣，而前説未能定，以《漢書·地理志》云「南海郡，武帝元鼎六年開」故也。余始謂《通典》、《元和郡縣志》言番禺爲秦漢縣者，唐人之書必有所本而已。後讀《地理志》，南海郡六縣内有龍川縣，而《史記》尉佗傳云：「佗，秦時用爲南海龍川令。」然則龍川是秦縣，番禺縣亦必是秦縣矣。且《史記·西南夷傳》：「建元六年，唐蒙問南越蜀枸醬所從來，曰：道西北牂牁江，江廣數里，出番禺城下。」《漢書》同。建元六年在元鼎六年開南海郡之前十二年，番禺已有城，則非元鼎六年後始置縣也。其爲秦縣無疑，惜不得起廣文而告之耳。

書劉公是爲兄後議後

《公是集·爲兄後議》力持兄弟不同昭穆之説，余謂不然也。父子相傳，正也。其傳之兄弟，受之者即與子無異，此不得已而爲之者也。父子相傳，一昭一穆，正也。其兄弟相傳，則昭之後又爲昭，穆之後又爲穆，亦不得已而然者也。公是知兄弟相傳爲不得已，而不知昭後又爲昭、穆後又爲穆亦爲不得已，是知其一而不知其二也。昭穆與傳位，兩事也，不必牽爲一事。試問公是先生，如弟繼兄，兄繼弟，可稱兄弟爲考乎？可稱考爲王考乎？惟當如宋穆公稱宋宣公爲先君而不稱兄弟耳。考與王考之名不可改，則昭穆不可改明矣。爲人後者，爲之子，謂兄弟之子爲後者耳，非謂兄弟爲後者也。謂服斬衰之服耳，非謂改昭穆也。改昭穆即當改高曾祖考之名，斷斷不可也。

書僞韓文公與大顛書後

韓文公以諫迎佛骨貶潮州而與僧大顛來往，此實公之過也。宋人遂僞作公與大顛三書，刻於石。歐陽永叔《集古録》云：「其以繫辭爲大傳，謂著山林與著城郭無異等語，宜爲退之之言，其後書吏部侍郎、潮州刺史，則非也。退之自刑部侍郎貶潮州，流俗但知爲韓吏部，謬爲附益爾。」歐公既知其官銜之謬，而不知其書之僞，殊不可解。豈有以真迹刻石，而附益其官銜四字者乎？朱子《韓文考異》云：「當時既謫刺遠州，未必更帶侍郎舊官。」亦以其官銜爲附益也。大傳二字及山林城郭之語，豈必韓公乃能言之耶？《考異》又云：「最後一書，實有不成文理處。」「或是舊本亡逸，僧徒所記不真，致有脱誤。」又云：「決爲韓公之文，非他人所能作。」朱子之説，尤不可解也。舊本既亡逸，但以後人所記不真者刻之，猶可決爲韓公之文非他人所作乎？朱子又引《洪氏辨證》云：「吴源明曰：『徐君平見介甫不喜退之，故作此文。』方氏又云：周端禮曰：『徐安國自言年二十三四時，戲爲此。』但君平字安道，而方云安國，未知便是君平否耳？」此朱子引吴、周二説，既有作僞者姓名，惟安道、安國兩字不同，則猶爲疑詞，其意仍謂非他人所作耳。然人有兩字者甚多，朱子字元晦，亦字仲晦，何疑之有？韓公《與孟簡書》述與大顛來往事云：「與之語，雖不盡解，要自胸中無滯礙，以爲難得。」所謂與之語雖不盡解者，韓公與大顛語，大顛不盡解也。胸中無滯礙者，大顛無滯礙也。此文義甚明，朱子則以爲大顛之語韓公雖不盡解，亦豈不足暫空其滯礙之懷，此尤於文義不合矣。總之，責韓公不當與大顛來往則可，必欲以僞爲真，則雖歐公、朱子，不能掩後人眼目也。

書朱竹垞孔子門人考後

竹垞引歐陽子云：「受業者爲弟子，受業於弟子者爲門人。」竹垞《與胡解元書》亦有此語。此竹垞之誤也。歐陽子《集古録·跋孔宙碑陰》云：「親受業者爲弟子，轉相傳授者爲門生。」非謂轉相傳授者爲門人也。《漢書·儒林傳》云：施讐從田王孫受易，與孟喜、梁丘賀并爲門人；許商號其門人唐林爲德行，吴章爲言語，王吉爲政事，炔欽爲文學；高康知東郡有兵，私語門人，門人上書言之。王莽召問，對受師高康。此皆漢時親受業者稱門人也，曷嘗有受業於弟子稱門人者乎？竹垞云：「『顔淵死，門人厚葬之』，此顔子之弟子也。『子出，門人問』，此曾子之弟子也。『子疾病，子路使門人爲臣』，又『門人不敬子路』，此子路之弟子也。『子夏之門人問交於子張』，此子夏之弟子也。

《孟子》云:『門人治任將歸[七],入揖於子貢。』此子貢之弟子也。」如竹垞説,子夏之門人是子夏之弟子,正可證門人即弟子矣。「孔子没,門人治任歸」,又可證門人即孔子弟子,若門人是子貢弟子,則孔子雖没,子貢固在也,何以子貢弟子皆治任而歸乎?《檀弓》云:「子思之母死於衞,子思哭於廟。門人至,曰:『庶氏之母死,何爲哭於孔氏之廟乎?』」鄭注云:「門人,弟子也。」門人即弟子,此鄭注甚明。孔子既得合葬於防,孔子先反,門人後。伯魚之母死,期而猶哭。夫子聞之曰:「誰與哭者?」門人曰:「鯉也。」此二條所云門人,皆孔子弟子,亦甚明。若《史記·仲尼弟子列傳》云:「子路後[八]儒服委質,因門人請爲弟子。」此則門人與弟子微有分别。門人者,統諸弟子而言之也。弟子者,專對師而言之也。觀《論語》、《孟子》所載:「公西華曰:『正惟弟子不能學也。』」「公孫丑曰:『若是則弟子之惑滋甚。』」如此之類,對師自稱弟子而無自稱門人者,可知門人統諸弟子而言也。若門生則固與弟子不同,《後漢書·賈逵傳》云:「拜逵所選弟子及門生爲千乘王國郎。」是門生非弟子,歐陽子之説固不誤也。至魏晉以後所謂門生,則又爲賤者之稱,見於諸史者多矣。

書紀文達沈氏四聲考後

沈約書今不傳,不知其體例若何,然其書但名《四聲》,《隋志》:《四聲》一卷,梁太子少傅沈約撰。不名《韻譜》也。古無謂沈約作韻書者。《齊書·陸厥傳》云:「約等文皆用宫商,以平上去入爲四聲,以此制韻。」「有平頭、上尾、蠭腰、鶴膝。五字之中，音韻悉異，兩句之内，角徵不同，不可增減。[九]」此所謂制韻，乃文章聲病，非制爲韻書明矣。後世稱沈約作韻書，乃流俗無稽之語，而文達亦復不考，遽謂陸氏《切韻》竊據約書，不亦誣乎！陸氏自序云：「欲廣文路，自可清濁皆通；若賞知音，即須輕重有別。」是其書雖分四聲，而著書之旨，與沈氏聲病之學不同，故但述吕静《韻集》等書而不及沈氏，無足怪者。文達乃云諱所自來，誤矣。《周顒傳》稱「顒始著《四聲切韻》行於時」，而陸書亦名《切韻》，必如文達之言，則陸氏當竊周氏書，非竊沈氏書也。陸氏著書博採前人，其序聊舉數家，原不必遍及。顧亭林《音論》謂約之前已有韻書，約特總而譜之。戴東原云：「周、沈作四聲，未區分爲二百六部，顧君殊失詳審。」戴氏之言，不特可以正亭林之誤，且可以正文達之誤矣。

書海國圖志後呈張南山先生

前者見示魏氏《海國圖志》，讀之三歎曰：魏君可謂有志之士矣，非毅然以振國威、安邊境爲己任，何其編録之周詳，議論之激切如此哉！澧謂其書羅列荒遠之國，指掌形勢，可謂奇書。其所論則以調客兵不如練土兵，及裁兵并糧、水師將弁用舵工炮手出身諸條爲最善，切實可行，真有用之言也。此外有可議者，英吉利今雖議款，其患未已，誠慮他日當事者於此書或不善採擇，則所係不少，不得不辯。且去其瑕正所以顯其瑜，固厚待魏君之意也。

此書之首，冠以《議守》、《議攻》、《議款》三篇，澧以爲最可議者，莫如《議攻》篇以夷攻夷之説也。魏君之爲此説，直因廓爾喀一禀而起，遂欲令俄羅斯、米利堅、弗蘭西皆助攻英吉利。不知廓爾喀素服中國兵强，又誤聞英逆犯順以來屢爲中國擊敗，故欲乘勢助攻，自雪仇怨。今中國議款，廓夷聞之，難保其無輕中國之意，而魏君乃欲其受我調度，此其未喻一也。俄羅斯本非朝貢之國，乾隆中天威遠播，令其縛獻阿睦爾撒納，彼猶爲之隱匿，何況今日使受驅策，此其未喻二也。當英逆犯順，米利堅、弗蘭西出爲調人，不過恐英逆在廣騷擾，阻彼貿易，彼但勸和，何遽欲使助討？二夷果能攻取印度，自獲厚利，亦何待中國驅策？且印度屬之二夷，與屬英吉利何異？豈二國得之，即不種造鴉片哉！此其未喻三也。魏君謂廓夷忠順，謂米利堅恪拱中原，何其相信之篤乎！倘請明詔借外兵而四夷不奉命，豈不貽笑千古哉！然且四國果肯助攻，尤有後災。夫勝負者，不可必之事也，假令四國出兵失利，則英逆之氣愈揚，我之氣愈挫，其不可一也。又令四國一戰而勝，則是爲我復讐，爲我敵愾，必自謂大有造於中國，其驕抗要求，必爲我之所不堪，不滿所欲，必且啓釁，唐之回紇，是其覆轍，其不可二也。英吉利以戰鬬爲事，四國既與搆怨，必相報復。自昔外夷相攻，中國可以不問，若以中國之故，四國受兵，亦將借助中國，叩關乞師。我應其請，則勞師涉遠；不應，則何詞以對？匪特貽笑，且必反和好爲仇釁，其不可三也。議者謂以夷攻夷爲示弱，魏君深斥其非。澧謂示弱之説誠非也。中國兵强，乃能驅策四夷，即如魏君所稱封暹羅而安南、緬甸服，此正由乾隆間天戈所指，無不克捷，故暹羅有求封之事。今日安能如是？爲今之計，中國貴乎崇廉耻，覈名實，刑政嚴明，賞罰公當，則可戰可守，外夷自不敢欺。不循其本，而效縱横家言爲遠交近攻、近交遠攻之説，譬如人有虚羸之疾，不務服藥培補，而但求助已者出與人鬥，可乎？且秦所謂遠交近攻者，皆在中國，非在徼外也，安得效其説哉！魏君之言曰：「内守既固，乃議外攻。」夫内守誠固，則彼技無所施，不得不仍求通商，此時雖絶其貿易可也，許貿易而禁絶鴉片可也。國威已振，大患即除，何必復攻之海外，以成奇烈哉！「海外」「奇烈」語見《聖武記》。

其議守之説曰「調水師不如練水勇」，此爲水師廢弛，倉卒變生，權宜之計則可耳。今日爲豫備之計，當練兵不當練勇。兵之外復有勇，則兵必卸責；勇之貲厚於兵，則兵必解體。前年練勇時，論者多矣。今勇散爲盗，在在劫掠，又其害之彰明較著，不必贅論者也。其云「守海口不如守内河」，亦不盡然。夫守必據險，海口有險則守海口，内河有險則守内河。然必海口無險可守，然後守内河，蓋寇入内河，則百姓之驚惶，土賊之竊發，多内顧之憂，必分外禦之力。且以吾粤言之，獵德、大黄滘地勢平衍，孰如虎門險峻乎！魏君謂「誘入内河，斷其出口之路而殲之」。然則非議守，仍議攻也。請即以其説論之，當逆夷之入内河，非衆艘并進也，每艘輒相去數里或十數里，而以小船聯絡之，彼正防我截其後路，殆懲於安南、俄羅斯之役也。二事見本書。又夷船能入之内河，必非淺狹，魏君所議下大樁、聯厚纜、加以大樹大石，此必旬日而後成，彼豈束手待斃而坐觀我兵之下樁、下石乎！大樹之説尤不可行，枝柯槎枒，不能挽之赴水；去枝則漂流如一葦，前時曾試之而不可行矣。如欲斷後路，惟有所云沉舟一策耳。然兵無紀律，無膽氣，則逃散久矣，誰與殲之？

至其議款之篇，吾以爲論款夷後如何控馭，如何防範，如何漸復舊制，乃其書則追咎昔時不聽米、弗二夷代款，此事後之論，何補於今日？且一篇之中，惟此條關於款夷，其餘則皆論禁煙，非議款夷也。夫夷寇與煙患兩事也，中國吸煙，但耗中國之財，不能致夷寇；中國禁煙，但罪中國之人，亦不能致夷寇。林制軍初至粤東，嚴辦煙案，不獨内地畏服，即外夷亦甚畏服。使不勒繳煙，不勒出結，不令關提督擊夷商之船以取敗，不諱敗爲勝以見輕於外夷，但明諭諸夷，販煙者與内地民人一律治罪，彼方震於制軍之聲威，即陽奉陰違，不肯不販鴉片，亦斷不敢犯順。而魏君乃謂激變不由繳煙，以逆夷繳煙之後旁皇半年未動爲説。不知逆夷歸國起兵，粤人皆聞之矣，其不動者，兵未到耳。此正當日輕敵致敗之由，異日所宜深戒也。故不爲事後之論則已，如縱論之，則惟粤人能知其詳，而傳聞不足恃也。

夫兵，凶器；戰，危事，不可易言之也。好奇則其禍必烈，貪功則其患必速，信影響之談則其計必誤，爲不可行之説則臨事無一可用。澧腐儒，不知兵，魏君才高而多聞，固澧所不敢望者。聊抒管見，質諸長者，幸教之也。

後數年，魏君來粤，余以此書所説質之，魏君大悦，遂定交焉。并屢改《海國圖志》之書，其虚心受言，殊不可及也。

書章雲軿古郡縣圖後

右圖若干幅，章雲軿孝廉鳳翎所繪。始余欲爲此圖，頗購求古今地理圖書，惟性不耐作細字，故未施手。時雲軿館余家，余屬爲之。雲軿欣然，晝夜考索不倦，甫一年，兩漢、三國、晉、宋、北魏郡縣草稿略具，其志之鋭，功之勤，不可及也。已而雲軿會試留京師，余時時思此圖稿不置。及其歸里，余索觀之，以其未繪水道，乃考《漢志》水道爲之圖説。雲軿倘取余圖加繪水道，則成《漢書·地理志圖》矣。惟郡縣更宜博考，以此諸圖惟就余家所有書爲之，當時余蓄書未富也。然即此而觀，蠅頭細書，丹墨紛然，今十餘年猶想見當日篝鐙伏案，心力俱勞，深歎爲此之不易，固宜珍而藏之耳。

先府君所讀資治通鑑書後

家藏《資治通鑑》一部，澧八九歲時見先府君日手一卷，夜則攜以就枕，穴布帳，補以輕紗，置鐙帳外，卧讀之，其精勤如此。澧爲先府君行略，嘗記之。自傷少孤，於先府君所學懵然不及知，所知者此耳。稍長，讀書史而未讀《通鑑》，忽念此先府君所讀書，澧不讀可謂不肖，乃自課日讀一卷，一年而畢。保護卷帙，幸不失壞。夷寇破城，避居横沙，攜此書課兒子宗誼讀之，且告之曰：「吾當以此傳家，子孫讀書者，必讀一過。」宗誼讀未畢而夭死。澧今尚有三子，不知異日復有能讀書者乎！

嗚呼！孤露之身，忽忽年過五十，學業無成，惟保護此書終身焉已矣。後人能讀，固所願也；不能讀，慎勿失也。雖然，兵燹之事，又安能逆料哉！每一展卷，輒悲感不已。

傳鑑堂記

鑑者何？《資治通鑑》也。傳者何？先考所傳也。澧生十歲而孤，七八歲時，竊見先考讀《通鑑》日夜不輟。其書爲前明陳明卿刻梓，附《通鑑目録》、《通鑑釋文辨誤》、《甲子會記》、《宋元通鑑》凡四種。先考既没，其書置書堂中，澧保持而敬讀之。又得胡果泉所刻《通鑑》。凡司馬公所著《孝經指解》、《易説》、《家範》、《書儀》、《潛虚》、《太玄注》、《稽古録》、《傳家集》、《涑水記聞》、《續詩話》及所修《類篇》、《集韻》皆蒐羅得之，庋於一堂。《切韻指掌圖》非司馬公書，不入焉。於是舉其大者，名其堂曰「傳鑑之堂」。澧嘗竊論北宋之學，後儒皆尊二程子，然司馬氏之學不在程氏下，學者讀《孝經指解》、《家範》、《書儀》以治身治家，讀《通鑑》以知天下治亂興亡，可以爲士矣。至平至實，至博至約，不講道學而道學莫真焉，不矜文章而文章莫大焉。坦然如大路而無門户之争也，朗然如日月而無風氣之異也。邵康節謂司馬公爲腳踏實地人，司馬公之書即腳踏實地之書也。以澧之愚，又早孤露，幸有先考遺書，四十餘年屢更兵燹而未失墜，又盡得司馬公諸書，竊願終身敬讀之，傳之後葉敬守之。昔嘗課長子宗誼讀《通鑑》，未畢而宗誼死。今復課次子宗侃及兄孫慶修共讀之。吾陳氏子孫世世能讀之，則吾家之幸也。士有從吾游者，亦願其人人讀之，則吾道之幸也。灃老矣，尤有望於後之人也。

離經辨志齋記

阮文達公督粤，設學海堂課士。後十餘年，盧敏肅公督粤，而錢給事儀吉來游，皆阮公弟子也。錢君言於盧公，取堂中士課以《十三經》、四史、《文選》、杜詩、韓文、朱子書，每人專習一書，其事四條：曰句讀，曰鈔録，曰評校，曰著述。未幾，盧公薨，其事遂罷。今三十餘年矣，巡撫郭公復行之。會學海堂新構書齋，灃言於衆曰：「是齋也，宜因事爲名，《學記》曰：『入學，一年視離經辨志。』鄭注、孔疏曰：『離經者，斷句也。辨志者，辨其志欲習何經也。』今之專習一書者，辨志也。以句讀爲首者，離經也。宜曰『離經辨志之齋』。」衆皆曰：「善。」灃遂言曰：「經學深矣，博矣；史家、儒家、文章家之學亦深矣，博矣，自古以來，罕有能兼之者也。不讀書者，不足言。其號爲讀書者，則又涉獵零雜，今日讀《詩》，明日讀《禮》，其學必不成。今日讀此卷，明日讀他卷，其學亦必不成。非特不成而已，涉獵零雜，則性情浮躁，此學者之大弊也。夫救天下之弊，必以古法救之。自漢以來，儒者必專治一書，專治一書，必始於章句。其時朝廷每一經置博士，其私家傳習者，每一經亦必有師。今諸君子各專治一書，以句讀爲始，合於古法，積之久，學業必成。異時朝廷儻置博士，當於是取之。

即不然，而私家傳習，各爲一書之師，廣東海濱之地，有十餘人者爲師，亦可謂盛矣。諸君勉之哉！且《學記》所謂離經者，注疏之説善矣，辨志之説或未盡也，蓋辨其志欲爲世俗名士歟？欲爲古之所謂士歟？欲爲古之所謂士，則自離經辨志以後，至於論學取友，爲小成，知慮通達，强立不反，爲大成。所必至者也，諸君子勉之哉！」衆皆曰：「諾。」遂書以記之。

菊坡精舍記

澧掌教菊坡精舍，方子箴方伯命之曰：「精舍宜有記，吾子宜爲之。」澧敬諾。初，粤秀山有道士祀神之廟曰應元宫，其西偏有臺榭樹木曰吟風閣，後改曰長春仙館，遭夷亂廢圮。蔣香泉中丞與方伯議改爲書院，方伯葺而新之，題曰菊坡精舍，言於中丞，以澧爲掌教。澧辭，方伯命之再三，乃敬從。始議爲書院時，以書院多課時文，此當别爲課。澧既應聘，請如學海堂法，課以經史文筆。學海堂一歲四課，精舍一歲三十課，可以佐之，吾不自立法也。每課期，諸生來聽講，澧既命題而講之，遂講讀書之法，取顧亭林説大書「行己有耻，博學於文」二語揭於前軒，吾不自立説也。因而申之曰：博學於文，當先習一藝，《韓詩外傳》曰「好一則博」，多好則雜也，非博也。又申之曰：讀經史子集四部書，皆學也，而當以經爲主，尤以行己有耻爲先。吾老矣，勉承方伯命，抗顔爲師，所以告諸生者如是，諸生欣然聽之。澧遂記之以答方伯盛意焉。

重修蘿峯書院記

廣州城東六十里，群山環合曰蘿岡洞，洞之東一峯秀出，曰蘿峯。峯之麓有精舍曰蘿峯書院，其翼然高者曰餘慶樓。洞中十餘村皆鍾氏。鍾氏之先曰玉巖公，嘗結一菴讀書，曰種德菴。其曾孫曰子還公，拓其菴爲書院，而築樓奉玉巖公像，每歲以正月之望祭之。族人能文章者與於祭，不能者不與於祭，祭畢命題爲文賦詩乃退，世守其法不替。道光中，子還公裔孫、内閣中書銜舉人諱逢慶者，偕其族人曰禮門、曰杰軒、曰輔齋，推廣先志，每月之望課文於斯樓。中書殁十餘年，其法亦不替。甲寅之亂，盜賊蠭起，洞中課文如故。今鍾氏諸君子以書院將圮，葺而新之，請余記其事。余與中書同舉於鄉，又申以婚姻。甲寅避亂來洞中，鍾氏父老子弟皆相與歡洽，蘿峯水石幽邃，時往游憩，爲之記，其可辭乎！吾粵風俗日壞，貪詐浮薄，愈趨愈下，惟蘿岡以農圃爲業，風氣古樸。然其先人立法必課以文章，非貴文而賤質也，蓋能文必讀書，讀書必知禮義，爲士者率之，而爲農圃者效之，不敢爲悖禮犯義之事。使巨族皆如此，豈有擾亂之患哉！鍾氏立法既善，其後人又能遵守之，誠可尚也。抑聞鍾氏有鐵橋先生者，乾隆中舉博學鴻詞，此鍾氏之美談也。今課文之士，宜有奮起而繼其學者，又將以新修書院卜之也。

止齋記

止齋者,昔吾先君書室之名也,在舊宅之西偏。後與叔父分居,先君居東偏,遂無所謂止齋者,迄今五十年矣。近者,宅後之屋壞,澧欲修之而無資,乃除其地以植花竹,旁有小屋,屋上有樓,遂稍葺之而題曰「止齋」。齋前以壞屋材構臺,方十尺,上屬於樓。凡斲木堊壁,皆尚粗樸,但使齋可坐,樓可登,臺可憑闌俯視而已。念先君辛苦造此宅,子、孫、曾孫三世得安居以蔽風雨,近者再值兵燹,竟免殘燬。今雖有傾圮,而草草繕葺,乃使僕隸爨汲之區變而爲圖書雅邃之境,可以仍先君之舊題以示後人,使毋忘其祖也,庸非幸歟!若夫名齋之義,澧幼孤,不得而聞。今老矣,惟求閑静,絶意仕進,又以世事、家事憂傷交集,益自積廢而不可振。止矣乎?曰止矣。所未止者,讀書之心,然此乃所謂止也。《記》曰:「於止,知其所止。」止於讀書,殆可謂知其所止者乎!因止齋之名而自述愚心,不知於先君之意有合焉否也。

觀佛書偶記

中國語順,外國語倒,佛氏書《金剛般若波羅蜜》篇首云「如是我聞」,猶言我聞如是也。將記所聞而先云如是,其「如是」二字即指下文所記之事也。其弟子問佛曰:「云何應住?」此亦倒語,當云

「應云何住」。「云何降伏其心？」佛言：「汝當諦聽，當爲汝説應如是住，如是降伏其心。」此將説住與降伏，而先云如是，其如是二字，即指下文所説之語也。中國文義如是二字必指上文，佛書則倒指下文，此類甚多，俗僧不識文義，遂謂如是二字爲妙諦，殊可笑也。

記師説

道光辛丑正月，澧會試行至杭州，謁陳先生鍾麟。聞廣東有夷寇，先生曰：「此事今人不能辨，今人但能辨有舊案之事，此事無舊案也。當知諸史即舊案，爲官不可不讀史。」

程先生恩澤自述少時孤貧，乃曰：「不能當一貧字，安得爲丈夫乎！世間不如意事，甚於貧者正多也。」

右二説，澧敬識不敢忘，亦時時爲人述之，今筆而記之。

再記師説

道光壬辰科，程先生爲廣東主考，以《洴澼百金方》授巡撫朱公桂楨刻之。先生還朝，澧送行，先生教之曰：「今不可不讀兵書。」又告曾學正釗曰：「過此二十年，天下有兵事。」

陳先生掌教粤秀書院，常謂門生曰：「廣東省城内無米，一旦有事，當奈何？」

咸豐壬子，廣西賊起，距壬辰二十年。今年春，廣東省城米大貴，澧追憶兩先生之言，深識遠慮，所謂瞻言百里者也。乙卯三月記。

觀定武蘭亭序私記

高要何昆玉有「定武蘭亭序」五字未損，云以三百金得之，有乾隆朝御寶五，微可辨，似經水洗者。其字嫵媚，絶似趙松雪，乃知昌黎之言不謬也。此歐陽率更所摹而無歐意，必雙鈎填廓，非影寫也。褚摹神龍本雖多改易，然宕折取姿，仍推其本意爲之耳。又因此知松雪直入右軍之室，觀其《蘭亭十三跋》，用力深矣。《閑邪公家傳》用筆與此絶相似，但作小楷加以整齊耳。此内府物，因亂而落人間，可爲感歎。上有御寶，不敢爲跋尾，故私記之。

記地圖三本

余昔爲《漢書地理志水道圖》，有以地圖三本求售者，一爲康熙内府圖，一爲乾隆内府圖，皆刻本；一爲道光時修《會典》地圖寫本，自言其父昔爲會典館供事所得也。余買得之，翻閱《會典》圖稿，有提調官給事中錢儀吉銜名及押字，又有館中致董姓小札，言繪地圖事。昔錢君客廣州，爲余言官京師時請董方立課子，方立摹内府地圖，錢君之子實助成之。然則小札董姓必方立也。李申耆刻董圖，跋尾云：「方立所繪，分爲四十一圖，大者數尺，小亦尺餘。」則是每省爲一圖也。今觀乾隆圖，各省之界皆有翦截之迹。又董圖有蒙古諸旗名，而此乾隆圖蒙古諸旗名皆硃字添注，然則此圖乃董圖所據爲底本者也。番禺吴菊湖刺史道光中在京師與潘谷香員外游廠肆，菊湖買乾隆地圖，谷香買康熙地圖，其價皆銀二十兩。未幾，廠肆以倍價求菊湖還其圖，菊湖不可。明日增五倍，又明日增十倍，菊湖怪而問之。其人曰：「欽差武隆阿將往新疆，以不識地形，乞上賜地圖。上許之而内府無印本，命取板印之。板已毁矣，故武公求之廠肆也。」菊湖曰：「然則此希有之寳，雖十倍其價，吾不與也。」菊湖告余此事，并記之。

馮氏三墓記

廣東省城東門外永勝寺北飛鵝岡，有浙江馮氏三墓焉。右爲廣東□□通判馮君鏜與妻姚宜人合葬之墓，左爲馮君嫂某氏墓，右之右爲馮君之子某官祖培墓。奉四柩以葬者，祖培所聘妻張氏也。祖培病殁，張氏得噩夢，曰：「馮郎死矣。」問父母，父母不能隱，乃哭請歸馮氏。父母不許，則絶食數日。父母曰：「汝舅姑皆先卒，馮氏無人矣。汝安歸乎？」哭而對曰：「兒固馮氏人也，雖無所歸，當持服治喪葬事。」父母憐而許之。其姑之兄姚□□議葬四棺而未決，張氏曰：「是欲歸葬於浙耳。歸葬道遠費多，其事不易；權厝久則暴露可憂，不如葬於粤，異時馮氏之族有爲吾夫立後者，還而歸葬可也。」姚聞而諾之。是時四棺皆厝永勝寺，先葬之三日，張氏衰絰拜於柩前，一慟幾絶，馮、張二家婦女皆爲流涕。及葬，張氏哭而執紼，引四棺次第而窆，親友男子送葬者及耕夫饁婦聚觀者數百人，皆歎息，有泣下者。時光緒二年三月二日也。張氏，河南祥符人，廣東□□同知燿堂之女，是時年□□。嗚呼！今世女子多未婚守節，夫家富貴者無論矣，即貧家猶有所依倚。馮氏則門户已絶，賴有未婚之婦，而其夫及夫之父母、伯母有主其葬事者，是大有功於夫家，此世所罕聞而加人一等者也。廣州太守祥符馮君曰：「是不可不爲表章也。」乃屬書其事，刻於墓石云。

【校記】

[一] 白毛　原作「白色」。據《四部叢刊》影印明本《國語·晉語第八》改。

[二] 中宫　「宫」原誤作「官」，據中華書局校點本《史記·天官書》改。

[三] 士　原脱，據《四部叢刊》縮印宋本《禮記·射義》補。

[四] 《春秋穀梁傳·桓公四年》爲「秋曰蒐」。《春秋左傳》、《周禮》均作「秋曰獮」。

[五] 牢中星實　原脱「星」字，據中華書局校點本《史記·天官書》補。

[六] 星衆　「衆」原作「聚」，據同上書改。

〔七〕將歸　原脱「將」字，據《四部叢刊》縮印宋刊本《孟子·滕文公章句》補。

〔八〕子路後　「後」字原脱，據中華書局校點本《史記·仲尼弟子列傳》補。

〔九〕此段引文實出自《南史·陸厥傳》，《南齊書·陸厥傳》則僅有前半段文字。

卷三

贈王玉農序

余同年東莞王訓導有子曰玉農來謁，出所著書一帙，考覈《三禮》兼及漢制。余閱之，喜而不寐。今世之士治經者寡矣，治《三禮》者更寡矣，能以《三禮》考史志，殆無其人，何意得之年家子哉！問其學何所受，則曰：「先人教讀《三禮》，分類而考之。」余於是益歎其家學之善，而余於同年之友未及奉教爲可惜也。

玉農所著書凡二十四篇，有是者，有非者，有是非未可定者。然玉農所學之善，不在一篇一句之是非，在能分類讀《三禮》耳。鄭君《禮記目録》，每篇必曰「此於《别録》屬某《禮》」，然則劉向固已分類録《禮記》，鄭君述之，示人以讀《禮》之法也。其後孫炎改《禮記》，魏徵撰《類禮》，及朱子《儀禮經傳通解》、江慎修《禮書綱目》、秦文恭《五禮通考》，皆别録之法也。抑大分之中又有細分者焉。《儀禮》賈疏每一節必釋之曰「自此至某論某事」，亦示人以讀《禮》之法也。其後杜君卿《通典》、馬宛斯

《繹史》所載《儀禮》，皆節節分之。朱子《儀禮經傳通解》、張稷若《儀禮鄭注句讀》、吴中林《儀禮章句》亦節節分之，皆賈疏之法也。既節節分之，則可逐節繪出之，於是楊復齋、張皋文皆爲《儀禮圖》。既節節分之，則可以此一節與彼一節比較之，於是朱笥河、淩次仲皆爲《儀禮釋例》。韓文公謂《儀禮》難讀，至有圖有例而《儀禮》易讀矣。然而圖與例亦本於鄭注、賈疏。《士冠禮》：「筮人右還，即席。」鄭注云：「右還北行就席。」賈疏云：「以主人在門外之東南，席在門中，故知右還北行。」若此之類，非鄭君皆有圖乎？「冠者奠觶于薦東」，鄭注云：「凡奠爵，將舉者於右，不舉者於左。」賈疏云：「將舉者於右，謂若《鄉飲酒》、《鄉射》是也。此文及《昏禮》贊醴婦是不舉者，於左也。」若此之類，非釋例乎？蓋《禮》學固未有能出鄭、賈之範圍者也。夫以《三禮》之繁博參錯，非分類而讀之，且大分之而又細分之，必不能得其條理而析其異同。譬之考天官者必分三垣二十八宿，否則盈天之星執管而一一窺之，終不能識也。考地理者必分三條四列，否則盈天下之郡縣按籍而一一考之，終不能明也。故分類者，凡讀書之法皆然，非止讀《三禮》爲然也。玉農既得分類之法，將盡讀天下之書可也。抑《禮》學更有進於此者。分類者，禮文也，禮文之中有禮意焉，不可不知也。不明禮文，不可以求禮意；然明禮文而不明禮意，則或疑古禮不可行於後世，不知古今禮文異而禮意不異。禮意即天理也，人情也，雖閲百世不得而異者也。夫不觀鄭君之注乎？《士冠禮》「筮于廟門」注云：「于廟者，重以成人之禮成子孫。」「于門者，嫌蓍之靈由廟神。」其字字有精意如此。「主人戒賓」注云：「古者有吉事則樂與賢者歡成之，有凶事則欲與賢者哀戚之。」其事事深合人情又如此。注又引《冠義》曰：「古者冠禮，筮日筮賓，所以敬冠事。敬冠事所以重禮，重禮所以爲國本。」如此之類，鄭君以《禮記》注《儀禮》，即朱子所謂《儀禮》爲經，《禮記》爲傳也。《儀禮》，禮之文也。《禮記》，禮之意也。

國朝儒者之於《禮》學，爲宋以後所不及，然考證禮文者多，發明禮意者少。玉農能讀《三禮》，吾願玉農守其先人分類之法，以明禮文，進而求之鄭君、朱子之法，以明禮意，及此盛年，專力爲之，其所成就不可限量。如余者，考索半生而後知之，《禮記》所謂「時過然後學，則勤苦而難成」者也。今且老矣，雖知之而不能學矣。書其説以贈玉農，玉農勉之哉！

送巡撫郭公入都序

同治五年四月，撫部郭公奉旨入朝。澧送公於珠江之湄，慨然不能已於言。公始至粤，辱臨敝廬。明日澧謁謝，會有白抽釐事者，公謂澧曰：「此漢之算緡也。是病民者也，不得已而爲之。」澧於是知公之仁。無何，議設省團局，公曰：「廣東有二弊，吾知之：民情不通也，義與利不辨也。」澧於是知公之明。公命澧司局事，澧固辭。自是以後，澧不數數見，見則公與論經史不及時事。所論多不悉記，記其一説曰：「西漢人好利，東漢人好名。唐人好利，宋人好名。元人好利，明人好名。今人好利。自古以來，名利交相勝而已矣。」澧於是服公議論之深且大也。算緡病民之語，澧與人言，尤時時述之，曰：「此公之心也，存其心而不能遽止其事，則時會之艱難爲之也。」至艱難之事漸平，而公去矣。公未去，澧有干謁之嫌，不敢以文辭獻。公今去矣，二三年來辱公下交，澧雖不文，不敢自匿。夫贈人以言，古之義也，顧以澧之言贈公，何如記公之言以贈公。他日公奉恩命復任吾粤督撫，澧復得謁見，追維往日之語，當有感慨係之者矣。

送劉學使序

澧家番禺都會中，達官貴人有辱臨敝廬者，强出謁謝，而意恒自慚，以爲官卑且病退矣，宜遯居村野，自晦其迹。及見學使劉融齋先生，則又爽然曰：「吾過矣，吾過矣。」凡吾所以不欲出者，閉門讀書，樂觀古君子之意趣，而猶恨不得當其世親見其人也。乃不知今世達官貴人中，有古君子如劉先生者。先生之醇德清風，人盡知之，先生之碩學，則知者寡矣。若其意趣，高出於一世，遠儕於古人，則知者益寡，有相與愕眙焉耳。學政一官，世人所豔羨也，先生爲之未滿任，告病而歸。蓋世之人皆好進而先生獨好退，不知美官厚禄之可羡，而惟知讀書，此古之君子而澧以得見爲幸者也。且每一相見，論九流諸子之學，談聲音度數之藝，與澧有同好焉，信可樂也。今先生歸矣，澧亦老矣。家本金陵人，距先生之居數百里，如其身健時平，歸掃墳墓，遂渡江而北，踵先生之門，以續今日相見之樂，誠快事也。然而未可必也。澧之子宗侃爲先生所取諸生，其年尚少，他日遠游負笈，受先生之學以歸，澧雖老，猶及見之，是則厚幸也夫，是則厚幸也夫！

送蔣薌泉撫軍序

同治七年正月，撫部蔣公奉旨赴陝西，瀕行，粵人皆頌公德政。澧官卑病廢，不敢謁見。公辱臨敝廬，命之曰：「臨别贈言，以爲座右之銘。」澧敬諾。既而思之，《禮記》曰：「毋勦説，毋雷同。」今頌公德政者多矣，澧不可以雷同之説進，獨聞公好讀書，澧請粗論之，可乎？公告澧曰：「吾欲讀《五經》，明其大義。」澧謂當先讀一經，請專論《詩經》，可乎？公封疆大臣也，今之封疆大臣，古之諸侯也。古之賢諸侯莫如衛武公，詩人詠之曰：「有斐君子，如切如磋，如琢如磨。」朱子曰：「斐，文貌也。如切如磋者，道學也。謂講習討論之事也。如琢如磨者，自修也，謂省察克治之功也。」公之讀書，非講習討論歟？公之所以讀書者，非欲自省察、自克治歟？《詩》又曰：「有斐君子，如金如錫，如圭如璧。」毛傳曰：「金錫練而精，圭璧性有質。四者道其學而成也。」夫練而精者，去其粗也，堅剛之質，則不可變也。古之君子學成時如是，公學成時亦豈異於是歟！《詩》又曰：「有斐君子，終不可諠兮。」《大學》釋之曰：「道盛德至善，民之不能忘也。」公之德善，粵民頌之矣，其更進於德之盛、善之至，民之不能忘，更當何如歟？公又告澧曰：「吾請假歸里，讀書數年乃復出。」澧謂皇上念公戰功，見之恩諭。且陝西方用兵，公不可不出。《詩》曰：「我出我車，于彼牧矣。自天子所，謂我來矣。召彼僕夫，謂之載矣。王事多難，維其棘矣。」又曰：「王事多難，不遑啓居。豈不懷歸，畏此簡書。」敬誦之以送公之行。

送韓螺山舍人序

蕭山韓螺山舍人，詩人也，客粤數年，於粤之富人不識一人。將歸，或問曰：「客粤而歸者，皆載多金，君獨無之，何哉？」螺山曰：「受金必受駡，受金而不受駡，二者不可得兼。吾不受駡也。」始螺山欲以詩集屬余爲序，遲久而不出。至其歸，余乃言曰：「《螺山詩集》必佳矣。」或問曰：「君未見《螺山集》，烏乎知之？」余曰：「詩之清者必佳，濁者必惡。人之清者，詩必清；濁者，詩必濁。螺山之人清矣，詩安得不清？詩清矣，安得不佳？吾以是知之。」且詩者，天下至清之物也。詩人者，天下至清之人也。以至清之人，懷其至清之物，其不肯奔走富人之門以求多金，審矣。曰不受駡，託辭也。然既無駡者，則必有愛且敬者。余愛敬螺山，於其歸，爲詩贈之。余非詩人而强爲詩，不能盡其意也，故復贈以序，即以序《螺山詩集》可乎！

送黎召民序

後漢張奂爲安定屬國都尉，羌酋遺以馬及金鐻，奂以酒酹地曰：「使馬如羊，不以入厩；使金如土，不以入懷。」羌性貪而貴吏清，前有八都尉率好財貨，爲所患苦，及奂正身潔己，威化大行。余讀《後漢書》至此，喟然歎曰：「使世之治夷狄者皆若張奐，安有夷狄之禍哉！」近者順德黎君召民官江西候補道，署布政使，丁憂歸，甫服闋而福建臺灣道爲夷人患苦，督撫奏調黎君往治之。將行，余過而問曰：「治之將何如？」黎君曰：「吾將以不貪治之也。」余爲黎君誦張奐事曰：「君威化必大行矣。」昔時夷人畏中國官吏如神明，其後有若八都尉者，夷人始輕之，三十年來，爲患苦極矣。夷狄性貪而貴吏清，今古一也。彼性貪，故見不貪者而貴之，貴之故畏之，若彼此皆貪，則何貴之有？安得不爲所患苦哉！故三十年來，夷人患苦中國，非夷人能患苦中國也，中國官吏有以致之也。今者夷人患苦臺灣，非夷人能患苦臺灣也，臺灣官吏有以致之也。論治夷之術者多矣，請循其本，推夷禍所自起，乃得治夷之道。黎君不貪，是今之張奐也。史稱張奐嘗與士友言曰：「大丈夫當爲國家立功邊境。」後督三州，匈奴、烏桓相率降。羌寇三輔，奐大破之，斬其酋豪首，虜萬餘人。余亦黎君之士友也，請更述此以爲贈。

送蘊玉仲赴順天鄉試序

舉天下之人重科第，必謂科第不足重，吾不爲是言，但謂科第由人重，勿使人由科第重耳。人由科第重，則科第愈重，人材愈衰。人材既衰，科第又烏能重之？蘊君玉仲赴順天鄉試，是將得科第者。玉仲爲嚮亭太守之賢子，小谷先生之高弟。父，良吏也。師，通儒也。玉仲年少英特，探經史之學，能爲文辭，以人材論，宜得科第。且玉仲家本旗籍，不由科第，亦可以出仕，然必求科第者，以科第爲世所重耳。吾願玉仲重科第，既得科第，益講求良吏之政事，通儒之學術，文辭卓然，有以立於天下，使人知科第中有此人材也，則科第重矣。吾重玉仲，於其行，贈以此言。

送高寄泉序

同治二年，廣東官軍討高州賊，省城運餉，泛海至電白縣之水東，乃登陸以給軍。水東者，電茂場大使官署所在也。賊瞰水東久，大使高君禦之。既而高君病，將去矣，賊遂入水東。高君登海舟，集市人告之曰：「無水東則無高州也，無高州則無雷瓊也。能擊賊者，賞銀千兩。」衆譟而往，賊炊飯方熟，不敢食，皆走。方賊初入時，焚大使官廨，而火不然，乃砍壞其墻屋。君葺完之而後去。是時沿海颶風，溺死者萬計，君附海舟至廣州，余聞而大驚，往見之曰：「幸哉！君之出於險也。」君曰：「子知我一險，而我遭二險。」自述擊賊事。余謂君之擊賊，可謂有功矣。君非守土官，且將去矣，而擊賊，而葺官廨，則忠厚之至也。今之人能擊賊者有之，罕有忠厚如君者，出險而亨，宜哉！友人爲畫圖題詩以送君，余不能詩，序其事，書於圖後。

送馮鐵華序

高要馮君鐵華官浙江候補知府。咸豐十年，賊破杭州城，君以駐防將軍令出召援兵克復之。將軍以君粤人也，使請餉於粤，凡一年，得餉十餘萬而返於浙。將行，過余素爲文以贈。余敬謝曰：「君所見卓矣，所論精矣，吾何以益君？」君曰：「何如？」予曰：「君之始至也，告余曰：『吾今而識正心誠意四字矣。』余問其故。君曰：『吾有見於浙之事也。大吏用人，喜諂悦而不論其才；治事，喜虚飾而不求其當。屬吏就其所喜而避其所惡，風氣既成，前後若一，此浙之所以破也。意不誠，心不正，則其敗如此矣。』余俯而聽，仰而歎曰：『自南宋時正心誠意之説爲人所厭聞，數百年來，此四字者，時文家之陳言耳，夫孰知爲治亂存亡之所係哉！以余之迂拙，亦稍稍識其義者。然閉門讀書，未嘗出仕閲歷事變，則亦不能實指其成敗之迹也。然則君官浙數年，目睹其敗壞傾覆，君之身則勞矣，心則憂矣，而有益於學識者，亦深矣。自是以往，堅持此四字以爲本，永永不忘，則立功立事，孰能測其所至乎！』」余雖衰疾，無出山之志，而得聞君言，以爲厚幸。特書其説，欲以告今之從政者，勿以古書之言爲陳言而厭聞之也。

送吴子登太史序

南豐吴子登編修精算學，客粤東。粤東議開同文館，巡撫郭公曰：「是當兼算學，請吴君掌教。」既開館，而算學之説不果行。順德黎召民欲開算學書院，請吴君掌教，又不果行。江南開算學書院，總督中堂曾公、巡撫丁公請吴君及南海鄒特夫掌教。鄒君病不能往，吴君往就之。初，粤東無知算者，惟順德何西池知之。後有黎見山者，召民之叔祖也。番禺梁南溟亦知算，澧與侯君模子琴兄弟、章雲軿嘗請教焉，皆未成，而南溟、二侯没矣。今粤東精算學者，惟特夫。錢塘夏紫笙客粤東，吴君與同訪特夫，談算學甚相得。未幾，紫笙没。今吴君又去，特夫學益孤矣。學海堂舊設專門之學，各習一經及文史，無算學。郭公增算學一人，請特夫教之，粤東雖無算學館，或者此學其不絶乎！澧嘗慨今日書院遍天下，皆作時文以應舉，其人皆曰尊朱子，然而朱子之語曰：「算學甚有用，若時文整篇整卷，作何用耶？徒壞士人精神。」《語類》卷十四。尊朱子者，知之否乎？《宋史·選舉志》曰：「書學補試，升降略同算學，惟推恩降一等。」今之工書者，可以魁天下爲狀元，而算學何如也？考選舉之制者，知之否乎？吴君既往江南，杭州李壬叔亦在江南，江南復有劉君融齋，皆精算學。吴君此行，吾知江南算學必大盛也。吴君厚重簡默，君子人也，學問深博，澧所窺見者獨算學。惜吾老，不能從而學也。於其行，書此以贈别。

鄭氏全書序

孔子删述六《經》，而鄭康成氏爲之注，其細者，訓詁名物，其鉅者，帝王之典禮，聖賢之微言大義，粲然具備。其於先師之説，有宗主，有不同，讃而辯之，家法至善，傳之百世而無弊；又於緯候之書，曆數、律令之學，莫不貫綜，是亦所謂集大成者也。自魏晉至隋唐數百年，朝廷之議論，儒生之講誦，得所依據，聖人之道不墜於地，惟鄭學是賴，雖王肅、許敬宗輩妄肆詆毀，無傷日月。至孔、賈義疏頒行，乃盛極而寖衰焉。宋儒代興，朱子猶稱述鄭學，洎元明而遂衰絶。然王伯厚採集《易》注，實鄭學復興之兆。本朝儒者講漢學，尊鄭氏，此則無往不復之道也。《毛詩》之箋，《三禮》之注，炳如日星。其餘佚書，近人輯本亦已粗備，然各家刊行，無所總會，又採輯不盡精審，誣古人而誤後人者，亦有之矣。澧與同學諸子竊嘗論此，諸子乃取諸書輯本重爲校定，削其虚謬，存其真確，各殫心力，至詳至慎；又取《詩》箋、《禮》注善本繕寫整齊，服氏《左傳解誼》，鄭君既有所授，則爲附録；史傳軼事以至後代碑文、祀典，彙集於後。編寫既成，題曰《鄭氏全書》。今而後，讀鄭君書者無復遺憾，則諸子之功也。若夫讀鄭君之書，尤必志鄭君之志，學鄭君之學，澧願與諸子共勉之。

南海鄒氏重刻道鄉集序

南海泌沖鄉鄒氏，系出宋贈寶文閣學士忠公。公二十二世孫特夫徵君得公《道鄉集》，授其族人重刻之。刻成而徵君歿矣，族人以其遺言屬澧爲序。澧謂忠公事迹具於《宋史》，文章之美，具於李忠定、楊文靖、邵文莊之序。其書著録《四庫》，有提要。道光中刻本有裔孫禾跋及李申耆序，徵君得之，復有跋，澧何言哉！顧嘗讀司馬文正公《書儀》，謂子孫保護先人遺書，視遺像尤重。蓋遺像其面目也，遺書則其精神也。況今兵燹之後，天下書籍刻板毀失殆盡，讀書者爲之浩歎。然天下之人孰無祖宗，祖宗有遺書者，其子孫皆如泌沖鄒氏購藏而重刻之，則祖宗之精神得以長存。且人人念其祖宗，可以厚風俗；家家購刻書籍，可以助朝廷文教。此澧所敬仰而欲有言者。又與徵君爲友，徵君遺言屬爲序，其何敢辭。

胡金竹先生鴻桷堂集序

粤之先儒自白沙先生後，越百餘年而金竹先生生於白沙之鄉。粤人皆以金竹比白沙，然白沙之名顯，金竹之名晦，何也？白沙當明之中葉，道學風氣方盛，其學又自立宗旨，一新天下之耳目。金竹則處道學風氣之末，堅確自守，惠半農學士雖嘗言之於朝，迄今又百餘年，天下知金竹先生者寡矣。顯與晦不足爲輕重，然傳先儒之書，使流布於世，則後學之責也。陳習之教諭，先生鄉人也，以先生《鴻桷堂集》編校未善，又其板已失，將重刻之，請林月亭先生删訂而爲之序。月亭先生删訂甫畢而殁，乃請楊黼香編修序之。會黼香入都，復以序屬澧，又以《金竹家訓》屬澧編入集中。澧受而讀之，其詩清削樸勁，如見其爲人。其謁白沙祠諸詩及《白沙子論》，見其淵源出自白沙之學。其家訓初學先讀《儀禮》，謂《儀禮》爲道之迹，終身不可離，則與白沙之學謂禮文非所急者，又不盡同也。嗟乎！當明之時，講道學者遍天下，而今不聞焉。今之詩文集亦遍天下，然如此集無華詞，無博辯，其不至湮没者，幸也。習之亟爲付梓，豈獨有功於先儒，將使讀先生之詩文者，慕先生之爲人，雖不必講明儒之學，其於今之風氣，或有裨乎！月亭先生逝矣，試以愚言質之黼香，其亦有合也歟？

禮記質疑序

經學難者《三禮》，國朝經學極盛，諸經師林立，而兼治《三禮》者蓋寡。湘陰郭公兼治《三禮》，著書百卷，先以《禮記質疑》若干卷寄示，且命爲序。澧讀之，想見公之讀書，一句一字，注目研思，紬繹乎禮文，反覆乎注疏，必求心之所安而後已。其有未安，則援據群經，稽核六書而爲之説，故有可以易注者，有可以易疏者，有可與注疏兼存者，於國朝經師中卓然爲一家。其以封疆大吏退歸田里，而精治經學，則昔之經師所未有也。近者經學衰矣，求治經者於韋布中，猶不可多得也，有大吏爲經師，庶可以振而興之。儒者讀書，出則辦天下之事，處則興天下之學。辦事必藉權位，興學則得自爲之。禮學雖難，然記有之曰：難者不避。人人皆避難就易，經學安得不衰歟！且公之書多與注疏異義，而題曰質疑，又示學者以謙慎之意。爲其難復存其慎，尤可以持風氣於不敝。公昔撫粵，下交於澧，今以書命序，推許太過，澧不敢當，爲序因以爲謝。

穀梁禮證序

《穀梁禮證》者，吾友侯君模孝廉未成之書也。甲午歲，余治《穀梁春秋》，君模出示此編，曰：

「此傳今爲絶學，君當努力，吾方治諸史，未暇卒業也。異時君書成，當以此相付。」因舉鄭康成、服子慎説《左傳》事語，相與歡笑。未幾，而君模卒。今其弟子琴將刻君模遺書，屬余序此編，追憶曩昔語，愴然出涕。君模之學，最精《三禮》，以《三禮》貫串漢、晉、南北朝諸史志，精深浩博，爲諸儒所未有。此編雖未成之書，亦略見一斑矣。自君模之殁，忽忽十二年，余學業無所成就，嘗欲撰《穀梁釋例》，屢作屢輟，負良友於地下。近有鎮江柳孝廉興恩、杭州曹秀才籀於此傳皆有所述，二君見君模書，當恨與君模并世而不得相見也。余異時得讀二君書，或《釋例》竟可不作，但使海内有人明此絶學，何必其書之出於己耶！君模以《禮證》相付，亦此意也。

柳賓叔穀梁大義述序

《穀梁春秋》，千年以來爲絶學。昔吾友侯君模著《穀梁禮證》，未成而殁，澧爲《穀梁箋》及《條例》，亦久而未成。甲辰春，謁阮文達公於揚州，公贈以新刻再續集，有鎮江柳氏《穀梁大義述序》，乃知海内有爲此學者，爲之喜慰。柳氏名興恩，字賓叔，與澧同年舉鄉試。因求其書，得寄示所刻一帙，讀之歎其精博。今年與賓叔遇於京師，遂定交焉。復得贈一帙，較昔所刻倍之，其説益精博，其未刻者尚多也。賓叔屬澧爲序，且徵其説採入之。澧舊稿不在行篋，其説多不能記，謹舉其一以就正焉。孟子曰：臣弑其君，子弑其父，孔子懼作《春秋》。《春秋》，天子之事也。孔子成《春秋》而亂臣賊子懼。《春秋》之義，莫大於此。此義爲《穀梁傳》得之，桓元年傳曰：「桓無王，其曰王，何也？謹始也。」「桓弟弒兄，臣弒君，天子不能定，諸侯不能救，百姓不能去，以爲無王之道，遂可以至焉爾。元年有王，所以治桓也。」《穀梁》之説如此，然則世有亂臣賊子，自天子至百姓，皆有責焉。故亂臣賊子無所容於天地間，此其所以懼也。天子不能治亂賊，則孔子以爲無王，而自以王法治之，故曰天子之事也。以是推之，凡《春秋》之書王，其義皆爲以王法治天下，可知也。孔子懼有弒君弒父者而作《春秋》，此《春秋》所以始於隱、桓也。隱元年傳曰：「將以惡桓也。」是其義矣。此澧之臆説，賓叔如以爲然，異時將盡出其説以備採擇，澧之書可不復作，若鄭康成與服子慎就車講《左傳》故事矣。君模書雖未成，已有刻本，當爲賓叔致之。并採録其説，君模有知，當感歎於地下也。

樊昆吾先生論語注商序

國朝經師多壽，七十、八十者不可勝數，九十者，則有毛西河、程易田、王石臞，求之於今，則樊昆吾先生其人也。先生今年八十有八，精神尚健，其壽未有艾，當更過於毛、程、王三先生。近以所著《論語注商》若干卷示澧，且屬爲序。《論語注商》者，商朱子《論語》注也。澧嘗謂自非聖人，孰能無誤，朱子雖大賢，其書有誤，後學固當商訂之。然商訂古人之書，必當辭氣和平，不可囂争，不可詬厲，若毛西河所著《四書改錯》，不知《論語》朱注「學」訓「效」，本於《廣雅》，而曰從來「學」字無此訓，則非朱子之錯，乃西河之錯也。其囂争詬厲者，非説經之體，更不待言。先生之書，但名曰商，遠勝於西河所謂改錯者，其辭氣又出以和平，偶有不甚和平者，輒自删之，如是則何害於商訂朱子之書乎？王氏《經義述聞》於諸經注疏皆有删訂，而獨不及《論語》。程易田則云：説經而惟注之徇，雖漢之經師，一失其趣，即有毫釐千里之謬。易田之商漢注，即先生商朱注之意也。澧以先生高壽，舉毛、程、王三先生并論之，而論先生著書之意，尤似易田。敢質之先生，或以愚言爲不謬歟？

蘇爻山墨子刊誤序

昔吾友鄒特夫告余：《墨子》經上、經下二編有算法，此算書之最古者。余讀之信然，爲之驚喜。特夫又言：《備城門》以下訛脱不可讀，可惜也。此語忽忽二十年矣。今蘇君爻山以所著《墨子刊誤》見示，正訛字，改錯簡，涣然冰釋，怡然理順，而《備城門》以下尤詳。墨子以善守稱，《備城門》諸篇，乃其法也。此又兵書之最古者。墨子之書害道，而特夫、爻山乃能取其長，探其奥，真善讀古書者。特夫之説，余嘗筆而記之。爻山將返廣西，余鈔存其書，將以示特夫共欣賞也。

太上感應篇序

《太上感應篇》著録於《宋史·藝文志》，蓋古道家之書也。世人寫刻分送，以爲勸人爲善，戒人爲惡,可以邀福。近者,書坊以新刻本請余爲之序。余以爲《五經》、《四書》勸善戒惡,至矣盡矣,即感應之説,《五經》、《四書》亦有之。曾子曰:「戒之戒之,出乎爾者,反乎爾者也。」此言應於其身也。孔子曰:「積善之家,必有餘慶,積不善之家,必有餘殃。」此言應於其後人也。孔、曾之言如此,何藉乎道家之説哉!世俗讀《四書》者,以爲時文之題目而已,讀《五經》者,以爲時文之辭采而已。如是,則已失《五經》、《四書》勸戒之旨矣。於是有好善之人,欲勸人善,戒人惡,而求之《太上感應篇》。夫人苟識字,能讀《太上感應篇》,則必嘗讀《五經》、《四書》矣。即未嘗盡讀《五經》、《四書》,豈不讀《論語》第一篇哉!人人知「學而時習之」,而聖學明矣。人人知爲人孝弟,不作亂,而天下平矣。此聖賢之語以福天下萬世者,至深至大也,何藉乎道家之説哉!然而求之道家者,非也。其勸戒之意,則可取也。且《太上感應篇》猶爲古道家之書,較之世俗所謂陰騭文之類誣妄而不通者,亦有間也。余故不辭而爲之序,冀有因讀《太上感應篇》進而求之《五經》、《四書》者,則真可謂善也矣。

鄒特夫學計一得序

《學計一得》者,吾友南海鄒君特夫所作也。昔余未識特夫,見所作《戈戟考》,知其精通算術,乃定交焉。相見之初,特夫告余以墨子書有算術,且有西法。發書共讀,相對撫掌,因歎昔人若有明其説者,則西洋爲遼東豕也。余欲爲書告阮文達公,以墨子補入《疇人傳》。會文達薨,乃已。又嘗在余齋中論測日舊法未密，日光穿表端之孔而下爲圓錐形，斜射平版而成橢圓，橢圓心非圓錐心，即非日心，乃創橢圓求圓錐心法。時梁南溟、侯子琴、徐子遠同在座，三君與余皆疑圓錐斜截之面兩端不等，非真橢圓也。余遂設數以算之，兩端正相等，乃歎此法爲中西天算諸書所未及也。特夫聰穎絶人，非但精算術，凡古書疑難訛脱千古不解者，輒得其解。嘗告余曰：「《大戴禮》説明堂所謂『二九四七五三六一八』者，此當有圖而記其數，横書之自左而右。及圖亡字存，後人縱寫之，自右而左，故錯亂如此。且圖有赤點、白點以記户牖，故曰『赤綴户也，白綴牖也』。綴者，點也。」余爲之驚喜。後在京師以告鎮江柳賓叔，亦驚喜，録其説置懷袖間而去。凡此諸説今皆在此編中，舊事歷歷在目，而俯仰之間，不覺十餘年矣。昔當無事之秋，吾輩相聚談藝，樂何可言！南溟、子琴皆殁，子琴鈔撰《算書》，爲夷炮所燬，特夫以此編屬余爲序，前年夷亂，余納之複壁中，幸不散失。去年與子遠避亂於横沙，復攜以行，屢欲爲序而不成，不覺又三年矣。興感今昔，遂書此以復於特夫，并勸刻梓。當寄賓叔讀之，不知其驚喜又當何如？惟鎮江破後，更不知賓叔在何處也。

格術補序

《格術補》者，古之算家有所謂格術，後世亡之，而吾友鄒特夫徵君補之也。格術之名見《夢溪筆談》，其説云：「陽燧照物，迫之則正，漸遠則無所見；過此則倒，中間有礙故也。如人摇艣，臬爲之礙，本末相格，算家謂之格術。」又云：「陽燧面窪向日，照之則光聚向内，離鏡一二寸聚爲一點，著物火發。」《筆談》之説如此，皆格術之根源也。其推衍爲算術，宋時蓋有其書，後世失其傳矣。徵君得《筆談》之説，觀日月之光影，推求數理，窮極微眇，而知西洋製鏡之法，皆出於此。乃爲書一卷，以存古算家之術。夫古所謂陽燧者，鑄金爲鏡也。西洋鐵鏡，即陽燧也。其玻璃爲鏡，亦與陽燧同一理，故推陽燧之理，可以貫而通之。有此書而古算家失傳之法，復明於世，又可知西洋製器之法，實古算家所有，此今世算家之奇書也。若夫宋時算術，後世失傳，如此者當復不少，吾又因此書而慨然矣。

鄒特夫地圖序

地圖有經緯，古未聞也，自康熙朝内府地圖始也。緯綫横，經綫中直而旁斜，陽湖董方立摹本未失也。李申耆刻之，遍加直綫，則已失之矣。江陰六承如爲《輿地略》，存直綫而去斜綫，則更失之矣。斜綫非斜也，欲使近赤道者廣，近北極者狹也，地圓之理也。吾友南海鄒特夫乃一變之：爲總圖，經緯皆作弧綫；爲分圖，每幅皆下廣上狹，合地圓之形。自有地圖以來，無如國朝内府圖立法之善者；自有内府圖以來，無如此圖深得其立法之意者也。立一法而其後寖失，豈獨地圖爲然，但恨無如特夫者變而通之，以得其本意耳。余爲《禹貢圖》，用直綫不用斜綫，其失與六氏同。觀此圖，自知聰明不逮特夫遠甚。特夫既爲序，復屬余爲後序，遂自訟其失焉。

等韻通序

等韻之學，其源出於切語而有異同，余爲切韻表，因明白矣。嘗就而論之，以爲字母標雙聲之目，呼等析疊韻之條，縱横交貫，具有苦心。然三十六母既據當時之音，於隋唐以前切語之法稍有并省。又等之云者，當主乎韻，不當主乎聲，乃等韻家則因字母而定四等，於是考之韻書，有異部而同等者，有同部同類而異等者，加以舌頭、舌上、重脣、輕脣，唐韻時沿古音，而後人不解，益以滋惑。由是憑切憑韻，莫能畫一，而門法興焉。立一法而猶有不合，又立一法以補救之，而法與法且自爲矛盾。彼徒欲使古書切語盡合等韻，而不能泯其參差之迹，故爲此遷就之説，而學者愈無所適從，所謂治絲而棼之者也。自元明以來，作者又多據當時之音，各矜神悟，各出新制，而實未嘗明等韻本法，或且雜以方音，而其法愈不可訓。此初學所以惶惑，而高明所以厭棄也。余謂聲韻惟齊、梁、陳、隋之際爲最密，其後愈降而愈混，三十六母已爲唐季之音，而等韻家因以立法，其不能盡合隋以前之音者，勢也。元明以後，復不能盡合唐季、宋代之音者，亦勢也。今就等韻本法而推究立法之故，表其所長，而袪其流弊，爲書一卷，曰《等韻通》。通也者，通其所通，且通其所不通也。覽此編者，其亦有以見余之苦心也夫！

漢西域圖考序

李恢垣吏部以所著《漢西域圖考》屬爲序。余讀之纍月，乃言曰：昔之考地理者，詳於九州之內而略其外。李君之書，自漢敦煌關外西北二萬餘里至大秦，又西北至於海；西南萬餘里至安息，又西南至於海，其間國土以百數，若指諸掌。自漢至今史傳説部以至沙門之記録、外夷之圖畫，靡不綜核；方言譯語，侏離啁哳，同地異名，同名異文，靡不貫串，可謂奇書矣。雖然，李君著書之意，豈欲以是爲奇哉！兩漢《西域傳》所載，最遠者大秦、安息，今則大秦之外西北海濱之人，奪據天竺，距雲南僅千餘里。自中國罷兵議款，增立互市，游行天下，而館於京師。安息之外西南海濱之人，入中國千餘年，生育蕃多，散處諸行省，近且擾亂關隴，用兵未休。嗚呼！其爲中國患如此，而中國之人茫然不知其所自來，可不大哀乎！古人之書，大都有憂患而作也。今日之患，爲千古所無之患，李君之書，遂爲今日所不可無之書。豈徒以其奇而已哉！余昔著書考漢地理，至敦煌關外而止。嘗以爲古之考地理者，當詳於九州之內，今之考地理者，當及於九州之外，余病未能也，此所以讀李君之書爲之感歎而不置也。

説文聲表序

上古之世，未有文字，人之言語，以聲達意。聲者，肖乎意而出者也。文字既作，意與聲皆附麗焉。象形、指事、會意之字，由意而作者也。形聲之字，由聲而作者也，聲肖乎意，故形聲之字，其意即在所諧之聲。數字同諧一聲，則數字同出一意，孳乳而生，至再至三，而不離其宗焉。澧少時讀《説文》，竊見此意，以爲《説文》九千餘字，形聲爲多，許君既據形分部，創前古所未有。若更以聲分部，因聲明意，可以羽翼許書。乃以暇日爲之編次，以聲爲部首，而形聲之字屬之。其屬字之次第，則以形之相益爲等級，以意之相引爲先後，部首之音相近者，其部亦以類聚，依段氏古韻定爲十七卷。其後讀戴東原書，知其嘗勸段氏爲此書，謂以聲統字，千古奇作。竊自幸所見，不謬於前人。又聞姚文僖公及張皋文、錢溉亭皆嘗爲此，求其書讀之，錢氏書不可得，姚氏書改篆爲隸，張氏書則爲古韻而作，與澧所編之意不同。遂存此編，弗忍棄也。澧嘗欲爲箋附於許君解説之下，以暢諧聲同意之旨，其後更涉他學，不暇爲此，姑俟異日。古人有自悔其少作者，澧編此書，年未三十，然本昔人之意，非自出臆見，雖未必爲奇作，世之治小學者，或有取焉，不必悔也。其書有等級，故名曰《聲表》。吾友桂君星垣見而愛之，欲刻於版而屬澧自序其意，遂筆於卷端云爾。

新刻説文解字附通檢序

《説文解字》十五卷，番禺陳昌治繩齋校刊，附《説文通檢》十六卷，同縣黎永椿震伯編集。序曰：《説文》，小學書也。《周禮》：八歲入小學，保氏教國子，先以六書。漢尉律學童十七已上始試，諷籀書九千字乃得爲史。今人以識篆書習《説文》者爲古學，豈能八歲教之，十七歲試之哉！然則欲興小學，其道奚由？昔徐鼎臣、楚金兄弟以《説文》名家，猶謂偏旁奥密，不可意知，尋求一字，往往終卷，乃編爲《篆韻譜》。李仁甫亦編爲《五音韻譜》，然皆改《説文》次第。段懋堂《説文注》附以部目分韻，而部中之字，尋求終卷如故也。惟《欽定康熙字典》以字畫之數爲次第，又爲檢字一卷置於卷首，尋求最易。考《廣韻》、《隸釋》皆載漢時「桂」、「吞」、「炅」、「炔」四字一音皆九畫，則字以畫數，自古有之矣。今繩齋刊《説文》依陽湖孫氏舊刊宋本，而寫爲一篆一行，整齊畫一，羅羅可數，仍不失《説文》次第。震伯爲《通檢》，用真書畫數爲次第，而注《説文》部數、字數於其下，尋求新本《説文》，應手而得。其書相輔而行，取徐氏、李氏、段氏之意而遵「字典」之法，宜於古亦宜於今。此書之出，將使人人能識篆書，能習《説文》，八歲可教，十七歲可試，古之小學可興於今日矣。余不勝喜慰而爲之序。

廣元遺山年譜序

《廣元遺山年譜》者，吾友李君恢垣之所作也。曷爲謂之廣？翁覃溪氏先爲此譜矣，李君曰：「吾廣之云爾。」遜辭也。李君又告余曰：「吾書異於翁氏書者，詳考地理爾。」余謂此李君書所以善也。夫讀《遺山集》者，詩文之學也。爲之年譜，則史學也。史學豈可不明地理哉！李君明地理，故於元兵伐金所至之地，瞭如指掌。由是遺山奔走流寓之地，亦瞭如指掌。而凡遺山之詩文，皆可因其地而知其時。遺山詩若干首，李君考得年月者若干首，其不可知者若干首而已。李君生於遺山五百餘年後，而於遺山一生所作，幾盡知其年月，遺山有靈，亦當爲之驚且喜矣。翁氏於史學、地理，實非所長，其書疏誤實多，李君書實勝翁氏。然雖駁正翁氏而不曰刊誤，不曰糾繆，而猶爲遜辭。《記》曰「博學以知服」，言不以己之博學陵跨前賢也。余尤樂揭而出之，以爲著書者法焉。

鄭小谷補學軒文集序

昔人謂史家有三長：學也，識也，才也。澧嘗論之，以爲文章家亦然，無學則文陋，無識則文乖，無才則文弱而不振。然持此以論文，其可以號爲文人者，寡矣。求之於今，其刑部象州鄭君乎？君讀四部書不知幾萬卷，宏綱巨目，靡不舉也。奇辭雋旨，靡不收也。其考訂足以精之，其强記足以久之，是曰有學。通漢唐注疏，而碎義則不尚也；尊宋儒德行，而空談則不取也。兼擅六朝、唐、宋詩文而摹倣沿襲，尤深耻而不爲也。是曰有識。其爲文也，能同乎古人而毅然必自爲也，能異乎今人而又坦然莫不解也，其鋒英英焉，其氣磊磊焉，其力轉轉而不竭焉，是曰有才。雖然，所謂三長者，豈獨文而已乎？天下事孰非是三者之所爲耶！君成進士，服官京師，一歲而歸，不以其三長者見於事而惟見於文，蓋可惜也。然觀君之文之論事者，則亦可以識之矣。必原於古，必切於時，必可行而後著其說，必不可不除而後陳其弊，是三者之不徒在於文，而又有在於文之外者也。總督勞公與君同年，交最篤，索君文集刻之，命澧爲之序。澧與君始則聞名而相思，繼則修士相見之禮，近且數數奉教，一年有餘於兹矣。爲序不敢辭。君昔嘗見示此集，澧以三長目之，君顧謙讓而不自居也。今爲序，反覆以思，固無以易吾三長之説者。君宜弗讓，不然，當請勞公論而定之。

唐宋歌詞新譜序

自詩騷道缺而漢以樂府協律，樂府事謝而唐以絶句倚聲。及夫詩變爲詞，詞衍成曲，後者代興，前者退舍。徒以篇製具存，傳襲無廢，莫能紀其鏗鏘，定其容與者焉。昔東坡、山谷借《小秦王》、《鷓鴣天》二調以歌絶句，蓋惜古調之已亡，託新聲以復奏。國朝《九宮大成譜》多録詩餘，即坡、谷之遺意。爰廣斯例，校録成篇，凡詞曲調名既符，字句亦合者，得若干闋。採詞苑之英華，注曲譜之音拍。夫以物之相變，必有所因，雖不盡同，必不盡異。譬夫大輅非椎輪之質，而方圓無改；積水無曾冰之凜，而清濁奚殊。詩失既求諸詞，詞失亦求諸曲，其事一也。且士夫觴詠，不廢絲竹，而俳優雜劇，詎儕風雅？今爲新譜，惟尚古詞，庶追燕樂之遺，亦附文章之末。其有依舊曲琢新詞者，綵筆甫停，清弦已作，將復過旗亭而發唱，有井水而能歌。凡在詞人，亦有樂乎此也。

虞子馨遺文序

嗚呼！此子馨遺文凡若干篇，其死時年三十二耳！始子馨從余游，爲駢體文，余驚異之。既而張南山先生見其文，曰：「乾坤清氣，獨鍾斯人。」譚玉生駢體文最工，見子馨文，歎曰：「吾不如也。」其爲老輩推許如此。子馨文既高，行又甚修，孝友惇篤，貧而益介，意趣蕭散而與人和易，無文士簡傲之習。善飲酒，雖醉，温温不亂。余識子馨十餘年，自非有遠行，無旬日不見。有酒輒與共飲，因極論古今文章利病，往復辯析以相娱樂。而今已矣。子馨死前數月，告人曰：「吾今年將死。」又謂余曰：「先生嘗言，所著書成使爲序。宜及今爲之。」嘻，異哉！子馨强壯無病，何所見而云云耶？尤不可解也。余既失子馨，悲不能已。不得見子馨，思見子馨之文，就其家求得遺稿，録而序之。嗚呼！吾録子馨文，不能釋其悲，而適以增其悲也。

麥務耘醫書序

同治辛未之春，余大病幾殆，麥君務耘治之而瘳，遂定交焉。君少爲諸生，能文，其後學醫，不應試。又嘗學神仙術，頗有所得，亦棄去而專精於醫。每至余家，治病處方畢，則極論醫學。又縱談文章及時事之敝，感慨勃發。自言著一醫書，俟成時，屬余序之。近者，君有疾，余往問之。君言著書恒至深夜,精思博考,心力耗盡,以此致病。蓋爲養生之術以自活一身,不如著書以活萬人。其書以《素問》、《靈樞》之理明仲景之法,今已繕寫,將刻於板。因論生死之道,超然無所繫戀,有書傳世,足矣。促余爲之序。余退而書此,以復於君。君今年六十二,與余大病之年正同。望君如余復瘳,而相與縱談也。

地理説約序

南海黄理厓先生精相墓之術,著書曰《地理説約》,屬余爲序。余閲其書,醇而確,簡而明,蓋博覽數十家之書而舉其精要,信乎可謂説約者也。余昔葬先考,請先生相地,廣州城外數十里跋涉殆遍。每憩於茶肆,先生説山水形勢,手舞足蹈,加以譬喻,輿夫販豎聽之皆解。余嘗謂先生之於此術,心知其意而口又能達之。今觀此編,則其筆又能達之。蓋此編非先生不能作,而先生亦謂與余説此事最多,今著此編,亦惟余宜序之也。獨念初識先生時,余甫弱冠,先生方四十許,登山如飛,余每不能從也。今俯仰之間二十餘年,先生年已七十,精神有餘而行步非復昔時。余則早衰,穨然成老翁矣。故爲先生序此書,不覺追懷往事。若其書之精善,覽者當自得之,不煩余之贅説也。

何昆玉印譜序

《漢書·藝文志》、許氏《説文序》皆言漢以八體試學童,而摹印爲一體,以此知漢印所以精善者,其時以試士，士皆習之故也。余嘗謂漢印與漢碑可以匹敵，特其爲物小，世人多忽之耳。其字體在篆隸之間，漢延光殘碑、三公山碑、裴岑紀功碑、張遷韓仁二碑額，即此體也。後世此體不傳，元人始以小篆刻印，論印則小篆爲變法，論書則小篆爲正宗，此可謂善變者。近時乃一變而爲凌厲險仄，求之古印、古碑，往往不合也。而世人多好之，以其出於浙人，謂之浙派。吾粤老輩中，黎二樵善刻印，謝雲隱尤專門。二樵專用古法，雲隱兼元人法，吾友孟蒲生則兼取浙派。蒲生每刻印得意，輒曰：「令陳蘭甫見，當識此耳。」蒲生死，遂無能刻印者。刻印雖小道，然必識小學，必能篆書、隸書，豈易易哉！近有高要何伯瑜，蒲生所賞也。伯瑜始學浙派，余勸之學漢法，學元人法，皆能之。余爲篆使鐫之石，甚能知筆意。伯瑜獲賞於蒲生，宜與俗工異也。伯瑜年少聰明，將有以得二樵、雲隱之遺，而不徒務於世人之所好。然世有真好如蒲生者，則必賞之矣。乃爲述摹印源流正變以告之。

聽松廬詩略序

張南山先生晚年倣昔人精華録之意，選刻其詩三百餘首。當是時，澧欲爲先生選之而未以告也。先生殁後，澧愴然曰：昔吴季子以徐君愛其劍，徐君殁，乃挂劍於墓樹，曰：吾心許之矣。彼季子之劍也，而不以生死易心，矧此先生之詩也，吾心欲爲選之，烏可忘之哉！乃讀先生詩數過，鈔二百餘首爲二卷，意在精華，不必多也。其關於出處者鈔之，尋常酬贈之作則不鈔。先生嘗贈澧長篇，澧心感之而亦不鈔，爲之例也。先生詩屢有刻本，及自書墨迹，字句每有不同，竊以愚意定之。先生長澧三十歲，嘗教澧爲詩。澧學詩不成，以爲愧負，安敢云選先生詩，謹題曰《詩略》而已，其精華恐不止此也。然而此二卷詩，足以傳矣。

荔灣話別圖序

《荔灣話別圖》者，撫部郭公請假將歸之所作也。同游者：何伯英觀察、王少鶴通政、吴子登太史、丁雨生都轉、陳古樵司馬，而澧亦與焉。公屬司馬繪圖而澧爲序，時則同治丙寅端午後一日也。晨出永清門，乘紫洞艇抵荔枝灣，泊海山仙館。入門步長廊，坐池上之堂，啜茗畢，乘小舸行荷花中。少憩湖心亭。登高閣三重，望海上諸山，若拱揖於雲際。閣之下有小亭，圍坐噉荔。亭畔假山，激水作飛瀑，淙淙有聲。復登舸，至枕溪之樓，聞龍舟競渡，鼓聲紞然。日將暮，返池上之堂，登樓遠望，蒼波渺瀰。乃置酒紫洞艇，歡飲而還，忘乎其爲離别也。勸酬之間，各述舊游。公言嘗登南嶽，居其巔者匝月，蓋性愛山水如此。及來撫粤，豈特無山水之游，雖荔枝灣曾不一至焉。三年中，籌兵籌餉，晝夜治文書，敝精疲神。《記》曰：「張而不弛，文武不能。」今日之游，所謂張而弛也，其所得不亦多乎！大丈夫得志於時，志苦身勞，在所不悔，然生平游覽之樂，未嘗不來往於夢寐之間。公今自粤歸楚，浮瀟湘而下，復陟南嶽之巔，回視荔枝灣，一蹏涔耳，弛之樂也，大矣哉！同游諸公，各以文章政事勛歷中外，獨澧則所謂弛而不張者。持論如此，恐或失之偏宕，請質於公，并質於諸公而平其説也。

徐達夫先生試律詩序

今世之士以科第進者，自童生至進士，每試必爲試律詩；通籍後，翰林散館大考，必爲試律詩；考試差，則自侍郎以下皆爲試律詩。蓋有工此體而得高官、膺使節者焉。自古以來，文章可以致富貴未有如此之捷者，是以天下之士無不務爲試律詩也。然有工試律詩而窮老而不遇者。徐達夫先生，澧之表兄，澧七歲從受業焉。先生幼時讀書，一日百行，稍長，善爲時文。出應府試，知府以先生年少，置第二。學政試不取，先生棄去。十餘年復應試，又不取，先生又棄去。前之去也，猶居近地，後之去也，遂居於徐聞。嶺南之地，至徐聞而窮，先生居此七年，先生亦窮矣哉！近以生平所爲試律詩寄澧，曰：「爲我序之。」澧受而讀之，其詩之工，不減今世之進士之爲之也，不減自進士至侍郎之爲之也。而先生以布衣年五十自放於海濱，其窮若此。嗚呼！其詩非不工也，其命窮也。不然，則世之以試律詩致富貴者多矣，何獨至於先生而不驗也耶？

温伊初時文序

吾友長樂温伊初刻其所爲八股文一卷，讀之者皆稱善。以示余，余可不復贊也。獨其篇末有引秦漢以後書,若明人所謂大結者,余讀之曰:「此八股文之舊法,其有關於學術者乎!」自明以來以八股取士,顧亭林先生當明之季,以爲取八股之人才以亡天下。夫任天下之事者,人才也;取天下之人材者,八股也。此顧氏所以歸咎八股也。今去顧氏復二百年,文體愈下,無有能爲明季之八股者。使顧氏見之,又當何如?然則廢八股耶?曰:能廢則廢之,不能廢則不必驟廢。八股之弊在以代言爲體,不得論秦漢以後事,不得述先儒注説之異同,此士人學問所以空疏也。然八股舊法固有大結,如以此體取士,則當論歷代之事,述諸儒之説,空疏者安得而幸進哉!抑余請縱論之:今日士習之壞有三:一曰攻八股文而不讀書也,雖然猶作文者也。其次則寫字而不作文,然猶不犯法者也。其下則懷挾倩代而不必自作文。十餘年來,天子爲之震怒,臺臣疆吏爲之糾舉而不能返,欲求攻八股者而不可多得矣。夫科舉立法之意,甚善也。然欲士通經義,而士可不熟經文;欲士兼通五經,而士可不解一經;欲士通識古今之事以對策,而士可不對一事;欲士工書法,而士可不識六書。故余嘗謂童生、生員先試以默寫經書,并課其字體,則不能不熟讀《五經》,講究六書矣。復專經之舊例,改《五經》八股文爲經解,則不能不引漢、唐、宋注説,而不得以代言遂其空疏矣。改對策爲史論,則不能不通論一人一事之本末,而不得以世俗所謂策學纂要者勦襲成篇矣。若《四書》八股文雖當廢而或不能廢,但先復大結之法,如是而人才學術不日興,吾不信也。因伊初文有大結而縱論之,伊初其以吾言爲然乎,否乎?

招太沖詩文遺稿序

昔余在學海堂見南海招太沖之文，譚玉生評之曰：「古音璆然。」余讀而愛之。余居省城，太沖居横沙村，相去二十里，以爲相見易耳。及余避夷亂至横沙，訪太沖，太沖死矣。問其年，甫三十許，悲歎久之。余賃居其家之小園，其兄法先數與余談讌，以太沖詩文屬爲序。太沖之文，余已見之，玉生已評之，今讀其詩，亦文之亞也。嗚呼！以太沖之才而夭折以殁。余所寓小園，一花一草，皆太沖之詩所愛玩而摹繪者，而不獲與太沖一握手。園中有高樓，每當夕陽西下，憑闌遠眺，粤秀山黝然墮氛霧中，學海堂尺椽片瓦，不知猶有存否？昔時友朋相聚論文之樂，何可復得？盛衰生死，倏忽變滅，執筆以序此編，不自知涕泗之交集也。

吴子序閣讀尚絅廬詩集序

古所謂詩能窮人者，何哉？仕宦不達也，得罪而遷謫也，又其甚者，遭亂而奔踣也，如是止矣，庸詎知更有可悲者耶！余讀内閣侍讀南豐吴君詩及其事略，爲之掩卷流涕云。君年十二爲諸生，而困於場屋二十餘年，乃中進士，官翰林。朝廷求直言，君條陳海疆事宜，得旨嘉納。而以他事發軍臺，數年，蒙恩釋回。賊擾江西，君治團練，或佐大帥幕府，或將兵轉戰數百里，蒙恩賜官加銜，部曲有至鎮將者，而君禦賊力戰而殞。嗚呼，豈不悲哉！君弟子範、從弟子登來廣州，將刻君遺集，屬澧序其詩。君之詩思甚幽，氣甚豪，嶔崎磊落，不摹仿古人，尤不隨逐時人。其詩如是，其遇之窮也固宜。雖然，不爲達官已耳，罪謫且遭亂已耳，君之死也，刀矛叢集，則太慘矣！朝廷加恩，賜恤建祠，慰君忠魂。又有賢弟刻君遺集以傳之方來，君死而有知，必悲感欷歔於冥漠之中。余雖未及識君，序君之詩而遂以弔之也。

蔡樹百詩集序

古人之異於今人者，可知也。今人多飾，古人多質；今人多巧，古人多拙；今人多曲而婉，古人多雄而直。以古人之性情而處今之世，吾未見其有合也。然古人之文章傳於今，今之人未嘗不讀而好之，然則古人亦未爲失也。蔡樹百先生，今之人而有古人之性情者也。其心藹然而仁，其氣鬱然而豪，與人交，推誠相予，雖失之而不悔。其言論侃然，與世俗齟齬而不避。喜飲酒，酒酣抵掌論天下事，或憂或喜，或笑且罵。自其少日以舉人官京師數十年，既不得中進士，官再轉仍不過六品。年既老，棄官而歸，以古人之性情而處今之世，則宜其如此矣。然先生有詩數百篇，余得而讀之，凡先生心所欲言，輒吐之於詩，無摹擬，無塗澤，真氣盤薄而出，如先生之爲人。吾知後之人讀先生詩，其必有好而慕之，若今人之慕古人者。況余辱先生爲忘年交，雖不能爲詩，而猶能與先生飲酒以相樂也。其讀先生之詩而輒爲之傾倒也，不亦宜乎！故於先生之屬爲序也，引紙濡墨而不辭焉。

李恢垣文集序

李恢垣吏部刻其文集成，屬爲之序，讀之而驚且羨也。集中有古文，有駢體文，有考據之文，又别有詩集，兼擅此四者，求之國朝海内諸名公，其顧亭林乎！其洪稚存乎！袁簡齋能爲古文、駢體文，能爲詩，而不喜考據。然其隨筆之書，即考據也。阮文達公精考據，又能爲駢體文與詩，而謂古文非文也，筆也。然其集中之筆，亦復佳。是皆兼擅四者，其餘不暇論。若吾粤則近時譚君玉生有文集、詩集，又爲粤雅堂所刻諸書跋尾甚多，與李君集中諸跋尤相類，而又深於古文，余嘗與談而心服之。然其集中古文乃無一篇，未知其何意也。然則吾粤人兼擅此四者，其惟李君乎！若余則詩文所存者少，不能成集，才不及君遠矣。乃述其驚且羨之意以爲序。

李恢垣詩集序

古之善言詩者，其太史公乎！其言曰：「詩三百篇，大抵聖賢發憤之所爲作也。」自太史公後，將二千年以至於今，無所發憤而能爲詩者，寡矣。歐陽子則曰：「詩窮而後工。」是不盡然，古今詩人致位卿相者，往往而有，豈必窮哉？或彼所謂窮者，言乎意有所鬱結，即所謂發憤者耶！吏部李君恢垣以拔貢一等爲七品小京官，中進士，遷主事，再遷員外郎，告歸爲封君壽，家庭之慶，科名官職之美，烏得有所謂發憤者？近以詩一卷示余，披而讀之，則庚申、辛酉之作也。是時夷寇逼京城，天子巡幸塞外，山東、河南、江南群盜縱横，攻陷城邑。恢垣在京師則愛君憂國，惓惓之誠，無所披露。歸途所遇，則寇盗之焚掠，將士之醉飽，民生之愁苦困憊，觸於目而感於心。故其可以言者，則慷慨淋漓而不能自止；其不可言者，亦不得不紆回隱約而出之。至於山川風物，詠懷弔古，則聊以自解耳。嗚呼，所謂發憤者非耶！此其詩之所以工也。恢垣屬余爲序，余亦有憤而不能爲詩，因序恢垣之詩而一發之也。

馮鐵華鈍齋詩存序

人之才，其猶金乎！爲築氏之削，爲冶氏之戈戟，爲桃氏之劍，鳧氏之鐘，㮚氏之量。若改而鑄之，則削可爲戈戟也。又改鑄之，戈戟可爲劍，爲鐘，爲量也。器之不能改者，必非金；人之不能變者，必無才。高要馮君鐵華，今之才人也。始舉鄉試，工時文、律詩、楷書，覆試冠天下。已而屢不第，爲教官，則讀《説文》，考《廣韻》，將以小學名。已而官守令於浙，崎嶇兵間，奉檄北入都，南歸粤，往來萬餘里，則又爲古今體詩，撫時感事，悲壯悽鏘。蓋至是而鐵華之所爲，凡三變矣。嚮使鐵華中進士，入翰林，則未必爲小學；使鐵華老於教官，又未必爲詩；使鐵華守浙之一郡，當承平無事，觀覽湖山之美，則雖爲詩，又不能悲壯淒鏘如是也。㮚氏煎金錫，「黑濁之氣竭，黄白次之；黄白之氣竭，青白次之；青白之氣竭，青氣次之。」其消湅之精如此。鐵華之才之屢變也，殆亦造物者有以煎之乎！鐵華屬余序其詩，余爲之説《考工記》。

二知軒詩鈔序

方伯方子箴先生裒其詩三千餘首自選之，得一千八百餘首，釐爲十四卷，題曰《二知軒詩鈔》，而命澧爲序。昔方伯之未定此集也，嘗盡出其稿見示，凡方伯之詩之美，澧能言之矣。其健也，巨篇連章，横翔而捷出。其奇也，狹韻僻字，鬭險而争新。其艷也如春，其清也若秋，其巧也雕刻窮纖微，其和也鏗鏘中宫徵。若是者，猶才人之能事乎！及其怡懌乎心靈，流連乎古昔，慷慨乎兵事，感喟乎民俗，卓乎古詩人之旨也。且世之刻詩者，患在不删。方伯之於詩，好之也深，故爲之也熟；爲之也熟，故積之也多；多積之而復多删之，而後成此集，又其所以善也。昔昌黎論文，自比老馬之識塗，老農之知稼，以爲從事於此既專且久，則其稱大君子之美，不爲僭越。澧爲詩不專，既不專，則雖數十年不得以云久，如是而稱大君子之美，其爲僭越審矣！而方伯乃殷殷然命之爲序。方伯之視澧，固以爲老馬、老農也。感斯意也，雖僭越而序之可也。

拙園詩選序

廣州馮氏家集，大題曰《清芬集》，其子目曰《拙園詩選》者，子皋大令之詩，大令之弟子良太守所選也。卷首冠以張南山先生《詩人徵略》一篇，家世、科名、仕宦、始終備矣。太守爲詩題於卷後，於大令之殁，其辭有哀焉；其於詩，則但云神仙、鄉土、竹枝詞。蓋大令之詩，尤善者《徐鄉竹枝詞》二十一首，凡耕植絲布之業，沙草魚蟹之利，歲時燈火酒食之樂，男女婚嫁思慕之感，歷歷如繪，此近於古詩人之詩，陳之可以觀民風者。太守標而舉之，真深於詩者也。且縣令爲親民之官，民間風俗纖屑，周知而樂爲歌詠之，肫然有家人父子之情，斯非循吏之風耶！夫豈有武健嚴酷之事哉！余生也晚，不及見大令，太守久宦江西，亦未得奉教。大令之孫竹漁司馬以此卷屬爲序，乃取太守所標舉者而伸言之。竹漁試質之尊公尹平刺史，以爲有合焉否也？

沈侍郎集序

嘉興沈君廉仲官廣東候補同知，刻其先侍郎鼎甫先生遺集，而屬澧爲序。澧讀畢言曰：侍郎之學，可謂醇矣；其持論，可謂不偏矣；箴砭今世學者之病，可謂深切矣。其序《援鶉堂筆記》之篇曰：「俗儒之所爲有數端：或鄙陋而無稽，或穿鑿而妄作，或浸淫於異教，或涉獵於浮華。」其序

《學案小識》之篇曰：「今世言程朱者，束於功令，非其好也。即好陸、王，亦非有二子之本領氣魄也。一種似是而非議論，務通朱、王二家之郵，又足滋後學之惑也。」其序《閩中校士録》之篇曰：「訓詁名物，專意考訂，甚且黨枯竹，讐朽骨，聚訟紛呶，而不切於身心之務也。」澧讀此而敬服焉。蓋侍郎家近陸清獻之鄉，承其餘風，故純乎朱子之學。又其少時受業於段茂堂之門，而姚文僖公又其鄉先輩也。淵源所漸，故又精通經學，不爲心性之空談。以其所學發而爲文，爲詩，醇實真切，出於自然，此所以爲有本之言歟！澧讀此集，謹舉其犖犖大者，以復於廉仲。廉仲與澧交好數年，性情清而温，學問博而雅，故家餘韻，良可貴也。澧雖未獲睹侍郎之風采，猶想像得之而愈起敬焉。

席月山房詞序

《席月山房詞》者，亡友桂星垣之所作也。昔星垣見人刻詩文集，輒笑曰：「我不須此。」星垣以功名自任，視文章之士若不屑然者，顧時時填詞。嘗謂余曰：「我有好詞至百首，當刻爲一集。」此與前言相反，何哉？凡人不能無所好，雖古之豪傑，於所好者輒不能自止。即以詞人論之，辛幼安，功名之士也，宜不屑於文章，故詩與文罕傳焉。惟詞則爲之不已，傳之至今，所好故也。星垣殁後，其子均出其詩詞將刻之。余告以前之兩言，使不刻詩而刻詞，此星垣意也。數其詞，不及百首。嗚呼！言人壽者輒曰百年，星垣年四十八而卒，於百年未及半也，猶曰年之修短有命焉。顧欲爲百首之詞而亦不能如其願,況欲立功名於天下哉!此余之所以悁悁而悲也。

梁氏族譜序

廣州城中士大夫之家,近時最盛者,番禺梁氏也。小韓提舉新修族譜,屬澧爲之序。澧與梁氏兄弟或同學,或同舉於鄉,而與提舉申之以婚姻,又嘗奉教於雪川、香浦兩先生,序此譜不敢辭。顧古今之爲譜者,皆所以敬宗收族,此不待言也。此譜詳審精密,提舉自爲凡例已言之,又不必贅言也。惟梁氏家教之善,宜特書以彰明之。昔聞玉臣閣讀言其祖勉亭先生爲諸生,居宅湫隘,中置書案,端坐讀書,一家婦孺,肅然無聲。又聞提舉言香浦先生教子侄嚴而不撲責,有惰游者,既訶禁之,盡呼群子侄環立,讓之曰:「有過不相規,其過惟均。」皆悚慄良久,命之退,乃敢退。由是無敢惰游者。梁氏先世乏於財,雪川先生始業鹽以贍其家,香浦先生得專意讀書。既舉於鄉,復專意教子侄,科名益振,道光丁酉至丙午十年中,鄉試會試者八人。又生齒蕃衍,提舉之曾祖岐岸先生自新會遷番禺,今五世凡一百二十餘人,可謂盛矣。夫人家將興,必静而嚴,其敗也則反是,驗之里黨中,數十家無一爽者。古人有言,儒者治生爲急,然讀書教子侄與治生之事,不能兼也。梁氏兄弟分而任之,又其可以爲法者也。梁氏之盛也,親友皆羨慕之,其所以盛者,或未及知也。謹書之以爲治家者勸。

陳範川先生詩集後序

道光中，嘉興陳先生來粤掌教越華書院，澧從受業。嘗聞先生言，孫文靖公論先生之詩清而腴，先生以爲知言。先生殁，歸葬嘉興，門人丁桂裳得先生詩稿，付澧藏之。後數年，先生子子某來粤取以歸。今二十餘年，子某殁久矣，其弟子因官於粤，以詩稿刻於板。先生所著書有《全唐文補遺》若干卷，《全唐文紀事》若干卷，嘉慶中詔編《全唐文》，先生爲纂修官，官書既成，私所撰述如是，將進呈而未果，子因寶藏之。先生在粤時，粤之名士吴石華、曾勉士常與游，其在弟子之列者：梁子春、侯君模、譚玉生，澧與兄子宗元亦與焉。先生樂之，築亭於書院，題曰載酒亭，環植花竹，招諸名士論辨書史，酬酢歡暢。間述乾隆、嘉慶時名臣碩儒言行，感憤時事，慷慨激烈。今讀先生詩，追憶之若前日事也。若夫先生之詩清而腴者，既有定論，弟子毋庸贅一辭。子因幼孤，長能自立，出仕能其官，又能刻先生詩以傳於世，足慰先生於地下。子某嘗從學於澧，甚聰明而夭死。讀此集，又追憶子某也。

卷四

跋文選南宋贛州本

右《文選李善注并五臣注》六十卷，《目録》一卷，無刻梓年月。每卷後多題校對、校勘、覆校人名，其結銜有左從事郎贛州觀察推官、左從政郎贛州州學教授、州學學諭、州學齋長、州學齋諭、州學直學、州學司書、左迪功郎贛州司户參軍、左迪功郎贛州石城縣尉主管學事、權司理左迪功郎新永州零陵縣主簿、左迪功郎新昭州平樂縣尉兼主簿，皆宋官制。又宋孝宗以上諸帝諱皆缺筆，而光宗諱惇字不缺，則孝宗時刻也。校書諸人皆官於贛州者，知爲贛州所刻。其零陵主簿、平樂尉二人蓋贛州人而新授官，故結銜皆稱新也。尤延之淳熙辛丑刻本跋云：「贛上嘗刊李善注本，往往裁節語句，可恨。」此本亦贛上所刻，乃兼刻五臣注而無所裁節。鄱陽胡氏重刻尤氏本時，未見此本，儻以校其異同，可補入考異者不少。如《典引》：「今其如台而獨闕也。」尤氏本注：「《尚書》曰：『夏罪其如台。』孔安國傳曰：『台，我也。』」汲古閣本同。嘉應李繡子太史有詩云：「諸儒不省太常移，晚出群將孔傳疑。典引先存安國學，中郎注裏幾人知。」竟欲爲僞古文孔傳翻案。此本「《尚書》曰」上有「善曰」二字，乃李善注，非蔡中郎注也。古本之可貴如此。此書昔爲亡友侯君模所藏，極寶愛之。今歸於余，偶一披覽，如見良友，余之寶此，又不徒在古本耳。

跋群經音辨

段懋堂《周禮漢讀考》序云：「漢人作注，於字發疑正讀，其例有三：一曰讀如、讀若，擬其音也；二曰讀爲、讀曰，易其字也；三曰當爲、定爲，字之誤、聲之誤而改其字也。」今讀賈文元此書序云：「先儒稱當作、當爲者，皆謂字誤，則所不取。其讀曰、讀爲、讀如之類，則是借音，固當具載。」是段氏所言之例，賈已言之矣。惟讀如、讀爲，段分二例，而賈不分。賈氏書主於辨音，非辨作注之例，凡讀爲，亦是聲相近之字，故統云借音耳。又如段氏《説文注》，以爲「家」字本義乃豕之居也，引申爲人之居；牢，牛之居也，引申爲拘罪之牢。周伯琦《六書正譌》正如此説。段氏非勦襲前人之説者，殆暗合耳。

跋歐陽文忠公集

歐陽子掊擊經傳何其勇也。其於《易》則以爲「《繫辭》非聖人之作」，又以爲「《十翼》之説不知起於何人，自秦漢以來大儒君子不論」。其於《周禮》則以爲實有可疑，「反秦制之不若」。其於《中庸》則以爲「其説有異於聖人」，「怠人而中止，無用之空言」。其於《春秋》三傳則以爲「妄意聖人而惑學者，三子之過」。至其通論諸經則以爲「自秦之焚書，六《經》盡矣。至漢而出者，皆其殘脱顛倒，或傳之老師昏耄之説」。又以諸經所載鳳皇、玄鳥、河圖洛書、龜龍、六鷁鸜鵒、麟暨騶虞，皆爲語怪，啓「秦漢以來諸儒所述之荒虛怪誕」。然則如歐陽子之説，六《經》真可焚矣。

跋音論

亭林先生云：「自漢魏以上之書并無言韻者，知此字必起於晉宋以下。晉陸機《文賦》曰：『收百世之闕文，採千載之遺韻。』文人言韻，始見於此。」澧按：尹文子云：「韻商而舍徵。」此韻字之見於先秦古書者，亭林偶未考耳。王復齋《鐘鼎款識》楚曾侯鐘有「訇」字，説者以爲「韵」字，然猶不能無疑，不若尹文子之可據也。

焦弱侯《筆乘》有古詩無叶音一條，考證精確，不下於陳季立。焦與陳同時，未知二人孰先倡此説也。亭林論古詩無叶音，只引陳季立之説，後之言古音者，但知有季立，罕知弱侯者矣。焦云：《詩》有古韻、今韻，古韻久不傳，學者于《毛詩》、《離騷》皆以今韻讀之，其有不合，則强爲之音曰，此叶也。予意不然。如騶虞，一虞也，既音牙而叶葭與豝，又音五紅反而叶蓬與豵。好仇，一仇也，既音求而叶鳩與州，又音渠之反而叶逵。如此則東亦可音西，南亦可音北，上亦可音下，前亦可音後，凡字皆無正呼，凡詩皆無正字矣。豈理也哉！如下今在禡押，而古皆作虎音。《擊鼓》云「于林之下」，上韻爲「爰居爰處」。《凱風》云「在浚之下」，下韻爲「母氏勞苦」。《大雅・緜》「至于岐下」，上韻云「率西水滸」之類也。服今在屋押，而古皆作迫音。《關雎》云「寤寐思服」，下韻「輾轉反側」。《有狐》云「之子無服」，上韻爲「在彼淇側」。《騷經》「非時俗之所服」，下韻爲「依彭咸之遺則」。《大戴記・孝昭冠辭[一]》「始加昭明之玄服」，下韻「崇積文武之寵德」之類也。降今在絳押，而古皆作攻音。《草蟲》云「我心則降」，下韻爲「憂心忡忡」。《騷經》「惟庚寅吾以降」，上韻爲「朕皇考曰伯庸」之類也。澤今在陌押，而古皆作鐸音。《無衣》云「與子同澤」，下韻爲「與子偕作」。《郊特牲》「草木歸其澤」，上韻爲「水歸其壑，昆蟲無作」之類也。此等不可殫舉。使非古韻，而自以意叶之，則下何皆音虎，服何皆音迫，降何皆音攻，澤何皆音鐸，而無一字作他音者耶？《離騷》、漢魏去詩人不遠，故其用韻皆同，世儒徒以耳目所不逮而鑿空附會，良可歎矣。予兒朗生五歲時，方誦《國風》，問曰：「然則『騶虞』、『好仇』當作何音？」余曰：「葭與豝爲一韻，蓬與豵爲一韻，『吁嗟乎騶虞』一句自爲餘音，不必叶也。如『麟之趾』，趾與子爲韻，『麟之定』，定與姓爲韻。『吁嗟麟兮』一句亦不必叶也。《殷其靁》、《黍離》、《北門》章末語不入韻，皆此例也。《兔罝》仇與逵同韻，蓋逵古一音求，王粲《從軍詩》：『雞鳴達四境，黍稷盈原疇。館宅充鄽里，士女滿莊馗。』馗即逵，九交之道也。不知逵亦音求，而改仇爲渠之反以叶之，遷就之曲說也。」

武功縣志跋

此書在方志中最爲有名，與韓邦靖《朝邑縣志》并稱，今觀其《地理》、《建置》、《祠祀》、《田賦》、

《官師》、《選舉》六篇，皆極謹嚴，惟《人物》一志，尚有可議。列傳首以富辰，最爲附會，蓋以富嘉謨武功人，見《唐書》本傳。遂以富辰爲其遠祖，遥遥華胄，亦太無稽矣。蘇氏三十餘人，并據《唐書·宰相世系表》，然當以蘇則爲首，以《三國志》則傳云「武功人」，有明文也。蘇建，杜陵人。蘇竟，平陵人。班書、范書本傳可據，雖杜陵、平陵并與武功近，然截然分三縣，不可混也。又云：「或稱建爲杜陵人。」則以班書本傳不可没而費此周旋矣。又蘇氏無傳者既據《宰相世系表》附列十九人，然《世系表》武功劉氏六人，此志惟文静有傳，餘五人不附於後，何也？姜嫄、太姜以史例當爲后妃傳，居列傳之首，或用華嶠、范蔚宗例爲皇后紀，范書此紀爲劉子玄所譏，然實本於華嶠。而入之列女，非例也。地志家多以此志爲宗，取其長而去其短可也。

顧亭林手鈔曲江集湛甘泉邱瓊山兩序跋

鄭小谷比部所藏《曲江集》，前有亭林先生手鈔湛甘泉、邱瓊山兩序。湛序前闕六行，蓋所據之本亦殘闕，故仍之也。比部以《曲江集》易得而亭林手書難得，故移出之，裝爲册子，以示同人。澧讀《亭林集》有《鈔書自序》，述其祖訓曰：「著書不如鈔書。」又自言客游四方，有賢主人以書相示者，或手鈔，或募人鈔之。然則鈔書乃顧氏家學，亭林所恪守者。觀此二序楷法精謹，則凡所鈔書皆可想見矣。抑鈔書之説有二：有鈔而讀之，有讀而鈔之。鈔而讀之者，《鈔書自序》之説是也。讀而鈔之者，《日知録》、《天下郡國利病書》皆其讀書時鈔録群書而成一家之書。其學之博洽，乃或爲古人之書所不及，此則鈔書著書合而爲一，蓋鈔書之極功矣。比部謂澧宗仰亭林，宜有所論。澧愚陋，徒有宗仰之心耳，所論則未必當也，尚望有以教之。

湛甘泉序云：「吾所學則白沙先生。白沙之學，聖人之心學也，顔、孟、周、孔、文武、商湯、堯舜之正傳也。以文獻公之才，其可以與於此矣乎！其王道之學，存於文集者未少槩見焉，何也？」澧讀此竊有所不解，夫既不滿於文獻文集若此，則何必刻之而序之哉！《日知録》云：「近世喜言心學，陷於禪學而不自知。」然則甘泉之序，亭林必不以爲然，特以此集既有此序，則鈔之而已矣。凡學術不同者，往往相惡，亭林不喜心學，而猶鈔甘泉此序，又足見其無門户之見爲不可及也。

跋望溪集

方望溪《讀齊風》云：「少讀《著》，疑與鄭之《丰》、衛之《桑中》爲類。及少長，見班固《地理志》，然後得其徵。」案：《地理志》云：「《齊詩》曰：『子之營兮，遭我虖嶩之間兮。』又曰：『竢我於著乎而。』此亦其舒緩之體也。」何嘗有淫奔之説，不知所徵者安在？望溪之説經類如此。近之講經學者多詆望溪，固望溪有以致之也。

謝里甫師畫跋

吾師謝里甫先生畫一軸，先生第三子介亭所贈也。介亭以先生詩稿屬澧編定，以此畫酬之。編定而不刻板者，先生遺命也。先生意趣高邁，學神仙，不留意世間事。其詩超逸無俗韻，然隨意爲之，故不欲傳於世。其書畫則高矣，而畫尤高，在黎二樵之上。澧從學時，先生掌教羊城書院，劉樸石編修彬華掌教越華書院，時廣州省城翰林惟兩先生，士民尊敬之。劉編修選粵東近人詩爲《嶺南群雅集》行於世。編修留館，後歸里不復出。先生則點庶吉士，未散館即歸里。當是時廣州富盛，若兩先生欲入都，告大吏及鄉人資助甚易，而兩先生不爲也。每課期，皆坐講堂爲諸弟子講解，諸弟子環立而聽之。先生殁於羊城書院，遺命子孫告親友，來奠醊者惠素食四簋，多則不受；輓辭書紙絹者受之；時俗以輓辭四字翦綵繒帖於外洋泥絨爲幛者，於書院大門外焚之。嗚呼！此真可謂掌教也矣。

重刻琅邪臺秦篆拓本跋

天下石刻最古而無疑議者，惟琅邪臺秦篆詔書獨完存於世，拓本難得。翁覃溪集中有此碑跋尾云：「壬子夏，按試青州，訪諸學官弟子，有段生松岑諾爲拓之。時以夏秋海水盛長，不可往。」阮文達公集中有此碑拓本，跋云：「琅邪臺在諸城縣治東南百六十里，東南西三面環海，臺上有海神祠，秦碑在焉。拓時須天氣清朗，否則霧重風大，拓不可成。」觀此可知拓本之所以難得矣。宋熙寧九年，東坡守高密，摹刻於超然臺。高密距琅邪僅百餘里，尚摹而刻之，蓋亦以椎拓之難故也。今去東坡八百餘年，嶺南又遠隔數千里，學篆者欲求拓本一紙而不易覯也。余昔時得一紙，凡十二行，鈎摹者屢矣。後借得友人二本，亦十二行，蓋皆孫淵如所拓，與余所藏本互相比較審諦，摹成定本，適得百年前斷碑無字者，其石堅厚無匹，乃刻而置之學海堂。近日廣州人士多學篆書者，可以得秦篆之法矣。余既題記刻秦篆下，復詳述於新拓本後。

再跋琅邪臺秦篆新刻本

此余亡女嫺所摹也。始余欲重刻此碑，手自鈎摹屢矣，而皆不似，以爲老眼昏眩也。後返省城，屢使刻工鈎摹，尤不似。最後使嫺摹之，嫺以墨點積成之，與舊拓無異，見者不知爲摹本也。今刻本不能無失，蓋得十之六七耳。嫺甚聰明，余最愛之，今夭死矣。余每見新拓本，輒悲不忍視。雪涕書此，後之摹刻古碑者，宜用此法也。

跋絳帖李斯書

此小字篆書五行，乃泰山碑縮本也。近者，漢陽葉氏刻劉跋《泰山秦篆譜》，翁覃溪跋云：「此譜惟賴廬山陳氏甲秀堂帖所摹得傳於世，甲秀帖跋語又已泐損，無有知爲劉譜者。余得葉氏本以絳帖校之，不但字體大小、疏密皆同，并每段外圈亦復同式。」絳帖爲淳化五年所刻，遠在劉跂之前，如甲秀帖所刻爲劉譜，豈絳帖所刻亦爲劉譜乎？蓋甲秀帖出於絳帖耳！覃溪之言非也。

逐啓諆鼎銘跋

銘云：「搏伐玁狁，于洛之陽。」案：水北爲陽。洛水之北，今陝西靖邊、保安二縣地也。「搏伐玁狁」之文，與《詩・六月》篇同。搏，疑即薄字。此當與尹吉甫伐玁狁同一事。此銘云：「十有三年。」《竹書紀年》尹吉甫伐玁狁則在宣王五年。《竹書紀年》非古本，不足據。《詩》云：「至于大原。」毛、鄭不詳其地，後儒之説亦未確，以此銘證之，蓋即洛之陽矣。何以明之？《水經注》引《春秋説題辭》云：「高平曰太原。」《禹貢》僞孔傳同。又引《尚書大傳》云：「大而高平者謂之太原。」按：《尚書・禹貢》之太原、《春秋》之大原，公羊、穀梁《春秋》作大原，左氏《春秋》作大鹵，而傳則曰大原。皆今山西太原府地。其地南則汾水南流，北則桑乾北流，東則滹沱東流，西則六澗河、嵐漪河、蔚汾河皆西流。水勢分流，是其地勢甚高，故謂之大原也。此銘之洛陽，爲今陝西靖邊、保安二縣地，南則洛水南流，北則通哈拉克河北流，東則青澗河、濯筋河東流，西則惠安堡河西流。其水勢分流，地勢之高與山西太原同，故亦謂之大原也。《詩》於玁狁來侵云「至于涇陽」，鄭箋云「涇水之北」，爲今陝西涇陽、淳化、三水諸縣地，周師伐之，玁狁敗歸，於是追數百里至靖邊、保安二縣地乃還。其地爲今陝西北界，蓋即周時邊徼。玁狁由此北入河套，則出徼外矣。故毛傳云「逐出之也」。得此銘與《詩》合而觀之，玁狁南侵則至涇陽，周師北伐則至洛陽，當時用兵之地，歷歷可指矣。葉東卿封翁得此鼎，自京師寄示拓本，時道光丁未二月，夷寇欲入廣州省城，不果，乃退。讀此銘但有感歎，爰跋其尾。

跋敦煌長史武斑碑

此碑末一行「防東長齊國臨菑」之下缺一字，又下有「紀伯允書此碑嚴祺字伯魯」十一字。「齊」字、「紀伯允書此碑」六字今皆缺，此據《隸釋》。觀前數行所刻諸人皆書官、書郡縣、書姓名、書字，則「防東長齊國臨菑」之下缺字，乃其人之姓也。其名則紀而字伯允也。書碑者則嚴祺字伯魯也。翁覃溪《兩漢金石記》以爲書者紀伯允而非嚴祺，反謂《集古録》言嚴祺書爲誤。非也。漢碑有書碑人姓名者，青衣尉趙孟麟羊竇道云「書此盛巨」，巴郡太守樊敏碑云「石工劉盛息懆書」，此據《隸釋》。與此而三。此碑嚴祺既不書爵里，且不與前數行諸人同列。盛巨亦無爵里，懆乃石工之子，蓋以書碑固士大夫之事，其人非士大夫，乃著之歟？

跋劉韜墓志

武虛谷以此爲壙中之石，是也。石長一尺八寸，廣七寸有奇，其短小如是，若立於墓上，猶弗立耳。其形剡上如圭，必直立壙中。澧葬先君志石倣此而平置之，後乃覺其非耳。漢有墓碑無墓志，墓志始見此。後世墓志爲二方石，一刻文，一爲蓋，合而束之。然其人無事迹者，無可志；有事迹者，製文，書丹，刻字，爲時甚久，卜葬有日，爲之或不及。且志石方一二尺許，大書深刻，僅可數百字，凡昔人文集墓志千餘言者，皆未必刻石納於壙中。葬者，藏也，欲其不見也，以其人之德行、功業、文章志之銘之，納於壙中，豈欲後世發丘者讀之歟！蓋慮年久世變，不知其墓，子孫掘地而求得之爾。故其埋宜淺，而文不必多，但記姓名、官職如劉韜墓志足矣。其有德行、功業、文章，宜立碑碣而文之，而刻之，以示世人，故有請余爲墓志者，余皆爲碑碣，不爲志也。

端州石室記跋

翁覃溪《粵東金石略》於此《記》字稍漫漶者，未及審釋。《金石萃編》、《廣東通志》所釋與翁釋略同。今審視拓本，「廣」、「孝」、「聞」三字下，「觀」、「國」二字上，是「家」、「益」、「忠」三字。「廣孝聞家，益忠觀國」二句對偶，則其上「守」、「恭」二字乃旱公之名也。旱姓未聞，疑是罕字之變體耳。又如「冥蒐海」下是「域」字，「靈表」下是「旁」、「開」二字，「逍遥」上是「謂」字，「能吏」上是「故」字，又上闕一字，又上是「於」字，「避暑」上是「直」字。覃溪皆未釋。又「蕭蕭」上一字，左旁風右旁不可辨，覃溪釋作「風」字。「命友」下是「僚」、「縱」二字，覃溪釋作「生」、「挾」二字。記後題名，「陶定」下是「治」字，覃溪釋作「觀」字。皆誤。

惠山聽松二字跋

惠山石牀、聽松二篆，其右有行楷題記十行，自左而右，其文云：「松石相望於十步外，不知幾何時，合而相從，理若有待。政和甲午，睢陽張回仲闕一字。始移而置之。可以盤礴，可以偃仰，遂爲兹山登臨勝處，至者當自得之。惟勿遷勿伐，俾勿壞。同來者六人：闕二字。李永久中，廣陵俞光祖慶、闕一字。汝南何安中得之、闕一字。中持之寺僧，奉此下一字不可辨。丙午。此下似無字。」余過惠山拓而讀之，乃知世傳二篆爲李陽冰書者，非也。張回移石就松，則「聽松」二字必移石時所書，與題記當出一手，但不知題名六人中何人筆耳。二篆及題記在石牀之頂，其廣僅尺許，故書篆於左方，餘爲題記地，而題記因之左行。如陽冰先有此篆，題記中何以無一語及之？且陽冰作篆，何爲偏左，豈逆知後人當有題記耶？云陽冰書者，乃方志無稽之言，而王虚舟《竹雲題跋》乃云：「非陽冰不能作。」翁覃溪且以爲世間所傳陽冰書第一。余昔得覃溪藏本，覃溪爲釋文及詩跋，書於上方。其跋中有此語。皆爲方志所誤耳。二篆頗圓勁，宋人之筆，自爲可傳，不必託陽冰爲重也。今石牀上有亭，亭壁刻道光乙未署無錫縣事曾承顯所爲記云：「從佛殿墀東見横石傾欹，『聽松』二字宛然。爰舁出，築亭覆其上。」蓋昔時此石傾欹難拓，故舊拓題記多模糊不全。昔人不知張回移石事，乃多附會耳。《竹雲題跋》云：「楷跋磨蝕，不可復識。覃溪藏本頗佳，然『始移而置之』五字亦難辨。覃溪釋文闕此五字，故亦不知移石事也。」

與周孟貽書

前者在學海堂，足下問讀書法，欲以僕爲師。僕辭不敢當，因勸足下專治一經，足下頗疑之。僕歸而思之，此非所以告足下也。足下才高志博，專經非性所近也，今别有以告足下。凡爲學者，當於古人中擇師，僕爲足下擇之，其昌黎乎！昌黎《進學解》曰：「先生口不絶吟六藝之文，手不停披百家之篇，記事者必提其要，纂言者必鉤其玄。」此昌黎讀書法也。上規《尚書》、《春秋左氏》、《易》、《詩》，下逮《莊》、《騷》、太史、子雲、相如，此昌黎作文法也。篇末言孟子、荀卿，此昌黎之學之大旨也。其吟六藝若何？則沈潛乎訓義，反復乎句讀也。其披百家若何？則識古書之正僞與雖正而不至者，知其有醇乎醇者，有大醇而小疵者也。其提要鉤玄若何？則掇其大要，奇辭奥旨而著於篇也。其作爲文章也，有渾渾無涯者，有佶屈者，有謹嚴者，有浮夸者，奇者，葩者，似《莊》者，似《騷》者，似太史公，似子雲、相如者，雖其陶冶鎔裁合爲一家，而猶可以尋其所自出。至其學既成，而謂觀聖人之道必自孟子始，遂駕乎荀、揚之上矣。昌黎一生讀書爲文，求聖人之道，一一自言之，又屢言之，燦然而可見，確然而可循如此。才真高矣，志真博矣，足下性所近矣。僕勸足下先取《昌黎集》熟讀之，又取《尚書》、《春秋左氏》、《易》、《詩》、《莊》、《騷》、太史、子雲、相如十書熟讀之。然後披覽百家，提要鉤玄，一一如昌黎之所爲。而尤以孟、荀爲宗，而又取荀之醇，去荀之疵，凡昌黎之學，一一奉以爲法。積之以十年二十年，吾不知其所成如何，雖與李習之、皇甫持正如驂之靳，不難也。僕嘗歎天下之言文者誰不稱昌黎，雖三尺童子誰不讀《進學解》，而五六百年來，文士學昌黎登其堂而嚌其胾者，幾人哉？昌黎誠不易學，而亦實無學昌黎者故也。何也？吟六藝、披百家者有人，而爲説經考據之學；觀聖人之道自孟子始者亦有人，而爲道學。是二者，多薄文章而不爲。其爲文章者，既不專學昌黎，學昌黎者則又多以摹仿爲事。夫學昌黎者，其聰明才力萬萬不及昌黎，不待言也。昌黎猶吟六藝、披百家，上規諸經，下逮子雲，而學昌黎者，以其有限之聰明才力欲摹仿而得之，真所謂航斷港絶潢以望至於海也。且昌黎吟六藝、披百家，而我不吟不披，昌黎上規下逮，而我不規不逮，是直與昌黎相反矣。而自云學昌黎，夫誰欺耶！

本朝古文已不及古人，廣東尤自古無其人，有志之士，正當奮然而起。僕老矣，雖知之而不能學矣，幸遇足下勤勤下問於僕，安得不以此學勸足下。足下欲以僕爲師，此正柳子厚之譏昌黎者。且僕何足師，謹述昌黎之學，請足下師之，其真可謂得師矣乎！

與人論祝壽書

澧昨與閣下論祝壽之禮,其時座中有客,未得暢所云也。今請言之。朱子《跋蔡端明獻壽儀》云:「蔡忠惠公此帖,今始得見於其來孫誼之家,乃知昔之君子所以事其親者,如此其愛且敬也。孤露餘生,無所爲孝,捧玩鳴咽,不能仰視,遂請摹而刻之,以視世之爲人子者,庶以廣蔡公永錫爾類之志。」澧亦少孤,每讀朱子語,同此鳴咽。每爲人説有老親者不可不行此禮,此朱子之教也。今日不行,將來徒有鳴咽而已矣,可不念哉! 夫禮者,本乎人情者也。《論語》以父母之年爲喜,此人子之至情也。爲之酒食以燕樂之,所以飾喜也。《豳風》當周之初,已有春酒介壽之文,《豳風》即禮也。不必見於《三禮》而後爲禮也。昨所論亭林《辭祝書》,此亭林亡國之恨。其爲《吴同初行狀》云:五月之朔,歸生、吴生持觥至余舍爲母壽,飲至半夜。然則亭林固不以祝壽爲非禮也。若唐文皇引「生我劬勞」之詩,則澧又有説。自唐以來,以生日祝壽,澧嘗推其故,當由爾時人之紀年以生日爲增一歲,故於是日行此禮。今人既不以生日增一歲,則此禮不必於生日行之。今京官多擇日爲親壽者,不知起自何時? 近者平定張穆爲《亭林年譜》,考亭林之母六月二十六日生日,而稱觴乃在五月朔,蓋即生日不受賀之義。然則亭林固已擇日爲母壽矣。惜蔡忠惠帖不傳,如依亭林擇日之禮,行忠惠獻壽之儀,真儒門事親法矣。如非有故,不必禁止。至於世俗冠昏喪祭,事事靡侈,不獨祝壽爲然,在乎節之，使不失儒者行禮之道而已。長者以爲何如？

上巡撫郭公書

昔郭隗説燕昭王曰：古有以千金使人求千里馬者，千里馬已死，買其骨五百金，反報曰：死馬且買之，況生馬乎！馬今至矣，期年而千里馬至者三。澧謂此於求馬之術則善矣。雖然，是術也，非誠也，是誘至生馬也，非痛惜死馬也。使彼見千里馬死誠痛之惜之而買以五百金，則千里馬之至者，將倍矣。趙生齊嬰，今之千里馬也。趙生死，澧告於執事，執事瞿然驚，慨然歎，聞其家貧，厚賻之；且告藩司、府、縣皆賻之。趙生妻子伏地搏顙，號呼大恩，凡在士林，聞之無不感且頌者。執事之於趙生，非平日有下交之素也，聞其死而驚且歎，是痛惜死者也，非誘致生者也。是誠也，非術也。且執事之恩又豈私恩哉！孟子曰：鰥寡孤獨，「天下之窮民而無告者，發政施仁，必先斯四者」。趙生之妻、子，孤寡窮民也。執事加之以恩，是仁政也。澧賦性狷狹，凡事涉資財者，雖於等夷未嘗有所言，而況言於大官哉！獨於趙生之死，乃趨告執事。《詩》曰：「凡民有喪，匍匐救之。」澧則安能？誠以趙生者，非凡民伍也。《詩》又曰：「愷悌君子，民之父母。」則執事之謂也。趙生死矣，當感泣於九泉之下。其子甫五歲，不能詣轅門叩頭以謝，而此事由澧謁告，故敢上書於執事，以謝以頌。

復鄭小谷書

前月接手書，得悉近況，身其康彊，納婦吉，子克家，良可喜慰。澧承乏地圖之役，歲杪當可蕆事，尚有修縣志之役，以衰暮之光陰，爲此等事，分著書之精力，徒以薪水故耳。郭撫軍以賤名及鄒特夫秀才列於薦章而不以告，所幸疏入不報，否則被召，固憚遠役，而申飭亦覺赧顏也。郭公所請授者，國子先生也，劉學使聞之，來問入都否。澧對以一縣兩教官尚不能獨與諸生講習，況國子先生如此之多，豈得開口説經史事耶？學使深以爲然。來示言取所著書而排比之，輒又疑沮，因恨不能購盡天下説經之書，此則時與地所限，無可如何。近日江南舊家遺籍散出者甚多，丁雨生都轉自兩淮回粤，以所得書目見示，令人艷羨。澧考聲律，購求陳暘《樂書》不得，而丁君有之，許以見贈，既欣喜而又慨歎我與書之不易相值；又歎書即與我相值，我又老矣，不能多讀矣。向來有好談論之病，然對俗人、淺人不可談，對迂人不可談，對少年人不可談，對生客貴客尤不可談。近來甚少可談之處，思故友於九京，望先生於千里，何處寫我心哉！

復王倬甫書

正月十三日得來示，自稱私淑弟子，惶恐不敢當。又承過獎，益增愧悚。足下侍奉壽母，捍禦寇盜，里第平安爲慰。廣東群盜蠭起，省城戒嚴，逾年未解，時事可憂。然憂之如何，閉門讀書而已，此澧之近狀也。

讀來示，知於《説文》著成箋疏會通，於《周禮》考定朝儀溝洫，此外讚辨先儒，著書滿家，恨不得盡讀，然必皆不朽之業，可想而知矣。見寄各條，英思妙解，欽服之至。其一條云：《説文》有説轉誼不及本誼者，尤先得我心，請以愚見與足下相發明，可乎？《説文》者，據形以説誼者也。一字有數誼，古人取易見之誼以制字形，許君即據字形以説字誼，此有兩例：其一，先説本誼而後説字形，如「止，下基也。象艸木出有址」「永，長也。象水巠理之長」是也。其一則但説字形之誼而不及本誼，如足下所論尊字，許云「尊，酒器也。從酋，廾以奉之」是也。夫酒器所以名爲尊者，以卑者奉酒於所尊故也。是尊卑之意在前，乃尊字之本誼，然尊卑之意難於制字，而酒尊可以兩手奉酋會意，故其字從酋從廾，而許君即解爲酒器，不必説尊卑之誼矣。請以一字證之，許云：「主，鐙中火主也。從𡈼象形從丶。」夫鐙主所以名爲主者，以其在鐙中爲鐙之主故也。是主賓之意在前，乃主字之本誼。然主賓之意難於制字，而鐙主可以𡈼、象形，故其字從𡈼從丶，而許君即解爲火主，不必及主賓之誼矣。今人每以《説文》所説爲本誼，其餘皆謂之引伸誼，得足下之説，可以明之矣。其餘諸條，有澧向來未考及者，亦有未敢苟同者，足下學問淹通，見解穎鋭，而又不耻下問，其識度閎深，求之古人中尚不多得，况今人乎！將來禮堂寫定，爲一代大師，當與君家西莊、光禄後先一轍。

若澧者，年近五十，學不加長，爲之悒悒。近刻所著《地理志水道圖説》，因省城戒嚴，久未刻成。又有《漢儒通義》一書，採兩漢經師義理之説，分類排纂，欲與漢學、宋學兩家共讀之。尚有未成之書二種：一則以荀子云「以淺持博」，「是大儒者也」，本朝儒學奥博，而無以淺持博之書，初學之士，難得其門而入，故其道易衰。因欲取禮、樂、書、數、天文、地理之類，以其淺者粗闢門徑，啓導初學；一則讀鄭君之書，舉其宏旨，如《詩》箋有宗主亦有不同，故異於許氏《異義》之學，亦異於何氏《墨守》之學。又如《詩譜序》云：「解一卷而衆篇明。」則知當時譏其繁者，非也。《六藝論》云：「《孝經》爲道之根源。」則知後世譏其支離者，尤非也。此二書成，竊冀學術不至乖絶。來示云「請觀一家之絶業」，此語不敢當。以蒙過愛，輒佈愚心，聊代面談。道遠不獲就正，伏維爲道珍重，不宣。

附王倬甫來書

私淑弟子王宗涑再頓首謹狀蘭甫先生我師大人高坐下：竊惟純儒不世，識面爲榮，獨學無師，沃心是望。雖合離數定，地猶域以婁江；而嚮往情殷，書可通乎粤嶠。昔在壬歲，薄游上京，逢子白於都門，識芝原於邸舍。潤臣葉子，薌溪林翁，晨夕過從，往來莫逆，因得飫聞先生行誼篤寔，經術湛深，不勝神移，非徒意遠已也。既而獲東塾之類稿，開北窗以盥薇，目遇豹斑，心儀驪頷，益復悵悵若失，芒芒無知。誠以未嘗侍奉教言，不覺倍增悵緒。爾時猶竊幸計偕伊邇，戾止非遥，拜仇季智於大學舍中，氐頭有日；謁鄭康成於本初坐上，翹足可期。孰謂乍嘗蓮幕之巢，橈停丹郡；旋返梓鄉之櫂，烽照白門。故土差安，披萊衣以習舞；昊天不弔，痛椿蔭之遽凋。加之境外狐鳴，城中蟻聚，處并同乎堂雀，殃幾及於池魚，不其殆哉！此一時也。無何而官兵環集，白屋同仇，先澤幸存，青箱無恙。驚魂迷夢，留寢苫枕草之身；枵腹從戎，逐制梃偁干之隊。是故宗涑於先生徒積數年之企慕，未能一寫其懷思。嗟嗟長路五千，慈幃八二。欲杜門養母，而叚田鮮播穜之能；欲踰嶺尋師，而磨鏡乏資生之策。矧且欃槍芒作，豺虎橫行，橐筆途窮，弟兄同命；時典縣鶉之服，兼售飽蠹之書，偶交迫於飢寒，遂頓荒其學業。然而蕉心半槁，猶思呻畢以無忘；蒿目全枯，尚冀受裁乎有道。許書九千字，編成箋疏會通；《周禮》三百官，草削朝儀溝洫。蒐遺經之奥旨，創解頻標；擷先正之精英，微瑕屢摘。懼鄰穿鑿，孰愈膏肓？茲則蠶繭可伸，鴻鱗堪坿，全書難致，別紙易疏，誼碎文零，條分縷析。沾沾自喜，樗散曷施巧匠之雕；娓娓不休，莛撞思發洪鐘之響。儻使人圖會遇，天假因緣，葵向日而心傾，萍隨波兮迹合。或先生北上，逆旅仍停服慎之車；或賤士南游，擔簦遠訪高陽之里。允當班荆履道，攝齋升堂，共溯三古之微言，請觀一家之絶學。春風拂坐，定擴東吴王子之見眯；皦日矢盟，終依南海陳君之壇席。

與楊浦香書

兩年以來，書問久疏，然南北相隔雖遠，精神固息息相通也。聖主登極，兩宮垂簾，天下雖亂而朝廷清明，大兄必有切至之言，封章入告。弟遠在海濱，恨不得聞其一二耳。弟近年以幽憂之疾，右手風痺已久，去冬稍減而轉入左手。加以精神銷亡，讀書都不記憶，自分無用於世，但存視息，幸矣。以此嚴定課程，并力撰述。十年來著一子書，通論古今儒學得失，關乎世事盛衰，此生平志業所在，但身世如此，成與不成，正不可知。前年伏聞先帝駕幸熱河，竊取陸宣公《翰苑集》讀之，爲之下拜。去年伏聞兩宫聽政，竊取司馬文正公《傳家集》讀之，又爲之下拜。此兩集者，實今日之龜鑑，草莽腐儒，但能讀之而已。吾兄雖未居陸公、司馬公之位，然天下之事，宰相能行之，御史能言之，盍取兩集中議論切於今日者，條陳入告，天下幸甚。想不以爲習見之書而笑弟之淺陋也。

與黄理壓書

辱寄新詩，辭深意美，吟誦反覆，爲之慨然。亦欲以詩奉酬，以久不作詩，强而爲之，不能達意，不如質言之也。來詩云「生才有用原天意」，又云「君如不出虚人望」，此二語澧不敢當，且澧亦非不欲出者。澧於癸巳歲會試入都，人謂宜得一甲翰林，澧則願得縣令，或有益於一方。及屢試不中，大挑又不得縣令而得教官，然亦未嘗不樂，以爲不能治民，猶可以教士，天下治亂，未有不由士習而起者。及選授河源訓導，則盜賊遍地，不可一朝居，而當事者不問，遂告病而歸。未幾，而河源令遂爲賊捉去矣。是年復北上會試，以皇上初政，欲得一第，或可以自效。澧真非不欲出者，而又不中，至是而始有不出之意也。近年揀選知縣至澧所中壬辰科，然盜賊半天下，又加以夷寇，若當此時而出，則宜有戡亂之才；且有其才，尤當有其權，澧無才，縣令官又卑無權，聽人驅策而又不知驅策者爲何如人也。若陶淵明所謂弦歌爲三徑資，此爲貧而仕，亦猶行古之道，然而干戈之地多，弦歌之地少，謂之何哉！讀書三十年，頗有所得，見時事之日非，感憤無聊，既不能出，則將竭其愚才，以著一書，或可有益於世。惟政治得失，未嘗身歷其事，不欲爲空論，至於學術衰壞，關係人心風俗，則粗知之矣，筆之於書，名曰《學思録》。來詩所云，澧誠不敢當，然天之生才，使之出而仕，用也；使之隱而著述，亦用也。但有棲託之地，陋室可居，脱粟可食，著成此書，生平志業亦粗畢矣。此意自非二三知己，不欲妄以告人，以先生廿載舊交，遂因來詩之語，傾倒罄盡，以代酬答之章。復有近刻拙撰《漢儒通義》一書，值夷亂尚未校定，今先以呈教。其有疏舛，尤望指示爲幸。

復戴子高書

得手示，獎譽之過，稱謂之謙，不勝惶恐。閣下之學，通《毛詩》、《尚書》、《公羊春秋》，卓然爲當代經師，曷勝敬仰。承賜所著《論語疏》，高古博奥，如先秦、西漢人之筆，弟暮年獲此奇書，得知海内有此奇士，曷勝慰抃。來示論宋、明諸儒雜於釋、老，欲輯其粹言爲一書，此尤卓識。然有甚難者，不盡讀二氏書，則諸儒之説雜於二氏者，不能辨别。盡讀之，則太費日力，不如還讀我書矣。澧又有鄙見,以爲自唐以後,不獨儒者混於佛,佛者亦混於儒。蓋學術未有久而不變者,自東漢時佛法入中國,至唐五百餘年,其勢不得不變。且唐以前多胡僧,唐以後則皆華僧,當其未出家時,固嘗讀儒書矣。即不識字,不讀書,而所見所聞,皆中國之俗,儒者之教,後雖學佛,不能盡棄。弟未窺釋藏,然大鑒禪師,粤人也,弟嘗覽其《壇經》,有偈曰:「心平何勞持戒,行直何用修禪。恩則親養父母,義則上下相憐。讓則尊卑和睦,忍則衆惡無喧。苦口的是良藥,逆耳必是忠言。改過必生智慧,護短心内非賢。」此與儒者之言無異,殊不似佛偈。其餘所説佛理,亦有同於儒理者。且大鑒自言不識字,弟亦不信也。《壇經》云:「不可沈空守寂,即須廣學多聞。」若不識字,何能廣學耶?此二語轉可爲道學末派箴砭耳。大約自唐以後,儒者自疑其學之粗淺,而騖於精微;佛者自知其學之偏駁,而依於純正。譬之西方之人向東行,東方之人向西行,勢必相遇於塗。故唐以後,儒佛之説有混然而不可分别者,所謂彌近理而大亂真,以此故也。此愚見,閣下以爲然否?弟所著書已刻者,只《水道》、《聲律》、《切韻》及《漢儒通義》四種,此外有《朱子語類日鈔》一帙,亦頗有合於閣下粹言之旨,惜未得見顧千里《晦翁苦口》之書耳。閣下在江南必當見之。近著《讀書記》,多發明《孟子》,因而考楊、墨如何;欲知楊氏之學,故考索於《老子》、《列子》。黄溍翁云:「列子有禪學。」蓋中國之佛,乃列禦寇、僧惠能也。《列子》盧重元注,全説佛教,然未知其根源。《列子》言古今無窮,上下四方無窮,天地只一小物。然則一身如微塵,百年如一瞬,其空之易易矣。因來示論及二氏,故就鄙見説之以就正焉。

復劉叔俛書

昨得手示，藉悉起居安勝。承詢賤體，近日氣虚欬嗽，此乃衰老，非病也。深蒙闗注，感謝之至。來示云：汪君仲伊、張君歗山皆傾倒於拙著《聲律通考》，何期并世得遇賞音。弟先世本金陵人，惟以衰老，不能回鄉與閣下及諸儒相見，以此爲憾耳。近來於聲律復有撰述，兹録一篇呈教，并乞轉呈汪、張二先生，然須正其疏謬，乃使弟受益也。拙著《東塾類稿》近年不復刷印者，中年以前治經，每有疑義則解之，考之，其後幡然而改，以爲解之不可勝解，考之不可勝考，乃尋求微言大義、經學源流、正變得失所在，而後解之，考之，論贊之，著爲《學思録》一書，今改名曰《東塾讀書記》。此書自經學外，及於九流諸子、兩漢以後學術，至宋以後，有宋、元、明學案之書，則皆略之，惟詳於朱子之學。大旨在不分漢、宋門户，其人之晦者，則表章之，如宋之王萬、明之唐伯元；文之晦者，則採録之，如《宋文鑑》所選林希《書鄭康成傳》、《廣東通志》所録林承芳《重刻十三經注疏序》是也。承命將説《論語》、《穀梁》者鈔寄，兹呈一帙，敬求教正。來示云：《穀梁》之説，友人素之者衆。知江南多治此經者，弟少時稍涉此經，其後輟業矣。尊著《論語疏》明歲刻竣，乞示讀。承索爲序，此過愛之盛意，所不敢辭。惟著書必須自序，乃能深透，他人不能及也，如韓文公「補苴罅漏」六句，其後李南紀亦不能道，但能云「詭然而蛟龍翔」云云耳。來示云：刻諸史至南北朝而止，接刻《通典》，不審唐以後諸史不刻歟？《通典》粤東已刻畢，今接刻《續通典》、《皇朝通典》，明春亦可畢。近日刻《通志堂經解》及《四庫總目》内唐以前甲部書，不能精工，然弟亦不願其精工，但願其速成。年老急欲觀厥成，且宋板書今人寶貴者亦不盡精工也。陳君卓人，弟舊交也，其書已付梓，甚慰。柳賓叔、汪楳村兩先生安健，尤欣慰也。

與陳懿叔書

來示云：聞之蘭汀言，澧不學爲詩，乃爲講漢學者所誤。此澧前日告蘭汀者。澧十五六歲時，篤好爲詩，立志欲爲詩人。稍長，知有經史之學，雖好之，不如好詩也。張南山先生見澧詩，大賞之，時教以詩法。及赴會試，與同年梁玉臣同舟，爲詩唱和。玉臣專《毛詩》之學，雖與澧唱和，心弗善也，而澧刻意爲之。玉臣曰：「君自視其詩去古人幾何？」澧始愧汗自失。會試不中，留京師，猶時時爲之，與同年翁藥房唱和。先師程春海侍郎爲澧言，近人詩多困卧紙上，澧呈所爲詩，侍郎大喜曰：「此能於紙上躍起者。」是時年二十六矣，嗜好乃益多，小學、音韻、天文、地理、樂律、算術、古文、駢體文、填詞、篆隸真行書無不好也，無不爲也。楊浦香謂澧曰：「東坡所謂『多好竟無成，不精安用夥』，君之謂也。」澧亦自念人之一生，歲月幾何？精神幾何？才智幾何？如我所好一一爲之，雖壽如彭祖，不能畢其事。乃稍稍減損，有索詩者則爲詩，不摹仿古人詩矣。有索書者，則書字，不臨寫古人書矣。以爲不得已應酬而已。自爾以來二十餘年，不惟不學詩，不學書，乃并小學、音韻之屬亦皆輟業。近年惟讀經史，日有課程，如學童初入塾者，安得有餘力以學詩哉！近日倪雲衢甚愛拙詩，見輒鈔録。澧謂雲衢：君鈔我詩，他日慎勿刻板。雲衢問其故，澧告之曰：「詩者我所篤好，若我有詩集，當卓然成一家乃快心爾。若如近日應酬詩而刻爲一集，適違我心耳。」因來示所言而自述其意如此。

與潘聘之書

昨談焦氏《孟子正義》汝、淮、泗入江之説，澧以爲未然也。古汝水在今阜陽縣入淮，古泗水在今清河縣入淮。詳見澧所著《漢志水道圖説》。焦氏於阜陽之東、清河之西求入淮入江兩水發源相近者而强通之。然即能通之，亦但能使汝、淮入江耳，泗之入淮在其下流，仍不能入江也。清河以東江、淮相通者，惟有邗溝，欲證《孟子》，捨邗溝無可證也。夫差上距大禹千餘年，安知邗溝非禹迹，後世湮塞而夫差復通之乎！否則謂《孟子》爲誤，亦自無害。鄭君注《周禮·職方》，一則曰「非也」，再則曰「誤也」。況孟子之書，本非説經，此一節又不主於記地理，亦非《職方》之比，何妨以爲誤耶！鄭君注《職方》又有云「未聞」者，然則説《孟子》者，不敢以爲誤，亦可云「未聞」，不必曲爲之説如焦氏《正義》云云也。

復張雁皋書

得六月望日手書，知有令兄之喪及避寇情形，一一如繪。兄弟無故，人生難得之樂，閣下老而遭此，猶遠勝於澧年甫十五而遭此也。賊氛所及，家産蕭條，亦是同病，惟敝廬書籍幸得保全，爲較勝耳。大著諸書，雖未聞其梗概，然通人之筆，自必有卓越之處，一旦散失，深爲可惜。見示關廟碑文，自是傑作，其云偉績湮没，尤見讀史有識。澧前時嘗與鄭君小谷論《三國志》所以簡者，以蜀之紀載本少故也。觀其盡載楊戲《季漢輔臣贊》，可知其無可蒐羅矣。《蜀志》既簡，故《魏志》、《吴志》亦遂不能不簡以就之。觀裴注於蜀則略，而魏、吴則詳，則知承祚於魏、吴多所芟削也。小谷聞此，甚以爲然。此或可與閣下之説相證明也。

復黄芑香書

前在南園，足下問作文法，今得來書，問之益切至。夫作文之法，前人言之者多矣，僕不必贅言。惟昔時讀《小雅》「有倫有脊」之語，嘗告山舍學者，此即作文之法，今舉以告足下，可乎？倫者，今日老生常談，所謂層次也。脊者，所謂主意也。夫人必其心有意而後其口有言，有言而其手書之於紙上，則爲文。無意則無言，更安得有文哉！有意矣，而或不止有一意，則必有所主，猶人身不止一骨，而脊骨爲之主，此所謂有脊也。意不止一意而言之，何者當先？何者當後？則必有倫次。即止有一意而一言不能盡意，則其淺深本末又必有倫次，而後此一意可明也。非但達意當如此，即援引古書亦當如此。凡引古書二條，即當知何者當先引，何者當後引，若倒置之，則謬矣。引至三四條以上，尤當知何者當先引，何者當次二，何者當次三、次四，若雜亂之，則更謬矣。此所謂有倫也。且作文必先讀文，凡讀古人文，每篇必求其主意而標識之，尋其倫次而分畫之，明乎古人之文有倫有脊，而後我之作文能有倫有脊也。雖然，倫猶易爲也，脊不易爲也，必有學有識而後能有意，是在乎讀書而非徒讀文所可得者也。僕之説雖淺，然本之於經，或當不謬。至於前人論文之語甚多，稍暇當擇録以便觀覽。

復曹葛民書

近得手書，論澧所著《聲律通考》，云「於此道從未究心」，因復下問。若在他人，澧不敢覶縷，足下知我者，請暢言之。

澧爲此書，所以復古也。復古者，迂儒之常談，澧豈可效之哉！良以樂不可不復古故也。即世運已降，習俗沈錮已深，勢不能以復古，而吾之説終不可不伸於天下。蓋伊古以來，禮樂并重，古禮傳至今日，有失者，有未失者，以今人冠昏喪祭考之《儀禮》可見也。樂則不然，太常樂部所掌，奏之朝廷，奏之郊廟，草茅下士不得而聞，尤不得而議。外省學宫之樂，則琴瑟弗鼓，鐘磬弗考，平時所聞者，鼓吹也，戲劇也，小曲也。其號爲雅音者，琴師之琴也，此則今所謂樂也。何爲宫商，而不知也。何爲律吕，而更不知也。嗚呼！樂者，六藝之一，儒者之學，而可輕褻淪亡一至於此哉！

本朝古學最盛，講考據者數十百家，古禮已不行，而必考《三禮》；古篆已不用，而必考六書；而考古樂者絶少。近數十年惟淩次仲奮然欲通此學，自謂以今樂通古樂。澧求其書讀之，信多善者，然以爲今之字譜即宋之字譜，宋之字譜出於隋鄭譯所演龜兹琵琶。如其言，則由今樂而上溯之，通於西域之樂耳，何由而通中國之古樂也。又況今之字譜非宋之字譜，宋之字譜又非出於鄭譯，古籍具存，明明不可以假借者乎！澧因淩氏書考之經疏、史志、子書，凡言聲律者，排比句稽以成此編，金君芑堂爲定其名曰《通考》。竊以爲通之名未易當也，然著書之意固如是也。

古十二宫之有轉調，三分損益之爲大略之法，六十調之不可施用，昔人已言之，澧但因而發明之，非所謂通也。澧所通者，將使學者由今之字譜而識七聲之名，又由七聲有相隔有相連而識十二律之位，識十二律而古之十二宫、八十四調可識也。又由十二律四清聲而識宋人十六字譜，識十六字譜而唐宋俗樂二十八調可識也。然此猶紙上之空言也，無其器何以定其聲？無其度何以製其器？屬有天幸，《宋書》、《晉書》皆載荀勖笛，而阮文達公摹刻《鐘鼎款識》有荀勖尺，二者不期而并存於世，此其事殆非偶然者。考古樂至此，如一髮之引千鈞，將絶未絶，危矣哉！夫然後考之史籍，隋以前歷代律尺皆以荀勖尺爲比，金、元、明承用宋樂，宋樂修改王朴樂，而王朴律尺又以荀勖尺爲比，有荀勖尺而自漢至明樂聲高下皆可識也。然而荀勖尺易製也，荀勖笛難知也。《宋書》、《晉書》所載荀勖笛制，文義深晦，自來讀者不能解。澧窮日夜之力，苦思冥悟，而後解之，而後倣製之，於是世間乃有古樂器。又讀朱子《儀禮經傳通解》，有唐開元《鹿鳴》、《關雎》十二詩譜，以今之字譜譯之，於是世間乃有古樂章。即謂十二詩譜不出於開元，而爲宋人所依託，然自宋至今，亦不可謂不古，較之毛大可所稱明代之唐譜，不可同年而語矣。徧考古書所載樂器，從未有細及分釐如荀勖笛制者。徧考古書所載樂章，從未有兼注音律如十二詩譜者。古莫古於此，詳亦莫詳於此，授之工人，截竹可造，付之伶人，按譜可歌，而古樂復出於今之世矣。然而非僕之力也，賴有晉、宋、隋三史，賴有朱子及阮文達公耳。否則，澧何自而得之。此外則姜堯章《七弦琴圖説》，淩氏書已爲之表，澧以其列十二調而統於五調，考之《魏書》陳仲儒之言，琴有五調調聲之法，而知姜氏之説所自出。於是絲竹皆有古法，至於金石，則非寒士之所能爲矣。澧所謂復古者，如是止矣。若夫琵琶爲燕樂諸器之首，段安節《琵琶録》云：「宫逐羽音，商角同用。」遥遥千載，傳此兩言，殊不可解。乃一日者觀樂工彈琵琶而問其法，始悟唐人舊法至今猶存，此亦一奇也。然琵琶非雅樂也，所謂復古者，不以此爲重也。

昔姜堯章以所作《大樂議》獻於宋朝。澧所考得者，唐之歌、晉之笛、魏之琴，千餘年僅存之古樂,不知比姜堯章爲何如? 若承平之日,誠當獻之朝廷,不敢自祕。徒以病廢之身,當兵戈之際,講明禮樂,迂儒事耳。古人云「藏之名山,傳之其人」,今則無名山可藏,雖有門人數輩,皆爲經生,不解音樂,欲傳其人而不知誰屬也。象州鄭小谷見此書,歎曰:「有用之書也。」又曰:「君著此書辛苦,我讀此書亦辛苦。」嗟乎! 辛苦著書,吾所樂也,有辛苦讀之者,吾願足矣。若其有用,則吾不及見矣,其在數十年後乎? 其在數百年後乎?

復胡伯蓟同生兄弟書

得來書兩函、《陶淵明集》鈔本一部、集注一部,欣喜之至。伯蓟清堅静退,性情本與陶公相近,近日熟讀陶集,所得益深,此昭明太子所謂能讀淵明之文者也。僕愧不如也。至全部手鈔,逼肖東坡筆意,尤可珍愛,已裝成三帙,以香木爲匣而藏之矣。同生欲出謀三徑資,亦不得不然。陶詩云:「投策命晨裝,暫與田園疏。」羅□□曰:「士豈能長守山林,但居市朝軒冕時,要使山林之念不忘,乃爲勝耳。」此名言也,願同生服膺焉。陶集注雖失之繁釀,然畢竟該洽。僕昔時所論,今讀此編,乃知有前人所已言者,得益不少也。僕今年爲同鄉諸君請校重刊省志,督撫二公奉旨繪地圖,亦命司其事。陶公云「校書亦已勤」,此惡王韶而爲此言,今督撫二公不可與王韶同日而語。然當時三君子若不爲餬口計,亦未必爲此勤,終覺有愧於陶公也。

與胡伯蓟書

僕近年爲《學思録》，惟鈔撮群書，不成著述之體，欲待二三年後乃編定之。今内度諸身，外度諸世，不可復緩。然且及今爲之，猶恐汗青無日，爲一生之遺恨，故今以論著之大旨告足下。僕之爲此書也，以擬《日知録》，足下所素知也。《日知録》上帙經學，中帙治法，下帙博聞，僕之書但論學術而已。僕之才萬不及亭林，且明人學問寡陋，故亭林振之以博聞，近儒則博聞者固已多矣。至於治法，亦不敢妄談，非無意於天下事也。以爲政治由於人才，人才由於學術，吾之書專明學術，幸而傳於世，庶幾讀書明理之人多，其出而從政者必有濟於天下，此其效在數十年之後者也。天下人才敗壞，大半由於舉業，今於此書之末，凡時文、試律詩、小楷字皆痛陳其弊，其中發明經訓者，如《論語》之四科，《學記》之小成、大成，《孟子》之取狂狷、惡鄉原，言之尤詳，則吾意之所在也。

與馮鐵華書

昨奉書論大官碑志，無事可述者但當就其官階及朝廷恩禮平鋪直叙。遣書後，有見僕草稿者，以爲如是之人甚多，碑志可篇篇如是而不變耶！則應之曰：「可。非但可而已，乃必當如是也。」古人論文云：「行乎其所不得不行，止乎其所不得不止。」然則亦變乎其所不得不變而已。變乎其所不得不變,則亦不變乎其所不得變,觀馬、班之史:傳文人者必載其文章如鈔書者,篇篇不變也;傳武將者必載其戰功如記簿者,亦篇篇不變也;至本紀、世家,其體最大,而太史公夏、商、周《本紀》,齊、魯諸國《世家》云某王若干年崩,某王立,某公若干年薨,某公立,篇篇不變也。何也?此不得變者也。王介甫集中碑志,書其人諱、字、里貫、祖、父,顛之倒之,斷之續之,篇篇不同,此何關於文之工拙而爲此耶?徒見其有意求變而已矣!有意求變,則能變亦不足尚矣。昔有友人傳説古文四句訣云:「篇篇換樣,事事蒐根,句句生造,字字有來歷。」澧以爲此四句者,惟末句是真訣耳,餘三句皆有意而爲者也。有意換樣,則必有顛倒之病矣;有意蒐根,則必有穿鑿傅會之病矣;有意生造,則必有鄙誕之病矣。文章所貴,貴乎自然,豈在乎變與不變哉!此説質之高明,以爲何如?

與趙子韶書六首

日來吾弟體氣何如?僕右手無力,亦不甚劇也。聞侄孫慶修云足下欲編排三十六字母,未知是否?僕謂今日宜刻《廣韻》,昨已告玉生轉屬伍紫垣刻之,并刻釋文。玉生亦以爲然,但未知汗青何日耳。僕考《切韻》,無一字漏略,蓋專門之學必須如此,但恐有武斷處,如段茂堂之於《説文》耳。僕爲此甚辛苦,若有疏誤,亦猶亭林先生之古韻,後人因而加密可矣。僕所以必著此書者,小學本爲識字，然目睹其字而口不能讀其音，謂之識字，可乎？若但講「讀若」、「讀如」，而不識切語，是猶識篆書而不識楷書也。僕近日惟欲寫定所爲書，此外一切置之，悲苦之中亦頗有所得，此自知之而不能言之者也。

錢竹汀先生無經學書，僕竟似之。昔年亦有辨正、注疏之作，欲鈔爲一篇，題曰「碎義」，此二字出《漢書·藝文志》，所謂學之大患也。此不可刻，但擇數篇入文集可矣。文集亦無好文章，不足傳，且看《學思録》何如耳。

向來欲爲「朱學管窺」一書，今檢得亡兒手鈔《語類》一册，此正僕所欲爲管窺者也。泫然久之，乃先爲此編題之曰《朱子勸學語》，凡五卷。第一卷已付第三侄孫鈔寫，數日後可送覽。真可謂驚心動魄，一字千金者矣。

宋、元、明儒者自出己意以説經義，竟無人於漢儒傳注内尋求義理，孰知鄭君之注義理深醇如此耶！此絶學宜共興之，暇時致書震伯，約共爲此學何如？

百年來崇尚鄭學，然浮慕其名者多，真識者甚少。僕近讀《三禮》注，確知經學必宗鄭氏，千古無匹，千古無弊，許叔重、何邵公尚不能及。若不整齊爲一部大書，何爲崇尚乎？何以示後之學者乎？故欲諸君成之。

數年來欲寫定鄭君諸書，總無暇日，今當請諸君共成之。僕尚有精神，近人輯本猶在敝篋，時事亦尚可支持,書本不多,七八人分而校之,兩月可畢,刻之,百金可了。煩檢《漢魏遺書鈔》内鄭君書共幾種,寫一單寄來。俟學海堂春課畢,即屬諸君寫校,吾弟必當任一二種,速速成之,僕以得見爲快也。已擬凡例數條,再面商乃可定。

與黎震伯書

久别,思望之至,想近日學業有進。僕寓横沙,景況粗適。《漢儒通義》刻成,惟未暇校對。多年費心力爲此書,值此兵燹,故先印數部,分存諸同人處,將來校對未遲耳。寄上一部,請看一遍,有誤處記之,將來示知改刻。其分類處時時移易,遂有本不誤而誤者,須核其上下文也。百餘年來,説經者極盛,然多解其文字而已,其言曰:「不解文字,何由得其義理?」然則解文字者,欲人之得其義理也。若不思其義理,則又何必紛紛然解其文字乎!僕之此書,冀有以藥此病耳。既成此書,乃著《學思録》,通論古今學術,不分漢宋門户,於鄭君、朱子之學,皆力爲發明,大約十年乃可成耳。訓詁、聲音、算術、律曆、地理之類,皆儒者之事,然必專門,乃能精通,僕未能也。故欲吾弟及諸友各專習其一,若夫義理,則人人皆必當知之,非可以分而習之者矣。所望吾弟及諸友皆勉成學業,雖時事日非而不改常度,風雨如晦,鷄鳴不已,此之謂也。子韶近日繪漢地圖,其精力英鋭,想不難成;又每夜觀星,於曆象之學亦已得門而入。夜雨鐙昏,書字爲勞,不及多述。

與王峻之書五首

別後想平安到館，近日學業必更精進。僕今年請子韶在家教兒輩讀書，暇時常得談論，但惜吾弟未能在省城耳。讀書人難得，假者多，真者少，誤者多，不誤者少而又少。吾弟未誤，勉之可也。每日看得數十字便佳，有所述即寄來，如去年所寄，可得相商也。

所謂經學者，貴乎自始至末讀之、思之、整理之、貫串之、發明之，不得已而後辯難之，萬不得已而後排擊之，惟求有益於身，有用於世，有功於古人，有裨於後人，此之謂經學也。有益有用者，不可不知；其不甚有益有用者，姑置之；其不可知者，闕之。此之謂經學也。

博約二字不可離。《孟子》曰：「博學而詳説之，將以反説約也。」然則博學詳説時，其意中固已將反説約矣。韓文公曰：「記事者必提其要，纂言者必鉤其玄。」讀記事纂言之書，博矣，詳矣。提要鈎玄，則已約矣。《荀子》曰「以淺持博」，淺非淺嘗之謂，即約之謂也，約而易知之謂也。

作詩寫字，但能不俗可矣，若求工妙，讓專門者爲之。專門者不可無其人，我輩則未暇爲此也。若夫著述之體，切宜留意，宜潔浄，宜平實，簡而明，簡而不漏，詳而不支不煩，學古而不贋古，有法而不囿於法，此則學人之著述，非才人之詞章所可同日而語者，俗人更不識也。

於切要處用心力，於不用心力處惜精神，愈繁難愈從容爲之。耐繁難者，養性之功；求易簡者，心得之學。學無心得，與不學者同。見解貴高貴通，工夫貴平貴鈍。

復王峻之書五首

昨得手書，知動静佳暢爲慰。足下嚮來有志讀書，僕以爲不易得者。來書以不能相聚爲憾，僕亦謂然也。但既有志讀書，則當以讀《論語》爲先，僕之教子亦只如此，足下之所知也。每日讀《論語》朱注一章，以聖賢之言爲今日侍側親聞，肅然敬聽，句句字字詳細思繹，引而入於身心，實而驗之今日之世事，如此數十日，見識自高，且人品亦因之而高。至一部《論語》讀畢，便非同常人矣。每章依次第讀之，不可淩亂，不可間斷，心有所得，記於書上，心有所疑，亦記於書上，將來相見，即可以質問。此最切實最簡易之功，且非僕所創設，僕從來不自立一説，此乃程、朱之説。朱子言，雖孔子復生，教人亦只如此。但無人肯遵其法，只爲時文起見。僕嘗謂世人讀《四書》，非讀聖賢言語，乃讀時文題目耳。張南山先生甚以此言爲然。小兒宗誼一病將兩月，今甫痊愈，而虚弱極矣。僕每日工課如常，讀《禮記注疏》五葉，餘力則著《學思録》。每讀書有得，則以告子韶，居鄉甚樂，不欲遂回省城也。

僕近日讀書頗有所論，悵然歎想足下如在省城，可相告語，正欲作書寄達，適得來書，爲之欣然。又知自加策勵，覆讀《論語》，較前次讀時不同，既用力於踐履，又得良友相助，爲之喜而不寐。又知看《朱子年譜》覺有著手處，此已得其門而入，將來不可限量，願更勉之。但大用力一番，如攻堅木，此後但當子細涵泳，勿令放寬放倒，亦勿緊迫，常常如此，自有温故知新之功矣。讀《論語》所記數條，皆平穩，「賢哉回也」一條最佳。此外自記數條，亦甚佳，足見實有所得。足下天資清穎，又肯聽僕之言，又静細，又能實用其力，真不可多得。俟《四書》讀畢，來省取僕所藏書讀之，以盡博學詳説之功，是所望也。僕今年身體略好，眠食漸似昔時，但鬚漸白耳。日與子韶談論，甚有益，餘不多述。

不俗者，狂狷也。俗者，鄉原也，同乎流俗也，孔、孟以爲賊，可懼也。志狂者之志，行狷者之行，是謂不俗。夫處塵俗之中而不染一點塵俗氣，其人之可貴何如哉！且古之俗異於今之俗，今之俗尚有似忠信廉潔者乎？入堯舜之道，何曾發此念，但欲冒充名士耳。狂狷不俗，即是入堯舜之道，讀《孟子》所述伊尹之語，真是狂狷也。

閏月廿九日得來書，知一路平安爲慰。僕至龍溪半月，游羅浮而歸，甚欲如來書所云得讀書好古之士，但匆匆未能知也。有一童生劉性善來問程朱所説「敬」字，僕甚奇之，以朱子書示之。渠讀至不重科舉之説，又疑信參半矣。然此人想可以引進耳。足下之好學，真不可多得。今讀《論語》，更宜於正文、小注字字子細咀嚼，切已體認。一日一章，不可欲速，有不知以書來問，兩三月後，僕當以一書相示也。僕以刻《皇清經解》事不能不急急回省，然頗戀龍溪風景也。

所論者，海内我不敢知，嶺南則甚少。若乃本於身，明於學，切於時，通於古今，有根柢，有實用，僕安能不以此望足下？今雖未能，俟之他日。杜詩云：「青眼高歌望吾子，眼中之人吾老矣。」

示沈生

所謂經學者，非謂解先儒所不解也。先儒所解，我知其説；先儒諸家所解不同，我知其是非；先儒諸家各有是各有非，我擇一家爲主而輔以諸家，此之謂經學。若隨意涉獵，隨手翻閲，得一二句輒自出其説以駁先儒，假令先儒起而駁我，我能勝之否耶？即勝之矣，而先儒解全經，我但解一二句，其與先儒相去豈不遠哉！僕讀書數十年，謹守《儒行》一言，曰「博學以知服」。蓋惟博學乃知服古人，不知服古人者，學不博故也。故《學記》曰：「學然後知不足。」奉勸足下收斂聰明，低頭讀一部注疏，勉爲讀書人。若十三部注疏未讀一部，輒欲置喙於其間，此風斷不可長。戒之，愼之。

【校記】

［一］孝昭冠辭　「辭」原作「詞」，據《四部叢刊》縮印明刊本《大戴禮記·公符》改。

卷五

五品卿銜刑部主事象州鄭君傳

象州鄭君字獻甫，其名避文宗舊諱，以字行，别字小谷。祖、父皆力田讀書，爲諸生。君年十五入州學，後十年拔貢，中舉人。又十年中進士，以主事用，分刑部。請假歸。丁父母憂，遂不出，掌教諸書院。道光三十年，廣西賊起，掠象州，欲殺君，旋捨之。其後復遇賊於途，劫其衣裝，并失所著書。咸豐七年，君在桂林省城。賊攻城急，君走平樂，走封川，皆有賊，遂走廣州省城。是年夷寇入城，君走仁化，轉徙東莞。十年，夷事定，復至省城。總督勞公崇光故與君交好，延君掌教書院。未幾，辭歸，廣東官吏以君爲總督上客，餽贐豐厚，君皆不受。至桂林，復掌教書院。廣東巡撫郭公嵩燾奏君學深養邃，通達治體，請飭赴廣東差遣委用。君上書廣西巡撫張公凱嵩，以年老求奏免。張公復奏君品高守正，足勵風俗，請賜五品卿銜。君爲書力辭，而疏已上，得旨如所請。君具五品冠服望闕謝恩畢，篋而藏之。象州亂後，民失田契，官失糧册，訟獄繁興。君請於官，命民呈田數、糧數，總算符舊額而止。鄉人服君忠信，無欺僞者。於是官給印照，訟獄遂息。

君天資高朗，耿介豪逸，發言行事，純任自然，談笑譏貶無所避。生平無嗜好，惟好書，終日不釋卷。博覽强記，《十三經注疏》、《校勘記》皆有評點。尤熟諸史，爲文章貫串古今，直抒所見，絶去修飾。所著《法論》曰：「開創之世所以治於承平之世者，其法簡而易行也。承平之世，議法者好以一己之私心，度萬事之私弊，法未行而豫設一法以待之，法既行而又增一法以制之，法或窮而又創數法以救之。問之民，不能悉也，付之官，不能記也，惟積爲塵牘以供狡猾老吏上愚官而下剥民。同一事也，一人賄吏，吏曰『法可』；一人不賄吏，吏曰『法不可』。如是則吏之權且在宰相上。」其《儲材議》曰：「以科舉取士，以資格用人，以簿書考吏，謂天下萬事皆有一定之例，但得其似人者，即足以辦矣。士無論有學無學，皆可干名；人無論有才無才，皆可當官，天下群知其然也。僥倖於名，奔競於利，游士滿世，濫官滿朝。夫豪傑之才不可驟而得，氣節之士則可預而養也。救時之術，不可强而爲，經世之學，則可勉而通也。天下之人才，不在於上，則必伏於下；不出於正，則且入於邪。如今之法，不足以得天下之大才，且足以壞天下之小才也。」其《士策》曰：「農商百工之事，士不暇爲，公卿大夫之事，士又未得爲，然其所以仰事俯畜者，猶夫人也。籍之以空名，收之以定額，而聽其紛紛自謀，營求多則廉耻喪矣。故天下愈多士，天下愈少士。愚謂今之三場，當分爲一初場，二覆試，皆以盡一日爲限。初場試以制藝二篇，其無文理無文法者去之，則千人可去三四百人。次場試策二道，一問經，一問史，其不知注疏、不知事實者去之，則千人可去六七百人。後場試以詩賦各一首，其格不諧、詞不當者去之，則不過留數十人而止。州縣以此試而上其籍於都會，都會以此試而定其數歸於學，餘仍爲民。如是者三年，都會以此試而上其名於禮部，禮部以此試而第其等，授之以官，餘仍歸學，罷去舉人之目。其在學者咸有餼，而不材者黜爲民，則養之不苦其多。中第者皆有官，而不能者歸之學，則禄之不患其濫。較之聽其紛紛自謀者何如哉！」其《學宫議》曰：「今之學宫，乃古之所謂孔子廟。今之書院，乃古之所謂學宫也。今之國子監猶存古法，而今之國子生遍天下，皆由納粟而入，發名成業，固有終身未至者。其餘鄉學，但有孔子廟耳，非學宫也。其教職但作奉祠官耳，非學師也。學師之名，其殆主書院者尸之乎！昔潮州學爲之師者，趙德也；慈谿學爲之師者，杜醇也。豈嘗命於吏部哉！今以古之祠官爲學師，而以古之學師爲山長，名不正則實愈乖，但掌名籍、營糗脯而不知教學爲何事。其山長雖有師有弟子，有堂有齋，亦各緣膏火而來，天下事之觚不觚者，可勝歎哉！」其《權論》曰：「大吏所以侵州縣之權者，恐官病民也。而不知大吏侵州縣之權，則民又輕官。官病民，有上司之刺察，有下民之控告，知則去之而已。民而輕官，則風俗大壞，雖有賢守令，亦困於積習，其弊必至決裂而不可救。故欲伸大吏之權，莫如莫侵州縣之權。」其《治盜説》曰：「重州縣之權而授以兵，留州縣之賦而饒以財，寬州縣之課而責以效。盜之初起，令能急治，何至有聚千萬人而横行者。惟州縣不能治盜，而不使有餘財，而又處分太重，彼苦於緝捕之難，則縱舍諱飾以避考成，至縣以盜報而縣破矣，郡以盜報而郡破矣，其積而至於不能平，無足怪也。」其《練民練勇議》曰：「招勇爲兵則散勇爲盜，其變速而禍小；練民爲兵則教民爲盜，其變遲而禍大。漢光武治盜，謂執弓矢者始爲盜，執鉏犁者皆良民。龔遂之治民，亦教以賣劍買牛，賣刀買犢。今執鉏犁者反令執弓矢，買牛犢者反令買刀劍，馴至團練强而官無權。彼習於攻戰之藝，狃於殺伐之事，官兵至則以團之旗往而索官賞，客舟至則以盜之旗往而劫客資，故曰教民爲盜也。盜之數有盡而民之數無窮，民變爲盜，此所謂變遲而禍大也。」君學識博通而遇亂禍，故其言痛切如此。尤不喜近之爲文者，其言曰：「道無所謂統也，道有統，其始於明人所輯宋五子書乎！文無所謂派也，文有派，其始於明人所選唐宋八家文乎！自道之統立，文之派別，遂若先秦以來之賢人君子、東漢以來之鴻篇鉅製皆可置之不論。夫一代之世運與一代之人才合而成一代之文體，文體不同而精采皆同，若具一孔之見，勒一途之歸，則陳陳相因而已。然則宋五子不足宗，八家文不足法乎？曰否。知賢人不止五子，則何病乎宗五子？知古文不止八家，則何病乎法八家？余惡夫徒知有五子、八家者耳，而況問以五子書、八家文，而亦未全寓目也。」

凡所著文集六卷，詩集八卷，家記四卷，《家藏書目解題》四卷，《愚一録》若干卷。《愚一録》者，説經之書，先被賊劫去，晚年追憶而爲之者也。同治十一年十月，卒於桂林省城榕湖書院，年七十二。遺命子濮葬於先塋之次，不擇地，不擇日。廣西官吏、朋友、門下士相與繪像祀之。

陳澧曰：國朝二百餘年，儒林文苑之彦迭出海内，及風氣既衰，而鄭君特起於廣西，學行皆高，可謂豪傑之士矣。君在廣州，與澧交最篤。君殁，君之子乞爲傳。君好讀《後漢書》，《後漢書》言王符耿介不同於俗，志意藴憤，著《潛夫論》，足以觀見風政，仲長統論説古今，發憤歎息，因著《昌言》，其書有益政者，故其傳載之。余擬此二人之傳以傳君，其可也。

張磬泉先生傳

先生諱杓，字磬泉，浙江山陰人。遷廣東，入番禺學爲生員。性至孝，父病，刲股和藥以進，父得瘳。先生母□氏，嘗刲股療親，至是，姻黨稱之曰孝女復生孝子也。嘉慶十三年中舉人，掌教香山欖山書院、南雄道南書院，每日坐講堂講經史，來學者衆，書院不能容，多於書院外賃屋居焉。販夫牧豎過院門，咸駐足而聽，稱爲講書老師。總督阮文達公延之教子，督責嚴厲，阮公愈敬之，命爲學海堂學長。先生三赴會試不中，大挑二等，選授揭陽學教諭。得青盲疾，遂請京職，得國子監學正職銜。道光二十年，英詰利犯廣州，靖逆將軍率師討之。楊公芳爲參贊大臣，先生上書楊公，言：「香山淇澳、新安大澳其人能潛伏海中，請召募使攻夷船。」又言：「番禺慕德里司鵶湖村民聚衆數千人，將爲亂，宜乘其未發招爲鄉勇；珠江群盗快蝌船亦宜招撫，使擊夷人，此以賊殺賊之法也。」夷事稍定，又上書陳善後事宜：「請團練沿海鄉勇。乾隆間臺灣林爽文之亂，福郡王檄調淇澳人從征而臺灣平。嘉慶間海賊張保將犯省城，總督百公命十八鄉團練與賊戰，屢敗之而張保降，皆其明效。請於沿海村落照甘肅、貴州例，各堡設鄉學訓導，以堡中舉、貢、生員充之，爲鄉人説君國大義。其武舉、武生令赴督、撫轅門効力，不願投效者爲鄉中保正，偕訓導團練丁壯，教以火攻之法，水戰之方。有事，則令在轅効力者持一紙書至其鄉，呼集壯勇，可立至，豈不勝於調兵異地哉！」又上書總督祁公墳，薦石子頭村民陳樹貴、東莞生員王安瀾、職員朱聲武皆可任擊賊。又言：「官軍失利之後，反多蒙賞之人，白頂藍翎，相望於路。近者紛紛呈報團練，輒言數百人，實皆烏有。復有無賴鄉紳，聲稱奉憲團練，恐嚇愚民，訛詐商旅。皆由軍令太寬，有賞無罰，正氣不伸，群邪用事。」又言：「近日團練之法，與鄙見大相剌謬，凡省城東西各要津，守禦寥寥。用兵之策，不外攻守兩端，不能攻，徒議守，非策也。守不於遠而於近，亦非策也。今有賊欲犯吾廬，不於里門外禦之，亦必於家門外禦之，豈有但聚數百十人於室中，守其卧榻者乎！用人之法，以敦品爲先，有事之秋，又以才幹爲要。王安瀾、朱聲武與杓素不相識，其品行不知何如，然皆一鄉之望。安瀾管靖康社學事，社學爲東莞缺口司六十鄉公所，安瀾以文弱書生能使六十鄉之人咸聽其決斷，則亦非常人矣。六十鄉約有五六萬人，多習水善鬥，所用鳥槍能及數里之遠，鄉中人每有械鬥，投石如飛，鬥者袒臂而前，誓不反顧，其猛鷙如此。聞有盧大任者，團練竹甲軍一千，聽候徵調。又聞有鄉人願先收復香港，功成後補給口糧者，特無人號召之，匿不肯出耳。杓雖病廢，苟有所知，不敢不極力陳之。」是時先生目已盲，凡五上楊公書，六上祁公書，皆口授，滔滔不絶，繕寫者筆爲之倦。二公雖不盡用其言，然皆敬其人焉。

先生初習詞章，其後精研小學，考證金石文字，善爲八分書。由小學而研究注疏，窮日夜不休，其得目疾以此。道光某年卒，年若干歲。所爲文刻於《學海堂集》及《皇清經解》編末《經義叢鈔》。其讀書手記於簡端者甚多，子燈將鈔而集之爲一書。先生門人最賞識者，南雄曾君猷沛，官江西縣令，歿後祀名宦。同縣後進梁君國珍得先生之教，亦通經學云。

陳澧曰：先生性真摯剛直，窮老失明而豪氣不衰。澧初見先生時，先生倚杖掀白鬚快談，聲如洪鐘，至今思之，勃勃然有生氣。其上楊、祁二公書，非獨詞氣激壯，其所籌畫或可爲後事之師。復有平夷四策：曰嚴禁接濟以斷其資糧，招撫漢奸以去其羽翼，團練鄉勇以助兵力，清理沙田以裕軍餉。皆失其稿。其團練之説，略見所上書中矣。廣州府、番禺縣皆修志書，先生之子屬余爲傳，乃掇其大要，以備志局採擇焉。

江南道監察御史梁君傳

君諱紹獻，字國樂，一字槐軒，姓梁氏，南海人也。曾祖貴若、祖瓚、父旺，皆以君貴贈中憲大夫，妣皆贈恭人。生母陳氏，封太恭人。君以道光十二年中舉人，二十一年考取内閣中書；中進士，改翰林院庶吉士；散館授編修，充國史館協修官、纂修官。二十七年充會試同考官。三十年授江南道監察御史。

咸豐二年，宣宗成皇帝三年喪畢，文宗顯皇帝將居圓明園。君上疏曰：「我朝列聖相承，釋服之後園居聽政。臣恭讀世宗憲皇帝《圓明園記》曰：『不圖自安，不求自逸。』又恭讀高宗純皇帝《圓明園後記》曰：『帝王臨朝視政之暇，必有游觀曠覽之地，然得其宜足以養性陶情，失其宜適以玩物喪志。宮室服御奇技玩好之念切，則親賢納諫勤政愛民之念疏矣。其害可勝言哉！』方今豐北河決未合，桂林賊氛未殄，各省聚衆戕官之案迭出，民生日困，財用日匱，又時逾孟夏，麥收歉薄，甘霖未沛，亢旱可虞。臣伏願皇上居宮室之安，則思兵燹孑遺奔走死亡之慘；處苑囿之樂，則念水災黎庶阻飢沈溺之憂。以此矢心，以此敷治，如是而不足以拯救時艱，速迓祥和者，未之有也！」又以吏治積弊，上疏曰：「臣籍隸南海，竊見盗風日熾。推原其故，由於地方官改劫爲竊，借盗銷案。改劫爲竊之弊，意在避處分，至劫案迭出，欲改而不勝改矣。借盗銷案之弊，以一案所獲之盗結十餘案，而十餘案之盗顯逃法網矣。更可異者，民間被劫，報官委員勘驗，勒索夫馬。被劫之家，遂有不敢報者。臣風聞廣州常有盗賊駕船載炮，白日搶劫。佛山市鎮距省城三四十里，近因賊多，幾至途梗，遠者可知。請旨飭令督、撫認真整頓，如有改劫爲竊、借盗銷案、勘驗勒索諸弊，立即嚴參，從重治罪。」又以械鬥之案日多，上疏曰：「禍亂之機，徵諸械鬥。如近日儋州居民争鬥，乃至攻圍州城，傷文武官九人，以此見械鬥實禍機所由起也。臣聞械鬥之風莫甚於福建漳、泉、臺灣，廣東之潮州、嘉應及廣州府屬之東莞、新安，固由民情刁悍，亦地方官有以致之。民間詞訟，數年不結，愚民無所告訴，激而相殺，納賄於官，晏然無事。由是輕視官長，以致抗官拒捕，而官亦無可如何。《詩》曰：『人之無良，相怨一方。』《書》曰：『小民方興，相爲敵讎。』奈何不急思所以轉移之也。臣以爲息鬥之道有三：誠以動之，恩以撫之，威以克之。今使爲地方官者親至鄉閭，存問耆老，與之道家常，談風俗，詢疾苦，竭吾慈祥惻怛之心，以消其桀驁不馴之氣。迨乎誠已達矣，情已通矣，乃舉行惠民實政，剔蠹胥，除訟棍，禁土豪，籌積儲，立鄉規，設義學，使百姓曉然於睦姻任恤之足尚而械鬥之必不可爲，民非木石，有不感恩戴德者乎！至於頑梗之鄉，獷悍之族，則大加懲創，誅其首惡，嚴治三五鄉而餘鄉斂迹，翦除一二人而衆人慴服，而何械鬥之不可息哉？若爲地方擇良有司以轉移風俗，此則皇上知人之明，與封疆大吏承流宣化者之責，非臣所敢妄擬也。」當是時，天下吏治衰壞，盜賊充斥，君知禍亂將作，故連上三疏，剴切言之。未幾，以陳太恭人老病，請假回籍。南海縣令聘掌西湖書院，廣州郡守復聘掌羊城書院，前後從學者數百人。同治四年十一月卒，年六十一。

君性嚴正而坦直，生平無疾言遽色，尤澹泊無嗜欲，惟好讀書，回籍後日讀《資治通鑑》。所著《四書集解》、《怡雲山房詩集》、《文集》藏於家。子二：位修，府學生；佶修，縣學生。

陳澧曰：君之三疏，上贊聖德，下燭亂萌，惓惓憂國之心，讀之而如見焉，不愧爲言官矣。奉母而歸，讀書授徒以卒，可惜也。余與君同舉鄉試，相友善。君之子請爲墓銘，余爲之傳。嗚呼，是可傳也矣！

贈知府銜福建武平縣知縣陳君傳

君諱應奎，字環紫，一字文垣，山東濰縣人也。生而純謹，無放言惰容。篤學善屬文，弱冠爲諸生。道光二年，鄉試中副榜。八年，中舉人。十六年，大挑知縣，分發福建。告病家居者久之，病痊到省，二十六年補武平縣。潔己愛民，自誓不枉取一錢，眷屬皆布衣補綴。鞫獄謹慎，有大案則思索終夜。尤重文教，修明倫堂，月課士子。下鄉收糧，輒傳集士人論文，兼問民間疾苦。所至民以鼓樂導從。其在官署，士人耆老謁見者，飭司閽不得阻遏，令徑至客座，訪問利弊。縣境多山，盜賊出没，君爲巡籤巡旗，分路察治。又行聯甲法，一鄉有事，諸鄉救護。遂出告示，安民息訟，由是化行俗易，人鮮争鬥。三十年正月，文宗顯皇帝登極。恩詔免三十年以前錢糧，部文免至二十九年。是年官徵錢糧，民多懷疑不肯納，盜賊乘之煽動作亂。咸豐元年，君調署安溪縣。安溪俗强悍，催科尤難。君往湖頭村謁李文貞公祠，李氏士人聞君文名，以所業求教。君爲講論，皆欣服；勸其輸糧，皆完納，於是一縣皆納。二年，回武平任，縣民張燈歡迎者盈路。是時廣西長髮賊起，廣東紅頭賊繼之。武平與廣東接境，君修城垣，浚川渠，儲糗糧，練鄉兵，製器械、火炮、旗幟，嚴治莠民，境内肅然。三年四月，賊大至。君率兵迎擊，大戰兩晝夜，敗之，追奔八十里，賊首潛入縣境者，擒斬之。又會鄰縣擊殺松源、篁鄉大小照諸賊。四年五月，廣東潮州賊、江西長寧賊紛起，擾及武平之鷓鴣嶺、西山背，君擊走之。兩年之間，殺賊二千餘人，誅土賊數百人，武平吏治戰功，爲一省最。縣民感頌，爲歌詩數百篇。又畫君像，立生祠，君諭止之，民乃改爲書院，以君之字題之曰「文垣書院」。七年五月，長髮賊石達開陷汀州府城。君知府城破縣城必危，自誓城亡與亡，遣眷屬往從弟應聘南詔連道署，而謀會鄰縣克復府城。賊至縣境，君自守城，遣鄉兵禦賊於木馬山，連戰皆勝。會夜雨，賊踰山由間道襲縣城，城上火器皆溼，不得發，城陷。君巷戰受傷，投池死，同城官及士民從死者數千人。賊去後，縣人得君尸於池，殯於文垣書院，合城痛哭，哀聲震地。柩行，沿途哭送，至粤乃返。事聞，詔贈知府銜，入祀昭忠祠。又於武平建專祠。明年，君之喪至濰，濰人私謚曰忠惠。

陳澧曰：張友山制府爲君高弟子，以君戰殁，痛傷思仰者纍年，乃命澧爲之傳，示以君之家書及福建大吏奏牘、士民紀述。澧捧讀敬歎，謹撰次其事以著於篇。嗚呼！史家循吏傳、死事傳，其人皆千古不朽，君則兼之，亦可以無憾矣夫！

江西餘干縣知縣史君傳

君諱善長，字春林，浙江山陰人。父諱德恢，爲粤海關吏，遂居廣東。君生十月而孤，家貧，母王氏苦節以鞠之。長而有異才，倜儻不羈。始教授學童，繼復爲吏。吏滿，爲洋商，不得意，捐納爲知縣，選江西餘干縣。先是，鄱陽湖濱袁氏、朱氏二村聚衆鬥，朱氏多死者，告於官。殺人者袁梓材，捕之不獲。君到官，上官命發兵捕之。君曰：「無庸。」即易短衣，攜一童子乘小舟抵袁氏村。天暑，村人袒坐湖神廟，君就之坐，云舊識梓材，問其事，村人爲具言。君登舟，使童子呼曰：「縣官來。」皆大驚。君曰：「上官命我率兵捕梓材，我獨身來，恐擾民也。」皆叩首謝，且曰：「每年此日有大風，請舍於廟。」君曰：「無庸。」是夜大風作，村人出求君舟，得之十里外草中，皆泣拜曰：「以梓材故，幾喪好官。願往挾之歸，往返一月程，請具甘結。」君曰：「官與民，信耳，何結爲？」即去白上官，上官哂之。未盡一月，梓材至，由是君名大起。君益以慈惠爲治，民大悦，爲作生祠。會有妖賊朱毛俚者，傳聞在餘干，奉旨捕之不獲，君坐革職，發烏魯木齊。縣民詣巡撫乞留君，巡撫慰遣久之，乃散去。其後總督閱兵至，民復訴君治狀。總督陛見，奏其事，嘉慶二十四年以遇萬壽恩釋回。君性豪邁，好施與，雖謫戍，意氣如昔，烏魯木齊將吏皆樂與游，謫宦貧病死者，君皆周恤之。餘干外委與君同謫，君挈以行，衣食之，至戍，屢贈金，外委飲博輒盡。及釋回，君爲償博負，同行至江西，復贈金使歸壽其母。廣東肇慶人劉甲在戍娶妻生子，遇赦，貧不能歸，將鬻妻子，君挈之同歸。君之始謫也，母年七十餘，君在戍三年，恒思母悲泣。及歸，孝養五年，母卒，廬於墓。君善爲詩，江西知縣惲子居稱之，曰七十二同官詩人第一。在烏魯木齊，有稱弟子從學詩者。所著《春林詩鈔》八卷，《雜文》一卷，《輪臺雜紀》二卷，《東還紀略》一卷。道光十年十一月卒，年六十三。子七：致祥，江西樂安縣知縣；致遠、致華；澄，翰林院編修；端、鴻，廪生；溶，附生。

梁南溟傳

梁南溟，名漢鵬，番禺明經鄉人。明算學，與其友數人講習廛市中。時南海曾勉士、嘉應吴石華皆老師宿儒，石華學算於南溟，勉士亦爲延譽，遂知名士大夫間。道光十二年，鄉試主考程春海先生策問算學，無能對者。番禺侯君模歎曰：「讀書雖多而不學算，今爲程春海考倒矣。」乃邀其友數人共延南溟學之。南溟善講算，雖深奥皆以俚淺語，聽者解頤。凡方圓、斜鋭、體積，削象牙爲數十事，分合移補，不假繪圖，而見者瞭然。浙江徐鈞卿精算，爲兩廣鹽運使，謂人曰：「廣東無知算者。」或以告南溟，南溟爲難題難之，徐不答。南溟又好言物性，金木百工之事，莫不窮究。尤善製火藥，以所製者發鳥槍鉛丸，較英詰利火藥所及加遠。於是靖逆將軍奕山、總督祁恭恪公、番禺潘德畬運使皆延請製之。德畬以示夷人，夷人驚服焉。南溟殁後，所著算書數十篇，其子藏之不以示人。

陳澧曰：君模所邀同學算者，余其一也。余性不近，不能通，能通者，君模之弟子琴也。

南溟同鄉陳寶興，亦知算，著書二卷，今已殁矣。

二侯傳

侯君模，名廷楷，更名康，君模其字也。其先江南無錫人，祖金鉉遷廣東，爲番禺人。君模幼孤好學，喜讀史，家貧無書，母張爲稱貸得錢，買十七史，讀之久，卷帙皆敝。愛南北朝諸史所載文章，爲文輒效其體。阮文達公總督兩廣，開學海堂課士，賞其文，由是知名。後乃研精注疏，盡通諸經，而史學尤深。正史之外，旁蒐群籍，倣裴松之注《三國志》例，注隋以前諸史。嘗曰：國初以梅氏算書、顧氏《讀史方輿紀要》、李氏《南北史合鈔》稱天、地、人三奇書。論者謂李書未可鼎足，吾書成，其將取而代乎！又曰：注史與修史異，注古史與注近史又異。史例貴嚴，史注宜博，注近史者群書大備，注古史者遺籍罕存，當日爲唾棄之餘，今日皆見聞之助，宜過而存之。爲《後漢書補注續》一卷，《三國志補注》一卷。後漢稱續者，以有惠定宇補注，《三國志》杭大宗補注未完善，故不稱續焉。又以隋以前古書多亡，著書者多湮没不彰，補撰後漢、三國、晉、宋、齊、梁、陳、魏、北齊、周十書《藝文志》而自注之，後漢、三國成經史子三部，餘未成。尤好《左氏傳》，謂近儒多尊賈、服而排杜解，然杜固有勝賈、服者。儒者説經當求心之所安，毋徒博好古之名，欲著書以持其平，亦未成。又治《穀梁傳》，考其涉於《禮》者，爲《穀梁禮證》。其餘群經、小學皆有論説，多前儒所未及。又考漢、魏、六朝禮儀，貫串《三禮》，著書數十篇。爲人孝友惇篤，性兼狂狷，質直疏易。喜飲酒，招呼朋好，諧謔間作。不治家人生産，至不識算子，惟以授徒自給。體氣羸弱，不離藥物，而讀書恒至深夜，亦頗以此致疾云。以優貢生中道光乙未科舉人。會試歸，發病，逾年卒，年四十。弟度，同年舉人，時稱爲兩經師。

子琴名廷椿，更名度。少貧困，傭書於外。夜歸，置燈小几上，踞坐讀書，兒女鷄犬環繞之，不厭也。年三十七，始爲縣學生員。與君模同年中舉人。道光二十四年，大挑一等，試用知縣，分發廣西，署河池州知州。州縣官到任，饋金於上官，曰到任禮；時節饋金，曰節禮。子琴以貧故，獨不饋，知府銜之。廣西賊起，河池州居萬山中，無城郭。子琴伐木爲柵，因山勢聯絡，堅固可守。又使民十家爲牌，民有從賊者，仿趙廣漢缿筩法，使良民告奸民，十得六七。南丹土知州差役莫應和以事被拘，上官命子琴鞫之得實，將治其罪。時巡撫鄒鳴鶴命民團練，應和訴於府，謂出家財團練而知州索賄。知府禀巡撫，巡撫奏之，將治子琴罪。既而審訊知其誣，猶回護前奏，罰子琴俸。賊攻桂林，巡撫命子琴守城，宿堞旁數月。賊退，又命至梧州辦鹽事。子琴遂告病歸，甫至家，病卒，時咸豐五年五月，年五十七。子琴静樸和厚，經傳洽熟，尤長於《禮》學。自大挑後，志在吏治，常讀諸史循吏傳及兵書。又以世風衰壞，采古書名言爲一編，曰《述古軒家訓》，在梧州爲賊所焚，其副本在番禺志書局，爲夷寇所焚，遂無傳焉。所著説經文刻於《學海堂集》。又通算學，所著書亦散失。三子：長培基，幼裕基，皆早卒。其仲炳基，聞巡撫奏子琴罪，且不測，憂憤發病死。

陳澧曰：二侯君有兄名廷槐，更名賡，亦聰穎而不以經學名，時稱侯家兩經師云。余與二君居址相近，常相見。在京師同居，下第同歸，情好最密。計自弱冠得交君模，始知治經，是吾師也。子琴則同志曰友者也。嘗與君模戲言，我後君死，當傳君。君模死，余爲傳哭其殯而焚之。子琴死，乃爲合傳。嗚呼！使二侯君今猶在，年七十耳，而墓木拱矣，悲夫！

胡孝子傳

胡孝子燕方，字翼南，番禺人。同治甲子科副榜貢生。幼喪父，跬步不離母側。既長娶妻，猶寢母室中。母不許，則中夜數起視母安寢否。侍母食，恒憂食少，走市中買瓷盌華美者，盛飯以進。母爲加一餐，則大喜。母病不能食，則亦不食，刲股肉和藥以進，母病竟愈。家貧，授徒於外，得束脩以養。母復病，遂辭歸，晝夜憂勞，得咯血疾，禱神求代母死。迎醫輒跪泣，醫者授以藥方，而告人曰：「病不可治，吾重違孝子意耳。」母卒，藉草卧於地，吐血盈草而不自知也。未幾，亦卒，年三十八。

陳澧曰：翼南顓顓然，呐呐然，於世事無所知，惟知有母，而竟以毀滅性，哀哉！余與翼南有連知之真，其門人又奉狀來請爲傳，將呈於縣，請入志書，且請旌表。翼南母潘氏以守節得旌，母節婦，子孝子，一縣之光也。爲之傳，其奚辭？

醫者萬德華傳

萬德華，字醇泉，江西南昌人。精醫術。居京師，以供事議叙，得九品官，不就。游廣東，遂以醫名。余兄子宗彦病暑，誤服黄耆，目直視僵卧五日矣。德華飲以地黄，三日而蘇。余兄女病熱，面赤大渴，喉有聲如沸。醫者投以羚羊角，將死矣。德華曰：「渴不能飲，非熱也。」飲以附子、細辛而愈。余表兄陶世修患瘰癧，環其項，自謂必死，德華投以附子而愈。余妻産後不能寢，大汗，喉間冷氣如冰，諸醫投以人葠。德華曰：「疾無害也，服葠則死。」投驅風藥而愈。凡德華所活，不知若干人，而余親戚得之而生者十餘人，其非甚危急瀕死者，不悉記。當是時，人家有病者，諸醫在門，聞德華至，皆斂手焉。德華性疏豪，治富人病多索資，貧者不受一錢，且以藥給之。又好博，每曰：「吾博，頃刻致多金，何必醫哉！」亦頗以此耗其資云。

陳澧曰：爲醫者傳，當著其論病之語以爲法。德華所論甚多，余不解醫，不留意，偶有記者，慮述之或失，以誤世人，故不述也。嘗聞其自道所學，蓋得其鄉喻昌之傳者也。

先祖考布政司理問銜封奉直大夫尚志府君家傳

府君諱善，又諱士奇，字尚志，號虹橋，又號畸人，世爲江南上元人，贈奉直大夫可均公之子也。生而穎悟，英氣過人。年四歲，母韓宜人卒，繼母喻宜人撫之有恩，府君終身慕之，嘗曰：「世人謂繼母不慈，吾不信也。」年十八，可均公卒。家貧，乃之廣東，依舅氏韓公客於沈氏芝亭、李氏厚齋家。往來兩廣、湖南，寄食於鹽商。貧困勞苦而性好施與，所得資財，十九以分人，不足則借貸以給之，家無一宿糧，不計也。所周恤有素不識者，然施不望報，不欲人知，如是者數十年不倦。廣西有貧嫗，子客廣東，久無書問。嫗思子成疾，府君爲其子書，言明年當歸，并寄白金。嫗喜，疾遂瘳。明年子竟歸，聞之大疑怪。人曰：「必陳公所爲也。」其子來謝，府君笑而不言。曲江、樂昌間受其德者尤衆，稱陳菩薩云。鹽商陳維屏卓犖負氣，重府君，分鹽筴之半爲贈。兵備秀水李韞齋欲爲捐官，府君皆卻之，曰：「富貴，天所以厚有德也。無德而冒之，不祥。」生平廉静寡欲，無聲色之好。疾惡如讐，人有過，直言抵斥，已復巽言勸誘，人亦樂近之。善飲酒，多多不醉。好讀書，六藝、諸史、百家，靡不通曉。尤精術數之學，占六壬最驗。嘗譙集，有失金者，府君占知其人，笑曰：「君匿彼金，戲耳，可還之。」其人大慙，乃還金。有鬻宅者，府君占之曰：「此近用武地。」其人大驚，蓋宅旁爲較埸云。每年元旦，自占生死，至嘉慶九年，曰：「我七月無疾而死，死必以夜，是月家人勿閉户也。」果以七月九日戌時微疾而終。將終，不言家事，以財物分贈親友，贈韓氏舅子尤豐，所以報也。自爲墓誌，曰：「見一人飢，若己餒之。見一人寒，若己凍之。」又曰：「其生也窮，其死也空。其生也勞，其死也超。」其自道如此。捐納從九品銜，又捐布政使司理問銜，以子大經、大綸封贈皆奉政大夫。所著有《雙字類箋》一卷、《焚餘詩草》一卷、《錢卜》一卷。

孫澧曰：府君既自爲墓誌，吕秀才堅復爲之，皆簡略。澧謹據兩誌及李公宗瀚、趙公維經所爲壽序與家庭所聞，又從學鄭先生光宗、王先生和鈞亦有所聞，撰集爲家傳。傳中所書人，皆據舊文，或不知其名，故闕焉。

先考知縣府君事略

嗚呼！ 澧生十歲而孤，不獲見先府君行事，年十五又喪我伯兄，不及咨問。 稍長，聞諸先宜人及親友所稱道，乃流涕而書其略，所不及知者，不得而詳焉。 府君諱大經，一諱立本，字翼庭，號新齋，先祖考理問君之長子。 母沈宜人。 府君幼穎悟，善讀書，理問君自江寧始遷廣東，未入籍，不得應試。 家貧無以養親，乃棄舉業爲吏，又棄去； 爲商，又棄去。 府君治事精敏，兩廣總督吉相國稱爲能吏才，勸之仕。 乃捐納知縣加三級，爲理問君、沈宜人請封五品。 已而沈宜人卒，逾年，理問君卒，服闋遂不赴選。 府君事親純孝，雖勞苦困乏而奉養豐腆，不使父母知其貧。 嘗負債數萬金，歲除，索者集於門，府君引赴他所，婉辭使解去。 漏三下，乃歸拜堂上，理問君及沈宜人不知也。 理問君性儉，天寒，府君進狐裘，假言其值，曰： 「今年狐裘賤。」理問君服以過其友，且告之。 友熟視裘，歎曰： 「子孝則裘賤也。」理問君爲詩有云： 「有兒能養亦忘貧。」府君先意承志之美，見於此矣。 理問君小不悦，則整衣冠率家人跪堂下，俟色霽乃起。 理問君或怒未解，府君進跪几前，免冠請受杖。 理問君即以杖朴首，府君欣然而退。 沈宜人有疾，醫言當視糞色，辨疾輕重。 府君日持械窬諦視，謹侍數年，無倦容焉。 府君二弟七妹，友愛篤摯，嘗言得一錢必與弟共之。 處事常損己益人，周恤親故無算，家有所積，半散去。 有以府君資助至鉅富者，府君未嘗自言德也。 有盜穿垣入，家人擒之。府君問曰：「何苦爲盜耶？」盜曰：「有老母，無以養也。」即釋之。其仁厚如此。性寡嗜好，惟喜讀《資治通鑑》，老病猶卧讀之。體羸畏寒，五十以後，盛暑披裘，不知是何疾也。嘉慶二十四年四月朔卒，年五十有七。子二：清、澧。女一，適候選郎中仁和湯爾泰。

澧去年會試不中，將南歸，梁給事同新來送行，且曰：「尊公仁厚積德，君當不終窮也。」給事之父與先考交好，必嘗爲給事述先考盛德，故給事稱頌若此。咸豐癸丑三月三十日，澧謹記。

先妣劉宜人事略

先妣劉宜人，會稽人。父諱孝德，捐職布政使司理問，母吕安人。宜人仁厚謹慤，寡言笑，年二十歸我府君。事舅姑以誠孝，先祖考理問君性嚴，子女若婦多被訶責，獨愛重宜人。嘗齋戒禱神，人問其故，曰「爲賢婦祈福也」。御下慈惠，奴僕咸愛戴之，呼爲佛母。畜小婢如子女，恒慮其飢，自持餅餌就啖之。有過責之而已，未嘗笞撻。聞人笞婢，則怒形於色。居家禮法嚴肅，年雖老，非有故不出寢門，親串男子入謁者，必坐寢堂上見之。家人言語褻慢，必斥之。性惡酒，見飲酒者則不喜。宜人惟生我伯兄清，年方壯而卒，宜人恒悲泣。當是時，澧與兄子宗元甫成童，宜人督察嚴密，聞塾中無讀書聲，則呼入，問：「先生在否？」對曰：「不在。」則罵曰：「先生帶爾口去耶！」親表往來者，宜人至屏後聽其言，或不正，即斥遠之。澧表兄陶濟之招澧及宗元晚飯，秉燭歸。宜人怒責之，并責濟之曰：「此兩孤子無教，爾長者乃與夜飲耶！」及澧、宗元既長，宜人稍歡樂之。然生辰稱祝，猶禁之，惡侈費也。所服簪珥無珍飾，一衣數十年，見者訝爲古制。子孫進新衣，藏於篋，仍服舊衣。誥封宜人。道光十六年五月十三日卒，年七十有三。是時澧會試不中，宗元郵書南雄，以宜人病告。會天旱水涸，舟不能行，馳至家已不及矣。嗚呼痛哉！澧以庶子蒙宜人慈愛，無異所生，乃遠逐科第，不得視疾送終，負不孝之罪，尚何言哉！然以宜人厚德，不有述焉，其罪益大，乃泣而誌之，將與先府君遺事并刻石於墓道，不復求他人之文。澧雖不肖，不敢誣其先人也。

書尉先生

尉先生，先考、先叔考受業師也。嘉慶二十二年，澧八歲，兄子宗元九歲，先考延先生教之。先生年七十餘，首無髮，目近視，日以吟詩爲樂。家貧甚，衣皆破敝，先叔考嘗因侍坐問曰：「先生有用錢處乎？」先生摇首曰：「我不用錢，爾勿費心。」先叔考悚然退。先考讓之曰：「弟不知先生性情耶？我不敢問，弟何遽問之。」先生名繼蓮，浙江山陰人，乾隆中廣東商籍生員。

陳澧曰：先生學行，澧不及知，知此一事。然事無大小，視人所遇，先生一老諸生，狷介如此，由是推之，千駟弗視可也。謹書之以志師法，且欲今之爲士者，知乾隆時士行如此也。

書孟蒲生

孟蒲生，名鴻光。父某，山西人，挾重資客廣東，權子母，世所謂西客者也。然素性忠厚，好施與，大耗其資而卒。蒲生生於粤，不能歸山西，遂爲番禺人。入縣學，中道光甲午科舉人。自其幼時，能强記，其父爲講子史精華事，越數日使覆述之，不誤，則賚以戲玩之物，抱與觀劇以爲常。及讀書，每日摘鈔帖壁上，日閲一遍，後月朔所帖易去前月朔所帖，日日如是，其勤摯如此。由是記誦浩博，爲詩文屬對工巧。好小學及金石文字，能爲篆隸書，尤善刻印。性通脱，好戲談。鄉試屢不中，遂積放。中鄉試後，會試復不中。晚而生子又殤，落落無歡，未幾卒。同縣侯君模少時與爲友，心服之，其後歎曰：「使蒲生不廢學，誰能及之？曾勉士不如也。」澧昔與蒲生談小學甚歡洽，《凡將》佚文，蒲生誦之無遺誤，且言所出。澧畏服之。又嘗問：「君讀注疏幾部？」蒲生曰：「遍讀十三部矣。」其實學如此。惜其文詩無存者，惟中鄉試之文説子夏通五《經》，且用《水經注》子夏石室事，時文家驚爲未有，此可見一斑矣。廣州府修志書，欲爲蒲生立傳，余哀蒲生，聊書此送志局，或有可采擇者乎。

書章鳳翰妻李氏

番禺章鳳翰妻李氏，隨鳳翰寓居雷州。同治二年，海水溢，鳳翰與李及二婢登屋。水將及屋，鳳翰睨鄰家高墻，攀緣而登，失足墮水。李急脱釧付婢，自投下。及水退，兩屍相挽而死。婢賣釧斂之。鳳翰余表姊子，嘗從余學，能讀書屬文。李之父，同縣舉人能定，余友也。余哀鳳翰，尤哀李，不知其意爲救夫歟？爲夫死義不獨生歟？二者皆可傳也。時方修縣志，書其事以備采入列女傳。

崇雅樓銘 并序

《六月》詩序曰：「小雅盡廢，則四夷交侵。」孔疏曰：「明小雅不可不崇，以示法也。」咸豐七年，余避夷亂寓居横沙村之水樓，偶讀《詩》疏，感慨繫之，乃題曰崇雅樓，而爲之銘曰：

小雅盡廢，四夷交侵。毛公詩序，實感愚心。正義有言，崇雅示法。我名斯樓，自勖志業。

千仞庵銘

澧水千仞深且清，不受塵垢常虚明。投以一鍼外見形，淮南之説感余情。念昔先人錫嘉名，是之取爾敢不承。擬搆一庵前兩楹，良友書榜我勒銘。鄭君小谷爲余書扁。

千仞庵珍藏硯銘五首

澧家有十餘硯，皆先考、先叔考所遺也，刻之曰「千仞庵珍藏」，意有所感，則爲之銘。

硯兮硯兮，昔我童年，與汝日日在先君子之前，俱蒙愛憐。今我華其顛，而汝依然。我視爲先友而敬焉。

勿躁其心，寄託自深。硯琢雙蝌，取荀卿、大戴勸學之意以銘之。

青赤二氣，合爲景星。入我硯池，文字之靈。硯有石眼青赤二暈，故云。

歸去來，耕石田。著書百篇，是爲大有年。硯背作井田形。

童時頭角頗可喜。而今老矣，堅卧不起。何以飲之，硯池水。余七歲上學時之硯也。琢一牛横眠，故云。

止齋銘

黄鳥知止，吾豈不如？矧承先志，而敢忘諸。佚我以老，劬我以書。收視八極，棲心一廬。

法帖櫝銘

凡學書者，古帖爲師，一點一畫，心摹手追。奈何爲人，而不師古，一言一動，偭規錯矩。嗟乎！書無古法，固書家之所笑也。人無古法，尤君子之所誚也。故曰學之爲言效也。

團扇日晷銘

程侍郎遺集有《平晷銘》，其晷畫於團扇，集中無之。吾友鄒特夫如其法畫扇見貽，澧爲之銘，效侍郎體。

《考工》視景，緪南北也。反復其道，鋠時刻也。逝矣哲人，傷心盡也。閉門合轍，得朋諓也。用廿三度，瀕海域也。程侍郎製此在京師，北極出地四十度，特夫在南海倣製，故爲二十三度。若執炬行，蓋天則也。貽我齊紈，總紽緎也。鳥夷銅腥，唾且歎也。謂外夷鐘表。

附録程先生北極出地四十度加節氣平晷銘 并説

扇平持，柄向北，啓柄底贏丁，出銅表。取表插孔中，視表尖影所指在某節綫，即得某時綫、某刻綫。蓋節綫與時綫相經緯，而南北自正，故不用南鍼。

平規置槷，識景嘖也。綫節綫時，互經緯也。經緯正矣，鍼蠟俷也。極出地表，表所既也。朔高南下，一候尉也。用四十度，丁象魏也。蓋實通渾，西法彙也。紈扇寫圜，奺且概也。手揮日光，時熏颸也。

拱北樓時辰香贊 并序

廣東省城拱北樓有元延祐銅漏壺，司壺吏合香屑爲炷，視漏箭時刻墨畫分刌，名曰時辰香，以售於人。夷亂樓燬，不見此香數年矣。倣而製之，爲之贊曰：

古刻漏法，用水實良。今變於夷，其金不祥。有挈壺氏，守以水火。五材迭用，奚而不可。曰明曰霽，揆日知時。其陰其夜，宿火繼之。易簡理得，是謂大巧。授我民時，遠物勿寶。

新修廣東山川神廟碑 代

導廣東之山，自雲南嶲峩分二條：其一條東過廣西，至廣東連山，又東至南雄，又東而南至揭陽，入於海；其一條東南過越南國，至廣東欽州，又東至新會，入於海。其支峯以千計，而瓊州府別爲海中一大山。導廣東之水分三江：西江出雲南霑益，東過廣西，至廣東封川，又東至番禺，入於海；北江出湖南臨武，南至廣東樂昌，又南至番禺，入於海；東江自江西長寧，東南至廣東龍川，又西南至東莞，入於海。其支川亦以千計，而嘉應州、潮州府之水，別爲三江外一大川。合廣東之山川而祀其神，立廟於省城之東，歲久圮焉。同治六年，重建如舊制。維廣東山川雄遠，其氣鍾於人，則賢哲挺生；散於物，則百物繁殖。無事則可富可教，有事則可守可戰，惟神實司之。近三十年，屢有兵事而旋獲安靖，官奉其職，民樂其業，神之力也。某蒙恩命總制兩廣，而駐節於東，新廟既成，謹記歲月於廟石。若夫海神之廟，别在省城東三十里扶胥之口、黄木之灣，有韓文公之碑在。

重修三大忠祠碑 代

三大忠祠者，祀宋丞相文公、樞密使陸公、樞密副使張公。舊在庢門，明嘉靖中，巡按御史吴麟改建於省城之南園。歲久而壞，國朝康熙十年，番禺知縣彭襄重建。乾隆二十三年，知縣彭科增祀宋樞密使高公桂、吏部侍郎權禮部尚書徐公宗仁、吏部侍郎趙公樵、兵部侍郎茅公湘、工部侍郎馬公寶、翰林學士劉公鼎孫。歲久而益壞，同治六年重修焉。新作神主，奉以三室：文公、陸公、張公中室，六公左右室。堂廣某丈某尺，袤某丈某尺。其西後爲一堂，曰臣範之堂。祠堂之南爲石坊，坊南石橋，橋左右池。橋南爲門，又南爲外門，皆如舊。九月興工，十二月落成，奉主入祀，牲帛豆籩，稽之會典，視名宦禮。薦紳先生咸來拜祠，震動肅恭，如三大忠式臨其上，如六公者在其左右。維三大忠大名塞天地，六公因之而與俱傳，於今六百年。昔人取文公之詩大書四字曰「日星河嶽」刻於石坊，照耀古今，至矣盡矣。自此之外，無可論贊，尤無可獻弔，惟修祠歲月不可以不記，乃書其事，刻於麗牲之石，以告後人。

體仁閣大學士贈太保翁文端公神道碑銘

皇上御極之初，褒諭大學士翁公曰：「守正不阿，學問淹博。」未幾公薨，賜恤又諭曰：「品學純粹，守正不阿。」内閣請謚，賜謚曰「文端」。維公歷仕三朝，自詞臣至宰相，始遇昇平，終濟時艱，忠孝勤勞，事在國史及海内士大夫所稱述，不可殫紀。而明詔褒揚，一曰守正，再曰守正，易名以端，職此之由。千秋之論定矣。

公子前任安徽巡撫同書、兵部武選司員外郎同爵、右春坊右贊善同龢以公將歸葬，奉行述、年譜寓書於公門下士陳澧爲神道碑銘。澧再拜而書之曰：公諱心存，字二銘，號邃庵，江南常熟人。曾祖諱汝明，早卒。本生曾祖諱汝弼，祖諱謙，皆不仕。考諱咸封，官海州學正。皆贈光禄大夫、體仁閣大學士。本生曾祖妣錢氏、祖妣王氏、前妣許氏皆贈一品夫人。妣張氏封太淑人，纍贈一品夫人。公七歲能屬文，人稱神童。稍長，爲生員、舉人，才名大震。體貌魁碩，見者知爲偉人。丁學正憂，家貧，常館於外。道光二年中進士，改翰林院庶吉士，散館授編修。升右春坊右中允，典福建鄉試，督廣東學政。轉左中允，直上書房，授惠郡王讀書。升侍講，典四川鄉試，督江西學政。歷左右庶子、國子監祭酒。十五年，授奉天府丞兼督學政。公事母至孝，奏言臣母年七十餘，不能迎侍關外，乞解職歸養。上意方嚮用，慰諭曰：「俟汝母年八十，許汝歸。」公感涕赴任。旋授大理寺少卿，召還。復乞歸，上曰：「得人甚難，汝少留。」復直上書房，授皇六子讀書。十八年，奏言臣母年八十，乞歸。許之。二十五年，丁憂。服闋，欲不出，會同書以編修督貴州學政召見，上命傳諭，趣公還朝。復直上書房，授皇八子讀書。再補祭酒，升内閣學士，兼禮部侍郎銜授工部左侍郎。文宗即位，調户部右侍郎。咸豐元年，典順天鄉試，兼署吏部右侍郎。升工部尚書，兼署左都御史，充實録館總裁、經筵講官[二]。

三年，廣西賊竄入湖南北，遂陷江寧，公疏陳八事：一曰速合勦，二曰守江淮，三曰清捻賊，四曰覈浮冒，五曰恤災民，六曰籌糧食，七曰培元氣，八曰振紀綱。上命會同大學士、户部統籌軍餉，又命兼管順天府事務。賊犯天津，京師震動，公條奏守禦事，請順天府各營歸府尹管轄。又奏京城團防法。時關東索倫兵、東三盟蒙古兵屯京城外，皆工部、順天府供給，公晝夜勞瘁，鉅細無不辦。户部議以銀票給軍食，公奏言不便。有旨切責。會通州捕役有搶劫者，部議革職。居月餘，起爲吏部左侍郎，調户部右侍郎。升兵部尚書，調吏部尚書。復充經筵講官、翰林院掌院學士、協辦大學士。調户部尚書。八年充上書房總師傅，授體仁閣大學士，管户部事務。

公屢掌户部，慎持大體。初爲侍郎，衆議蘇松漕糧改徵銀，公持不可，事得寢。再爲侍郎，請停鑄當千當百大錢，至是度支日匱，公勞神焦思，至廢寢食，而言利者競進。公曰：「户部，古之司農也。諸君盍顧名思義乎！」會有請弛鴉片煙禁者，公數於上前争之。而户部尚書□□[三]主弛禁收税，廷臣集議，皆默然。公正色曰：「若此，何以對先帝？」乃罷。會凡□□所爲掊克事，皆力止之，

□□大憾，每事相齟齬。公以足疾請假，旋請開缺，上許之。初户部設官錢鋪行鈔票，積久生弊，公擇司員廉潔者司之。□□欲傾公，奏請除奸商，遂興大獄。上命□□□□治其事，逮司員下獄，欲坐以贓而窮治，無所得，□□請命公詣刑部。當是時，大學士柏葰下獄棄市未久，人皆爲公危，僚友莫敢至門。公夷然曰：「是欲我爲蕭望之耶！」上知公清正，釋不問，惟交部議處。補官日革職留任。今上即位，兩宫皇太后臨朝，誅□□□。命公銷假，聽候簡用。公自陳衰老，不堪任使，因上封奏，臚舉人材。有旨開復革職留任處分，以大學士銜管工部事務。公以足疾辭，命免帶領引見及一切勞苦事。同治元年，皇上讀書弘德殿，皇太后命公授讀，使内侍扶掖出入。十一月朔，入直遘寒疾，越五日薨，年七十二。皇太后、皇上皆震悼，命醇郡王奠醊，贈太保，照大學士例賜恤，入祀賢良祠。

先是，同書爲安徽巡撫，被劾下獄。公疾甚，有旨出獄侍疾。及公薨，有旨俟百日後入獄，遂加恩遣戍烏魯木齊。加恩公諸孫：曾源以舉人賞進士，一體殿試；曾純以候選同知即選；曾榮以監生賞舉人；曾桂以刑部學習郎中爲候補郎中；曾翰以舉人賞内閣中書。先是，同龢以咸豐六年一甲第一名及第，至是曾源復以一甲第一名及第，海内榮之。公所著詩文集若干卷，藏於家。早年詞賦偉麗，擅名於時，非所好也。中年研精經史，敦尚實學，嘗告陳澧曰：「漢儒之學如治田得米，宋儒之學如炊米爲飯。無偏重也。」此公學問大旨，澧所得聞者，敢附著之，蓋上諭所謂淹博而純粹者歟！銘曰：

維公名儒，位極台輔。先帝所拔，以遺聖主。維公大老，德如皋夔。聖后所命，以爲帝師。中更病退，保身之哲。豈惟保身，國體罔缺。中更吏議，聖主之恩。豈惟施恩，扶持正人。公如松柏，孰伐孰翦。惟欲伐翦，公名益顯。公如山嶽，孰撼孰傾。惟欲撼傾，益彰公名。公名隆隆，克正克端。明詔所垂，史筆不刊。公德淵淵，惟忠惟孝。學綜群籍，心通大道。國恩既渥，家祚彌光。巍科高秩，子孫大昌。爰知正人，實天所祐。刻此豐碑，示千載後。

江南淮海兵備道桂君墓碑銘

君諱文燿，字星垣，其先浙江慈谿人。祖鴻，以廣東商籍生員改南海籍，中舉人，官安徽涇縣知縣。父士梧，議叙直隸州州同銜，贈封皆如君官。君中道光九年進士，改翰林院庶吉士。散館授編修，乞假歸娶。丁母憂，家居七年，乃還京。充湖南鄉試副考官，授湖廣道監察御史。出爲江南常州府知府，調蘇州府，升署淮海兵備道。告病。旋丁父憂歸。咸豐四年三月卒，年四十八。

君聰明絶人，讀書不屑治章句，恒以功業自任。處事精敏，理紛制變，應機立斷，神思湛然。默計天下大事，殫心規畫，咸得要領。及群盜肆擾，益奮然有撥亂之志。嗚呼！君才甚奇，志甚大，惜乎未得施用而遽死也。

君自言服官中外能行其意者，惟常州養流民一事。道光二十七年，洪澤湖漲，總督開六閘洩之。水所至，田廬皆没，流民南渡江，巡撫令蘇、松、常、鎮、太四府一州留養之。諸府州請少受人數，君獨請受二萬人。告吏民曰：「吾一府八縣，縣率有二百餘圖，八縣毋慮二千圖。一圖率一千家，二萬人按圖分之，圖十人，傭其力以給之食。以千家養十人，則不費，分其人，則不生事。」皆大悦散去，於是一府不見有流民。其爲御史，三上封奏，留中者二，不知所云也。其一曰：州縣有守土之責，任重而權輕。近者湖北崇陽縣、湖南武岡州賊皆戕官，城守弁兵不爲州縣用，州縣束手待斃。萬一歲歉民飢，奸宄煽誘，州縣不能翦除；及大用兵力，東勦西逃，此滅彼起，如昔時三省邪教之事，則難善其後矣。臣請州縣倣照軍民同知例，兼轄營伍城守，聽其節制。知府倣照兵備道例，一律辦理。奉旨下部議。部駁不行。及粤西賊騷擾半天下，州縣殘破，如君言。其告病在家，聞賊犯長江，曰：江南必敗。已而江寧陷，如君言。又曰能禦賊者，惟山東巡撫李僡。已而賊犯山東，不得入境，如君言。又曰廣東賊必起，起必於東莞。君卒後兩月，賊起，先陷東莞，如君言。又曰世人恒憂河合於江，是不然。河之南，地高於北，異時必北徙。君卒後，河決豐北，如君言。君之才雖未施用，觀其料事之明，可知矣。君又論古今通弊曰：「元氣剥削，紀綱隳敗。」又曰：「夷狄輕中國，草野輕朝廷，百姓輕官長，商賈輕士大夫。」嗚呼！皆名言也。

澧昔與君同爲諸生，坐同席，出同行，勸善規過，情若昆弟。嘗問君曰：「我二人性情、學術、出處無一同者，而獨相好。何也？」君徐思曰：「我亦不解也。」君今死矣，三十年交情，痛不能已。雖然，豈獨爲交情耶！竊爲天下惜此才也。

君二子：均、堤。以咸豐五年十月葬君於廣州城外銀坑嶺之原。銘曰：

有美人兮冰玉姿，軀幹秀削微鬚髭。清談雅謔妙解頤，誰知腹有千熊羆。鬱轖腎腸光陸離，孅孅素手理亂絲。皎皎神劍剸蛟螭，昂昂騏驥脱勒羈。巋巋砥柱不可移，偉哉斯人天下奇。造物將奚以汝爲，埋之深山海之涯。千載悠悠誰得知，他人不知我知之。以淚濡墨書此碑。

張南山先生墓碑銘

張南山先生之墓在廣東省城東北銀坑嶺霤岡，夫人金氏合葬，子祥晉、祥安葬左右。先生以祥晉封通奉大夫。孫兆熙等立二品之碑，而陳澧刻辭曰：先生諱維屏，字子樹，一字南山。曾祖諱廷望，自浙江山陰遷廣東番禺。祖諱元，前祖妣王氏，皆早卒，繼黄氏奉旨旌表節孝。考諱炳文，四會縣學訓導，妣耿氏。兩世皆贈通奉大夫，妣皆夫人。

先生幼能詩，年十三，應縣試，知縣吴政達奇之，爲之誦《毛詩序》曰：「南山有臺，樂得賢也。」字之曰南山。里中方氏有園池，集諸名士賦詩，先生以童子與焉。方翁許嫁以女，未婚而死，先生悼以詩，辭采哀艷，傳誦一時。嘉慶二年，爲諸生。九年，中舉人。以祖母年老，不赴會試，而肆力於詩，粤中推爲詩人。後會試至京師，翁覃溪學士曰：「詩壇大敵至矣。」會試屢不中。大挑一等，不欲爲知縣，改教職，選臨高學教諭。以親老不欲渡海，告病。與友數人築室白雲山居之。又游羅浮山，爲詩益奇。道光二年，中進士。以知縣用，分發湖北，補長陽縣。署黄梅縣，江水潰隄，災民遍野，先生請帑金賑之。上官奏其績曰：「盡心民事，深洽輿情。」調署松滋縣、廣濟縣。不欲收漕，曰：「不浮收則漕費無所出，浮收則理不直。理不直則氣不伸，吾寧棄官以伸氣。」遂告病。上官留之，署襄陽同知。丁訓導君憂。服闋，不欲爲知縣，將改教職。親友助以資，捐升同知，分發江西。署袁州府同知、泰和縣知縣、吉安府通判、南康府知府。兩登廬山賦詩。先生好游山，告病歸，游鼎湖山、七星巖，西至桂林，游諸巖洞。返番禺，賃居花地之東園，以詩酒絲竹自娱。長子祥泰爲園於花地之西，曰聽松園，先生時往游焉。自嘉慶、道光、咸豐數十年，同輩詩人零落殆盡，而先生巋然獨存。年老耳聰目明，讀書日有程課。爲學海堂學長，堂中士虞必芳少年善屬文，先生往拜之，曰：「昔吳學士鼒老矣，聞人誦吾詩，輒來拜我。我今敢不畏後生耶！」其愛才如此。所著書曰《讀經求義》、曰《經字異同》、曰《史鏡》、曰《國朝詩人徵略》、曰《松心詩集》《文集》。尤精醫術而不著書，自言學醫四十年，得黄氏元御書，乃通長沙之學。其深造過於詩也。道光中，林總督則徐奉旨至廣東禁鴉片，訪於先生。先生曰：「毋開邊釁。」已而夷人攻省城。咸豐六年，夷人又攻省城，炮子及先生坐旁，乃徙居城西之泌村。七年，城陷。祥晉官江蘇候補道，泛海歸省親，病殁。逾年，金夫人卒。仲子祥鑑、季子祥安先卒。先生曰：「吾亦將去人間矣。」生平慕陶淵明，及有疾，誦陶詩曰：「縱浪大化中，不喜亦不懼。」九年三月，賦詩辭世，而題曰「九月」，果以九月十八日卒於省城清水濠里第，年八十。

祥泰官湖北知縣，先生卒後，祥泰亦卒。先生子四人，今無存者。有孫十人，曾孫□人。

澧童時蒙先生奬譽，至老契好彌篤。先生嘗招飲，手一卮曰：「飲此，他日銘我墓石。」既而自言曰：「狷者也。」嗚呼！澧之述先生，何如先生之自述哉！先生殁時，澧喪長子，哀傷成疾，不能握筆。常恐遂死，永負先生之託，而今猶在，幸也。乃爲銘曰：

邈矣先生，其德愔愔。有睟其容，有介其心。位不副德，守令丞倅。功在救災，道在勇退。既退而休，視聽可娱。有山有水，有詩有書。既壽而康，期頤可卜。世有盛衰，家有歌哭。賦詩而逝，飄如登仙。既享高名，亦獲大年。大年有涯，彭殤一丘。高名無涯，片石千秋。我爲銘章，敬踐宿諾。老淚浪浪，與筆俱落。先生有靈，知我心悲。嗚呼何日，九原同歸！

張賓嵎墓碑銘

君諱祥晉，字賓嵎，詩人南山先生之子也。道光十八年舉人。會試屢不中，以海疆捐輸議叙員外郎，分發工部營繕司行走。選刑部江蘇司員外郎，轉江南道監察御史。咸豐元年，河決豐北，君奏請江蘇漕糧由海運，以所省運費濟河工，而以滯留漕米三十萬石賑災民。上從之。授刑科給事中。廣西賊走陷金陵，君奏言：「廣西用兵以來，咸曰無將才。臣以爲將才惟謀與勇，今日之急，以勇爲先。督撫養尊處優，距賊數百里，凡所調遣，下一札，行一牌，其事遂畢，惟静坐以待稟報，飾詞以作奏章,此豈能滅賊者。今軍營諸將,最勇者提督向榮。乞皇上取畏葸諸將置重典,而命向榮爲統帥,且令保舉勇將,則士卒踴躍用命矣。」奏入,上命向榮爲欽差大臣。賊至河南,京師未設備,君與同官條奏言:「京城外宜立營,城内宜編保甲。京城及通州米倉有在城外者,宜先支放或運米入城。江寧、揚州宜分兵選將,入衞京師。」奏入,上命設巡防處。已而賊至直隸,君奏言:「賊距京五六百里,若待直隸總督及軍營摺報,恐誤事機。請飭州縣:探賊在三百里内者,兩日一報;二百里内者,一日一報;一百里内者,一日兩報。先頒格式,使州縣填寫,由順天府以聞。」上從之。由是京師防衞嚴密,偵報迅速,君有力焉。授廣西左江道,君出京遲緩,被劾革職。是時逆賊李開方據高唐州之馮官屯,科爾沁郡王僧格淋沁以重兵攻之,不克。君詣軍營,言曰:「此距徒駭河百二十里,穿渠灌之,可滅也。」王問:「君能穿渠乎?」曰:「能。」「幾日渠成?」曰:「十日。」王曰:「十日,賊覺遁矣。限五日。」君唯唯而出,至營門,王下令限三日。君大駭,急集夫役,執令箭馳馬大呼,晝夜不絶聲。衆役并力,三日渠成,水大至。賊不得出,遂乞降。王奏復君官,發江蘇候補。夷寇陷廣東省城,君欲歸省父母,求上官爲催餉委員,僞爲賈人附上海輪船,四日而至。見父母於城西之泌村,又潛往謁督撫、欽差,謀殺夷復城。時方盛暑,感疾,卒於省城之西關,咸豐八年八月一日也。年四十二。妻金夫人,繼妻戴夫人。子四,皆金夫人出。兆甲,舉人,工部候選主事;兆者,先卒;兆鼎,年十三中副榜貢生,時稱神童;兆豐,尚幼。兆甲自京師奔父喪歸,而祖父母相繼卒,乃葬祖父母而以君祔焉。請余爲銘。嗚呼！君爲余門人，自其童時至其死，數十年情事何可勝道，惟一慟而已。銘曰：

敏於謀，而仕中蹶矣。鋭於事，而身早折矣。父母痛子，相繼而没矣。君死有知，目不瞑而淚血矣。我書此銘，心愴絶矣。

誥贈光禄大夫建威將軍張公神道碑銘

誥贈光禄大夫、建威將軍張公之墓，布政使銜前四川按察使方君爲之表。公長子樹聲今官兩廣總督，以《大清通禮》一品官墓當立螭首，碑高八尺有奇，命陳澧爲銘。澧以方表讚述詳實，乃檃括而爲辭曰：

伏惟張公，挺生合肥。厥諱蔭穀，字曰藍畦。昔在遠祖，著籍江西。爰自前朝，始遷於斯。纍世隱德，弗揚其輝。鍾美於公，含和吐奇。廣學勤敏，幼無游嬉。長入黌序，文譽騰蜚。三試不售，棄之如遺。孝養二親，逮王父母。父足生瘍，吮膿以口。教子文行，講貫析剖。平康於家，拮据於手。道光季年，盜起壽州。劫公之鄉，爲螣爲蟊。公率鄉人，磨刀礪矛。一擊賊破，狂奔弗留。公退而思，及是綢繆。沈機密備，選勇練謀。勖以大義，諄諄弗休。俾爾忠孝，生心油油。咸豐之初，髮賊爲害。竊據金陵，僭號侈大。捻賊繼起，如蜂如蠆。同惡相倚，如狼如狽。公倡團練，拔戟成隊。乃率二子，料簡鋒鋭。擊賊於巢，英霍潛太。曁無爲州，群醜崩潰。奈何官軍，蓄志奸獪。不應不援，擁衆自衞。俾公鄉兵，大功弗遂。維公之居，曰周公山。大潛紫蓬，鼎峙其間。公謂禦賊，壁壘必完。籲衆築堡，萬夫争先。有周盛波，有劉銘傳。復有三家，董唐與潘。受公條約，臂指結聯。其堅如城，其安若磐。髮賊悍者，曰陳玉成。捻賊健者，曰張落形。各擁萬衆，直突横行。公怒而呼，出我堡兵。與決一死，戮此鯢鯨。是時江淮，列郡糜爛。公居一鄉，能捍大難。甫離兵凶，又遭歲旱。收合擔石，分哺粥飯。公家已燬，公財已散。救災恤貧，有志無倦。維此德人，宜享百齡。五十有八，梁壞山傾。赴弔屬路，雨泣沾纓。胡不慭遺，天乎弗膺。庸知天心，報以後福。三子一品，總督提督。餘子策名，咸食天禄。其芴滿牀，其誥連軸。孫曾蟬聯，嶷嶷頭角。矗哉高門，蔚哉喬木。綜覽遺事，得公生平。曰孝曰仁，曰勇曰誠。固宜奇功，出自儒生。勞而不伐，一命未膺。奄及遷化，迭受恩榮。峩峩豐碑，鬱鬱佳城。過者下馬，觀此刻銘。誦之琅琅，千秋有聲。

記名提督廣西右江鎮總兵官張公神道碑銘

誥授建威將軍記名提督、廣西右江鎮總兵官、捍勇巴圖魯張公諱樹珊，字海柯，安徽合肥人，贈光禄大夫建威將軍之子，今兩廣總督卓勇巴圖魯之弟也。咸豐三年，髮賊、捻賊爲亂，江淮數千里無完土。公隨父兄團練鄉勇，淮軍之興，自張氏始。公以親兵二十八人擊賊巢縣，擒斬僞尚書五人，克復來安、潛山。至太湖，所部五百人遇賊陳玉成衆萬人，與戰，公軍糧火藥皆盡。賊屯堤上，公夜率敢死士緣隄下蛇行入賊中，大呼殺賊，賊驚潰。當是時，公與劉公銘傳、潘公鼎新、周公盛波皆以名名其軍，曰樹軍、銘軍、鼎軍、盛軍，今大學士李公統率之，規復江蘇，與諸軍擊賊，克青浦、嘉定、常熟，賊皆降。福山賊降而復叛，攻常熟。公以舟師至，風潮震盪，無泊舟地，登岸欲結營而賊大至。公與鏖戰，竟破之。移兵克常州。又從曾文正公擊捻賊於魚臺、沙河、許州，皆敗之。又敗賊於豐、於定陶、於曹，追賊於汝寧。曾公國荃檄君援德安，至新家栅，賊緜亘十餘里，隔水而陣。公麾兵渡水，殺賊無算。賊奔，窮追，而賊横走截公軍後。公力戰至夜半，馬立積尸中不能行，下馬鬥死。同治五年十二月二十一日也。春秋四十有一。事聞，贈太子少保銜，賜謚勇烈，給騎都尉兼一雲騎尉世職，本籍及立功地方皆建專祠。及賊平，上追念前勳，賜祭一壇。嗚呼！公賦性忠勇，兄弟皆百戰立功，文武官階皆至一品。兄熾而昌，弟殞而折，則命也。公之死，以自負其勇，然公生平本不畏死，故遇危難，輒傾身赴之，惟賊未滅而身先亡，爲遺憾焉耳。自髮賊、捻賊擾亂天下十餘年，將吏戰死者以百數，卒之殄滅群醜，重開太平，由諸君子誓死報國，斷脰決胸而不悔，乃克成此大功。是則公之死，即公之功也，而又何憾焉！凡屬在國殤，皆得以此弔之矣。公曾祖考諱某，妣某氏、某氏；祖考諱某，妣某氏；考諱某，妣某氏。三代皆以公贈建威將軍，妣皆一品夫人。公娶吴氏，繼娶黄氏，贈封皆一品夫人。側室王氏，生子雲逵，襲世職。公以光緒四年某月某日葬其鄉大潛山陽華城寺之西原，李相國爲之誌，足以傳矣。制府友于之誼，有餘哀焉。又命澧銘神道之碑，其辭曰：

中興出將淮西東，屹與湖湘稱并雄。合肥兄弟一張公，次公每戰爲軍鋒。乘危犯險多奇功，奮身深入虎豹叢。將星墮地光熊熊，公心但有孝與忠。忠孝盡矣生死同，九原持此告我翁。神祠萬衆趨鞠躬，又來拜瞻馬鬣封。靈之來兮雷電從，雨颯颯兮雲蓬蓬，四山松栢生威風。

誥封光禄大夫四川岳池縣知縣何公神道碑銘

四川岳池縣知縣、誥封光禄大夫、江蘇巡撫香山何公卒於里第。長子璟官兩江總督，聞訃歸，葬公於城東大嶺頭之原，屬澧爲公銘神道之碑。按狀：

公諱曰愈，字德持，號雲畡。祖諱夢齡，縣學武生。考諱文明，乾隆己亥恩科舉人，河南淯川縣知縣。皆贈光禄大夫，妣皆一品夫人。公少好學能文，應順天鄉試不中，捐納州吏目。嘉慶二十一年，分發四川，署墊江縣典史、蓬州吏目。道光五年，補會理州吏目。苗人殺漢民，知州以公事出，命公代驗。土官使人以數百金獻於公，乞無驗而以自戕報。公揮其金去之。土官率數百人衷甲來迎，公不懼，驗得殺傷報官，并言土官獻金事。上官杖土官而黜之，由是公名大著。任滿，兼獲鄰境巨盜，送部引見。捐升知縣，返四川，大吏命主西藏糧臺。故事，糧臺官見達賴喇嘛，膜拜，達賴坐受。公長揖不拜，達賴笑握公手，延之坐，曰：「君有根器人也。」咸豐元年，補岳池縣知縣。縣人有曾爲兵備道者，素驕横，初見公有請託事。公正色拒之，遂畏憚不敢逞，一縣大治。時湖北長髮賊擾亂，公曰：「寇氛雖遠，不可無備。」繕城郭，庀器械。公去官後，賊至，圍縣城。後任官得君所製槍炮火藥，城守遂堅。三年，李太夫人卒於里第，公以寇盜塞路，不能歸。會寧遠倮夷焚掠冕寧、鹽源、西昌諸縣，大吏奏以公參總兵占泰軍事。西昌縣令以民變告，公單騎往視之，萬衆譁於縣堂。問之，則曰：「被夷焚掠，乞剿之。」公與縣令謀，給之飲食，爲棚以棲之，遂告之曰：「爾平日欺夷如鹿豕，夷憤極成此巨患也。」乃請於總兵，得兵五百人，復募三百人，入夷巢，斬數十級，餘皆遁。師還，夷尾其後，復以炮擊之，皆潰。是役也，以數百人破夷衆數千。越巂之夷，凡十七支，聞之皆懼，乞投誠，請漢民復業，無食者貸以粟，無屋者贈以材木。公告民曰：「彼夷尚有良心者也，今後宜相安。」民皆悦。因爲立法十二章，使歃血而盟，夷患遂息。事甫定，復有滇寇韓登鸞入會理，聲言與回民夙讐，將報之。諸回亦焚民居。知府及總兵命公往，至則人心惶然，言奸細伏城内。公下令：毋閉城門，三日後大索，容奸細者斬。越三日，士民上謁，言賊黨盡遁矣。公爲榜文，遣人諭登鸞。登鸞曰：「我非反也，報讐即歸。」公以兵逼賊營，又發告示，爲釋讐怨。賊稍退，其未退者尚五千餘人。公揚言使民兵及回人夾攻，而自率官軍衝擊之，賊懼盡退。公復爲手諭以誡回人。回人曰：「道光十六年水災，我等田廬皆没，何公策馬渡水賑我，又爲我疏河道，除水患，至今不忘。公今有諭，請各録一通，永遵守之。」事既定，有攘公功者，不自表暴，還成都，僦居灌縣，蒔花種竹，泊如也。同治元年,以長子官廬鳳道,遂去官就養。既而歸廣州。十一年某月某日,微疾而終,壽八十。所著書有《玉帳狐腋》四卷,《存誠齋文集》十四卷,《餘甘軒詩集》十二卷,《退庵詩話》十二卷。子五人:長子今官閩浙總督;次某,某官;次某,某官。孫七人:某,某官。曾孫三人。

公在廣州時,嘗見訪,氣體雄偉,老而不衰,見示文集,議論風發,文如其人。澧敬仰之。總督之歸也,小冠青布衫,徒步來訪,其高致如此,尤心折焉。素爲文,其敢以老拙辭?乃爲銘曰:

粤有欖山,何實巨族。厥氣磅礴,特鍾光禄。卓哉循吏,錚錚有聲。平能理民,亂能將兵。以諭則服,以戰則捷。讋者以解,悍者以讋。有功不伐,有官可休。有子顯貴,作督八州。一品告身,八秩壽考。偉然鬚眉,上庠國老。著作行世,有文有詩。復有兵法,登壇者師。纍葉蕃昌,善門餘慶。蔚然世家,光於志乘。佳城鬱鬱,豐碑峩峩。刻此銘詩,以誦以歌。

【校記】

[一] 講官 「官」原「宫」,據文意改。

[二] 户部尚書□□ □□當指肅順。《清史稿》卷三八五《翁心存傳》:「拜體仁閣大學士,管理户部。與肅順同官不相能。」東塾蓋爲之諱也。

卷六

浙江湖州府知府候選道楊君墓碑銘

君諱榮緒，初名榮，字浦香，一字孟桐，姓楊氏，番禺人。祖德發，父其臻，皆以君貴，贈如其官。君童時考取縣學生員。道光十五年中舉人。咸豐三年中進士，改翰林院庶吉士。散館授編修。十年，補授河南道御史。十一年，轉掌四川道。題掌河南道。署刑科、禮科給事中。同治二年，簡放浙江湖州府知府。時長髮賊據湖州，四年，官兵克復，乃到任。當殘破之後，數十里無人煙，白骨遍地，君收葬爲叢冢數十區。招集流亡，設廠留養，墾荒田，理糧册，修城垣，浚川渠，積穀置倉。重建學宫，復設書院課士。設育嬰堂，收養者萬計。編察保甲，有奸民復謀作亂，捕而誅之。湖州蠶桑之利甲天下，亂後桑樹伐盡，君課民復種，貧者給以桑秧，未幾蔸然成林，民業復盛。數年之中，百事修舉，未嘗文飾簿書，張皇條教，而百姓實受其惠。尤盡心鞫獄，堅坐詳問，吏役立侍相更待，而君無倦容。放告之期，出坐大堂，來者直入無阻，觀其狀有虚語，則指示之曰：「汝倩人爲此耶？如此，使汝訟不得休，徒爲吏役利耳！汝持歸細思，果如此，明日再來。」往往不復至。其受理者，即日手自批發，恒數百言，剖析曲直，情理兼盡，觀者咸服。由是訟牒漸稀，兼旬無一紙，刑具敝而不試，隸役無事，賣果於府門以自活。論者以爲能使無訟焉。

君廉儉絶俗，出於自然。初到任時，衙署已燬，後重建之，宅門内減於舊址，曰：「如是足矣。」客廳無氈鋪地，客至笑其陋。出門，僕人步從，道旁觀者皆曰：「未見太守傔從無馬騎者也。」每至歲暮，上官知其匱乏，各有饋贈，乃得度歲。布政使蔣公益澧欲拜君爲師，君辭不敢當，曰：「豈有上司爲弟子者耶！」君遇屬吏謙厚，有過者，和顔告戒；所上公牘有疵謬，使自改之。莫不感戴。客有自江蘇喚船來訪者，船户問曰：「往見湖州府耶？好官也。」其循聲遠播如此。十年，大計卓異，入都引見。奉旨回任候升。而君以年老，漸有歸志，以民情愛戴，遲遲未去。十二年，君之生辰，府經歷以俗禮燃燭堂上，君滅而還之；同僚來祝壽，君避於鄉村。皆不歡而罷，謂君矯情，遂爲讒毁。君亦以老病欲去官，值大計之年，例不得告病，乃捐升道員。巡撫調君赴省，君卸事，病不能往，卒於公館，時同治十三年六月某日，年六十有六。卒之日，吏民悲泣，及於婦女，湖濱農人入城哭奠，船户輿夫皆哭，謂往時伺候府門以待驅使，君始免之也。郡人立德政碑，又具呈大吏，奏請入祀名宦，奉旨允行。君柩歸廣州，浙人猶有詣厝所拜謁者。

君性情誠樸，遇事謹惕，吶然如不能言。而善爲文章，其始追擬魏、晉，既而曰：「此太高矣。」

乃效任、沈。博綜經史，尤精《説文》之學，究心篆籀，至不能爲真書，其專篤如此。同縣侯君模學問最精博，每見君，輒求講《説文》數字，歎曰：「此所謂默而好深湛之思者也。」未第時，授徒十年，講經必講注疏，從學者數百人。學海堂推爲學長。守郡後，專心吏治。注解律例，以治經之法爲之，謂律意即經義也。生平所讀書皆有評識，其文章多不存稿，是可惜矣。

余少時與君同肄業粤秀書院，時順德盧君同伯、南海桂君文燿并爲院長陳厚甫先生賞識。盧君早卒，吾三人過從尤密，以勸善規過相要約。桂君之殁，今又二十年矣。君與余俱老，常願得一相見而死，而竟不能也，不亦哀乎！君之子三人：近光、近仁、近思，伯、季先卒，近仁奉君之喪歸。余迎哭江干，告之曰：「速書湖州政迹來，及我未死，當爲銘。」銘曰：

其德愔愔，其行兢兢。其學矻矻，以醇儒稱。孰知醇儒，乃有吏能。煦物爲春，澄心若冰。奄其逝矣，萬涕沾膺。籲於天閽，禮事是承。敬君德業，愧我友朋。摛文豐碑，老矣弗勝。

誥贈光禄大夫候選知州馮君神道碑銘

君諱玉衡，字尹平，先世自江南定遠遷廣東南海。曾祖諱元，舉人，欽賜國子監學正。祖諱昶，國子監生。考諱賡颺，翰林院庶吉士，山東黄縣、汶上縣知縣。君少負才氣，舉止倜儻。捐主事，未分部。道光二十一年，夷寇犯廣州，靖逆將軍奕山率大兵討之，聞君才名，招入大營。以督守出力，奏賞藍翎。又捐建虎門炮臺，以知州用。咸豐元年，廣西賊亂，大學士賽尚阿率大兵討之，聞君才名，奏爲隨員。攻克古眉峽，奏賞花翎。時廣東人多募勇丁赴廣西者，賽公命沿途止之。君從弟伯衡亦募勇至梧州關，不得過，勇丁有劫掠市肆者。君還京後，舊僕有怨於君，告伯衡反逆，而君知情。有旨交刑部審訊。君言伯衡非反逆，遂奏請刑訊，上不允。刑部行文廣東，解伯衡入京。而長髮賊梗路，君繫獄五年，伯衡至，乃定讞。伯衡流湖南，僕發黑龍江，君戍伊犁。伊犁將軍命君司文案。君治事勤敏，將軍大悦，將奏請免戍復官，而君遽卒，同治元年三月二十七日也。春秋五十有六。君遣戍時，挈妾盧氏、子豫光同行，君卒後，回賊陷伊犁城，豫光從軍戰歿，盧氏自殺。君長子焌光奔喪出關，至古城子遇回賊，幾不免，乃還。光緒元年，焌光官江蘇蘇松太道，蒙恩贈君一品階。二年，回賊平，焌光求解官，出關訪君柩，而請君從弟祖霨先之。祖霨至伊犁，訪得君殯在廣東義園，而盧氏及豫光遺骸不可得矣。遂啓君殯，載柩東行。焌光遇於塗，扶柩至上海而卒。君仲子奎光先卒，叔子瑞光奉君柩歸葬廣州城東銀坑嶺梭布岡之原。嗚呼！以君之才，可以立功於當世，從軍者再，鬱鬱不得志，且幾陷不測之禍。及遣戍五年，小試其才，將免罪復官，而遽殞没，豈不哀哉！然蒙文宗顯皇帝如天之仁，不使受桁楊之慘；又蒙今皇帝殊恩，極光榮於身後。且地處絶塞，時更兵燹，而抔土無恙，終得歸於故鄉，以安窀穸，斯不幸中之大幸矣。君配伍氏，誥贈一品夫人。瑞光官江蘇候補道，豫光奉旨入祀孝弟祠。孫四人：啓勳、啓鈞、啓撰、啓爵。君少時與余善，瑞光請爲銘。

銘曰：

前有奇禍，黑獄圜扉。後有大福，高官袞衣。丹旐東來，萬里載馳。伯也瘁止，叔也舁歸。子孝孫賢，慰矣勿悲。卜兹吉土，後福是宜。靈兮慨然，鑑我銘詩。

誥授資政大夫二品頂戴江蘇蘇松太兵備道監督江南海關馮君神道碑銘

光緒四年，江蘇蘇松太道馮君出塞求父柩歸，卒於塗。事聞，奉旨入國史孝子傳。嗚呼！此二百餘年未有之曠典也。君父贈光禄大夫候選知州諱玉衡，戍伊犁事在光禄神道碑。君諱焌光，字竹儒，咸豐三年舉人。會試留京師，光禄下獄，君日詣刑部號哭呼冤，不得直。光禄遣戍，君隨至烏魯木齊，乃還京會試。同治元年，光禄卒於伊犁，君在曾文正公安慶軍營，號哭奔喪，而寇賊半天下，不能行。乃南出虎門，泛海北至天津，西出歸化城，繞草地，歷外蒙古至古城子。值回部之亂，不得前，痛哭而返。逾十餘年，恒飲泣。光緒二年，大兵克瑪納斯南北城。君官蘇松太道，求解官赴伊犁訪父柩。奉旨賞假一年，無庸開缺。時叛回猶出没無定，惟商賈得往來其間。君從父祖霨慷慨能任事，爲商賈裝先往，而君隨其後。祖霨得光禄柩於伊犁廣東義園，護以東行。君遇於安西，沿途哭泣成疾，至江蘇龍江關，疾甚。趨上海，甫至而卒。嗚呼！君廿年中凡三出塞，極人生之哀苦勞險，以報其親而損其天年，豈非至孝哉！

君少時治舉子業，温雅恂恂。及遭光禄之難，乃發憤爲幹濟之學，詳究中外地理、算學、製船、製炮之法，性情一變爲沈毅豪壯。當寇賊大起，君入曾文正公幕府爲治文書。捐内閣中書，保奏升同知。及奔喪不得達而返，今相國合肥李公督兩江，委辦江南製造局事。奏賞花翎，升知府。以輪船造成，升道員，補授蘇松太道，加二品頂戴，贈三代一品。及奉光禄柩歸，中途得旨：不論行抵何處，入都引見。蓋將大用也，而君遽死，嗚呼惜哉！

君官蘇松太道、監督江南海關。總理各國衙門以將遣使外國，命各關道議其事。君議上八條，大略謂使臣必有品望，乃不爲外國所輕，外國君相若問朝廷典章，苟不能對，貽羞實多。又謂俄德兩國雄長歐羅巴洲，法國有創深痛鉅之情，英國有脣亡齒寒之懼，美國僅取自保，不爲遠圖。中國擇交，當以德國爲先。英國當削弱之後，不欲啓兵釁。日本雖啓釁而急退。雲南爲英、法、俄三國垂涎，然不敢遽敗和議。使臣當覘知外國虚實，消患於未萌。又謂中外交涉之事，惟傳教、通商兩端，而通商之害尤甚。外國通商，奪我利權，若中國輪船能往外洋，則彼不能奪我利。華人多在外國，當設理事官以鎮撫之。又必有兵船以爲保護，使臣亦行止自由，不爲彼所牽制。今號爲習熟洋務者，皆市井之輩，當選諸軍將士沈毅篤實者與使臣偕行，習知各國兵法。華人在外國者，亦必有人才，當收之以備用。其餘議臺灣採煤開礦，議駁外國租中國地界停捐，皆謀慮精審。君在上海，設書院，分六堂教士：曰經學，曰史學，曰算學，曰輿地之學，曰掌故之學，曰辭章之學。又刊譯外國之書數十種。嘗欲乘所造輪船繞地毬一周，以覽各國形勢風俗，其志氣雄邁如此。

君卒於光緒四年三月二十八日，春秋四十有九。子二：啓勛、啓鈞。君卒後，君弟江蘇候補道瑞光及啓勛奉君靈柩歸廣州，與夫人張氏合葬城東銀坑嶺龍顆寺之原。銘曰：

猗孝子兮隕厥身，垂青史兮耀千春。才檠檠兮幹濟臣，嗟哉隕折迄未伸。出其智略邁等倫，後賢採擇可策勳。伐貞石兮刻斯文，下馬讀者悲沾巾。

護理廣東肇羅道署肇慶府事瓊州府知府王君墓碑銘

君諱五福，字嚮庭，内務府正白旗人。祖廣傳，廣儲司郎中，兼正紅旗滿洲參領。父鍾祥，廣東東莞縣知縣。君甫成童而祖、父相繼卒。効力内務府補造辦處筆帖式，升六品庫掌，京察一等記名，以員外郎升用。倣鑄内務府銅炮稱旨，奉命赴盛京鑄炮，有素賄者，君不與，炮成，燃炮者不如法，炮裂。君坐辦理不善，降七品筆帖式。捐納改縣丞，分發廣東，署雷州府經歷、番禺縣縣丞。咸豐三年，代理曲江縣。時土寇甘先、練四虎、陳金剛、何禄等圍攻省城。又破清遠縣，犯韶州府，衆十餘萬環攻府城，據城北帽子峯，俯瞰北門，槍炮雨集。提督、總兵、兵備道、知府分守東、南、西諸門，莫敢當北門者，命君守之。賊遣諜者約城中人爲内應，君察知之，捕斬數十人。賊計沮，乃穿地道實火藥至北門下。君聞地下有聲，鑿濠横截之。濠未成而火藥發，城崩。君率兵出城拒戰，而下令以油桶貯土纍爲短墻，賊不得入。初，守城時買油燃火照夜，或欲析油桶爲薪，君不許，至是竟得其用。是時諸門兵亦至，賊退，君遂擊帽子峯賊。賊走渡水，溺死者千人。其得渡者，奔白土。君收兵入城而下游賊至，勢復振。湖南兵來援，與賊戰。君請出助戰，上官不許，湖南兵遂敗，賊乘勝復至城外。君不白上官，率兵出，擊退之。初，賊將至韶州，衆議守城。君曰：「城中兵少，死守無益，賊衆烏合，迎擊可破也。」上官不從。至是，君屢出戰，果大捷。時省城賊退，鹽運使沈棣輝率兵至，賊散走。凡戰守十閲月，韶州城得全。君撫循彫弊，士民從賊者誅之，脅從者宥之，韶州遂安。七年，調署陽山縣。以守韶州功，奉旨升知縣，加同知銜，賞戴藍翎，補東莞縣。調署番禺縣。總督輿夫與縣役鬥，至縣堂，君皆杖之。或謂觸總督怒，君曰：「我去官如敝屣耳。」先是，英詰利入省城，逾年，夷兵退而夷酋與官雜處。君以事忤酋，酋邀君至夷館，將挫辱之。群酋列坐堂上，君至不起。君罵曰：「夷狄無禮。爾能殺我耶？我不懼也！」脱冠擲之。酋留君於館，縣民皆憤，聚衆將奪君，酋乃悔謝。同治元年，升廉州府知府。粤中自用兵後，官事繁多，士人設公局理之，其後遂擅決訟獄。君至廉州，士人皆畏其威，不敢專。有富人横於鄉，君杖殺之，一郡大服。二年，調補瓊州府。五年，調署潮州府。未幾，調署高州府。六年，調署肇慶府，兼護理肇羅道。大吏奏君卓異，其考語曰：「剛正不阿，循聲卓著。」奉旨保舉循吏，以君爲第一。七年十一月，病卒，年六十二。妻劉氏，誥封恭人，同治八年十二月卒。子藴璘，奉君及恭人之柩歸葬，請銘。銘曰：

其性也剛，其氣也强。爲世所忌，而名益揚。非由科目，文史能讀。非出行間，摶戰無前。良政孔多，胡可殫述。大書豐碑，循吏第一。

廣東補用知府潘君墓碑銘

君諱銘憲，字季文，一字少城，浙江永嘉縣人也。父諱壎，官山西繁峙縣知縣。君奉母家居，母卒，君過哀如有心疾，早夜詣柩前呼母如生時。繁峙君聞之，召至山西。繁峙君卒，哀痛如初。君弱冠爲縣學生，鄉試屢不中。以捐例爲縣丞，分發廣東，署揭陽縣丞。旋署鎮平縣、平遠縣，調署普寧縣。咸豐四年，廣東土寇大亂，其在潮陽者曰陳娘康，率衆犯普寧。君使人毒殺之。未幾揭陽、惠來賊亦至，普寧北山賊許梅、旗岡賊余瞻應之。君以縣城卑薄，築土城，環以竹柵。賊衆數萬集城下，而潮陽賊林竺、林烏、和尚柚攻縣西之鯉湖。君自守城，命外委林華春擊斬竺等。賊攻城二十餘日，每大風雨，攻愈急，城將破者屢矣。君百計守禦，老幼皆登陴。薪米將盡，君曰：「事急矣，非大戰不可。」使人潛出，約鄉民合力殺賊。乃開城出戰，擒斬千七百餘人，遂攻北山、旗岡，斬許梅，余瞻敗死。當是時，廣州賊攻省城，大吏不暇救外縣。君以危城當悍賊數萬，無兵無餉，身率士民破賊解圍，上官奇之，命兼署揭陽縣事。攻莪萃、槐園、廉子諸鄉賊寨，盡平之，遂專署揭陽縣事。上官命取從賊鄉村田產入官，君不可，曰：「賊敗之後，民皆逃散，當招之使歸。若取其田產，絶其歸計，必復聚爲賊，難未已也。」上官從之。七年，英詰利陷省城，欽差命各府縣加税商賈以充軍需，名曰抽釐。君不可，曰：「潮州凋敝，且風俗强悍，此令若行，恐激而生事。」上官督責再三，君堅執如初。於是終君之任，揭陽不抽釐。八年，海陽縣楓洋寨賊蘇智作亂。上官命君統諸縣兵擊之，擒蘇智，盡毁賊寨。君捐升同知，仍署揭陽縣事。逾年，乃得代。赴省城，上官委緝捕盜賊，且奏君戰功。奉旨以知府補用，賞花翎。君久歷勞險，年甫五十，鬚髮皓白。同治元年十二月，病卒。君之奉委緝捕也，行珠江之濱，有夫婦以帶相繫赴水者，君止而問之。浙江王某，官從九品，貧困欲死。君贈金使歸里，將行而君卒。君之子猶在潮州，王某衰服視君含斂。普寧人聞君卒，哀思之，建祠堂春秋享祀焉。君配鄧恭人，先君卒。子二：福煇、福熺。奉柩歸葬，以狀來求銘。銘曰：

嗟哉孝子，不死其親。致慤致哀，感於路人。奇哉文儒，勇而善戰。無兵無糧，以一敵萬。事上以直，恤下以德。與人以恩，宜有後福。子孫其昌，視此銘章。

誥贈通奉大夫廣東升用同知知縣冒君墓碑銘

君諱芬，字伯蘭，江南如皋人也。先世隱居不仕。父諱鈺，官湖北朱河主簿。君幼有奇志，讀書不屑治章句。父命入京，以□□議叙巡檢。嘉慶二十一年，分發廣東，署馴雉里、鹿步、五斗口、金利、黄鼎、北寨諸巡檢。番禺縣典史，補松柏司巡檢，調補五斗口。升廣州府經歷，調補海豐縣丞，升開平縣知縣，署高要縣，代理曲江縣，署乳源縣以卒。

君始爲巡檢，總督李公鴻賓命與同知某捕盜於廣西，巡撫贈金，同知受之，君不受。李公告廣東巡撫朱公桂楨曰：「冒巡檢，君子也。」朱公素惡李公，遂惡君。會鄉試，入闈爲監臨官，調君供事，陰瞰君所爲。一日，君獨坐治事，同事者晝寢。朱公猝至，問諸人安在，君對曰：「赴某所，視某事。」後朱公知之，歎曰：「勤於公事而不傾同官，真君子也。」總督盧公坤討連州猺，求賢吏以治軍事。朱公命君往，事平，奉旨賞藍翎。其在五斗口，有大盜久不獲，君甫至，擒之，群盜斂迹。西江水發，君捐千金施粥、施藥、施棺，及於鄰縣，乞上官發二萬金賑之，全活甚衆。其在開平縣，每日黎明坐堂皇受民辭，日旰不食，夜治文書輒達旦。曰：「吾非好勞，必如是，心始安也。」尤善聽訟，與兩造問答如家人語，故皆得其情，凡牽連者去之。嘗曰：「兩漢之治，循吏多也。循吏之政，不擾民也。不擾民當自慎政始。」入京引見。縣有兩族鬥，署事官不能禁。君回任，詰其事，兩族皆以老病者爲首。君揮去，出片紙書爲首姓名，皆驚服，縛以獻。他族復鬥，君馳至諭曰：「吾爲民父母，民皆吾子也。奈何同室而鬥乎！」皆泣下，輯睦如初。爲君建生祠，君改爲書院。其在乳源縣，逆賊洪秀全陷湖南江華、藍山、臨武諸縣，韶州土寇與相結，衆數千人，陷仁化、樂昌，遂攻乳源。或謂賊勢盛，宜固守，勿與戰。君曰：「城小無濠，不可守也。當以奇兵破之。」乃募兵三百，使勇士胡佳、張延壽將之；都司車定海屯湯盤水，胡佳渡水而伏。賊至，車定海與戰，張延壽發巨炮斃賊酋，胡佳擊其後，賊大潰去。餘寇黄滿復聚衆於曲江，君與千總張鷹揚率兵往擒之。歸過羅坑山，山賊出奪之，鷹揚遁，君麾兵與賊戰，幕友宋培清鬥死，賊抽刃刺君，君創甚，舁歸而卒，年□十□，咸豐某年某月某日也。事聞，奉旨以四品例議恤，賜祭葬，祀昭忠祠，贈雲騎尉世職，恩騎尉世襲罔替。縣民請建祠，奉旨允行。

君之將殁也，告諸子曰：「刺我者，左目下有黑子，汝等記之，爲我復讐。」後十餘年，君之子澄署番禺縣，乳源人來言：邱標者，縣役也，嘗犯法，君杖之，遂入羅坑爲賊，嗾其黨邱河刺君。標已死，其黨數人在，而河猶爲縣役。會乳源縣缺，君之子沅以知縣候補，上官委署乳源縣事。沅始至，佯不知，一旦傳呼衆役來見，河左目下有黑子，訊之而服。乃剖其心以祭君，盡捕其黨戮之，發邱標墓戮尸。觀者萬人，皆呼噪，謂君有靈，有孝子能殺賊復讐也。

君五子：溶，江西德化縣升用同知；澄，廣東補用同知直隸州；保泰，署廣東瞰白場大使，加五品銜；沅，廣東候補通判，加提舉銜；廷章，廣東升用知縣，加五品銜。某年某月以君之柩歸葬於某某之原。銘曰：

粤有賢吏，實勤且清。始屈丞尉，擢宰四城。訟者得情，鬥者息争。定謀破賊，用兵尤精。如何不弔，悲哉結纓。昭忠延賞，帝錫其榮。家尸户祝，民薦其馨。孝子殺讎，告君之靈。天道以明，人心以平。來者雪涕，誦此刻銘。

誥贈中議大夫四會縣學生員吴君墓碑銘

古者士之子恒爲士，故士族最貴，商賈不得與爲伍。後世風俗惡薄，富者求榮貴，貧者役衣食，一州一縣之内，纍世爲士者寡矣。四會吴君廣熙，自其祖、考及君兄弟、子孫皆爲諸生。諸生名雖微，品最清，捐納不可得，五世相繼不絶，可謂士族。而君之行又高，事親孝敬，教諸弟讀書，家豐於財而守勤儉，有園林之勝而不爲荒讌，鄉人有事，群取決於君。君治事公明，衆皆悦服，而君無矜容。水旱荒歉，首任賑恤，親友貧匱，有問必遂，衆皆感頌而君無德色。坦坦恂恂，醇謹篤誠，有忍無競，可謂士行。君之字曰績咸，一字曰雲門，卒於咸豐九年，年八十。君之祖諱洮，父諱廷賢。君之配梁氏。子八人，孫六人。爲生員者，子宗瑗，孫壽昌。其捐納郎中、加四品銜、贈君中議大夫者，孫熾昌也。曾孫五人。銘曰：

粤有君子，其澤五世。青衿爵弁，其來裔裔。惟君中處，前繩後繼。於身有藝，於家有制，於鄉黨有施。其身壽考，其子孫官貴。既官既貴，士風勿替。

亡姊湯宜人墓碑銘

澧之姊適候選郎中湯爾泰，誥封宜人。宜人幼而明慧，沈静有度，言笑不聞聲，行步不動塵，爲女紅精巧絶人。通曉世務，偶有論説，簡要峻肅，偉丈夫不如也。湯氏仁和人，家於粵爲鹽商。是時商家豪侈，宜人嫁未幾而君舅卒，郎中年少，性益豪。澧幼爲宜人愛憐，常嬉戲其家，堂羅衆賓，歌舞喧闐，百戲競作。時或清暇，宜人晨興理妝，妾婢環侍。妝畢，臨西洋大鏡自照。攜余手徐步以出，登小樓，眺假山，觀紅魚，弄鸚鵡，澧樂之忘歸。是時鹽事已壞，宜人佐郎中計畫之，凡運道之險易，吏牘之繁雜，賓友之書問酬酢，恩怨争訟，瞭若指掌。卑幼入白事，皆受宜人指揮，唯諾惟謹。然事竟不支，逋負鉅萬，郎中得心疾，宜人亦患氣痛。無子，郎中立兄子兹鼎爲後，遂卒。宜人爲債家所迫，典賣衣裝略盡。賃居於外，而債家踵至，病遂篤。澧問疾，手杯茗勸宜人歸其家。宜人首肯，亟舁以歸，遂卒，年五十二，道光十九年十一月二十四日也。權厝廣州城東永勝寺。今十餘年，兹鼎言相墓家云：「郎中墓地有蟻，不可祔葬。」乃葬長腰嶺，近吾家先塋。遂以某年某月某日葬。澧流涕而銘之，銘曰：

慧而無福兮，始盛而終覆兮，而又罹此痛毒兮。嗚呼，何其酷兮！嗟弱弟兮髮已蒼，泣幽宫兮刻此銘章。維年年兮麥飯，告子孫兮勿忘。

廣東知州銜候補知縣署南海縣事胡君墓表

廣東知州銜候補知縣、署南海縣事湘潭胡君諱湘，字子瀟，一字筠帆。咸豐四年三月卒，後二年五月，宜人柳氏卒。子錫燕、同壽奉柩歸，合葬長沙大賢鄉琅琳沖之原。服闋，錫燕不仕，同壽官廣東候補知州。錫燕記君事實寄同壽，使奉以來請表君之墓。君署南海時，延澧教二子，公事暇至書室談論，故知其事爲審。當是時，總督葉名琛負其才，傲睨僚屬，自巡撫以下皆遜且畏，莫敢與言。君獨侃侃言，言聽計從。英詰利夷酋以文書抵總督，所要求事不可行，總督示巡撫、司、道曰：「何以答之？」衆莫能對。總督命君草文書拒之，事竟寢，衆皆服。先是夷船每年載銀錢至粤，皆鑄人面形，至是改鳥形，粤人疑之不用。君曰：「夷船以毒藥奇器易中國銀，不載銀來久矣，此中國所以虚耗也。今來銀毋慮百萬，此中國之利也。」傳集商賈煎新舊銀較之相等，遂用之。自是新銀踵至，至今得其利。南海爲廣東首縣，政事繁劇，君才復傑出，上官事皆屬君，同官有事，亦皆求君，君口講指畫，應之裕如。同時州縣官百餘人，論吏才者，以君爲第一。君始以從九品試用，署恩平典史，調署南海典史。道光二十一年，英詰利寇廣州，君以守城功升知縣。丁母憂。服闋，署揭陽縣事。揭陽民好鬥，官以嚴酷爲能，君獨以仁厚治之。上官委審廣州府積案，平反冤獄無算。委赴陸豐治兩墟鬥事，君使兩墟合爲一，鬥遂息。委赴平遠治争田事，君以田歸書院，鬥亦息。署興寧縣事。旋調署新會縣事，擒斬海盜無算。隨總督徐廣縉[二]赴廣西，率兵治鬱林土寇，斬獲無算。復隨赴湖南，未幾返廣東，署南海縣事。獲鄰境巨盜，奉旨加知州銜。卒，年四十九。君高、曾、祖、考四世皆以科第仕宦。君少時家貧，外舅柳君廷湝官直隸，君往依之。不得應試，以捐納入仕。然公事暇猶讀書賦詩，有《補讀齋詩文集》四卷。君卒後，英詰利復有要求事，總督遣官諭之，不得其人，遂啓釁；文書往返駁詰，不能止，遂攻陷省城。論者曰：「胡君不死，當不致此禍也。」嗚呼惜哉！

山陰汪君墓表

古有幕職，無幕友。今之幕友，其人非官也，所爲之事，則官事也，幕友之賢否，所繫豈淺鮮哉！天下幕友多矣，其賢者當不乏人，而傳於世者則少。其所爲皆官事，其名歸於官，而幕友遂湮没不彰也。近百年來，惟蕭山汪輝祖最有名，所著有《佐治藥言》之書，其後出仕爲循吏。其終身不出者，則有山陰汪君鼎字禹九，没□十餘年矣。子瑔與澧交好，以君所著筆記與王君蘊璘所爲行狀請書其事於墓石。澧詳觀之，曰：「是可謂賢也矣。」君之客順德縣幕也，知縣陳君遇隆雅重君。君得伸其志，賑飢民，清積案，定緝捕條格以治盜，移獄地於爽塏以恤囚。當是時，順德政聲蔚然。縣有舉人羅某，爲仇人誣告藏盜於家，前任官已定案矣。君閱案卷而疑之，告知縣覆訊，羅泣曰：「彼所告盜行劫時，我方客廣西賓州，安得而藏之？」君告知縣訊羅所寓賓州旅舍及其年月日，移文賓州察問，皆如羅所言，其獄遂解。羅詣君謝，君辭不見。縣人有縛送劫盜者，以盜有母，請以自首貸其死。君閱案卷，盜乘人病危而劫之，且拒殺二人，例不得自首，告知縣批定死罪。時天大旱，君曰：「此批出，必得雨。」明日，果大雨。其客清遠縣幕，縣民兩家争田，皆有印契，數十年官不能斷。其一契末書順治元年，君哂之曰：「順治元年，王師未至粵，安得有印契？」告知縣以《御批通鑑輯覽》示之，乃服。其客南澳廳幕，廳在大海中，總兵官鎮其地，與同知同城。有以鎮兵謀反聚飲告總督者，總督札同知察其事。君謂同知曰：「札言聚飲以五月十三日，其地則關帝廟也。是日俗傳關帝生辰，軍民多設祀醵飲，何謂反耶？」同知以白總督。總兵聞之，以千金爲君壽。君卻之。同知任滿，君亦返省城，總兵復賮千金，君又却之。總兵固請，君正色曰：「吾所治者公事，豈爲受金耶！必强我者，當投金海中。」總兵歎息而去。其客信宜縣幕，縣民淩十八自廣西受逆賊洪秀全僞札歸，謀聚衆從之。君告知縣搜捕，獲其弟淩廿四。知府謂賊往廣西，幸不擾吾境，勿攖其怒，遂縱淩廿四，而以知縣妄捕良民白巡撫，解其任。知縣至省，巡撫訶之。知縣對曰：「幕友誤我。」君自是不復佐幕矣。淩廿四既得脱，聚衆轉掠州縣而屯於羅定。總督率重兵討之，逾年乃平，兵民死者數千人，費帑金百餘萬。凡君所治事，不可勝紀，觀此可知其概矣。蓋明足以雪冤，義足以執法，有學足以辨詐僞，有守足以激貪濁，有識足以杜禍亂。使其出仕，當爲循吏，乃終身不出，且受誣於俗吏，宜其晚年杜門而謝客也。所著《謝客文》有云：「我思往哲，茹素守真。可泯没以終世，勿夸燿以干人。」其意趣高矣。雖然，宜表出之，勿使泯没，以勸幕友之賢者知立名之可以傳於世也。

議敘知縣陳君墓表

門人陳昌治將葬其考知縣君，奉狀來請表於墓。案狀：君諱其鋭，字奏廷，其先浙江山陰人，客於廣東，遂爲番禺人。君應試不録，出爲幕友，精治錢穀。廣東財賦繁多，展轉膠葛，錢糧已奏銷，實欠不在官，不在民，而在吏役，曰墊解。有大費用不能請於朝，使各官分償，曰捐攤。其他不可名狀。數十年案牘山積，去官者滯留不得歸。道光二十八年，户部行文清釐，廣東官吏相顧睸眙。巡撫葉名琛屬君治其事。凡積虧銀一百四十萬，君爲條議數千言，巡撫咨部準行，於是廣東積累豁然。又辦交代四百餘案，凡負帑死眷屬羈留者，皆得歸。人以是德君。君曰：「官不困則民不擾。」識者以爲名言。嗚呼！士人讀書出爲官，豈盡不欲勤民事、守廉退之節哉！然而不能者，責以大義，彼無辭以辯，抑亦紛其心奪其所守者實多也。未有官困而民不擾者也。君不出而牧民，而爲大小官釋數十年積困，豈獨爲德於官歟？其於民大有益焉！君以捐資築炮臺議叙知縣。年六十五，咸豐八年十月卒。子六人：昌治、昌浚、昌瀚、昌澤、昌沅、昌灃。以昌治捐職布政使司經歷加知州銜得贈奉直大夫。墓在廣東省城東北二十里小園岡之原。

徐夫人謝氏墓表

徐君子深之夫人謝氏，賢而無子，有庶子曰肇梠。夫人卒，子深攜肇梠來請銘其墓，既述夫人行事，則又曰：「此皆庸行，不足稱，願吾子文之也。」余乃考古義以復於子深曰：古詩《周南》、《召南》多言婦人之德，而《樛木》、《螽斯》、《小星》、《江有汜》諸篇，於嫡妾之際尤詳。蓋妒者婦人之常，而不妒者難也。詩人知其然，故歌詠而表章之，其詩曰：「樂只君子，福履綏之。」又曰：「宜爾子孫，振振兮。」蓋嫡妾不和，則君子不樂；妾御不備，則生子不蕃。嫡有子者且然，況無子者乎！夫人無子，勸子深置妾，乃生肇梠。是能不妒忌以樂君子而宜子孫，乃古詩人所歌詠而表章者。至其事姑以孝，佐子深持家以勤，撫子深從兄子女以慈，皆有足稱，而不若不妒之爲難，竊取古詩之義以表之。夫人父某，廣東某官，某省某縣人。子深，廣東番禺人。夫人之卒，爲咸豐元年□月□日。其葬以□年□月□日，其地曰某某，在廣州城東□十里。

内閣中書銜韶州府學教授加一級譚君墓碣銘

嶺南自昔多詩人而少文人，阮文達公開學海堂，雅材好博之士蔚然并起，而南海譚君瑩最善駢體文，才名大震。君之字曰兆仁，别字玉生。少時宴集粤秀山寺，爲文懸壁上，阮公見而奇之。時方考縣試，公告縣令曰：「縣有才人，宜得之。」令問姓名，公不答。已而得君所爲賦以告公，公曰：「得之矣。」取第一人入縣學。翁文端公督學政時，回部叛亂，公以克復回城賀表命題，君文千餘言，援筆立就。公評其卷曰：「粤東雋才第一。」後督學徐公士芬以君優行貢入國子監，未赴，捐納爲教官。學海堂推爲學長。道光二十四年，中舉人。咸豐九年，上官委勸捐，出力，奏加内閣中書銜。前後署肇慶府學教授，曲江、博羅縣學教諭，嘉應州學訓導。選授化州訓導。升瓊州府學教授，以老病不赴任。生平博考粤中文獻，凡粤人著述，蒐羅而盡讀之。其罕見者，告其友伍君崇曜彙刻之，曰《嶺南遺書》，五十九種，三百四十三卷；曰《粤十三家集》，一百八十二卷；選刻近人詩曰《楚庭耆舊遺詩》，七十四卷。又博採海内書籍罕見者彙刻之，曰《粤雅堂叢書》，一百八十種，共千餘卷。凡君爲伍氏校刻書二千四百餘卷，爲跋尾二百餘篇，君之淹博，略見於此。所爲詩文有《欒志堂集》三十三卷，初以華贍勝，晚年感慨時事，爲激壯凄切之音。性真率不羈，飲噉兼人，杯酒間談笑無所避。晚年目疾，穨然静坐，默誦生平所讀古詩文，日恒數十百篇，其彊記如此。同治十年九月卒，年七十一。有子五人：鴻安、崇安、宗浚、宗瀚、宗熙。孫三人：祖貽、祖綸、祖沅。明年十二月，奉君柩葬於廣州城東荔支岡之原。君與余同舉優貢，同爲學海堂學長，交好數十年。君之子請爲銘。銘曰：

文人之福，惟君獨全。生於富家，慧於童年。才名震暴，文酒流連。聚書校刊，其卷盈千。自爲詩文，其集必傳。壽踰七十，其子又賢。飽食坐化，泊如登仙。我不諛墓，此皆實言。酹君斗酒，質君九泉。

豆村梁君墓碣銘

南海縣學生員梁君諱樹功，字藹仁，年四十三，同治元年卒。後三年，其子起從余游，奉行述請爲文銘墓前石。余讀之，曰：是古君子也，宜銘。君事親孝，父病，食不飽，寢不寐。父卒，兄弟析産，君不計多寡，家遂貧。授徒自給，中年始入學。旋丁父憂。服闋，鄉試不中。丁生母憂，遂不復應試。性廉静，一介不苟，終日衣冠儼然，無袒裼，無箕踞。終身未嘗聽妓樂。與人交，爲謀必忠，雖勞苦無德色，見小善稱道不去口。遇不肖者，不通一言。未嘗盛氣折人，而族黨敬憚。甲寅歲，紅頭賊起，族人有與通者，呼之來，督責之。其人感悔，遂遠去。大吏命團練，君擇首惡告官治之，餘使悔過。團練有公費錢，治事者皆取給薪水，君不取一錢。事平，議叙得六品冠服，戚然曰：「吾忍以鄉里人斷頭爲榮耶！」終身服諸生服。及病，遺命以諸生服斂。族有寡婦，子幼無食，將不能守。君減口食月給之，得完節以死。其好義皆此類也。讀書聰敏，家藏數千卷，皆能記誦。體弱，過勞遂發疾。後乃習藝事，賦詩、彈琴、圍棋、篆刻以自怡悦。尤善書畫，書法蒼勁，畫樹石作古篆勢，得者皆愛重之。及病亟，執起手而言曰：「吾生平事事盡心，張而不弛，此所以促其年也。」卒後，親舊皆歎惜，曰：「是所謂口無擇言、身無擇行者與！」同治某年某月葬於廣州城東北銀坑嶺之蠕岡。銘曰：

當今之世，有古之人。嗟哉福壽，不於其身。以貽其子，以大其門。

子韶墓碣銘

番禺有賢士曰子韶，居省城北門，與其友數人爲古學。子韶穎鋭勤篤，尤好考究地理。以遠夷亂中國，益發憤考雷翥海外至西海諸國土，莫不諳悉。撰《漢書西域傳圖考》。同治三年，有旨各省繪地圖以進。廣東督撫命文武官各繪圖，而開局於廣州府學宫，延粵士五人總核之。五人者：鄒特夫、徐子遠、桂子白，其二人余與子韶也。文武官所繪圖及舊志書之圖皆齟齬不合，子韶晝夜鉤稽，繪圖若絲髮，字如粟米，遂病。夜起頓於地不能語，特夫扶登肩輿，送至其家。越日卒，同治四年七月某日也。子韶性狷介，家貧，授徒自給，教誨勤摯，遇讀書者，雖非其學徒，亦勉以經學。尤好周人之急，傾囊以贈，不惜也。余長子宗誼與子韶友善，宗誼死，子韶慟欲絕。每歲清明，常上宗誼冢而哭，其篤摯如此。子韶不知何許人，亦不知姓氏。自其幼時，趙氏養爲子。鄰嫗告之曰：「我見爾抱養時，外江晏姓子也。」廣東人謂江浙曰外江。子韶乃自名齊嬰，以寓其姓。養母撫之有恩，自認爲所生，子韶不敢問所自來。養母殁後，儀徵晏公端書以欽差至粵，云少時爲諸生，嘗客游廣州，寓於北門某氏家。於是人皆疑子韶晏公子也，而不知真否。未幾晏公去粵，子韶終不得知父母，常悲泣吐血。應學政試，久不取。捐監生，欲鄉試。已而悲歎曰：「假我中狀元，官一品，封贈何人哉！」遂不試。嘗與其友游學海堂，飲酒歡甚，忽不見子韶。衆起覓之，得之堂後，面壁而泣。其煩冤怫鬱，隨處輒發，皆知其不能久矣。卒時年四十，家貧不能具棺衾。巡撫郭公嵩燾賻之，又命布政使、府、縣皆賻之，親友亦助之，乃克葬於小北門外□□山。子一，聞祖，尚幼。子韶從余學，余以其學博而力鋭，意深望之。每與之言，往復契洽。近時與談論，則默然如有所失，蓋悲極傷心，神明亡矣。哀哉！銘曰：

昔人有言，芝草無根，醴泉無源，觀斯人而信然。嗚呼！古之傷心人，至斯而極焉。遺書數篇，後世其傳之。

國子監學正銜黄君墓碣銘

君諱位清，字瀛波，一字春帆，番禺人。嘉慶九年副榜貢生。道光元年舉人。屢赴會試不中，家居授徒。年老，請京官銜，得國子監學正。所著書有《詩異文録》三卷，《詩緒餘録》八卷，《論語章旨》二卷，《聖廟祀典輯聞》十三卷，文集、詩集、詞集若干卷。道光某年某月某日卒，年八十。嗚呼！昔時里中老儒，如君者几十餘輩，皆醇樸方謹，貧者惟授徒自給，不肯妄有所取；所學深淺不同，而必勤懇自力，講誦不輟，鄉俗咸敬重之。此其人雖不用於世，而有益於士習民風者不少。今罕見其人矣，可慨也哉！澧少君三十餘歲，君引爲忘年交。君有子先卒，其門人沈君世良來請銘。銘曰：

享眉壽，八十年。勤著書，十萬言。書則多，名不顯。壽則長，後裔翦。噫吁嘻！斯可哀。我思君，古人哉。

廣州府學生員徐君墓碣銘

君諱繼鋁，字禮耕，其先杭州人，遷廣東番禺。世有隱德。君治《三禮》，好《文選》學，尤工四書文，每日必爲一篇。姚文僖公督學政，得君文，曰：「此老儒也。」取入府學。視其册，年甫弱冠，大奇之。君文愈工，學愈勤，而鄉試輒不中。先世習刑名之學，君得其傳，廣州、韶州、肇慶諸府皆厚禮延致之。君性仁愛，治獄至慎，聞決所治囚，則惻然終日不樂。自以數奇，鬱鬱而卒，年三十六，嘉慶二十四年七月也。子灝、濬并傳君刑名學。灝工詩，通六書、九數，老師宿儒咸稱之。嗚呼！君優於文而不遇於時，豐於德而不永其年。夫孰知造物者獨報君以賢子，既世其業，又以文學鳴，君則何憾焉！灝、濬皆與澧善，葬君於省城之北鳳皇岡之原。屬澧爲銘。銘曰：

心何長，命何短。富貴壽考，不若有子之傳之遠也。

許青臯墓碣銘

番禺許青臯，篤雅士也。好詩，好詞，好畫，好古器。尤好收書，精其帙，飾其櫝，拂拭几案，啓鑰出書，危坐而吟諷之，久而其書如新。學政以玉剛卯賦試士，士皆不識。青臯常佩玉剛卯，又能賦，取入府學。家財故不豐，以多好而貧。嘗典所藏畫，過期不得贖，時方鄉試，悵然曰：「吾失此畫，不能作文。」典者聞之，聽贖焉，乃罄其資捧畫歸，欣然赴試。與其友沈伯眉選《粤東詞鈔》若干卷。又爲填詞社，觴詠爲樂。已而俗客闌入，競設盛饌，冠蓋赫然，乃恚而罷。初以授徒自給，後益貧，意興寥落，自懼不壽，貸人錢以簿記之，曰將冥報云。晚厭詩詞之學，榜其書室曰蜕學齋。欲寫《十三經》，甫下筆而病，遂卒。年□十□，咸豐某年也。初名玉彬，字璘甫，後自嫌華美，改名鍑，字伯鬲，惟自號青臯不改焉。其子奉其詩詞刻之，請爲序。昔伯眉屬予志青臯墓，遭亂不果，今爲志以踐宿諾，即以代序可也。銘曰：

青皋之材之珍也，惟其品不惟其文也。寧拙勿巧，寧介勿通，故長貧也。嗜古而癖，敝精神也。古所謂寒士失職而自憐者，其斯人也耶！其斯人也耶！

六品銜廣州協候補外委周君墓碣銘

周振鑣，番禺人。以行伍爲廣州協候補外委，加六品銜。以父母老，憮然辭去。紅頭賊起，鎮將使擊賊，慨然受命。領壯勇數百人擊惠州賊，連戰皆捷，追至永安藍塘，大破之；復窮追入山谷，力盡而死。其弟振鑾屬予門人桂文烜來請銘。嗚呼！此武人也，官又卑，無事之日則愛其親，不愛其官；有事則辭其親，不愛其死。斯義也，學士大夫有不知者矣。銘曰：

前非惰，後非勇。生與死，視所重。此執殳，能知之。彼讀書，可勿思。

黎母洪氏墓碣銘

國家旌表節婦，請旌者自學官、縣官歷府、司、院具題，奉旨建坊，然家貧不能請而湮没者多矣。余門人黎永椿之母早寡而卒，永椿不能請，常痛心焉，乞余書其事刻於墓石。余敬諾，乃書之曰：

黎永椿母者，南海洪氏，歸番禺處士黎國棟。處士卒時，永椿五歲，家無一金之産，母爲女工養永椿。

永椿稍長,附里塾讀書。每日早起,母使汲水析薪而自炊飯。飯畢,永椿抱書去,母鍵門入室,趺坐爲女工。買蔬若薪,則啓一扉,以一扉自蔽,門外人莫見其面。姻黨男子來謁,隔門問答,數語謝去。夜然一鐙理鍼綫,永椿就燈讀書。母憐之,使先寢,而至夜半乃自休。以趺坐久,遂得足疾。永椿有伯父,幼瘖聾且有狂疾,無妻子。永椿母奉養防護,煩苦無怨言,人尤以爲難。永椿無兄弟姊妹,孑然獨立。勤於治經,肄業學海堂,爲知名士,而應試輒不録。以授徒自給。嗟乎!貧者士之常也,砥行績學,足以報所生,豈必科第哉!雖然,有天道焉,安知不科第哉!銘曰:

苦如蘖也,寒如雪也,堅如鐵也。孝子思親,淚如血也。何時國恩,降天闕也。

胡伯薊墓碣銘

余門人長沙胡同壽官於粵,得家書,知其兄伯薊墜水卒,使來告。未幾,伯薊之孤元儀、元常、元直、元玉書來請銘伯薊墓,余悲痛不能下筆。既逾年,乃書之曰:伯薊之考諱湘,廣東候補知縣,署南海縣事,延余教二子。未幾,南海及宜人柳氏相繼卒,二子奉喪歸葬。咸豐七年,夷寇陷廣東省城,伯薊來訪余於橫沙村舍,留數月乃歸。伯薊家故在湖南省城,以資用不給,遷居瀏陽方石村,閉門課子,粗衣菲食,泊如也。以余年老,復欲來相見。會湖南修志書,延伯薊分纂。伯薊至省城辭修志事,而堅欲來粵。姻黨挽留之,忽失所在,數日尋求,至水濱,漁人曰:「前日大風,有行岸上墮水死者，已瘗之矣。」發之，則伯蓟也。嗚呼！伯蓟殆欲附客舟來粤而遘此厄也，豈不痛哉！伯蓟性高邁而沈默寡言，其意不可一世。聚書數萬卷，勤讀精校，凡余所論説皆篤信之。讀書有得，則寄書商榷，《十三經注疏》皆盡讀之，《毛詩》、《三禮》、《春秋左傳》疏則反覆讀數過。讀諸史，尤熟於《通鑑》，所校《通鑑》、《通典》皆精審。尤好《陶淵明集》，其性情高澹近之也。兩廣總督勞文毅公、兩江總督曾文正公皆以同鄉聞其學行，欲見之。辭不往，其狷介如此。卒時年四十有八。嗚呼！今世之士學力深博志行孤高如伯蓟者，何可多得。余之門人虞子馨早死，趙子韶中年悲鬱而死，伯蓟且不得其死，皆特出之士也。而伯蓟尤可痛矣。同壽友愛，聞伯蓟死，驚哭幾成疾。以書命伯蓟諸子搜伯蓟遺篋，得所爲《詩韻譜》一卷、《通鑑校勘記》二卷、《通典校勘記》二卷及其餘散帙寄廣州，將刻之。并刻所寫陶集。嗚呼！是未足以傳伯蓟也。伯蓟生於直隸南樂縣，故名曰錫燕，其自號曰蓟門。其友嘗出資爲捐納知縣，而伯蓟不欲仕。然既有官，不可没也，今以題其墓焉。銘曰：

志追古人，豈不祥耶！下從靈均，亦何傷耶！何以至斯，殆吾之學之不昌耶！

長子宗誼墓碣銘

番禺陳澧喪其長子宗誼，將葬，痛哭而書其碣曰：宗誼，字孝通，道光十九年十一月二十九日生，咸豐九年九月十五日死。年二十一。嗚呼惜哉！宗誼性孝，凡余言，篤信謹守，出於至誠。沈默寡言，無世俗嗜好，尤不好爲時文。余教以朱子讀《論語》法，每日一章，輒以其意記於卷端，未卒業而死。余取而觀之，大都以《論語》之言，自責自奮，研究義理，頗有所得。其言曰：「以勇爲第一義，雖愚必明，雖柔必强，勇之效也。」又曰：「爲人當從大道上行，讀書亦然。小街曲巷，不成學問。」讀朱注每有會意，輒曰：「朱子教我矣。」夷寇破省城，宗誼隨余出城，炮火叢集。既得出，寓橫沙村，遂吐血。逾年漸瘳，娶妻張氏。逾年，病復發，歸城中故居而死。當大吐血時，笑而言曰：「吾將吐盡濁氣耳。」其從兄子慶修問所苦，答曰：「君子坦蕩蕩。」死前二日，使其妹誦《大學》、《中庸》聽之。又呼諸弟妹環坐牀前，共食餅餌，示訣別意。將死，使人問余曰：「可死否？」嗚呼！此子平日每事不自專，必問可否，至死猶然。哀哉！余入告之曰：「汝讀書明理，有生必有死，宜知之。」頷之而絶。觀其垂死神明湛然，不離學問，不忘孝友，豈易得也。余老矣，所學未成，以望此子，嘗告之曰：「我似汝年，遠不及汝。汝至我年，我不知汝所至也。」豈知其短命若此哉！張南山先生病將殁，聞其死也，手書輓辭，比以顔子。余同年譚君玉生問其《讀論語日記》，余舉其説云：「聖賢之學在安貧，士不安貧，足以亂天下。」譚君歎爲名言。余悲泣自悼無福，譚君曰：「廣東無福。」其友趙子韶序其日記，尤推許以爲實踐之學。三君子過愛之言，至於如此，此余所以痛惜而不能已也。余權葬之白雲山下長腰嶺，俟余死，當遷葬於余墓旁，父子相依於終古也。銘曰：

爾事父，如事師，尊所聞，行所知。我喪爾，如喪我，以我身，贖爾可。我痛爾，非我私，諸賢達，爲爾悲。爾勿悲，爾書在，附我書，或千載。陵可變，谷可遷，命短長，何足言。我淚枯，我腸裂，我銘存，爾不滅。

女雅壙志

陳澧喪其長子宗誼未一年，幼女又死，痛不可忍，乃又志其壙曰：咸豐八年，余避夷亂寓居横沙，題所居之樓曰崇雅樓。六月朔日，妾江氏生女於樓下之室，名之曰雅。肥白如瓠，宗誼愛之，常抱持焉。宗誼病，醫曰：宜飲乳。江以乳飲之，宗誼笑曰：「吾與雅争食矣。」宗誼死，余恒悲泣，雅甫學行，取巾授余拭淚，其慧可念也。十年五月十三日，以驚風死。嗚呼！宗誼死後，江常攜雅在余坐旁戲笑。余曰：「我口雖笑，心愈悲也。」今并此一笑而無之矣。有勸余者，曰：「君兒女尚多，可勿悲。」余曰：「譬如十指，斷其一二，豈不痛乎？」余有小銅印，雅愛弄之，執印紐曰獅子。今納其棺中，埋之茶阬祖墓之前山。余老矣，哭子未已，又哭女，殆不能堪。然余即死，有子有女侍我於地下矣，死亦樂哉！

黄鴻逵哀詞 并序

黄漸泰字鴻逵，番禺優貢子高之子也。優貢精小學，善篆書，爲當代最。鴻逵篆書如其父，又善隸書,而真書爲歐陽體尤精。甫成童,求書者接踵至。張南山先生以爲世人學歐書無得法者,惟鴻逵耳。所爲古樂府、詩、賦亦工。體羸弱,嘗得吐血疾。妻産子,與子俱死,方悲悼不勝,又感寒疾,爲人書豐碑未竟而卒。年二十六。優貢與余交好,鴻逵性温雅,敬其父友而與余尤親。余哭其殯歸,覽其舊所貽各體書,悲不能釋,爲之辭以哀之曰:

思先友以歎逝兮,樂常睹其後人。矧藻翰之挺出兮,又執禮而恂恂。禀儒門之素風兮,擢秀穎於青春。擅四體之書勢兮,躡漢唐而絶塵。環衆目以睭眙兮,駭振腕之千鈞。羌問年而丱角兮,中退然以逡巡。緊輕軀之骨立兮,吾固知其不壽也。重煩冤以銷鑠兮,雖金石其何能久也。六極紛其來備兮,豈一身之可任。夭其躬而翦其後兮,吾烏知造物之何心?惜斯才之難得兮,重俛仰而哀吟。哀吟兮心惻,披繐帷兮慘無色。懷故人兮宿草,又漣漣兮沾臆。拾殘縑兮斷楮,知不可兮再得。嗟電謝兮不留,感余心兮何極。

祭温伊初文

長樂之山,是爲登雲,中有畸人,擅古之文。其文伊何?《觀運》、《觀民》,君所著書篇名。躡宋唐漢,以睎先秦。爲賈長沙,爲陳同甫,齗齗規今,朗朗鏡古。奇氣滿腹,有觸而吐,或叱或咤,或起而舞。屈身黌舍,嗟哉有年,貢之天閑,乙酉拔貢。歷塊而旋。雖懷和璧,不如埴埏,雖抱牙琴,不如幺弦。爰有魁儒，持節莅止，壬辰科主考程先生恩澤、邢先生福山。命題發策，苞絡圖史。參天兩地，弱水黑水，甘石之書，輿地之紀。旁要夕桀，天元之理，皆壬辰科題及策問。設科百年，曾未睹此。君吐萬言，牘不留紙，棘闈傳觀，且愕且喜。嗟哉選士，謬種實繁，如君奥博，是曰才難。以光科目，以激積瀾，儻置玉堂，著作則嫻。疇昔著書，曰《續弭害》，群飲者拘，怙終者罪，與之更始，乃安平太。有大鴻臚，聞言而拜，封事朝入，玉音夕沛。信宜訓導吴君蘭修著論曰《弭害》，言鴉片當開禁。君著論駁之，曰《弭害續議》，謂當勒限使戒。鴻臚寺卿黄君爵滋取君之説奏行之。維古立言，不爲一時，會昌留寺，至正農司，崑山鴻筆，録於《日知》。庸知草茅，著論之私，揚于帝廷，尺一風馳。惜哉奉行，乃倒而施，不誅於官，而釁於夷。君仰而吁，唯唯否否，不如意事，十且八九。自今出言，宜緘我口。自今著書，宜覆我瓿。碌碌公車，增君鬢絲，潭潭幕府，安君皋比。海晏嘉禾，聊放厥詞，君主於兩廣制府徐公，己酉春撰《海晏》、《嘉禾》二頌。遐哉鶴書，翩其來遲。庚戌四月，有奏請開博學鴻詞科者，君謂當應詔而出。已而部議不行。正如巨材，百圍合抱，斷節空心，日就枯槁。正如騏驥，伏櫪以老，奇骨矹硉，僵立而倒。嗚呼哀哉！有黝其顔，有皤其軀，懷藏奇祕，蘊掩荒墟。冥冥石屋，寂寂雲廬，君所居曰梧溪石屋，又曰登雲山房。豈有所忠，來訪遺書。嗚呼哀哉！我初識君，歌《鹿鳴》來，於廣座間，發聲如雷。願見聞名，握手歡咍，一談五夜，一釂百杯。悠悠廿年，如石中火，倏離倏合，共涉轗軻。猶憶去年，車塵堀堁，濁酒酸醨，村肴細瑣，評詩論文，兩心印可。我歸羊城，君返梅州，送君城闕，俯臨江流。謂當復尋，燕臺昔游，如何奄忽，零落山邱。嗚呼哀哉！君有遺像，題字未滅，君小像，嘗屬余題篆。君有遺文，尚待編綴。思君夢君，感寤嗚咽，一琖薄醪，千秋長別。嗚呼哀哉！

祭侯君模文

道光十八年十月十三日，友人陳澧爲侯君君模傳成，乃詣小北門外白雲庵，以隻鷄斗酒告君之殯曰：出自北門，悠悠我思，寂寂禪扃，吾友在斯。嗚呼哀哉！維君篤學，窮年著書，群史縱橫，六藝菑畬。丹黄在手，鬼伯相呼，懷藏腹笥，永閟泉塗。嗚呼哀哉！昔者同舟，吾有戲言，脱我後死，銘君墓門。不幸言中，何其速焉？佳傳已成，志業斯存，庶無愧色，敢質精魂。嗚呼哀哉！十載交君，是友是師，捧手有授，析疑有資。亦狂亦狷，非惠非夷，二人同心，若此者稀。斗酒娱樂，寸心傾倒，庶幾百年，長共相保。服鳥忽來，青蠅相弔，顔回白髮，黔婁席槁。嗚呼哀哉！君有老母，實康實彊。君有弱息，誦聲琅琅。君婦雖少，能事姑嫜。君家雖貧，幸無絶糧。君書千卷，我爲君藏。持此慰君，君無悲傷。别君一年，思君旁皇。君其有靈，醉我一觴。嗚呼哀哉！

亡兒期年祭文

嗚呼！汝死忽忽一年矣。一年之中，無日不思汝，汝知之否耶？我近日閲《歸震川文集》，見其《思子亭記》，潸然流涕。我今所居之室，亦欲名之爲思子室也。震川之言曰：「吾窮於世久矣，方圖閉門教兒子，兒能解吾意，對之口不言而心自喜。以此自娱，而天又奪之。」此不啻代我言之也。且我之窮，窮於震川。震川之述其子，但曰文秀而已，汝之有志學問，以古賢自期，又豈震川之子之比哉！我於窮老晦亂之時，獨守所學，而汝和之。嗚呼！人世茫茫，性情相合、學問議論相契者，千萬人中無一二人，不意近得之於其子也。行年五十，無事不屯蹇，惟此爲平生最得意事，而一旦失之，能不悲哉！自汝死後，我食飯減半，不飲酒則不能睡，然對酒輒復嗚咽。昔時飲酒，有汝侍側，每舉一杯，講書史一二事，我飲酒樂，汝聽講亦樂，今之飲酒，豈昔之飲酒也。讀書考古，每有所得，益復傷心，恨不得呼汝而告之。所著《學思録》，采取諸書，多汝所鈔，不能不看，看則傷心。《切韻》、《聲律》諸書，多汝所寫，不能不校閲，校閲則又傷心。其傷心之甚者，《朱子語類日鈔》，因汝所鈔而增損之也。今此編已刻成矣，而汝不及見矣。汝讀《論語》日記之語，寫成一帙，將來附我所著書後，我書傳世，汝與俱傳，幸也；我書不傳，則汝與我同歸湮没，亦可不恨也。我爲汝碣銘，字字質實，後世之人自有眼目，當有覽我之文而知汝之學者，不止如我今日讀震川之文也。自汝死後，阿謹頗曉事，惜是女子，餘則童幼無知。阿雅常在我旁嬉戲，悲傷之餘，偶得一笑，而又死矣，欲一笑以釋悲而不可得矣。嗚呼！世方擾亂，年漸衰老，每逢家祭及上祖考墳墓，回顧不見汝，心肝如割。復念地下有考、妣、叔、兄、姊、侄、兒、女及平生所愛敬諸師友，多於地上，即相從於九原，云何不樂。近來有病，堅不服藥，精神衰耗，大不如前，每讀書十數葉，輒倦而思卧。昨日之事，今日已忘，今日所讀之書，明日已忘，大約見汝當不久耳。去年八月二十二日，汝自横沙歸家。今年八月二十二日，汝母夜見白衣人影，呼之即滅，非汝也耶！然何必見影，以父母之思汝，即汝常戀戀於父母，復何疑哉？嗚呼！幽明一也，我之言皆汝所知。我憊矣，告汝之語，止於此矣。嗚呼哀哉！

女律遺奠文

嗚呼阿律，明日葬汝矣。哀哉！昔我初爲律吕之學，而未通曉，連夜不眠，忽然而悟，聞汝母産汝呱呱聲，遂名汝曰律。汝生數月，逆夷攻城，我挈家寓梁小韓宅。汝病，小韓治之而痊，假令此時汝死，我不過一歎而已。今養汝二十年，無一日不在我側，而今已矣，我能不痛耶？

汝幼而慧，汝妹阿雅死時，汝五歲，一日嬉戲我室中，我問汝最愛誰乎？汝仰而思之未答。我曰最愛娘乎？汝曰否。最愛我乎？又曰否。然則愛誰？曰最愛一小孩在地下者。我悲汝之言而驚汝之慧，家之人聞者亦莫不驚且羨也。嗚呼！豈知汝今又在地下哉！是時汝伯兄既死，阿雅又死，我見汝嬉戲，時得一笑。每值學海堂宴集，抱汝乘轎至堂，見諸學長，學男子拜，游戲花竹間，近者問汝，則不能記憶矣。頎然而長矣。十餘年來，了無病痛，惟前年患眼痛，氣鬱所致也。未幾而愈，而眼略小，然無害於汝之容貌。去年許婚新會羅氏子，未幾而汝吐血矣。前之眼痛，氣鬱未甚也；此之吐血，氣大鬱也。嗚呼，可憐哉！醫者以藥止血，而告我曰：「此脉不佳，當不活。」然竟漸差矣。正欲今年嫁汝，而值國喪，一年不能鼓樂。正月，汝侄阿學殤。四月，汝姊阿婉死。汝傷痛而又病，後又漸差。夏夜侍我，自言心腹中無不暢適，欲謝醫者。乃汝自恃病痊，食魚粥而又病。九月，又值汝兄女阿柔殤，汝又痛之，病則愈重。我以人言汝所居之室不吉，遷汝於書室，心知汝必死，死不可殯於正寢；殯於汝室中，地逼窄，且與我近，我終日見汝棺，將悲不能勝也。十月廿八日，汝十六兄入學簪花，前期汝欲製新衣出而慶賀，我知此衣必以斂汝，默然而悲，又謂汝必不能起而出賀也。豈知汝忽起梳妝，挾老嫗而出見女賓客。我憂汝過勞，汝竟至日晡乃還而卸妝，我驚且喜。然汝此時每夜必發熱，欬嗽甚辛苦，自是以後，熱漸微，欬嗽漸疏，我知汝非病退也，氣漸衰也。諸醫皆束手，惟高、伍兩君知其難治而强治之，以慰我心耳。兩月以來，我每夜起而視汝，忽一夜汝問我旁立者何人。我心暗驚，此必鬼也，必汝九兄也，汝必將死矣。是時我以汝病，憂勞不能堪，知汝不能活，惟願汝速死；又以汝病辛苦，尤願汝速死。汝本體胖，至是但有皮骨，醫者言見汝，雖石人亦流淚。何況父母？汝死前一日，遣婢請我至牀前，曰：「多得爺恩。」我無一點淚也。其時汝淚滿眼而忍不墮，又以手捋我鬚曰：「爺勿傷心。」是時我心痛極不能言，舍汝而出，急急請醫，急急煎藥，連日夜救之。至聞汝母汝兄哭聲，乃知已矣。嗚呼痛哉！

告於羅氏家，汝婿方病，汝姑告醫者紿之曰：「方至陳氏家診脉，汝妻脉無害也。」汝姑遣人來云：「棺與葬費當由羅氏，汝婿捐納一官，當以命服斂汝。」汝未見姑而蒙姑之愛，未見婿而受婿之榮如此。汝姑請相地師覓汝葬地，必近汝翁墓者，得地於長腰嶺。此山有我慈母及汝九兄之墓，葬汝於此，他日羅氏子孫上汝翁墓，必順道至汝墓，而我家子孫以先塋所在，尤必至焉。是兩家爲汝保護墳墓，世世祭掃，是則汝之福也。嗚呼哀哉！凡世所謂福者，汝皆不得享之矣，獨有此耳。汝往矣，我亦無可言矣。我老不勝悲，我保我身，不以悲而促我命，是則所以慰汝而已矣。嗚呼哀哉！

祭江寧布政使祁公文　代

維晉名都，大涂小涂。相門介弟，黄羊大夫。入躋玉署，出綰郡符。歘歷監司，於粤於湖。旬宣南岳，遂轉江左。黄流洶洶，封樁瑣瑣。庚癸之呼，待公活我。甲乙之帳，待公帖妥。敝精疲神，豈敢告勞。軍書蠭午，復此繹騷。湘灘之間，群盜若毛。甫犯岳麓，遂窺江皋。東南半壁，金陵都會。石頭之城，呺然而大。議兵兵寡，羸不可汰。議饟饟竭，急不可賴。嗟哉長江，滾滾東流。億萬之命，懸於上游。上游不守，乃返石頭。石頭不守，乃移潤州。總督屯九江，徹兵返。巡撫出屯鎮江。公草奏牘，衝冠而怒。豈阿大僚，而蔽君父。有盜在門，遽徹其户。有厦將傾，遽徙其柱。臣與諸將，率厲士伍。料量倉廥，招集孱寙。臣殫臣力，以守王土。臣捐臣軀，以報聖主。退告家人，勿懼而遷。臣道妻道，各尊所天。喧喧刁斗，森森戈鋋。[一]視公燕寢，清香凝然。民安其室，賈戀其廛。定怯以膽，補瑕以堅。公食日少，公形日瘠。公目不眠，無晨無夕。萬憤煎肝，千悲閴膈。賊氛忽來，壓我城壁。公扶病起，距躍三百。喑嗚一呼，坌涌百脉。熱血橫飛，袍鎧盡赤。髯張眦裂，歿而猶植。嗚呼哀哉！淒淒薄櫬，厝公荒園。哀哀小君，伴公孤魂。黄泉咫尺，誰歿誰存。僂指浹辰，池沸城掀。再拜畢命，從公九原。雙騎箕尾，以返天閽。嗚呼哀哉！烈烈群公，喪元行陣。公出赤心，一吐而盡。身當賊鋒，不受賊刃。公存城存，公歿城燼。偉矣完人，如公實稀。況有賢婦，攜手同歸。況有彈章，凛凛生威。營魂不滅，白日争輝。嗚呼哀哉！飛書上聞，天子悲悼。凶耗驚傳，士民相弔。屬在故吏，守官炎嶠。萑苻阻絶，東芻難到。公名既垂，公節彌燿。敢託哀辭，以植名教。嗚呼哀哉！尚饗。

祭湖北布政使梁公文 代

昔顏常山，駡賊斷舌。天津橋南，肉臠支裂。今有梁公，追古豪傑。碎公微軀，完公大節。公始筮仕，於嶺南東。蠢爾島夷，連舶來攻。五羊之城，圍之數重。巨炮之火，飛箭之鋒。公嬰危城，自分九死。公初爲南海縣令，道光二十一年，英吉利圍省城，幾及於難。庸知捐糜，於彼於此。造物是司，孰測其理。夷氛寖消，帝眷乃始。乃牧乃守，於蜀於粵。於粵觀察，於滇陳臬。於楚屏藩，遂謁天闕。帝有恩言，臣敢隕越？臣年垂暮，臣足媻姍。臣儻引疾，可以圖安。國恩未報，臣心未闌。國事孔棘，臣身敢間？羽書飛馳，徵發四方。有盜幺麼，弄兵跳梁。忽越桂管，忽下瀟湘。忽渡洞庭，忽犯武昌。彼方合圍，我乃死守。彼穴而攻，我衆驚走。公肅衣冠，手握印紐。面向北闕，九拜頓首。臣守王土，乃爲賊有。臣志滅賊，乃死賊手。公起顧賊，戟手而駡。賊進犯公，白刃交下。公聲訇訇，公貌整暇。公肉分飛，公血逆射。生爲忠臣，殺我不怕。死爲鬼雄，殺汝不赦。賊咋其舌，群歎而咤。公委其蜕，如坐而化。嗚呼哀哉！公之遺骸，寄於江皋。明神所護，惡鬼所逃。公之精魂，鬱爲神飆。刀剸不斷，劍斫不消。滔滔江漢，爲公怒濤。飛飛黃鶴，爲公夜號。嗚呼哀哉！公有元子，別將鄉兵。將信將疑，之死之生。豈其季明，已殉杲卿。或者傳變，有子別成。公有神祠，明詔所營。爲公晉秩，爲公易名。詢公歸元，彌軫皇情。公靈有知，感涕沾纓。嗚呼哀哉！自古有死，我聞在昔。烈烈我公，終裹馬革。公昔同官，連輿共席。公今明神，幽顯永隔。我酒在筵，我淚沾臆，抒我悲懷，嘉公魂魄。嗚呼哀哉！尚饗。

【校記】

[一] 縉　原誤作「瑨」，據《清史稿·徐廣縉傳》改。

[二] 戈鋋　「鋋」原作「鋌」，與前後句不叶韻，義亦無當，今據文義改。

東塾集外文

黄國聲 輯校

輯校説明

陳澧早年所作文字，曾刻爲《東塾類稿》、《鍾山集》二種，收入文章尚少。至同治九年，因文稿已多，遂命門人廖廷相編録歷年所作，東塾大加删汰，審定爲《東塾集》六卷，收文二二〇篇。删餘文稿，則存於《東塾賸稿》、《東塾文録》中。這兩部手稿均爲私人珍藏，無從得見。汪宗衍曾輯有《東塾集外文》六卷，惜未刊布。因此輯録東塾佚文，只能另想辦法。現在這個《東塾集外文》六卷，是從《東塾類稿》、佚名抄本《東塾集餘稿》、佚名抄本《東塾餘集》、陳之邁編《東塾續集》以及清人詩文集等書中輯録的，共計文二八五篇，略依《東塾集》體例，分爲六卷。

集外文雖爲東塾所棄，在東塾是得失自知，抉擇綦嚴； 而從文章内容看，則仍有存在、流布的價值。今此六卷中，除若干酬應文字外，許多文章都是言之有物，流露作者懷抱與心志的。例如其中的書札，并非日常起居問候、叙述生活瑣細的信函，而是辨論學術、獎掖後進的文字，從中可窺見作者冰雪在抱、愛人以德的情懷。數十篇書序，多評議中肯，善意商榷，少見蕪辭溢譽。集外文雖精粗雜陳，玉石互見，要可從中了解作者生活與治學的態度和宗旨，則其價值或在於此。

陳之邁編的《東塾續集》是排印本，脱漏錯訛較多，兩個抄本誤抄者亦不少，均逐一按文義或檢核所引典籍校正，校記附於各卷之後。

目録

卷二

卷三

卷四

卷五

卷六

卷一

騋牝三千解

《鄘風》：「騋牝三千。」傳：「騋馬與牝馬也。」正義曰：「國馬供用，牝牡俱有，或六尺、七尺，舉騋牝以互見。」按：《爾雅·釋畜》：「騋牡驪牝，玄駒褭驂。」此據《周禮·廋人》注引《周禮釋文》：「牡驪，茂后反。牝玄，頻忍反。」則注文先牡後牝，今本或作「牝驪」，或作「牡玄」，皆誤。鄭注《檀弓》引之云：「騋，牡驪，牝玄。」今本《禮記》注作「騋，牝驪，牡玄」。《經義雜記》云：「此注必近人依郭氏《爾雅》竄改，當以《廋人》注爲正。」正義曰：「或《爾雅》釋《詩》云：『騋牝。』郭注：『玄駒，小馬。』稍異鄭也。」據正義知《禮記》注本作「騋牡」不作「騋牝」矣。則騋句絶，牡驪句絶，牝玄句絶。《釋獸》：「麋：牡，麔；牝，麎；其子，麇。鹿：牡，麚；牝，麀；其子，麛。麕：牡，麌；牝，麜；其子，麆。狼：牡，獾；牝，狼；其子，獥。」《爾雅》文法本如此。又皆先牡後牝。《釋畜》此文所以釋《詩》「騋牝」二字，不聯屬毛義，因明白矣。郭注本作「騋牝驪牡」句絶，蓋因《詩》「騋牝」連文，而以《爾雅》就之，又誤以騋牝爲一。

然騋舉其大小，驪舉其色，於文爲不詞，且於《爾雅》文法亦爲顛到矣。《爾雅釋文》：「牝，頻忍反，下同。」指下「牝曰騇」之牝也。臧玉林《經義雜記》誤以下同指驪牝之牝，遂謂郭本作「騋牝驪牝」。騋，古讀若驪。《爾雅》以「驪牝」釋《詩》「騋牝」，故郭注解「騋牝」不更釋「驪牝」。《説文》「騋」字下云：「《詩》曰：『騋牝驪牡。』」段懋堂亦改爲「騋牝驪牝」，亦據《釋文》「下同」一語，且謂騋驪雙聲爲訓，與《經義雜記》略同。然《説文》於「騋」字下云：「馬七尺。」「驪」字下云：「馬深黑色。」其義迥別，豈得以偶涉雙聲便可爲訓。如馬八尺以上爲龍之龍，亦與騋驪雙聲，豈亦可爲訓乎？《説文》爲後人妄改者多矣。此解説本文亦當爲騋牡驪牝玄，許君偁《詩》毛氏，蓋不獨用其字，兼宗其義。義與毛同，則讀必與鄭同，「牝」下有「玄」字矣。偁《詩》曰者，以《爾雅》釋《詩》實非引《詩》，即引《易》曰「地可觀者莫可觀於木」之例，則不必與《詩》文同以騋牝二字聯屬矣。段注謂合引《詩》《爾雅》者非。淺人據郭本《爾雅》妄加删改耳。若郭注釋騋不釋驪，則上文「驪，馬白跨。」驈注已云：「驪，黑色。」何事更釋乎？郭以騋牝驪牡對文，其後一改再改，并失郭意者也。

春秋劉光伯規杜辨

劉光伯《規過》一百五十餘條，正義所引，殆無遺矣。孔沖遠《正義序》謂其「意在矜伐，性好非毁」，「習杜義而攻杜氏，猶蠹生於木而還食其木，非其理也」。孔氏守疏不破注之例，故其論如此。

平心論之，有杜勝於劉者，有劉勝於杜者，有各明一義者，今各舉其一二：僖二十八年《傳》：「晉中軍風於澤，亡大旆之左旃。」注：「牛馬因風而走，皆失之。」正義曰：「《規過》爲以放牛馬於澤，遺失大旆左旃，不失牛馬。」按：僖四年《傳》：「唯是風馬牛不相及也。」正義引服虔云：「風，放也。牝牡相誘謂之風。」劉云：「放牛馬，似誤以爲人放之，不知服云放是放失之放，非謂人放牛馬也。且軍中非游牝之時，豈有放牛馬之事。惟牛馬走失，人不能防，故爲奸命耳。」《書·粊誓》：「馬牛其風。」《史記·魯世家》注引鄭注云：「風，走逸。」走逸，即走失也，故下文云「祇復之」。若不失，何云復之乎？文六年《傳》：「季文子將聘於晉，使求遭喪之禮以行。」注：「聞晉侯有疾故。」正義曰：「劉以爲聘使之法，自須造遭喪之禮而行。」案：《儀禮·聘禮》：「聘遭喪，入境，則遂也。」然則不入境即返可知。若造遭喪之禮以行，何爲不遂乎？又《聘禮》云：「不筵几，不禮賓。主人畢歸禮，賓惟饔餼之受，不賄，不禮玉，不贈。」不言賓有賵襚之屬者，蓋受君命而聘，未受君命弔喪，故聘畢即歸。如劉説，將假稱君命以致之乎？且自是聘使之法，其人何爲怪而問之？文子何不以聘使之法告之，而云過求乎？文十七年《傳》：「鹿死不擇[一]音」注：「音，所茠[二]蔭之處。古字聲同，皆相假借。」正義曰：「劉從服説，以爲音聲。」案：《説文》：「陰，闇也。」凡从音之字如闇、暗、瘖之等，皆有陰蔽之義，故多與「陰」相通假。如《論語》「高宗諒陰」，《春秋繁露》引作「高宗諒闇」，《書·無逸》「乃或亮陰」，《魯世家》作「乃有亮闇」，《文選·思玄賦》「經重瘖乎寂寞兮」，舊注云：「瘖，古陰字。」《後漢書·張衡傳》正作「重陰」，杜讀音爲陰，深得假借之理，實勝服説。光伯從服説以規之，非也。此皆杜勝於劉者也。

桓二年「及其大夫孔父」注：「孔父稱名者，内不治其閨門，外取怨於民，身死而禍及其君。」正義曰：「杜君積累其惡，故以書名責之。劉君不達此旨，妄爲規過。」案：古人名字連言者，皆先字後名。如商瞿子木之等，乃漢人語。《傳》稱孔父嘉，則是名嘉字孔父，與百里孟明視之等同一例。又楚成嘉字子孔，鄭公子嘉字子孔，皆以嘉爲名，孔爲字。《説文》：「孔，从乙子」、「乙至而得子，嘉美之也。古人名嘉，字子孔。」杜違《傳》證，妄爲偵到，又以聖人之先而積累其惡，宜焦氏循謂集解爲司馬氏而作也。正義云：「孔父先世以孔爲氏，故《傳》云督攻孔氏。」案：氏猶家也。如「適子南氏」、「過伯有氏」、「受盟於子皙氏」，皆連字言之。「瘈狗入於華臣氏」，則連名言之。杜以孔父二字爲名，正義乃以爲孔氏父名，尤非也。成十六年《傳》：「欒、范以其族夾公行。」注：「二族强，故在公左右。」正義曰：「劉云：族者，屬也。屬謂中軍。」案：宣二年《傳》云：「晉成公立，乃宦卿之適，以爲公族。又宦其餘子，亦爲餘子；其庶子爲公行。趙盾請以括爲公族，公許之。冬，趙盾爲旄車之族。」趙非晉同姓而爲公族者，魏風殊異乎？公族傳公族，公屬是也。若然，旄車之族，亦猶言旄車之屬也。旄車之族即《魏風》之公路，公路即公行。《魏風》箋云：公路主君之旄車，公行主君兵車之行列。正義曰：「公路即公行，變文以韻句耳。」欒、范以其族夾旄車之族，實以其屬夾旄車之屬耳。蓋春秋兵制，君之兵車必在中軍。

僖二十八年《傳》稱「中軍公族」，《楚語》稱「中軍王族」，韋注：「唐固云：『族，親族同姓也。昭，謂族部屬也。』」桓五年《傳》稱「以中軍奉公」，此云「以其族夾公行」，下云「中軍王族」，其義一也。劉以爲中軍，是也。襄三十年《傳》「降婁中而旦」，注：「降婁，奎婁也。周七月，今五月。」正義曰：「劉以《月令》之文而規杜。」案：《月令》五月「旦危中」。危末度至奎一度凡二十七度。襄公十九年至秦始皇元年凡三百九年，以恒星七十年餘差一度計之，當差四度又不及十分度之四，安得差至二十七度？況危中未必是末度，降婁中未必是奎一度也。杜以爲周七月，蓋以大夫三月而葬，子蟜四月卒，葬當在七月耳。《月令》「季夏之月，旦奎中」。奎有十六度差四度，尚當不出奎宿度。然則降婁中而旦，蓋周八月也。此皆劉勝於杜者也。

文二年「作僖公主」，注：「主者，殷人以柏，周人以栗。」正義曰：「劉就所以規杜過。」案：劉蓋謂以柏以栗，是社主也。《禮記·祭法》正義引《五經異義》云：「今《春秋公羊》說『祭有主者，孝子之主繫心，夏后氏以松，殷人以柏，周人以栗』。又《周禮》說『虞主用桑，練主以栗』，無夏后氏以松爲主之事。許君謹案：『從《周禮》說』，《論語》所云『謂社主也』。」「鄭氏無駁，從許義也。」《論語》「哀公問社於宰我」，集解孔曰：「凡建邦立社，各以[三]其土所宜之木。」疏：「張、包、周本以爲哀公問主於宰我」，皇侃疏：「鄭論本云問主也。」《釋文》：「鄭社作主，云：『主田，主謂社。』」若然，杜所本者公羊說《公羊》文二年《傳》：「虞主用桑，練主用栗。」何氏解詁：「夏后氏以松，殷人以柏，周人以栗。」

亦守公羊家師説也。劉所本者，《論語》孔説，疏稱張、包、周本以爲問主，不著其説，不知其謂廟主抑謂社主也。鄭於《論語》雖云「田主」，《大司徒》：「設其社稷之壝而樹之田主。」注謂「若松柏栗也」。但《小宗伯》：「若大師，則帥有司而立軍社，奉主車。」注則云：「社之主蓋用石爲之。」許君《異義》從《周禮》説，但《異義》又云：「凡虞主用桑。練主，夏后氏以松，殷人以柏，周人以栗。」《通典·禮》八、《吉禮》七引是許、鄭皆無定説也。昭十六年《傳》「受脤歸脤」，注：「受脤，謂君祭，以肉賜大夫。歸脤，謂大夫祭，歸肉於公。皆社之戎祭也。」正義曰：「劉以爲脤亦祭廟之肉。」案：《説文》：「祳，社肉。」《大宗伯》疏引《異義·左氏説》：「脤，社祭之肉。」《晉語》：「受脤於社」，注：「脤，宜社之肉。」此杜所本也。定十四年：「天王使石尚來歸脤。」《公羊傳》：「脤者何？俎實也。」《穀梁傳》：「脤者何也？俎實也，祭肉也。生曰脤，熟曰膰。」此劉所本也。《周禮·掌蜃》：「祭祀，共蜃器之蜃。」注：「蜃之器以蜃飾，因[四]名焉。」言祭祀，則非獨祭社。又《大宗伯》：「以脤膰之禮，親兄弟之國。」注：「脤膰，社稷宗廟之肉。」鄭意似以脤屬社稷，膰屬宗廟也。此皆各明一義者也。

春秋劉光伯規杜辨二

「大路越席」，注：「大路，玉路，祀天車也。」正義曰：「劉君以大路爲木路。」謹案：《顧命》「大輅在賓階面」。《周禮·典路》疏引鄭注云：「大輅，玉輅。」又《周禮·巾車》：「玉路，鍚，樊纓十有再就，建大常十有二旓，以祀。」大戴《朝事篇》：「乘大路，建大常十有二旒，樊纓十有再就。」合證二文，大路即玉路也。劉用服虔説以爲木路，失之。

「宋人執鄭祭仲」，注：「祭，氏；仲，名。」正義曰：「劉君以祭仲是字，鄭人嘉之。」謹案：文十五年《傳》：「書曰『宋司馬華孫』，貴之也。」服虔曰：「魯人不知其非，反尊貴之。非君子貴之。」劉難服曰：「孔子修《春秋》，裁其得失，定其褒貶。若魯人所善亦善之，所惡亦惡之，筆削之勞，何所施用？」若然，劉既以孔子不隨魯人而貴華耦，豈隨鄭人而嘉祭仲也。

「戎狄荐居」，注：「荐，聚也。」正義曰：「服虔云：『荐，草也。言狄人逐水草而居。』劉按：《莊子》云：『麋鹿食荐。』即荐是草也。服言是。」謹案：荐，《説文》：「薦，席也。」《釋言》云：「再也。」席與所藉之物爲二，故訓再。薦，《説文》云：「獸之所食草。」若然，則凡經典訓進、訓重之薦，皆荐之假借。服訓荐爲草，則薦之假借也。《晉語》「戎狄荐處」，韋昭注：「荐，聚也。」此杜義所本。聚居是重藉而居，於荐之本義爲近。

「遒人以木鐸徇于[五]路」，注：「逸《書》：遒人，行人之官也。」正義曰：「劉以爲杜不見古文，以遒人爲宣令之官，徇路求諫。」謹案：杜以遒人爲行人之官，未知所据。劉据僞古文孔傳以規杜，非也。

「豈如弁髦，而因以敝之」，注：「童子垂髦始冠，必三加冠，成禮而棄其始冠，故言弁髦因以敝之。」正義曰：「劉以爲弁、髦二物，又云因以敝之者，謂親没不髦。按禮，加冠以後，親没以前，猶自垂髦，何得云童子垂髦？髦既親没乃棄，杜注何以不言親没也？若三加之後，棄弁不棄髦，杜注何得云『棄其始冠』？故言弁、髦因以敝之，既連髦而言，明非親没之髦也。」謹案：杜意以童子垂髦爲一事，三加、棄始冠爲一事云，故言弁、髦因以敝之者，合二事言之。劉以連髦而言，疑杜以弁、髦爲一，非杜意也。《既夕禮》：「既殯，主人説[六]髦。」注：「兒生三月，翦髮爲鬌，長大猶爲之飾存之，謂之髦。」杜言童子垂髦，從其初言之，非謂冠後不髦。惟不引「親没不髦」，是其一失。

「而田於大陸，焚焉」，注：「《爾雅》：廣平曰陸。」正義曰：「劉君以《爾雅》『高平曰陸』而規杜氏。」謹案：《周官·大司徒》注引作「高平曰原」，或《爾雅》別本有作「高平曰原」「廣平曰陸」者，杜所見異耳。

以上録自《學海堂二集》

卿以下必有圭田圭田五十畝餘夫二十五畝

制外有田，合君子小人而被澤焉。夫圭田五十畝，爲卿以下設之，二十五畝爲餘夫設之，皆在常制外也，可不謂厚歟！且以田禄之有定制也，君有禄，臣之身食之，即臣之祖父享之。國有田，家之長受之，即家之子弟分之，豈必踰乎常格而惠澤始彰哉！不知推教孝之典，則報宜隆，廣慈幼之懷，則恩宜溥，數有限而意無窮，彌覺綽有餘地耳。野與國中之制，小人所以養君子者也。夫由君子推之，則自卿以下；由小人推之，則有餘夫。卿之位冠乎朝班，乃等而降之曰以下，則無田不祭者，悉從其類，垂數世鐘鼎之家而馨香未祝，所宜動仁人孝子之情。夫之數定於户口，乃連而及之曰餘，則逸居無教者，雜厠其間，合千百市井之輩，而衣食無資，豈僅爲曠土游民之慮。蓋必有圭田五十畝，而卿以下之祀修矣。核以卿倍大夫之禄，則膺膴仕者，歲取十千，而茲特吉蠲之用也。位列浚明，亦自幸以特達之榮，光昭於寢廟，而白華孝養，至秋霜春露，而倍致其虔，所爲特寬其征斂之條也。考其名載於師之職可也。有二十五畝，而餘夫之食足矣。例以「夫三爲屋」之文，則服先疇者，或相倍蓰，而茲則波及之恩也。分同亞旅，亦幸附於肩隨之列，祈禱乎倉箱，而黄茂豐盈，即水耨火耕而敢辭其瘁，所爲兼收夫田萊之利也。數其典於《遂人》之官可也，此皆在常制之外者也。夫然，吾得而推其説焉。學者參稽《周禮》，謂六卿之職，率其屬者悉數難終，而畿甸無可啓之疆，當日或難遍及，乃滕以式微之國，不特詔糈無缺，而尚能推不匱之念，以惠及先人，五十畝不至作閑田之用也，而何疑於《周禮》之書也哉！儒生尚論井田，謂三代之隆，定其制者民生尚寡，而生齒有日繁之勢，後世或恐難行。乃滕以僻陋之邦，不特恒産無憂，而尚多逾格之施，以穀我婦子，二十五畝未嘗窘度地之方也，而何疑於井田之法也哉！此所以合君子小人而同被其澤也，厚之至也。

古樂微

五聲，宫、商、角、徵、羽，明鄭世子載堉説以俗樂字譜，宫即上字，商即尺字，角即工字，徵即六字，羽即五字，變宫即一字，變徵即凡字也。

十二律：黄鐘、大吕、太簇、夾鐘、姑洗、中吕、蕤賓、林鐘、夷則、南吕、無射、應鐘，六陽六陰相間，故《國語》曰「六間」也。

十二律之聲，黄鐘聲最濁。遞降而清，應鐘最清也。

半律者，本律之清聲與本律清濁相合如一聲也，《通典》謂之子聲，今俗樂字譜謂之高字也。

十二律之度，黄鐘最長，遞降而短。《淮南子》曰：黄鐘下生林鐘，林鐘上生太簇，太簇下生南吕，南吕上生姑洗，姑洗下生應鐘，應鐘上生蕤賓，蕤賓上生大吕，大吕下生夷則，夷則上生夾鐘，夾鐘下生無射，無射上生仲吕。鄭康成注《周禮》曰，「下生者，三分去一，上生者，三分益一」也。《漢書·律曆志》曰：蕤賓下生大吕，大吕上生夷則，夷則下生夾鐘，夾鐘上生無射，無射下生仲吕。與《淮南》異。此蕤賓所生大吕，夷則所生夾鐘，無射所生仲吕，皆得半律，倍之則皆合也。《五禮通考》曰，「二者不同，得數則一」也。

黄鐘長九十黍爲九寸，容千有二百黍者，聖人制樂以教天下，而聲不可以文載口傳也，乃以黄鐘管之長，以黍排之，復以黍實其中，乃舉黍數以示人，使依以造管，則得黃鐘之聲也。非先定其數以爲黃鐘也。

十二律以數相生者，聖人制律教天下，爲簡明之法以示人，故蔡邕曰「假數以正其度」，度數正而音亦正也。自黃鐘至仲呂，十二律已備，若仲呂三分益一，則在黃鐘、大呂之間，故《淮南子》曰：仲呂極不生也。京房以仲呂三分益一謂之執始，由是推衍爲六十律，徒爲繁複，故荀勖曰：六十律無□於樂也。

律有十二，用五律爲五聲，用二律爲二變，其不用者五律也。

宮與商隔一律，商與角隔一律，角與變徵隔一律，變徵與徵連二律，徵與羽隔一律，羽與變宮隔一律，變宮與宮連二律也。如黃鐘爲宮，則太簇爲商，姑洗爲角，蕤賓爲變徵，林鐘爲徵，南呂爲羽，應鐘爲變宮，故孟子曰：「不以六律不能正五聲也。」

三分損益，倍半相應，絲聲則然，竹聲則否，故京房曰：「竹聲不可以度調也，故作準以定數。」然弦有緩急燥溫，則異其聲，故《續漢志》：「弦以緩急清濁，非管無以正也。均其中弦，令與黃鐘相得，案畫[七]以求諸律，無不如數而應者矣。」以管正黃鐘之聲，以弦求十二律也。竹質脆而易壞，故鑄金鐘。《月令》：孟春之月，律中太簇。蔡邕曰：「太簇鐘名。」然十二律之名皆鐘名，故曰黃鐘、夾鐘、林鐘、應鐘也。

程氏瑶田以黍九十排爲黄鐘之長，繪以爲圖。今如其圖製管吹之，與今笛閉六孔比，今笛閉六孔之聲相近。今笛閉六孔，即宋人所謂古樂黄鐘聲也。

中聲者，不高不下之聲也。明鄭世子載堉曰，十二律皆中聲也，非惟十二律皆中聲，其子聲亦皆中聲。十二宫之聲，黄鐘最濁，夷則子聲最清，黄鐘不過於濁，夷則不過於清，則十二宫皆和平之音也。

三分損益者，古聖人所以教伶工定律之法，言其法不必言其數。《史記》「子一分」，至「亥十七萬七千一百四十七分」者，儒者著書紀數者也。置黄鐘爲一，林鐘三之，太簇又三分之，極於仲吕，凡十一三之，故以黄鐘爲十七萬七千一百四十七分，使十一三分之皆盡也。儒者著書紀數如此，伶工采律，但析爲三分，以損一益一而已，不必算其數也，亦與《考工記》云云同也。若九寸而分爲十七萬七千一百四十七，無此細密之尺也。

樂律餘論

《尚書·皋陶謨》：「予欲聞六律五聲。」言聲律之數者，此爲最古。然云六律，不云十二律。鄭注云：「舉陽，陰可知也。」竊疑不然。蓋唐虞時，但有六律，未有十二律。《吕氏春秋》言：黄帝時，伶倫造十二律。荒遠難考，未敢以爲據也。六律者，宫、商、角、徵、羽五聲各一律，而角、徵之間，尚有變徵之一聲，故又造一律，以存其虛位，使角聲不至失之高，徵聲不至失之下。其樂則但用五聲，而不用六聲也。其造變徵之聲之律，不造變宫之聲之律者，變徵在角、徵之間，而變宫則在五聲之外，但有六律無十二律，則不可以還宫，蓋唐虞時，尚未有還宫之法耳。

以上録自陳之邁編《東塾續集》

同律度量衡解

同律度量衡者，黄鐘之管九寸所實之黍爲一龠，一龠黍之重爲十二銖，兩之，二十四銖爲一兩。所以立此法者，律、度、量、衡四物行用之久，或有改變，故齊同之，使一有改變，即可互相較而知其失也。然必以黄鐘之律爲主，而度、量、衡因之以起。數者，度或有長短，皆可用也；量或有大小，皆可用也；衡或有輕重，皆可用也。惟律過於高，則人聲揭不起；過於下，則人聲咽不出。故必先定律而以度量衡就之也。協時月正日，一事也。同律、度、量、衡，又一事也。鄭注以同爲陰律，以「正日同律度量衡」爲句，殆非也。《漢書·律曆志》引《虞書》曰：「乃同律度量衡。」可證也。又律與曆不可牽合，黄鐘之管龠爲九九八十一者，使可三分損益耳。曆家以八十一爲日法者，二十九日又八十一分日之四十三，而月與日會，故分一日爲八十一分。劉歆三統曆以日法八十一與黄鐘八十一兩數相同，遂謂以黄鐘爲日法，此欺人語，不可信也。

詩言志歌永言聲依永律和聲解

《虞書》：「詩言志，歌永言，聲依永，律和聲。」此古人以□□□□□，先以其志意作詩，詩成則□□以歌之，乃以宫、商、角、徵、羽依其歌聲而寫之，猶後世之工尺也。然雖有宫、商而高下無定，必以某律爲宫，某律爲商，則高下定矣，即後世之某宫某調也。自漢以後，此法未失，如姜堯章之自製曲，亦先作其文句而後定其聲律，若先有聲律而後作文句，則按譜填詞者也。

宫逐羽音商角同用説

《琵琶録》所謂宫逐羽音商角同用者，琵琶定弦之法也。余目驗今之樂工彈琵琶而悟得之。今樂工彈琵琶有兩調，一曰合上尺合，第一弦、第四弦散聲皆「合」字，第二弦散聲「上」字，第三弦散聲「尺」字也。一曰上尺合上，第一弦、第四弦散聲皆「上」字，第二弦散聲「尺」字，第三弦散聲「合」字也。合上尺合者，七商七角調弦法。上尺合上者，七宫七羽調弦法。宫逐羽音，商角同用，故四均只用兩法也。七宫以第一弦爲主，其第一運，正宫第一聲爲宫，第一聲即散聲，後倣此。即「上」字，其餘三弦用「尺」、「合」、「上」三字，則爲上尺合上也。第二運以下不轉弦，但七聲遞轉而高耳。七羽亦然，但以第四弦爲主，其第六運，般涉調第一聲爲宫，即「上」字，其餘三弦用「上」、

「尺」、「合」三字，亦爲上尺合上也。蔡氏燕樂書七羽以般涉調爲首，蓋以此故也。七角以第三弦爲主，其第一運，越角第一聲爲商，即「尺」字，其餘三弦用「合」、「上」、「合」三字，即合上尺合也。七商本以第二弦爲主，而唐人彈七商亦與七角同用，第三弦爲主，欲其調弦與七角同一法，以歸簡便。七商角調每弦皆慢二律，即成商調也。琵琶四弦，而可減去一弦爲三弦，以此故也。七商既用第三弦爲主，其第一運，越調第一聲爲商，即「尺」字，其餘三弦用「合」、「上」、「合」三字，即合上尺合也。《琵琶録》「宫逐羽音，商角同用」二語，甚難解，乃驗之今日俗工而竟得之。可見古法相傳，有千載而未泯者，但無人問律至此耳。

宫調第一運

第四弦	宫	上
第三弦	徵	合
第二弦	商	尺
第一弦	宫	上

羽調第一運			第六運	
第四弦	羽	四	宫	上
第三弦	宫	工	徵	合

第二弦　變宮　乙　　商　尺

第一弦　羽　四　　宮　上

商調第一運

第四弦　徵　合

第三弦　商　尺

第二弦　宮　上

第一弦　徵　合

角調第一運

第四弦　徵　合

第三弦　商　尺

第二弦　宮　上

第一弦　徵　合

宮、商、角、徵、羽四均由轉弦緊慢而成，其每一均七調則不轉弦，但用七聲遞高耳。宮逐羽音，商角同用。昔時説此有誤，今改定如此。

聲律餘論

或問：明鄭世子、國朝程易疇以人聲論中聲，誠是也，如驗之於器，使粗淺而易見，可乎？曰：可。假如以木長一丈，兩端各椓一釘而絙一弦，以指按其末而彈之，如擊敗鼓之皮，不成聲也。漸按而上，節節彈之，漸有聲而沈晦。又漸按而上彈之，至其聲雖濁而洪亮，則記之，又漸按而上彈之，其聲由濁漸清至於極清，又記之。再上則其聲纖而激，又上則不成聲，如擊堅石矣。所記者，中一段也，即中聲也。其濁而洪亮者，黄鐘也，以其不可再濁，以此爲限斷，故爲律本也。其中半之聲與黄鐘清濁協者，黄鐘清聲也。自黄鐘至黄鐘清聲，分爲十一節，與黄鐘爲十二律也。每一律中半之聲與其律清濁相協者，爲十二半律也。應鐘之半聲爲最清，其最清而纖激者，則不用，使十二律、十二半律無過於濁者，無過于清者，故爲中聲也。所用之中聲，以黄鐘爲最濁之限斷，而絲聲不能持以示人，以其燥溼有異也。竹管可以示人而不堅牢，玉管則又難製，故不如銅鐘。然先定其聲以鑄鐘，鑄成則或失之濁，或失之清，難得密合，故荀勖得之牛鐸，長孫紹遠得之浮圖之鐸，聞此鐸之聲濁而洪亮，故取之也。古鐘有枚，磨之則聲清者變濁。阮文達公之説最精確。荀勖、長孫紹遠時蓋已不知古人磨鐘枚之法，故其密合者甚難，而取之牛鐸、浮圖鐸也。彼説中聲，説黄鐘，而説理説氣者，茫如捕風，皆無足取也。皆爲荀勖、長孫紹遠所笑者也。杜夔、荀勖所差者，衹半律耳。今難定其是非，伏讀《律吕正義》

以今時用笛第四孔爲應黄鐘之律。正義[八]《律吕正義》笛孔次第，自右而左。此第四孔之聲與和峴所定最相近，杜夔、王朴所定在此孔之左，而所差皆不及一孔。觀《聲律通考·樂聲高下表》自明矣。以此知和峴所定獨合於我朝制作，彼三者皆所謂不中不遠耳。

或問：古人定黄鐘聲或得浮圖鐸，或得牛鐸，乃能定之。宋儒且求之聲氣之元，今子但云□□□聲雖不中不遠，而不復深考，何也？曰：自《月令》以十二律分配十二月，而《漢書·律曆志》遂解十二律名之義，謂黄者中之色，黄鐘爲元氣之律。宋人好與漢人立異，獨於此則與之同。蓋好爲微妙之説而實無用，此不必論矣。淩次仲云：「燕樂之字譜，即五聲二變也。蓋出於龜茲之樂。」「鄭譯以其言不雅馴，故假聲律緣飾之，其言曰：應用林鐘爲宫，乃用黄鐘爲宫。所謂林鐘者，即徵聲也。黄鐘者，即宫聲也。所謂宫者，則字譜之合字也。猶言應用徵聲爲合字者，乃用宫聲爲合字也。以聲配律，實始於此。」案：淩氏此説尤誤，且其所引鄭譯之言，亦未詳盡也。《隋書·音樂志》云：鄭譯因蘇祇婆琵琶推演成八十四調，「仍以其聲考校太樂所奏，林鐘之宫。應用林鐘爲宫，乃用黄鐘爲宫；應用南吕爲商，乃用太蔟爲商；應用應鐘爲角，乃取姑洗爲角。故林鐘一宫七聲，三聲并戾。其十一宫七十七音，例皆乖越」。「譯又與蘇夔俱云：『案今樂府黄鐘，乃以林鐘爲調首，失君臣之義。今請雅樂黄鐘宫，以黄鐘爲調首。』衆皆从之」。《志》所載鄭譯之説如此。推尋其説，當時樂聲沈濁，較譯所定者下七律，故譯謂太樂所奏，林鐘、南吕、應鐘爲黄鐘、大蔟、姑洗也。所謂調首者，每宫所用之第一聲也。當時樂府，黄鐘宫以林鐘爲調首，所以然者，其黄鐘聲太濁，故以其徵聲林鐘爲第一聲。其次羽聲南吕，又其次宫聲黄鐘半律，又其次商聲太簇半律，又其次角聲姑洗半律，宫商角三聲反在徵羽二聲之後，故譯譏其三聲并戾。其十一宫皆如此，故云例皆乖越也。此《志》所述之語，簡而未明，必通其上下文，排比勾稽，乃得其解。淩氏僅摘其二語，遂謂假爲緣飾，以聲配律，即如所説應用徵聲爲合字，乃用宫聲爲合字，以此推之，則以商聲爲四字，角聲爲一字，變徵聲爲上字，徵聲爲尺字，羽聲爲上字，變宫聲爲凡字，七聲皆戾矣。而譯但以三聲爲戾，將何以解之乎？《周書·長孫紹遠傳》云：紹遠爲太常，創造樂器，爲黄鐘不調，每以爲意。過浮圖三層之上，有鳴鐸焉。忽聞其音，雅合宫調，取而配奏，方始克諧。紹遠乃啓世宗行之。故梁黄門侍郎裴正上書，持林鐘作黄鐘，以爲正調之首。詔與紹遠詳議往復。《北史·長孫紹遠傳》載：「裴正議曰：今用林鐘爲黄鐘者，既清且韻，八音平濁，何足可稱？」案：裴正以長孫紹遠所定黄鐘太濁，欲改高七律，與鄭譯正同也。世宗時，蘇祇婆未入中國，而裴正之議已與鄭譯同，安得云鄭譯緣飾龜兹之樂乎？

《大清會典》載：乾隆五十年上諭云：樂部所用樂章，僅以五、六、工、尺、上等字爲音，問以宫商角徵羽，茫然不知爲何事。又云：太常寺寺丞張樂盛編輯樂章，專注工尺，不學無術，不可與言樂。又云：朱載堉《樂律全書》所載樂譜，内填五、六、工、尺、上等字，并未兼載宫、商、角、徵、羽字樣，未免援古入[九]俗。伏讀之下，益知言樂不可不挽流俗之失而返之於古雅矣。

以上録自抄本《東塾餘集》

論語説一

子張問：「十世可知也？」邢疏云：「國家文質禮變，設若相承至於十世，世數既遠，可得知其禮乎？」此以爲子張問後十世，欲知前十世之禮，最爲得解。蓋十世者，言其極遠也。後世欲知前世，近則易知，遠則難知，故極之十世之遠。若前世欲知後世，則一世與十世，其不可知等耳，何必問至十世？且亦不必問也。觀孔子言夏、殷禮，杞、宋不足徵，一二世已如此，至十世則恐不可知，故子張問之。觀孔子之答，但言禮，則子張之問，爲問禮甚明，非泛問其事，尤非問後世之事。且孔子但言知前代之禮，其曰「其或繼周者，雖百世，可知也。」謂此後百世尚可知夏、殷以來之禮也。至今周禮尚存，夏、殷禮亦有可考者，百世可知，信矣。馬季長誤會繼周百世之文，乃有豫知之説。皇疏因之，遂以爲子張問從今以後方來之事矣。邢疏於子張之問，既不用皇説，而於繼周百世猶兼用馬注之意，云「非但順知既往，兼亦豫知將來。」則疏不破注之例耳。

論語説二

「子張問善人之道。子曰：『不踐迹，亦不入於室。』」集解：「孔曰：『言善人不但循追舊迹而已，亦多少能創業，然亦不入於聖人之奥室。』」孔意以爲善人不但能踐迹，亦稍稍能創業，然亦不入室。皇疏云：「言善人之道亦當別，宜創建善事，不得唯依循前人舊迹而已。」非孔意。邢疏本無「多」字，疏云：「善人好謙，亦少能創業。」尤非。

朱注云：「善人，質美而未學者也。善人雖不必踐舊迹而自不爲惡，然亦不能入於聖人之室。」

按：孔注、朱注蓋皆非也。人皆可以爲堯舜，況善人之質本美，焉知其不能入於室乎？陳厚甫先生曰：「此反言之，明善人之道當踐迹也。善人之質雖美，亦必循古聖賢之迹，乃能入於室。如不踐迹，亦不能入於室。」言質美之不可恃也，深得經旨，遠勝舊注矣。

以上録自《東塾類稿》

論語説三

「子曰：『學而時習之。』」《論語》學字首見於此。其次則：「子曰：『弟子，入則孝，出則弟，謹而信，汎愛衆而親仁。行有餘力，則以學文。』」又次則：「子夏曰：『賢賢易色，事父母，能竭其力；事君，能致其身；與朋友交，言而有信。雖曰未學，吾必謂之學矣。』」讀「弟子」、「賢賢易色」二章，則首章所謂學者，在是矣！曰弟子，則在幼學之時；曰色，曰事君，曰朋友，則在弱冠、有室、强仕之後。此二章先後之序也。又次則：「子曰：『君子不重則不威，學則不固。主忠信，無友不如己者。過則勿憚改。』」讀此又知首章所謂學者，在是矣！「弟子」章之學在文，「賢賢」章之學在行，「君子」章之學在忠信。此正所謂子以四教：文、行、忠、信。聖人以此爲教，聖門以此爲學。編《論語》者於聖教、聖學無少差謬也。陸象山云：「《論語》中多有無頭柄的説話，如『學而時習之』，不知時習者何事？」澧謂象山不善讀《論語》耳，豈有讀書但讀一章而不讀後數章者乎？

《論語》最重仁字，編《論語》者以「孝弟也者，其爲仁之本與」，爲言仁之第一章；「巧言令色，鮮矣仁」，爲言仁之第二章。他如「顔淵問仁」、「仲弓問仁」，皆遠在其後，且「孝弟」、「巧言」二章，又以有子之言在前，孔子之言在後，尤必有故矣。蓋「克己復禮」、「出門如見大賓」云云，惟顔淵、仲弓乃能請事斯語，若孝弟，不巧令，則無智愚賢否皆必由此道，而孝弟尤爲至德要道，故以此二章爲先，而尤以「孝弟」章爲先也。此二章之後，則「弟子」章曰「汎愛衆而親仁」，聖人於門人中如子路、冉有、公西華皆曰「不知其仁」；於當時卿大夫如令尹子文、陳文子亦曰：「未知，焉得仁？」而教弟子則曰「親仁」，弟子安所得仁者而親之乎？惟先有「孝弟」、「巧言」二章在前，則親仁之仁，不煩言而解，蓋即孝弟不巧令之人耳。此則十室之邑必有之矣。編《論語》者不知有此意否？而由今日讀之，愈見《論語》第一篇之論仁至平至實，而深歎其篇次之善也。吕晉伯謂謝上蔡説「仁」字，正與尊宿門説禪一般。可見説「仁」字不可不平實。若依《論語》「孝弟」、「巧言」二章以説「仁」字，則無説禪之病矣。又陸象山謂編《論語》者有病，而尤不喜第二章有子之言，此象山之謬妄。有子之言，即《孝經》至德要道以順天下之旨。孟子所謂人人親其親，長其長，而天下平，亦即此意，不知象山何以不喜也。象山之學，在先立乎其大者，豈孝弟非大者乎，非所當先立者乎？

「學而時習之」一章，總論學也。學以仁爲最重，故次之以「孝弟」、「巧言」二章。學以治身，故次之以「三省」章。學以治國，故次之以「千乘」章。所學者，則在文、行、忠、信，故次之以「弟子」以下三章。此第一篇前八章次第之意，蓋學之大端在此八章也。《論語》二十篇非每章有意爲次第，然第一篇前數章則必有意。凡書皆如此，不獨《論語》也。

以上録自抄本《東塾餘集》

學而時習之解

古訓學爲覺，朱子訓爲效，皆以聲音爲訓，諸生能發明之歟？朱子訓習爲鳥數飛出，於何書能知之歟？□云：「學者以時誦習其經業。」皇侃云：「有身中時，年中時，日中時。」何所本歟？《學記》云：「大學之教也，時。教必有正業。」孔疏云：「言教學之道，當以時習之。」此即孔沖遠解《論語》之義也。但孔讀「大學之教也時」六字爲句，是歟？非歟？陸象山云「不知習甚麼」，黄東發、陸稼書皆□之矣，然所學習者果何事？能確指之歟？《論語》第一句非多讀古今書不能解，經學可易言歟？趙邠卿云：「聖人之道，學而時習。」

録自抄本《東塾集餘稿》

六書説一

《説文·叙》曰：「象形者，畫成其物，隨體詰詘，日月是也。」「指事者，視而可識，察而見意，上下是也。」然則象形者，畫而成之，若圖畫然；指事者，直指之，使人可視可察而已，不畫其形也。考許書所説象形之字，有象一物之實形者，則許所舉日、月是也。亦有非實形者，如中象艸木初生丨出之形；𠂹，象艸木華葉𠂹之形[十]；不，象鳥飛上翔不下來之形；至，象鳥飛從高下至地之形是也。有非實形且不專主一物者：如△象三合之形；囗象回帀之形；八，象分別相背之形；九，象屈曲究盡之形是也。有字義本不專主一物而字形取象一物者：如止字，解云：「下基也，象艸本出有址。」高字，解云：「崇也，象臺觀高之形。」永字，解云：「長也，象水巠理之長。」是也。又如大字，解云：「天大，地大，人亦大，故大。象人形。」尤其明著者也。夫日月有實形，其字固爲畫成，即中、𠂹、止之畫艸木形，不、至之畫鳥形，高之畫臺觀形，永之畫水形，大之畫人形，皆如圖畫然。即△、囗、八、九之等，非主一物，而三合之形，回帀之形，分別相背之形，屈曲究盡之形，亦如圖畫然。然則無論一物衆物，實形虚形，但爲畫成，即象形矣。如上、丅之字，非若圖畫成形，但以丨指一上，則可識爲上；以丨指一下，則可識爲下。推其類如中字，以丨指口中，則可識爲中，而丨非上下中之形也。本字以一指木本，則可識爲本；末字以一指木末，則可識爲末。而一非本末之形也。示字以三垂指二下，二，古文上字。則可識爲日、月、星，而三垂非日、月、星之形也。徐楚金謂：物之實形有可象者，則爲象形；物事之虚無不可圖畫，謂之指事。其言象形已泥於實形。江艮庭謂《説文》有言象形而實爲指事者，段懋堂謂指事亦得稱象形，則尤誤矣。其字既實爲指事，許君何必解爲象形以自亂其例也。

六書説二

《説文·叙》曰："形聲者，以事爲名，取譬相成，江、河是也。""會意者，比類合誼，以見指撝，武、信是也。""轉注者，建類一首，同意相授，考、老是也。"形聲、會意之説，皆無疑義，惟轉注之説，後儒未解，近人多從戴東原説，以爲二字互訓。江艮庭則云："轉注即所謂凡某之屬皆從某。"見所著《六書説》。余謂戴説合於許君同意相受之語，然互訓之字不必同一部，如《爾雅》"初、哉、首、基"皆訓始，在《爾雅》雖同一條，在《説文》則分屬各部，何云建類一首乎？江説合於建類一首矣，然每部之字與部首之字豈盡同意？且如其説，則《説文》九千餘字無一非轉注，亦太無限斷。蓋戴、江二説各得其一端之[十二]，則得許君之意矣。轉注者，部中之字與部首之字同意者也。此劉星南秀才説。凡老之屬皆從老，是爲建類一首。老，考也。考，老也。二字互訓，是爲同意相受。許君説形聲，舉水部江、河二字而不舉部首水字；其説轉注，則舉老部考字、及部首老字。其以部中字與部首字同意爲轉注明矣。形聲之字與部首之字不盡同意，如江、河雖爲水名，然水字不可訓爲江、河；江、河亦不可但訓爲水，必分别解之云「出嶓山，出昆侖」。考、老則考訓老，老訓考，無分别矣。故許君説形聲，但云「因事爲名」，説轉注，乃云「同意相受」也。當保氏教國子時，教識江、河二字，必教以出嶓山之水，出昆侖之水，凡水名數十百字皆當一一訓之。如教識考、老二字，則同一意，并無異訓，此形聲、轉注所以分也。即如老部耋字，解云「年八十曰耋」，耄字解云「年九十曰耄」，耋、耄二字當分别八十、九十，不可但訓爲老，是形聲非轉注也。耆字解云「老也」，則是轉注矣。孝字解云「善事父母者，從老省，從子，子承老也」，則是會意矣。凡五百四十部之字，皆可以此推之也。許君《叙》言倉頡之初作書，依類象形，謂之文。其後形聲相益，謂之字。至《周禮》保氏教國子，乃有六書之目。是造字之法，但有依類象形、形聲相益二者而已。六書乃保氏教國子識字之法也。依類象形之中，有畫成，有不畫成，故分别之爲象形，爲指事。形聲相益之中，有形與形相益，有形與聲相益，故分别之爲會意，爲形聲。且相益有各爲一意者，有仍同一意者，故又分别之爲形聲，爲轉注，此五者之所以分也。

六書説三

《説文·叙》曰：「假借者，本無其字，依聲託事，令、長是也。」余昔時頗疑其説，以爲出一縣之令謂之令，爲一縣之長謂之長，此字義之引申，何以爲假借？必如來本瑞麥，以爲行來之來；西本鳥棲，以爲東西之西，乃假借字也。而許君則舉令、長二字，何也？近者始解本無其字之說，蓋字以孳乳而寖多，凡後世有一事一物爲古所無者，則創制一字亦爲古所本無之字，此其所以寖多也。若不創制一字而即依託古有之字，則謂之假借。縣令[十二]、縣長，古本無而秦漢始有，其最著者也。當時固可創制令、長之字，乃即依託古有之令字、長字，是謂假借。若以此例推之，許君生於東漢，東漢所有而古本無者，如佛是也。此亦可創制一字，乃即依託古有之佛字，此即令、長二字之例也。其創制一字者，則如僧字是也。亡友侯君模昔亦疑令、長假借之義，余今解之，恨不得起君模而質之耳。

聲案：《東塾讀書記》卷十一「説文·叙」條自注云：「澧少時嘗刻所作《六書説》，有人抄襲之，刻入彼所著書。澧今擇存少作入《讀書記》，恐讀者以爲抄襲彼之書，特注明之。」則此三篇蓋東塾之少作也。

以上録自抄本《東塾餘集》

書法雜説

秦篆均齊嚴整，漢人篆書傳於今者，則皆不然。至李陽冰乃復均齊嚴整，故自謂斯翁之後，直至小生也。

夢英云：「方上圓下，此謂□字也。」又云：「撓而無折。」謂但有圓曲撓轉之筆，無方折之筆也。如作□字，先一後∪，上兩角方者，兩筆所湊也。下兩角圓者，一筆撓轉也。此乃李陽冰之法，古人不盡然也。

右手作字，蓋自蒼頡以來皆然也。故象形之文，多偏於左，有左側之形，如馬字鳥字之類是也。無右側之形，凡右側之形，皆由左側而反，如儿字反爲八字是也。至隸書用筆，亦偏於左，如大字自上而連於左，不連於右也。至真書則更偏於左，一點一丨之尖，無不向左者矣。

戴侗《六書故》象形之字，多由臆造，考之古鐘鼎之文，多無之。

古文存於今者，鐘鼎彝器之銘，雖不盡真，亦不盡僞。其字畫兩端，或圓或鋭。秦篆則琅邪泰山殘碑尚存，字畫兩端皆圓。漢隸則存於今者多矣，字畫有兩端皆圓者，亦有始圓而末鋭者，鍾元常書則變爲始鋭而末圓耳。當時仍謂之隸書，後人以其與漢隸始圓末鋭者不同，别謂之真書、楷書。

以章草之筆臨漢隸，即成鍾元常書矣。鍾元常時，通行者隸書與章草也。元常因以隸書之結體，而出以章草之用筆，遂成真書。今試以章草之筆臨漢隸，即似鍾書矣。

若講楷書字樣，必考唐以前楷書碑版，尤必考漢碑隸書，所以然者，楷書即隸書也。

十七帖十七二字，横畫之右出鋒，猶用隸書法。漢時所常行者，隸書也，章草也，以章草之筆作隸書，則成真書矣。閣帖内張芝章草有數字，與真書無異。

草書願字作[illegible]，太簡。欲字作[illegible]，殊不可解。辨字作[illegible]，三點亦不可解。

蘭亭叙崇字，山下有三點，蓋先誤作巖字，至品作三點乃覺之，遂不改而加「宗」字於下，此草稿故不嫌其誤，如「快」誤作「快」，亦不改也。

近日在完蒼湄明府處，見錢南園楷書程子四箴，逼真顏魯公家廟碑。學書能專一如南園，豈有不佳者，凡學問皆然。

姚姬傳八分説，要鈔入瑣記。

録自陳之邁編《東塾續集》

讀説卦傳

《説卦傳》曰：「乾爲馬。」又曰：「爲良馬，爲老馬，爲瘠馬，爲駁馬。」於馬之中舉此四者，是馬不盡爲乾之象也。曰：「坤爲牛。」又曰：「爲子母牛。」於牛之中獨舉子母牛，是牛不盡爲坤之象也。曰：「坤爲地。」又曰：「其於地也爲黑。」於地之中獨舉黑，是地不盡爲坤之象也。既曰：「乾爲馬。」又於《震》云：「其於馬也，爲善鳴，爲馵足，爲作足，爲的顙。」於《坎》云：「其於馬也，爲美脊，爲亟心，爲下首，爲薄蹄，爲曳。」是震坎亦爲馬矣。既曰：「坤爲地。」又於《兑》云：「其於地也，爲剛鹵。」是兑亦爲地矣。既曰：「坤爲大輿。」又於《坎》云：「其於〔十三〕輿也，爲多眚。」是坎亦爲輿矣。既曰：「巽爲木。」又於《坎》云：「其於木也，爲堅多心。」於《離》云：「其於木也，爲科上槁。」於《艮》云：「其於木也，爲堅多節。」是坎、離、艮亦爲本矣。「坤爲腹」，離又「爲大腹」。離爲日，巽又爲多白眼。乾爲大赤，坎又爲赤。乾爲木果，艮又爲果蓏。皆一物而爲二卦之象。王輔嗣曰：「爻苟合順，何必坤乃爲牛？義苟應健，何必乾乃爲馬？」輔嗣此說，所以暢其得意忘象之旨。余謂忘象之説非也，其云「何必坤乃爲牛，乾乃爲馬」，則《説卦傳》之取象本如是也。其意則非，其言則是。李鼎祚曰：「刊輔嗣之野文。」吾則於輔嗣之言有取焉爾。

讀墨子

鄒特夫秀才伯奇告余曰：「《墨子·經上》《經下》二篇有中西算法。」余甚詫之，發書共讀，爲之撫掌。因歎古人學藝之精，使後世有傳，則西洋爲遼東豕矣。此二篇文義隱奧，非特夫穎悟絶人，精通算術，不能明之。余乃由特夫之説取數條釋之，欲質之儀徵[十四]相國，以墨子補入疇人傳也。

《經上》云：「平，同高也。」按：此即《海島算經》所謂兩表齊高也。又《幾何原本》云：「兩平行綫内有兩平行方形，有兩三角形，若底等則形亦等。」其理亦賅於此。

又云：「同長，以缶缶即正。相盡也。」按：《幾何原本》：「有兩直綫，一長一短，求於長綫減去短綫之度。其法以兩綫同輳圜心，以短綫爲界作圜與長綫相交，即與短綫等。」此即所謂以正相盡也。云以正者，圜綫與兩直綫相交，皆成十字也。

又云：「中，同長也。」《説》云：「心，中。自是往相若也。」按：《幾何原本》云：「圜界至中心作直綫俱等。」

又云：「厚，有所大也。」《説》云：「厚，惟無所大。」按：《幾何原本》云：「面者，止有長有廣。」蓋面無厚薄，言厚必先有面之長廣，故云有所大也。其《説》云「無所大者」，謂但言厚則無以見其長廣也。

又云：「直，參也。」按：此即《海島算經》所謂後表與前表參相直也。

又云：「圜，一中同長也。」按：《幾何原本》云：「圜之中處爲圜心」，一圜惟一心，無二心，故云一中也。同長，義見前。

又云：「方，柱隅四讙也。」畢氏校本云：讙，疑維字。

又云：「倍，爲二也。」《説》云：「倍，二尺與尺，但去一。」按：以上三條皆易明。

又云：「端，體之無序而最前者也。」《説》云：「端，是。無同也。」按：端，即西法所謂點也。體之無序，即西法所謂綫也。序如東序、西序之序，猶言兩旁也。《幾何原本》云：「綫有長無廣。」無廣，是無兩旁也。又云：「綫之界是點。」點是綫之盡處，是最前也。又云「直綫有兩端」，兩端之間上下更無一點，是無同也。

又云：「有間，中也。」間不及旁也。《説》云：「有間，舊作聞，畢本改間，是也。謂夾之者也。」間，謂夾者也。按：《幾何原本》云：「直綫相遇作角，爲直綫角。」又云：「在多界之間爲形。」皆是有間也，綫與界夾之也。

「纑，間虚也。」《説》云：「纑，虚也者，兩木之間謂其無木者也。」按：《九章算術》劉徽注云：「以表高乘表間。」李淳風云：「前後表相去爲表間。」即所謂兩木之間無木[十五]者。

讀史記魯世家

《左傳》：莊公疾，叔牙欲立慶父。季友酖叔牙，立子般。莊公薨，慶父賊子般，季友奔陳，立閔公。閔公與齊桓公盟，復季友。慶父賊閔公，季友以僖公適邾，慶父奔莒，乃入，立之。求慶父於莒，慶父縊死。澧嘗反覆讀此《傳》，疑不能明也。讀《公羊傳》，尤不能明也。叔牙不欲立子般，季友酖之。慶父賊子般，而反維之。《公羊》以爲殺叔牙者，遏惡也；慶父殺子般，歸獄於鄧扈樂，季子因而不變，親親之道也。此説實不可通。叔牙惡，慶父不惡耶？慶父親，叔牙不親耶？賊子般時之慶父親，賊閔公時慶父不親耶？季友無罪，必請於霸主[十六]乃復之，又何也？《史記・魯世家》記此事與《左傳》異，《世家》曰：季友奔陳，慶父立閔公。劉原父[十七]書「立閔公者，必慶父也」。原父蓋未於《史記》，故想當然耳。哀姜謀立慶父，慶父弑閔公。季友自陳與閔公弟申如[十八]邾。案：當云閔公兄。

魯人欲誅慶父，慶父恐，奔莒。季友奉子[十九]申而立之，是爲僖公。如《世家》所云，則閔公時季友未嘗歸魯。《春秋》書「季子來歸」，有明文矣，《世家》失之，其餘則較《左傳》爲長。季友立子般，慶父賊之，禍將及季友矣。宋華督弑殤公，并殺孔父；晉里克弑奚齊、卓子，并殺荀息。此勢所必至者。故季友奔陳，避慶父也。季友奔避慶父，安能殺慶父哉！閔公爲慶父所立，故季友不敢歸，閔公欲復之，故必盟於霸主而後季友歸也。慶父之賊子般，未敢自立也，弑閔公，則自立矣。季友能事之乎？不能也。能殺之乎？不能也。故奉僖公適邾，此又避慶父也。至魯人欲誅慶父，慶父奔莒，然後季友能立僖公，求慶父而殺之也。此其情事歷歷無疑者。凡《史記》與《左傳》異，大抵《左傳》爲長，此則《史記》勝《左傳》，故記之以質諸治《春秋》者。

以上録自抄本《東塾餘集》

書漢書食貨志後

《漢書·食貨志》：「造白金三品：其一曰重八兩，圜之，其文龍，名白撰，直三千；二曰以重差小，方之，其文馬，直五百；三曰復小，橢之，其文龜，直三百。」此用銀之始也。今之造銀，形製不一，皆坳突輪囷，不中規矩，此由匠人所爲，朝廷未嘗定其制也。今謂宜仿漢法，亦爲三品，其一重十兩，其二重五兩，其三重一兩，皆圜之，不爲方與橢，以今銅錢亦無方橢也。仍用今制鑄年月及某司、州、縣工名於其上，亦不必爲龍、馬、龜文也。若是者何也？曰便於用也。考洪遵《泉志》諸書，所載錢文不一，大概輪廓必圜，而體必平。圜則取携藏貯皆甚便，平則尤便於積累也。是故太公之制，謂之圜法，其刀布之形不圜者，不行於後世，而藕心之類，則不可知爲何代物。惟圜法世世利用，莫之能易焉。銀亦猶是也，以圜法鑄銀，則東南數千里，不至盡用洋銀矣。盡用洋銀而小民目中罕見中國之寶，此甚不可也。近聞浙江布政使卞公嘗以庫銀十萬鑄爲錢，蓋合於漢法者，或可推而行之歟！

録自陳之邁編《東塾續集》

書江艮庭徵君六書説後

江徵君《六書説》，惟轉注異於常解，而義甚確。古之説轉注者，如衛恒《四體書勢》、賈公彦《周禮疏》皆以爲互相訓釋。段懋堂謂漢以後釋經謂之注，出於此。然以許君之説按之，則於建類一首之旨不合，如「老者，考也」「考者，老也」。老爲部首，是建類一首矣。如「祐，福也」「福，祐也」。此據大徐本。祐、福同一部，猶可謂之一首，若「气，雲气也」「雲，山川气也」。則兩部首互訓矣。若「高，崇也」「崇，嵬高也」，「可，肯也」「肯，可也」。此《釋言》文，《説文》止解爲骨間肉，而未及引伸義。則彼部之字與此部首之字互訓矣，何以爲一首乎？《爾雅·釋詁》第一條：「初、哉、首、基、肇、祖、元、胎、俶、落、權輿，始也。」則數部之字互訓矣，又何以爲一首乎？ 建類一首之文，與下「其建首也，立一爲耑」「畢終於亥」之文相應，必非偶然相涉，即以爲相涉，非建首之謂。 然如初、哉、首、基等字，義同一類，可云建類，亦不可云一首。 何也？ 始者，女之初，引伸爲凡初之義，猶初者裁衣之始，才者艸木之始，哉，《説文》云：「言之間也。」凡經典訓初之「哉」字，皆「才」之假借。 引伸爲凡始之義。 必謂某字爲某字之首，於義未安。《爾雅》之例如「君也」、「大也」、「有也」、「至也」之等，皆以恒言易解之字釋經典不易解之字，使謂君爲林、烝、后、辟之首，善爲儀、若、祥、淑之首，可乎？ 且林、烝、后、辟[二十]自訓君，儀、若、祥、淑自訓善，又豈受君與善之意而後得爲君、爲善乎？ 此并於同意相受亦不可通者也。 如江氏之説，則建一部之字，以一爲首，元、天等字同有一意者，胥受一字之意而從一，推之五百四十部皆然。 一首者，一部中自數字以至數十百字，惟以一字爲首也。 非如互訓之説，始可爲首，初亦可爲首，哉亦可爲首也。 且如江氏之説，尤可見製字之精義。 何也？ 形聲者，《説文》所謂從某某聲也。 如江、河以水爲形，以工、可爲聲也。 然轉注之字，或不兼形聲，如天不從大聲，皇不從自聲。 形聲之字，則必兼轉注，祇明其爲形聲，則祇知其從某之形，而不知從其形即受其意也。 有江氏之説，而後某聲之與從某其意相屬，乃見製字之意。 段懋堂謂會意、形聲兩兼之字致多，已見及此義，獨不知爲轉注、形聲之兼，而誤認爲會意，遂往往有不可通。 如禮從豊聲，豊，行禮之器也，從示，轉注之，則事神之意見。 福從畐聲，畐，滿也，從示，轉注之則福備之意見。 然不可云會意者，會意必如人言、止戈，兩字聯屬，而不可云示豊爲禮，示畐爲福也。然則江、河即轉注，何必更舉考、老曰轉注？以部首之文，注部中之字，所謂孳乳而浸多，故謂之轉。若云：水，江是也；水，河是也。則可矣，然而不詞矣。且考者，老也；老者，考也；尤同意之最切者也。戴東原謂指事、象形、形聲、會意四者爲字之體，轉注、假借二者爲字之用。段懋堂謂宋以後言六書者，不知轉注假借所以包括詁訓之全，乃謂六書爲蒼頡造字六法。如江氏之説，則轉注誠造字之法，而非詁訓。又假借，如本有正字而經典相承用假借字者，則用字之法。若西字、來字本無正字，假借鳥栖來麥之字，安得謂非造字之法乎！則謂六書爲造字六法，又可譏乎？蓋六書者，字之體；詁訓者，字之用也。得江氏轉注之説而益信者也。江氏之説，蓋本於徐楚金《説文繫傳》。《繫傳》云：「轉注者，建類一首，同意相受。」謂老之别名有耆、有耋、有壽、有耄，又孝子養老是也。一首者，謂此「孝」等諸字皆取類於老，則皆從老。又云：「轉注立字之始，類於形聲。」此即江氏之説也。惟又云：「試依《爾雅》之類言之，耆、耄、耋、壽，老也。」又老、壽、耋、耄、耆可同謂之老，老亦可同謂之耆。」似又涉互訓之解。但此欲明部中之字與部首之文同意，而借《爾雅》之例以爲説，仍非以《爾雅》異部互訓爲轉注也。

聲案：《東塾讀書記》卷十一《説文叙》條自注云：「六書惟轉注難明，澧舊有説，刻於《學海堂二集》。今覺其未安，故棄之。」所指即此篇。

録自《學海堂二集》

恭讀律呂正義後編書後一

《律呂正義後編》灃伏而讀之，考之《前編》，尋其端緒，遂冰釋順理，謹舉《圜丘樂譜》而説之曰：此簫譜用工字、凡字、合字、乙字、上字，而不用尺字、四字，《笛譜》用四字、乙字、上字、工字、凡字，而不用合字、尺字，其故何也？《前編》云：「今時用笛第四孔應黄鐘之律。謂按二孔，開四孔也。」又云：「工字爲宫，凡字爲商，六字爲角，五字爲變徵，乙字爲徵，上字爲羽，尺字爲變宫。」謹案：笛聲高於簫聲，相較差四孔，簫開一孔高吹，與笛開四孔相應。《前編》以笛開四孔應黄鐘之律，則簫開一孔應黄鐘之律也。《前編》既定宫聲爲工字，《後編》圜丘樂用黄鐘宫，當用簫開一孔爲工字，此簫之正宫調也。故圜丘樂之簫譜，乃正宫調之譜也。其用乙、凡而不用尺、四，何也？此譜之字以工爲宫，而其音實以上字爲宫也。此譜之字是正宫調，而其音實上字調也。上字調之上字，即正宫調之工字，上字調之乙、凡，即正宫調之尺、四，上字調之合、尺，即正宫調之乙、凡。用上字調之音，而以正宫調之字爲譜，故用乙、凡而不用尺、四，其實用合、尺而不用乙、凡也。簫譜既用正宫調，故笛譜亦用正宫調，以歸畫一。笛之正宫調開四孔爲四字，故笛譜以四字爲宫，與簫開一孔爲宫相應也。此譜之字是正其用乙、凡而不用合、尺，何也？此譜之字以四字爲宫，而其音亦實以上字爲宫也。此譜之字是正宫調，而其音實凡字調也。凡字調之上字，即正宫調之四字，凡字調之乙、凡，即正宫調之合、尺，凡字調之尺、四，即正宮調之乙、凡。用凡字調之音而以正宮調之字爲譜，故用乙、凡而不用合、尺，其實用尺、四而不用乙、凡也。約而言之，《前編》既定黄鐘之律，又定宮聲爲工字，故《後編》黄鐘宮之譜必以黄鐘爲工字，而黄鐘爲工字，則是簫之正宮調。既以宮聲爲工字，則不能不用乙字、凡字。惟用上字調而以正宮調之字爲譜，則用乙、凡而實非乙、凡，簫譜如是，笛譜亦如是，其層累曲折、鈎心鬭角有如此者。反覆尋繹，想見當時諸臣秉筆者用心良苦矣。竊爲解釋，以告後之讀者。

圜丘之譜既明，則其餘諸譜，觀其以某律爲宮，皆可以此例推而明之矣。如方澤樂林鐘宮，林鐘爲陰律之第四律，《前編》之法，陽七律、陰七律各用一笛。陽律之笛開四孔，爲黄鐘，陰律之笛開四孔，爲大吕，開五孔爲夾鐘，盡開六孔爲仲吕，盡按六孔爲林鐘。簫下於笛四聲，則簫開四孔，爲林鐘，以此爲宮，即爲工字，是尺字調也。用工、凡、五、乙、上而不用尺、六，實則乙字調，用六、五、上、尺、工而不用凡、乙、也。其笛譜亦用尺字調，以盡按六孔爲五字與簫開四孔爲工字相應。用五、乙、尺、工、凡而不用上、六，實則工字調，用六、五、上、尺、工而不用乙、凡也。其餘皆以此推之。恭讀《律吕正義前後編》，尤有簡明之法，當知其工、尺、上、乙、四、合、凡七字乃世俗曲譜之上、乙、四、合、凡、工、尺七字也。持此以讀之，則思過半矣。

恭讀律吕正義後編書後二

凡樂用某律爲某聲者，起調畢曲必用此律此聲，自宋以來，相沿如此。詳見《聲律通考》。今讀

《律呂正義後編》，圜丘樂以黄鐘爲宫，而鐘磬譜起調畢曲用倍夷則，不用黄鐘，簫笛譜起調畢曲用羽聲不用宫聲，乃知《後編》所定黄鐘與《前編》不同，《前編》以今時用笛按二孔開四孔爲黄鐘，《後編》蓋以按四孔開二孔爲黄鐘也。按四孔開二孔者，今俗樂正宫調之凡字，故圜丘笛譜以凡字起調畢曲也。笛之正宫調凡字即簫正宫調之上字，故圜丘簫譜以上字起調畢曲也。其琴譜以散彈一弦起調畢曲，琴無變宫、變徵之音，尤必非凡字、乙字也。蓋鐘磬譜之倍夷則者，乃黄鐘也。簫譜之羽聲上字，笛譜之羽聲凡字，乃宫聲也。琴譜之散彈一弦，即黄鐘宫聲也。澧因起調畢曲推測之如此。今時用笛按二孔開四孔，與宋太祖所定黄鐘同。按四孔開二孔，與唐雅樂之黄鐘同。見《聲律通考》卷九《表》。

恭讀律呂正義後編書後三

本朝之樂，陽律陰呂各一均者，用笛二枝，一枝低半字，一枝高半字。一枝高半字者，猶宋時之中管也。每枝笛七聲，二笛共十四聲，謂之十四律。陽律笛七聲，謂之黄鐘、太蔟、姑洗、蕤賓、夷則、無射、半黄鐘七律也。陰呂笛七聲，謂之大呂、夾鐘、仲呂、林鐘、南呂、應鐘、半大呂七呂也。陽律之笛七聲字譜，合[三十二]、四、乙、上、尺、工、凡。陰呂之笛七聲字譜，六、五、亿、仩、伬、仜、仉。世俗六、五、亿、仩、伬、仜、仉爲合、四、乙、上、尺、工、凡之半聲。此則只高半字，非半聲也。於是以陽律笛之工字爲宫聲，凡字爲商聲，合字爲角聲，四字爲變徵聲，乙字爲徵聲，上字爲羽聲，尺字爲變宫聲。以陰吕笛之仩字爲清宫聲，伬字爲清商聲，六字爲清角聲，五字爲清變徵聲，亿字爲清徵聲，仕字爲清羽聲，伬字爲清變宫聲也。又於十四律之外加四倍律，陽律加倍夷則爲低尺字，下變宫聲；倍無射爲低上字，下變羽聲；倍南吕爲低伬字，亦下變宫聲；倍應鐘爲低仕字，亦下變羽聲。

以上録自抄本《東塾餘集》

書孫淵如擬董江都上公孫丞相書後

嘉慶時，洪稚存《上成親王書》，謂不當起用和珅黨，既得罪，而孫淵如復有《擬董江都上公孫丞相書》，其意蓋譏切宰相朱文正公。澧謂此仁宗之所以爲聖，而朱文正公之所以爲賢也。自古小人當國，多植黨羽，爲之黨者，志圖富貴，競相攀附，及其傾敗之後，猶聯絡自固，夤緣起用，陷害君子，以爲報復。宋元祐、熙寧之事，昭昭然矣。仁宗之聖，萬非宋哲宗之愚所可及，朱文正公則有鑒於元祐黨籍之禍矣。夫以仁宗之英武，不動聲色，除大姦於頃刻之間，何難盡取其黨而誅竄之，而仁宗不爲也。朱文正公益佐之以忠厚和平，起用私黨，且爲顯官，使不失其富貴，泰然無復疑懼，無所用其夤緣，尤無所用其報復，潛消漸散，以至老死，天下遂晏然無事。自古以來，治小人之黨，未有善於此者也。予之以官，而不使有勢，豢之以禄，而不使有權，名爲用之，實則遠之。深知其爲小人，故可以不誅竄之，而反富貴之也。不然，則亦足以亂天下。嗟乎，治小人之黨難矣哉！

録自陳之邁編《東塾續集》

題楊貞女行略後

楊理庵吉士有妹未嫁而夫死，守節□年而卒。楊君爲述行略以徵詩文，吾友譚君玉生詩云：「歸、汪論太苛。」澧謂歸熙甫、汪容甫之論，皆自以爲名論也，今曰太苛，使熙甫、容甫而在，必不受。澧則不論其苛不苛，但使熙甫、容甫見楊貞女行略，則其説窮矣。其説曰：女子欲守之節，父母若婿之父母得而止之；父母若婿之父母欲之，邦之有司、鄉之士君子得而止之。今楊氏女聞議婚則投繯，又截髮自誓，父母且不得而止之，復何有於邦之有司、鄉之士君子哉！假令父母强而止之，則女之死久矣。夫父母所以止之者，何也？憫其女之無夫也。無夫之可憫與死之可憫孰甚焉？且所以爲止之之説者，不過據禮以論之而已矣。彼一意於死，尚何暇與生者考禮哉！一則曰止之，再則曰止之，而不言止之而死當奈何，是不惟苛論，且空論也。天下之不可解者，情也。情之最摯者男女，而最痛者死也。彼挾其最摯之情而當最痛之地，奮不顧其身，蓋雖聖人有所不能禁者。禮者，聖人之所制也，女未嫁而夫死，聖人不爲之制不改婚之禮，亦不爲之制必改婚之禮也。聖人不制其禮，而儒者斷斷焉强而斷之，則謂之苛也亦宜。試問熙甫、容甫，當聖人時如有楊氏女者未嫁夫死守志，聞議婚則投繯，聖人當如之何？熙甫、容甫其何辭以對？

録自抄本《東塾餘集》

與菊坡精舍門人論學

凡爲士人，必於四科之學，擇其一科而爲之，將來乃成人材，而四科之學，皆必求之於經史。

凡爲學，必先自擇其性之所近而施功焉，性所不近，雖欲爲之，必無成也。取一經注疏，或一史，或唐以前詩文一部，或朱子《文集》、《語類》，閱之旬日，覺有心曉處，即性所近也。

僕在此精舍十年，所説皆古人之説，從不自出一説，深恐教人誤了路頭也。僕性情本如此，所著之書亦然。衛正叔云：人之著書，惟恐不出於己。我之著書，惟恐不出於人。數十年謹守此説。若能舉古人之説而發明之，使後學皆知，即是有功於古人。若必出己説，則是與古人争勝，不惟無功，而且有過矣。

凡爲學，工夫要專，見聞要廣。專習一書，日日不間斷，且不錯時刻，而以餘功看《四庫提要》，則得之矣。胡文忠公建書院則買《四庫提要》。

凡專習之書，必要落筆圈點，又要抄撮。

凡經學要熟誦經文，史學亦要摘讀，詩文則必須熟讀，而且多讀。三四千。如此則必能作佳篇，即使不能，而胸次自必不同庸俗人矣。

《論語》所云「憤悱」，憤者心求通而未得，悱者口欲言而未能，此是將得門而入光景。若求通未得，欲言未能，而即退縮，則終身不得門而入矣。

凡課卷，高取批好者，從此更勉，乃有益。若自滿，則不惟無益而有損矣。不高取批壞者，看批壞之處，以後不再犯，則其益甚大，萬勿以此而沮喪也。

凡作文作詩，最忌庸俗。若因庸俗語易於寫出，將就完卷，非但此卷不能佳，而且永無進益矣。不如改爲習經史，得尺則尺，得寸則寸。

凡讀書，要求知古人所已知，不可求知古人所未知，此即不可好立新説之意。

凡經學，要識義理，非徒訓詁考據而已。朱子書義理，僕有《語類日鈔》五卷，漢儒經注義理，僕有《通義》七卷，皆可爲先路之導。

凡史學，要知治亂興亡之由。此陸宣公語。

凡讀古人詩文，要取其開我之心胸，養我之性情。

《引書法》十條，《字體》百餘字，必要看。

凡古字古語，文章古例，官課及應試勿用。

精舍以學問爲重，不是爲取超等，治經者更不是要作經解。如僕今日有虚名，人皆謂之有經學，然僕自中年以後，不作經解久矣。可見治經不在乎作經解也。初學借作經解以爲治經之路，借取超等以爲學問進益之徵耳。

作經解與著書似同而有不同。

作駢體文，先要有格調，其次有書卷，若徒以字眼填砌，則不成文矣。若并字眼而無之，則更不必言矣。

格調雖不能高，亦不可低。

書卷雖不能豐，亦不可轉相蹈襲。若以蹈襲爲便宜，則亦不便宜矣。凡學問文章，未有便宜而得者也。凡便宜者皆折本折虧者也，戒之哉！

學作駢體文，讀吴穀人集，讀《國朝駢體正宗》可也。若已能作駢體文，則不可看本朝人所作，必須看唐文，讀徐、庾文，鮑明遠文，《文選》，乃有古人氣味。至於材料，不可用近人所常用，現成對偶，尤忌襲用。必須自己多讀唐宋以前古書，抄撮備用，乃佳也。

明仲、雲閣博覽强記。

玉山、庾生能作長篇駢體文，玉山更敏捷。陳氏叔侄經解能□搜求。

録自影印手迹（臺北故宫博物院《陳蘭甫先生書畫特展目録》，一九七九年元月）

策問

問：經學、小學、子史文章之學，皆儒者所有事。韓文公之學□而得其性之所近者。諸君子性所近者何事？其各以告僕。如嘗爲其學，亦當相與商榷。

問：十三[二十二]經注疏，注者何代何人？疏者何代何人？其書之醇疵真僞。

問：二十四史[二十三]，某史者何代何人，其書之大概若何。

問：《漢志》諸子、周秦諸子書存於今者幾種？某書爲某家者流，分析言之。

問：朱子注《四書》，於《大學》、《中庸》則題曰章句，於《論語》、《孟子》則題曰集注，何以不同歟？章句之名，集注之體，皆有所自出，能言之歟？

問：朝廷功令：《四書》文遵朱子，《易》、《書》、《詩》、《禮記》遵程、朱、蔡、陳四家，《十三經注疏》亦頒在學宮，此著書之人名字、朝代、里貫事，讀書人斷必不可不知者，其略舉以對。

諸友皆宜對此策，故不出他題。

録自陳之邁編《東塾續集》

菊坡精舍講稿

（一）

專習一經

爲學以經學爲主。經學必專習一經，自古以來，經師未有不專習一經者也。

讀注疏

學問貴識源流。諸經注疏，乃諸經最古之學也。不先讀此，而讀後世説經之書，雖多讀，仍不知其源也。《朱子語類》有一條記朱子弟子治《詩經》：朱子問之，對曰：「讀先生《詩集傳》畢。」朱子問：「何以不讀古注疏？」對曰：「讀先生《集傳》畢，却去讀注疏。」朱子曰：「無却去讀之理。」大略如此，記不清楚。可知治經必先讀注疏矣。

王弼《易》注，雖雜於老氏之學，在乎善讀者分别之。僞孔《書傳》，在乎讀者知其僞耳。《易》、《書》古注皆亡，今惟王弼、僞孔之傳注爲最古。王弼有費氏之遺意，僞孔尤多取漢人舊注，不可廢也。《孟子》僞孫疏雖劣，而其中有甚精確者，亦不可盡棄也。

讀史

爲史學者，當讀全史，否則但讀馬、班、陳、范四史，晉以下則讀《通鑑》，然仍不可不翻閲正史也。

讀史當兼一經

《左傳》多引《詩》，《公羊》、《穀梁》有取《孟子》語者。何休注《公羊》，多引《論語》，作《春秋》者且然，而況諸史乎？史主記事，必以《詩》、《書》、孔、孟之義理爲之權衡也。

專習一書當自擇

韓文公云：「學焉而得其性之所近。」人之讀書，性固有所近，不近不可强也。劉知幾幼時，其父命之習《尚書》，命其兄習《左傳》。知幾不能曉《尚書》，至於受撻，乃謂其兄曰：「若我讀兄之書，則能曉矣。」兄告其父，乃命改習《左傳》。數年，自《左傳》至隋各史盡通，著《史通》一書，爲千古史家絶作。可見性之所近，惟自知之，雖父不能知其子也。

文章當專習一家

或散文，或駢文，或詩，固當專習。而文又當專一家，詩又當專一家，且當擇其近古者。從近人詩文入手而學古人，則可，只學近人，則必無成也。

讀書當圈點

讀經史、詩文，皆當圈點，然後無草率之病。

讀書當順次第

朱子云：「讀書第一卷未了，不讀第二卷。讀第一行未了，不讀第二行。

讀書當摘録

摘其精要,與自己心得者,與有疑者,或加以評論。

以上皆學問之事。然學問其次也,講心術品行爲先,其次學問,其次文章,翰墨其末也。知文章之源流正變,則是學問。寫字而識□□及碑版字體之正變,則亦是學問。

(二)

夫學者豈但欲取超等而已乎?教者豈但教人能取超等而已乎?學者必當從此而能讀書作文字也。教者必當從此使人能讀書作文字也。故課卷好者固好,課卷不甚好而其中有好處者亦好。即甚不好而其中有好處者亦好。從其有好處而教之,使進於甚好。夫然後人材衆多,而學問不孤弱也。余所注意最在不好而有好處之卷,學侶當知此意也。

(三)

余所鈔集《漢儒通義》、《朱子語類日鈔》,爲漢學、宋學者當讀之。近時各省通人有稱贊此二書者,余曰:「此不敢謙。此漢儒書之善,朱子書之善,吾何力之有焉!」其人曰:「吾子擇之精也。」余曰:「披沙揀金,乃爲擇之精,此乃寶山所撿得者,吾何力之有焉?願學者讀之,不可不知其寶也。」

聲案:以上手稿首葉有東塾旁批云:「擕上菊坡精舍。」「此乃順筆寫出,可同看而未可傳鈔也。」則爲講授提綱，并供諸生傳覽者。原無題目，今據此代擬。

（四）

未見注疏而説經，未見朱子書而講學，未見馬、班之書而論史，未見徐、庾、韓、柳之集而作文，未見李、杜、韓、蘇之集而作詩，必不可也。

精舍所藏注疏板，可以每種單行刷印。省中官紳新刻《朱子語類》、《庾子山集》、《韓昌黎集》，書坊新刻《紀批蘇詩》，價皆不貴。江蘇新刻《史記》、《漢書》亦不貴，可買而讀之也。凡此刻書之人，皆大有心於振興學術之人，不可孤負其意也。《四庫全書總目》不可不看，若生在乾隆中年以前，無此書看，欲知古今經、史、子、集學問甚難甚難。今幸有此書，粵省又重刻之，其價甚廉，豈可不買而看之。不看此書而欲爲通人甚難甚難，通人者，有學問之人，非止通虛字文義之人也。看此書，則爲通人甚易甚易也。

宋儒經學惟朱子《易本義》成一家之學，可專習之，兼習程傳。此外則朱子《詩集傳》亦成一家，而説淫奔之詩大錯矣。程、朱之外，經學成家者鮮矣。若孫復之類，只爲經學之害耳。

《儀禮經傳通解》雖好，然未盡善，須看《禮書綱目》。

陳祥道[二十四]儀禮書亦好，然不能成家。

聲案：此亦手稿，首葉旁批云：「廿八日帶上精舍。」

論學

近時作論遠勝昔時。　宜學古文浸淫於古。

詩賦少好卷。　讀《唐詩三百首》蠶吐絲，蜂釀蜜。

不可嬾讀書，不可嬾查字典。

駢體文學初唐。　沿近人之派必無成。

廣東無古文名家，無考經史成大部書者。

總之要多讀書窮理。

不可輕談經濟，使氣習浮躁。

變化氣質。

《逍遥游》，有錯。

專力，博覽。　四科皆學，四部皆學。

古文尤要。　以近人爲階梯。

小學字體。　點句。　手録。

以上録自東塾手迹（中山大學圖書館藏）

偶　記

再思爲親之説，吴梅村仕於本朝，實爲親在故也。然遂戀棧久之，不如李天生即乞終養之善矣。故梅村臨終填詞云：「一錢不值何須説。」夫以梅村之才而至於一錢不值，豈得爲孝？豈非士君子之大戒乎！

聲案：此文似非完篇，因無題目。今代擬。

録自東塾手迹（中山大學圖書館藏）

論桐城文

近時作古文入桐城派者，以爲文章宜雅而有法也。譏之者以爲才力薄也。然文〔二十五〕能雅而有法，雖薄猶可也。而爲桐城派者，薄則有之，雅而有法則未盡然〔二十六〕也。不入桐城派者，以爲文章當自爲，不可蹈襲也。譏之者以爲粗野也。然文〔二十七〕能自爲不蹈襲，雖粗野猶可也。而不爲桐城派者，粗野則有之，自爲而不蹈襲則未盡然〔二十八〕也。

録自陳之邁編《東塾續集》

【校記】

［一］擇　原作「澤」，據《春秋經傳集解》文公十七年傳改。
［二］秼　原作「擇」，據同上書改。
［三］以　原作「樹」，據《論語·八佾》改。
［四］因　原脱，據《周禮·掌蜃》補。
［五］于　原作「千」，據《春秋經傳集解》襄公十四年傳改。
［六］説　原作「脱」，據《儀禮·既夕禮》改。
［七］畫　原作「盡」，據《後漢書·律曆志》改。
［八］正義　此二字不知何意，或其下有脱文。
［九］入　原誤抄作「人」，據嘉慶《欽定大清會典事例》卷四一〇改。
［十］形　原脱，據上文文意補。
［十一］各得其一端之　此下疑有脱字。
［十二］令　原作「合」，抄誤。承上文文意改。
［十三］於　原脱，據《周易·説卦》補。
［十四］儀徵相國　此謂阮元也，而「徵」誤抄作「微」，今改。

［十五］木　誤抄作「本」，今據《墨子·上經》改。

［十六］主　原作「王」，據文義改。

［十七］父　原誤抄作「文」。宋劉敞，字原父，著有《春秋權衡》，謂「立閔公者，必慶父也」。今據改。

［十八］如　原作「於」，據《史記·魯周世家》改。

［十九］子　原脱，據同上書補。

［二十］辟　原作「辟」，據《爾雅·釋詁》改。

［二十一］合　原誤抄作「今」，據前後文意改。

［二十二］三　原脱，據文意補。

［二十三］史　原脱，據文意改。

［二十四］道　此字原蝕缺，宋陳祥道有《儀禮注解》，當即東塾所指。今據補。

［二十五］文　原作「吏」，顯悖題義，今據前後文意改。

［二十六］然　原作「言」，於義未安，今據文意改。

［二十七］文　原作「吏」，義不可通，今據文意改。

［二十八］然　原作「言」，未安，據文意改。

卷二

補楊孚南裔異物贊　并序

南粤地廣數千里,户口數百萬,富甲天下,利盡南海,洵九州之上腴,天地之隩區也。夫其應牛女之分野,禀祝融之明暉,内阻蒼嶠,外環紫渤,千嶺之所蹓絡,百川之所輸匯,隱轔鬱律,渥衍滂沛。其中則生礦金璞玉,明珠大貝,神草靈木,珍禽偉獸,蠕行蟄處之群,波棲水化之族,《爾雅》不能釋其名,《山海》不能悉其類。美矣茂矣,難測究矣。且夫寶藏貨財,可以充府庫;羽毛齒革,可以利器用。山中果樹,畜之者致富;澗底藥草,得之者延年。是以材不徒豐,産不虚殖,其小者猶飛光騰文,熙天曜日,足以表文明於上國,張巨麗於南嶠。非夫荒忽詭詭,奇衺侈靡,無益於國,有病於民者也。若夫織鳥羽以成罽,煎花蘂以爲油。刻漏之表,小於鵝眼之錢;照形之鑑,大如龜趺之碣。極耳目之娱,殫機智之巧,斯并島夷所通市,非粤地之所出也。而二三百年以來,紛牣宇内,窮泰極侈,害理傷俗,近又益以阿芙蓉,毒螫我萌庶,攘竊我金錢。於是天子震怒,群公僉謀,將遂明罰敕法,閉闕斥旅，使海内蕩其瑕穢，百姓得其更始。而俗儒鄙夫，淺見寡聞，以爲别異蠻夷，鬲絶器物，是琛賮不通於上國，而貢稅不上於大府也。嗚呼！巍巍聖清，芒芒海宇，版圖廓於職方，包篚邁乎《禹貢》。番禺一都會耳，其駢坒夥夠也如此，俶儻瑰瑋也如彼，固已閬城溢郭，藻野縟川，斯即西徼王母，使獻其玉環，南馳越裳，使致其白雉，曾何足以加其萬一哉！昔漢臨海太守楊君字孝元，爲《南裔異物贊》，有多識之美，博物之能，世祀綿邈，篇簡佚墜，余敬恭桑梓，竊仰景行，尚友於百世之上，奮筆於千載之下，是用循其義類，補其闕失。嗚呼！楊君之爲此，將以止琛獻之侈，抑嗜慾之源，非陳都邑之殷盛，極衆人之眩耀也。余今所述，以繁富爲美談，以希有爲瓌異，偉其區域，夸其方物，則非楊君意也。然不耀纂組之華，無以愧文身之俗；不睹西子之容，無以形捧心之醜。使夫遼東生豕，勿詫其白頭；賈人死鼠，勿驚爲美璞。若乃不貴異物，無總貨寶，斲雕以爲樸，再變而至道，此尤鄙人之至願，非今日之論也。凡厥異物，數百餘種，意之所觸，乃不求備，其楊君所述，若桂、犀、貝，鮫、髯蛇、係臂、鷓鴣之屬，今可見者，（黄君子高有輯本），不復論撰。凡三十五章，序之云爾。

粵惟南服，重離之都。日月沐浴，是生明珠。采溢照乘，色美耀軀。兹惟天寶，光騰斗墟。珠

五指之山，實産水精。大者尋丈，連山如瓊。洋舶頗黎，合土所成。應手輒裂，敢鬬光榮。水精

端州之石，實惟硯材。石凝其骨，水涵其胎。潤浮翠墨，瑩絶飛埃。文明之國，允毓斯才。端石

昔聞玉書，黄侔蒸栗。粵有蠟石，乃稟斯質。色應中和，體含縝密。山元水蒼，舍兹奚匹。蠟石

芭蕉弱植，乃爲長林。挺幹數仞，布葉盈尋。草中之豪，衆卉所欽。兼得美實，色如黄金。芭蕉

慎火之草，形如火然。芒角迸地，銛鋒刺天。置之屋瓦，災祲悉蠲。亦以樊圃，盜賊不前。慎火

蕹菜類竹，其葉如柳。編筏布土，浮田百畝。厥性宜雨，脆薄適口。其遇炎旱，既老且厚。蕹

甘蔗挺節，鬱鬱蒼蒼。既解内熱，尤利糖霜。千牛取液，萬竈傾漿。越貨之首，輸及四方。蔗

藷實山藥，黎洞者良。體重盈鈞，質皓若霜。山氓艱食，雜穀充糧。益氣增力，延壽孔長。藷

偉哉木棉，實花之雄。耀文九天，飛英八風。幹無曲枸，色無冶容。百里之外，有光熊熊。木棉

榕實嘉樹，垂蔭孔美。上張大廈，下覆方軌。暑暍得涼，勞役得止。匪曰棟梁，厥功可紀。榕

海南文木，有斑如貍。體匹貞石，文縈細絲。用作屏几，刀鑿載治。紫檀雖美，詎以易斯。花貍木

伽楠之木，香液所化。含潤如錫，吹氣疑麝。産於瓊海，寶乃無價。番舶所鬻，其品斯下。伽楠香

鼉香之皮，密緻成理。製之爲紙，文若魚子。白蟫遠遁，飛塵不滓。表兹書策，護我圖史。鼉香

荔子之生，或山或水。爰有千族，挂緑尤美。江瑶匪珍，河豚匪旨。允哉尤物，百果莫擬。荔支

龍眼殊絶，可匹荔支。是曰益智，厥功乃奇。秋陽既暴，籐篋則施。大庾之北，萬箱載馳。龍眼

烏欖之生，雌雄異族。爰削爰合，載蕃孕育。食而懷核，剖之如玉。列樹黝山，民以給足。烏欖

檳榔挺異，海南之州。孤幹迥出，萬實鱗稠。袪瘴辟癘，此焉則優。奚藉異域，鴆毒是求。檳榔

爰有奇果，亦曰蒲桃。厥花非花，毵毵若毛。懷蘂挺實，宜酒及膏。漢使西域，徒爲爾勞。水蒲桃

羅浮有蜨，仙靈之衣。舉翅若輪，五色相輝。人有取者，獲一以歸。其偶必至，千里不違。　羅浮蝴蜨

金花之蟲，背負金翠。隨風翩翾，青熒綵緻。槿花吐朱，秀色相媚。雌雄匹處，厥性亦摯。　金花蟲

禾蟲化生，稻根所鬱。得雨蠕動，遇潮并出。青紅駮犖，蚴蟉佶屈。投以酸醎，膏髓流溢。　禾蟲

怪矣水母，形如敗絮。有口無目，智識則具。腥涎周體，群蝦是附。人驚蝦躍，水母欻去。　水母

貼沙之魚，厥大如掌。口隱于頤，目出于顙。越王所餘，乃協厥象。吳都有賦，聞自疇曩。　貼沙魚

蠔生如山，附石纍纍。椎鑿所向，萬竅爲開。爾肉既飽，爾室已摧。爲我垣墻，百年不隤。　蠔

瑇瑁龜族，其行蹣跚。背有文介，灼爍斕斑。魚服無色，文犀失顔。或取生甲，其性則殘。　瑇瑁

南有孔雀，竟體連錢。舒尾爲屏，符采爛然。摘彼修翎，綴此華冠。貴者之服，寵踰貂蟬。　孔雀

增城鵕鸃，厥名惟鷩。文章耀身，耿介執節。對鑑則舞，力竭而絶。顛殞匪悔，報君相悦。　鵕鸃

翡有赤章，翠乃青翼。遄飛水涘，得魚以食。爰采其羽，賁兹首飾。象服褘揄，用增華色。　翡翠

有鳥緑毛，是名幺鳳。首尾如環，日無停弄。羅浮之山，仙靈之從。何羡收香，泰西爲貢。　倒挂鳥

乳羊之産，實自英州。仙茅被野，飽食以游。腝肌素膚，膏髓欲流。充君華俎，嘉此珍羞。　乳羊

靈貓牝牡，爰在一身。結香如麝，既馥且醇。維彼濁穢，有此烈芬。遠夷香露，糞土奚珍。　靈貓

風生之獸，入火不爇。椎格殪仆，嚮風欻活。爰窒其鼻，宛轉自絶。毋恃爪牙，終見刳裂。　風生獸

啞虎在山，實守靈域。不嘯不咥，是馴是伏。嘉哉騶虞，生我南國。詩人作歌，詠仁頌德。　啞虎

擬江文通閩中草木頌頌粵中草木 并序

僕家番禺之麓，臨珠海之涘，以居以游，今近百年矣。丹崖紫渤，快其舒嘯；魁儒通人，得之奉手。以爲地當祝融之墟，莫離明之維，神秀所毓，爰多偉異。若乃水陸滋植，華實敷垂，斯餘氣所散衍乎，已爲海內所未有矣。夫其旁挺側生之倫，末麗素馨之族，紅棉百尺，緑榕十畝，篇家賦詠，多得表見。而奇木珍卉，異花靈藥，韜采幽巖，匿景荒壑，無得而稱者，猶以百數。有如山澤之彦，懷文抱質，足迹不出於里閈，聲名不聞於没齒，老死蓬蓽，萎若腐草。陸士衡云：「松茂柏悦，芝焚蕙歎。」此古今所共悲也。爰以寓目，各爲一頌，庶以張奇麗於炎嶠，弔幽隱於窮谷云爾。

服嶺之南，文明之區。日月沐浴，雲霞張舒。筆管嘉樹，含青吐朱。永閟名山，長絶天衢。筆管樹

密葉攢雲，繁葩鏤霜。拳曲近偃，芬烈遠揚。氣郁丹桂，厄踰黄楊。徒溷里巷，誰聞馨香。九里香

秋風之木，體幹奇重。如鐵如石，宜梁宜棟。螻蟻敢蝕，風雨不動。明廷多材，棄爾時用。秋風木

胡桃匪美，銀杏匪甘。詎若石栗，擢根青嵐。霜皮外堅，雪膚内含。野鳥恣啄，山客空探。石栗

蜜望有實，山蜂來窺。瑶漿孕腹，金液融肌。龍目挺異，離支振奇。此焉鼎足，豈曰差池。蜜望

奇果之生，枵焉虚中。核抱紫丸，花吐碧茸。玉瓶酒熟，翠盌膏融。徒使西極，馳聲漢宮。水蒲桃

初實苦口，終乃餐勝。中藏廉隅，外表圓瑩。醴甘絶交，茶苦葆性。異彼酸鹹，嘉兹雋永。餘甘子

布葉芳榭，引蔓曲臺。麝苞藴馥，黛蕚含胎。仰浥涼露，俯蔭碧苔。白日已暮，美人未來。夜來香

頂湖之山，實産弔鐘。叢葉墜地，勁條擢空。葯懸甘露，蕚破寒風。獨秀空谷，詎凋嚴冬。弔鐘花

葉以冬榮，花以夏藻。涼燠殊運，顔色皆好。金英環絡，翠莖孤矯。芳時不收，等兹茂草。脱衣换錦

氣凌高雲，根絶下土。群木驤首，凡卉非伍。敷華層雰，仰潤靈雨。耿介自芳，榮落誰主。弔蘭

縮砂上藥，著産陽春。玉粒畜集，金苞鱗皴。祛惡滌穢，導氣通神。苓术之輔，薑桂之倫。縮砂

細乳垂脂，叢葩敷繡。收彼樨苗，濾兹清酎。精凝腸胃，力踰鍼灸。金匱遺闕，靈蘭隱漏。倒黏子

翹翠叢薄，抽青林皋。體纍龍鱗，葉縿鳳毛。貫時永茂，積歲增高。甘謝華色，自淪蓬蒿。鳳尾草

澤蘭秉烈，巖桂表辛。雅記著號，文囿見珍。爰有仙茅，委彼荆榛。誰拾香草，敢告騷人。香茅

以上録自《學海堂三集》

素馨燈賦

爾迺銅鋪秋艷，珠户宵涼。銀燭無影，瓊花有光。掩蟾輪而鬬彩，飄鶴燄而飛香。綴瓏瓏於四照，含耿耿於中央。細掐緗苞，匀排粉蔕。玉骨搓纖，霜棱翦鋭。紅洗醉於檳榔，白分姿於末麗。攢五出之奇蕚，擅百華之妍製。鸞鍼刺蕊，鳳篠裁枝。鏤月千孔，穿珠一絲。華蓋雙聳，流蘇四垂。仿筠籃而様小，織綵勝而紋差。絳蠟膏融，玉蟲穗結。胎裹冰涼，心烘雲熱。點流螢而欲墜，撲飛蛾而

未滅。蟬翼薄而光通，麝煤濃而馥烈。況復璇房深閟，綺榭交加。嵌連錢於素璧，障銜燭以青紗。注荷莖而沁液，燦蘭炬以舒華。玫瑰樹樹，火齊家家。無將百枝影，移照玉鈎斜。

録自《學海堂二集》

錦鷄賦 有序

錦鷄者，鵕鸃也。翠冠朱膺，符采照爛，性以文章自喜。時或臨川寫質，對鑑呈儀，則颯沓矜顧，翩翾起舞，振踊不已，目眩而斃。悲夫，矜其文而戕其身，是亦可以爲戒乎！乃爲賦曰：

維曾城之靈產，有五色之鵕鸃。出丹穴之文壤，鍾祝融之明曦。被綵緻以耀質，綷璘彬以爲儀。媲朱雀之表傑，拔衆禽而振奇。夫其文膺繡領，斑翎綺翼。高冠陸離，長翹赫艶。張翮若繢，振翰如織。顧翬鶡而失妍，匹孔翠而無色。懷美麗以自喜，乃憍蹇而志得。或陟峻嶺，或集長林。嬉翱原野，栖跱高深。擢輕軀以竦立，引員吭而揚音。忘藻翰之表暴，致雲罕之見侵。於是虞機密張，方罫潛舉。飛不及翔，旋不及顧。思奮脱于網羅，惜摧落乎毛羽。諒見賞於采色，幸免災於刀俎。雖受羈于縲紲，甘投身而卑俛。洎解縛乎籠檻，爰生致乎華堂。免長翮之翦鎩，繫錦絛之舒揚。絶故栖之衆侶，戀秔稻之餘香。歷釦砌以徐步，窺綺疏而相羊。俯曲池之皓漾，仰寶鑑之清光。見形影之照灼，紛炫晃于中央。倏瞵目以奮骹，矯龍躍而鳳蹌，爾乃騰儀宛轉，紛葩霍濩，聳翅霞舉，規身電錯，舒峻尾以洩洩，揭雄冠以崿崿。颯將飛而中止，翩欲前而乍卻，始箕張而翼舒，終煙交而霧絡。觀者爲之目迷，見者爲之神愕。伊繁姿之衆變，咸色動而驚嗟，何斯鳥之雄艷，方效能而自多。甫拗怒以少息，復振迅而有加，矜厲疾之趫悍，競舞容之僛傞。雖惰窳而挺解，肯降飲而寢訛，鼓欻吸以如矢，交翩𦏁而若梭。愍氣盡而脉弛，乃昫轉而顛蹉。嗟毛質之已毀，紛披離而莫收。割錦裂而綺碎，邈雨墮而星流。委塵壤之塸堁，摧厲風之颼飀。悲渥彩之暐煜，終潛穢于渠溝。惟秉心之爹忲，乃輕談而寡謀。爭文章之遠譽，忘靨瘻之近憂。徒畢力以炫耀，竭精爽而弗留。夸姿態之秀特，衹戕賊而自讎。何比采於鸞鳳，乃讓拙於鶡鳩。翳群物之芸生，咸有初其必弊。固懷寶以利見，亦狥名以階厲。守用晦以永貞，昧保身其何繼？惟斯鳥之多文，洵驚采而絕慧。匪怨毒之由人，實露才以自斃。盍潛處于山梁，託巢林以卒歲。勿竭明以自傷，宜有足而知衛。待三年而一飛，炳羽儀而下濟。絕雲氣以圖南，樂逍遥以没世。

秋禊賦　有序

昔者鄭國溱洧之游，魯儒舞雩之詠，桃花勺藥，春風沂水，咸以暮春令月爰修禊事，然漢以八月祓於灞上。劉楨之賦《魯都》又云：素秋二七，人胥祓除。此何以稱焉？豈非歲時釁浴，事無常典，凡有賞心，無間涼燠哉！夫高天落木，歸燕離鴻，宋玉興其悲歌，潘岳感其斑鬢。良由秋士多悲，自憐失職，洶憂情之中來，而非時景之自然。若以臨商節則寡歡悰，嬉韶景則無戚緒，昔山陰盛集，遊目可娱，徒以神州有陸沈之歎，四郊有多壘之辱，旌旗在目，觴詠無歡，樂往悲來，繼以嗟悼，茂林惠風，徒陳迹耳。故枯菀者時也，哀樂者心也。若乃遨游清泰之宇，棲息典藝之林：出則終軍棄繻，未爲狂易；處則少游下澤，何嫌局促！慕班嗣之棲遲，追仲長之樂志，委心冥化，四序如一，春陽敷而不爲歆慕，涼風至而不爲增欷。何必浮羽觴於春渚，搴芳條於紫陌，然後蠲憂滌煩，澡雪神志哉！朋侣既盍，盛會斯舉，臨川濡翰，賦之云爾。

稽釁祓之遺典，舉嘉讌於清川。謝陽春之縟冶，樂素秋之澄鮮。陋仲治之野談，尋《魯都》之名篇。惟四時之代新，聊寄賞于自然。於時徂暑告退，涼風扇爽。天宇泬寥，雲日開朗。擢千嶺以峭崒，灌百川而瀇滉。雁肅羽以高翔，蟬長鳴而振響。美群生之穆清，樂游娱于俯仰。於是嘯儔命友，揖冠攜童。連衽成雲，揚袂生風。捐輕箑之白羽，集奇服之芙蓉。遵杜若之芳沚，攬桂樹之幽叢。襲芳菲於秋蘭，騰清吹於長松。眄高雲以抗志，臨素波而鑑容。爾乃席纖草，蔭修林。曲水環流，清醑自斟。卻珍饌之濃肌，抑簫笳之哀吟。激半嶺以清嘯，撫流水以鳴琴。屏奉劍之神怪，斥執蘭之麗淫。述曝藥之令儀，嘉説史之玉音。迨賓筵之既醉，樂同心而愷康。曳蕙衣之偃蹇，步衡薄以相羊。尋褉潔之古訓，詠濯纓于滄浪。挹清流之淪漣，佩素華之芬芳。方白露以比潔，與秋月而齊光。蠲煩痾於百年，延嘉祉於未央。繄庶物之芸生，同跼蹐于塵壒。順融景以榮曜，望淒辰而顦顇，惟達士之秉志，齊衆物於天籟。撫摇落而變衰，獨情夷而心泰。洵害馬之已捐，何塵濁之能浼。寄愁憂於天上，止吉祥於庭内。把瓊芳之姱節，辮貞亮以爲佩。常欣欣而樂康，聊逍遥以卒歲。

圍鑪賦

南海客游于幽燕之都，逡巡歲暮，羇孤不歸。朔風戒寒，密霰驚飛，攬黑貂而色悴，聆越鳥而心違。羌擁鑪而危坐，愁卧雪而掩扉。北平主人款門而造焉，曰：「子亦知圍鑪之樂乎？」客曰：「未也，願主人賦之。」主人曰：「唯唯。滇池之銅，都門之工。是模是笵，或冶或鎔。局足弇口，碩外空中。麝煤堆黑，獸鼎然紅。于時没砌冰膠，壓廬雪重。玉漏無聲，銀牀不動。倏微火之始然，覺春風之徐送。衣裄生温，硯池解凍。可以煮苦茗，潑新醅，團圞几案，狼籍盤杯。宜科頭而雜坐，共促膝而追陪。方玉樓之粟起，已寒谷之春回。則有七貴之家，五侯之第。豐貂盈座，紅氍覆砌。獸炭長然，猊鑪高峙。掩党家之綃帳，添宋郎之半臂。大酒肥肉，妖童妙伎。方清歌之未闌，曾不知雪花之滿地。然此豪家之歡娱，非吾人之樂事也。若夫花户油窗，蘆簾紙閣，香篆徐焚，緇塵不著。十千貰酒之歡，三九消寒之約。屋小如舟，客來似鶴，竹鑪初沸，匏尊自酌。醉竹葉以淺斟，折梅花而爛嚼，簷間之冰筯欲銷，几上之唐花不落。記一年之好景，洵賞心而可樂。」主人之言未終，客听然而笑曰：「樂則樂矣，曾吾鄉之不若也。」主人曰：「可得聞乎？」客曰：「五羊之城，南海之涯，晶簾十里，火樹千家，百年無雪，四時有花。時或嚴律應候，薄寒侵晨，細雨如粉，吾粤冬多細雨，俗謂之雨粉。輕澌若鱗。南風忽回，吾粤氣候以南風爲常，冬日南風，謂之回南。萬物已春，闢貝窗而洞啓，屏罽袍而勿珍。膾鮮魚之清泠，冬日宜食魚生。啖生菜之芳新。生菜，萵苣也，冬日生食之。方將買舟花埭之岸，檥棹珠江之濱。尋花載酒，弄水垂綸。掩映五銖之服，逍遥一角之巾。何必累土爲牀，伐石作薪。斲不灰之奇木，咽齏臼之酸津。北方冬日卧土炕，燒石炭，以不灰木爲鑪，飲酸齏菜汁以療煤毒。晝炎炎而炙手，夕鬱鬱而愁人。中煤毒者多以夜。子徒誇圍鑪之樂事，悦賞雪之嘉辰，盍其游乎炎嶠，樂長春而結鄰。」主人曰：「善。」洗盞更酌，陶然酩酊。羌酒夢之瞢騰，已飛越乎五嶺。

以上録自《學海堂三集》

山堂看月記

丙寅七月之望，在十六夜。是日余在地圖局，日將晡，上學海堂，坐至山亭，循石磴而下，月已出矣。晚飯辨志齋，讀書至二更，復上至山亭，月在高樹間。下至阮傅祠前，憑石案而坐。榕陰蔽虧，乃坐塼闌上，看月猶未暢，下至學海堂前簷，空無纖翳，庭院如水，啜茗一甌，供末麗花一盤。呼酒，飲半醺，復讀書畢。徐步庭際，與影偕行，仰觀喬木，露葉瑩然。轉過東榮，望石磴茂林，螢光蟲語，風景幽絶。三鼓，乃宿於辨志齋。

八月、九月之望，以小病未到。

十月十四薄暮，上阮傅祠前小坐。欲移柏樹種空地，下至辨志齋，已昏黑矣。汪芙生來談，至月已高，同上堂前，設圓几於階上對酌，看月至二更。芙生歸，余與童子上山，至觀音寺外，寺門已扃，小坐石闌上而返。坐辨志齋，酌酒，觀梁章冉家書目，開單欲買數種。三更睡，至天明日光穿玻璃窗照牀而醒。是日讀書至暮，芙生攜酒肴來，飲於堂之前簷。二更，芙生去。余睡至五更起，復睡不熟。胡固生來，早飯畢乃歸。

聽松園記

南山先生聽松園落成，招客游焉。相與登煙雨之樓，眺海天之閣，長歌草堂之上，列坐松廬之下。客有蒐求故實，揚搉風流，以爲玉川破屋，是稱窮士之廬，金谷名園，乃曰豪人之室。裴公緑野，位極台司，賀監鏡湖，志棲方外，四端舉例，無當斯園，擬諸其倫，惟近代之隨園乎！是有三同，請陳其略。

夫其按轡文場，導源筆海，學成麟角，詩富牛腰，託名山以藏書，抗白雲而寫志，故能使亭軒流韵，林壑增輝。訪王官之谷，必佇想於司空；叩孤山之居，亦流連於和靖。此一同也。露冕觀風，隨車降雨，鮑德則號爲神父，沈憲則本是天才。然而厭讀城旦之書，愛披逸民之傳，早投手版，自拂農衣。涉彭澤之園，猶存松菊；泛玄真之宅，大有煙波。此二同也。商山綺季，甚偉鬚眉，絳縣老人，誰知甲子，然猶耳聰辨鐸，步健當車，能作麟士之細書，不飲張蒼之乳汁。故知家臨菊水，信可延年；宅有丹砂，自然長壽。此三同也。

客之言未及終，有儳言其間者曰：若客所云，殆知其同，而不知其異也。敢竭愚心，更陳異撰可乎？隨園方飛鳧舄，預築菟裘，弦歌爲三徑之資，栽種費十年之事。雖五斗米折腰，淵明已懶；而一百萬買宅，季雅偏豪。先生則賦就懷田，居仍賃屋，不問主人而看竹，且與彌勒而同龕。小蓬司馬以負米之力，結構林巒，以舞綵之歡，潤色花竹。喜萬石之無恙，對曾皙[一]以有餘，遂令禽向畢婚姻而游，始信巢由不買山而隱。此一異也。隨園以青門之故侯，慕華陽之真逸，家留鍾阜，目極錢塘。雖清風明月[二]，可寄相思，而草長鶯飛，能無愴恨？夫鼓琴者必操土風，衣纁者思歸故里。先生本曲江華胄，爲珠海老漁，眺北郭而館啓雲泉，住南園則濠通清水。兹焉小築，密爾衡廬。寺門松古，叩達岸之禪關；河畔雪飛，近孝元之故宅。是則童時游釣，楊巨源娱老之鄉；頭白歸來，李太白讀書之處。此二異也。隨園太丘道廣，元龍氣豪，人艷神仙之舟，門多長者之轍。未免旄端馹驥，劉孝標所謂淡交；劍几麒麟，杜子美猥云義取。先生履[三]道坦坦，琴德愔愔，亦何嘗顔闔鑿坯，崔駰[四]掃軌。然而陸大夫之宴喜，諸子傳餐；揚子雲之草玄，門生載酒。又何必文章諛墓，竿牘疲神？是以灌園種樹，潘安仁竟可閑居；釣鯉弋鴻，仲長統偏能樂志。此三異也。隨園際庾信之暮年，似商瞿之生子，當其著山棲之志，搆天隱之居，猶慮崔曙星孤，林逋鶴瘦。先生則乘福戴喜，公悦嫗歡[五]，方老子之婆娑，見郎君之官貴。汾陽眉壽，不辨群孫；安石功名，但云兒輩。況復白太傅甫開大秩，陸放翁已見曾孫，莫不驥子誦詩，虎兒學畫。遂使碧梧翠竹，皆成家慶之圖；月觀風亭，盡是吉祥之室。此四異也。至世之譏隨園者，以爲綺語墮泥犂之獄，閑情爲白璧之瑕，既自踰其德閑，且恐導夫欲海。以視先生維摩丈室，絶少姬姜；謝傅東山，惟聽絲竹；尤不可同年而語者[六]也。

先生於是听[七]然而笑，顧謂陳澧曰：「二客之言則辨矣，子盍記之。」於是酌我以葡萄之酒，授我以桃花之牋，四座勿喧，三辭不獲。王維别墅，裴迪相從賦詩；沈約郊居，劉杳公然作贊。

游羅浮記

庚申閏三月初八日，陳友珊、葉静軒、黎遂之同游羅浮。自石龍登舟，水淺舟大，行甚遲，自辰至未，行二十里，至九子潭。呼肩輿，良久得一乘，三君步行，讓余乘之。行二十里，憩於路旁茶亭者再，至暮，抵梅花院。晚飯畢，步行二三里許，過延祥寺，寺僧選方、勝文、惠泉、澤泉留宿僧房。初九日清晨，步上寶積寺，酌卓錫泉，坐味泉亭，觀一古石刻佛菩薩象，甚古樸。復回延祥寺。早飯畢，游黄龍洞，余不能行，呼肩輿，又得一乘，三君又步行，而讓余乘之。自延祥四五里，至黄龍洞山下。登山至半山亭，小憩。又登山，至釣臺觀水。轉至龍珠坡，酌酒，坐長松下。又轉入洞門，躡石橋，入洞。洞中有道觀，道士甚貧。觀旁有四賢祠，祀周濂溪，羅豫章[八]，李延平[九]，陳白沙。又有龐公精舍，祀龐弼唐[十]。出洞至橋下，坐石聽泉，薄暮返梅花院。晚飯畢，肩輿過延祥宿。初十日清晨，肩輿三里許，至五龍潭。泉流澗石，數折而下，有石如臼，云葛稚川擣藥處也。坐石上良久，返延祥寺，僧設饌款客。飯畢，肩輿[十一]過梅花院，漫六七里，至華首臺。未至二三里，山凹有孤松，輿夫云：「昔時自此至華首臺，皆古松，今伐盡矣。」余與寶池茶話片時，三君及僧勝文皆至。乃出寺後，觀古松三四株，過合掌巖，坐洗衲石觀瀑，左轉至蝙蝠洞亭上小坐。此洞乃無蝙蝠，而多小黄蝶。三君飲酒，余飲一杯。獨行復至洗衲石觀瀑，諸君欲歸，覓余不得，余僕曰：「必往觀瀑也。」遂共覓余返梅花院。有長岡村劉貢生昆山者，設饌款客。飯畢，過延祥寺門看月，至夜半乃寢。十一日出山，至九子潭，登舟，水更淺，舟中見龍挂。至暮，乃抵龍溪。

游羅浮，當先遣人至九子潭覓定肩輿，乃乘小舟往。又當留肩輿於山中，否則甚勞也。華首、延祥、白鶴皆不高峭，黄龍頗高，肩輿而上，當步行下，乃穩。

以上録自陳之邁編《東塾續集》

珠海老漁圖記

邈乎大哉，其惟宦海乎！其風琅琅，其波洋洋，魚龍百怪，或出或藏。是故泛此海者，幸則乘長風，破巨浪，排霄而直上；不幸則覆焉滅焉，帆摧而櫓折焉。其在幸不幸之間者，漂兮摇兮，終其身而無所至也；膠兮擾兮，疲其神而無所裨也。如是者不可以數計也。有老漁焉，亦嘗操舟，放乎中流，無風波之險，魚龍之憂。一旦舍其楫，收其檣，歸其故鄉。故鄉者，珠海也。老漁生於兹，長於兹，老而歸爲釣師。得魚沽酒，飲亦不多，既醉而歌，其聲壯且和，上與天風相贈答，下與海濤相盪摩。海濱之人，聞而異之，有能畫者，圖而繪之，其不能畫者，筆而記之。記曰：老漁者誰？南山張氏也。圖之者誰？六湖羅氏也。記之者誰？蘭浦陳氏也。

録自東塾手迹（中山大學圖書館藏）

重修白鶴峯蘇文忠公故居記

代署歸善縣王君銘鼎作

蘇文忠公謫惠州，寓居合江樓、嘉祐寺，轉徙反覆，凡三年，乃卜築於歸善縣之白鶴峯。今白鶴峯上有公祠堂，以公子叔黨配食，其東夾室祀公侍妾王朝雲，又東爲三賢祠。三賢者，公及晉勾漏令葛君、彭澤令陶君，以公在惠州屢爲詩慕抱朴子，又多和陶詩，於合祀爲宜。前知府江君國霖修府城，葺合江樓，工甫畢而遷去。某來署縣事，登白鶴峯，敬拜祠下，則荒穢弗治，愳心愵然。惟公大名在宇宙，凡所過山川都邑、園林樓閣、仙釋之居，至於一水一石，賦詩題名，百世而下，莫不思仰。從古以來，名公偉人爲後世所愛，無如公者。守土之吏於其疆内有公故居，得與縣人走謁祠祀，瞻仰像設，若見顔色，非其幸歟！若夫登臨覽觀之樂，不出城郭而得山水之勝，其又不可廢也。乃與縣之士民除荒掃穢，修飾墻宇，凡數旬而工畢。是爲咸豐元年正月，伐〔十二〕石書事以告後人。

曹沖凱還圖記

同治六年二月，撫部蔣公帥師平曹沖之亂。五月，振旅還省城。初，廣州、肇慶二府客民與土民鬪，官諭之和，不從；臨之以兵，客民拒之。公始莅任，遣官軍擊之於恩平，再擊之於高明之五阬，皆破之。其在曹沖者，擊之不克，將士有死者。曹沖濱大海而以田頭爲門户。田頭以獅山、沖金、唐美諸山爲屏蔽，皆峻削千仞，春夏水發，官軍人馬不能立，客民生其間，攀走蹻捷，埋伏深隱，其外不能窺。公至，按視地勢，曰：「吾用兵十餘年，轉戰四五省，未有地險如是者，當連營迭進以破之。」乃下令一軍屯獅山，一軍屯南村，一軍屯唐美。客民屢出戰，皆擊敗之。公率諸將登山，審視進兵路，客民數千來犯，諸將鏖戰自巳至申，短兵接殺數百人，乘勝追至田頭寨。客民閉寨不出。公復下令：一軍屯唐美老村，一軍屯沖金山，一軍屯山之左，一軍屯山之右。公料諸軍進逼田頭，客民必出戰，其在赤溪者必來助之。乃命官軍度嶺而陣，客民果大至，擊敗之。其自赤溪來者，以羸卒誘之過山後，公立山巔鳴鼓，伏兵出，截其歸路，殺數百人。公又下令：一軍進屯二界嶺，一軍移屯高岡嶺，一軍進屯新村，一軍屯迤西路。而自率親兵築壘於獅山，以調度諸將，立五營於沖金山下，與客寨相對。客民以官軍方築壘，遂出戰。會風雨驟至，公立雨中督諸將奮擊，斬其驍悍者數十人，傷者數百人，餘衆乃退。而官軍壘成，以巨炮擊其寨，炮子如雨墮寨中。公復視地勢，立數營於牛矢港。牛矢港者，曹沖、田頭、赤溪往來要路也，於是諸客民皆出争之。公馳赴督戰，會日暮大雨，斂兵入營。其夜客民冒雨攻營，拔營外大木。公選敢死士自後擊走之。明日，復擊以巨炮，客民乃赴營乞降。公判其牘，遣官持入寨，宣布皇上威德，皆環跪流涕，願納兵器，毁寨墻，縛獻殺官兵者，還所掠土民子女。復赴營服罪，公乃許之，集土民、客民，使釋仇怨；田頭、赤溪、曹沖、磅礴、銅鼓以内田廬歸客民，其外歸土民，以山爲界，而立碑焉。奏設文武官鎮撫之。客民讀書者，許應試如舊，且奏加學額。皇上以公親督將士平積年之亂，交部議叙，文武官賞賚升擢有差。於是，省城諸薦紳繪圖徵詩，而屬澧爲之記。澧據公奏疏，撮其梗概，以著於篇。

以上録自抄本《東塾餘集》

三墓記

廣東省城東北里金魚岡，有三墓。其左爲番禺陳□□再從叔父，諱大□，字方來，江南上元人，殁於廣東。其右爲澧之從兄諱應泰，字岱源，祖籍番禺，家籍順天，候補兩廣鹽運使司知事，配王氏。又右爲知事之子宗憲，字法之，配李氏。是皆無後，而澧葬之。澧家在省城，祖墓在茶坑，自省城至茶坑必經金魚岡，子孫過三墓而不拜，非人情也。是三墓無子孫而有子孫也。三墓中五人，庶乎其慰矣。澧之心亦安矣。同治六年二月□日，澧書石記之。

雜説五則

醫家之説，有君火，有相火。天下之火，一而已，人身有二火，何也？曰：非二火也。火之才有二，一爲明，一爲熱。指其明言之，謂之君火；指其熱言之，謂之相火。熱者，精也；明者，神也。人寐則身不能立，手足不能運，耳目不能視聽，官骸具在也，氣血具在也，然而若此者，其神藏也。神，火也。火炎上，故能立；火動，故能運；火明，故能視聽。明者，天理所由出也；熱者，人欲所由生也。補其熱者，有藥焉；補其明者，無藥，以學問爲藥矣。

世之盛衰，其猶晝夜乎！晝則人人皆覺，夜則人人皆寐。方其寐，呼之不能譍也，扶之而不能起也。

死，有知乎？曰：有知。何以知其有知也？以夢中有知知之也。然人夢中聰明不及覺時，且不肖之事，覺時所不肯爲者，夢中則爲之。覺時陽用事，夢時陰用事，陽明而陰暗也。死則純陰矣。惟生聰明正直，雖死猶生，則爲明神，否則爲愚鬼矣。未死之時，可以夢驗之，夢而不昏惑者，死必爲明神也。

鬼者，人之餘氣也。人之性情嗜欲，至死而不忘，故鬼亦有性情，有嗜欲也。

人死爲鬼，此無疑者也。爲無鬼之論者，强詞耳。惟俗人終日營營乎飲食、男女、貨利，其氣絶而爲鬼也，亦若是而已矣。觀於道士，有於高山深林□□□□尸解而爲仙也。觀於沙門，有外其形骸而理自存，圓寂而爲佛也。仙也，佛也，真[十三]不肯爲鬼者也。况吾聖賢之生也，真不爲俗人者也。聖賢之死也，乃真不爲俗人之鬼者也。

説葬

凡相葬地，請地師相勢，無水無蟲無凶禍者，乃掘探其土，色黄赤明浄燥密者，可葬也。以木匣盛牛骨及色繒，埋而試之。木匣宜堅厚，釘其蓋，埋美土中，築土滿坎，加灰築之，以隔雨水。踰一春而發之，不壞者，可葬也。相地論方位不若論形勢，論形勢不若探土，探土不若埋試。葬期遠者可埋試，期迫者弗及耳。葬前十餘日開坎，初開廣尺許，長三四尺，視坎中四旁土色孰美，其美者掘之，不美者避之，漸廣漸長，以容棺四周餘五六寸而止。於其隅鑿小孔，視孔底土美，稍稍掘深之，若不美，則勿掘深也。美土厚者與棺齊，薄者雖不及棺蓋可也。掘不可過深，留美土於棺下，以隔泉水也。開坎之土，汰去其塊，椎碎之，而復汰之；取沙亦汰之，取大小如緑豆者，其甚細者棄之；以灰之細潔者和之，土、沙、灰三者重略均，謂之三和土，翻覆以勻之，數日而後用之。其築之也，丁丁然如擊石聲，則堅矣。開坎畢，以三和土築其底，厚四五寸，并築滿小孔，乃下棺。以三和土築四旁，與棺平，乃布純土於棺蓋上，厚寸許，使沙勿損棺。然後以三和土盡掩而築之，厚尺許，遂築土滿坎，以三和土築至滿坎，更善也。於地上掩坎及四旁，乃立石碑石案，累土基以環之。

以上録自陳之邁編《東塾續集》

【校記】

［一］曾晳　「晳」原作「哲」。案：《論語·先進》：「子路、曾晳、冉有、公西華侍坐。」東塾文正用此意。又倪鴻《桐陰清話》録此文，亦作曾晳，今據改。

［二］明月　倪鴻《桐陰清話》録此文，作「朗月」，似於義較長。

［三］履　原作「復」，義未安。今據文意改。

［四］崔駰　「駰」原作「駟」。《桐陰清話》卷四作「崔駰」，今據改。又，「閉門掃軌」非崔駰事，乃其祖崔篆作《慰志》，中有句云：「歎暮春之成兮，闔衡門以掃軌。」東塾蓋一時誤記。

［五］歡　原作「步」，《桐陰清話》作「歡」，義較長，今據改。

［六］者　原脱，據《桐陰清話》補。

［七］听　原作「聽」，義不可通。今據文意改。

［八］［九］原缺六字。案：屈大均《廣東新語·山語·羅浮》云：「四賢祠，在黄龍洞，祀者爲濂溪、豫章、延平、白沙。以四先生皆於羅游息，故合祀之。」則缺者爲「羅豫章、李延平」六字也。今據補。

［十］唐　原闕，案：同上書云：「黄龍洞，龐弼唐嘗講學此洞。」今據補。

［十一］與　原脱，今據前後文意補。

［十二］伐　原作「代」，抄誤，據文意改。

［十三］真　原作「不」，不不連用，義不可通。而下文有「真不肯爲俗人者也」、「乃真不爲俗人之鬼者也」，蓋三句聯屬成文，今據改。

卷　三

東塾類稿自序

余自弱冠始知讀書，賦性淺躁，多好而善忘，都無所得。今行年四十，所著書皆未成，其餘散帙，稍稍删改。感念平生師友，半爲古人，未及質正，聊録一通，欲就今日一二知己定其得失。其篇幅粗完者爲一集，總其零雜，別爲札記。家之東偏有一書塾，余七歲就傅處也。今於此繕寫，輒以題其卷云爾。道光己酉正月，陳澧書。

録自抄本《東塾餘集》

周易象義測序

葉子天船以《周易象義測》見示。夫《易》之道大矣，其猶天乎！易家之測《易》，猶天文家之測天也。天船名其書曰測，誠是也。余覽一過而知其用心甚細，用力甚專，故於《上下經》、《十翼》逐句逐字皆詳解之，真所謂測也，非數十年之功不能成此。余之治經自《易》始，時方弱冠，讀漢、唐、宋及近儒説《易》説，三年，茫然無所得，乃置之而治他經，至今不知學《易》，良以爲愧。天船從余游三十餘年，余竟不知其治《易》，且成書十萬言，其深藏若虚，尤不易得，因喜而書其簡端云。

録自（宣統）《番禺縣續志·藝文》

考正胡氏禹貢圖序

胡氏《禹貢錐指》一書，可謂詳善矣，然猶有遺憾焉。考古地理必以當時地理爲據，胡氏生當國初，時内府地圖未作，所據地圖不能精確，故其爲禹貢圖亦多不精確也。《水經注》之書，不能無誤，而胡氏悉依據之。又其時未有武英殿校本，故經注混淆，亦弗能辨也。且既依據酈書，則於酈書之誤不能通者，殆未免遷就焉，恐有所據地圖不誤而胡氏改之而誤者矣。澧既讀内府地圖，又考得酈書之誤，乃取胡氏圖訂正之。凡胡氏之説不誤而其圖位置不確者，移而置之。胡氏據酈書爲圖而酈書實誤，及胡氏自爲説之誤，皆改而正之。誠以胡氏之書爲千古絶作，不欲其留此遺憾，非掎摭前人之短也；且使讀《禹貢》者披此圖可以今日地圖并觀焉而易明也。道光丁未十一月。

録自《考正德清胡氏禹貢圖》（《東塾叢書》咸豐刊本）

袖海樓文讌詩序

海色過雨，月波流天，冰渠主人排日觴客。出郭百步，造於袖海之樓，至則未知樓之所在也。主人導客循篆路，度文疏，曲房螺旋，芳樹鱗疊，燦若碎錦，纍如貫珠。語其詰屈，譬藕心之錢；尋其方罫，成楸枰之局。飛閣東行，轉眺西日，明窗近拓，忽迎遠山。加以雕刻纖微，丹碧絢爛，旁戤插架，洞門自開，仰睇承塵，綺櫳突出，洵所謂人巧極、天工錯者矣。升降移晷，乃達斯樓，天光豁開，雲影縈帶，東石西石，裏湖外湖。樓下有池，前接珠江。主人自撰楹聯，有「雲影波光裏外湖」之句。於是張華鐙，進芳醑，清謳間作，高談欲飛。客乃舉觴而稱曰：「奇哉！主人之爲斯樓也。地纔百弓，而游可竟日，不階窮巖列岫之勝，不藉長林怪石之助，非園非圃，不邱不壑，而窈窕若仙居，璀璨若圖繢，自來游觀之境，未嘗有也。可以跌宕文酒，嘲詠風月，人生行樂，其蔑以加於茲乎！」主人曰：「是則然矣。雖然，猶有未盡也。夫涉巨浪者，識平川之安；歷漂霰者，愛春韶之景。當庚辛之際，庸詎知有今日之樂耶？皎月復圓，而假寐者隱几；繁花未落，而尋芳者閉門。異日其無悔歟？」於是客皆頷頤，或且浮白，酒顏既赭，詩腸頓豪。主人出首唱四章，繼以疊韻，座客屬和及主人猶子星臺孝廉之作凡若干篇，莫不聲諧絲簧，氣潤珠璧，一韻標奇，如明月之落几；連什雜誦，猶清風之過簾。美矣茂矣！余畏題黃鶴之詩，宜罰金谷之酒。主人曰：「幸爲我叙之。」遂濡翰而題其後云爾。

録自汪瑔《旅譚》

訥友山房詩鈔序

前者，馮竹漁司馬以其家集見示，題曰《清芬集》，其一卷曰《拙園詩選》者，子皋太史所作也，竹漁屬爲之序。今謝介庭屯田復見示一卷曰《訥友山房詩鈔》，植園贈君所作也。贈君之子晉庭都閫、孫静山孝廉將刻入《清芬集》，亦屬余爲序。余於是歎馮氏一門風雅，人人有集，而子孫又賢孝，能寶護而刊垂之，爲今時所罕有也。抑贈君非獨能爲詩而已，鄉賢之獄，贈君爲諸君子納橐饘焉。阮文達公修《廣東通志》，贈君爲採訪，跋山涉海，拓金石文字甚夥。家藏圖書彝鼎及趙松雪琴，日夕撫弄。嘗一應試，不售，即棄去。其從子子良司馬爲詩述之甚詳，蓋好古之士，有風骨者，宜乎其能詩矣。張南山司馬《藝談録》選其詩，覽者亦可見一斑也。同治二年三月，番禺陳澧書。

録自馮之基《訥友山房詩鈔》

楞華室詞鈔序

吾友沈君伯眉善爲詞。或曰：伯眉多病而好禪。夫詞之爲道也微，使人心勞而氣疲，非善病者所宜也。且禪者之於語言文字，方將棄之如遺，又奚以綺語爲哉！余曰：不然。子不見夫病者乎！不宜喧而宜寂，不宜甘而宜濇，澹兮若默，窈兮若抑，悠兮若客。如是者與詞宜。又不見夫禪者乎！以鬱爲達也，以空爲納也，以沉爲拔也，以閟爲豁也，有觸而忽發也，有叩而忽答也。如是者又與詞宜。是故伯眉之詞工矣，而伯眉之病亦瘳，伯眉之禪亦遂通矣。或曰：子無病，又不好禪，不工詞，而子何以知之？余不能對，聊書其語以質伯眉。伯眉曰：是不病而病，不禪而禪，不詞而詞。吾詞刻成，爲我序之。陳澧序。

録自沈世良《楞華室詞鈔》

信天翁家訓序

粵人皆以金竹比白沙，其鄉人陳習之學博重刻其集，請林月亭删訂，甫畢而歿，乃請楊黼[一]香編修序之。會黼香入都，復以序屬澧，又以金竹《家訓》屬澧編入集後。其家訓令初學先讀《儀禮》，謂《儀禮》爲道之迹，終身不可離，則與白沙之學謂禮文非所急者，又不盡同也。咸豐六年八月。

雙桂堂印譜序

古無大印，大印蓋自宋人始，如「趙郡蘇軾」、「楚國米芾」，法帖傳刻常見之。然其字皆不甚工，故今人作大印無古法可依，皆付之市肆，任意爲之而已。南海謝坡山先生專作大印，腕力豪健，爲昔人印譜所未有。其印朱文多，白文少，則以朱文可大，白文不可大故也。白文繆篆填滿者爲正宗，若大印填滿則失之癡肥，無此篆法。惟朱文則元明人用小篆，可以展而大之，故坡山大印竟有似於篆碑，使坡山生唐宋時，刻李少温、徐鼎臣之篆，則其印無異三墳記、繹山碑矣。李春生觀察深於摹印之學，廣收古印拓本而精選之，彙爲巨帙，又以筆墨摹寫數百印，纖毫畢肖，觀者歎爲絶技。近得坡山所刻之石拓之，以分贈同好，屬余識其簡端。余昔時篤好摹印，今眼昏不能刻矣，然猶能言其略，遂書此質之春生，或不以爲强作解事乎。丁巳八月陳澧序。

深於篆法，深於印法，又深於漢、唐、宋、元、明諸印之源流體製，乃能言之明白洞達如是。老漁識。

孝經紀事引

《孝經》、《論語》，聖賢教人之書也。而《孝經》尤簡約。朝廷以此試士，本以聖賢之教教天下，而士但以爲考試題目而已。世之勸人爲善者，乃至取巫覡語而刊布之，不亦傎乎。古人尊信《孝經》之事，群書所載甚多，今取其見十七史者若干條，鈔而刻之，其餘更俟續刻焉。咸豐十一年二月。

以上録自陳之邁編《東塾續集》

衣讔山房詩外集序

薌谿先生見示《試律》一卷，首首皆精，句句皆妙，爲之讚歎不已。文章最大者經學，最小者試律。薌谿經師也，而又工試律，此真巨細無遺者矣。愚弟番禺陳澧拜讀。

録自林昌彝《衣讔山房全集》

辮貞亮室賦鈔序

昔學海堂舉尊經之士十人，澧與嘉應張君彦高皆與焉，而未相見也。後十餘年，君官陜西，引見入都，澧亦以會試至，相見於客邸，談半日。又十餘年，君解組歸矣。近者，學海堂課以「《周禮》求地中辨」命題，君寄示擬作一篇，經學、天文、地理博綜深通，讀之敬服。時學海堂將刻第四集，即以此篇先付梓人，爲此集倡。君復寄示所爲賦若干篇，使爲之序。讀之愈驚且服也。自來樸學華辭兼擅者鮮，君於經學、天文、地理博綜深通若此，而又能賦，此天才有餘也。其賦或沈雄又或綺靡，或淡遠又或滑稽，而超逸之氣，時時溢於簡外。惟其天才有餘，故無所不宜。如澧者，但治經學，於天文、地理皆學而旋輟，若辭賦更謝不能矣。讀君之賦，驚且服而已。同治甲子，番禺陳澧序。

録自張其䎗《辮貞亮室集》

禹貢説序

昔邵陽魏君默深來廣州，訪余談《禹貢》，甚相得也。其後君知高郵州，余會試不第，歸訪之。君所著《禹貢説》適成，出其稿曰：「爲我閱之，有誤者駁而正之。明年以歸我。」是歲咸豐二年也。明年，余不會試，託金芑堂孝廉攜其稿歸君。芑堂至江西，遇賊而返。未幾，聞君殁矣。余藏其稿十餘年，方伯方子箴先生，君老友也，取而觀之，遂刻以傳之。方公之於故交，可謂篤矣。余憶與君初見時，談分江水不能越山數重而横入震澤，君拊掌曰：「吾疑此久矣，今將往觀焉。」蓋君勤於考古，又健於游，考地理有疑，輒走數千里，目驗而定之。讀「嶓〔二〕冢導漾」，遂往甘肅而觀所謂三洞者，以著於書。書中凡若此者，皆其卓然可傳之説也。人言君性傲，然屬余閲其書乃謙甚。余念之不忘，且承方公命爲序，追憶故交，死生隔絶，執筆而愴然也。同治六年三月番禺陳澧序。

録自魏源《禹貢説》

禹貢新圖説序

嘉應楊君掌生博通群書，多識本朝事，文章古藻，援筆立就。少時受知於阮文達公。君舉鄉試，阮公與吴石華訓導書曰：「此非楊生之榮，實主司之榮也。」其稱賞如是。今君老矣，而復遇方子箴方伯，授之以館，贈之以長歌，又索觀所著書，得《禹貢新圖説》二卷，將刻之，命澧爲之序。自來説《禹貢》者，綜覈群籍，無如胡朏明；專明鄭注，無如焦里堂。君之書又出於二者之外，其所考者，自黄帝而下至本朝，自九州而遍及大地，上下五千年，渾圓九萬里，羅於胸中，歷歷然可指而數也。夫專釋《禹貢》，誠不必然，然觀君所爲叙録，云爲諸生言之，蓋君主書院講席，欲使學者因《禹貢》一篇而通知古今。此君之善教，非如程泰之進講《禹貢》，多説外國幽奥之地也。君之書名曰《新圖説》，而寫寄方伯者有説無圖。方伯先刻其説，異時圖成，當續刻之。蓋方伯待君之厚，不下於阮公。君雖老矣，所著之書已刻成，其亦可以快然無憾矣乎！同治六年三月番禺陳澧序。

録自楊懋建《禹貢新圖説》

莫如樓詩選合刻序

中丞蔣公重刻先世《莫如樓詩集》，命澧爲序。澧讀之數日而畢。其一二卷篤因先生詩，中丞之伯祖也。其三卷之翰先生詩，中丞之祖也。四五六卷于蕃、師大兩先生詩，中丞之叔祖也。前有歐陽氏紹洛序，謂篤因先生少作豪邁，晚乃清遠；謂之翰、于蕃兩先生寫卉物之清芬，寄素心於歎詠；謂師大先生幽曲雄厚，沈鬱蒼涼，才力尤不易覯。澧以其所論核之於詩，各盡其妙。蓋歐陽氏深於詩者，而與四先生交又深，故讚歎無虚辭，澧不必贅論。獨以兄弟數人合爲一集，考之《四庫書目》,惟唐有《竇氏聯珠集》,爲竇常及其弟牟、群、庠、鞏五人之詩。至宋之《柴氏四隱集》,則從兄弟也。蔣氏四先生集比柴氏爲盛,蓋與竇氏如驂之靳矣。當四先生在時,一門風雅,然皆優於才而嗇於位,故其爲詩有感喟之語、幽鬱之音。孰知再傳至中丞,豐功偉績,甫逾壯歲,爲封疆大臣。詩人之後,昌熾若此,造物者之報施,殊不可測。而此六卷之詩,亦至此時而重付剞劂,以大顯於世,是詩人之奇福也。《記》曰稱揚先祖之美而明著之後世,中丞有焉。命澧製序,義不可辭。中丞手書謙抑而盛稱拙文,又不敢當也,并書之以志愧云。同治六年六月,番禺陳澧序。

録自蔣湘培《莫如樓詩集》

龍泓館詩集序

錢塘丁敬身詩三卷,題曰《龍泓館詩集》,卷後有題字,乃魏春松、何蘭士校定,錢梅溪手録以贈黄秋盦者。然書法不類梅溪,又誤字頗多,實傳寫之本也。卷一題曰《戊寅稿》,二曰《己卯稿》,三曰《庚辰稿》。然有《山舫詩》序及《表忠觀碑詩》自作跋尾,皆題庚寅四月;又有《貝葉經歌》序,題庚寅重陽。不知何以雜於《庚辰稿》中也。龍泓詩不止此,同時詩人如厲樊榭集中詩多與龍泓唱和,并附刻龍泓之作。此但存三年之詩,蓋散佚者多矣。此本爲新會盧曉亭廉訪所藏,高要何伯瑜見之,請曉亭授之梓人。龍泓摹印最有名,伯瑜亦善摹印,故仰慕甚篤。然龍泓摹印固精妙,其人品與詩亦蕭然脱俗。樊榭詩云：「城南丁隱君，嗜古有神契。山心本清虚，詩骨不柔脆。」此定評也。曉亭因伯瑜之請而刻其遺詩，宜哉！同治八年四月，番禺陳澧序。

録自丁敬《龍泓館詩集》

吉金齋古銅印譜續譜序

伯瑜既以所得潘氏古銅印拓爲《吉金齋印譜》，復有昔年收得古銅印二百餘方亦拓之，别爲《續譜》一卷，不相雜厠也。此二百方亦多精妙，不下於得自潘氏者。又數年前有以古銅印章數十枚求售者，余欲得之，伯瑜亦欲得之，而以價昂議不成，至今惜之。并記之。己巳四月，陳澧書。

録自何昆玉《吉金齋古銅印譜·續譜》

馮勳侯教諭遺集序

鶴山馮生昭文奉其尊甫教諭君詩文、雜著數卷來，請爲序。卷後有行述，述君事甚備。余與君昔以會試相見京邸，稠人中無談詩文著述事者。今讀所爲詩，戛然自拔於庸俗，乃知君之才卓越如是，惜乎其已逝也。粤詩自黎二樵創闢奇境，深曲幽異，絶出尋常蹊徑之外。洪稚存著詩話，評同時數十人詩，獨盛稱二樵。近者李恢垣贈余彭春洲詩集，曰：此似二樵者。余讀之，雖未及二樵能自成家，亦可謂自拔於庸俗者也。君之詩正似春洲，雖不如二樵之險怪，而不屑蹈尋常蹊徑。其古文雜著，則皆爲夷寇而作，謀所以破敵之術。君嘗設謀擒斬土寇，蓋實有武略，非空言者。而所爲破夷策，當時竟不能用；所爲詩文稿藏於家者，又以客民之亂散失殆盡。君常自言，數十年心血化爲烏有，泣數行下，誠可傷也。蓋不獨功業成否有命，即詩文傳世多少，亦似有命焉而不可自保。猶幸有賢子，於君歿後蒐輯得此數卷，刻梓以傳，使世之評詩者知粤東近有此一詩人。且夷患正無已時，後之人讀君之文，或有取焉。君之命雖不偶於生前，而名尚留於身後，此則君之子之孝而余所以爲序而不辭也。君名鉞，字勳侯，道光辛卯科舉人，官大埔教諭。同治八年五月，番禺陳澧序。

録自馮鉞《敬業堂集》

琴瑟合譜序

古之君子，皆習於琴瑟，至唐宋，士大夫猶多鼓琴者，瑟則罕聞，今竟爲絶藝矣。余好考古音律，聞慶輝山司馬善琴瑟，心嚮往之。前年會於城北夢香園，司馬鼓瑟，使其門人鼓琴，翕然如一音，座客皆服其精妙。司馬自言，幼而學之，今數十年矣。又歎願學者少，而慮此藝之無傳也，乃著《琴瑟合譜》，而屬余爲之序。余謂司馬此藝既精，則此譜之精不待言。然讀此譜者，學琴尤必學瑟，以今世罕能鼓瑟者，而鼓瑟之法，又較之鼓琴爲簡易也。余嘗疑《論語》二十篇未嘗言琴而屢言瑟，蓋以其簡易，可常習而不勞歟？惜余老矣，不能學矣，願告同好者知樂爲六藝之一，而不可廢絶也，則宜讀此譜而從學於司馬，不可交臂而失之也。同治庚午八月，番禺陳澧序。

録自慶瑞《琴瑟合譜》

許青皋集序

許君青皋自定其集，賦一卷，詩四卷，詞一卷。青皋既殁，其子兆芹藏之，其門人伍延鎏、延堅刻之，而請余爲序。青皋之性情，可謂清矣，其爲人抑可謂忠厚矣。其始□□，然欲□□□□，既不得志，寥落憔悴，惟以詩詞自娱，未嘗越於繩約之外，求之於今，蓋不可多得者。當其久病不痊，余以詩慰之，沈君伯眉和之，皆憂君之不壽，而竟鬱鬱以死。余詩不存稿，伯眉詩在其集中，今讀之猶悁悁以悲也。伯眉與君爲密友，君之集付刻，而伯眉之集亦適刻成，而二君者，皆已爲古人矣。君之没也，伯眉縷述其事，屬余誌其墓，遭亂不果。伍君索序，余乃爲誌以踐宿諾，且以代序。今復爲之序。誌在文集中，凡誌所述事，不復述也。

録自《東塾續集》

綴玉集序

東莞陳君友珊言：其鄉蔡君守白用《玉臺新詠》詩題，集《玉臺新詠》句爲五律二百餘首，工妙不減黄若牧《香屑集》。蔡君没已久矣，舊有刻板，欲刷印以貽朋好。余聞之，願先睹爲快。後數日，友珊復與蔡君之侄煦春來，以舊印本見示。余循覽一過，歎其工巧，誠如友珊之言。其中有與唐律平仄密合者，其拗調亦唐律□□□。亦有唐律不用之調，則齊梁體也。其工巧之句，如「夜夜有明月，纖纖如玉鈎」，「寶瑟玫瑰柱，銀綸翡翠鈎」，「春風起春樹，春草醉春煙。常恐新間舊，非關醜易妍」，「新花滿新樹，垂柳復垂楊」，「坐使紅顔變，誰憐緑葉香」，「日照鴛鴦殿，春生鳷鵲樓」，「蜘蛛簷下掛，楊柳月中疏」，「故燕飛簷别，吟蟲繞砌鳴」，「明珠翠羽帳，綺井白銀牀」，「迎風初引袖，就水更移牀」，「片月窺花簟，流輝耀玉牀」，其屬對工整如此。更有切題甚精細者，如「藕異心無異，君愁我亦愁」《採蓮》，「表裏鏤七寶，分明無兩心」《鏡臺》，「寸心百重結，千里一相逢」《相逢行》，「惟餘一兩焰，共事二三年」《詠燈》，「畫作秦王女，圖爲河洛神。許持自障面，將去復回身」《詠畫扇》，「裾開見玉趾，鬟轉匝花鈿。圍腰無一尺，長袖曳三□」《詠舞》，「多逢蕩舟妾，何處織縑人」《見人織聊爲之詠》，「悲響答愁歎，廣欄含夜陰。新縑疑故素，朗杵叩鳴砧」《擣衣》，「可憐方二八，何事久西東？」，「初爲三載别，終是一人眠」《自君之出矣》，「沈思鍾萬里，信誓貫三靈」《爲人述夢》，「此土非吾土，應歸遂不歸。卻匣擎歌扇，開箱見別衣」《賦得蕩子行未歸》。雖刻意爲之，亦未易得此，信乎工巧之極矣。其侄屬爲序，余以既有兩序，可不必再序，乃摘最精妙之句書於卷端，其餘尚美不勝收耳。同治壬申六月，番禺陳澧題。

録自蔡召華《綴玉集》

刻東坡經義序

應試之士，習爲時文，治經之士，習爲經解，而皆不習爲古文。余謂宋人經義，即經解也，當時亦謂之時文，今之時文所從出也。其與今之經解不同者，今人多説訓詁，宋人多説經義耳。與今之時文不同者，宋時無對股之格耳。今之時文，亦何嘗皆對股耶。宋人文集中經義頗多，《東坡集》有十餘篇，余抄而刻之。習經解時文者，如欲學爲古文，讀此而效之，不難也。此經解、時文、古文之通也。同治壬申八月，陳澧書。

録自抄本《東塾遺稿》

全唐文紀事序

嘉慶中，詔輯全唐文，翰林院編修嘉興陳先生爲總纂官，彙萃之餘，加以考證，録於別紙。至《全唐文》告成，所録者積一百二十二卷，自爲一書，名曰《全唐文紀事》，以配計有功《唐詩紀事》，嘗欲進呈而未果，蓋其時先生已罷官矣。道光中，先生來粵掌教越華書院，澧從受業，嘗於侍坐時聞先生言其事而未見其書。先生殁於今三十餘年，季子子因官於粵，篋中寶藏此書，澧乃得敬觀焉。繕寫工整，牙籤錦帙，進呈之式也。方柳橋太守出資寫刊，仍以元本付子因藏之，其新刊本幾閲月而畢，子因屬澧爲序。澧竊念先生奉詔纂成巨帙，以餘力爲此書，而猶浩博如此，先生之才之大，見於斯矣。雖未上邀御覽，而有賢子爲之護持，不至失墜；又值太守篤嗜書籍，爲刻梓以傳世。澧老矣，猶得而讀之，不勝欣幸焉，書其事不敢辭。先生又嘗撰《全唐文年表》及《全唐文補遺》，皆未成，此亦澧所得聞者，因并記之。同治十二年八月門人番禺陳澧謹序。

録自陳鴻墀《全唐文紀事》

守約篇序

李君恢垣所著書既刊行於世，余讀之服其詳博而歎其苦搜力索、耗精力而爲之也。近者，李君自謂年老不著書而鈔書，鈔成六十三種，而爲之序録，余讀之而悟養生之道焉。凡人必有所好，有所好而不能自已，而或以害其生。李君之所好者，書也，不能自已者也。然使執養生之説，舉所好之書而棄絶之，則非所以養生矣。有目而不觀覽，與無目同；有手而不披尋，與無手同；有口而不吟諷，與無口同；有心而不思繹，與無心同。是則與死何異，而謂之養生乎？此其所養者，無用之生也。善養生者，當養有用之生，觀覽而不勞其目，披尋而不勞其手，吟諷而不勞其口，思繹而不勞其心。非惟不勞，而又以樂之，目得觀覽而樂也，手得披尋而樂也，口得吟諷而樂也，心得思繹而樂也，不亦善乎！李君又告余曰：「吾日日鈔書，不知歲月之逝也。」余曰：「是不惟養生，且以延年矣。老而好書者，當如是。」書之以爲所鈔書序。同治十三年十月書於粵秀山之在此山齋。

録自李光廷《守約篇》

樂志堂詩略序

譚玉生舍人《樂志堂文集》十八卷、《詩集》十二卷暨《續集》三卷，嘗自言在精不在多，欲删汰之別爲一集。年既老，未及爲之而没矣。有子五人，皆能讀父書。叔子以進士及第，乞假歸與昆弟聚，謀成先人之志，録集中文若干首爲四卷，詩若干首爲二卷，題之曰《文略》、《詩略》，奉以來，請商榷之。余與舍人交好四十年，不可辭。舍人之才，沈博絶麗，晚年憂時感事，愈鬱勃而不可遏，讀此集足以見之矣。欲覽其全，則有十八卷、十二卷暨續集三卷者在。光緒元年六月，陳澧序。

録自譚瑩《樂志堂詩略》

聽春樓詩文存序

余昔葬親，不解相墓之術，聞南海黄理厓先生精究於此而請教焉。往還既久，交誼遂篤。先生之言曰：「山必躋其巔，水必窮其源。」余嘗以爲名言。然先生非特爲山水言之也，其學識高邁，凡讀書論事皆如此。其性情真樸，尤超出流俗。爲諸生數十年，不得舉鄉試，人皆惜之。晚年有目眚，常瞑目静坐。年七十七而終。有子薪庭，奉其詩文一帙來，請爲序。展而讀之，先生之性情學識，畢現於此，如見其容貌而聞其言論，如昔年快談時也。此真善爲詩者矣。其中有與余唱酬之作，讀之尤爲慨然。先生有《地理説約》一書，余昔嘗序之，今爲其詩集序，自不可辭。然遲之又久，乃書此以復於薪庭。近時老病，筆墨疏懶，殊自愧也。光緒元年七月，陳澧序。

録自黄昭融《聽春樓詩文存》

三十二蘭亭室詩存序

劉樹君方伯以所著詩八卷屬澧爲序。澧讀之匝月，乃言曰：是才人、循吏合而爲一者矣。集中詩若《下第》、《無題》數十首，風華艷發，義歸比興，才人之筆也。《卮言》七章、《勸民》十章訓誡明切，意存忠厚，循吏之心也。其餘構思運筆，或出以和暢，或出以沈鬱，或出以静逸，或出以奇矯，則又不名一家而各擅其勝焉。若夫誦其詩，按其出處，尤可以見其性情。蓋自拔萃科，屢躓京兆試，屈就廣文，而後登甲第，入詞垣，升侍從，出爲郡守，故其始多窮愁之語；及躋榮顯，而意境猶復澄澹。至出守惠州，爲坡公吟嘯之地，政事之暇，詩興勃然不可遏，一題詠，一唱和，皆性情所流露。其爲才人，爲循吏，讀者當自得之。方伯自定此集名曰《詩存》，蓋所删已多，而方伯猶曰當再删之，貴精不貴多也。澧謂斯言誠是也。然此八卷後未刻之詩，當復不少，宜續刻之以示同好。方伯擬删，而澧則議增也。光緒改元九月，番禺陳澧序。

録自劉溎年《三十二蘭亭室詩存》

梅窩詩鈔序

吾粤學海堂學長漢軍徐鐵孫觀察以詩名海内，而高第弟子陳朗山司馬繼之。觀察之詩，早年清雋，老而豪宕；司馬之詩，早年亦清雋，老而幽澹。則所處之境不同也。觀察初以孝廉爲教官，中進士，爲縣令，寖至通顯而戰殁。司馬以孝廉亦爲學長，爲教官，不中進士，遷縣令，以足疾棄官。其不同以此。然司馬雖疾而歸，而其身閒，其志逸，無勳業亦無禍難，較之觀察，安樂多矣。此其詩所以得幽澹之趣也。梅窩者，司馬居近越王山麓，闢地種梅，取觀察所篆梅窩二字以名齋，遂名其集，亦以志師承也。光緒元年十一月，番禺陳澧序。

録自陳良玉《梅窩詩鈔》

草堂詩箋序

杜工部詩宋人注本，《四庫》著録者郭知達、黄希二家。蔡氏夢弼注本題曰《草堂詩箋》，又撰《草堂詩話》。草堂者，工部客蜀時所居也。《詩話》，《四庫》著録，其提要云「《詩箋》久佚」。近者，方柳橋太守得《詩箋》元刻本於南海吴荷屋中丞家。太守好聚書，官粤東三十年，歲歲購藏，凡數十萬卷，而此書爲最。以《四庫》所未有，乃付剞劂，使復流傳於世。錢塘汪養雲大使入都還過其鄉，見其友有鈔宋本《草堂詩話》及趙子櫟、魯訔所撰《杜工部年譜》，乃借鈔於行篋，返粤以贈太守。此二書《四庫》所收，本合爲一册，乃惠定宇所藏，提要以爲希覯之笈。近者，江浙三閣所藏《四庫》書復不可覯，今《詩箋》刻畢而又得此，誠藝林中一段奇事也。太守乃并刻之而屬澧爲之序。澧與太守、大使前年同在書局，評論古書甚相得，又獲見此秘笈復顯於世，爲可樂也。乃爲之述其事云。光緒二年閏五月，番禺陳澧序。

録自碧琳琅館刻《草堂詩箋》

泛香齋詩鈔序

順德温篔坡少司馬，以厚德清望爲宣宗成皇帝師傅。冢子秋瀛比部以孝廉蒙恩賜進士，選庶常，散館授主事，分部後乞假歸，遂不復出。澧少時在京師聞老輩談少司馬遺事，慨然歎爲古之人；而與比部未識面，聞其爲人有少司馬之風焉。今其冢子飏園員外刻其遺詩，澧讀之終卷而益慨想之。夫其生長富貴，世受國恩，既通籍翰苑，爲郎官，聖天子眷之不衰，方當隆隆而升，而恬退静逸，竟無宦情，承平時世家之子，有如此者。昔孟子嘗以喬木比世臣矣，今觀此集，如清樾碧陰，隔斷炎暍，微風過之，泠然有聲，若使斲爲棟梁，豈遂不勝其任哉！然留之鄉閭，使人望之，蔚然隱秀，尤不易覯也。員外寓居南園之西。澧近年衰病，常静憇於南園比鄰間，時相往來。員外以詩序見屬，遂以數十年慨想之意而舒寫之也。光緒三年丁丑之秋，八月既望，番禺陳澧序。

録自温承悌《泛香齋詩鈔》

讀律提綱序

《晉書·刑法志》云：馬融、鄭康成諸儒各爲漢律章句，魏時天子下詔，但用鄭氏章句，不得雜用餘家。然則律者漢之經師所精究，而鄭氏其尤精者也。近儒講經學者多矣，而兼通律學者則少。

故浙江候補道楊君深於經學，而未嘗著書，其守湖州十年，專心讀律，爲《提綱》一書。澧雖不知律學，而與君交好數十年，觀其性情之純篤，治經之深邃勤摯，所解悟者往往度越流輩；況其出爲民父母，法律關係人命，其所爲必精審無疑也。又觀湖州人心悦服，幾至無訟，則其聽斷精審，尤有明效大驗者也。君身後著述不存而猶存此書，使學者復見漢經師之學，其亦可以無憾矣。《晉志》又云：衛凱奏置律博士，轉相教授，事遂施行。異時朝廷如置律博士，此書即可轉相教授也矣。光緒四年正月，陳澧序。

録自楊榮緒《讀律提綱》

重修香山縣志序

自道光七年香山修縣志，越四十六年爲同治十二年，田星五刺史署縣事，建議重修。繼其任者，張鴻舫、楊春霖兩司馬，咸以斯事爲重。薦紳先生總理者：何小宋制軍、黎鳳樓太史，劉固堂、彭鏡海兩舍人，鄭玉軒、李紫亭兩觀察，何斌襄運同，黄星樞、黄虹川兩大令，李雲如、陳玉壺、劉仙舟三學博；分纂者黄逸樵太史、梁聖褒解元、鄭邠川學博、何玉銘副貢，黄芑香、梁璧珊兩茂才。而寓書屬澧爲總纂。澧以香山人才之盛，自顧老拙，曷能有助。辭不獲命，乃與諸公同議凡例。諸公以爲學制宜自爲一門，諸壇廟下，宜各載祀典；澳門王土，外國人賃居之，舊志附於海防，今不宜仍之。澧躐其説，仍以其地入山川門，其事入紀事門，而賃居者之風俗碎事入附記。又議物産爲諸郡縣所有者略之，香山所出者詳之，金石隨其所在分載之，而不自爲一門。衆議既定，諸公勤於採訪，精於考核，詳於編載，而澧相與參訂之。澧又薦門人羅海田爲之圖。於是書成，釐爲二十二卷。澧因論之曰：香山自宋紹興始分東莞縣地自爲縣，至明代而有黄文裕公，碩學高文，爲嶺南之冠。國朝則吾師曾卓如先生，道光時稱名臣。其餘學行事功可傳於世者，指不勝屈，今載在列傳，燦然可考，澧故曰香山人才之盛也。今之繼起者隆隆然未有艾，若夫近年有兵事，則多以勇烈著，其婦人則自昔多以貞節聞。嗚呼盛哉！此志既成，後之覽者當自得之，其爲書較之舊志蓋有過之無不及，則諸公之力，而澧得附其姓名云爾。諸公屬爲之序，乃著於篇。光緒五年十二月番禺陳澧序。

録自(光緒)《香山縣志》

景石齋詞略序

姚仲魚大令能文而屈於場屋，一行作吏，不廢風雅。數年前，拓其境内古碑廿餘通寄余，其思古之幽情可知也。哲嗣樫甫太史奉諱歸，繕録大令所爲《景石齋詞》見示。余再三讀之，知其於兩宋及國朝諸家寢饋深矣，而尤愛其小令似朱竹垞。余素好爲詞，老而才思枯槁，不爲此者廿餘年，然猶常常諷誦昔人所作，以寄清興，竹垞詞則尤熟誦者。今謂大令似竹垞，安得起大令而質之，當不以余爲强作解事乎？所寄余古碑，友人借觀而不還，此亦好古之士，故不强索之。而太史聞之，又以贈余，此後當珍藏之，不復借人矣。爲此詞集序，因并記之。光緒六年十一月，陳澧序。

録自姚詩雅《景石齋詞略》

咫進齋叢書序

叢書之刻，至今日而極盛，亦至今日而更難，其真僞不分，雅俗不辨，删削脱誤，爲盧抱經學士之所譏者無論已。即祛此數弊，而或憚於訪求，取盈卷帙，其秘籍之罕傳於世者反遺焉，亦未善也。近者直省多開書局，印行日夥，自非博觀於古，慎取於今，此事正未易易。孫頤谷謂刻書之難，與著書等，豈其然乎！歸安姚彦侍方伯承其祖文僖公家學，好傳古籍，尤精於聲音訓詁，故搜采獨多，皆世間不傳之本，而又虚懷博訪，往往從故家藏本暨通人寫本輾轉録出，好古之士，有終身求之而不得者。每刻一書，必期盡善而後止。得之若是其艱，刻之更若是其慎，而求書之志，固未有艾也。十年來，刻成三十餘種，彙爲《咫進齋叢書》，舉以示澧。澧受而讀之，見其别擇精而校讎善，足補從前叢書所未備，爰屬及門陶春海孝廉，略以刻書年月之先後，編爲三集，集以四部爲次。考叢書編次之善者，前明毛氏汲古閣之《津逮秘書》，我朝鮑氏之《知不足齋叢書》，皆以一集起數，源源相繼，月畢而歲不同，所以餉海内之學者，用意至爲深遠。今仿其例，先編三集，從此廣搜秘本，將於方伯厚期之。

灃老矣，恐不獲見全書，然就兹而觀，知必不爲盧抱經之所譏，而孫頤谷以爲難者，亦克任其難矣。光緒七年番禺陳灃序。

録自姚覲元《咫進齋叢書》

三宋人集序

方柳橋太守嘗與余談宋初古文有柳仲塗、尹師魯二集而未見穆伯長集，以爲憾。今太守署理運同駐潮州，寄書來云：購得穆集并柳、尹二集刻之，以新本見贈。其書辭意欣欣然喜，余亦同此喜也。海内爲古文者蓋有未全見此三集者矣，今得之亦必喜，可知也。此三家古文爲歐陽文忠開其先。余嘗以爲元次山、獨孤至之亦爲韓文公開先，欲選二家文上溯至三國之文不爲駢儷者爲一集，不可盡以八代爲衰。惜余老矣，不能選，因讀此三集，以此意質之太守，以爲何如？光緒七年七月，番禺陳灃序。

録自碧琳瑯館刊《三宋人集》

金文最序

昔譚玉生舍人告余，昭文張月霄氏有《金文最》一書，南海伍紫垣方伯得之甚喜，欲刻版而遽没。余屬舍人之子叔裕侍讀從方伯之子子昇比部借觀，既而劉星南秀才來，以此書見示，且曰比部今將付刻，請爲序。余閲之數日，歎張氏此書必傳於世，得伍氏父子傳之，其名亦與張氏俱傳矣。張氏爲此書，勞且久而後成，其搜羅編次之詳審，見其自爲序例及阮文達公以下序四首，不必贅論。獨慨夫庸俗之書，多爲世人所喜，金源一代之文，自一二大手筆外，其餘無過而問者。張氏乃致力於此，爲世人所不爲之書，固難得矣； 伍氏父子刻世人所不刻之書，又難得也。余草草閲此，但知其梗概，比部刻成，必以印本見贈。余雖衰老，尚欲讀一過，惜譚舍人已作古人，不得與共欣賞，因作序而三歎也。光緒七年九月番禺陳澧序。

録自張金吾《金文最》

穀梁禮證稿跋

右《穀梁禮證》一卷，吾友侯康君模撰。君模既没，余與其弟子琴檢其遺篋，皆未成之稿。因從子琴借鈔此册，其《後漢三國藝文志》將續鈔焉。他日當刊板以傳之。嗚呼！君模孰知所述之僅如是哉！死生悠悠，失我良友，覽其遺編，□□□□□泣也。戊戌二月初九日，陳澧。

穀梁禮證稿題識

右《穀梁禮證》□十□條，吾友侯君模未成之書也。君模治《穀梁傳》，未幾，以專力考史遂輟業，欲俟異時補成之，而君模竟死矣。君模之學，最深於史，嘗蒐羅群書仿裴松之《三國志》例，注隋以前諸史，先成《後漢書補注續》□卷，《三國志補注》一卷，《學海堂二集》刻之。餘未成。又補後漢、三國、晉、宋、齊、梁、陳、魏、齊、北齊、周十一國藝文志，此其著作最大者，亦未成而卒。嗚呼，惜哉！余與其弟子琴檢其遺書，謀刻之以傳於世。然其稿須稍稍整理，故遲至去年冬，忽見有《穀梁禮證》刻本，錯謬殊甚，卷末乃刻余名校字，可怪也。乃從子琴先取此書刻之。君模經學亦殊賅博，尤長於《禮》，此一卷書豈足以盡吾君模也哉！道光二十二年二月朔日，陳澧書。

以上録自廣東省立中山圖書館藏《穀梁禮證》稿鈔本

琴律譜小引

儒者欲知樂，宜先學琴。若言樂理，而不習其器數，則空談而已。學琴者，學知五聲十二律，非學指法也。余著《聲律通考》，琴之聲律，已言其大略，今復爲譜詳著之，學琴者可一覽而明。而工於指法者，亦可於此以進於儒者之藝。此一卷書即古經傳五聲十二律之義疏云爾。

録自汪宗衍《陳東塾（澧）先生年譜》同治六年條

孝經鄭注

聲按：桂文燦有《孝經集解》一卷，當撰作之初，或曾以《孝經鄭氏解》一書求教東塾，先生乃書此示之。

删節。《釋文》用鄭氏本而每章無第一、第二等字，則鄭本無此等字可知也，當删。臧氏小注太繁，自當删節。然既有删節，則當作跋尾明言之。凡唐玄宗注下《正義》曰，此依鄭注。臧氏小注太繁，皓庭謂但存正義二字，是也。惟跋尾當著其説云：凡《正義》云當依鄭注者，是。玄宗注採用鄭注無所删改，如「先王有至德要道」玄宗注云：「孝者，德之至，道之要也。」《正義》曰「依王肅義」，而不云依王肅注，則但得其意耳。

録自《孝經鄭氏解》卷首所附陳澧手迹

題切韻指掌圖

澧按：此書前有司馬温公序，世遂目爲温公述者。考《江南通志·儒林傳》，邵光祖字宏道，吴人，研精經傳，或此儒矣。然光祖據温公圖作例，則仍與圖合。此例和統三十六母，類隔統唇、舌、齒二十六。劉鑒法則音和竟以端、知八母爲説，而又别立一四音和、四一音和兩門矣。丁丑六月閲第三過。澧又記。

錄自傳世手迹影本

論古碑搨法

凡古碑洗滌而精搨之，可勝百年前舊搨。用闊大薄韌無滓之紙、數倍工價、用好墨細細搨之。有額者，連額搨，使碑之四邊皆見乃佳。續紙亦可。

錄自傳世手迹影本（原無題，代擬）

時還讀我書題記

蔭泉老兄年逾古稀，讀書有味，屬書陶句懸之齋辟，良可敬愛。手腕雖病，不敢辭。陳澧並識。

錄自傳世手迹影本

題霞飛輪船額

彩霞一片，其行若飛，中有仙人，麈尾徐揮。戊寅五月，陳澧書。

錄自傳世手迹影本

無咎室題記

昔余讀《易》時，自題書室，請黄君石谿書之。今摹刻於此。同治辛未十月。

録自傳世手迹影本

桂文燿事親章等十章書帖

三月朔日，星垣贈余此册。越六日，星垣卒。三十年交情終於此，哀哉！陳澧記。

録自中山大學圖書館藏桂氏書帖

燕樂考原書末批語

咸豐丙辰讀此書，知其有誤，稍稍辨正之。丁巳再讀之，始知其大誤，辨正愈多，成《樂律通考》九卷。然實因讀此書始有所悟，其誤則不可不辨，非蠹生於木還食其木也。戊午三月廿一日，陳澧書於横沙村舍之崇雅樓。

録自國家圖書館藏《燕樂考原》陳澧批校本

供冀小言題記

月亭先生往矣，讀其書如見其人。先生性情簡默，昔日相見時轉不若今讀其書之暢所欲言也。己未正月初九日，横沙小園記。

録自國家圖書館藏林伯桐《供冀小言》陳澧批校本

墨子刊誤題記

戊辰五月，爻山刻此書成，見贈一册。近時著書見贈者多，未有此書之善者也。蘭甫書。

録自北京大學圖書館藏蘇時學《墨子刊誤》陳澧藏本

初學編音學題記

昔時欲作《初學編》數卷，先作《音學》一卷，嘗刻於板，今失其板矣。此稿尚存，欲重刻之。丁卯小除夕，蘭甫記。

録自廣東省立中山圖書館藏《初學编音學》稿本

陶淵明集題記

湘潭胡伯薊性孤介，隱居不仕，好陶詩，又好東坡書。偶得汲古閣陶集字體似蘇者，喜而臨一本以寄余。伯薊没後，其弟桐生取以付梓，甫開雕而桐生又没，吾邑俞秀山慨然命工刻成之。秀山與伯薊兄弟未謀面而有此雅誼，使陶集善本及伯薊妙墨流傳於世，良足尚也。光緒己卯六月，番禺陳澧題記。

録自清光緒五年刻本《陶淵明集》

寸心草堂文鈔題識

捧讀大作諸篇，駢體散體兼擅其勝，或議論暢達，或詞采茂美。其留心時事者，固足見其卓識，即應酬之筆，亦復宜古宜今，洵爲能手。愚弟陳澧拜讀並識。

録自李欣榮《寸心草堂文鈔》

粤闈餘事序

在昔試院煎茶，傳東坡之韻事；鎖窗對竹，和山谷之長吟。今於《粤闈餘事》一編見之矣。斯編也，閨中諸君唱和之作也。觀其異曲同工，和聲鳴盛，記朱衣之暗點，分玉尺之平量，以焚香薦士之心，兼刻燭成詩之趣。見玉驄於畫帳，分擘霞箋；添絳蠟於華堂，頻題綵筆。而且栽成桃李，仍憐簾外之落花；變盡魚龍，猶慨山頭之退鷁。詠秋容於殘葉，不負初心；聽清響於枯桐，能知焦尾。豈特裴王贈答，誇別墅之高風；元賓聯吟，擅蘭陵之絶唱也哉。稼亭明府胸羅萬卷，手彙一編，真成安石之碎金，何止景陽之餘錦。放豪吟於七步，碧落嘯聲；燦麗藻於千章，赤城霞氣。傳諸樂府，皆鏤金錯采之詞；捧到瑶編，盡翡翠蘭苕之作。庚午臘月，番禺陳澧蘭浦謹撰。

録自孫福清《粵闈餘事》

宛湄書屋文鈔序

李恢垣吏部刻其文集成，屬爲之序，讀之而驚且羡也。集中有古文，有駢體文，有考據之文，又別有詩集，兼擅此四者，求之國朝海内諸名公，其顧亭林乎，其洪稚存乎。袁簡齋能爲古文、駢體文，能爲詩，而不喜考據，然其隨筆之書即考據也。阮文達公精考據又能爲駢體文與詩，而謂古文非文也，筆也。然其集中之筆亦復佳，是皆兼擅四者，其餘不暇悉數。若吾粵則近時譚君玉生有文集，又爲粵雅堂所刻諸書跋尾甚多，與李君集中諸跋尤相類。譚君深於古文，餘嘗與談而深服之。然其文集乃駢體，古文乃無一篇，未知其何意也。然則吾粵人兼擅四者，其惟君乎。若余則詩文所存者少，不能成集，才不及君遠矣。乃述其驚且羡之意以爲序。光緒五年正月，陳澧序。

録自李光廷《宛湄書屋文鈔》

兩彊勉齋古今體詩存題識

不好奇而自然超妙，不貪多而自然華贍，不誇飾性靈自然真摯，不依傍古人而自然醇雅，四者皆歸於自然，非惟天分高，亦工夫熟也。此境殊不易到，折服之至。辛巳仲冬朔日，番禺陳澧識。

録自倪文蔚《兩彊勉齋古今體詩存》

古韻通説題辭

故江西布政龍君翰臣精古韻之學，著《通説》二十卷，通政王君定甫將刻之，出以示澧，屬爲訂定焉。其書博采諸家：若近時苗氏書，澧所未見；張氏書，昔年過常州嘗見寫本，今不能記；顧、江以下諸家，澧所嘗讀者。則知龍君實能集其所長，考證愈密。澧昔時雖嘗著書明諧聲之誼，而於古韻之學，則不及龍君之精邃也，何敢云訂定歟？惟其書臚列《説文》字，當得精《説文》者校之，乃薦吾友潘緒卿及其子子康兩秀才，是以《説文》爲家學者。校讎再三，殆無訛謬。近世之士或務科名，或務古學，若判爲兩途者，此學者之大患也。龍君以第一人及第而著此書，天下之士讀之，知最高之科名與最古之學問一人可以兼之，其兩不相背明矣。此書出，將合兩途而通於一。而王君之刻此書，爲益甚大，若夫篤念死友，護持其遺稿而刻以傳之，又其可敬者也。王君屬澧序之，澧謂王君所書緣起，宜弁於卷端爲序，乃以鄙意爲題辭於後，以質於王君，恨不得見龍君而質之也。同治六年十月，番禺陳澧題。

録自龍啓瑞《古韻通説》

潯岡洲圖碑

南海鄒特夫徵君創爲繪地圖之法，所居泌冲鄉在潯岡之南，乃命門人羅照滄、族弟景隆等用其法繪此洲之圖，每方格爲一里，長短皆合，二十四向不差，山水形勢無不畢肖，地圖至此，精密極矣。徵君没後，族人刻此圖於冲之風動祠。同治癸酉十一月，陳澧題記。

録自冼劍民、陳鴻鈞編《廣州碑刻集》七《公共工程類》

評琴書屋葉案括要題識

無辱即爲築，有書即爲福。著書能活人，數卷固已足。我亦好著書，至老且更篤。萬事付懶惰，不懶此事獨。惟恨不知醫，衰頹百病伏。君書刻梓成，乞早惠我讀。

録自潘名熊《評琴書屋葉案括要》

考校四箴碑題後

昔戴文節公督學粵東，爲《四箴》以自警。吴子實學士來督學，得墨迹於巡試官船中，乃摹勒上石。文節傳人，四箴似昌黎，書法似顔、柳，亦可傳也。學士刻而傳之，置之九曜石間，耿耿有光氣矣。光緒己卯九月，學士屬陳澧題其後。

録自廣州九曜石古迹碑刻

蘿崗招隱亭題記

昔徐鐵孫榮、黄石溪子高、侯君模康有偕隱蘿崗之約，君模與余來遊，題其亭曰招隱。舊扁今已失，蘿崗諸君子屬爲重書之云。

録自民國《番禺縣續志》卷四十一《古迹》

芙蓉館遺稿序

石星巢孝廉奉其母史宜人詩稿一帙請爲序。宜人之大父故江西餘干縣知縣諱善長，父江西樂安縣知縣諱致祥，兩世皆以能詩稱。宜人幼承家教，亦好爲詩，歸廣西補用同知石君永康，閨房唱和，古詩人所謂琴瑟静好者也。孝廉從余遊，又肄業學海堂，專習史記，而亦能詩，家傳風雅，固當如是。今以廣州府修志書，採訪藝文，宜人詩當著於録，故來請序。宜人之閫德，見司馬及孝廉所爲前後兩序。其詩之和雅，觀者當自得之。孝廉之表揚其親，亦可謂孝思不匱者也，乃不辭而爲之序。光緒元年七月，陳澧序。

録自史印玉《芙蓉館遺稿》

孔州同紉蘭手迹題記

孔熾庭太史、紉蘭州同兄弟皆善書。太史令子少唐郎中承其家學，所藏古法書甚富，選刻爲《嶽雪樓法帖》，其中宋人書如蘇、黄、米、蔡、張樗寮、吴雲壑尤多精妙者。唐以前元以後佳者亦不可枚舉，可謂精鑒。其第十二册刻太史、州同遺迹，又見其孝思，良可敬仰也。抑余更有感焉，憶余童時，塾師以太史小楷命學之。時太史尚未第，其後同會試入都，過從甚密，得見其書益多，亦益工。州同未識面，嘗見其隸書，似《石門頌》。今四十餘年，而余衰老，書不成字矣。光緒六年九月，陳澧題記。

録自孔廣陶《嶽雪樓鑒真法帖》亥册

題羅浮觀瀑圖

癸亥二月十日止齋雅集，談羅浮之勝。蔭泉、紀常、鴻軒合作此圖，朗山、瑞墀、雲衢、峻之同觀，蘭甫題記。

録自許禮平藏陳澧手迹

題得壽圖

此石無量壽，不知何時生。若問同年者，只有黄帝兄。

録自居廉《得壽圖題詠》

選樓集句題後

集句爲文，最傳誦者黄盾堂之《香屑集自序》，然語辭或增或改，如王子安《采蓮賦》「鄭婉秦妍」句，上增「他若」二字；「則有侯家瑣第」句，改「則有」二字爲「又若」二字。此集凡起承轉收虚字悉本原文，無所增減，蓋愈難而愈巧矣。弟陳澧拜讀。

録自許祥光《選樓集句》

題潘伯臨藏唐碑拓本

潘伯臨藏此碑拓本，爲金石著録家所未有，惟《寰宇訪碑録》有之，云仁和趙氏拓本。伯臨所藏，蓋趙氏本也。伯臨暮年有詩云：「周簋叔興父，唐碑張曲江。吾家二長物，更捧紫雲雙。」謂此碑及古銅簋有「叔興父」字，與古硯一方界而爲者也。伯臨殁後，其客李鐵橋摹勒上石，贈余此本。顧原本之真贋已不可知矣。甲辰臘月，蘭甫題。

録自東塾手迹（中山大學圖書館藏。原無題，代擬）

憂天樂道説題識

學養淵粹，故詞意謙和，弦外之音，在讀者自領之。蓋心切憂時而不談經濟，先生近日精研《易》理，戒出位而守括囊，《易》之教也。姻愚侄陳灃謹識。

情釋題識

孔子贊《易》曰利貞者，性情也；又曰：「六爻發揮，旁通情也。」子夏《詩序》曰：「發乎情，止乎禮義。」儒者之教必有情，若無情，則佛教矣。合天地人物寫出一個情字，博大精深，觀者勿認作小品文字。姻愚侄陳澧讀。

以上録自張維屏《松心文鈔》

題柳興恩穀梁大義述

道光甲辰春，謁阮文達公於揚州，公贈以新刻《再續集》，有《鎮江柳氏穀梁大義述序》。時余方著《穀梁條例》，乃屬徐韵生孝廉爲求其書，得一帙。庚午春，與賓叔遇於京師，後見贈此帙。其後賊陷鎮江，不知賓叔今何在，不知此書草稿存否矣。咸豐戊午正月，避夷寇，寓横沙，檢所藏書，得此帙，感慨係之。

録自陳之邁編《東塾續集》

退遂齋詩鈔題記

耘劬先生示讀大集，每逢佳句，輙加墨誌之，美不勝收矣。其尤佳者，古體如「離城二三里，遂覺煙水深」，「青山如游龍，活脱不可捉」，「風摇籬落衆犬吠，遠柝側聽微乎微」，近體如《元旦》云「囊添新歲稿，案剩去年燈」，「舊雨墳前多宿草，東風門外有夭桃」，「舊時巢燕都飛盡，不獨樓臺易主人」，「豈獨難忘是山水，故鄉無物不堪憐」，皆可入摘句圖。至如《蒼梧旅次》一首，《登高》一首，則沈鬱頓挫，卓然名作矣。讀畢書此，以當詩話一則。同治元年正月，番禺陳澧題記。

録自倪鴻《退遂齋詩鈔》

題沈伯眉學博小摩圍[三]閣詞鈔

沈伯眉學博見示《小摩圍閣詞鈔》，洪子齡大令見示尊甫稚存太史《比雅》。《比雅》似古鼎彝，青緑滿眼。《小摩圍詞》似宋錦，觸手生香。皆莫名其妙，但知爲天下之寶而已。一月來二寶同集案頭，抑何幸耶！同時復有鄒特夫茂才《學計一得》，亦在案頭，皆絶藝也。鑑賞書畫有謂眼福，此亦余讀書之眼福矣。因并識之。

録自陳之邁編《東塾續集》

小祇陀盦詩鈔題辭

嗚呼，詩人之窮如沈君伯眉者，豈不哀哉！伯眉少而善病，輾轉七八年，瀕死者數矣。病中煩寃怫鬱，則逃於禪以自寬。病起，捐納校官。久不得選，家計日蹙，出而謀食。連值兵燹，奔避勞窘。兵事稍解，選韶州訓導，未赴任而死矣。斯所謂詩能窮人者耶！當夷寇之破省城也，余還居横沙村，伯眉遷居西關，猶爲詩寄余。余喪子慟而病瘖，伯眉來弔，摇其手曰：「無可言。」余病起而伯眉死，余往哭之曰：「伯眉，今真所謂無可言者也。」其子哭於側，余問伯眉詩稿，曰：「在篋中。」嗚呼！伯眉學禪者也，身非我有，而況詩耶？顧其詩之工，不可不存，王君篠泉刻之而屬余題辭。余何以題伯眉哉！追感往事，涕淚横集，無可言而已矣。悲夫！同治二年正月，陳澧題。

録自沈世良《小祇陀盦詩鈔》

雲鶴山人詩鈔題記

以經學傳家者多，以詩傳家者少。吾友鄰谿先生説經之書數百卷，復有詩數千篇，今將刻梓以壽世矣。哲嗣衡甫世兄以所爲詩見示，披讀一過，美不勝收。蓋其詩之工，足以涵蓋一切，此非鄙人之過譽也。衡甫於經學亦必有所得，如有成書，尤樂得而讀之。鄰谿有此佳兒，宜乎樂不可支矣。良可羨也。鍾山陳澧題記。

録自林慶銓《雲鶴山人詩鈔》

題某碑拓本

澤生二兄得此拓本，「書」字、「渚」字上有横泐痕，疑道光初修通志時已去上一段，故只録數字耳。拓本僅存，今宜至英德南山訪之，如上一段猶存，則合而□於壁，不存則摹此本而重刻之。粤東篆碑甚少，此事宜爲之，不可已也。同治丁卯九月，陳澧題記。

澤生精於篆，尤宜爲此。

録自抄本《東塾集餘稿》

聲案：原題作《致澤生書》，然文中東塾自署爲「題記」，則非書札可知。今據文意代擬題目。

二知軒詩續鈔題識

丁卯正月下浣，箴翁方伯招集西園，酒闌，攜此卷歸讀之。大約力量愈充足，工夫愈純熟，工巧愈工巧，真樸愈真樸。且精理名言，其佳處有在詩外者。讚歎不足，敬題卷端。陳澧謹識。

録自方濬頤《二知軒詩鈔》

夢甦齋詩集題識

捧讀大集，有太白之奇才，有工部之沈雄，尤有東坡之靈敏雋妙，而能以天才運掉之，以真情抒寫之。披誦累日，欽服之至。番禺陳澧謹識。

録自江國霖《夢甦齋詩集》

重刻尚書大傳附記

《尚書大傳》，陳恭甫編修輯校之本最爲詳覈，其《序》云三卷而刻本則五卷，又每卷内刻板多不連屬，案語之字大小高下亦不畫一，皆刻板之誤耳。今并爲三卷，繕寫整齊而重刻之，其他皆不移改。其《序録》一卷、《辨訛》一卷，今并刻之。《辨訛》即其《序》所謂訂誤也。《序》又云末載《漢書·五行志》，綴以他書所引劉氏《五行傳論》三卷，其刻本無之，蓋當時未付刻。然此因大傳而連及之，今刻經部書固不必有此耳。陳澧附記。

録自鍾謙鈞輯刻《古經解彙函》第十三之《尚書大傳》

寸心草堂詩鈔題識

陶邨先生見示詩集，捧而讀之，知其天分高雅而又研煉功深。其寫經如畫，而或爲畫所不能到；言情者如話，而或爲話所不能該。學古人者摹擬逼真，出己者新奇可喜。其中佳句，美不勝收。僭加墨以志欽抱。丙子三月，陳澧讀畢并識。

録自李欣榮《寸心草堂詩鈔》

嶺南雜事詩鈔題記

拜讀大作，乃合《鴛鴦湖棹歌》、《南宋雜事詩》爲一手。竹垞、樊榭諸君子，或爲京官，或未出仕。此更於筮仕之地述其古迹風俗而成詩，尤可爲善變者矣。光緒丁丑三月，番禺陳澧題記。

録自陳坤《嶺南雜事詩鈔》

小游仙詞題辭

夢禪居士見示《小游仙詞》百章，此真所謂裁雲縫霧之妙思，敲金戛玉之奇聲。昔坡仙借《小秦王》以唱《渭城》，居士善南北曲，盍藉以歌此詞，當令聞者如聽仙樂也。江南倦客讀畢并題。

録自葉英華《小游仙詞》

心庵詩存題識

題丙子卷

此一卷詩有四妙：曰心清，曰意真，曰理深，曰筆靈。清，故無塵俗語；真，故無虛浮語；深，故無膚淺語；靈，故無鈍滯語。如此乃可謂之詩，不圖今日得見此也。欽服，欽服。陳澧識，戊寅九月。

題戊寅卷

尊詩一卷讀畢。舊有墨筆評點，兹以紅筆别之。墨圈俱精當，本擬但爲之拾遺，然極佩服處不能與之相避矣。并以前一卷所讀論之，實是自成面目。凡自成面目者，多用偏鋒，尊作極純正，尤難能也。陳蘭浦識。戊寅十月。

録自何兆瀛《心庵詩存》

篤慎堂燼餘詩稿題識

金湝生同轉出示令祖一士先生賸稿一册，受而讀之，覺醖釀深厚，音雅而節和，性真而體婉，不愧有德之言。兵燹之餘，僅存二百餘首，渾金璞玉，歷劫不磨，老成典型，於兹未墜。賢子孫護持勿失，亦見先生之遺澤孔長也。庚辰正月，番禺陳澧蘭甫謹識。

録自金諤《篤慎堂燼餘詩稿》

陶廬雜憶題識

湝生同轉既以入粤以前詩二卷見示，爲摘入拙著《識月軒詩話》矣。近復出示《陶廬雜憶》七絶一百首，蓋粵游數年，所著益富，此其詩中一卷，自爲條注以寄鄉關之思者。紀門風，叙里俗，以至舊聞佚事皆歌詠而長言之，纏綿悱惻，溉溉移人，可見其性情之篤、襟懷之曠焉。嶺南多佳山水，得君潤飾，一切民物政教，得君敷陳而整理之，粵之幸也。僕雖老，尤樂得而觀之。光緒六年庚辰十二月，番禺陳澧蘭甫。

録自金武祥《陶廬雜憶》

周森二程遺書日鈔題識

摘鈔《二程遺書》爲三卷，足徵用功精實，大有益於身心。時常尋繹於二程之學，當得其門徑矣。

録自（宣統）《番禺縣續志·藝文》

題古樵爲朗山畫卷

古翁畫雖扇面小幅，皆筆筆不苟，不但不著色，且罕用墨瀋渲染，盡露真面目，自然深厚。此雖分四卷而意境深邃，聚而觀之，尤服其筆力，必傳之作也。光緒辛巳八月。

録自汪兆鏞《嶺南畫徵略》卷八

周易述跋

惠定宇《易》學傾動一世，平心而論，所撰《易漢學》有存古之功。孟氏、京氏雖入於術數，然自是古學，學者所當知也。所撰《周易述》，淵博古雅，其改《明夷·六五》之「箕子」爲「其子」而讀爲亥子，則大謬也。《漢書·儒林傳》云：「趙賓以爲『箕子明夷，陰陽氣無箕子；箕子者，萬物方荄兹[四]也』。」「云受孟喜，喜爲名之。」此趙賓謂「箕子」二字爲「荄兹」二字之誤也。然則趙賓所見之《易經》，本是「箕子」二字矣。虞仲翔云：「箕子紂諸父，五乾天位，今化爲坤，箕子之象。」仲翔世傳孟氏《易》而不從荄兹之説，可見孟氏《易》不作荄兹矣。惠氏最尊虞氏，何以於此獨不從虞氏乎？然使惠氏竟從趙賓改經文爲「荄兹」，猶爲有所依據，乃改爲「其子」而讀爲「亥子」，則并非從趙賓矣。惠氏自爲疏云：「蜀才從古文作『其子』，今從之。」又云：「施讎讀『其』爲『箕』，趙賓以爲其子者，萬物方荄兹也。」又云：「漢宣帝以喜爲改師法，不用爲博士，中梁丘賀之譖也。班固不通《易》，其作喜傳用讎、賀之單詞，皆非實録。」澧案：孟氏《易》乃今文，非古文。惠氏尊信孟氏，何以不從今文而從古文乎？謂施讎讀「其」爲「箕」，此語見於何書？趙賓以爲箕子者，萬物方荄兹，惠氏則云「趙賓以爲其子者，萬物方荄兹」，又見于何書？若趙賓云「陰陽氣無其子，其子者，萬物方荄兹」，則《鼎·初六》：「得妾以其子。」趙賓何不改爲「得妾以荄兹」，《中孚·九二》：「鳴鶴在陰，其子和之。」何不改爲「荄兹和之」

乎？謂梁丘賀譖孟喜，尤臆度之語。謂班固用餻、賀之單詞，皆非實録，惠氏用何人之詞爲實録乎？趙賓謂「陰陽氣無箕子」，乃其巧慧之語，然陰陽氣何以有帝乙？何以有高宗乎？惠氏謂「五爲天位」，箕子臣也，而當君位，乖于《易》例，逆孰大焉！此欲以大言杜人之口耳。如此說何以處虞氏乎！且《坤·六五》：「黄裳元吉。」惠氏注云：「降二承乾。」君位可降乎？惠氏好改經字，此則改經并改史而自伸其説，卒之乖舛疊見，豈能掩盡天下之目哉！

易義别録跋

張臯文云：「孟氏爲《易》宗無疑。史稱孟喜自言師田生且死時枕喜膝，獨傳喜。然遺文所存，皆零文碎字，其大義絶不可得見，藉非虞氏，則商瞿所受夫子之微言，其遂歇滅矣！」澧案：兩漢、三國説《易》之書，自王輔嗣注之外，皆散佚，賴有李鼎祚《集解》得見一斑。惠定宇《周易述》以《集解》爲本而稍增損之。至張臯文乃獨取虞注，因其義例而補完之，以存一家之學，此可謂好古矣。乃因虞氏自言世傳孟氏《易》而推尊孟氏，且信孟氏所言「田生枕膝獨傳」之語，又推而上之，遂以爲商瞿所受夫子之微言，因虞氏而不歇滅，層纍遞高，至於聖人而後已，則太過矣。且夫子之微言，著在《十翼》，安有歇滅之理乎！

苑洛志樂跋

《苑洛志樂》余購求久不得，聞陸磐石教授有之，甚喜。借而觀之，卷□十一葉繪一尺，題曰：「宫聲八十一，其尺九寸，每寸九分。」後有解曰：「以此管吹之，其聲最濁，爲宫聲。曰八十一者，以此管有八十一分也。」澧以其尺比晉前尺，得五寸五分，豈不太輕乎？然此或刻書者縮短之也。卷十二十六葉引漢前志曰：「黄鐘爲宫，則太蔟、姑洗、林鐘、南吕皆以正聲應，無有忽微，不復與他律爲役者，同心一統之義也。非黄鐘而他律，雖當其月自宫者，則其和應之律有空積忽微，不得其正。此黄鐘至尊，亡與并也。」觀此，則韓苑洛似未見《漢書》者。乃知不得此書，亦無憾耳。

莊光印拓本跋

余於古器無所好，惟篤好漢印，以爲漢印與漢碑等，特其爲物小，人多忽之耳。其文字精妙，且繆篆之體，三公山碑及張遷、韓仁二碑額外，非漢印何由見之？惜其姓名多不見於馬、班之史，其印不知其人，其偶有可考者，千百中不過一二耳。惟篤好漢印，以爲漢印之可寶與漢碑等，特其爲物小，人多忽之耳。然所謂可寶者，大都繆篆之精妙而已。觀其姓名，則莫知爲何許人，求其見於馬、班之史者，千百中或一二而已。□□□□□一印，文曰「莊光私印」此真希世之寶，蓋不獨知其人，且爲上下千古敻絶之人，以時代論之，惟五鳳碑在其前，東漢諸碑皆出其後。居攝二墳壇雖同時，而其人爲新莽之卿，自嚴先生視之，二子者，何止處蓬艾之間哉！——寄泉繪圖，序徵題詠，余不能詩，爲書其後而歸之。

聲案：中段「惟篤好漢印」以下十句，文意與篇首重複，驗之《陳蘭甫未刊遺文》抄本，亦然。不知何故。

琅邪臺石刻跋

翁覃溪《復初齋集》有此碑跋尾云：「壬子夏按試青州，訪諸學官弟子，有段生松岑諾爲拓之。時以夏秋，海水盛長，不可往。」阮文達公文集有此碑十三行拓本跋云：「琅邪臺在諸城縣治東南百六十里，東南西三面環海，臺上有海神祠，秦碑在焉。拓時須天氣晴[五]朗，否則霧重風大，拓不可成。」觀翁、阮二家跋語，則知此碑拓本之所以難得矣。余家藏一本，摹寫數十過，欲刻於石而無別本參互審定。今伯瑜得吳荷屋中丞藏本，借觀匝月，頗自信摹本不謬，可以刻石矣。

焦山南仲鼎銘跋

此銘「戈」字上一字作「」，象矢形而□其中，當是「椞」字也。《說文》「巨」字解云：「規巨也，

從工，象手持之。」重文作「椝」，解云：「巨或從木矢。矢者，其中正也。」此字作矢形，與椝從矢同意也。□其中，亦象手持之，與巨同意也。《考工記》：戈，倨句外博。戟，倨句中矩。此云矩戈者，戈之倨句中矩，異於常戈外博者。今世所存古戈，皆外博。猶其下文所云㺨戟，亦異於常戟不㺨者也。

以上録自抄本《東塾餘集》

觀杏林莊圖跋

昔人論東坡「花竹秀而野」之句，佳處正在野。長眉道人謂杏林莊即村落，即深得此意矣。世有廣厦重階，宜達官公讌；雕甍華榱，宜豪家飲博；歌臺舞榭，宜貴游跌蕩；曲房秘室，宜群雌酣嬉。若乃選佳日，集勝流，茗椀香爐，畫叉琴薦，則杏林莊爲宜。豈不以其有秀野之趣歟？

録自鄧大林《杏莊題詠》四集

漢乙瑛請置孔子廟百石卒史碑拓本跋

昔余學隸書，臨史晨碑，久而不得其法。黄石谿先生云，當學百石卒史碑。余從其言，臨摹數日，覺有規矩可循矣。老輩之言，良可佩服。此明拓本爲周孟貽廣文所藏，出以見眎。因憶舊事，書於册後。丙寅九月。

趙子韶補繪皇朝外藩圖跋

乾隆内府輿地圖，陽湖董方立臨本，北至興安嶺而止，西北至巴爾噶什泊而止，西南至畢低城而止。胡伯薊重刻之。趙子韶取余所藏内府本，而臨董圖所未臨者以補之。今子韶死久矣，余以内府圖贈伯薊，乃問子韶之門人，得子韶所補臨，將刻以傳之。同治七年五月。此圖之横六，乃胡刻之横一也。

以上録自陳之邁編《東塾續集》

墓田耕讀圖跋

王君玉仲爲墓田耕讀之圖，余始見之而疑焉。既而思之，乃贊歎而不置也。玉仲家世仕宦，當尊公在粤，政聲卓然。玉仲年少從象州鄭小谷先生讀書，乃援例爲京官，復改外官，雖逡巡未出，而恒有欲出之意。及丁内外艱後，宜出仕以繼家世，而反爲此耕讀之圖，何哉？噫嘻！吾知之矣。其始欲仕者，爲家世榮耀，以慰父母之心。及逡巡既久，二親相繼逝，年漸長，學問愈深，思出仕當立功立事以濟時撥亂，而欿然有未能信之意。欲歸耕墓田，沈潛讀書，博通古今，值時可出即出而發抒所學，以繼先公之政聲；不可出則竟不出，而有以繼象州之學。蓋中年識見異於少年，自今以往，讀書愈多，識見愈深，吾不能測其所至也。嗟乎！古之君子讀書出仕，皆非苟焉而已。若玉仲者，其知之矣。陳澧題。

玉仲一見以此圖索詩。余久不作詩，勉强爲之，必不佳，不如爲文之能直寫其意也。爲題辭一首以應命，何如？澧又書。時同治八月望日。

録自影印手迹（載臺北故宫博物院《陳蘭甫先生書畫特展目録》，一九七九年元月）

重刻董方立地圖跋

代俞守義作

長沙胡伯薊大令在廣州時，重刻董方立地圖，改爲書葉之式，披覽甚便。大令歸湖南，携其版去，而印百部留廣州，未幾親友索取已盡，今購覓難得矣。近年湖北刻内府地圖，增加地名，展大其幅，而流布至粤地者亦少。今重刻胡氏圖，庶可家置一編也。董氏繪此圖，在道光初年，其後州縣稍有增并，又附郭兩縣者，向來皆以首縣書於左，次縣書於右，然有東西易位者。廣州附郭南海番禺二縣，南海在西，番禺在東，董圖左南海，右番禺，則不合矣。咸豐五年河決，自河南蘭儀縣東北流至直隸長垣縣境，入洪河，徑長垣縣東，分一派，夾東明縣，至縣東，複合，入山東境，徑菏[六]澤縣西北，屈而北流，入沙河，徑濮州南，又東北流至范縣東南，魏河從西來注之，又徑壽張縣東南，絶運河而過，至東河縣西南，入大清河，又徑平陰縣北，又徑齊河縣南，又徑歷城縣北，齊東縣北，青城縣北，蒲臺縣北，至利津縣東境入海。入海處名牡礪嘴。此今日河道與道光時不同。胡氏重刻董氏圖，今又重刻胡氏圖，故悉仍其舊不改也。同治十年十月。

録自陳之邁編《東塾續集》

汪文端公法書跋

乾隆汪文端公書法名重一時，今觀此册書，可見其書法之根底矣。且此何嘗非臺閣之體，而有古澹之意，視近時小楷大有雅俗之别。前後百餘年，其不相及者如此。同治壬申□月，芑香大兄見示，屬題其後。陳澧書。

録自抄本《東塾遺稿》

張遷碑跋

仲約學士見示此本，云欲訪求殘本，以補其闕。余嘗見高要何伯瑜有殘本，有阮文達公跋，謂碑額篆字，似舊羊毫筆拖成，可謂妙於形容。今伯瑜客游京師，學士盍寄書訪問之，或有此本所闕字，取而補之，則大快事也。光緒元年七月陳澧題記。

屈靈均游瑶圃圖贊

《涉江章》：「余幼好此奇服兮，年[七]既老而不衰。帶長鋏之陸離兮，冠切雲之崔嵬。被明月兮佩寶璐。世溷濁而莫余知兮，吾方高馳而不顧。駕青虬兮驂白螭，吾與重華游兮瑶之圃。登崑崙兮食玉英，與天地兮同[八]壽，與日月兮齊光。」余讀《楚辭》，最愛此數語，倩畫師爲圖，以王逸注未盡其意，輒爲之贊。王注有效《易象傳》、《爾雅》釋訓者，余亦效焉。贊曰：

維奇非奇，異庸態也。形枯神王，猛志在也。是何雄傑，非冠佩也。如珠如璧，發光怪也。道汙運沈，不明晦也。既悦而翔，與俗背也。迅策神力，力自倍也。粤若稽古，通謦欬也。高矣美矣，餐至誨也。死而不朽，耿百代也。

曹葛民石屋洞天著書圖贊

緑湖千頃，青厓百尋。月出夜白，雲生晝陰。幽人獨往，古木自深。耽味禪悦，澄觀道心。倚石爲天，積書成屋。圖緯夙甄，丘索能讀。汗竹已青，帶草恒緑。將藏名山，誰造空谷。

以上録自陳之邁編《東塾續集》

【校記】

[一] 黼 原作「黻」，未是。今據《清史稿・楊榮緒傳》改。

[二] 嶓 原作「幡」，未是。今據《尚書・禹貢》改。

[三] 圜 原作「園」，形近而誤。小摩圜閣乃沈氏室名，今改。

[四] 兹 原作「滋」，據《漢書・儒林傳》改。下文同此并改。

[五] 晴 原作「清」，據阮元《揅經室三集》卷三《秦琅邪臺石刻十三行拓本跋》改。

[六] 菏 原作「荷」，菏澤爲山東曹州府屬縣，今據《清史稿・地理志》改。

[七] 年 原脱，據屈原《九章・涉江》補。

[八] 同 原作「比」，據同上書改。

卷 四

方柳橋太守壽序

(上闕)

所見藏書最多者,都轉分司方柳橋太守。自其少時好藏書,至今三十年,所藏二十萬卷。昔朱竹垞藏書八萬卷,以爲足以自豪,其爲《黄梨洲壽序》則云:「將訪先生而借書焉,冀先生之不我拒也。」夫以竹垞之藏書多矣,而未及太守之半。梨洲所藏尤多,不知較太守何如?梨洲、竹垞之壽,則皆八十餘,蓋以天下最壽之物羅列四座,而身處其中,其氣味薰浸,長精神而强視聽。彼服參苓、餌丹汞者,猶謂能延年益壽,而况數十年寢饋於書,其能益壽,豈參苓、丹汞所能比哉!太守壽辰,親友囑澧以文爲壽。澧自識太守以來,從太守借書屢矣,太守不我拒也。竹垞爲梨洲壽序,後從而借書;澧屢從太守借書,太守壽序尤樂而爲之,冀將來吾兩人之壽,皆得似梨洲、竹垞兩先生也。故凡祝壽之俗語皆不道,惟言此以質於太守。太守其必拊掌而大快也。

葉相國五十壽序

録自中山大學圖書館藏手迹

聲案：此文原闕前半，據文内可知爲藏書家方柳橋（功惠）壽序，因代擬題目。

大清開國二百餘年，名臣數十輩，文武勳績，彪炳宇宙，遭遇盛世，莫不膺蕃祉，躋耆耋，史牒羅列，不可一二數。若我欽差大臣、太子少保、體仁閣大學士、兩廣總督、世襲一等男漢陽葉公，内踐台鼎，外秉節鉞，受策帶礪，宣威華夷，而甫强仕，迎侍封公，壽尊榮盛矣哉！皇朝以來，一人而已。公之先給諫公孝德醇摯，聲著朝野。封公世濟其美，閎雅博物。公稟家學，經經緯史，根柢深發。通籍詞館，敭歷中外，由粵藩擢撫部。方海夷就款，睢盱無忌，違制欲入廣州城。公馳奏，密運籌略，整軍勵民，重闉洞開，奉宣明詔，諭以順逆，夷酋讋伏不敢動。成皇帝嘉公，封爵世襲，時公年四十有三。旋督兩粵。會吳楚多故，延蔓數千里，粵盜蠢動，蜂屯近郊。公神恬氣定，日坐鎮海樓上，指麾將吏，飈馳霆擊，草薙榛闢。復廣授方略，東、西、北江次第湔滌，用兵神速，爲天下最。今皇帝嘉公功，始進參知，旋拜真相，時公年四十有九。又以其間刈滇陽、剗羅鏡功，受賜不可殫紀。自公之撫粵也，封公至自京師，眉壽八秩，克莊其顔。公入則熙熙愉愉，問寢侍膳；出則以宰相列侯，節度海疆，位在百僚上，聲威赫然。蓋公之福，自先世毓之，封公篤之，天子錫之，萬民祝之，用能邁越一代，莫與爲比。粵人以公攘外靖内，俾我粵地再獲安堵，咸頌躍躍，值公五十誕辰，羅拜稱慶。伏願公壽臻期頤，隆勳懋績，歲增月益，永承天恩，以篤家慶。凡我粵人，爰及九有，受公之福，優遊太平，歌詠無極，豈不懿歟！

録自抄本《東塾集餘稿》

聲案：文中以粵人身份賀壽稱慶，則當係受命代作。

花縣知縣張君起鵾五十壽序

世之稱良吏者必曰有功德於民。德者，本也；功者，德之著也。然德可自爲，功則因事而著，未有處無事之日而能有功者。故有德難，有功尤難，若夫官一縣而功在一省，則尤難之難者矣。我邑侯張摶九先生，仁以愛民，明以決事，廉以持己，厚以待人，士民咸感其德，而尤以擒斬逆賊爲一省之大功。咸豐四年，逆賊甘先攻省城，大吏擊破之。先竄湖南，復歸至石角李溪，侯邀擊之，陣斬五六百人，生擒者亦如之。先脱歸其鄉，爲負嵎計。侯遣壯士縛之，獻於大吏。當是時，群盜蜂屯蟻聚，攻城掠地，自署爲賊帥者不可勝計，然皆騷擾外府縣，劫奪財物，么麼無大志。惟先梟悍狡狠，直攻省城，爲群盜魁，其自湖南歸，猶擁衆數千人。侯一鼓破之，如巨斧之斫朽木，因而擒之，如縛鼠於盎中也。官一縣而除一省一巨盜，可不謂非常之功歟！然必由平日仁而明，廉而厚，士民感德，踴躍用命，故率之以戰則捷，練之以守則堅，是侯之有功，又由於有德故也。侯宗出名族，其先大令公，家有治譜，侯與哲昆大京兆伯仲濟美，子侄登巍科，列官於朝，簪紱相期，門第貴盛。侯又以有功受知於大吏，名聞九重，賜翎加官，恩寵疊至，良吏有是功德，因宜有是福矣。今歲孟秋爲侯五十壽辰，縣之薦紳士庶，感頌稱慶，羅拜縣庭，屬□□爲獻壽之詞，以爲天下之壽莫如功德之靡窮，可以銘旂常，勒鍾鼎，永永無極。侯有德有功，且官一縣而功在一省，可謂非常之功，則受福於天，必有非常之壽，可知也。故不爲祝嘏之虚文，而特書其犖犖大者以爲壽[一]云云。

勞制府六十壽序

咸豐十一年春二月，兩廣制府善化勞公眉壽六十，北自五嶺，東南際海，西極領方、臨塵之徼，文武將吏，羅拜上壽。某等守官珠厓，不獲躬[二]奉春酒，鞠跽階下。又念番禺都會，魁儒雅材，祝嘏之章，彪蔚鱗萃，雖復賁油素，操弱翰，逡巡愕眙[三]，罔識所措。昔柳柳州變《七林》爲《晉問》，竊師其意，兼仿朱育之對濮陽興，易有韵之文，爲無韻之筆，義取質實，以述贊勳德，躋古名臣之列，僅再拜以獻其辭曰：

諸大夫問文學曰：「自漢、晉、唐、宋、元、明爰暨皇清，正號者七朝，粵之大吏，勳績彪炳，銘鼎鐘、勒竹帛者，代有人矣。我制府善化公節度嶺南，於今二稔，奉聖天子德意，定亂息民，其仁温温，其智淵淵，偉矣哉！鄙人固陋，靡德而備稱也。今欲諮於故實，擬盛德之形容，諸文學其揚搉而陳之。」文學曰:「有漢交州,實統兩廣,部刺史,齊郡國,與今總督等。時則長沙羅宏,始著名績,春行冬息,詢民疾苦,城社井陌,厥迹猶存。稽之故書雅記,兩漢名宦,此焉稱首,子大夫所稔聞也。」大夫曰:「長沙、善化,咸爲楚材,後先相望,盛矣,然羅宏功烈罕聞焉。荀卿子云:有傳人而無傳政,遠故也。請問其他。」文學曰:「陶桓公始刺廣州,杜弘搆難,參佐皆勸臨境不入,觀察形勢。桓公竟排群議,直達所治,威名宣揚,反側以安。在州無事,日運百甓,以爲志清中原,不欲優逸,其後果建桓文之功,隆分陝之寄,以其事不係於粵也,故不具述焉。」大夫曰:「善化公昔自桂林單舸而來,直抵番禺城下,其視桓公,千古一轍者也。」文學曰:「宋廣平以御史大夫出任都督,粵人懷恩,刊石作頌,所謂篤五管之政教,總三軍之旗鼓,清心而庶務理,正色而群下一,南溟北户,式歌且舞,而廣平上言,治不足紀,斯謙謙之德也。顧燕國手筆,詎有溢辭歟?」大夫曰:「史稱廣平風度凝遠,莫涯其量,善化公有焉。」文學曰:「宋乾道中,潘畤經略廣南。數州之民,嘯聚爲群。時乃下令:三日去者,吏不得格,期外不去,復捕如初。時有四彪爲民患苦,擒掩剪戮,污瀦其居,他盜喪膽。大奚山氓,散則魚鹽,急則剽掠,募其酋豪,反擊自效,瀕海肅然。此盪寇之烈也。」大夫曰:「我公坐籌帷幄,指授方略,淵默雷聲,群盜衰息,潘畤之功不足多也。」文學曰:「元至元中,定遠大將軍朱國寶宣慰海南海北,立官程,更弊政,訓兵飭民,咸有條制,負固之徒,厥角歸罪。大鍾小鍾,生致者十八人;博吐、居亥、銅鼓、桐油,請降者十九洞。餉事畢集而衆不擾,此招携之美也。」大夫曰:「我公肅勹群慝,與之更始,革其鴞音,受我覊勒，國寶之智，亦安得專美於前哉！且若所云，多東粵事，其有自西自東無思不服者，伊何人歟？」文學曰：「王文成始破三浰，擣覆巢穴，湔滌殘黨，變狐鼠之藪爲冠裳之區，其後復撫思田，剿藤峽，平八寨，頑民帖然，千里荆棘，蕩爲坦途，逃亡來歸，修復田業，茲非其人歟？」大夫曰：「文成先東而後西，善化先西而後東，斯足以相當矣。抑潘朱二人，惟尚武略，陽明兼資文武，顧功業盛而學術偏矣。矜其創獲，標異儒先，《明史》譏焉。若是者，我公不由也。於方鎮之中，求醇儒之望，其誰與歸？」文學曰：「儀徵阮文達公，自稱經生，來總百粵，樂觀士業，倡明師法，榜何劭公學海之名，伸陸士衡啓秀之指，囊括一代，整齊百家，藏之山閣，而誦聲遍四海；又憫風簷之劬，嗟卑潦之苦，擴建廣廈，使拳跼窘蠹，廓然高明，由[四]是科名蔚然，粵士至今俎豆之。」大夫曰：「善哉！古人云：莫爲之前，雖美不彰，儀徵公之謂也。莫爲之後，雖盛不傳，善化公之謂也。比者士課中輟，孰興舉之？經版摧毀，孰校補之？試院荒頽，孰棟宇之？今之善化，昔之儀徵也。儀徵入踐台鼎，歸怡林泉，重歌《鹿鳴》之詩，特進太傅之秩，胥於善化公祝之矣。」於是諸文學歡舞踴躍，相揖而賀，退而發策，以著於篇。

聲案：文有「某等守官珠厓」語，則非東塾也，其爲代作無疑。

渭川先生壽序

《論語》二十篇，言壽者惟一語，曰「仁者壽」。其言仁者多矣，而最先者，則曰「孝弟也者，其爲仁之本」焉。然則孝弟，仁之本，壽爲仁之效。壽者，孝弟與仁之所致也。凡聖賢之説，不必遠求，求之鄉里之間，而必可驗。如余門人某某廣文之封君渭川先生，非所謂孝弟而仁者歟！非所謂仁而壽者歟！君八歲就傅，讀《詩》至「二子乘舟」，淚涔涔下，其天性仁孝，發於髫齡時，已深摯如此。稍長，將葬大父，先生乃讀相墓家書，詳審地脉，跋涉原野，風雨不避。既葬，每月必省視焉。君之考□□先生，性嚴峻，君先意承志，勞而無怨，得其歡心。妣胡太孺人有疾，君匝月不寐，禱於神祇，請以身代。太孺人於君受室時，爲製布被，君覆之數十年，被裂，輒加補綴。家人謂易之，君曰：「此慈母手中綫也，天下有何物可易此哉！」兄弟三人，和集敦睦，君自置資産，兄弟共之，不以自私，此皆其孝弟之實事也。夫孝弟者，庸行也。古之以孝弟稱者，載在諸史孝義傳，其奇異絶特，必出於大不幸之事。君安常處順，故其事庸而無奇，然惟其愈庸乃愈淳實，而可以爲世法，孝弟豈在奇異哉！其餘若恤鰥寡，濟貧乏，遇病者則施藥，見遺骴則掩埋，歲饑穀貴則施粥分錢，勸善戒惡則刻先賢之書而廣其傳。其於善事無不爲，而未嘗有德色，且亦不令人知也。昔賢有言曰：「一命之士，心存利物，必於物有濟。」君之所爲，實於物有濟矣，豈非仁者之事耶！近者夷寇犯順，君家雖燬，無芥蒂意，惟祝迅除逆氛，無苦中國民，此非仁人之言耶！德配陳孺人孝於舅姑，和於娣姒，慈於婢僕，惠於鄰里，此非君之孝弟仁厚有以型於室家者耶！是即所謂孝弟爲仁之本也。君年七十，孺人六十有九，康健矍鑠，是即所謂仁者壽也。廣文與令弟□某官，及子侄□人，侍養懽樂，一門之内，蔚爲祥和。以今年某月某日爲君及孺人獻壽，屬余爲之文。余聞君愛讀《四書》，自幼至老不倦，乃爲説《論語》以應之，此君之所樂聞也，且亦使世之人知聖賢之言果有驗於今世，欲得壽必先爲仁，欲求仁必先孝弟，庶乎異於祝壽之空言也歟！

王嚮亭太守六十壽序

鄭小谷主事有《贈嚮亭大夫序》，云君五十生辰，不爲上壽虚詞而贈以言，所述君爲京官至知東莞縣政績甚備。是歲咸豐六年也。今同治五年，君年六十，令子玉仲司馬屬陳澧爲序，乃仿鄭君例，不爲虚詞，而變其贈言爲書事，述近十年事以續鄭君序云。咸豐九年，君在東莞任，縣民張其英抗糧傷縣役，或勸君重治之。君曰：「官爲民父母，民如子，子弄父兵，罪當笞耳。」責而釋之。十年，調番禺，總督輿夫與縣役哄於博場，追至縣堂，君皆予枷杖。或謂君將觸總督怒，君曰：「去此官如敝屣耳。」先是，夷寇陷省城，既罷兵，夷酋與官并處省城中。君以事忤之，乃留君夷館。翌日，群酋列公案坐堂上，請君至，將挫辱之。君背坐怒叱曰：「爾敢殺我耶！」脱冠提之，群酋氣懾。一酋起而謝，將送君歸。時縣民洶洶，謀聚衆迎君。夷酋恚，復留君，匝月，知不可屈，乃以禮送歸。同治元年，升廉州府。大吏以粵中方多事，君有聲望，留省鎮[五]撫之。爲忌者排擠，君乃求到任。時抽釐方急，潮州、雷州、廉州、瓊州民皆逐官，大吏命君到任重懲之。君曰：「始至，恩信未孚，宜不問，以安反側。一年後，當有以報命。」既到任一年，乃按治其事，誅爲首者。粤中自用兵後，官事繁，遂設公局，以紳士主之。久之紳士之權反重於官，廉州尤甚。公局設公案如官署，事皆專決，而府縣仰其意。聞君來即撤公案，事皆禀官。有劉朱濬者，家多財，横行一鄉，君杖殺之，衆皆稱快。三年，調瓊州，士民遮道曰：「自太守來此，郡無寇盜，民安其生，奈何去耶！」瓊州府試，諸州縣童生不至者十之四，俟學使按臨，乃賄府吏送州，謂之補名，官分其貲殆萬計。君到任，值放試，嚴禁之。衆皆服，曰：「此清官，數十年未有也。」陳澧曰：君父子皆與澧交好，頌君則嫌於私，故直書其事，無溢詞。抑聞大吏奏君卓異曰「剛正不阿，循聲卓著」，盡之矣。今所書十年事，此後凡十年一書事，是即所以爲君壽也。

瑞制府壽序　代作

國家當中興之運，篤生碩輔，錫以蕃祉，既特達榮顯，致位將相，又享眉壽，爲國元老，爲百僚師長，爲億萬民父母，猗歟盛哉！於我制府相國瑞公見之矣。公始以文章傑出庠序中。服官太常，會祫祭太廟，宣讀祝文，吐音洪亮，宣宗成皇帝嘉之，賜五品銜。旋授太常寺少卿，擢内閣學士，兼禮部侍郎。自爲儒生，指顧之間，躋秩卿貳，斯固先帝之殊遇，而非公之嫻習禮度，蔚然爲天廟之器，亦曷克以臻此哉！文宗顯皇帝即位，恩眷尤篤，隆隆而升，古所稱一歲三遷，方斯蔑如也。其文職則户、禮、工三部侍郎，尚而至文淵閣大學士；　武職則護軍統領，前鋒統領，副都統，都統而至領侍衛内大臣，上將貴相，經文緯武，位極人臣，崇重光顯，莫與爲比。　其爲軍機大臣，則靖恭夙夜，典掌樞轄，以翼贊聖政。　其爲經筵講官，則敷繹古訓，闡明道奥，以宣揚聖學。　爲玉牒館副總裁，則仰溯宗緒，旁羅屬籍，昭長發之祥。　爲巡防大臣，則内飭周衛，外嚴封守，成禦侮之績。　出爲西安將軍，則所謂關中之固，金城千里也；　爲直隸總督，則所謂邦畿所止，肇域四海也。　蓋中外歇歷，咸著聲實，所謂左之右之，無不宜之者歟！　今皇帝即位，授熱河都統。　旋爲廣州將軍。　未幾授兩廣總督，比者復兼署廣東巡撫，凡涖官行法，治軍振旅，興利除弊之政，移風易俗之教，咸按時勢而敷行之。　某等屬櫜鞬，趨梐枑，禀受教，今退而稱述盛德，覼縷莫罄。　竊嘗稽之於《經》，公西子華志在禮樂宗廟之事，謙言小相，而孔子褒之曰：「非諸侯而何？」稽之於《傳》，晉文公作三軍，以郤縠爲元帥，稱之曰：「説禮樂而敦《詩》、《書》。《詩》、《書》，義之府也；　禮、樂，德之則也；　德、義，利之本也。」稽之于史，東漢祭遵有容儀，爲光武所知，廉約小心，克己奉公，好禮悦樂，雖在軍旅，不忘俎豆，名在中興二十八將，圖形雲臺。　以古方今，此三賢之德，公其有焉。　歲在戊辰三月廿□日，爲公六十誕辰，康强於身，逢吉於家，宣力於國，造福於民，美矣備矣，凡在僚屬，咸舉觴稱慶。　某等列在麾下，亦思出一辭以申頌禱之意。　竊謂今之制府，古之方鎮，惟郭汾陽福禄最盛，史稱其事上誠，御下恕，光輔唐室，成中興之業，富貴壽考，至二十四考中書令，子孫蕃昌，咸奮功名。　公事上御下，誠恕之德，比之於汾陽之富貴壽考，可公祝之也。敢以寡陋，綴緝小文，鞠跽敬獻，惟公垂鑑焉。

馮都轉壽序

代作

中州人官粵東□□人，而鹽運使銜廣州太守馮公爲最久，聲望蔚然。公初以刑部郎中出守瓊州，旋調廣州權鹽運使，卓異引見，奉旨回任候陞。自始至粵於今□年，上官之所倚重也，同官之所推挹也，屬吏之所欽仰而受教也，僉稱曰是循吏也。若某等中州人之稱之也，則不止於是。蓋他人之稱公，以其德政之施於粵東也。某等之稱公，兼以其惠澤之施於故鄉也。公之德政施於粵東者，悉數而不能終。其守瓊州，有築城、築炮臺、平黎賊、平土客諸賊之事，猶可言其略；至守廣州，則粵之首郡，其地大，其政繁，公所擘畫者，數百千事，所斷定者，數百千案，其理鹽務出納者，數十百萬帑〔六〕金，不能悉數矣。若舉其要，則公之座有自爲楹帖云：「猛以濟寬，勤以補拙；簡而無傲，和而不同。」此公之自道者。蓋公之爲政，未嘗猛也，常存慈愛之心，故自覺其猛。尤未嘗拙也，常存精謹之心，故自覺其拙也。若簡與和兩言，則尤有味乎其言之矣。公之惠澤施於故鄉者，同治元年河南建倉積穀，公捐穀二千石，奉旨予二品封典。三年、四年，河南旱饑，公捐廉銀五千兩。夫德政著於粵東，使知吾中州有此賢哲出而爲循吏，已足爲故鄉光榮，況又能救故鄉之災患哉！公之捐穀也，奉旨予二品封典；其捐廉也，亦必有恩旨，旦夕間當拜命擢矣。近者廣州太守吴公昌壽，李公福泰，梅公啓明皆隆隆而升，以至封疆，公之德政聲望如是，必將繼起而躋大位。且公年甫五十，異時雖致位公相可也。夫君之所以馭臣者，莫如爵，而天之所以福人者，莫如壽。公今者有壽母、令妻以爲燕喜，有賢昆弟、賢子侄暨諸孫官秩科名文學迭起，以爲榮耀，此皆福也。而更當享眉壽，《論語》曰仁者壽，公仁於粤東，又仁於故鄉，其必得耄耋期頤之慶可知也。某等於公之壽辰而同聲以祝焉。

沈相國六十壽序　代作

光緒二年季秋之月，宫保相國宛平沈夫子眉壽六十，某某等昔以鄉試出夫子門下，今服官嶺外，不克於夫子誕辰奉觴上壽於函丈之前。竊念古之祝壽者，曰「以介眉壽」，曰「壽考維祺」，曰「俾爾壽而臧」，見於《詩》三百篇。近世則衍而爲文，所以宣達誠悃，扢揚德業。某某等雖遠隔師門，不敢以不文自匿，而又不敢以空言進也。

伏惟夫子以碩德鴻文，自道光、咸豐、同治三朝受聖主特達之知，由翰林大考擢庶子，歷詹事、閣學、侍郎、尚書，出爲巡撫，入爲軍機大臣。皇上初御極，命協辦大學士。嘗考之於古，惟宋元祐之初，太皇太后聽政，命司馬文正公爲尚書左僕射。蘇文忠公論之曰：「在《易·大有》：『上九，自天祐之，吉無不利。』《繫辭傳》曰：『天之所助者，順也。人之所助者，信也。履信思乎順，又以尚賢也，是以天祐之，吉無不利。』今二聖躬信順以先天下而用司馬公，應此三德矣。司馬公，仁人也，天相之矣。」蘇公之論如此。我夫子協辦大學士，亦當皇上初元，兩宫皇太后聽政，與司馬公先後一揆矣。惟以樞密參政，禁近密勿，論道經邦之事，非邊方下吏所得而聞。其前此所知者，夫子官侍郎時，兩宫皇太后命講《資治通鑑》於簾前，仰見兩宫聖明，以稽古出治，而夫子以儒臣克膺此選。考之於古，伊川程子爲崇政殿説書，疏請一月再講於崇政殿，餘日講於延和殿，後楹垂簾，太皇太后時一臨之，其於后德未必無補。疏入不報。以伊川大賢而不得此於元祐太后，惟漢夏侯勝爲昭帝母趙太后講《尚書》，自西漢以來千餘年，僅有此一事，可謂殊遇也矣。

夫子官山西巡撫，有「請籌費移屯兼舒國用」一疏，見於浙人陳弢所刻《同治中興奏議》。此編所載，皆曾發閣抄者，故天下傳誦之。某某等敬誦此疏，謂旗民生齒繁庶，請聽往各省，許用旗藉應府、州、縣文武試，及考拔緑營守戰馬糧。考之於古，宋高宗時，秀安僖王子偁言，宗室之寓於外者，年未十五，附入州小學，十五入大學，許依進士就舉；未出官者，亦許入學聽讀，及二年，聽參選。夫子之疏，即此意也。

某某等管窺蠡測之見，竊舉夫子服官中外各一事，皆犖犖大者，既與古人相輝映，而尤殷殷敬誦者，則蘇文忠「仁人天相」之一言，尤合於今日祝壽之意。蓋大臣之壽與尋常人之壽，固不同矣。大臣之壽實國家之福，惟天相國家，則必相大臣，而錫之以壽，召公所以稱「天壽平〔七〕格」，此不獨可考之於史，而更可證之於經者也。某某等所以祝夫子之壽者，竊取於此。至於夏侯勝官止長沙少府，夫子名位遠過之；夏侯勝壽九十歲，夫子當復過之。漢時夏侯氏之學盛行，弟子著録甚衆，某某等得以竊比焉，不亦榮幸矣乎！

李母秦恭人壽序

昔道光庚子，吾鄉李仁山官廣東佛山同知，同治甲子□□之文孫□□司馬復爲佛山同知。司馬賢母秦恭人，始以冢婦隨□於官舍，矜纓綦屨，祁祁有儀。閲二十餘年再至，則爲太夫人，御板輿，升華軒，兒童竹馬來迎者，咸以爲眉梨耋鮐之壽母也。仰瞻温顔，甫踰中年，翬翟有光，珩璜有鏘，則相與聯臂羅拜，踴躍讚歎，萬□藉藉，歡爲美談。而恭人無矜容，無奓心，進司馬而詔之曰：「在昔□公分守是邦，績用章章，春宣聖恩，秋肅若霜，惠政之流，速於置郵，以迄於兹。仰澤懷風，弦歌薦食，若桐鄉之思朱邑。惟爾少年，復守斯土，繩祖之武，爾其念哉！周官六計，惟廉是上，故曰清白之吏。夫虛懷者善受，集思者廣益，敦厚周密，日慎一日，功崇惟志，業廣惟勤，勑勵自强，惜於分陰，上以承國恩，下以紹家風，以慰我心。」司馬躹躹如畏，受教而退。乃與耆老大夫薦紳先生訪善爲咨，事事爲諏，咨禮義爲度，咨難易爲謀。立弓箭之社，飭游徼之藩，什伍相連，鷄犬相鬭，使民安其居，善其俗，政平訟[八]理，民乃輯睦。都人士拜手而稱曰：「司馬之良政也，恭人之慈訓也。」歲在乙丑，月維仲春，恭人設帨之辰，咸奉壽觴，敬獻於北堂。某等揖而告之曰，恭人之來此鄉，前煇後光，子大夫之所詳也。若躬備四行，譽流六姻，惟我桑梓夙聞之，請揚搉之而陳言可乎。恭人幼隨尊甫□□先生，歷官廣文，則如伏生女之受《尚書》也。及歸贈君，則如桓少君之挽鹿車也。孝事陳淑人，則如唐夫人升堂乳姑也。教育司馬及□□□，又善視宫山比部，則如韓退之嫂撫二世之孤也。比部掇巍科，官省郎，以恭人淑德，聲於天閶，錫之龍章，爲三族光，不亦宜哉！都人士喟然并稱曰懿。恭人誠女宗之矜式也，是亦世之載德也，是贈君刑予之遺則也，司馬昆弟禄養光榮行無極也。竊聞恭人年甫五十有一，繼自今五十年，是爲期頤。請效麥丘封人，敬爲恭人祝之。

陳雲史孝廉庶母黎太宜人八十一壽序

陳雲史孝廉以揀選知縣加同知銜，爲庶母黎太宜人請封誥。同治四年，太宜人壽八十一歲，雲史奉觴介壽，而屬澧爲文頌揚之。澧與雲史友善，熟聞太宜人之賢，不敢辭。雲史尊甫誥贈奉直大夫秋田先生，娶莫宜人，生雲史，時黎太宜人侍贈君二年矣。嫡庶和順無閒言，勤鍼黹以佐家計，愛雲史顧復如己出，於雲史弟□□亦如之。贈君悼莫宜人之亡，不再娶，自言室中夙無詬誶語，慮再娶不能然也。太宜人掌家事，凡所入必均於衆，乃取其餘，故得一家之歡心；又好施與，於雲史伯叔、兄弟、姑姊妹及疏從，無不資給者。太宜人賢行如此，請得而論之。《曲禮》曰：「士不名家相、長妾。」正義曰：「家相，謂助知家事者也。」又引熊安生云：「長妾，謂娣也。」澧謂今人之娶，不以娣從，而太宜人侍贈君時，雲史猶未生，亦可謂兼之矣。此贈君所以敬而禮之也。《春秋左傳》曰：「惠公元妃孟子。孟子卒，繼室以聲子。」杜注曰：「次妃攝治内事，謂之繼室。」澧謂今人謂再娶爲繼室，非也。太宜人乃古所謂繼室也。正義曰：「經傳之説諸侯唯有繼室之文，皆無重娶之禮。」澧謂何獨諸侯宜然，《顔氏家訓》戒子孫再娶，是士大夫禮亦宜之，贈君其知之矣。《公羊傳》亦曰：「諸侯不再娶。」何注曰：「以侄娣從之，欲使一人有子二人善也。」《白虎通》曰：「一人有子，三人共之，若己有之也。」《内則》曰：「擇於諸母與可者，必求其寬裕慈惠、温良恭敬、慎而寡言者，使爲子師，其次爲慈母，其次爲保母。」鄭注曰：「諸母，衆妾也。子師，教示以善道者。慈母，知其嗜欲者。保母，安其居處者。」澧謂太宜人顧復雲史，可謂若己有之矣。寬裕慈惠，温良恭敬，慎而寡言，太宜人之德足以當之。教善道，知嗜欲，安居處，尤足以兼之。是故雲史之生，太宜人之善也。雲史舉孝廉，選官加銜，太宜人之喜也。雲史孝養[九]備至，請錫封誥以尊榮之，尤太宜人之喜也。謹據經義爲頌揚如此。若夫嫡庶之和，持家之勤，施與之惠，史傳所載賢婦人多有其事，今先以經義爲説，俟太宜人九十有介壽之日，更當引史事頌揚之。

張母陳太宜人壽序

國朝稱循吏者，則有若蕭山汪焕曾，世傳刑名學，嘗著《佐治藥言》一書，鮑氏刻於《知不足齋叢書》,進呈御覽。又爲其節母徵詩遍海内,今讀乾隆、嘉慶之間諸名公集,無不有汪節母詩文者,斯亦可謂顯親揚名,有子如此,可謂孝也矣。今復於張母陳太宜人見之。太宜人者,棠溪儀部之姊,旌門贈君之配也。張陳兩家皆習刑名學,道光中,贈君在粵撫朱公幕府時,患肺疾,太宜人代之治文書,操筆颯颯如風雨,皆中程法,一時稱爲女才子云。天下以女才子稱者多矣,大都吟詠小詩,或摹寫書畫,則謂之才云爾。女才子治案牘,自來所希有。汪氏之母以苦節聞,太宜[十]人則以奇才聞。太宜人之福勝之。太宜人生三子,伯氏早亡,仲曰霽堂郡丞,季曰朴臣,□□皆稱刑名學,或佐治,或出爲循吏,孝養壽母,皆似汪煥曾。太宜人年八十,既康且强,由此而至期頤,未有艾也,則其壽復有過于汪氏母者。今年□月誕辰,親友咸以樽酒造門稱祝,儻亦廣徵詩文歟? 則以此序爲嚆矢焉。

彭氏招太夫人壽序

西村彭氏多壽人,自其先渭江公以下,傳七世,夫婦皆壽,或七十歲,或八十、九十歲,最壽者百有五歲,盛矣哉! 天下所希有也。其何以致此? 觀於蠡湖參戎壽母招太夫人而知,其積德然也。太夫人今年壽八十,□月□日爲生辰,參戎率其五子四孫奉觴上壽,親友咸集而懽成之,相與稱太夫人之德,蓋孝女也,賢婦也,賢母也,宜乎致此壽矣。太夫人幼時,貴人□□公爲縣役索財而逮之,太夫人追出長號,自投路側陂水中。役大驚,捨□□公去。其天性純摯如此。及歸省堂贈公,相敬如賓，孝於舅姑，和於娣姒，嚴以教子孫，慈以畜奴婢，持家勤而有法，儉而中禮，婦道母道備矣，不可殫述。述[十一]其一二事云：初，贈公饒於財而好施與。家中落，太夫人出簪珥鬻之，謀什一之利，家復裕。贈公感其意，爲製珠釵、玉釧，皆不貲。太夫人曰：「吾以百錢買通草花燒料釧，皆足爲美觀，此徒傷財耳。」蓋儉約出於性焉。至周恤貧乏，則傾囊典釵無吝色，有贈公之風。咸豐甲寅之亂，村舍皆毁，族人散走，無衣食。時贈公已殁，太夫人命參戎分粟給錢，皆使得所。及事完，又贈以營屋之資，由是族人稍復聚居焉。此太夫人之德[十二]犖犖大者。蓋太夫人行事，求之今人不易得，或於古有之矣。《宋史·列女傳》：有彭氏女者，父遇虎將不挩，女拔刀斫其虎，奪其父而還。太夫人追縣役以脱其父，正類於此。彼縣役之猛，何減於虎，太夫人恨不能斫之而自捨其身，其勇決又甚焉。《魏書》：王椿母内足於財，不以華飾爲意，存拯親類，所在周給。《宋書》：顧琛母孔氏年百餘歲，亂後饑荒，孔氏散家糧以賑邑里，得活者甚衆，生子皆以孔爲名。太夫人之謝花釧及遭亂贍族，又皆似之。以此積德，壽當至百餘歲如顧琛母，又可必也。況彭氏先世故有百餘歲者。《續漢志》注云：「南陽有菊水，其旁悉芳菊，飲此水者上壽百二十，中壽百餘。」今彭氏多壽，乃又似之矣。然西村不聞有菊水，但聞太夫人之德如是，則知其七世壽考，亦必積德所致，又可知也。漢時嘗取南陽之菊，處處傳植，蓋人之情，無不欲得壽者，然則述太夫人之德而并及其先生，亦欲處處傳播而相與效法焉，以共躋於西村彭氏之壽也。

沈母何太宜人壽序

同治四年仲夏之月，沈母何太宜人壽辰，令子佩之司馬率諸孫奉觴祝期頤之慶，而屬某某爲之文。某某謂太宜人年登九齡，可謂壽矣，誥封五品，可謂榮矣，皆無庸贅一辭。所當爲文以稱揚之者，在母之賢，子之孝也，請述其事而論之。司馬尊甫理問君元配徐太宜人生司馬昆弟二人而卒。續娶何太宜人，孝於舅姑，和於妯娌，族黨無間言，而撫二子尤有恩。司馬幼蒙太宜人教育。及長，敬養純至，其慈孝兩盡如此。嘗考《列女傳》以母儀稱者十餘人，繼母慈愛前母子者，則惟魏芒後妻一人，蓋母儀之中尤罕見者。然傳其前妻子初不親附，感母德而後悔，母則慈矣，子未爲孝也。若太宜人與司馬者，母之慈比於芒氏母，子之孝勝於芒氏子，雖使劉子政復起，亦將大書特書而入母儀之傳者矣。抑又聞之黄祥繼母思黄雀炙〔十三〕，忽有黄雀數十入幕，遂以供母；王延繼母冬月令延求生魚，延扣冰而得之，千古以爲美談，此則孝子而繼母不慈者。司馬之孝不減祥、延，其奉太宜人甘旨何止雀與魚；太宜人之慈，尤遠勝祥、延之母，初不假得魚、雀以爲美談也。大凡奇異之事，處變者有之，處常者無之，惟其無奇，所以爲太和之象。嚮使祥與延得賢母如太宜人者，豈非彼所至願，而豈樂以魚、雀之異，傳於後世也。然則太宜人介壽之日，司馬既敬進一觴，以祝純嘏，退而思維，深自慶幸爲前母之子而得繼母慈愛，乃孝子所不及也，又當欣然自進一觴也已。此某某爲文稱揚之意也夫！

方母鄭太夫人八十壽序

世有所謂奇福者，吾聞其語，未見其人。官之高也，財之富也，年壽之長也，子孫之衆多也，皆所謂福也。然皆世所恒有，烏睹所謂奇福者哉！乃今於方照軒軍門祖母鄭太夫人見之矣。同治五年，太夫人壽八十，軍門破賊於嘉應[十四]州，奏凱而還，爲太夫人獻壽，是所謂奇福也。世之人老而得孫，欣欣然喜曰：願吾孫幼無災疢，長而娶婦生子，老人猶親見之，如是足矣。更進之則曰：願吾孫長而成立，得一官一職，爲老人光榮，則更足矣。軍門之生也，太夫人所願當不過如是。使有告之者曰：太夫人之得此孫也，年未弱冠，出而從軍，殺賊無算，克復城池，且克復鄰省城池。始而得官，繼而遷官，賞藍翎，賞花翎，賞巴圖魯名號，年甫三十，累遷總兵，加提督銜，太夫人必以爲願不及此也。又告以曰：太夫人年八十之時，正孫削平寇亂之日，解甲胄，釋櫜鞭，披一品衣，捧一品誥封，獻卮酒於堂上，以祝眉壽，太夫人尤以爲願不及此也。軍門生於道光中，其時海內太平，安知有從軍殺賊、克復城池事，即或有之，既殺賊，既克復城池而得官，而遷官，而累遷至一品官，安知寇亂削平者何時，凱旋者何日；又安知凱旋之日，太夫人猶康强，適當八十壽辰，而受子孫之獻壽哉！此世人萬萬不敢望，即太夫人亦始願不及者，而今竟得之，故曰奇福也。環顧海內，十餘年來帶甲半天下，名將毋慮數十人，罕聞猶有祖母者。即求之古名將，有祖母者亦罕聞焉。是太夫人乃古今未有之人也，豈不奇矣哉！八月□日爲太夫人壽辰，奉觴上壽者有子有孫有曾孫凡□□人，武階最高者照軒軍門，文階最高者□□觀察，餘皆榮貴，軒冕相望，族姻僚友，皆來稱祝。其述太夫人之德者，則曰：太夫人孝於親，敬於舅姑，贊助贈公，勤儉仁愛，以獲此〔十五〕厚報也。其頌國家之慶者，則曰：中興之際，氣運隆盛，而有此人瑞也。是二者皆是也，家有隱德，國有隆運，二者會合，然後發爲奇福也，豈易得哉！是故世人有庸庸之福多，而有奇福者少；爲壽文者亦庸庸之文多，而奇文少。太夫人有奇福，某等不能爲奇文以稱揚之，是可愧也。斯文也，其果足以侑太夫人之一觴否乎？

李母羅太夫人壽序

同治六年□月，某等與李子莊太守同有事於桑園圍，暇而談讌，獲聞太守賢母羅太夫人之德，皆欽服，以爲古列女賢明之傳，不過是也。□月□日太夫人七十生辰，誥封二品，子孫衆多，某等以拜母之義，當奉一觴，祝期頤之壽，而誦其所聞，以表揚盛德焉。太夫人秉性純孝，幼而失怙，又無昆弟，母疾，侍養勞瘁，十餘年不怠，鄉里咸稱道之。太守尊甫資政公喪偶，聞太夫人之賢而委禽焉。太夫人于歸，不逮事舅姑，每奉祭祀，追孝如事生。資政公又無昆弟，有姊一人，太夫人愛敬盡禮，如事尊嫜。資政公有志於四方，太夫人能持其家，如偉丈夫。子莊太守、韡父部郎自幼至長，太夫人教養有法，如嚴君。元配何太夫人之子某號某官，側室吴太淑人之子某號某官，皆幼而失母，太夫人教養如己子。側室張太宜人事太夫人甚謹，太夫人命某號某官以母道事之，如所生。蓋太夫人一身盡子道焉，盡婦道焉，盡母道焉，盡女君之道焉，盛德於是備矣。資政公樂善好施，建書院，置義園，善事甚多，又皆太夫人助於内以成之者也。抑某等尤有説焉：桑園圍者，南海、順德二縣田閭所依賴也，軍興以來，借其歲修之費久矣。某弟爲御史，奏於朝，請〔十六〕還其費。而子莊太守言於署南海縣陳君，白於大吏，於是某等具牘而請領焉。太守之急公好義如此，蓋有資政公之遺風，而亦太夫人平日善教之所致也。太守一言成此善事，繼太夫人之盛德而益以增太夫人之厚福，眉壽尤有未艾也。并書其事，以著於篇。

聲案：文有「某等與李子莊太守同有事於桑園圍」語，與東塾身份、行履不合。此文當係代作。

方母陳太淑人七秩壽序

方母陳太淑人，子嚴侍讀之壽母，子箴方伯之叔母也。同治戊辰七月七十壽辰，侍讀自京師寓書於粤東，屬方伯命澧爲壽序。澧請于方伯，願聞太淑人盛德。於是方伯述之，而澧筆之曰：誥贈通議大夫方調臣先生，官安徽太湖、東流兩縣學教諭，太淑人其配也。初，太淑人于歸時，通議公之尊甫通奉大夫豫甫公，母徐太夫人，生母龐太淑人皆無恙。通議公之兄弟五人，姊妹六人，兄弟之妻五人，兄弟之子又若干人，太淑人雍雍愉愉，入則事通議公，盡内助之職，出則傳尊長以敬，處同輩以和，撫卑幼以慈。以一人周旋一家數十人無間言，其盛德可思，其事不可殫述也。而尤篤愛方伯。方伯受學于通議公，年十四即補博士弟子員，三十中進士，入翰林。道光己酉，聞贈公蓮舫先生赴歸里。庚戌春，渡江至通議公東流學署。將游粤東，太淑人親理其行裝，纖屑無不至。其後方伯挈侍讀入都，一試而捷。通議公旋棄養，太淑人亦入都，與方伯居邸相近，常勗侍讀奉兄教。方伯述此事，尤悽悽焉，其欽感者深也。侍讀傳通議公之學，又益以母訓，始以優行貢太學。繼以孝廉官内閣，兼總理各國事務衙門行走，密而勤敏，聲績咸美，今蒙恩記名御史，欽加三品頂戴，京察一等，以道員用，官秩通顯，與方伯接踵而起。太淑人榮膺綸綍，眉壽康强，子拜於前，孫拜於後，又將見曾孫矣。盛德大福，于斯爲備。方伯所述如是。澧因竊論之曰：古《二南》詩録諸侯夫人、大夫妻之德，大都言窈窕淑善，輔佐君子。惟《桃夭》之詩曰「宜其家人」，其傳曰「一家之人盡以爲宜」。澧謂斯事爲尤難，蓋家門昌熾之際，人多事繁，盡以爲宜，非盛德不能也。《麟趾》之詩爲《關雎》之應，曰「振振公子」，又曰「振振公族」，其傳曰「公族，同祖者也」。既有盛德，故培養[十七]成就者如此。至於頌祝之文，則《大雅·既醉》篇爲最備，「天被爾禄」者，貴也；「萬年」「景福」者，壽也；「釐爾女士」「從以孫子」者，言女而有士行，則生賢子孫也。澧請説經義，祝太淑人壽，惟方伯教之，惟侍讀教之。

又

古今人文集中，壽文多矣，一文而再爲壽文者則少，蓋必其人壽愈長，其爲文者亦健在，而後壽者再壽，文者再文。澧今再爲方母陳太夫人壽文，所以欣然下筆而不能自休也。前者戊辰歲，太夫人壽七十，子嚴觀察官内閣侍讀，奉太夫人居京師，從兄子箴方伯官粤東，侍讀寓書方伯屬澧爲壽文。今癸酉歲，太夫人壽七十有六。觀察官粤東，在肇羅道，再屬澧爲壽文。前之爲文也，方伯述太夫人之盛德，澧敬聽而頌揚之於七千里外，而與觀察未謀面。聞名願見，心殷殷然耳。當是時，觀察以侍讀記名御史，可不出門而至公卿，即出爲監司，而十八行省不知勗歷何地。澧老矣，伏處鄉里，無宦游之事，翹首而望，未知將來得相見否。乃未幾而觀察蒙恩命官肇羅，奉太夫人以來。澧雖未溯西江而上，修升堂拜母之禮，而觀察至五羊城，則欣然握手如舊相識，文□歡讌，縱古今著述事業，不可言也[十八]。觀察秉太夫人之教，廉善廉能，政聲卓然。蓋太夫人壽愈高，德愈厚，福亦愈大，晉封二品，兩孫能文章，補博學弟子員，食廪餼，是皆六年前祝壽時所未及此者也。澧今再爲壽文，凡前文已及者不必複述，將何以爲太夫人祝哉？肇羅觀察駐肇慶，西江過其城下，粤東三江，西源最遠，流最長，肇慶城北有七星岩，其高巉巉然，其石堅白如玉，世所謂白端石者也。太夫人之德，純粹如白端石，其壽高如七星岩，其福如西江，愈引愈長。今爲太夫人祝者，莫切於此矣。觀察政聲聞於朝廷，將歷藩、臬以至封疆，亦如西江之安流而達於海也。其時當復爲太夫人祝壽，而澧亦猶健在，當三爲文以獻，尤古今文集所未聞者耳。

馮母程太淑人八十壽序

大梁馮公蒞廣州之□年，大吏奏於朝，護理都轉鹽運使，凡□閱月而回任，於時同治甲戌歲也。季冬之月望前二日爲壽母程太淑人八十誕辰，□等備員鹺務，爲都轉屬吏，禮當敬祝眉壽，不可無一辭以伸其意。謹案《漢書》：雋不疑爲京兆尹，每録囚徒，其母輒問活幾何人。不疑多所平反，母爲喜笑，飲食異於他時。後漢崔寔爲五原太守，其母常訓以臨民之政，寔之善績，母有助焉。凡賢母見於史傳如是者，不可枚舉，然則政績卓著而得於母教，古有實事，非特善則歸親而已。即云善則歸親，斯亦著於《戴記》，天經地義，宜然者也。都轉昔任刑部郎官時，折獄明慎，太淑人輒爲色喜，此與雋不疑之母正同。都轉爲欽差，隨帶司員往山西、察哈爾辦西北邊事，太淑人訓之曰：「毋徇毋枉，務得其情，則吾眠食得安矣。」察哈爾即漢五原郡地，太淑人之訓又與崔寔母正同，古今事之適相合有如此者。近者都轉治鹺政，擘畫精審，既皆就理矣，而□等謁見白事，都轉猶許其盡言無隱，俟其辭畢，然後指示可否，寓精明於渾厚之中，故屬吏無不折服。又以國課不可不嚴，而釐金多則商力不繼，擇其可減者減之，存寬惠於綜核之中，故商人莫不感歎。太淑人春秋高，顧海道遠，未御板輿南來，而以都轉昔時之愛教推之，則今之精明而渾厚，綜核而寬惠，亦恪奉慈教而出之者也。至於廣州爲百粤首郡，政務繁劇，都轉處之裕如，手結舊案數百件，有糾纏將二十年而一旦相安無事者，此尤與官刑曹時所奉太淑人之教，前後一轍。故雖遠隔數千里，而頌都轉之德政者，并遥溯焉而頌太淑人之德教也。太淑人少盡婦職，以敬以和。中年治家事，以勤以儉。延師課子，脩脯必豐；遇戚黨貧乏，周恤必至。下至臧獲之輩，有服役二三十年不忍去者。凡賢行無不備，故其所受福禄亦無不備。今者年屆八十，壽未有艾。子孫讀書，登科服官，太淑人受封典，貴至三品，而亦未有艾。且以賢母教賢子，政績卓著，吏民萬□咸稱循吏，行將隆隆而升，外則任封疆，内則躋公卿，亦未有艾。孫曾今□十□人，又將日益蕃衍而勿替，引之也自此以至期頤，壽愈高而福禄愈盛矣。□等不勝歡忭頌禱而爲之序。

聲案：文中有「□等備員鹺務，爲都轉屬吏」語，與東塾身份、行履不合，此文當爲代作。

以上録自陳之邁編《東塾續集》

【校記】

〔一〕壽　原脱，據文意補。

〔二〕躬　原作「躲」，形近而誤，據文意改。

〔三〕眙　原作「貽」，形近而誤，據文意改。

[四]由　原作「猶」,於義無當,據文意改。

[五]鎮　原作「填」,形近而誤,據文意改。

[六]帑　原作「幣」,形近而誤,據文意改。

[七]平　原作「乎」,形近而誤,據《尚書·君奭》改。

[八]訟　原作「頌」,同音而誤,據文意改。

[九]養　原作「廉」,承上致誤,據文意改。

[十]宜　原作「夫」,據題意改。

[十一]述　原脱,承上句文意補。

[十二]之　原脱,據文意補。

[十三]炙　原作「灸」,形近而誤,據《列女傳》改。

[十四]應　原作「慶」,形近而誤,據《清史稿·方耀傳》改。

[十五]此　原作「以」,承上而誤,據文意改。

[十六]請　原作「清」,於義未安,據前後文意改。

[十七]養　原作「義」,形近而誤,據文意改。

[十八]以上二句當有脱字,疑「縱」字下脱「談」字,「不」字上脱「樂」字。

卷五

與桂星垣書

星垣足下：言别以來，寒暑將周，時於家書，幸悉佳暢。聽雨之屋，其樂靡涯，拙爲歌詩，字倘未滅。星垣取蘇詩署其屋曰聽雨，余作歌三章書其後。澧懷璞再擯，旅食待時，來日利鈍，復不可知。譬之揚舲渤澥，委順逆於飄風；植苗清甽，聽榮悴於春澤。素無終生棄繻之狂，亦鄙馬卿題柱之意，深懼闕門騰笑，高車虚語。惟隙駟不留，簣山逾廢，爲知我愧耳。離索滋永，鄙吝爲憂，惟望俯謝林居，迴翔玉署。明星有爛，秣前馬於秋期，時星垣猶未娶。緑波可泛，發輕艎於春水。逮南轅之未返，展燕郊之良覿，從容言讌，載慰飢渴，幸甚，幸甚。

録自中山大學圖書館藏抄件（東塾長孫陳慶龢捐贈）

聲案：有眉批云：「道光十一。」蓋識作書日期也。

與桂皓庭書　三十五首

（一）

前者晤談時，聞欲以僕所説《周禮》八法爲大著緣起，但僕所説實未的確，仍須足下審定之。僕以官屬爲今之屬員，但《周禮》官屬非盡屬員，似今所謂該部、該衙門官職。可否兩説：官聯即今所謂僉同，此無疑義；官常似今之所謂日行事件；官成似今之成案；官法似今之則例；官刑似今之參奏；官計似今之處分。皆不甚的確，祈審定之。有不安處，必須更易乃佳耳。《曆象考成》定南北綫法抄出送閲，此戴東原已□入《考工記圖》矣。餘俟面罄。即頌近佳不一。澧頓首，皓庭仁弟足下。

（二）

《漢儒通義》一部奉贈，其二部送令兄、令弟，祈轉交。小兒小傳費心之至，感極而悲，然傳中語我父子何能當耶？來示云似不必改，乃過愛之意，而僕卻不敢不改也。《聲律通考跋》容抄出奉上，遺卷亦俟查出送上。此謝，即頌春禧不一。澧頓首，皓庭仁弟侍史。

（三）

大著送還，前代摘録拙著一段，頗嫌太長耳。前者小谷比部謂僕云：「我看此書，亦有君著此書之辛苦。」僕深感其言。當著此書時，辛苦不可言，有人知我辛苦而又辛苦看之，幸矣。不須待五百年後之揚子雲矣。王玉農來書説及宋儒，僕惜未及其在城時與之講論。然既看《三禮》，僕又勸之明禮意，則朱子所謂《儀禮》爲經，《禮記》爲傳者，已得其概矣。宋學無有精博於此者矣。欲作書以暢言之，數日來精神不□，且俟將來耳。來書云不信古韻部分，僕所未喻。須知三代以上之韻本無部，近人以群經之韻排比而爲部；猶古篆亦無部，許叔重排比而爲部。顧、江、戴、段、王、孔古韻部分多少不同，亦猶《説文》至字典部分多少不同。然而韻則必有部也，猶字亦必有部也。「鴻」字只可與□□同一部，而不可與鳴、□同一部也。猶之「江」字只可與河、海同一部，而必不可與岷、峨同一部也。又猶之「初」字只可與哉、首、基同一行也，而不可與宏、廓同一行也。何不信之有？僕因學者有讀顧、江、段諸家書而猶未明者，故用張氏絲牽繩貫法以出題，使其下手編排，則必了然矣。吾弟或未編排歟？然亦何待編排歟！如再有疑，祈示知，當盡析之。灃頓首，皓庭仁弟侍史。

（四）

書收到，近日未見小谷比部，俟見時問之耳。封面只可寫隸書，手戰尚可填補。篆則未能也。著書之事，固宜與人商量，然亦有他人不能代爲謀者，離合之間，大費斟酌，請看《音學五書序》，可以知用心之苦矣。此覆，皓庭仁弟侍史。

歷代史志禮制已改，人仍看之，此學有人開其門徑，後來當有引灃者，不止看而已。不患莫已看，求爲可看也。前論宦者及長隨，昨忽悟此二者正同一病耳。其患或在上，或在下，蓋代代有之。當考於古而精思之，有何法以治之，抑竟無法可治乎？

（五）

手示領悉，卷收到，票交令侄矣。《語類日鈔》只刻成一卷，其餘尚遲遲，兹先送覽。震伯覓得《稽古録》，價銀只數錢，儘可代僕買之。今方巡捕得此，不知其肯刻否？肯借閱，然此等書，借閲不便耳。其實刻工不過百金，僕告震伯云：如刻成，惠我一部，以配《家範》、《書儀》也。然而此書僕雖渴想之極，今閲之則嫌太簡耳。豐溪大令，僕與神交，未謀面，今聞其子能爲地理之學，甚喜，甚難得也。大令之書欲付伍氏刻，須抄送玉翁，否則空言問之無益耳。拙著《水道圖説》第一卷今付工改刻，内有不妥者，甚矣，著書之難。見□君時，宜告以此非定本。僕近考得「語録」二字不出於僧家，新、舊《唐志》及《史通》皆有孔思尚《北齊語録》，朱竹垞、錢竹汀皆不知也。《學思録》增一大段，甚快，學者所未聞耳。《會典》數條抄出送上。此頌，皓庭仁弟近祉。澧頓首。

（六）

昨作一書，兹因來使送上。「興藝」二字甚合鄙意，僕近於《學思録》發明「不興其藝，不能樂學」二句，并明人樂學而不興藝，近人興藝而不樂學。拙著以微言大義爲主，誠恐有忘筌忘蹄之弊，故特發明「興藝」二字也。改歸原籍而獨指廣東官，僕病未能也。《四書集注補》用功多矣，惜乎不知著書體例，若加以删削，亦是一種好書。其率意落筆，最是病痛，如既譏朱子引《莊子》矣，而改「大人之學也」爲「内聖外王之學也」。「内聖外王」正是《莊子》語，《天下篇》。如此草率不檢，而欲改朱子書，多見其不知量矣。如此書名當題爲《四書章句集注補》，乃省去「章句」二字，而作「或問」二百餘字以解之，是欲簡而反繁也。總之，不知體例則著書難以自主，如此等書者，豈不惜哉！王菉友「説文」，亦犯此病。

（七）

來函具悉。《四書集注補》頗有好處，有助於拙著也。刻書事，只可徐商。古韻分部十七，已得其要，後來再分者，雖亦持之有故，言之成理，然不過爲段氏補苴而已。段氏之誤，段氏已言之，見與江晉三書，此則當改者也。至僕之出此題，則不因諸家之短長，而欲諸友皆將三百篇之韻牽貫一過，則人人皆識古韻。凡學問必要動手全做過，乃是實在學問耳。子韶云：校《通典》須回横沙開敝處書箱取而校之。近來總未回。前次回去，又因其令堂有病，不暇爲此，當俟下次耳。「難養録」意思好，然此等不能著得一種書，只可記所聞所見之事而暢論之，入文集可也。「佯」、「詳」二字，古書既多通用，則作跋不必盡引矣。此覆，并問近佳。澧頓首，皓庭仁弟侍史。來書「已」字多係「矣」字。

（八）

十一月廿日，澧頓首，皓庭仁弟足下。得手書，反覆讀之，欣忭之至。又讀大著《説文建首句讀自序》，極精，但樣本只寄一葉來，僕尚未解讀法，祈再寄數葉爲望。僕近與星南戲談，皓庭在京似戴東原，吾其爲江慎修乎？但此語勿爲外人道也。《東塾類稿》已託梁□□、葉菊臺各帶五部，已啓程矣。此後尚可續寄。月亭先生書，當託碧舲、芑堂二君帶上也。但月翁書非自己寫定，竊疑「通考」是大名，「識小」是子目之一，且恐有未删定者。外省人見之，必有致疑者，宜詳告之也。餘具别紙，順頌元吉。澧再拜。

（九）

《禹貢釋水》與《川澤考》□妥。《詩》地理釋如能包王氏之説在内，則竟可名之曰《毛詩釋地》；不包王氏説在内，則宜稱《續考》，不必盡引王氏原文也。凡續古人書皆不必引元文耳，有辨駁乃引之可矣。《孝經》如果能刻，尚須修改筆畫，否則斷不可借於人，僕此本費精神甚多故也。即頌刻佳，澧頓首。

史卷不知何人所閲，祈就近付陳俊轉送。

（十）

撮要之作，立意甚精，用力甚勤，惟此體甚難，難在用韻也，又難在對偶也。已落筆圈點數葉，候圈畢送回。至《初學編》之作，明年看來又不能專功，且未必人人皆勤奮，各人各自勉成之可也。《儀禮冠昏喪祭考略》，此一種書必不可少[二]，必須吾弟爲之，何者？《周禮今釋》既成，此即《儀禮今釋》，繁簡不同耳。今先作此簡略者，將來推廣使詳備可也。切勿厭煩難而不爲，難者弗避，易者弗從。僕若厭煩難，則《水道》、《切韻》、《聲律》三書烏能成乎？ 世俗之所謂經學、小學，今尚有人，但少實學。若吾弟專於禮，僕專於樂，特夫專於天算，子韶專於地理，庶幾此等實學不至遂絶，後起之士有所諮問。若諸同人皆各專一藝，尤佳，但勿如朱子所謂批退學問耳。書此以代面談不一，澧頓首。皓庭仁弟[三]侍史。

（十一）

僕初慮每府圖左方寥寥數行，故欲弟作每府總論。今見圖志并不寂寞，此論實可不作，然自□亦非蛇足也。然猶有字句未善處。吾弟撰此志甚佳，當時僕勸不必如此，今乃覺吾弟主意好，實是著作才。□謂之圖志，不謂之圖説，亦甚是，佩服，佩服。添小圖亦甚是，轉恨進呈本無小圖耳。澧又白。

阮《通志》職名，「布衣」二字不妥。阮《通志》布衣只一人，猶不覺，多則不可也。此不可上對朝廷而自稱者，應改童生或文童乃妥。「童」字如不□，不知可用「俊秀」二字□？ 似亦不可。

（十二）

來函領悉。再看一遍，甚是，但恐不及耳。或星儀不要總校、校勘等字，亦可。祈與星儀看之，或請星儀到鏡如處面商。如「尚石」誤作「多石」，此必不可耳。本來刻書不可急急刷印，而此次有委員摘頂之事，豈肯久不開復，以待校改？所以難耳。委員肯久不開復，大憲亦未必肯也。此覆，皓庭仁弟侍史。澧頓首。

（十三）

書來，知震伯已别有館，子遠館可改請子韶，竹山又已有館，甚慰。但子遠處仍須待震伯信來，乃可改請子韶耳。時事如此，豈能不憂憤？即以家事而論，遷徙奔波，産業被焚，幾無以餬口，亦豈能不愁思？然手無斧柯，雖有救亂之志，可奈何？至一身一家之窮餓，又不足言矣。此亦無可如何。讀書著述，自是本業，又何不自得乎？即如芑堂，書卷著述皆焚，亦未嘗不可覓《論語》一卷讀之，仍自得也。憂愁與自得，不相背也。《中庸》安得有率筆？我輩不識聖賢言語，如學弈者不識國手棋譜耳。高一着便多識得一着矣。秦會之云：聖人經書也有説得行不得底。率筆之語，謔浪勿怪。勿令會之聞之也。一笑。即頌近佳不一。澧頓首。

《中庸》「博學之」至「雖柔必强」一段，僕常常讀之，甚得力。虚字眼亦一一警策，得力之處，願與學侣共之。如有信與星儀，祈代問《世説新語》有一卷在彼處否？五湖之説，願聞其詳，爲幸。

（十四）

篆字一二三日寫畢送上。墓碑不應子孫名，昔林月亭先生嘗與僕論之。府上舊墓如刻之，則亦可刻，喪祭從先祖之義也，古人則不刻也。承重孫之説，本不甚通，非有爵土，無所謂承重，程春海師集中有文一篇論此，今則不論矣。然墓碑與訃書不同，墓碑是垂於久遠，將來承重之服既除，而碑上承重字仍在，斷無此理。即如孝子豈亦於碑上刻「孤」「哀」等字耶？直當諸孫叙齒寫刻耳。聶氏所謂舊圖，僕少時繪禮圖似曾考過一番，今不能記矣。可檢提要一看，大約阮諶之類，五代人所見多古書，今不可見矣。刻秦碑石已得，即明倫堂下斷碑也。此覆，即問□適不宣。期澧頓首，皓庭仁弟苦次。

五代人所説尺，不知其何尺也？

（十五）

曾勉翁寓柳波，爲新會陳氏校刻《廿三史》，并撰校勘記。此書成，真大觀也，但不知汗青何日耳。鄒特夫《學計一得》，僕鈔得數十葉，有便即當寄上。僕欲購王寅旭《曉庵新法》，祈爲覓購，爲荷。僕歸家後欲與黎高三君細談經學。近又聞有趙君名九成者，欲往拜之，深恐此道漸衰歇，故求友之念甚殷耳。

（十六）

近有以《卦變圖説》送閲者，兹轉送一帙，其中論毛西河一段最好。毛西河著書立説，多半欺人，僕昔論其春秋傳之襲取舊説，正與《卦變圖説》所論同也。昔人之説，當引據而不可襲取，毛氏則公然襲取以爲己説，且謂自來所未曉，太無耻，且膽大，欺人之甚也。故僕以爲初學者斷不可看毛氏書也。毛氏論樂之書，尤爲一竅不通，全是瞽説，可笑之甚。

（十七）

前書論功名，匆匆未及答也。凡立功名者，必有其位，有其權，此天定勝人者。學問則人定勝天。且今日之功名在撥亂反正。今世事固亂矣，學問則更不止於亂，殆已亡矣。有能存之正之者，其功何如？其名何如？況救世事之亂，尤必須學問。《孟子》曰：「下無學，賊民興。」然則有學則賊民不興矣。此必須真經學乃有濟，若近時之所謂經學，則不中用耳。

（十八）

近來讀鄭箋變雅諸篇，真所謂吉凶之所由，憂娱之萌漸，昭昭若斯，足作後式之學者。竊歎近人讀注疏，絶不留意於此，愈讀愈考而愈無益，雖多亦奚以爲？此亦因箋、疏合刻之故。讀者用心於疏，而不用心於箋。若箋、疏别行，則不至此。近日木瀆周氏之刻傳箋，真善本也。自朱子之後數百年，説詩者非説詩，只是講經。近時説詩者只是講小學。若云尊漢學，何曾見有留心於吉凶之所由、憂娱之萌者乎？

（十九）

正遣人到尊宅，適得來函爲快。「興藝」二字，《學思録》已發明，兹當爲吾弟撰《興藝堂記》。《周禮今釋》改爲「通義」，此二字博大而古雅，以《周禮》爲中程而上下千古，真大著作也。惟體例既極闊大，則必須鼓其大力以赴之。《廿四史》《通考》、《通典》、《三禮通考》等書。須博觀精考，否則不稱此名，在吾弟勉之耳。封建當仍其故，而不可新封，故有者仍之，蒙古、土司是也。新封則唐代佐命功臣，每多武夫悍將，懿親又多驕淫愚騃，非可以君國子臣者矣。不封建則以一人而治四海，精神不易管攝；封建則功臣懿親又不可封。此事恐非聖人不能有善法矣。歷代之制，則明朝行省三司爲優，鄙見如此。前者付來大作，閱過一次，特送回。大約此書仍要似說經文字，不可似策士之文。老蘇犯此病，但彼著子書，尚不妨也。吾弟著書時刻刻以鄙人此二語存之心目間，則失之者鮮矣。彗星廿九夜行最速，尾最長，此後漸遲，當漸滅。西人算彗星是彼國近年所專務者，然非五百年不能定耳。此覆，皓庭仁弟足下。澧頓首。

未晤特夫，容問之。子韶亦未考前史也。

（二十）

大字俗極，劣極，吾弟豈可認爲自己書。此來示語。隱者既欲得筆資，則聽其自行送去可也。然以此懸於雙門，豈不爲吾粵羞耶！墓志乃古人之事之不必效者，其始只刻字二行，如《金石萃編》晉劉韜墓志是也。此當埋之甚淺，約三尺許。如後來有兵事，墳壇毀滅，子孫尋覓先墓，掘得此志而體魄不驚。若深埋之且以鐵束之，甚無謂也。此物萬不願其復出，何必爲之文辭？若爲文辭述其德行，當於墓上建碑與表，此則駢、散俱可耳。此覆，即候支適不一一。澧頓首。

劉韶墓志長一尺許，廣七尺許，圭首蓋植立之。第一行云：晉故某官劉君之墓。第二行云：君諱韶，字某，某處人，某君之子也。第三行云：夫人沛國朱氏。

澧昔葬先考妣，仿此式。

（二十一）

大作自序甚佳，可謂通達士。今兹以鄙意乙轉數語，似較渾厚，尊意以爲何如？不必依僕乙轉，須自定之。凡文章用意處，有非他人所能代謀者也。中間「取青紫、獲利禄如今之舉業」云云，是也，然恐不善讀者，因之遂輕今文之學與墨守之學。大約學者當先爲墨守，而後爲宏通，乃爲無弊。我輩數人皆不喜墨守，若著書自序又以發墨守爲宗旨，以教中人以上者則可，不然則有流弊。頗欲删去「青紫」等語，而仍貫其所長，尊意以爲何如？《孝經》之書體例甚精。《山海》書詳於水源，是也，得大著發明之，甚佳。桑欽書桓水出於岷山，僕未嘗考也。《漢志》桓水蜀郡則即今金沙江即《漢志》繩水。其云入南海者，此水漢時流入羌中，不知其下流即繩水耳。其云出蜀山者，以今四川霍耳孔撒土司里遼嶺水爲正源也。僕於此水考證最得意。若桑書桓水，容再覆。此頌即佳。制澧頓首。

《穀梁箋》及條例寫定無期，且先寫定《切韻》之書耳。

桑欽書正與《漢志》同耳，其云出岷山，則影響之語。岷山與里遼嶺中隔鴉龍江矣。桑欽書不及班《志》也。又覆。

（二十二）

大作乙轉一段送復，如此妥當矣。此書爲向來所無。凡著書必須爲世所無，否則疊牀架屋，何爲哉！僕近日讀書，又覺前半年心粗。今復讀前半年所讀書，又有所得，此即進境矣。不進即退，無中立也。此難以告人，惟足下可語此耳。即問近佳，澧頓首。

（二十三）

特翁已來局否？遠翁、子韶知湖北所刻地圖已發到局否？前撫院札送遠翁閲過未？皆寄字通知，何如？僕腹疾增劇，殊悶悶也。此致，皓庭仁弟侍史。期澧頓首。

（二十四）

《玉篇》、《廣韻》二包送上，祈以一包轉交特翁。其價尚未知，但前聞常卓齋大令云，價廉耳。前聞子韶往福建，未知其已告辭兩院否？或未必能辭耳。若既辭，則局中少一能繪者。僕意中無可以任此者也。順德陳君樹不知肯來否？即來，亦尚須看其於此學何如，乃敢薦之於兩院也。但聞其通算學，并篤好繪地圖，非由朋友所薦，乃訪聞也。此覆，即問孝履不一。期澧頓首。皓庭仁弟侍史。

（二十五）

《疇人傳》已草草看過，稍涼，祈來面交，有要談之語。即頌元吉，不宣。澧頓首，皓庭仁弟。

(二十六)

送桂十六老爺。

此兩事:一是少年未能堅定耳,故以爲救之□□。至彼一事,則華夷之大閑存焉也,不能將就耳。

姑不論華夷,且如同是華人,有疑「天即理」句者,何不詰之曰:「媚竈何以獲罪於上帝?」必答曰:「逆理故也。」再詰之曰:「然則猶得曰天非即理乎?」其何以對?何以□□□不能言至此耶?

(二十七)

昨日□□□□,近日看地圖局各件甚費神。送到□□新舊各一册,容稍暇細閲。尊處有《學政全書》、《科場條例》否?如有,祈借觀。如此時扃鐍不便□取,則遲數日亦可,但必須一閲耳。此問孝履不一。期澧頓首。皓庭仁弟苫次。

葬事已定否?擇於何日,祈示知。

(二十八)

阮《通志》,布衣二人在末,今則布衣甚多,故僕以爲疑耳。昨已致書鏡如,囑其一切請示。我輩只修書,此等非我輩也。爲夷人繪地圖之謗,本省已不少,僕皆不辨。今江南開地圖局矣,此謗自息矣。此覆。皓庭仁弟侍史。澧頓首。

進呈本開列人少，刻本開列人多，可否？ 祈（下闕）

（二十九）

《吳氏遺書》、《説文述誼》二書尚未寄到。《經郛》、《尚書集解》二書俟與玉生兄商之。《尚書集解》想已樂於刊刻，宜即寄來，《經郛》巨帙，恐未必能刻耳。温氏韻學書亦未寄到，不知其書何如，甚欲一讀也。

（三十）

前答書慮刻《經郛》五千金未易成，昨與玉生兄細談，竟有可商。玉生兄囑致書取其稿來粵，并臧氏《尚書集解》俱寄來云云。特此再覆，即頌元吉。澧再啓。

（三十一）

昨飽盛筵，敬謝，敬謝。今日想已安和。《海國圖志》鈔本一册奉覽。《外國地理備考》可留在尊處隨意批抹，俟晤潘德畬時再爲索一部。即候刻祉不具。澧頓首，皓庭仁弟足下。

（三十二）

橫沙招北海名培中，鄒特夫之舅氏也。前與談《禮》，渠欲取《儀禮》之事物今所有者□明之，正與足下著《周禮今釋》同意。僕贈詩勸其博考以成書。此間有此君可談經學，足下居西關有新知學倡否？能勸得人讀經爲佳。足下昔時於此最有功，《詩》曰「風雨如晦，鷄鳴不已」，此□□可風已也，我輩惟此是事業耳。近所作《崇雅樓銘》并贈北海詩，别紙送覽，并候近佳不一。澧頓首，皓庭仁弟足下。

（三十三）

來函領悉。肺病至輕，此南山先生語。不宜再服藥。庸醫殺人，僕痛恨將兩年，猶未已也。天下事經學不得不任其咎，非此之謂，謂平日只偏於訓詁而不思索道理，不講求政治。至於説經自有體，且處世當言遜，無罪可以殺士，不可不知。勿謂目前無此事，便可無慮。罪我惟《春秋》，而夫子畢竟志而晦。《公羊》説此尤明，吾弟通人，當心知其意，只宜□然，一如鄭君□仕注耳。暢言之，只宜專學鄭君。鄭君當時何嘗不歎息痛恨，而《詩》箋、《禮》注如此。亭林《日知録》，乃入本朝爲之耳。宗御史奏摺，俟檢出送上。開□遲矣，然畢竟有見識，可謂佼佼者，誠如來書所云也。病後千萬珍攝。十三哥處祈代爲問候，勿過傷也。此覆，即頌大安不一。澧頓首。

《今釋》留細閲。子韶囑筆奉候。

以上録自桂坫編《番禺陳東塾先生書札》

（三十四）

前日携來朱墨字《春秋》地圖，僕一見以爲甚善。夜間復思之，喜而不寐，此庶乎可當荀卿所謂以淺持博者，有益於讀《春秋左傳》者不小。僕嘗謂無人能著淺書，蓋書雖淺，用功實深，否則粗淺而已，淺陋而已，何能持博哉！所謂淺者，能使人從此得門而入，及其學問大進，而仍不能出其範圍，故足貴也。近者，震伯爲《說文檢字》，與足下之爲此圖，皆可當「淺」之一字。更望於此用功，精益求精。所謂精者，心精、力精、體例精，及其成書，而人仍不見其精，乃可謂以淺持博也。見震伯時，并以此告之。若禮樂、天算等事，皆有此一種書，則後學之幸矣。

（三十五）

得書，知抵江門，甚安樂，令人羨慕。足下明決知幾，又渾然無迹，僕不及也。昔年見足下有經書數卷，標識《學海堂經解》之說，甚服足下用力之勤，今謂可因此成一大著述也。著《詩古今文》甚佳。大凡著書必爲前人所未及，爲後人所不可少，簡者益之，脱者補之，訛者訂之，疑而未定者則兼存之。《漢書》曰兼而存之，是在其中矣。夫經猶天也，自古及今，測天者有疏有密，而斷不能與天合，惟因其未合者而更求其合，解《經》亦當如是矣。諸《經》之注，非獨僞孔、孫奭未盡善也，即毛、鄭亦未盡善也。諸《經》之疏，非獨皇侃、邢昺未盡善也，即孔、賈亦未盡善也。異時天下太平，朝廷踵貞觀故事，有孔穎達、賈公彦其人者，則取給於此編足矣。且安知足下非即當孔、賈之任乎。即不必有此事，而不可無此書，使讀注疏者隨條辨析於後，大有益也。因足下舊學而勸爲此，足下以爲何如？其有以示我也。

來札説四學之解甚精，確勝鄙見。謂鄭誤者多矣，總之西郊惟礙於《祭義》，得此解不礙矣。可見古書真不易讀，其義蓋有愈考愈出者。已付星南共欣賞矣。

大作駁段氏説甚暢。僕前爲《禮圖》初稿，從段説，今得足下説及星南之言，須再考索一番乃定。至《祭義》四學，當爲西學，尚無證據，請再細尋討之。其辟雍在國不在郊，本古義，然鄭以爲在郊，見《詩·靈臺》正義。又辟雍自是大學，而孔冲遠以爲小學，即虞庠也，此僕所謂難明者，堂中同人考定之。昔嘗作《大射所在考》，以爲孔、賈之説皆非，然恐武斷耳。

僕弱冠時爲歷代地圖不能成，至今以爲憾。其後屬章雲軿爲之，自西漢至北魏，郡縣略具，而水道未備，此僕之《地理志水道圖》所以作也。雲軿既久不爲此學，鄒特夫云欲爲之，今不知其所成若何。然昔聞其自明代逆溯而上，鄙意以爲如此則尤不易成耳。今僕之圖粗已寫定，用此繪西漢地圖甚易，由此而順考東漢以下，勢若破竹。星南勸僕爲之，然僕爲此數年，目力已昏，今欲屬之吾弟，以錢獻之《地理志注》，章雲軿《地理志郡縣圖》，及僕之《地理志水道圖》，合而裁之爲《西漢地圖》，凡錢氏、章氏之失，僕既稍稍正之，僕之失則有望於弟之正之也。由此而繪東漢以後，使歷代具備，則真爲千古絶作，凡讀史者必有樂乎此也。

東漢以後更當如錢書例，取歷朝郡縣水道釋以今名，與圖相輔而行。何者？凡圖易漫滅，故古書有圖者多圖佚而書存，圖之外復有書，則數百年後，圖雖漫滅，必有據吾書而補之者矣。

僕近日囊無一錢，不能買書。子馨長逝，摧我心脾，豈料斯人殀折如此，自當改其遺文，然其平日頗懶於下筆，又近日窮困鬱鬱，必無鴻篇，大約不過學海堂課作數篇而已。以冠時才筆而無所成，不知造物者何心也。

昨往學海堂看桃花，因過鏡如兄處，見大作《地圖説》册，鄉村山水，叙次詳整，歎吾弟真有著書才，便當如此撰定。此事雖勞，然成此書，則爲向來志書所不及也。明春請將寫定册稿付來一閲爲望。

以上録自陳之邁編《東塾續集》

答楊黼香書

澧白，黼香足下：前辱賜書，文采委曲，循誦反復，良喻於懷。足下棄蘇季揣摩之術，篤江都下帷之志，究洞許書，孰精蕭選，甚善，甚善。近所述造，知益斐然。昔相如、子雲，賦頌之首，而《凡將》訓纂，甄極小學。劉彦和云：文字乃言語之體貌，文章之宅宇，鴻筆之徒，莫不洞曉。豈不然乎。澧夙附同志，妄希成學，數年以來，消良時於行邁，紛古情於干禄。古之學者三十而《五經》立，澧今年二十有六，已迫此期，未名一藝。少壯若此，中年以往，行復可知。今方抱和氏之璧，索東方之米，巢居甲第之間，躑躅華轂之後。昔翟子威之詣博士，織屨之母偕行；王仲卿之學長安，牛衣之婦相泣。今之行役，何以得此？況乎斷金諸彦，咸稽鄉土，每念曩昔斗酒相樂，命儔嘯侣，辨析經傳，競説字解，高談未終，謔浪間作，酬酢閧於廣坐，歌呼震乎屋瓦，孟公有投轄之狂，徐孺有下榻之樂。及今思之，闊若參辰，邈若墜雨，徒益離索之感耳。深望足下就徵公車，相見京國，庶慰飢渴。書不可悉，聊復相聞。澧白。

聲案：有眉批云：「道光十五，在京寄粤。」蓋識作書日期也。

答楊黼香書

澧頓首，黼香大兄足下：去歲辱書，久未裁答。近見令弟，知仍爲府尹曾先生課子。旅食京國，得主名卿，甚善，甚善。深居京兆之府，高擁臯比之坐，酬接日寡，鉛槧日親，撰述自多，凡有新知，幸以相示。澧今年亦教授鄉里，假館僧舍，既講舉業，還讀我書。所述《説文聲表》，粗已成編，復以訓詁之餘，辨析名物，述經傳群書之言，依《爾雅》、《釋名》之體，已成數篇，但未卒業耳。澧嘗以爲班孟堅有言云：「幼童而守一藝，白首而後能言。」此古今之同患也。夫治經者將以通其大義，得其時用也。若乃小學一道，經術首基，近世儒者，咸知考索。然或《蒼》、《雅》甫明，華顛已至，窺堂陛奥，俟之何年？又諸儒之書，多宏通之篇，寡易簡之作，可資語上，難喻中人。故童蒙之子，次困之材，雖有學山之情，半爲望洋之歎。後學未振，或此之由。澧所爲書，事繁文省，旨晦詞明，思欲視而可識，説而皆解，庶幾稽古之初桄，研經之先路。若乃方聞碩學之彦，沈博澹雅之才，見而陋之，亦無懵焉。相見有時，當得就正。起居無恙，伏維保愛。澧再拜。

聲案：有眉批云：「道光十八，在粵寄京。」蓋識作書時日也。

以上録自中山大學圖書館藏抄件（東塾長孫陳慶龢捐贈）

寄楊浦香書

月日，澧頓首浦香老兄閣下。去冬大世兄在粵一病不起，不審老兄老嫂聞此凶耗摧慟何如。弟長子死，今將十年，偶一念之，猶爲淚下，何況老兄此時，雖有相愛者勸以勿過傷痛，然此豈可勸也。弟當時傷痛亦不可勸，請爲老兄述之。當是時，所見之物皆有悲態，所聞之聲皆爲悲音，漸至竟夜不寐，以酒取醉，乃暫得合眼。食飯減半，食後數刻化爲酸水上湧，以手自搦兩脇，如布囊而空中。一夕，仰卧至五更，披衣起作自序一篇，念門人最老者張瑞墀，付之刻我墓石。偶見朋友，語言恍忽。樊昆吾告人曰：「與蘭甫相好者宜及今與相見。」譚玉生謂李碧舲曰：「君宜勸之。」碧舲遂與澧書云：「君之子死而君痛之如此，如君死，君之父在地下其痛何如？君念子，可不念父耶？」弟得書，驚起自責，爲書謝碧舲、玉生。此後漸自排解，類於放曠之所爲。又得陳曉村所贈鹿茸丸藥方，制而服之，兩脇内復實，能飲能食。然精神不能復舊，以至於今，事事忘記，觀書三兩日即忘矣，俗事一日半日即忘矣。嗟乎！哀痛之傷人如此。澧遭此事時五十歲，況老兄六十歲遭此，年更老，氣血更虛，豈能當此耶？可不自排解耶?敢述碧舲之言,請老兄每痛念大世兄時即念老伯大人,則哀痛自減。弟聽碧舲言可知也。曉村丸藥方并寫寄,人之臟腑不同,則用藥亦不同,然老年不得不親藥物則同矣。幸酌而試之。

録自抄本《東塾餘集》

答梁玉臣書

澧頓首,玉臣二兄同年足下:前辱復書,文采溢目,復不棄其愚陋,相與商榷經義,辨析家法,幸甚,幸甚。又以君模善病,慮其覃思嘔心,乃尺書未達而此君已長逝矣。嗚呼侯君,生年短於顔淵,死日貧於黔婁,家有老母,年近八十,妻猶新婚,子又幼稚,文人命厄,乃至於此,傷哉,傷哉!先師程侍郎學殫九流,文成一家,一旦隤萎,海内儒者莫不流涕,況澧與足下著録弟子,痛何可言!澧棘人欒欒,加以師友零落,半年之間,五哭寢門,程侍郎春海先生、陳舍人範川先生、潘伯臨比部、侯君模孝廉、儀墨農孝廉。舊淚未晞,新淚已續,實難爲心。侍郎著述,成者何書?足下倘得收之。君模所成,十未及五,檢其遺篋,多有録無書者,故知學人當及時撰述,如其隙駟不留,尺波電謝,一抔之土,牧童高歌於其上,鼯鼪啼竄於其下,誰知柏下之骨曾飫萬卷哉!澧今年寄迹僧房,自課兒子,亦有學徒來此問字,講業之外,必當成所爲書,不負知己。里中書少,欲乞代購數種,別紙條上。

聲案:此鈔件有東塾親筆眉批云:「道光十八。」蓋即作書之年,且經東塾過目者。

與梁玉臣書

澧頓首，玉臣二兄同年足下：昔年言別，五易暄寒，書問往還，未解勞結。今春復與計偕，遂得披晤。以爲十日之飲，未足爲歡；三夜之談，非云喻指。而甫入國門，遠聞夷寇，夢皇皇於烽火，心摇摇於鼓鼙。春榜報罷，南轅遄返，以五月下旬抵家。闔門卅口，僑寄江鄉，雖無避兵之符，不逢探丸之客。加以馬鬣不驚，瓜廬未毁，出遇姻黨，懽若平生，入撫圖書，燦然插架。疾風振草，未覆蒙鳩之巢；大旱涸淵，幸脱枯魚之市。悲矣如何，幸矣如何。時復周步城闉，踟蹰閭左，巨炮鱗疊，廢壘雲頹。囊沙塞路，委道旁者成山；飛炮過檐，墜屋角者如斗。奸民縱火，則城闉爲焦；悍卒食人，則溝水猶赤。談者變色，見者怵魂，兵燹之餘，不可説也。今錢幣已輸，關門未復，甫乃收集亡命，修飾甲兵。而棘門灞上之軍，本同兒戲；緑林青犢之衆，豈是腹心？懷此隱憂，益用疾首。是則巢幕之燕，方此非危；瞻屋之烏，於何爰止？種桃武陵之水，豈易問津？采藥鹿門之山，何由偕隱？如風鶴復驚，城鼠畢渡，當復逐玄真而泛宅，隨靖節以移家，哀此奔波，聊免鋒鏑。庶幾城門之火，弗加池魚；昆岡之炎，不儕礫石。嗚呼！四郊多壘之辱，屬之何人？百年爲戎之憂，恐在今日。臨楮感憤，不復多云。澧再拜。

聲案：有東塾親筆眉批云：「道光廿一。」蓋作書之年，并經東塾過目者。

以上録自陳氏家藏抄件（中山大學圖書館藏）

復梁章冉書

愚弟陳澧頓首，章冉仁兄大人足下：月之十一日歸抵里門，晤玉生同年，知吾兄鄉旋尚未來省，即擬奉啓敬問起居。兹接手書，慰藉殷懃，感謝，感謝。弟此行原不敢望巍科鼎甲，第以十年奔走，竊冀挑得一官，而此時縣令殊不易爲，不若廣文冷官，轉有痛飲高歌之樂，今竟得之，復何所戀而不爲歸計乎！或舍侄秋闈獲雋，亦未嘗不可同賦《北征》，否則不作春明之夢矣。月翁留省一事，前在玉生兄處匆匆尚未談及，俟再詢之也。吾兄廬居半載，馬鬣已封，仁人孝子之心，可以稍遂。而弟於此事竭蹶數年，夢寐難安。尊處延請定有高明地師，可爲弟一指迷否？前借觀《九宫譜》，業已珍復，而尚有查閲未竟者，有便尚祈惠借一閲，爲望。餘容續述，肅請近安不備。澧頓首。

録自黄氏憶江南館藏《清代名人翰墨》

與五侄書　二首

（一）

廿六日到家，匆匆數日。聞歲試尚近高列，甚好。帶回館閣詩、狀元策等件，交侄婦寄上。此後切宜用功，第一讀書，第二取科名。大約每月作文六篇，詩六首，寄來我評閲。萬勿曠廢頹惰，爲囑。

晤小琴少尹，爲我道相念。鐵泉兄仍同在署否？并爲道意。餘俟續述，即問五侄近好。蘭甫書。

七月廿九日。

録自影印手迹（載臺北故宫博物院《陳蘭甫先生書畫特展目録》，一九七九年元月）

（二）

昨接來信，得悉一切。我在報恩寺見劉恬農，渠聞我將到陶吴，即歸相候。我掃墓後即到渠家，并見其兩兄。恬農苦留小住，但我與大叔同去，又有轎夫數人，小住不便，因辭而回，贈以詩扇。此公甚有情分，聞尚欲來粤也。渠無致小琴書。我未帶搢紳，今向人轉索，我亦欲看也。我路上所作文寄去，可謄出，將原稿寄回，并依題各作一篇寄來我看。詩則照依寄去之館閣詩題作來看。館事雖繁，亦必有暇，暇即用功，舉業總在勤而已。《傳》曰「民生在勤」。此覆，即問五侄近好。蘭甫手書。

小楷字宜學，要每日寫二三百，不間斷。

録自黄氏憶江南館藏《清代名人翰墨》

與碩卿侄書　三首

（一）

明歲恩科并加額，吾侄宜及今用功，以期上進。我自問今年必不中，所以仍來此者，以吾侄仍未舉於鄉故也。我此後決不再來會試，吾侄當努力，蓋今人之重科名，亦古人重門第之遺意，是以科名未可輕也。然我年過四十，又筋力漸不如前，頗覺場中辛苦難受，此後斷不踏棘闈矣。三場策題問小學、音韻及《禹貢》水道，我十年來所學在此，各條對千餘言。可見讀古書於舉業未必無用，其獲雋與否，有命存焉，可不計也。

録自陳之邁編《東塾續集》

（二）

到家不見大廳所懸翁夫子聯，聞係阿全用以包利市，荒謬不可信。此必渠盜去。因而查樓上楠木刻各聯，俱不見。此非小巧之物，如何能出大門？阿全看門，不問伊問誰？既盜箋紙聯，安知不更盜木聯？聞伊在沙灣司署，侄即查問之，勿姑容。我必要伊交還也。

（三）

《四書典林》現要查一二處，有便寄回。如不能全寄，即先寄《人物典林》，爲要。蘭甫。碩卿侄覽。

以上二札録自影印手迹（載臺北故宫博物院《陳蘭甫先生書畫特展目録》，一九七九年元月）

復張彦高書

去歲冬杪得手書，獎譽拙著《聲律通考》并指其訛謬，欣感之至。弟爲此書，每當困思冥索，頭苦目昏，及其得之，苦極而樂，輒自慰藉曰：將來必有人覽此書而相賞於千里之外者。今先生謂各表細如牛毛，尋蹤覽迹，引人入勝，此真我所懸想千里外之人也。嗟乎，著一書而得同時人費心俯覽之，豈非生平一幸事哉！況又指出訛謬，俾得改正，其爲感謝，何可言喻。即取印本改數字先請令侄寄呈道謝，并令刻工剜改板字矣。至錢刀大小不同，弟實不知，但取家之所有繪之，祈將尊處所藏摹拓寄示爲荷。來示謂當著累黍之度，容俟購求北方之黍而校之。至黄鍾十七萬七千一百七，弟以爲虚數者，謂絲竹之器不能容許多刻畫，但存此數而已。來示云云，不敢不從，亦不敢遽從，當更研思，乃可奉答也。承囑轉告特夫兄算十三率之數。特夫云：「用對數最簡便，以黄鍾爲二，黄鍾半律爲一，檢對數表二之假數，以十二除之，所得假數轉檢其真數，即爲十三率每率之連比例。又近日江浙算家新法，不必檢表，尤爲精妙。」以算草一紙囑寄上。先生篤好此學，何時來省，與特夫快談。去年有江西吴子登名嘉善，翰林編修、浙江夏紫星名鸞翔，皆精算學，與特夫談算甚相得。無何紫星死矣。子登尚寓省城。弟老矣，不能學矣，弟與特夫皆爲督、撫二公請繪地圖，據文武官呈督、撫之圖以志書考核之。然此摹繪繁密，亦非衰老所能辨，此則辛苦而無補者也，聊備一種官書而已。弟澧頓首。

張彦高原函云：「卷五引《舊唐書》，有懿宗孝敬皇帝，敬皇即太子宏，似當作『義宗』。卷十姜白石《揚州慢》曲，六、凡、工、尺四字，即黄清、無、南、夷四律。此曲既爲中吕宫，似當是黄清、無、南、林[三]四律。」

與鄒叔績書

《漢·地理志》之説，今欲合章雲軿與拙著之圖，先刻一格版，依董圖式，以紅印之。乃使抄胥以銀朱影抄董圖，然後以墨寫拙著之圖於朱寫之上，再以墨寫章圖縣名，其與拙著圖縣名不合者則不寫，如此，《漢書地理志圖》草創已成。乃以《水經》核之，以洪氏府、廳、州、縣志，《大清一統志》核之，則可定矣。然後俟拙著《漢志山圖》卒業，複寫其上，則《漢書地理志圖》可成矣。

以上録自陳之邁編《東塾續集》

與沈世良書 二首

（一）

凡篆書，結字用筆不得似隸書，不得似真書，不得似行草書，不得似鐘鼎文，不得似印文。似此數者，雖絶佳，不爲正宗。此就篆論篆，絶非苛論，然自漢以來，矍相之圃，存焉者寡矣。

（二）

連日得惠新刻詞鈔及内典《金剛般若波羅蜜》，藉悉尊體輕健如常，爲慰。澧向未窺釋藏，惟《金剛般若波羅蜜》則家藏書中有之，曾一瀏覽，見其文義前後複沓，有同一義而屢見者，且有文句全同者，俗僧訓釋，益加支離蒙混。鄙意以爲此書翻譯時必合數家之本而成，而翻譯者未能用中壘校書除其重複之法，故爾。又此書記須菩提問「住」及「降伏其心」二義，而佛所答，言住者數十見，乃無一語及於降伏。鄙意以爲所謂得成於忍，乃答其降伏一義也。又中國語順，外國語倒。篇首云「如是我聞」，猶言我聞如是也。此倒語也。此句若依中國文法，當爲篇末結上文之語，而置之篇首，亦倒也。須菩提問：「云何應住？」此猶言應云何住也。亦倒也。佛答云：「汝今諦聽，當爲汝説，應如是住，如是降伏其心。」此將告以「住」與「降伏」，而先云如是，亦倒也。中國文義，「如是」二字必指上文，彼則倒指下文也。澧不知佛理，而以讀儒書之法尋其文義如此，請以質之閣下，其重複之處，別紙録之。外國語倒，《勿庵曆算》書中已論及之，謂波羅蜜者，彼岸到也。

録自沈澤棠《懺庵隨筆》

與鄒特夫書 二首

（一）

前承付回《越南地輿志》，弟復草草翻閱一過，因思董氏地圖無越南，顧氏《讀史方輿紀要》安南圖又太潦草，欲以顧氏圖爲底本，而以此志考核之，別爲一圖，雖無由得其經緯度，未可與董圖合刻，而存此圖以見彼國山川都邑形勢，亦佳。此作非吾兄不能，如有興爲之，即將此志再送上也。澧頓首，特翁仁兄閣下。

（二）

昨讀《通典》邊防類，赤土國直厓州之南，便風十餘日，經鷄籠島至其國所都，冬至之日，影直在下。此今南洋何國也？祈示知。此上，特翁老兄閣下。弟澧頓首。

以上録自影印手迹（臺北故宫博物院《陳蘭甫先生書畫特展目録》，一九七九年元月）

與馮鐵華書

前借觀某君文集，草草披閲十餘篇，即以奉還。昨枉過，問僕不喜其文之故，僕舉魏叔子譏侯朝宗本領淺薄之説，此猶深論之耳。僕向見《程侍郎遺集》有某君所爲序，但記與侍郎交好蹤迹，已心非之。古人爲人作集序，與碑傳之體略同。其後漸變，略於述事，而詳於論文。然序文集而論文，猶不離其宗者，若但述交好蹤迹，乃以其人其文爲不足傳，但因我而傳耳。古之文人，有時不得已而爲此。程侍郎詩文沈博奇麗，雄視一世，海内早有公論，後世亦有眼目，豈藉與某君交好而後足傳哉！度某君之心本不如是，徒知古有此法而不知其意，乃貿貿爲此耳。前日所閲，有《王尚書宗誠墓誌》，僕又非之。凡碑誌，取其人一事書於篇首者，以其事最可傳，故特表出之，亦古法也。道光時擒張格酋，俘獻闕下，王公爲兵部尚書，手牽其組，此循例之事，何足道也。某君爲誌，乃特書於篇首，此又知古人有此法而不知其意者。某君所以爲此，徒以王公無事可述，故爲此無聊之計。不知道光時大臣多無事可述者，但當取其官階恩禮，平鋪直叙，以見國家承平，大臣醇謹，無功業可以表見，如此則關繫一代盛衰之故，文愈平淡，而意愈深，何必尋事以取鬧哉！舉二篇，其於古文之學尚淺，已可概見，此僕所以不喜也。

與徐子遠書 二十一首

（一）

澧近著音韻書一種，甚有法，以授小兒女，四聲，清濁，雙聲，疊韻，纍纍然脱口而出，老夫側耳聽之莞然。昔年頗耗心力，以成此學，冀異時門生兒子能傳之，并欲以貽同好。今録副本未就，容下次寄呈。倘弟來面商，以成定本，尤善也。此正可與《象形文釋》并傳。《象形文釋》既散入《説文箋》，其别行之本似竟可删去。所引群書，并不必録許書元文，而本許氏及群書之旨，隱括其詞，自爲之釋，義取簡明，俾家家塾師皆能爲學僮傳授爲佳。此等大有關係，欲使漸成風氣。又漢學風氣已漸衰，將來宋學必興，而人心淺躁，未必能爲朱學，必講陸學。陸學偏駁，其害不小，澧近删陸氏書而存其精語，仿《二程粹言》之意，以爲一書，預防其流弊，異時作一中流砥柱，亦未可知。言雖近誇，然儒者著書眼光須及上下數百年，此昔者吾友侯君模之教也，非弟無以發吾之狂言。

來示云：百餘年後，士不復區分漢、宋，到此自是勝境，其流弊則有淺嘗之病，過此以往，又不知作何補救之法。澧則謂此病已見，不待百餘年後矣。

（二）

今海内大師，凋謝殆盡，澧前在江南，問陳石甫江南學人，答云無有；在浙江問曹葛民，答亦同。二公語或太過，然大略可知，蓋淺嘗者有之，深造者未必有耳。吾粤講漢學者，老輩惟勉翁在，而近年爲俗事所擾。同輩中最篤學者李子迪太史，每日讀注疏、《通鑑》爲正功課，《皇清經解》、《五禮通考》爲餘功課，惜乎咯血死矣。後生輩好學者，則不過二三人耳。夫以百年來諸儒提倡之力，而衰歇之易如此，推原其故，非盡時文之爲害，此朱子所云欠小學一段功夫耳。我輩既無勢力以振之，又不尚聲華標榜，惟有著書專明小學一段工夫，以教學者，使其易入。或學者漸多，有可望也。以朱子覃精著述，博極群書，而末流之弊，至入於空疏固陋，豈非欠小學工夫之故？

朱子本重道問學，而後儒學之，反成偏重尊德性矣。近儒號爲明小學，然其書豈學僮所能讀，則雖謂之欠小學工夫可也。初學欠小學工夫，豈能讀近儒奥博之書，此其所以易衰歇也。如此，則漢學必遂絶，而將來爲宋學者，欲學朱學必仍空疏固陋，學陸、王者又不待言，欲如來示所云義理、考證合而爲一，恐不易耳。如能補小學工夫，則漢學、宋學皆有基址，然後可以義理、考證合爲一矣。至過此以往，又有流弊，則非吾輩之任。自古聖賢皆只救一時之弊，何況我輩？

抑澧更有説焉，自宋以來，學術迭變，固由風氣之轉移，亦由門户之争競。有争競，故有興衰。然門户之争，總不出孔門之四科：德行，道學傳也；言語，文苑傳也；文學，儒林傳也；政事，則大而將相、小而循吏傳也。四科之人，皆天下所不可無，故孔門兼收而不偏廢，尤不交争。争則有勝負，有勝負則必偏廢，偏廢則天下受其害矣。近著《四科論》一篇，以明此意，欲學者各因所長，以成其學。然言語、政事、文學固斷不可無德行，而德行、言語、政事又斷不能不由學而入，德行、文學，即宋學、漢學兩派也。此兩派者，其末流之弊，皆入於無用。然使四科之人，不交争而偏廢，則空山之中，有一二腐儒，拱手而談理學，埋頭而治章句，皆大有益於世。無用即是有用，惟以一端倡率天下，而靡然從之，則或爲空疏，或爲繁碎，不但無用且有害矣。鄙見如此，吾弟以爲何如？

又吾弟近著《説文箋》，想不但箋段，亦并箋許，鄙意最愛箋之一字，擬作《説箋》一篇，其大意謂東漢人之學，今最可見者許、何、鄭三家。何氏墨守，鄭君箴之，不欲專主一家也。許氏謹案，鄭君駁之，不欲以一人而斷諸家之是非也。鄭君自主注《詩》，宗毛爲主，毛意隱略，則更表明，如有不同，即下己意，所謂箋也。不獨注《詩》如此，注《周禮》之於先鄭、杜子春，其意亦如此也。此鄭學之宗旨，實勝於許、何兩家。又所謂下己意，非必盡出己説，但以己意引衆家之説，即是己意。如《詩》箋内多韓説是也。後來皇侃《論語疏》深得此旨，近儒則如孔撝約《公羊通義》之類，亦得之。近人名爲宗鄭學者多，然往往只是何氏之學，非鄭學也。故欲爲發明之。拙著《音學》，盍抄一册寄與子深，近日金芑堂亦持一册去，遂欲刻之。但小學工夫，須有兩層，此等是下一層，尚有一層工夫。教人初讀古書者，其書不易作，然竟欲夕爲之也。「腰夭」、「要約」、「遥鷕」、「耀藥」八字可删去，只存上八字可矣。但須知清聲有一耳，「鷕」改「繞」則不可，「繞」字與「而」字雙聲，「非」與「怡」字雙聲也。欲代面談，不覺覼縷。

（三）

手示以鄙論爲有益，深服老弟虚懷若谷，古今人如此者蓋寡。前日論此事，復思愚見未盡，然老弟不以爲然，誠是也。今來示謂有益，請更論之。許氏書之有段氏，猶鄭氏書之有賈、孔，斷無出其右者。其有疏誤，爲之箋正，誠不可少，但須字字考索，有當箋者即箋，若偶有所觸，即著一條，則不能周匝，不能體大思精，只可作一種小書耳。竊謂儒者著書，貴乎因時立説，此時老師宿儒，零落殆盡，後來讀許書者，不得其門而入，則自厓而返，恐此學遂衰。或不得其門，而别尋徑竇，此學遂淆。今已有此病矣。雖衰亦必復興，淆亦必復清，然何如及今維持之乎！今當著一書，略如君家楚金《通釋》之意，發凡起例，開通門徑，使許書義例，易知易從，則於此學爲功大矣。所謂理而董之也，任此事者，非君而誰？若夫汗青無日之語，則澧不以爲然。仁以爲己任，不亦重乎？死而後已，不亦遠乎？著書以示後之學者，亦仁術也。澧近年最有得於「任」字，嘗爲星垣言之。人各有任，我輩窮而在下，又已明此學，雖欲不任，不可得也。

（四）

乘法古云「三三而九」，見《周禮·司裘[四]》疏，今云「三三如九」，與「而」通。竊疑此語甚古，若唐宋以後，未必借「如」爲「而」，質之高明以爲如何？

（五）

前索尊著《象形文釋》，來書云已入《說文箋》，此書可覆瓿，怪澧欲存之，且謂以此啓蒙，更當删節謹嚴。澧謂删節謹嚴，是也；謂可覆瓿，非也。且推吾弟之意，似輕視啓蒙者，與澧所見不同，請得論之。小學者，古人十五歲以前之學也。十五歲以前，既明乎此，故十五而入大學，三年通一藝，三十而六藝皆通也。百年來儒者之治小學，爲唐宋諸儒所不及，然所著書往往精深浩博，但可爲知者道，中人之資不能領解，讀不終卷而置之矣。澧嘗謂近儒之講小學，乃真白首而不能窮者，非古人所謂小學也。以漢儒之學之盛，而班孟堅尚以爲禄利使然，今求禄利者既不藉此，而稍稍有志者，讀此等書，又苦[五]不得其門而入，此學術所以不振，雖以乾嘉中大師數輩倡明之，而今已漸衰也。夫學問之事，莫難於入門，既入其門，則稍有智慧者，必知其有味，而不肯遽舍，在乎老師宿儒引而入之。入門者多，則此道日昌，其能深造者爲通儒，不能深造者亦知其大略，而不至於茫昧，而文學彬彬矣。故精深浩博之書，反不如啓蒙之書之爲功較大，而獨恨百年以來，未有著此等書者也。且啓蒙之書，又非老師宿儒不能爲，蓋必其途至正，其説至明，約而不漏，詳而不支，其書雖曰啓蒙，而實入門，則學者多；學者多，則通人出；門徑端正，則初學不誤；初學不誤，則謬説不作。夫通人出而謬説不作，天下有陰受其益者矣。若夫淵博之書，有益於通人，不能有益於初學，必如鄭君所云「舉一綱而萬目張，解一卷而衆篇明」，乃爲今日之要務耳。澧近日竟欲著鄭學一書，亦是此意，願共勉之。

（六）

得書，知覆瓿者乃謙詞而非實，然甚獲我心。不見一年餘，渴想之至。前有寄星垣詩云：「世事悠悠改，光陰冉冉馳。劇談猶感慨，何況是相思。」請爲吾弟誦之。

（七）

前寄茶壺，固因吾弟有茶癖，然或以澧所寄所謂「貴從老夫手，□□先生几」，而因以多飲茶，則未可也。澧近來不飲武夷茶，只飲六安茶，又每日最多不過五六小杯。其六安茶乃南山先生之教，云此茶不損人，武夷茶之性寒削，必不宜飲也。又教澧服白朮，自去年十月至今不間，竟大有效。澧近日精力强健，飲食倍進，爲廿年來所無。其法每日早起，以白朮五錢、生薑一片、紅棗肉二枚濃煎服之。南翁云四十歲時服此，今老健，皆此物之功也。又藥肆白朮揀好者，即可服，不必苛求。先服生朮，恐飯蒸稍滯耳。不知此於尊體合否？祈一試之。澧與弟皆年過四十，宜稍講求養生之理，減嗜欲而益精神，自勝者强，庶能成此身之志業耳。《四科論》無人鈔寫，説箋亦未脱稿，前略陳大意，遽加獎評，終不敢自匿也。

（八）

尊著《象形文釋》，必須分類如舊，斷不宜改爲編韻，如屮、艸、木、禾、朮類聚甚易明，分韻則蕩析離居矣。澧教小兒，即用吾弟之法，先以「日」「月」等字，「日」字只注云〇，象圓形，□象□精，「月」字只注云象月，彎形。録許書元文，須加疏解，故不如概括之簡明，然序内必須説明，恪尊許書，方能使人信從。

近又復理故業，如《切韻□□》之類，欲從頭修改一過，便以付梓。其教學僮之《音學》，尚須增數條。世間有一種不善讀書之人，見雙聲疊韻四十條，便字字去考究，而不肯讀其音，以爲欲明其所以然。澧告以此無所以然，直可作無字觀，但要讀其音耳。又有不知見、溪、群、疑猶韵書東、冬、鍾、江之標目，而以爲字母能生諸字者，此等皆當有説以破其疑滯也。

（九）

使至，得惠黄橙白菜，拜受而食之，甘美之極，菜味尤佳。兄行期定於仲冬廿八日，餘橙未摘者，俟爾時惠寄爲佳，但不必三百之多也。欖軒兄扁，兄信筆書之，竟亦不惡，無庸乞鄰矣。横眉子寫拙詩一首，内有兩句不通者，謂日食時月球影不到地，非也，祇勿笑也。兄賣去東横街一所，得三百餘金，以作旅費，其欠債七百金尚不能還，然必行。《天發神讖》、《廿一家易注》、《毛詩廣詁》俱交來使帶去。拙集俟刻刷印送上請[六]教也。冬課題紙呈閱。自弟行後，實甫亦將行，各抱離索之感，不勝罔然，非楮墨所能[七]罄矣。日來惟與實甫填詞唱和，然其語皆惘惘然，别紙録呈一笑。

（十）

使者至，得手書，如晤良友，爲之欣然。前兩書及銀，并寄碧舲詞幅，皆早收到。澧所爲送行序，細看總不佳，由古文之學尚淺之故，俟改定請教也。《説文聲表》底本奉上，作箋非老弟不能，俟著成《象形文釋》後即從事於此。澧近修改水道圖，以古今各書逐條考核，尚未寫定，汗青尚無日耳。取去貢宅碑帖若干種，澧不能記，祈開一單來，以便覆之，其價便時亦祈即寄來也。澧前借梧生處《説文》有惠定宇校語者，似係老弟轉借去。梧生近校《説文》，來索此書，如在尊處，祈寄還之。校《説文》之舉，亦數年前澧勸梧生爲之者，以孫刻大徐本爲主，以各本校之，又以小學各書引《説文》者校之，更以四部書引《説文》者校之，而條列其異文。今梧生先任校《説文》各本，此外校小學各書亦尚不難，通校四部書則斷非一人所能，此願不知何日償耳。今之《説文》，出自君家鼎城、楚金兄弟，此校勘之書成，然後《説文》非徐氏一家之書矣。來書云：無可與談。省城可談者，亦殊不多，每舉杯來[八]望，相思不知復何日合并也。

《説文聲表》底本，原擬請桂皓庭檢校一過，而皓庭有韶州之行，兹以舊帙奉上，别有目録一册，乃依謄清之本編録者，故與底本不相應，必有目以檢查底本，恐有一聲全缺者故也。尚當將謄清之本篆書九千餘字鈔寄，恐一聲有缺漏之字故也，今未暇耳。底本内間有箋注，皆當時草率亂塗，祈爲削去。又此舊本將來須取校謄清之本，尊處如命人抄出後，仍祈付回，但不妨遲遲耳。

（十一）

前奉上《説文聲表》草本，不清楚，清本奉上。但此本雖屢校，而兄未手校一過，故底本終不可棄，今并□本送上。吾弟作箋，可即寫於清本上，將來此書并題某編某箋可也。

《聲表》兄未編完，其一某聲，其一同一卷中某聲第一，某聲第二；其一同一聲所屬之字，某字第一，某字第二，此當以喉舌齒脣爲次，然此大概耳，仍當以義相引。此昔時編排之大概，未暇細校也。

（十二）

薊門手鈔《説文聲表》一過，澧今以張皋文父子編古韻絲牽繩貫之法授之。渠本聰明，又有此兩番用功，小學可有根底。近來學侶日希，望有出而張之者耳。

大作箋疏卒業，不能欲速。其建首箋疏，宜早汗青，以惠後學也。《聲表》分部未當處，前聞簽出不少，乞批於上方，寄回爲禱。

拙撰《漢儒通義》，草創已成，惟當時讀漢儒諸書，不能一一皆精細，當采而未中者不少，故不可付梓。若服闋必須出山，則亦聊且刻之矣。但有粗糲腐儒餐，則必不出。然恐不能。近來讀書，更覺有味，時時鈔古今人書，或附以己意爲讀書記，其體例全仿《日知録》，惟專論經學爲異。其論及史、子、集者本少，將來當盡□□□□。

（十三）

徐鐵孫戰死，老弟聞之否？感時事，念舊交，爲之一慟，想同之也。然詩人、循吏、忠臣，合爲一人，偉哉！可無恨矣。其妾自縊以殉，尤不愧鐵孫之妾耳。往哭之歸，遺此奉聞。

澧落落寡交，然知舊中死爲鬼雄者，已四人矣。

（十四）

使至，得惠甜橙三百，此真上品，自食數枚，餘當携至清江浦，與星垣共嘗之耳。惠銀太多，本不敢領，而兩老弟所饋贐，義無可辭，遂拜領之。徵薑亦佳品，風雪中以此祛寒，最妙。所需京師藥物，當如命買歸。書籍奉上。别緒黯然，如來書所云。前寄一詩，所懷萬端，此四十字也。

（十五）

昨抵里，適舍侄歸，欣聞侍奉多福，起居佳暢，爲慰。又聞將命駕來省，尤爲喜忭。實甫兄將知湖州，如弟來宜及中秋，得歡聚也。但恐有公事不能偷閑耳。澧亦擬待橙黄時奉訪，然學使按試惠州，澧當赴任，恐不遂此願。家嫜去世，伏蒙賜賻，深感高情，謹此敬鳴謝悃不盡。

（十六）

澧近日具呈，因病請緩考驗。緣東江寇盜充斥，如已到任，即不當引避；既不到任，則有不入之義。子深弟有書來云：考驗遲延，處分不輕。又云：病假例無專條。又聞此數日東江已可通行，緣此遂商赴任之説。如果此行，大約月杪便行。急欲讀《象形文釋》，乞早日寄示。近日實甫弟七令弟怡庭頗似有志，常來問小學，欲以此書授之，將來能誘掖一二人，知小學門徑，亦未可知也。《燕樂考原》有江鄭堂《續論》一書，曾勉翁有其書，亦欲付玉生刻梓，祈早將凌氏書寄來付刻爲望。

澧近得王白田《朱子年譜》，其附録《朱子要語》一卷尤精，亦欲付玉生刻之。澧於此書，微有所得，不敢告人，但可爲老弟道之耳。到家兩月，頗煩雜，不能專一讀書著述，反不如客途心静，每日開卷有益也。南山先生診治舍侄之病，可謂生死而骨肉。近與澧談醫學，自言學此五十年，今方涣然冰釋，怡然理順，欲以傳之其人。又譽澧不朽之業已多，未能兼通此學云云。澧勸其著書以待後學也。吾兩人讀書皆同，惟宋儒書弟未讀。此不可少，又不宜再遲，盍及今讀之。百年以來，專門漢學者多不讀此，亭林、百詩則熟讀之矣。

（十七）

數日來與子深老弟暢談，甚快，恨吾弟不能同談讌耳。澧暫停河源之行，已到縣遞呈告病假，欲俟明春方赴考驗，或俟明春徑告病亦未可知也。近來因敝門人虞子馨一病不起，爲之愴惻心脾，忽忽如有所失。此筆可追媲胡稚威、洪稚存，爲駢體大手筆，何期夭折至此，真可傷也。澧爲《水道圖》及酈氏書考異，今欲繕寫。吾弟《象形文釋》有定本否？聞子深弟云，此書欲改爲《説文箋》，亦甚是，但原書可爲學僮講授之本，真古人所謂小學。近時碩學魁儒，著書精博者多，而可以開初學耳目者甚少。是以新學小生，一見古書便驚若望洋，無由尋其門徑。澧前數年即欲與子琴大令同著小學之書，極精深而出以極簡淺，庶幾可以開發初學。其實古人所謂小學，正是如此，能成此等書，其功正不小耳。容稍暇再詳具條例奉商，同力合作，乃易就也。子琴今方之官粵西，恐未必能爲此矣。

（十八）

再得手書，并拜大墨之賜。久欲付書舍侄帶呈，而渠行期屢稽，緣其病雖愈而面目黧黑，竟成邑中之黔，不知何故，或云附子毒也。澧已告病開缺，去歲原擬引疾不赴任，所以暫行者，覃恩不可虛領故耳。此官真所謂飯不足者，如索諸新生印金，又甚可愧赧。大約教官有學租者可爲，專食印金者不可爲；一學一教官者可爲，一學兩教官者不可爲也。如果能啓導此邑人士知讀書史，亦是一事，然此殊不易。不談舉業而勸讀書，恐無人肯聽耳。不能稍盡愚心，而專爲求食，不如早賦歸去來矣。尊著《説文箋》固是大著作，而前時《象形文釋》一編實可以教人爲治小學之要道，望惠借副本抄出，以於□□塾，千萬勿卻也。

十三家集，尚無回音，兹先將學海堂兩集寄上。舍侄月湖無恙，惟面目黧黑可怪耳。昨聞梁南溟物故，真所謂「驚呼熱中腸」者，此人死，此學愈孤矣。想弟同此悼傷也。

（十九）

久未晤談，傾想之至。昨在局商議即令應辦之事，須閣下來共商。其最要者，進呈之本，約一百圖，若俟稿本俱全然後繪畫，須數十日乃能繪畢。兹欲預覓工於繪事如龔蕙林者與商之。此人能識經緯，甚聰明。今局中所請三人，不知能繪此否？或試之。我輩所繪圖稿已定者，即先付繪。進呈之本，兼請工書者寫圖中之字，細心者校對之。如此逐漸繪寫校對，庶免將來叢積，尊意以爲何如？子韶有福建閱卷之聘，亦須商酌，祈於廿六日命駕到局，面商一切。圖之尺寸，或綢或絹，即須商定，乃白兩院。并有舍侄就館事，峻之現告子韶，請轉達尊意，可否亦欲面談示悉也。

（二十）

得書，知將來省，喜忭企望，星垣亦云然。比因校《廣韻》，須看漢簡，梧生有此書，聞在尊處，祇於來省時携來校勘，數日可畢耳。

（二十一）

覆示領悉，欣喜之至。凡人著書爲後人所疑而不能知，何如爲同時人所疑而我知之，如果有誤，可自改已[九]。惟前日聞子韶言，大弟看出八十四調考有誤及論今日曲子未精，而來示未及此二事。

極知公事無暇，但祈稍示其端，如昨所惠書，即可尋思而細考矣。

分類曲牌名便時祈付還，舊作考詞曲之書亦欲遂成之，使源委相接耳，但有甲部、丙部之分矣。

以上録自陳之邁編《東塾續集》

與潘鴻軒書 十六首

（一）

冬課聞制府加奬，而卷甚少，祈大作加數卷，并祈轉通知顔子虚兄爲荷。梅影詩四首即成一卷，不必十首矣。此頌吟安。澧頓首，鴻軒先生賢内侄閣下。令郎對聯附上。

（二）

拈出五色筆，齊開百種花。暄之滄海日，爛若赤城霞。草木誰能疏，詩書信有華。騷壇此巨手，莫認畫師家。

昨讀大作，手示領悉，又承惠佳卉，謝謝。荃卿令弟事，稍暇祈爲鼎力勸售，兩家俱便耳。百花卷子昨已題一詩，即可奉繳，緣舍侄孫近日學畫，命其奉以爲法，看數日當繳回也。詩稿先呈。此謝，并頌吟安。澧頓首，鴻軒姻世臺侍史。

聲案：書前五律，即東塾爲潘鴻軒百花卷子所題詩，詩又見《東塾先生遺詩》。

（三）

「鐙影詞」三字奉政。素紙一幅，祈畫墨梅，單款只題年月可矣。費心費心。此頌大安。灃頓首，鴻軒老姻臺侍史。

（四）

奉贈《樊榭詩文集》六册，其詞集若覓得，并送上。此頌大安。不宣。灃頓首。

送潘大老爺。

（五）

封面容稍暇書呈。承惠珍味，拜領爲愧。近製小詞一闋，擬請教。俟改定即寫呈也。此謝，并頌大安。灃頓首，鴻軒老内侄先生閣下。

（六）

前將奉贈小詞，屢改不佳，乃改爲詩，仍不佳也。不敢自匿，録之以博一粲。即候吟安不一一。灃頓首。

（七）

封面隸書送上，其兩旁年月及藏板等字，閣下自添抑并取拙書，聽尊裁。即頌近安。灃頓首。

（八）

詩賦一帙，僭加評點，殊多未當，謹奉繳。篆書封面容遲日書之，緣此兩日右臂痛，不便握管也。昨枉過匆匆一談，前惠名花未及面謝，并此，順候即安。不宣。澧頓首，鴻軒賢侄先生侍史。

（九）

對紙太狹而長，兹作八言，尚覺其踈。大作五言佳句别用小紙片作篆，以便刻時隨意踈密也。即頌大安，不一一。澧頓首。

送潘大老爺。

（十）

聯已書，奉繳。尊名上加「是月之望」四字，否則似提行耳。已將到「即之」二字上，似可不蓋名章，嫌太迫近也。有即之印章，可不必再用印章矣。尊意以爲可否？奉繳太遲，歉甚。即頌近安。制澧頓首。

（十一）

憶十年來只自畫一團扇，水仙一本，餘竹石、苔草石竇田成之。此扇失去。前聞有人裝潢，想貴友所見即此，非山水也。澧再啓。

如可合作，僕當與閣下共成之，何如？

附呈新刻拙集二篇。

（十二）

扇畫水仙一本，祈添折枝梅或松或竹石，并鈐名印，宜比賤名略大。昨繳上書面，想當收到矣。即頌刻安。灃頓首，鴻軒老姻臺閣下。

（十三）

久未晤談，傾想風采。昨劉松堂太史來，云欲公祝鄧蔭翁生日。兹擬於閏月初二日在梁小韓家園準辰刻到。巳刻入席，并往游張氏園，亦豪賢街也。特此通知。如尊處入份，祈示覆爲望。即頌鴻翁老姻台近祉。灃頓首。

（十四）

手示領悉。蔭翁欲改於中秋，紀翁則云興發不可改矣，惟有雨乃改耳。雲翁現在座，亦有興。兹擬仍如前日在府晤談送十四圓往蔭翁處。紀翁昨云送三圓來，送至敝處，彙送蔭翁。我等照樣可也，多則派回可矣。此覆。即頌鴻軒老姻臺大安。灃頓首。

（十五）

陳灃頓首。蔭翁已允初二日準辰刻矣。份金俟小韓通知。此覆。即頌刻祉。

（十六）

昨得手示。本擬初七日趨台，但是日爲先祖忌日，須在家設祭，未獲與諸君子同領盛筵，特此辭謝。即頌大安。不宣。期澧頓首。

近日舍間祭祀，少一子兩侄，又侄孫客於外者三人，若再不在家主祭，則不成禮，故不能奉詣也。

以上録自許禮平先生藏東塾手迹

與趙子韶書　五首

（一）

讀《論語》，一日一章，字字細讀，非僕之説。僕從來不自立一説，此朱子之説。朱子言，雖孔子復生，教人亦如此。願足下堅持其志，無廢前半部之功，更加後半部之功，將來相見時，有進益處矣。澧又書。

聲案：此原爲文集卷四《與趙子韶書》第五首之附言，東塾定稿時删去。

（二）

書架有餘，祈命阿波舁一二回省。又《東塾類稿》板在横沙否？如在，并祈付阿波，緣欲刷印也。銀一圓奉上，换前之壞銀也。即頌近佳。澧頓首，子韶仁弟侍史。

（三）

僕近日眠食略好。今編一書，名曰《朱子勸學語》，暫置《切韻考》工夫，因心煩故也。聞弟請陳先生抄《切韻指南》，字典已載。僕謂宜抄《四聲等子》，此書甚難得故也。餘具別紙。此頌近祺，不宣。澧頓首，子韶仁弟侍史。

以上録自影印手迹（臺北故宮博物院《陳蘭甫先生書畫特展目録》，一九七九年元月）

（四）

讀顧氏《方輿紀要》，宜留意戰守，似可并閱《武備志》也。地理非儒生之學，《禹貢》正義不能説唐時地名，蓋此非孔冲遠所長故也。如錢辛楣之講地理，則今日無用矣。國初二顧之學，吾弟勉之。

（五）

冬季，學海堂課卷太少，五條題只收一百廿卷，殊不成事體。吾弟必須作二卷，寫真名，又可多作數卷託名者，總在臘月十五六交到可矣。《鄭學考》可送特夫處，《正義序書後》則僕所閲也。借僕處之注疏，祈將汲古閣本孔疏五種付來，以便付去促其多作課卷。僕昔年所抄《水經注》未有名，今定其名曰《水經注提綱》，將來删去記事寫景之語，則易刻矣。仍爲四十卷。因略數拙著之書九十九卷，以亡兒《讀論語日記》足成一百卷，其餘未成者《學思録》及文集，則未可定也。今日往張南翁家檢點所著書，歸而慨然自念，拙著將來當煩吾弟檢點也。

以上録自抄本《東塾餘集》卷三

與友人書 二首

（一）

僕讀書三十年，今乃知讀書之法。甲部則注疏，朱子《四書》，《説文》，《廣韻》。乙部則正史，《通鑑》。丙部則周末諸子，宋五子，陸象山； 本朝顧亭林、陸清獻。丁部則《文選》，李、杜、韓、蘇集。此外雖流覽，不敢雜也。四部書以甲部爲主。甲部浩博，約之以孟、鄭、朱之書，再約之以《孝經》、《論語》，約而又約，則《學而》一篇而已。此後如得讀書二十年，壽至七十，所學或可粗成也。

（二）

向來自以爲《學思録》論朱子之學，只能舉其大綱，如王白田之《朱子切要語》，又專爲排陸、王而作，欲别鈔《切要語》一編。昨閲亡兒朱子訓門人語，觸其素志，今欲先鈔此編，而後爲《學思録》。祈暇時檢齊僕處之《朱學小録》付來，其一種係鈔《語類》者，一種係鈔《文集》者，皆須翻閲而再去取之，大約以勸學爲主，而不鈔深博者。朱子之博學，僕於《學思録》發明之，此《切要》不必及耳。

復王峻之書　四首

（一）

昨得手函，欣悉讀書有味，奮興不已。僕向以足下少年有志，甚爲難得，今更能如此，尤可喜也。近日必有進境，凡有心得及所疑者，宜寫出寄來。《漢儒通義》乃采漢之諸儒精語而成書，自然深醇。能知其深醇，便不易得。僕今又編成《朱子語類日鈔》五卷，已付刻。俟刻成，當先寄與足下，必更大有助於讀書之功耳。餘不多述。來書「有味」二字、「奮興」二字，便是進境，從此加功，不可量矣，願再勉之。

以上録自陳之邁編《東塾續集》

（二）

前作書未寄，欲待《語類日鈔》刻成并寄也。今已刻成而未校對，寄上，須細讀之。讀此則於朱子之學得門而入矣，惟不可學其俗語以作文字耳。來示謂《孟子》章長難理會，是也。朱子嘗言讀《孟子》與讀[十]《論語》不同，須全章熟讀乃可。今且再讀《論語》，甚善，甚善，能如此，大有可望也。

（三）

鄭君曰：「舉一綱而萬目張，解一卷而衆篇明。」不識萬目，不能舉一綱；不知衆篇，不能解一卷。此博學詳説之功也。舉一綱，萬目自張；解一卷，衆篇自明。此反約之道也。

録自抄本《東塾餘集》

（四）

來書具悉，自記及讀《論語》所記皆極有好處，從此一路去讀書、做人便不錯，今圈出寄回。《朱子語類日鈔》又刻得一卷，并寄上。前問子韶，云有許子祥兄甚好學。今來書云朝夕切磋，甚善甚善。《孝經》胡伯蓟携其板歸湖南矣。此覆，峻之賢友足下。澧頓首。庚申歲三

録自影印手迹（臺北故宫博物院《陳蘭甫先生書畫特展目録》，一九七九年元月）

與襄卿書

近日覓書二種，不可得。尊處時有書賈來，敢求代令覓購：其一，經訓堂所刻《墨子》，但有《經訓堂叢書》散本，内有《墨子》者，則并其餘各種俱買耳。弟昔借特翁藏本讀過。今有人向特翁處借失，不得再讀。其一，《苑洛志樂》韓邦奇撰。特翁見於書攤，以告弟。往買，則别人買去矣。思之甚殷，乞閣下爲我覓之，猶百朋之錫也。特此奉懇，即請襄卿大兄大人近安。弟陳澧頓首。

録自影印手迹（臺北故宫博物院《陳蘭甫先生書畫特展目録》，一九七九年元月）

與譚叔裕書 三首

（一）

自喜報到粵，士林翕然均慶，非獨世交私心歡抃也。老拙手書一聯，命兒子送府上爲賀，其句云：「手筆真能學燕許，科名不愧似洪孫。」又閲邸鈔，知蒙召對，此似昔時鼎甲所未有，從此渥承聖眷可知矣。近得來函，禮恭詞摯，無異晤言。秋冬間榮歸，把晤不遠。僕自春間腹疾，入夏漸止，而脚腫氣喘，轉加氣痛，今痛亦止，而腫處時消時長。薑桂之藥，日日不離，羸弱不堪。草此奉覆，不能多述，遥頌大喜不盡。澧再拜。僕購求《陳後山文集》，久不得，都中如有之，祈代買爲荷。《水道提綱》粵中近日無之，都中想不難得，亦祈買歸。

（二）

話别以來，悠然遠想，此際瀛洲[十二]已到，翔步蓬山，堪爲慰抃。兹有懇者，郭筠仙侍郎去秋見寄一函，方欲寄復，而聞已入都，旋又外放，又擢侍郎，將出使者。今草一函，祈爲代致，想尚可及也。僕所著《讀書記》，近得劉融齋中允書，勸以即所成者先刻，未成者將來爲續編。今從其説，近日修改得一二卷付梓矣。餘無可道矣。病軀如常，惟科場後又有閲卷之事，不能不食其田而芸人之田矣。專此奉懇，即頌佳祉不盡。

（三）

近得手書，知由水路至上海，想彩雲千里已過萬重山矣。寶眷亦俱安善爲頌。三年來教士掄才，蜀人何幸而得此大宗師。又聞小兒云：來函有「作文更有進境」之語，此得江山之助也。僕去年有胃氣痛之病，時發時止。今春幸不發作。所著《讀書記》刻成九卷，惟《三禮》及《鄭學》各卷，取材既博，用力倍勞，不知今年能寫定否。又《切韵考外篇》三卷，亦刻成，宗侃到京時可送閲，祈將疏誤處示知改定，爲望，不可存客氣也。時事不勝憂歎，孟子所云「明其政刑，制梃可撻堅甲利兵」，斯爲根本之計，然聞此論者必笑其迂拙。彼之所爲，吾亦笑之。彼亦一是非，此亦一是非，此之謂也。餘不多及，敢問安祺不一一。澧頓首。

作此書，久未寄，昨閲邸抄，知已到京爲慰。

與廖澤群書 五首

（一）

自聞喜報，欣忭至今。前年叔裕鼎甲，今吾弟又得庶常，皆袁簡齋賀蔣心餘詩所謂「此官真見此人來」者也。昨得手書，有私其所好之意，誦之慚愧。京師久旱，得雨深透否？炎熱稍減否？體中定必佳暢，更宜時時静養，不可用功不休如往時也。居京師得知四方之事，最爲有益。至老子所謂

「雖有榮觀，燕處超然」，此二語寔爲可取。吾弟德性學問皆深醇，自必優於此矣。經史自是根柢，詩賦想必日進，大課定冠軍也。僕近日較春夏間稍安，可以告慰。

（二）

屢得來函，欣悉佳暢，并聞近日體貌豐腴[十二]，尤慰也。更祝有維熊吉夢，即寄好音。僕入春以來，氣痛病不發，但痰欬耳。老妻有病，侃兒俟其病愈乃能就道。拙著《切韻考外篇》前二卷是吾弟手寫，只恐刊版有誤，末一卷尤恐有疏謬處，如看出，祈示知改正，爲感。

峻之、叔裕暨親友如相問者，皆祈代爲致候。菊坡精舍近日課期，聽講者多至四十餘人，好經學能文章者今年新得六七人，甚可喜。講授閱卷，雖勞亦樂也，特以告吾弟知之。

（三）

《三禮表》之書，乃經學所必當有之大書，吾弟肩此任，甚善。見《三禮》大書，見注及疏者亦大書，見他經注疏及子書之類者，若必當録之，則雙行夾注，體例大約當如此，然不能遽定也。

昨命舍侄孫慶修撰集《三禮圖》。國朝人所繪圖，勝於聶崇義者甚多，采而摹繪之，殊不難，不知慶修能爲此否也。《三禮表》則必十年乃可成矣。

《順天府志》宜以府尹所管之地爲限斷，京城之地不歸府尹管轄者，可不入此志，不必以《咸淳臨安志》爲例。朱竹垞之書名《日下舊聞》，府志與彼不同也。府志是官書，當遵國朝官制。

《武功縣志》太簡略，亦不必效之。祠祀不宜兼寺觀在内，凡祠廟雖以僧道司祝者，皆不得謂之寺觀，惟奉佛道者〔十三〕乃爲寺觀耳。

城郭當與官署、津梁之類爲一門，而分列子目，不當入古迹，或故城已廢者，可入古迹。

戴東原所修《直隸河渠書》，有攘其書改名《畿輔安瀾志》進呈得官者，京城有此書否？如無則寄信來，當以敝處所藏志寄上也。

章實齋《文史通義》説修志事宜甚詳，《粤雅堂叢書》有刻本，宜閲之。

拙著《漢書地理志水道圖説》所載順天府屬州縣，多謂之直隸某州縣，當時似據《水道提綱》，今頗疑當謂之順天府某州縣，祈代查官書官牘，何者爲是，寄信示知爲望。拙著《水道圖説》，如有可采者采之，但不可説出人名書名，現存之人之書，不可明引也。其説與昔人同，固不必引，拙著即與昔人不同，只可以拙著之説入案語内耳。或云「近人以爲」云云。

（四）

近得手書慰唁，又府上送來亡室挽幛，拜領感謝之至。近聞聯銜入奏，必多讜論，可以匡時，深爲忭悦。僕今年氣痛舊病幸不發作，惟雙足竟不能行，尋丈間即需人扶掖。然老人必有老病，而足疾最輕，無大礙事也。拙著《讀書記》無暇細改，急急付刻大半，欲明年即刻成耳。俟刻成，即寄請訂正也。

（五）

來函勸僕勿以悼亡傷感，甚荷關切，然不必慮也。僕作亡室挽聯云：「已到暮年，名曰悼亡實偕老； 不妨多病，君今先去我還留。」觀此可以知愚心矣。

僕近日爲大憲請出辦團練籌防，不得閉門著書，俟開辦後乃或有暇耳。此事僕不能固辭，若固辭，則他人之辭者外間將謂僕爲之倡矣。制府謂老者不以筋力爲禮，斷不以辛苦事相煩，此爲幸甚。但事體關係重大，而籌款最難，蓋李學士可以辦此，且其辦石角、大路兩隄，實心實力。今年大水而隄安穩，今辦籌防，僕拱手相讓，當督、撫、司、道畢集之際，皆以爲然，此則所謂不以筋力爲禮，然不能不費心也。總之虚名爲累，身處省會，不能匿迹消聲，未知將來能免於怨謗否也。

近日閲新刻《四庫提要》甚忙，欲請吾弟相助，如有暇，祈來舍小住數日爲荷。

以上録自陳之邁編《東塾續集》

上巡撫王補颿書

嶺南部民陳澧頓首上書補颿中丞大人執事： 春初伏承鈞諭，循環雒誦，欽忭良深。敬維澤被瀛壖，望隆臺鼎。教如常衮，頌聲遍於八閩； 心似廣平，惠愛留於百粤。願言仰止，莫罄私衷。澧自去歲小除，忽得胃氣之病，旋至絶粒，危不可言，已學趙邠卿自銘墓石。延綿兩月，危而復安，從此當自號更生矣。今羸弱蹒跚,猶承乏菊坡講席,惟冀仰託福庇,得保餘齡,異時節鉞重臨,猶將手拄瘦筇,恭迎於獅海鵝潭之畔,是所願也。病中艱於握管,奉覆稽遲,希爲原宥。臨楮不勝馳溯之至。肅此布覆,敬請鈞安。伏維垂鑒。澧頓首謹上。

與何小宋書

小宋尊兄大人閣下:前奉手教,藉悉德政翔洽,福履崇隆,指顧三台,定符私祝。來教以賤名得達天聽,賞給卿銜,爲之忭喜,此乃過愛之盛心,良深感謝。至以顧震滄、陳亦韓爲比,則不敢當也。此兩先生爲國史儒林傳之冠,弟何足以比之,惟與鄭小谷爲莫逆交,今幸得與爲比耳。賤軀愈衰憊,兩脚幾不能行,老境殊堪笑也。草此奉復,敬請崇安,伏維臺鑒,不宣。愚弟陳澧頓首。

芑香來面商《諸子粹白》數條,已定,交與奉繳矣。

與金濰生書

前見示大集,盥讀一過,贊歎不已。弟向來於朋好示觀詩者,如真有佳處,輒取其精妙語入拙著詩話。兹讀大集,喜不勝收,衰病筆倦,只録廿餘句最精妙者,覽者亦可想見全豹矣。詩話寫於卷首，請政。此頌湝生年世兄大人吟安。弟澧頓首。

以上録自黄氏憶江南館藏《清代名人翰墨》(臺北文海出版社，一九八四年十二月)

復方子箴書

此文已作數年矣，不敢示人，亦未呈教。所以然者，書院甚多，獨此以一終身不第之人而講授經史、古文、古詩，所作記雖爲謙辭，而總難免於譏議，須身後乃出耳。近有重膇之患，參、薑、桂、附日日不離，金陵省墓之行，恐成虚願。

聲案：方濬頤致書東塾，請作《菊坡精舍記》，故復書云云。

録自方濬頤《夢園叢説》

與鄭小谷書

五月十五日，小弟陳澧頓首小谷先生閣下：前者龍司馬維霖來，得悉閣下精神强健，主講省城書院，私衷喜慰。越二日接奉手示，辭翰精美，無纖毫頹唐意態，知司馬之言實然。惟聞去秋有鼓盆之戚，夫人福壽已高，幸勿過於傷悼。來示云隻身出游，閣下有《曲禮》之長妾，想必如《左傳》杜注所云攝治内事矣。去年惠寄律吕書等件，昨遣人到廣全號問之，其人回鄉，旬日後返省城乃可知也。

玉仲入都營葬，尚未回粵，想不久即回筮仕粵東矣。弟新新喪一女，又一門生胡錫燕，最有學問，死於水，以此兩事，悲慟不能支，鬚將盡白，左臂又作痛，去年大病後，尚不至此也。得意之事，則在刻書。曾文正公去年致書粵東當道，重刊注疏，武英殿本。今已刊成。又刊通志堂諸書。勞文毅公督粵時，欲刊唐以前甲部書，今亦陸續付刻，當道屬弟司其事，此難得之盛舉，故樂此不疲。承乏菊坡精舍講席，諸生肯來聽講，此亦堪慰老懷。朋舊中譚玉生之浩博，鄒特夫之專精，今皆逝矣，陶淵明詩云：「雖無昔侶，衆聲每諧。」弟非無昔侶，然未必每諧，知陶公亦善於措語耳。拙著《學思録》一書，今改名《東塾讀書記》，十餘年未成，今自覺衰老，竟欲寫出清本，寫畢當寄呈教削。各在省會，書問往來甚便，誠如來示云云也。肅此，敬請道安，伏惟遠鑑不宣，弟澧再拜。

前書繕畢後，屢遣人往廣全催問數次，乃得去年惠寄手札書帙，及寄諸公書函楹帖，俱分送訖。問其所以遲遲者，其人歿於半途，此等件緘置書箱内，其父恒悲泣不忍啓視，故竟不知有此，今因催問，乃檢得之也。捧讀手示，詳哉言之，無異會面暢談，爲之大快。

獲聞大著仿晁氏《讀書志》以所藏書各爲考訂，其爲精博可想而知，《後漢紀》載君家次都，隱於漁釣，盡其學問。弟最愛「盡其學問」四字，范書改爲「盡問學道」便不佳。以爲人之有福莫過於此。今先生遠紹家風矣，何日成書得快讀也。

承獎譽拙著《水道》、《切韻》二書，聲律書更蒙題識，爲之愧汗，亦爲之喜躍，當日爲此甚勞，今得明眼人讚賞，當竊以自慰也。《切韻考》新刻一卷呈教，此皆論切語之法，此後尚有二卷，論唐末沙門字母呼等之説，須字字檢對，老眼昏眩，故嬾爲之耳。

陸氏《釋文・爾雅》「諂」字，當注云「沈作諂」，「薦」字當注云「沈作蔗」，誠如尊喻，而陸氏但注反切，此失之太簡。《論語》「居不容」注「苦百反」，則通志堂刻本之誤，當作「居不客」也。《釋文》每以音切分别字形，如乾卦「日」可注云「人實反」，以見其非「曰」字，《冠義》「鄉大夫、鄉先生」注云「并音香」，以見其非「卿」字，《鄉飲酒義》「謂卿」注云「去京反」，以見其非鄉字，「居不客」注云「苦百反」，即此例也。《論語》「季氏使閔子騫爲費宰」，注云「音祕」，其餘「費」字皆注云「悲位反」，「悲位反」即「祕」字音也，《廣韻・六至》有「鄪」字，與「祕」字同音，拙著《切韻考・六至》「祕」字與「位」字横同一列，「悲」字與「祕」字直同一行，可證也。《廣韻》一字數音者，拙著但能收第一字，《八未》「費」字是第一字，故收之，《六至》「鄪」字在「祕」字下，故不能收也。以上諸字，先生老年看書，而抉摘精細至此，精神完固，真不可及矣。

《北史·長孫紹遠傳》所論《周禮》，拙著未引，以其不言某律爲某聲也。凡古書言樂者，一句之内有律有聲，乃可考其高下。如云黄鍾爲宫，乃知其吹九寸管，爲今之上字，若只云黄鍾，則只知其吹九寸管，不知爲何字；又若只云宫聲，則只知其爲上字，不知其吹幾寸管，如此之類，無可捉摸，故不引之。拙著書欲使字字皆可實指竹聲之第幾孔，絲聲之第幾柱，立可被之管弦耳。諸承下問，敢以鄙見質之座右。

示讀論《説文》及段注二篇，鈎稽詳密，無微不到。又示讀汪氏樂律書，誠如所評，讀書多，用力深，原委粲如者，俱捧讀欽服之至，謹以鄙見書於别紙呈教。又讀大作《與張撫軍書》，真可謂謙尊而光，卑而不可踰者矣。

來示詢及周孟貽孝廉，惜已逝矣。鄧嘯篔茂才肺病失音，亦可憂也。羊城人士自伍紫垣後無刻書者，刻汪氏書但可望之學海堂、菊坡精舍耳，弟當徐圖之。此二處所藏書板，發坊刷印，收其板租，可爲刻書之用也。草此再覆，澧再拜。令侄雲舫四兄，并此奉詢安祺，恕不另啓。

大著《説文引經異字書後》，排比鈎稽，抉摘疑義，讀之心目俱快。竊謂許君《自叙》云，「其偁易孟氏」與下文，皆古文也，不相應，若謂皆古文也，但承《詩》毛氏以下而言，則恐無此文法也。且既云《詩》毛氏，而如大著所舉數十條，皆與毛不同，若謂是三家詩，則叙何以但云毛氏。再三思之，蓋許君作此叙時，其書只用毛氏耳。叙末云粤在永元困頓之年，爲漢和帝永元十二年庚子，其遣子沖上書，則在安帝建光元年辛酉，相去廿二年矣。此廿二年中，其書必多修改，蓋變其舊例，而增入諸家異字，特未改叙中「詩毛氏」三字。許沖上書云「今慎已病，遣臣齎詣闕」，病中疏忽，固情理所有。古人書用卷軸，亦不似今人書葉抽换之易，故仍用舊叙也。不識如此解之，可通否，幸教之。

汪氏書第一卷録《樂記》而解之，第二、三卷録蔡西山《律吕新書》而解之，第四、五卷則續蔡氏書而作，其言曰：「西山蔡子既著《律吕新書》，因即欲均調節奏，被之管弦，别爲樂書以究其業，而惜乎竟未之及，烜是以忘其固陋爲之續編」云云。今讀其書，於八音之器，皆繪爲圖，而琴尤備録指法，蓋最精此藝也。拙著書採録《儀禮經傳通解》所載《開元十二詩譜》，但能注以工尺，汪氏改訂《鹿鳴琴譜》，及新訂《關雎葛覃卷耳譜》，則皆注明指法，拙著所不及也。汪氏不載《開元譜》，蓋當時《儀禮經傳通解》甚難得，馬宛斯《繹史》亦言初求《儀禮經傳通解》不可得也。汪氏采聶雙江《周南召南六詩譜》，汪氏以爲謬而改定之，澧則未見聶氏譜，今乃於汪氏書見之耳。昨聞伍紫垣之子子升續刻叢書，弟託人以汪氏此書示之，渠欲刻入叢書，俟其開刻，再以奉聞。

與藴玉仲書

前日奉詣未晤,兹因修廣府志商議章程,弟前擬肇慶府志章程,如尚存,祈檢發一閲,爲荷,此候安適! 前借去《通鑑》如已閲畢,并祈發還。玉仲二兄閣下,弟澧頓首。

以上録自《陳垣學術論文集》第二集

與馬覺渠論字學書

著楷法之書,當多采晉帖唐碑省變之體,附於石經正體之下,即石經或有可商處,亦當訂正之。古今之字,篆隸真草四體而已。篆有《説文》,加以附篆,足矣。隸有《隸辨》、《隸篇》,但須作跋二首,訂《隸辨》之疏及《隸篇》之誤采僞作,亦足矣。惟當撰成真書、草書之書,則字學已全,行書在真草之間,不必考也。撰成真、草二書,庶使寫字有模範,此真有功小學之書也,前人所未曾有者也。草書之書易成,真書之書難成,此爲最要。今人所謂真書正體,往往是刻字匠之體,非古書家之體也。篆書之書更難成,篆書碑版不能多也。大約取《金石萃編》所載篆碑閲之,《説文》所無之字鈔出,然後偶遇《萃編》所無之篆碑亦如是鈔出,積以歲月,亦可成書,名曰《説文附篆》,不必如真草之書,須數千也。草書古無大字,可以字字摹寫成書。真書如《中興頌》,則不能摹,只可縮臨。篆書大字多，小字少，更不能摹也。

草書之書，久欲爲之，大有益於文人筆札。近人行書多訛，此有關於小學甚切要，俗人不知也。昔有一名士與僕書，稱僕之詩爲佳作，天下乃有不識字之名士耶！ 古帖佳字甚多，皆作佳，豈竟未見耶？ 近人講六書，只講篆書，篆書不常用，常用者行書也，而竟作此等訛字，可不救正之耶？ 此僕所以欲考草書也，爲常用行書故也。 識草書，則行書可以不誤耳。 足下肯任之，甚快也，如必欲成之，不妨將閣帖右軍書，取某字，即用小刀劃出，貼於小册，其旁以楷書釋之。 宜先取《千字文》所無之字，至《十七帖》，頗不常有，如有所取之字，用油紙摹出，再用薄白紙摹貼小册，亦於字旁釋以楷書。 若不嫌煩，則閣帖亦可用此法，不劃破此帖也。 孫過庭《書譜》之字，《千字文》所無者甚多。

閣帖右軍書不盡佳，多是贋作。 然究是北宋以前之字，亦可取，但少取之耳。 真者則多取之，大約與《十七帖》、《澄清堂帖》俱有者皆真也。 每字取其一，擇端正者取之，餘有同者不必取。 若字同而草法不同，則兼取耳。 至兩字牽連者，於截斷處頗宜斟酌，大約拖下處或可稍長，接□處不可長也。

唐碑草書者甚少，右軍《聖教序》內有草書，亦必須取也。 此人所常有，《昇仙太子碑》敝處似亦有，不知失去否耳。 宋人草書則不必取矣。 坡公行書，常有訛字，董香光尤可笑，蓋全不識六書者也。

閣帖所有之字，則不收《千文》之字，然如「宰」字，閣帖非草書，則仍收《千文》享宰之宰。《千文》内最可疑者，律召調陽，明是「召」字，然文義難通，今本作「吕」，卻通也。漢時通行者，隸書、章草一體也。以章草之筆作隸書，則成真書。世人但知真書出於隸書，不知兼出於章草也。

張芝章草帖内已有似真書者。

方柳橋以秘閣帖《星鳳樓帖》送來者，此不常之物，草書不少，可採之。柳橋所得明人珍藏閣帖，恐是宋搨，較之敝處之本，相去天淵。欲雙鈎其字，以入草法之書，如未翦敝處之本，祈付回，照圈出之字，以鈎摹方本。若已翦數字，亦可停止。總之，敝處本不如方本，欲改收其字也。

録自陳之邁編《東塾續集》

與福田書

福田大兄大人閣下：屢接惠函，久稽作答，敬維侍奉萬福，動止多佳。昨聞筮仕郎官，榮分比部，從此扶摇直上，轉瞬間步青雲路，非止白雲司也。曷勝欣忭之至。鄒徵君遺書惠贈刻資，去冬校刻粗完，久欲寄呈，鱗鴻無便，兹託沈廉仲司馬代爲寄上。近日粤人因有此書相勉於算學，每月在敝廬爲算學會，亦頗有益也。弟衰病侵尋，不離藥物，筆墨荒廢，步履尤艱，惟在家課子，在書院課生徒，尚得如常，稍可告慰遠懷耳。肅此敬謝，并請升安。諸惟朗照，不盡。愚弟陳澧頓首。

算學會乃蔣古林少尹倡之。古林著書無資不能刻，當道聞之，委署海豐丞。既離省城，此會恐不如從前矣。閣下與古林交好，故述其略如此。澧又白。

録自趙一生、王翼奇主編《香書軒秘藏名人書翰》

與湯馨顏湯警盤書 四十七首

（一）

前日貴恙想已全愈，初一日會課可相見否？令兄啓程未？欽天監現行歲實若干，何年所改？到有官修之書否？令兄到京千祈訪問詳細，有書先寄回爲要。李壬叔先生必相見，祈代僕謝寄所著書，并道仰慕之意。此候即佳，馨顏仁弟侍史。澧頓首。

録自《廣東省立中山圖書館館藏名人手札選萃》

（二）

算草費心之至，如此乃精確也。南園去年移竹有被風打者，今日命人往學海堂再移補之。此處緑陰多而花事少，欲再種雜花而苦多雨，俟稍晴再商酌耳。足下少年尚有感，况老朽者耶！此覆，即頌文祉不一。警盤仁兄侍史。澧頓首。

（三）

算明堂費心之至。昨於算題忘寫，設每級階深二尺，九級共十八尺，求再布算，爲荷。來圖乙丙爲九尺，甲乙爲七尺五寸，似甲乙太高，祈審定。此頌文安。警盤仁兄侍史。澧頓首。

設如明堂高九尺此係周尺，下皆倣此，深六十三尺，天子立於堂之北壁，其目至地七尺五寸，前至堂南邊六十三尺，堂南有階九級，共高九尺，深二尺，共深一十八尺，三公立於階南地上，天子能見三公全身否？

又如古明堂高九尺，堂南接連有平臺亦高九尺，堂與臺共深一百二十六尺，其餘與前題同階在臺南，天子能見三公全身否？

《考工記》云：人長八尺。

（四）

手示領悉，誤與漏當改當增，書名書字當畫一本朝大臣有謚者不可書名，誠如來示所言。分上下兩層亦佳，但不知能容許多字否？有空格，恐不能容。或先書生後書卒，可否，祈酌之。朱文正、阮文達卒年頗易考，高郵王氏難考。臧玉林之書，或云其孫所托名者耳。此覆，容再晤談。即頌文祺不一。警盤仁兄侍史。澧頓首。

（五）

拙作《讀書記》一條恐有未合處，兹録出請細看並駁正，不可謙讓不實不盡也。此頌元吉。警盤、馨顔兩仁弟侍史。澧頓首。

（六）

前課地圖跋，有一卷説測五星，已批其不通。其人送夷人書一帙來，其意自是不服批語，無師生之禮。昨遣人傳諭責問，其人抵賴，以爲無不服之意，今亦置而不論矣。若未達，儘可問難，僕不但不怪，且甚喜也。送書來以求勝，則無禮矣。且求勝而直中僕之失，僕亦必改容謝之。無如其未識天算，不能勝也。但其心必仍不服，今將其書批還之，兩弟看此批語何如？此致警盤、馨顔仁弟侍史。澧白。

彼見夷人書開卷數條即説五星，故爲所誤。此書説五星、彗星，本支蔓無謂也。

（七）

《疑年録》書字與謚頗有難遍考者，兩廡諸賢亦不能盡與周、程、張、朱爲比，今宜一律書名，俟添補畢，然後一一考其字與謚耳專以添補爲要。明仲未考朱建平傳，是其疏略，然其所考適合，則可取也。前月廿六夜五更看月一彎出羅盤乙字、卯字位，是虞仲翔所謂艮象，然非廿三日，又非丙字位也。此一彎之月，至丙字位則天明久矣。昔作此一段時，默而計之，未曾每夜看月，故請賢昆仲算其疏誤否也。恐自己疏誤而遽以駁虞仲翔，則不可也。虞氏用《參同契》具法以説卦象，京氏則用干支五行生尅以占事，是兩家之學則無疑耳。此覆，即頌元吉。瞥盤、馨顔兩仁弟侍史。澧白。

（八）

昨日過談，奉煩補寫《三禮圖》字，得免老眼摹寫之苦，謝甚謝甚。兹更有數葉盡以奉煩，無厭之求，幸諒之，容面謝。此頌文祉。馨顔仁兄侍史。澧頓首。

實無如吾兄之精細者，其將考試者又宜煩之也。

（九）

金山顧觀光，字尚之，精算學。昔年吴子登太史攜其算書來，林君香溪録入所著《三禮通釋》内，而失其原本。僕鈔得一册，欲並《三禮通釋》所采合爲一編，嘗記於書上，請賢昆仲編校並補圖。今日偶檢出，即送上，祈暇時爲之，不必急急也。此頌文祉不一。馨顔仁兄侍史。澧頓首。

令兄如已來省，祈與共欣賞之。

（十）

舊作《三統術解》改名講疏送上，祈閲定，隨意增減塗改，總以淺顯詳明爲貴，而又不可贅，使初學閲之即曉，而算師亦不能鄙夷之，乃佳也。費心之至。此致馨顔仁弟侍史。澧頓首。

（十一）

前請繪周髀寫天圖，在萃文，今已取回閲之，則北上南下，此僕之粗疏也。南是日，在地下。北是日，在地下。當改南上北下，其理乃通，請費心改繪。屢次奉煩，不安之至，祈諒之。此頌文祉不一。馨顔仁弟侍史。澧頓首。

（十二）

日大於地之説，《數理精藴》有之否？敝處《精藴》之書子展借去，記不清，祈示知。此頌文祉。馨顔賢友侍史。澧白。

弟前日言《精藴》有算日徑之説，則必有日大於地之説矣。

（十三）

宋人《皇佑新樂圖記》云：黄鍾管圓面積九分，三分益一得十二分，開方得圓徑三分四厘六毫，不盡二毫八絲四忽。僕閲此演算法似誤，祈代算之，僕無精神布算也。此致馨顔賢友侍史。澧白。

（十四）

阮文達公集有爲漕運總督時所設量船縠之法，其數目字刊板有誤，祈算明改刊之，使無誤後人也。拙著《弧三角平視圖説》，有暇祈爲改其誤處付刊，用拙著《漢儒通義》板樣。並有《三統術解》一帙，亦欲求核算也。澧頓首，馨顔仁弟侍史。

新疆地圖何如？

（十五）

凡補他人之書，須低一格以別之，惟惠疇所補者下有遞除法三小字，故將所補截去數字，文氣似尚通。兹送閲，如須增改即改，否則付還發刻也。貴恙如何，宜謹慎不可輕服藥最不可服薑活。此候即佳。澧白。

（十六）

昨見示《弧三角平視圖》當添注各條，甚是。回憶昔時固顛倒看即是，故略之。然無乃太簡，今當添注矣。錯字亦必須改，費心之至，爲人謀而忠必當如此。前日所疑圓錐，自覺可笑，失之眉睫，老耄尤可歎也。此致，馨顔仁弟侍史。澧白。

添注當於第幾法之下雙行注云：有某，有某，求某法同。

《疇人傳》有杭大宗否？其集中有《梅文鼎傳》二卷，必能爲梅氏之學乃能爲之。暇時祈閲之。

（十七）

前日閲繪地法，原見有圓錐二字而未閲上下文，不知圓錐何所指錐尖在何處，錐底在何處，祈見示爲荷數語簡明乃佳。凡繪地圖皆繪圓球之皮，何以説到錐體，故疑之也。此致馨顔仁弟侍史。澧白。

此圓錐底非球皮

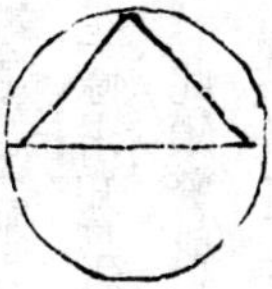

此錐底是弧三角或四角，不是圓

此圓錐底，亦非球皮

此圓錐底非球皮

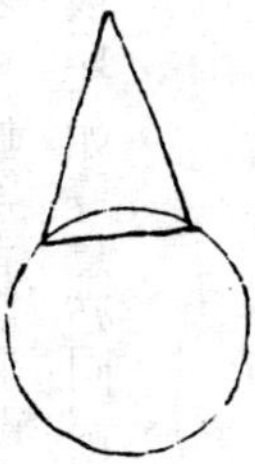

此四者皆與繪地圖無涉，故疑之，欲問其上下文也。

（十八）

來函簡明，其書可不看矣特送回。將來箋加注送覽，是否如此，祈發一言。若所注不是，祈駁正。此致馨顏仁弟侍史。澧白。

今兄何時往湖北，想不必速速耳。

（十九）

今有半圓容方，其方邊即正弦，但知正矢之數，問正弦幾何？

術曰：任設一書爲勾，倍之爲股，求得弦，乃以勾弦較折半爲一率，勾爲二率。今所知正矢之數爲三率，半得四率即正弦。

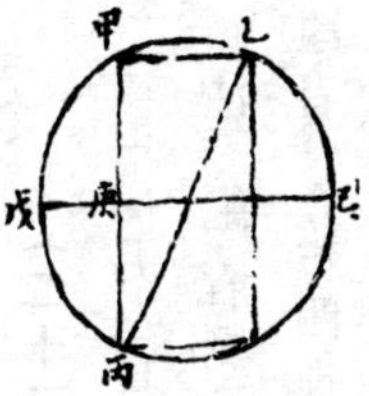

如圖：甲乙爲勾，甲丙爲股，乙丙爲弦，與戊己等。戊庚爲勾，弦較之半。

甲庚與甲乙等，即正弦。

（二十）

十一月三日，澧頓首芑香仁兄足下，前承惠贈古詩，格高才贍，逼真選體，求之近人，不可多得。舊注□絶，有劉文清什襲藏之，惟推獎太過爲愧耳。姜白石詩，弟前年納板租刷印三十部，分送書院學者。今年四種刊成，弟只得一部，未知近日尚有刷印否也。

（二十一）

前日貴恙想已全愈，初一日會課可相見否？令兄啓程未？欽天監現行歲實若干，何年所改，別有官修之書否？令兄到京，千祈訪問詳細，有書先寄回爲要。李壬叔先生必相見，祈代僕謝寄所著書並道仰慕之意。此候即佳。馨顔仁弟侍史。澧頓首。

（二十二）

鄒徵君《乘方捷術》前以樣本寄湖南丁果翁。前日果翁寄回，要改處頗多，其無疑者已發改矣。内有三條未知是徵君之誤，應改否，昨請鄒麗疇兄核算，云應改。再請兩兄核算，如尊意亦同，則發改也。此頌警盤仁兄、馨顔仁兄均安。澧頓首。

（二十三）

湯少老爺石亭巷，陳澧頓首。《乘方捷術》發抄，宋字者非是，此原本乃是鄒氏抄過之本，故有脱漏也。卷二第六葉不止脱六行，其下又脱十餘行，大約要將第五葉起至第八葉止俱刻過，將尺放闊，將□圖兩處放疏，下半截字改低，總以可多出一葉爲度，請費心定之。即頌刻祉不一。

刻本删去原本之處應如何補刻，祈酌之。

（二十四）

湯少老爺，陳澧頓首。昨與蔣古林少尹商訂，於二月初七日未初爲算學會到舍共談，特此奉聞，即頌近祉不一。

並祈轉告諸算友暨令兄爲荷，如未在省則不必也。

（二十五）

湯二位少爺，陳澧頓首。算學會期仍定初七，是日祈移玉到舍爲荷。即頌文祉。

（二十六）

馨顔賢友侍史，陳澧頓首。日間清暇祈來舍看時人新作算書。此頌文祉。

（二十七）

湯老爺台甫馨顔，陳澧頓首。《三禮圖》費心寫貼，謝謝。想已校過無錯，祈示覆即付刻也。此頌近祉不一。

（二十八）

馨顔仁兄侍史，愚弟陳澧頓首。昨夜算得半圓容方題，録請教正，是否，祈示知。此頌即安。

（二十九）

湯老爺寓南園，陳澧頓首。頃見古翁言此事，古翁云不搬爲是，將來見恢翁可面説也。此覆，即頌文祉。

（三十）

湯少爺大號馨顔，陳澧頓首。日間清暇，祈來舍看所藏算書，邀同好者二三人同來尤妙。此頌近祉不一。

（三十一）

湯大老爺，陳澧頓首。《歷代名人年譜》今已買得，其書甚蕪雜，然甚可被採摘也。此覆，即頌元吉。

（三十二）

湯老爺馨顔，陳澧頓首。《乘方捷術》卷二第十葉補草二字不妥，但言補而不言何人所補，不可也。暇時來舍酌改之。此頌文祉不一。

（三十三）

馨顔仁弟，陳澧頓首。《弧三角平視圖》添注及校訛字，費心，謝謝。

（三十四）

湯老爺大號警盤，陳澧頓首。久未晤談，渴想之至。有暇請來舍一談爲望。即頌元吉。

（三十五）

湯大老爺，陳澧白。頃從精舍取回看林明仲卷云：王肅迎高貴鄉公，時年六十。頃誤記爲七十耳。此頌元吉。

附：此明仲卷後一段：

今考《蜀志·許靖傳》注載王朗與靖書，詳其文，當是後主建興元年事。朗於時稱肅年二十九，則肅蓋生漢興平二年，得壽六十二。計鄭君以建安五年卒，肅方六歲，其奉司馬師旨迎高貴公時年六十矣。

（三十六）

聲案：以下均爲論算學方法文字，似是各函札後所附以示馨頗者，原分段論述，今從之。

假如果三箇，價錢共十七文，今有果五箇，問價錢幾何？答曰：二十八文。今另以十七文分爲三份，每份爲一箇果之價，然後以果五箇自乘之得五箇果價。但十七文三歸得五，餘二不盡，則去之，是每箇果價五文，五箇果價二十五文，所去太多矣。若先以五箇果與十七文相乘，得八十五文，然後以三箇果除之，則得二十八文也。餘一不盡，去之。此先乘後除所去者少也。

假如果三箇，價錢十七文，今有果六箇，問價錢幾何？十七文三歸得五，餘二不盡。若先以六箇果與十七文相乘，得一百〇二文。然後以三箇果除之，則得三十四文適盡也。此先乘後除可盡者也。故珠盤之法，以一率數置右，以二率置左，以三率數居中，乃以三率乘二率，乘畢撥去三率，而以一率除之。

若一數自乘，亦如寫字界格，如八行，每行八箇字，則六十四箇字也。有六十四箇字，欲分八行，則每行八箇字。欲每行八箇字，則分八行也。

乘除之理盡於此。

（三十七）

凡兩數相乘，皆如寫字界格，如六與八相乘，猶六行每行八箇字也。亦猶八行每行六箇字也。

（三十八）

凡以一數除一數，俗謂二至九爲歸，十一以上爲歸除，其實皆是除也。猶有字數，欲寫幾行，問每行幾箇字也。亦猶欲每行寫幾箇字，問分幾行也。如有四十八箇字欲分六行，則每行八箇字也。欲每行八箇字，則分六行也。欲分八行，則每行六箇字也。欲每行六箇字則分八行也。

（三十九）

假如銀八兩換錢十二千文，今有十二兩，問換錢幾何？

答曰：十八千。

一率　八

二率　十二

三率　十二

四率　十八

此二率三率同數，三率自乘，一率除之，得四率。四率除之，亦得一率。此之謂連比例也。此可謂八爲首率，十二爲中率，十八爲末率。中率自乘，首率除之，得末率。末率除之，亦得首率。

（四十）

四率比例演算法，古謂之今有，今有二字，是算法之名，《周禮》賈疏不知也。又謂之異乘同除。以三率爲主，二率與三率異物相乘，一率與三率同物除之也。此本當以一率除二率，乃以三率乘之。然恐一率除二率不盡而去之，則三率乘之之後，所去太多，故先乘後除，則雖不盡，所去略少也。又或先乘後除，爲可盡也。

（四十一）

甲戊庚壬長方形，内分出甲乙丙丁一長方形，丙己庚辛一長方形。

此三長方，皆爲同式形。既爲同式形，則其長闊皆爲四率比例矣。

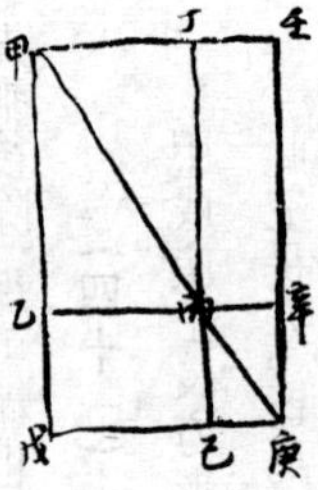

甲乙爲一率　乙丙爲二率

丙己爲三率　己庚爲四率

二三率相乘，爲乙戊己丙形。一四率相乘爲丁丙辛壬形。

此二形等積，故二三率相乘，與一四率相乘，得數必同也。

（四十二）

算學所謂點綫面體者，點如微塵一點，未有數也。即强言其數，只可謂之一而已。綫如一條綫，有數，長短即是數。而未有形也。凡物數銀數，但有多少而無方圓形狀也。面者只論皮面形狀而不論厚薄，如物之影有形狀而無厚薄也。體則有形狀又有厚薄也。

綫與綫相乘則成面。以甲乙綫與甲丁綫横直相乘，則成甲乙丙丁面。

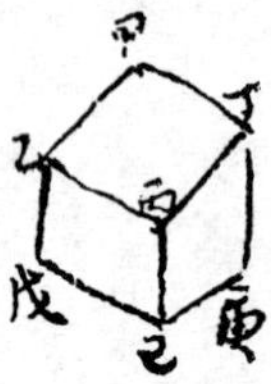

面與綫相乘則成體。以甲乙丙丁面與己戊綫相乘，則成立方體。

(四十三)

開平方者，自參加、乘之還原也。以數自乘，則成正方面，如二自乘爲四。[三]九自乘爲八十一，十自乘爲百，十一自乘爲一百二十一，十二自乘爲一百四十四也。

開平方者，有自乘所得之數，而求其爲某數之自乘也。有正方面之數，而求其方邊之數也。

正方面之數謂之冪，各二面數謂之積，體之數亦謂之積。

(四十四)

一至九之數無庸開方，只一覽而知，如八十一必知方邊是九矣。十一以上自乘之數，則須開方，如一百二十一，先除去一百。以初商所得數，方邊是十此爲次商，再除去兩廉各十，小隅一，得方邊十一也。如一百四十四，先除去一百，方邊是十，再除去兩廉，每條長十闊二，兩條共四十。再除去小隅長二闊二，共得四，合兩廉一隅共四十四，

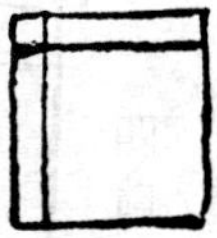

得方邊十二也。

(四十五)

開平方初商：四以上商二，九以上商三，八十一以上商九，一百以上商十，九百以上商三十。餘皆以此推之。

以初商所得數自乘，以減方積，所餘爲次商積。以初商所得數，歸除次商積，得若干爲次商數，

謂之約商，必須酌量減小。乃倍初商數爲兩廉之長，加入次商數，爲兩廉加小隅之長以次商乘之，得數爲兩廉一隅之積，與次商積相減，如恰盡，則合初商次商數乃方邊數矣。如不盡，則其餘爲三商積也。初商次商數合之，謂之舊商，三商謂之新商，四五商皆倣此。

（四十六）

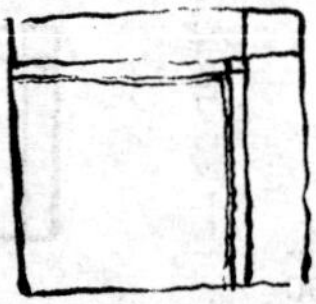

初商自乘，與原積相減，餘爲初次廉隅積。倍初商除之，得數廉闊，自乘爲隅積。初商與廉闊相減□乘之，以廉闊乘之，倍之爲兩廉積。加入隅積與初次廉隅積相減，餘爲加入隅積與初次餘爲二次廉隅積。以下皆如此。

四商二　五以上同。

九商三　十以上同。

十六商四　十七以上同，餘倣此。

二十五商五。

三十六商六。

四十九商七。

六十四商八。

八十一商九。

一百商十。

四百商二十。

九百商三十

一千六百商四十。

二千五百商五十。

三千六百商六十。

四千九百商七十。

六千四百商八十。

八千一百商九十。

一萬商一百。

此本送呈湯老爺二位，核算數條是否應改，再發刻字工人。

以上録自《三編清代稿鈔本》第一〇六册《陳澧陳璞等手札》

（四十七）

覆楊柳岑書

柳岑尊兄大人閣下，去歲接奉手教，發函伸紙，瞥見謙稱，悚仄之至，萬不敢當。閣下到粤三月而旋，深幸得親雅教。然會難别易，未嘗不爲之悵然。兹聞大旆已返都門，仰瞻郎位，列星蔚然，預卜亨衢道行，以爲欣慶。弟承令地圖之役，於今三年，業已寫定；惟據文武官圖爲底本，爲之鉤心鬬角，費盡精神，而仍不知其確否。今年爲大吏延主菊坡精舍講席，固辭至六七次而未許，舍己芸人，良可愧也。衰傭之狀，知係遠懷，謹以佈達，敬請崇安，伏維朗照不盡。

致葉蘭臺書

蘭臺仁弟左右，前得手書，遠懷欣慰。比維祥琴在御，□□回翔，指顧雲霄，亨衢直上。僕近況如常，惟衰白漸增，不離藥物。前者承令地圖之役，業已寫定；然據文武官圖爲底本，爲之鈎心鬬角，幾費精神，仍不知其確否。今年大吏延請主講菊坡精舍，再三固辭，終不獲命，舍己芸人，良可愧也。瑞墀親家時時聚晤，親戚情話，藉慰寂寥。都門舊遊，恍如隔世，涑文侍講想當勝常，晤時爲道相念。

與翁心存書　二首

（一）

受業制陳澧謹禀老夫子大人鈞座：自前歲都門叩送星軺，睽隔以來，倏逾二稔，天南翹首，景慕彌增。敬維老夫子大人教重直温，政崇明允，騰輝卿月，儲望台星，引領門墻，曷勝私祝。太師母大人曾御板輿復入都門否？敬想眉壽康强益增景福也。澧去歲南歸，丁嫡母憂，曾具赴函寄至京第間。信到時，藥房世兄已南旋。今者世兄隨侍在都否？明歲春風定當得意矣。澧今年爲張南山司馬見招課子，新孝廉名祥晉者即弟子也。明年擬寄迹蕭寺，授徒自給。近者讀禮之暇，稍理故業，詁訓音韻，頗爲尋繹。惟師門遠隔，問字無由，里中學侣如侯君君模康忽焉物故，彌覺孤陋寡聞耳。索居寥落，無可述者。謹肅寸禀，恭請崇安。伏惟鈞鑒。

（二）

敬禀者：自乙冬在都叩送星軺，轉瞬七年，私忱如積。敬維老夫子大人南陔日永，北闕恩多，身退鑾坡，自饒天趣，教傳燕翼，益振家聲，翹首門墻，莫名忭頌。前者逆夷犯順，豕突江關，遥望府第吉祥，兵塵不到，比聞和戎議定，惟願從此不復揚波也。

澧自戊冬服闋後，稍有倦遊之意，未赴庚子禮闈。去歲重上公車，遥聞粵海夷警，落第後迅即南旋，於五月間抵里。時逆夷已退而闔門卅口猶避居鄉僻，倖免焚掠之災，然飛炮已及敝廬矣。寄居難久，不得已仍返省垣，驚弓之後，時切憂危。是時寇退之後方議補牢，里中諸彦志切同仇，或在行間，或參籌策。澧自顧腐儒，不諳武備，閉門守拙，仍手一編。而去年水次受寒，右臂作痛，今春復發，半年以來就痊，艱于握管，聊取近年所述稍稍編排，著有《說文聲表》一書，專明諧聲之義，以聲分部，孳乳相生。復有《切韻表》一書，尋求陸法言音切之法，以息等韻之紛紜。識陋學荒，未敢自信，俟寫成時乞賜誨定。惟以小學之書，儒生所有事，而無用於當時，殊自愧耳。受知最深，故不敢自匿，一一陳之。

近於科名之念已淡然，惟自念夙荷栽培，方在壯年，未宜息影。甲辰春試兼值挑期，所望永息邊烽，仍當公車北上，兼回金陵原籍省墓，彼時紆道叩謁春風，知復不遠。臨楮馳慕，不盡所云，恭請鈞安，伏惟垂鑒。受業陳澧謹禀，九月朔日。

與翁同書書　二首

（一）

藥房尊兄世大人同年閣下：春初伏聞先師文端公薨於位，五内震越，即與同人爲位於學海堂而哭，上惜朝廷失柱石，下痛士林喪山斗，而賤子一身感恩知己，悲號不能已已，猶其小焉者也。復念先師德大福全，哀榮備至，閣下荷蒙特恩得侍湯藥，朝廷以孝治天下，聞者莫不感泣。閣下立功立事，報國之日正長，固宜强加餐粥，俯從禮制，且賢郎又得大魁，尤可仰慰先靈者矣。昨奉手教，囑于粤中故人道達尊意，弟即往訪伍紫垣方伯，爲具言之，餘則可商者少，如尤蘭簃同年，則無待弟之道達也。

先師遺書及行狀、年譜刻成時祈早賜讀，是所切禱。手教道及拙著，謂僅見《班書水道圖説》一種，此外已刻者有《漢儒通義》七卷，《聲律通考》十卷，皆曾寄呈先師座右，爾時閣下方膺戎馬之任，故未敢以腐儒之業相質也。弟自五羊城陷，提攜家口，走避江鄉，家業散亡，殊不足道。所痛心者，長男咯血而死，年甫二十一歲，以此悲慟過深，右臂遂得風痹之疾。向不肯謁見官長，而大吏有知其窮愁者，延以書院，請以刻書，得束修以餬口。近者風痹時發時止，仍以著書爲事。所著之書名《學思録》，稍論古今經學得失，所冀有補於世，但不知汗青何日耳。一别廿年，聊述近況，不禁其覼縷也。謹具奠儀一函，伏惟垂察，敬問支適不宣。小弟陳澧頓首。

玉甫、叔平兩兄均此奉候，恕不別啓。

（二）

藥房尊兄年世大人閣下：夏間奉到先師行述、年譜，拜領敬誦，鑽仰靡窮。手示二函，皆情詞娓娓，足徵大君子學養素深，處憂患而不改其度，欽佩之至。惟多過獎之語，愧不敢當耳。承命以將有遠行告潘德輿方伯、吴道普觀察及伍紫垣方伯嗣君，弟即往訪德輿兄，云當寄賻二百，金陵有書來云已寄入都，並代弟轉告吴觀察。未幾，觀察付來洋銀一百圓並書一函，兹將銀、函仍托德輿兄代寄入都。至紫垣嗣君處，亦已托友人轉達，渠答以近況不佳，亦真情也。

來示以先師穿中第二名見委制文，且云勿辭，弟遂不敢自外，業已屬稿，然自嫌簡略，不稱名臣碑版，未可寫呈。行述、年譜所載停内務府撥帑，力止肅公掊克及五宇案羅織等事，皆舉其大略，蓋分送於人只宜如此。至碑版之文出於門弟子之筆，則當詳記其事，詳載其言。先師一代名臣，以晚年風節爲重，凡爭議齟齬，爲權貴所傾嫉，正所以爲名臣，一篇之要，惟在於此。乞將趨庭所聞，詳悉寄示，其事已有明文者，尤祈一一録出見示，俾得博觀約取。粤東所見邸鈔多漏略，上諭、奏摺不能全見。弟筆墨向來謹慎，必不至有礙也。且五宇名目緣起，弟尤未知其詳，此食貨之一事，當特書之也。風節之外，學術爲大，著述詩文雖未刻梓，亦乞示以大略。弟于乙未年在京時得侍坐，稍有所聞，此後到京甚稀，不得聞者多矣，未足以窺先師學術之盛大也。俟寄到各件，勉竭愚心，當有以報命。

弟今年爲大憲延請繪地圖，稍得薪水之資。粤中客民猖獗，金陵殘賊又已至庾嶺，但得羊城安穩，則幸甚矣。閣下行期在何日，佇望速還如洪稚存耳。萬里之行，伏祈珍攝。玉甫、叔平兩兄均乞爲道相思，恕不别啓。專此奉覆，敬問支適。不宣。

世愚弟期陳澧頓首。八月望日。

以上録自《文獻》二〇一七年第三期張劍《陳澧致翁心存翁同書函札考釋》

與羅珊書

前在龍溪，叨承枉駕。旋以書局事，遄返羊城，未得奉詣，深爲歉仄。然承惠大集，時時吟諷，如接塵談也。昨得手書，有提倡之語，殊不敢當，愧未能常在書院與諸友講習。但詠史大集刊行，讀者若從此問津，則能讀史，能爲詩，有根柢，有才華，視弟之循例批閱時文試律，有益多矣，佩服之至。專此奉復，順頌大安。愚弟陳澧頓首。

録自羅珊《味鐙閣詠史詩》

與胡伯薊書

前寄一函並《朱子語類日鈔》，未審得達否。兹因子韶談及横沙招藝生尚在貴處貿易，寄書可無失誤，特再寄日鈔二册。並祈將數年前撰定之古韵用絲牽繩貫之法者鈔一本寄來，欲刻之。近囑黎震伯撰《説文檢》一書，其子目曰檢部，曰檢文，曰檢疑。此書成則人人能識《説文》，更欲得吾弟之書刻之，則人人能識古韻，爲小學入門之路，所謂以淺持博者，此也。《大戴禮·曾子立事》篇云：「博學而孱守之」，阮文達公注釋引《群書治要》「孱」作「淺」，可見淺守是曾子之學也。餘具前書，兹不贅述，順頌近祉。澧頓首，伯薊仁弟侍史。

録自胡錫燕《詩古音繹》卷首

與陳朗山書 八首

（一）

陳老爺（二） 篆朗山

弟陳澧頓首。尊名印容篆寫請教。硯銘須篆於硯上，不可以大縮小，此時未能落筆，只可俟手腕痊癒耳。至硯之佳惡，則弟素不能辨。此頌即佳。

（二）

弟陳澧頓首，篆印四印文請教，其「開門覓句」四字連二「門」字難寫，容徐思之。此頌近安。

（三）

陳朗山老爺。

弟陳澧頓首，印容作篆，硯則素不能辨。敝藏硯皆請人鑒別，張樾亭最精。近來又不能寫小字篆書，兹特繳回。此覆，並頌大安。

（四）

尊大老爺，弟陳澧頓首。手示垂問病軀，托庇平善。封面篆畢呈教。即請大安。

（五）

四手卷題畢呈教，此我陳氏三老翁翰墨緣，必可傳也，容面罄，此請大安。朗翁宗老兄閣下。弟澧頓首。

（六）

前日枉駕，失迎爲歉。奉贈小詩，不足當一哂也。昨聞台翁云行期須遲兩日，稍晴奉詣話別。古翁詩云「一生能別幾多回」，此語黯然銷魂耳。此頌行安不宣。朗翁宗老兄閣下。弟澧頓首。

（七）

山堂發當商生息之項，番禺當商原領一千六百兩，兹求繳還。內有和生、東順二店關閉歇業。應派一百二十餘兩。其禡首寫立限字十月內繳清。弟思伊等求繳，自因時事日非，各有自危之意，似應速速收回爲安。已請伍紫垣方伯收存，現已許諾。尊意以爲何如？如意見相同，候玉生兄回時公議如何置立産業，以蒙山堂長遠之計也。特此奉聞，即請朗山宗兄大人大安。弟澧頓首。廿六日。

（八）

手示領悉，新刻通志堂書弟未知價，緣弟只管校對事，其刷印之事，爲委員所管也。但聞約需四口兩，其細數則未聞也。此覆，即請道安。朗翁老宗兄閣下。弟澧頓首。

與芑香書

（一）

芑香仁兄閣下，手示垂問賤恙，感謝感謝。今日又添脚腫之病，前日書院開館，至不能行禮而退，爲之悵然。此乃衰老，非病也，聽之而已。羅海田現在佛山，寄來關書、聘金及食物，暫存敝處。即遣僕往佛山，請海田回省，與尊處所遣局事同來，當無遲誤也。貴邑舊志弟已翻閱一過，佳處甚多，其不合愚見處，亦頗有之，今標於卷端，以俟諸公高明審定，俟標寫畢，即行寄上。前寄來之採訪册，亦大致閲過，兹刻木印二種，每種數十枚，其一種刻某處採訪册，將前者寄來之册每葉印之，爲將來拆開不至迷其來歷矣。其一種刻門類，皆依舊志門類，亦於每册上每葉印之，即將來拆開，分類甚便矣。俟弟標寫舊志寄上。

（二）

十一月三日澧頓首芑香仁兄足下，前承惠贈古詩，格高采茂，逼真選體，近人安得有此書法，又絶肖劉文清，什襲珍藏之，推許太過爲愧耳。白石詩前年曾納租刷印三十部，分送書院學詩者。今四種刻畢，弟得一部，未知近日尚有刷印否也。弟所刻琅邪臺秦篆，近已修改畢，送上一紙。又一紙轉贈壺翁爲荷。此高人恨不得見之，恐未必肯到城市也。惠詩書扇亦什襲而藏，並祈代爲致謝。草此覆頌文祺不盡。澧再拜。

納扇承屬作畫，弟非能畫者，臨漢碑數字以應，何如？畫及扇并送回。

與梁章冉書

愚弟陳澧頓首章冉仁兄大人足下，月翁留省一事，前在玉生兄處匆匆尚未談及，俟再詢之也。吾兄廬居半載，馬鬣已封，仁人孝子之心可以稍遂，而弟於此事竭蹷多年，夢寐難安。尊處延請定有高明地師，可爲弟一指迷否？前借觀九宫譜，業已珍復，而尚有查閱未竟者，便尚祈惠借一閲爲望。餘容續述，肅請近安不備。澧頓首。

以上録自傳世手迹影本

與崑玉伯瑜書 三首

（一）

古銅印譜一册送覽，其中趙遷、李尚、郭顥、左玄、樂常、董樂書、徐長孺、張嚴、任賀、宋淳、史譚皆佳品，而最佳郭長孫、徐朝兩印，真神品也，何不臨摹刻石存之。有暇祈來談。澧頓首，崑玉先生。

（二）

前送上之《琅邪臺碑》油紙摹本想無大錯，祈細看一次即刻石。若油紙本已不存，敝處尚有一張可刻，亦是油紙。但須再看一次耳。潘宅銅印，祈早日問有確可買處，即通知敝處往潘宅説明。如彼不要，即買之不妨也。此致伯瑜賢友足下。期澧頓首。

（三）

《魏靈藏造像記》已於書架頂上檢得，此必送來時僕不在家，不知何人東之高閣也，今當臨一通相贈耳。已托常卓齋往曲阜多拓墳壇石刻，卓齋出京到曲阜，故托之。回粤送人，可無庸摹刻矣。其摹本及石便可付還也。此候即佳。伯瑜賢友足下。

與蘧庵書

近聞榮行在即，率賦一詩奉贈。如行旌到金陵，敬求代訪先塋爲感。送上先塋圖一卷，記一本，祈閲之，至禱，至禱。杭州近日刻書有《韓書外傳》，如順道，祈買寄回粤。餘不多述，此頌蘧庵仁兄行安。澧頓首。

近有賤恙，不能親到送行，祈晤令兄轉致問候，恕不另啓。

與香林書 二首

（一）

《争坐帖》甚佳，古樵兄考證鑒定已詳且確，弟但記獲見此帖歲月而已。省城圖三幅送回，將來貴縣志已繪圖後，乞將此三幅再借摹入府志爲荷。弟有一書寄鄒益鴻兄，尊處如有便，祈代寄爲感。此請大安不宣。香林尊兄閣下。弟澧頓首。

（二）

爲篆印章，七字内「住」字、「洲」字皆《説文》所無，不宜作篆。兹篆尊字呈政，順請大安不宣。香林先生閣下。弟澧頓首。

與子煇書　四首

（一）

前承惠贈佳篇，過奬爲愧。不能奉答，特此佈謝，並篆尊名、字二小印奉贈。眼昏不能精細，不過醇雅有章法而已。白文漢法，朱文元、明人法所謂圜采文也。即頌文祉不一不一。制澧頓首，子煇世長兄閣下。

（二）

序二首僭加塗改，奉還封面並請教。承惠佳箋二匣，並此佈謝，但此後切勿如此客氣，此次本不敢領，重違尊意耳。即頌近祉不宣。澧頓首。子煇世二兄閣下。

（三）

來函領悉。大字者，開成石經也。小字有注者，石臺本也。皆唐本，而石臺本在前。正義本亦無「其」字，《釋文》云：「或作『不失其天下』，『其』字衍耳。」此覆子暉世講二兄侍史。澧頓首。

《釋文》以「其」字爲衍，而開成時則不以爲衍，故仍其字也。僕口依其本而刻之耳。凡刻書必各依其本。

(四)

《天發神讖》奉煩審定,不必急急,但於十五日付還可矣。兹有一事必當奉煩者,拙撰南翁墓碑,草稿粗具久矣,但據年譜及詩集,而未全讀文集。前時南翁刻古文,付閱者皆零碎,未彙爲一部。讀畢亦即多失去,恐有大段議論須載入碑文者。古人爲儒林、文苑傳,多載成篇文字,此不可不詳細者。未審南翁古文吾兄可覓其全,俾弟一讀否? 此事頗不可緩,若吾兄榮行後,又難尋覓矣。特此奉懇,即頌行祺不盡。澧頓首。子暉世二兄侍史。

若有成篇文章當載者,則墓碑又當改而爲傳矣。如剪裁其説爲碑亦可耳。總以全讀文集後方能定其體裁也。

以上録自廣州美術館藏陳澧手迹

上某中丞

前任惠州府河源縣學訓導陳澧、番禺縣舉人金錫齡謹禀中丞大人閣下,近者奉到手諭,發函同讀,深慰私忱。敬維大人霖雨還山,斂河袖手,令人作天際真人想。粤中傳説召用□臺,或云已放某省,□去私之徵也。來諭云假滿續請,想有温公獨樂之志。大著《毛詩餘義》伏望禮堂寫定,早日賜讀爲幸。去歲蒙賜詩扇,情深語摯,什襲而藏。大文二篇亦得捧誦,雄深自是本色,言外之旨,尤紬繹不盡耳。

上某中丞

來諭垂念學海堂專課，仰見振興培植之至意，雖去後而不忘□□。澧與同事諸君敢不勉竭愚心，啓迪諸生，必期拔十得五，三年有成，無忘教澤。澧繪地圖已近□，當遵命掌教菊坡精舍。□□仍掌教禺山書院。近爲本邑推管沙田事，皆固辭而不獲命；又皆仍管理義倉，仍修《番禺縣志》。以垂耄之年，分讀書之精力，作此等事，徒以居省城，又多家累，不能遯世故也。近與特夫同學[十四]薦章，感愧之至。特夫被徵，以病不能就道，已告年老。生□不復□□□遂亦多病，不被□，亦告年老。舉人二者皆衰頹之事，未必不爲世人所□，然大夫不得志之所爲，可爲知己□余之深告也。□縷不盡，□□神馳，肅敬請大人均安　謹禀。

致螺山書

□月□日澧啓螺山先生閣下：六月中旬得接手示，欣慨交并。伏維體中康勝，舊恙胥捐，定如遠祝。大令郎入泮之喜，當是去年事，二小兒宗侃亦於去年入泮，明年秋試得附驥尾作同年也。弟於己未歲亦喪一子一女，今讀來示，同病相憐。但大令郎英發，能繼家聲，亦足以慰矣。承詢拙著

《學思録》,近因繪地圖事未了,又修縣志,且筆墨應酬,絡繹不絶,以衰老之光陰爲此等事,分著述之精力,甚無謂也。虚名累人如此,恨不能逃城市而入山林。來示云城市之迹幾絶,羡慕之至。拙作大集序,如命寫上。

致仲文書

仲文□兄大人閣下:六月初旬接誦手示,欣悉留閩補用,此所謂一路福星也。伏維台候勝常,□願喬遷爲慰。承示粤人在閩報捐,閣下催辦,出奏可增粤省舉額。適在府學明倫堂□□□,即將此事告知省中諸薦紳矣。弟才疏性懶,辱爲延譽,殊爲汗顔。咸豐六七年間數科揀選到班,弟自顧[十五]蹉跎,遂不赴選,今又十年矣。齒愈衰,才力愈退,學治且不能,矧能佐治?虚負盛心。然閣下相愛之深,書辭肫摯,直從肺腑流出,則真可感也。肅此道謝,不盡所言。敬頌升祺,諸維朗鑑。

致某書

昨致書問僕能相助否,未得回函,豈不以云不能則拘於一日之長,云能則慮僕删足下之書哉!然而足下不必然也,請暢言之,且不得不暢言之。知足下之深者孰[十六]如僕,愛足下之深者亦孰如僕。足下讀書久,欲著書傳世,又素好記□□掌故,一旦適如所願,遂盡心力爲之。開局之初,僕謂附説宜簡，足下謂宜詳，意見已不同。及子遠去，足下兼任其事，不惟不厭其繁□而更欣然。僕微窺之，知足下之意喜於一手著成一書也。由是愈盡心，愈盡力，始猶求詳，後益求其實，不以爲官書而直以爲自著之書。至去年冬間，僕謂宜速完成，足下云得此好題目，宜著一部大書。僕笑譬云吾早知之矣。足下記此語否乎？然而欲詳密而官册多疏略，於是屬委員行文查之，足下但言村鄉不分司屬，僕竊料不止此也。子遠云非在憲幕不能知營制，及足下爲之，求觀制府、藩司兵册，足下但言汛兵，不知名數，僕亦竊料不止此也。是耶非耶？夫以官書爲自著之書，務求詳密，此足下之誠篤深可愛敬。然自著之書説經考古，買書借書研窮十年二十年，可以自主；修官書則查核苦無其權，而遲久易騰其謗。去年秋間，有人勸僕繪圖宜速成，僕答以歲杪當［十七］詣大憲稟繪圖畢。其人曰：得之矣。然而歲杪不稟者，以一稟則必催問足下作説故也。至今年正月，僕深耻「展限」二字，然猶隱忍，强受薪水，希冀二月足下説成，一同稟報蕆事。至二月，知不能成，不得不辭薪水矣。得方都轉書使會同足下作説，僕已辭薪水，豈不能辭會同哉！足下書來，云宜不理，僕豈不知不理之爲灑脱哉！徒以三人繪圖、二人作説之議，未曾稟明有案故也。菊坡精舍將閲卷，勢難兼顧，故欲以緒卿自代。足下以一手所爲，他人不能知，如此，則僕與緒卿無異，今定計不出而相助矣。然而知足下之深者莫如僕，哀足下之深者亦莫如僕，竊有一語爲足下告：地圖裝裱畢時，大憲拜摺進呈，必來取足下之説，彼時誰能使其不拜摺哉？僕雖不相助，足下宜早自删削成書，吏圖裱成而説亦寫就。

記曰：「事前定，則不困。」此之謂也。如曰不然，不煩示覆。更與足下論著書，僕著《漢書地理志水道圖說》乃地理家最大最要之題目，僕何難州州縣縣而載之，引書亦何難篇篇句句而引之，成書不及二百葉，幾乎滴水不漏，爲此何等手段。言及此，似僕自譽，然浦香見此書，云文法絶佳。僕歎曰：「幾人識此文法？」浦香曰：「不識者萬人，不如識者一人也。」

又與足下論官書，昨日番禺志局期，共歎采訪之不齊，不知成書之何日。僕言地圖局正是如此，縣志且然，何況近省乎？權力所不能及，則盡其材料而止。積此精力，自作千秋業可也。

與人論量田書

量田爲算法之最淺者，此篇所述，尤爲明顯，丈量者觀之，當無不了然矣。來示云：世俗丈量四邊形，以二横□相加折半，二直□相加折半，二數相乘爲田積，可爲□異云云。此真可□異也。蓋因梯田⌂以上下二□相加折半，乃設以爲左右二□亦可相加折半。不知上下二平行故可相加折半，左右二□不平行，必長於垂綫，豈可相加折半乎？此未見算書者所爲。算書最尊《數理精蘊》，世俗通行者《算法統宗》，宜便觀之。試以布帛言之，其幅闊一尺者，斜裁之必不止一尺也。斜裁兩道相加，雖折半仍不止一尺也。若猶不信，則取銅片方正一尺者，以天平稱其重數，别以銅片裁爲四邊不等形▱，使以相加折半之法算其重數，復分爲兩三角之法，算其重數，而以天平稱之，孰是孰非立見矣。鄙意以爲算法亟宜振興，常苦口勸人學算。昔聞同文館以算學爲重，先生精此學而主此席，祈弗讓也。

致某君書

承問近來脢脚何似，弟前年猶能奉陪讌别，後衰態漸見。去年太史延主菊坡講席，每值課期，循山磴而上，再三停頓，乃能至講堂。爲諸生講論經史，每至移時，覺胸中氣不相屬，皆衰態也。惟諸生頗有好古學者，并有外間人來聽講，故猶復盤桓，以俟明年，當辭去耳。昔著《聲律通考》一書，以未見陳氏書，誠恐暗合古人，致疑剿説，今得惠贈快讀，乃爲粹然。此不啻百朋之錫，敬謝。又得莫君子偲篆於卷首，見其手迹，如見其人，兼承贈《唐本説文》一帙，考訂精博，更爲欽服。恨相隔數千里，不知何時得相見耳。祈閣下轉爲道謝，并通殷勤。當别有□人或有好書，更祈示我爲感。

聲案：前《答鄭小谷書》有「求陳暘《樂書》不得，而丁君乃有之，許以見贈」語。則此乃致丁日昌書也。

致子偲先生書

子偲先生閣下：前得禹生中丞書，承惠贈大著《唐宋説文木部箋異》[十八]，考證精博，欽服之至。數年前見禹生處有大筆篆聯，□□之體，瞻玩移時不能去，今承爲題陳氏《樂書》卷首見惠，筆力更古樸，謹什襲而珍藏之。禹生來書云閣下今年正六十。廿年前在都門書肆與弟一談，今猶耿耿，萍水相逢，一面之交，而至老不忘，弟何幸而得此於閣下。弟今年五十九歲，頗覺衰頹。閣下體氣何如？想必康强益壯，不知何時可得相見，以□廿餘年相思相望之懷。聞閣下近日披訪江南遺書，所得必多，此誠今日之急務，尤爲欽仰也。肅此敬達，即□起居多福不宣。

以上録自抄本《東塾集餘稿》

與人書 三首

(一)

來書謂朱子用漢儒家法，此語最有識。朱子注《大學》、《中庸》，名曰「章句」，此漢人語，宋人所無。注《論語》尤似漢人，如「巧，好」、「令，善也」，乃毛傳之法。僕嘗謂朱子乃宋儒之講經學者，道學家不知也。

(二)

狂狷與鄉原，出乎此即入乎彼。堯舜之道與流俗污世，出乎此即入乎彼，甚可懼也。吾輩必當志於古人而不同流俗，泛愛衆可也，媚於世不可也，求免於爲賊而已矣。林月亭先生《供冀小言》有《習俗篇》，正可以發明此義，并送覽。

（三）

來書云：借得《語類》，缺二十餘卷。此可常借否？可常借，則將所缺卷數寫一單來，當抄敝處之本寄上補足。但不知板式同否？祈畫一格來，并寫板心之字及寫明每行幾字、紙色、大小，俾可相配。昔時村塾皆有《語類》，今乃難得，可歎！宋人説部，豈有能及《語類》者，近人以爲道學書而厭棄之耳。

與人短柬 二首

（一）

陳澧頓首，送上筆金單四張，祈詧收，并付回收條。送上書新舊各三本，請校對。望日交回，爲望。

（二）

陳澧，送上書新舊各一本，祈即校對，以速爲妙，初二日早交回更妙。緣都轉急於刷印也。此頌文祉。

送上筆金單一張，祈詧收，并付回條。爲荷。

以上録自影印手迹（臺北故宫博物院《陳蘭甫先生書畫特展目録》，一九七九年正月）

【校記】

［一］此一種書必不可少　「一」字下之五字，原本漫漶不清，今據《東塾續集·與桂皓庭書》之九補。

［二］皓庭仁弟　「庭仁弟」三字原缺，據前後書札稱謂例補。

［三］林　原作「杯」，形近而誤，據文意改。

［四］裘　原作「衷」，形近而誤。下文「三三如九」，語見《周禮·司裘》，據改。

［五］苦　原作「若」，形近而誤，據文意改。

［六］請　原作「送」，承上而誤，據文意改。

［七］能　原作「而」，據文意改。

［八］來　疑應爲「東」字，時東塾避亂寓城西横沙，徐灝在省城也。

［九］已　原作「耶」，與文意不合，今據上文語意改。

［十］讀字下原有「書」字，未當。應係抄衍，今删。

［十一］洲　原作「舟」，同音而誤，今據文意改。

［十二］腴　原作「腴」，形近而誤，據文意改。

［十三］者　原作「寺」，承上而誤，據文意改。

［十四］學　於義疑當作「膺」。

〔十五〕顧　原作「願」，形近而誤，據文意改。
〔十六〕孰　原脱，據下句文意補。
〔十七〕當　原作「嘗」，形近而誤，據下文文意改。
〔十八〕莫子偲此書名應爲《唐寫本説文木部箋異》。

卷六

廣東圖説凡例

一,臣等欽奉諭旨繪廣東地圖,檄行通省文武各官繪造圖册以爲底本。乃以《廣東通志》及府、廳、州、縣志書所載地圖詳加考核,又採訪近日商民所繪水程海島之圖以參訂之。自來志書繪圖皆多不確,此次文武官所繪亦有詳略不同,互爲校勘,各不相合。今以府、廳、州、縣交界之山水爲定,其餘不合者,長短疏密,逐漸移改,仍就文武官圖尺寸以算法三邊四邊等形爲之翦裁,雖未必盡得其真,而較詳於舊圖矣。

一,府、廳、州、縣各自繪圖,地界不能聯合。今以初刻《廣東通志》之圖爲底本,《廣東通志》有改刻之圖,不如初刻之圖爲較善也。然仍有未確者,今轉以文武官新繪之圖參訂之,每一圖外,分點鄰界,可以合成大幅。其海濱島嶼沙礁,零星屈曲,皆近今採訪所得,亦較舊志之圖更爲詳細。

一,康熙、乾隆兩朝一統全圖,以營造尺一寸當地面百里。其南北緯度,每度二百里,無盈縮,故皆爲二寸。其東西經度，自南而北以次漸狹，皆不及二百里，故皆不及二寸。今繪廣東一省地圖，務期詳悉，謹遵成法，展大十倍，每經緯一度俱分爲二格，緯度每格縱一尺，當地面百里；經度每格九寸有奇，當地面九十餘里。復於圖之四旁繪爲墨闌，每度析爲六十分，以便量取細數。

一，省城之經緯是實測所得，真確不誤。其餘府、廳、州、縣治所，舊志雖有經緯之數，大都以道里約略定之，不盡出於實測。今以《廣東通志》之經緯爲底本，以文武官新繪之圖核之，有未確者，稍爲移置，大約移經度者十之二，移緯度者不及十之一，則以測緯度易，測經度難，《通志》緯度所差者少，經度所差者多故也。

一，水道之紆直，洲渚之交絡，皆再三研究，文武官署、營汛、炮臺之所在，亦皆詳載。惟鄉村名目，各官造繳之圖有極繁多者，圖内不能盡寫，今於都、圖、堡、甲及大鄉村皆載之，其小鄉村但載於説，不載於圖，以限於篇幅故也。

一，唐《元和郡縣志》舊有四十七圖，冠諸鎮之首，今竊仿此體例。惟圖幅較大，不能入卷，兹縮繪小圖，但載大山大水及城署、營汛冠於卷首，與大圖相輔而行，其各府、州、縣次序，謹遵欽定《大清一統志》，不敢移易。圖説原爲大圖而作，小圖但取便覽，説内鄉村小山水及每度分數墨闌，仍當檢閲大圖。

一，欽奉諭旨地圖之後繫之以説，檄行通省文武各官列册造繳。乃以古今地理志乘諸書考核之，凡有建置，隔數十年即多前後不同，惟以今日爲定。至地理書例載沿革，此爲考古之事，謹遵欽定《大清一統志表》，不敢增易。

一，山谷先述方位、道里，次形勢險易，次道路、營汛，次古迹、界至。營汛、古迹均用《漢地理志》體例，以有字别之。附近諸山，山脉相連者，則曰東爲某山，又東爲某山，在西、南、北者亦如之。附近各山，其形勢險易、道路、營汛、古迹亦具載之。各官造繳之册有詳略不同者，今以欽定《大清一統志》、《廣東輿圖》、《廣東通志》諸書補其漏略。

一，水道竊仿《水經》體例，庶使源委分合，一一明晰。但今府、廳、州、縣分圖繫説，水道當分界限，自鄰境流入者，以流入之處爲始；流出鄰境者，以流出之處爲止。若聯貫而觀，路路皆通。至海港分歧，海岸屈曲，島嶼廣狹，沙礁淺深，皆今採訪所得，爲舊志所無，故載之尤詳。

一，宋《元豐九域志》具載鄉鎮之名，夙稱詳備。今竊仿此體例，具載鄉名。惟各廳、州、縣所屬小村甚多，其中或數村有一大鄉總名，或數十村數百村有一大鄉總名。大鄉總名或曰都、圖、堡、甲，或曰圍、約、社、舖，每一州判、縣丞、主簿、吏目、巡檢、典史，或分屬大鄉數處或數十處，各以方位道里爲次，分列於各官之下。末詳險易、道路、墟市、營汛、鹽官、關津、古迹、泉石、鹽田，亦用《漢地理志》體例，以有字别之。先險易、道路，次墟市、營汛，墟中有汛則曰墟汛，次鹽官、關津，附以税廠、鹽廠，次古迹，次泉石，次鹽田，次界至。

一，各廳、州、縣每兼數營，一營或兼數廳、州、縣。今以每廳、州、縣爲一卷，每卷各營官兵次第，以營總品秩之崇卑爲序。其同標同營，則以中營、左營、右營、前營、後營爲序。其或隸鎮協或不隸鎮協，直隸提督或不隸提督，鎮協直隸總督，皆詳注於各營營總之下。至各營兵丁總數，開列於各營營總之後，而分注馬、步、守兵名數及分防州縣於下。其或同標同營，左營營總駐此廳、州、縣，而右營營總又駐一廳、州、縣，如順德協左營都司駐順德縣，而右營都司則駐三水縣蘆苞汛；羅定協左營都司駐羅定州，而右營都司則駐新興縣河頭獨榕汛之類。各依營總所駐之廳、州、縣分注於下，以昭畫一。

一，凡大小文武員弁之在城内城外者，皆曰駐，同係一廳、州、縣而或有老城、舊城、新城、外城及惠州府附郭歸善縣府縣不同城者，皆分別書之。其餘州縣有專城之責必應駐城者，概不書。外汛或有武弁及兵丁者，或無武弁止有兵丁者，皆曰防。存城、存營，亦曰防，惟惠州府則曰存。府城船汛亦曰防，惟外海水師船汛兵丁，則曰巡洋，以示區别。

一，水陸各營惟提標及崖州協儋州營各有水陸均分晰外，其餘各營水師官兵稱水師，以别於陸營。水陸各營塘汛，均有水汛陸汛之分，其同一汛名而有水汛又有陸汛者，則分别書之。其餘陸營則書水汛而不書陸汛，水師則書陸汛而不書水汛。水陸各營并有船汛，而水師有内河、外海之分。外海船汛巡察外洋，今稱曰巡洋兵丁，以别於陸營及内河水師營。外海水師各營巡洋兵丁，除定額外，有由本營存城防兵内分撥者，如陽江鎮左營、香山協左營皆是也。有由本營存城及各臺汛防兵内分撥者，如龍門協左營、右營，香山協右營，澄海左營、右營皆是也。且有由兼轄各營公同分撥者，如南澳鎮右營額外巡洋兵丁二十五名是也。今并分别詳注於各營存營防兵之下，以備察核。

一，各營分防外汛，多設於兩縣交界險隘之區，每有疆域屬此廳、州、縣，而官兵仍列入彼廳、州、縣者。如南韶連鎮中營中軍守備、右營右哨頭司把總各一員，均防英德縣徑頭鄉内之青峒汛，嘉慶中新設佛岡直隸廳，將英德縣屬之徑頭鄉割屬佛岡廳，原議青峒汛雖在徑頭鄉内，其營弁未便撥歸廳屬，當仍其舊，自楓徑汛以東屬鎮標青峒汛管轄，楓徑汛以西屬佛岡營燕嶺汛管轄。今於佛岡廳圖既注青峒汛於境内，且於佛岡廳屬徑頭鄉下云「有青峒汛」，而南韶連鎮中營中軍守備、右營右哨頭司把總各一員，仍列入英德縣内。又如順德協右營之石門汛，分防番禺縣屬之沙羅堡大墩村大通汛，分防番禺縣屬之沙羅堡大墩村。而該協營制向屬南海縣，今於番禺縣圖既注石門汛、大通汛於境内，且於番禺縣屬滘心堡下云「有石門汛」，沙羅堡下云「有大通汛」。而兩汛防兵名數仍列入南海縣内，以昭核實。

一，外委千總秩正八品，儋州營有額外外委千總，秩亦正八品。外委把總秩正九品，額外外委，秩從九品。水陸各營或分頭司、二司、三司、四司，或分中司、左司、右司，均分别列明，以昭品秩。惟三項外委均食本身名糧，各營均列外委本身名糧名數於前，以符定數。惟督標五營官弁駐防高要縣，貼防各縣，外委名糧名數已見高要縣，各縣毋庸再書。潮州鎮中營駐防海陽縣，貼防各縣亦然，以免重複。

一，水陸各營書識名糧多少不同，在城内者從存城防兵名糧項内分撥，在外汛者則從外汛防兵名糧項内分撥，今各歸各項，并數開列，以免轇轕。

一，水陸各營兵數，向有定額，或因地屬險隘，添設臺、墊、卡、汛，未便於額外請增，每於本營存城及各臺汛額兵分撥防守。今各別注明於各營存城項下，以昭核實。

一，塘鋪分别東、西、南、北及東南、西南、東北、西北，每至交界之處，聯而觀之，亦路路皆通。其或有同途而向分兩路三路者，分别列明，以備稽考。

一，八排猺人，雖均隸連山綏猺廳稽察，而八排之地屬連山廳者五，屬連州者三。又二十四小猺排，地屬連山廳者五，屬連州者十有九。今仍分别列明，以正疆界。瓊州黎人有生、熟之分，且有薙髮編入版圖者，今亦以其地分别書之。

一，廣州之香港、澳門，潮州之沙汕頭、馬嶼、放鷄山，本屬海濱孤島，今爲外國人等所居，商賈雲集，謹詳載其形勢險易、原設營汛、新設海關及附近諸島，以備考察。

録自（同治）《廣東圖志》

工部尚書兼管順天府府尹事陸文恭公家傳

公諱以莊，字履康[一]，浙江蕭山人。考諱軾，山西盂縣典史，矜恤獄囚，每日數至獄視之，冬給絮衣，夏給藥餌，識者以爲仁厚所積，其後必大。

公生七歲能讀書，長丁母憂，哀毁逾禮。服闋，取縣學生員。尋丁父憂，哀毁如初。服闋，中舉人。三應會試，不第。勤治舉業，嘗讀書齋中，夫人進角黍糖霜，公以角黍濡糖，誤濡墨噉之，其篤學如此。嘉慶元年中進士，點翰林院庶吉士。乞假回籍。先是，蕭山縣西村口有閘，歲旱，戽湖水溉田，而不及城東。公倡議引水出城橋南，由板橋東出，溉田千頃；移閘子東陽橋，截流而止。農民感頌之。還京，充武英殿協修官。散館，授編修，充實録館纂修官。庚申科湖南鄉試正考官。還京，充武英殿纂修官，文淵閣校理。督貴州學政。貴州山路險峻，舊多用夫役，公減僕從，汰役過半。學政試士之所曰考棚，地方官饋金曰棚規，新進生員饋金曰紅案金，公奏裁之，官與士皆感頌。嘗巡試至行館，肴胾不具，遂淡食，曰：「吾一致問，僕從必藉以婪索矣。」還京，充聖訓纂修官，丁卯科山西正考官。公生於盂縣，是科舉人有公彌月時赴湯餅會者，時以爲美談。還京，充日講起居注官，授詹事府右春坊右中允。轉左中允，充戊辰科雲南正考官。授翰林院侍講，右春坊右庶子。轉左庶子，督陝甘學政。授侍講學士，仍留學政任，清操如貴州時。轉侍讀學士，授少詹事，還京授太常寺卿，宗人府府丞，都察院右副都御史。丙子科順天鄉試，上以董文恭公爲正考官，文恭以耄辭。上曰有衡文老手助之，文恭以爲必公也，及命下，果然。試畢，授工部右侍郎兼管錢法堂事務。時匠役多弊，初公彭齡、延公儉以大員降調爲監督。公奏二公方正廉潔，皆得擢用，而公以失察司員、誤估[二]工程部議降三級調用，上改爲留任。充己卯科江南正考官。還京，仁宗崩於熱河，宣宗召公至行在理大喪。公諳悉故事，倉猝之際，籌畫完備，屢荷優獎。兼署吏部左侍郎，轉工部左侍郎。調户部右侍郎兼管錢法堂事務。以工部司員銷算工程錯誤，部議革職，改降四級留任。調兵部右侍郎，兼署刑部右侍郎。調刑部右侍郎。轉左侍郎，充武會試總裁，兼署都察院左都御史。以疾請開缺，賞假調理。疾減銷假，復請開缺，奉旨允准。疾愈，署工部左侍郎，調署禮部左侍郎，又調署吏部右侍郎。授都察院左都御史，充國史館副總裁，經筵講官。授工部尚書，兼管順天府府尹事務。某相國請於昌平州、薊州開銀礦，上召問公。公奏：　開礦前明弊政，不可行，地近輦轂，招聚白徒，或致生事；且近陵寢，慮傷地脉。事遂寢。賜紫禁城騎馬。充丙戌科會試副總裁。復以疾請開缺，賞假一月。假滿，續請，奉旨允准。病篤，口授遺摺，每日删改。　上命曹文正公、王文恪公視疾。道光七年七月初二日薨，年六十五。上諭：　照尚書例賜卹、賜祭葬，謚文恭。

公温厚和平，無疾言厲色，而端嚴不可犯。雖燕居必正襟危坐，遇寒士必以禮貌。周卹貧乏而自奉儉約，雖爲大官不異寒素，自號曰平泉，所居曰小書巢，曰千卷書廬。手抄書數十種，始終一字不懈。督學政，典鄉試，總裁會試，閱進士覆試卷、朝考卷、殿試卷、庶吉士散館卷、大考翰詹卷、考試試差卷必與焉。門下士貴顯者凡數十人。子恩燾，某官；　恩紱，二品蔭生，候選通判；　恩諭，俟服闋遇缺即補。論曰：　陸文恭公當太平之朝，聖主在上，大臣恪謹守職，無赫赫之名，國家全盛則然也。然公督學政則卻獻遺，管府尹則止開礦，不以利自累，尤不以言利上累朝廷，大臣如此，天下所以〔三〕太平也歟！公於國史有傳，然國史例嚴，非官牘不載。公孫慶申屬許編修其光來請爲家傳，謹據其狀著於篇。

記胡先生

胡先生名徵麟，字禹庭，用沈姓入番禺學，爲廩貢生。先生講《四書》尤詳於「鄉黨」一篇，讀江慎修《鄉黨圖考》甚熟，講授時文多取有關《三禮》者，蓋患講章時文空疎而思有以藥之。嘗謂澧曰：「爾他日當成大學問。」澧今老矣，負先生之言矣！

以上録自抄本《東塾餘集》

書陸朗溪

陸朗溪，名鍾亮，南海人。乾隆戊午舉人，不赴會試，學神仙，時游城市，訪其友，而莫知其所居者，人多識其詭異。祁恭恪公督兩廣，屬其友延致之，朗溪以野服見，陳禦夷之策。居無何，竟去。年八十餘，筋力强健，鬢髮不白，隆冬衣薄而不寒，或以爲真仙人而從學焉。嘗偕其友訪余，值有俗客，拂衣去。已復獨來，即闔户，告余仙術。復出紙扇，書數詩，皆仙語，余謝不能學也。朗溪當以咸豐戊午重赴鹿鳴宴，是歲夷亂，停鄉試，同治□年補試，有欲聞於官者，朗溪止之。未幾卒。余始亦譏朗溪，後聞林午峯言，朗溪母適他氏，朗溪中舉人，自縊死，乃知朗溪傷心人也。嗚呼！人生不幸者有之矣，竟有如朗溪者。惟其意實自欲求死，又不忍傷其母之遺體，遁而學仙，而適得高壽。彼譏之慕之者，皆朗溪所不顧也，而況鹿鳴宴，尤朗溪所痛心者哉！余重哀朗溪，乃流涕而書其事，然安知書朗溪之事，不更[四]朗溪之心耶，是則余之過也夫。

録自陳之邁編《東塾續集》

琴銘 并序

余少時，李碧舲贈此琴，不能彈也。粗識聲律，乃悟古琴而失其傳，固律吕之位，因取此琴修改之，使有法度。凡斵琴者，宜以爲法。銘曰：

周尺製管，定黄鐘律。琴有倍半，若四分一。旁作曲直，陰入陽出。爲連比例，一十三率。五音能正，算術尤密。傳之千年，庶幾法物。

録自抄本《東塾餘集》

琴銘 并序

余觀今世之琴，兩旁必作屈曲形，其長短多少則無一同者。初不解其故也，已而悟曰，此古人以記律吕倍半之位，而後世失其傳也。琴之七暉當琴之中半。爲散聲之半。自七暉而下有十一律，當作十一曲，如散聲爲黄鐘，則七暉爲黄鐘半律。自七暉曲入爲應鐘之位，又曲出爲無射之位，又曲入爲南吕之位，又曲出爲夷則之位，又曲入爲林鐘之位，又曲出爲蕤賓之位，又曲入爲仲吕之位，又曲出爲姑洗之位，又曲入爲夾鐘之位，又曲出爲太簇之位，又曲入爲大吕之位，大吕之位不曲亦可，用黄鐘則不用大吕。故大吕之位，可不必記也。如用大吕，則不用太簇，用太簇則不用夾鐘，餘皆倣此。此所以記律吕也。自七暉以至於四暉。四暉當琴四分之一。直而不曲，此十二半律之位也。自四暉至一暉一暉當琴八分之一。曲而入，此十二半律又半之位也。七暉以下，記十二位之律宜詳，故屈曲多。七暉以上，記半律之位可略，故屈曲少也。古琴之制必如此，不然則漫爲屈曲，何爲者耶！乃取家所蓄琴以晉前尺、黄鐘管定黄鐘聲，以明鄭世子連比例十三率定十二律之位，修改合法，圖其形制，記其度數，且爲銘刻於琴腹焉。

古樂云亡，器數寖失。但記[五]鏗鏘，不識聲律。我思琴制，旁作詰屈。爰定其度，陰入陽出。古法三分，損一益一。與連比例，一十三率。其理既同，今法較密。傳之方來，庶幾法物。

録自抄本《東塾遺稿》（中山大學圖書館藏）

琴銘

昔沈伯眉廣文得東莞資福寺南漢舊柱，欲斲爲琴久矣。同治甲戌，文樹臣觀察修浄慧寺花塔，取舊楣木，合而成之。銘曰：

琴材古，琴製精，律吕倍半一覽明。爲此者，李廣文，字覺生。

陳蘭甫記并作銘。

録自東塾藏琴所刻記銘（琴藏中山大學圖書館）

琴銘

新製此琴，以明五音。鍥其兩旁，厥迹可尋。散聲爲宫，半聲相應。商角徵羽，以次而定。我求知音，爰得繩齋。願君持此，廣授同儕。一弦五音，五弦五調。凡學琴者，斯爲其要。

蘭甫銘。

録自抄本《東塾遺稿》（中山大學圖書館藏）

琴銘

新製雅琴，以明五音。鍥其兩旁，有迹可尋。散聲爲宫，半聲相應。商角徵羽，以次而定。我求知音，爰得繩齋。願君持此，廣授同儕。一弦五音，五弦五調。世有仲孺，當知其妙。

光緒元年十二月，蘭甫銘并書。

録自饒宗頤先生藏琴

硯銘

先考所賜硯，作書卷形，有石眼二，琢爲柱。

又：七歲初入塾，先叔考賜此硯，琢一牛，歙石也。

童時頭角頗嶷嶷，而今老嬾鞭不起，何以飲之硯池水。

黎震伯小硯銘

震伯硯，昔贈余。今送歸，校六書。通一藝，宜勖諸。

玉壺硯滴銘

玉人爲壺，盛歐羅巴藥屑，鼻飲而洟，棄之。每歲中國以此耗數百萬金，其害亞罌粟。余忿疾之，欲碎玉壺。玉人曰：非壺罪也。乃改爲硯滴，而爲之銘：

下愚之人不可移，白圭之玷尚可磨。昔也一撮土，今也清漣猗。移、猗用古音。所得孰多？請問下和。

以上録自抄本《東塾餘集》

十二石齋銘

因樹支峯，剔苔注壑。爐篆生雲，研池分瀑。影列壺嶠，勢争衡霍。叢桂香留，鉛松翠落。園圍野篠，架絡仙藤。竹扉兩版，山樓幾層。庭延夜月，案有晨燈。湟湊可作，與結詩朋。

録自梁九圖《十二石山齋叢録》

泰華樓銘爲李仲約學士

東泰西華，秦篆漢隸，誰其得之，青蓮學士。有大筆兮一枝，與雙碑兮鼎峙。

趙飛燕印辨

近人有玉印，鐫「婕伃妾趙」四字，俗傳爲趙飛燕印，甚可笑也。漢官印無姓名，私印無官銜。私印兩面者，一面姓名，一面曰「臣某」，若婦人亦一面姓名，一面「妾某」。且漢時婦人，無自稱姓而不稱名者，此印既云婕伃，則不合云妾趙矣；云妾趙，則不合云婕伃矣。稱妾則當有兩面，不合一面矣。且稱妾則當云妾飛燕，不合云趙矣。四字而具四謬，作僞者可謂拙矣。其趙字左旁從女，尤不成字，此直當棄擲之，乃珍藏之題詠之耶！

重修學海堂碑

咸豐七年,諳乞黎、佛朗機入廣東省城,據粤秀山,學海堂、文瀾閣皆毁。《皇清經解》刻版缺失過半。十年,補刻完具,課士如舊。同治元年,修葺堂宇,七月之朔,圮於風災。二年,重修工成,以啓秀山房爲阮太傅祠,春秋享祀,禮器咸備。太傅留金四千,爰置祭田。别營山房於堂之陽,經版永藏,巋然喬木,增植華竹,鑿井得泉,沾溉優足。嗟哉!堂毁復全,閣成何年?刊石紀焉。

重建廣州先農壇碑　代作

國家重先農之祀,列聖以來,每歲躬親祀事。古者藉田之典,天子三推,自高宗純皇帝增爲四推,示重農之意。至於今,著於《會典·通禮》焉。各省皆有先農壇,以督撫主祭,祭畢耕藉田,遵古九推禮。廣東先農壇在省城東門外一里,歲久而圮,某歲奉祀事,於心惄焉。廣東富甲天下,然地介嶺海之間,貨多而穀少。廣東之穀不足給廣東之食,賴湖南、廣西之穀以足之,近則有外洋之米以助之。貨多穀少,故其民競於商賈,而務本之意薄焉。某蒙恩總制兩廣,而駐節於東,竊以爲廣東之繁富,今不如昔者,屢遭兵亂,貨力已絀也。廣東之安晏,今猶如昔者,數十年來無大饑荒,農穀無歉也。斯非神惠歟!而況國家祀典之重,其敢不肅敬?乃重建先農之壇,而以廣東一省當重農積穀之意，書之廟石，以告吏民。

以上録自陳之邁編《東塾續集》

廣東貢院增建號舍碑

廣東鄉試四千餘人中七十一人，此舊例也。嘉慶時貢院號舍□千□百□十□間，道光二年擴而建之爲□千□百□十□間，二十二年增五百餘間，同治二年復增五百間，凡八千六百五十四間。近以軍興捐輸及抽釐金，廣東一省凡數百萬，奉旨加鄉試中額及州縣學額，以示嘉獎。學額既加，而貢院號舍如舊，士多不得鄉試。某與總督瑞相國及官屬薦紳議增號舍，號舍增則試卷增，又議增同考官。議定入奏，奉旨允行。士民咸喜，捐輸四萬餘金爲工費。貢院東南近城垣，北爲通衢，乃拓其西，買民地廣六丈、袤八十六丈，西北取禺山書院地十二丈，頭門之右舊爲司道廳，爲供給所，左爲戎廳，爲材官所，至公堂右舊爲大厨，左爲謄録所，今皆爲號舍。遷戎廳、材官所於興賢門外，遷謄録所於内簾之後，而以新拓地爲司道廳，爲大厨，爲供給所，餘亦爲號舍。凡增號舍三千間，合其舊爲萬□千□百□十□間。舊同考官十房，奉旨增三員。復增建其房合爲十三房。其餘内收掌、巡綽、吏承、民壯房，皆改建之。育才門圮，復建之。六年□月□日興工，□月工畢。八月大風，頭門舊墻圮者四十丈，撤而新之。是歲鄉試士之得與於試者萬□千□百餘人，中者一百九人，自開科以來所未有也。國家待士之恩，厚之至也。某等官於斯土，敬與多士同聲感頌，爰書其事，刊石紀焉。同治六年□月□日某官某撰。

聲案：文中有「某等官於斯土」語，與東塾身份不合，此文當係代作。

録自抄本《東塾餘集》

新會潮連鄉陳氏祠堂碑銘

同治三年，大兵克復蘇州，四年，克復金陵，凡有軍功者，領兵大臣聞於朝。新會陳桂士，奉旨即選同知，加知府銜，加二級，其從子朝恩，游擊銜，加一級，皆賜孔雀翎，贈三代。二陳君歸其鄉，建其祖次溪公祠堂，奉書來求銘，其書曰：「吾族聚居潮連鄉巷頭坊，自龍壑公始，凡五世，皆有祠堂。我祖次溪公，距龍壑公亦五世，二百餘年，祠堂缺焉。今桂士、朝恩以其微勞，并受恩命，榮及三世，緊先人之餘慶，其敢忘所自？乃告族人，願出資以建祠堂。僉曰善。買地二區，度其址，猶未足，同族柳溪祖祠有餘地，納其價，得而益之，凡廣□丈，中爲堂，堂南爲門，門左右有塾，庖湢咸備，買田□畝，以供祀事。經始□年□月，迄□月落成，□月之吉，奉主入祠。凡次溪公以下子姓咸在，肅恭將事，爰伐貞石，以立於庭，敢請爲之銘。」某乃言曰：「維國家用大兵，平大亂，凡厥士民，有財力明大義者，無小無大，踊躍自效。朝廷録其功，賜以文武官，褒及先人，國恩優厚如是，薄海之人，視陳氏祠堂其知所感哉！二陳君知報本之義，又其善也。是宜銘。」銘曰：

古之君子，百功受賞，歸美祖考，作器用享。惟二陳君，古義是師，有功受賞，作堂奉祠。黽勉赴功，是之謂忠，歸美祖考，是之謂孝。翼翼新堂，刻此銘章，惟忠惟孝，世世勿忘。

内閣中書新興縣學訓導丁君墓誌銘

新興縣學訓導番禺丁君熙既卒之明年，將葬，其弟照來言曰：「子與我兄，昔自童時同爲博士弟子員，相識二十餘年，請爲銘。」乃摭君之事而書之曰：君字守載，一字柱裳，以廪生捐訓導。中舉人，署韶州府學教授。選新興，以教諭銜管訓導事。又管羊城書院監院。道光二十八年，團練鄉勇之役，奉旨加内閣中書銜。三十年十月二十八日卒，年四十二。君爲人美丰儀，善語言，治事接人，精敏周洽，人以稱君，而吾以謂君之可稱不在此。君去年與余同會試不第，并車出國門，至淮上，君别余之諸暨，以先世諸暨人，歸謁先塋也。君恒念先塋距粤三千里，不得以時展謁，乃買田塋側，給守視者，而躬走謁者數四，至是又挈弟熊謁焉。君友愛熊，熊年二十餘，舉於鄉，君視之猶孩，水陸之行，跬步間意必相屬，一日必數呼之。而熊亦嚴事君，事必禀，語必唯，行必隨，此君孝友實行，余親見者。又前年君有妹喪，過余，容甚戚，請爲妹表墓，又請里中諸公求爲哀誄誌傳之屬，刻之成帙，此又君友愛篤摯之一事也。余以此重君，爲君銘，凡君内行不可備書，書余所見者。君三子尚幼，異時讀之，知所發焉。銘曰：

繄君之藏，濡我之筆，不擷其華，而摭其實。君靈有知，我辭無溢，庶幾後來，以誦以述。

貤贈儒林郎何君墓碣銘

高要何昆玉、瑗玉奉其祖考諱逢林行略，請爲墓銘。前年，二何客游大江南北，余家本江寧人，請往視先塋勒碑焉。今銘其祖，所以報也。銘曰：

高要之縣横查司，昔有一老年耋耆。世業清白祖所詒，宅心剛直絶詐欺。厥性好玉手琢治，巧極不類人所爲。尤嗜麴蘖甘如飴，日飲一斛無傞僛。豪氣勃鬱恒不衰，火災譆書水決陂。家業虧薄心坦夷，周給族姓矜惸嫠。命終時日先自知，焚香而逝顔愉怡。官階賢孫請贈貤，端州西北山對崎。安人王氏分宅斯，伐石羚峽刻此碑。

勅贈儒林郎何君墓碣銘

余既爲二何銘其祖墓，復爲其考銘墓曰：君諱廣泰，字國珍。道光十九年，夷人犯虎門，君從軍，與戰受重傷，蒙恩賜白金。二十八年，擊紅頭賊於廣寧，被圍，衆恇亂，君大呼曰：「我軍立草蔓中，賊擲火器不能然，無害也。」勸衆軍歸隊，分四面衝出，遂擒賊渠。未及受賞，而主將没。其後復從軍廣西、湖南，大小數十戰，亦不賞，遂不復出。蓋君性剛，不能諂事人故爾。肇慶府城瘟疫，君有友一家皆病，姻黨皆避之，君獨往調理。人皆爲君危，而竟獲安。君所居無疫，有來避疫者，鄰人拒之，君獨留之，而皆獲安。其仁厚多類此。嘗教其子曰：「爲人以問心無愧爲第一。」咸豐十一年十一月卒，妻陳氏，同治七年八月卒，合葬省城大北門外三台嶺。子昆玉，捐職布政使司理問，請贈君儒林郎，陳氏安人。次子其玉，早卒，季子瑗玉，捐職翰林院待詔。孫三人：曰鑑，曰鑾，曰鏐。係曰：

有功不賞，性剛直也。宅心仁厚，後必昌也。

余爲二銘，年老不能書丹於石，二何請書草書別求善書者書而刻之。己卯五月陳澧記。

以上録自陳之邁編《東塾續集》

湖北鹽法道鄒君墓誌銘

昔余官湖北按察使，與鹽法道鄒君同官爲僚。未幾，余遷去，遂與君別。別□年而哭君之訃[六]。又聞君之子員外郎□□先歿，益以感愴。君之孫山東候補同知祖恩等將葬君，以書來乞銘，余何忍辭。君諱之玉，字藹輝，號藍田，江西豐城人。祖□□、父□□皆以君貴贈資政大夫。君幼隨父爲廣東鹽商，長而嗣其業，俶儻多才略，以議叙得同知職銜。廣州饑，君捐資賑恤，奉旨加知府銜。嘆咭唎寇廣東省城，君又捐資練鄉勇，造軍械，奉旨賞戴花翎。寇退，君又捐資修炮臺、興屯田，奉旨以道員選用。道光□□年，選授湖北鹽法道。武昌大水，饑民數十萬，家居城堞上，或依高阜結茅以居。漢口又火災，焚市肆無算，民力益困。君始則施粥，繼則開倉貸米；又捐資運米平糶，數逾萬金；又捐資修江漢書院，增諸生膏火。士民皆感頌之。奉旨加鹽運司銜。總督命代償荆南虧空，君謝不能。總督劾罷之。未幾，武昌陷於賊，君已罷歸，得免於難。君歸廣東，杜門謝客，當道屢勸復出，君以老辭。咸豐七年七月十九日，無疾而卒，年七十二。君初授中憲大夫，晉授中議大夫，覃恩晉授資政大夫。元配熊氏，繼配萬氏，皆夫人。孫五人：祖恩，祖耀，祖壽，祖勳，祖慶。九年六月□□日葬君於廣東省城北原夏田後嶺。銘曰：

始爲商，優於才，能助軍，能賑災。繼爲官，優於德，民感恩，士被澤。解組歸，以壽終，有餘慶，後必隆。卜佳城，安幽宅，鐫我銘，石不泐。

聲案：文中首句即與東塾身份不合，此文當係代作。

候選訓導管君妻丁孺人墓表

道光二十八年□月，候選訓導番禺管某妻孺人同縣丁氏卒。踰月而葬。孺人兄□官□既誌其墓，又請澧爲之表。丁君言曰：吾父母有丈夫子六人，女子子惟亡妹一人，父母之愛之也甚至，諸兄弟之愛之也如父母之愛之而加敬焉。諸兄弟之妻之愛之也如諸兄弟之愛之而加暱焉。既嫁，其夫愛敬之如兄弟，夫之兄弟之妻愛且暱之如兄弟之妻。在福建，吾妹未嘗得一日事舅姑，而舅姑聞其行事，輒寄書奬許，曰：「賢婦，賢婦。」吾之能述吾妹者止於此〔七〕。澧曰：「如子言，孺人之賢可知矣。大凡婦人女子非有大不幸則無奇行以自表異。孺人之賢，庸行也。然庸行實至難，其事若無可稱，其德淵然，言之若不能竟者，是其所以爲賢也。固宜有述以彰於世，重以吾子之請，澧其敢辭！」丁君又曰：「妹之死甚奇，請終言之。今年夏，吾父病篤，妹禱神請以身代，父霍然起。妹之舅姑在福建，妹治裝急欲往，云以明年春爲舅姑壽〔八〕。父母曰：『若有身，盍既産而行乎！』諸兄弟曰：『今去獻壽期遠，盍如父母命乎！』妹憮然，遂留。及産，曰：『吾不得見舅姑矣！』果卒。聞者皆嗟異。吾子其有以論之。」澧曰：「孝之至者通於神明，神哀孝女，延父壽，是理之所有也。孺人之死，則其命也，非代也。神豈奪孝女壽哉！其自知死者，静而明則然，非以嘗禱焉故也。凡婦人女子當師孺人之孝，勿疑孺人以孝損其壽可也。」丁君曰：「善。」遂并著之。孺人之卒□十□，葬於某。有子二人，某某。其年十二月，同縣陳澧表。

原任順天府府尹梁君墓表

君諱同新，字應辰，别字矩亭，番禺人也。祖顯挺、考經國皆以君贈如其官。君未弱冠，中舉人。十應會試，乃中進士。先捐納爲内閣中書，改翰林院庶吉士。散館，授編修。充國史館協修官、纂修官、總纂修官。督湖南學政，轉山東道御史。道光三十年，奏兩廣盜賊充斥，失今不治，積而日多，恃衆橫行，益難撲滅。咸豐元年，奏請嚴禁天主教。是年廣西賊起，其後蔓延半天下，廣東賊亦擾亂數十州縣；英吉利、法蘭西亂後，天主教煽惑日多，至今爲患，君之言皆驗。二年，授禮科給事中，充陝甘鄉試副考官，授通政司參議。三年，廣西賊至天津，京師戒嚴，奉命辦團防。四年，授内閣侍讀學士。五年，以康慈皇太后喪，奏言：「皇太后撫養聖躬十有餘年，皇上守『慈母如母』之文，特尊爲皇太后。臣考《儀禮·喪服》三年章云：『慈母如母。傳曰：妾之無子者，妾之子無母者，父命妾曰：「女以爲子。」命子曰：「女以爲母。」若是，則生養之，終其身。死則喪之三年。』此謂大夫以下，天子、諸侯則不服庶母也。小功章：『君子子爲庶母慈己者。傳曰：君子子者，貴人之子也，爲庶母何以小功也？以慈己加也。』若《曾子問》所云：君使教子之慈母，則無服。魯昭公練冠以燕居，君子謂爲非禮。觀此，則知大夫以下之庶子，爲慈母服三年，天子、諸侯無服，《禮經》甚明。昨恭讀上諭，命恭理喪儀王大臣詳稽舊典，悉心覈議。臣恐王大臣等謂名實當相符，既隆太后之稱，當遵太后之禮。夫所謂禮者，無不及情，亦無過乎情，情之中當裁之以義。伏乞皇上敕下廷臣，詳加參酌，上愜聖懷，下符公論。」又片奏云：「《宋史·楊淑妃傳》載：仁宗在乳褓，章獻太后使妃護視，凡起居飲食，必與之俱，擁祐扶持，恩意勤備。章獻太后遺告尊爲皇太后，以其所居宫曰保慶。皇太后景祐三年薨，仁宗思其保護之恩，命禮官議加服小功。此事與今日頗相類，其加服僅小功，則當時典禮可知矣。謹摘録附片，以備聖裁。」疏入，如所議行。七年，授順天府府尹。八年，充順天鄉試監臨官，提調官蔣達與君意見不合，負氣出闈，奉旨革職，君亦降四品京堂候補。十年正月十二日卒，年六十一。以其年十一月葬於白雲山了哥隴之原。

君性聰穎，好覃思，自讀書作文外，旁及術數、星命、相墓之屬，無不研究。議論英邁，常屈其座人。昔余與君同會試不中，居京師交好。自余不赴會試，遂不復相見。悲夫！君子三：肇璟議叙運同銜，肇煌亦官順天府府尹，肇晉禮部主事。肇晉從學於余，奉狀及疏草請爲文刻墓前石。余以君爲言官，能言事，其議禮尤犖犖大者，近時奏議所罕見也，乃録而表之。光緒元年□月，陳澧表。

以上録自抄本《東塾餘集》

曾祖妣韓宜人墓告示碑陰記

澧之祖考理問君，始自江寧遷番禺，江寧先世墓皆族葬，其地曰吴家窿，曰大塘陳，曰朱家牌樓。自江寧南門至吴家窿三里，自吴家窿至朱家牌樓五里，自朱家牌樓至大塘陳七里。惟曾祖妣韓宜人墓在陶吾鎮龍王廟前，自江寧城至陶吾鎮六十里，又自陶吾鎮至龍王廟十三里，爲最遠。道光三十年，澧歸省墓，淮海兵備道桂君文燿爲澧屬江寧縣出告示禁侵毁。咸豐二年，澧復歸，將以告示刻石，置諸墓前，族人以陰陽家言不可。澧念吴家窿、大塘陳、朱家牌樓，皆數百年前族葬，無侵毁事，獨韓宜人墓距城遠,又爲人侵地甚多,宜人裔孫又皆在番禺,不得以時展謁,乃獨刻一石置墓前,今而後宜人可永安於幽宮矣。桂君與澧爲友,相愛若昆弟,又推愛於我先人,保其丘墳。嗚呼!我子孫其毋忘桂君哉!刻既成,爰書其事於碑陰。

弔琦相國文

蓮花之山兮,番禺之東。感今追昔兮,遠弔相公。公繼林文忠以督粵兮,乃同室而操戈。林困夷使絶粒兮,公返之而議和。登兹山而召夷酋兮,又肆筵而設席。命部曲爲主人兮,公移牀而遠客。維一時之公憤兮,騰[九]衆口而囂然。謂相公爲秦檜兮,傾海水而莫湔。守華夷之大防兮,實辭嚴而義正也。值邊釁之始發兮,亦相公之不幸也。儻相公處今之日兮,於國體其何傷。信滔滔之日下兮,嗟電速之流光。迴余舟於蓮花之山兮,緤余馬於四方之臺。又將弔緄城之太守兮,以寫我哀。

學海堂祭阮文達公文

維公集成四部,位極三台,高密經神,廣平遺愛。昔日召南之茇舍,即今丞相之祠堂,奉棘下爲先師,祀文翁於石室。知羊公之百歲,猶憶此山;感杜老之千間,大庇寒士。瓊樓玉宇,近乘風歸去之期;孔蓋翠旌,想横海焉窮之概。伏惟來格,鑒此馨香,尚饗。

脯、鹽、餅、果。

菜、筍、魚醢、豚拍。

就位，主祭者詣香案前，皆跪，上香，獻爵，獻帛，叩首，興。

主祭者復位，皆跪、叩首、再叩首、三叩首，興，跪、讀祝文，叩首，興。

望燎，禮畢。

以上録自陳之邁編《東塾續集》

識月軒詩話 一則

金溎生司馬來粤，晤談者屢矣，氣宇和雅，宜其能詩也。近者見示所作《芙蓉江上草堂詩稿》，其五言律句云：「春陰不成雨，釀作一庭煙。」「歸舟已昏黑，溪水一條明。何處是村落，遥聞犬吠聲。」七言律句云：「得句每愁難屬對，觀書常恐易終篇。」「白雲滿地客何處，啼鳥數聲花亂飛。」「偶逢奇石向人立，時有閒雲隨客留。」「含煙堤柳圍濃緑，隔霧溪花綴小紅。」「短篷忽覺微蔭覆，知是紅橋乍過時。」「江鄉我愧蕭閒甚，只有扁舟一釣竿。」皆清妙可誦。古詩佳者甚多，長篇難於鈔録，然如「書生無實用，俗論多謗傷，相期雪此言，此願會可償」，豪宕語尤可喜也。陳澧。

録自金武祥《芙蓉江上草堂詩集》

【校記】

［一］字履康　原作「子莅康」，抄誤。據民國《蕭山縣志》陸以莊傳改。
［二］估　原作「祜」，形近而誤，據下文文意改。
［三］以　原脱，據文意補。
［四］「更」字下疑脱「傷」字。
［五］但記　二字原脱，據文意補。
［六］訃　原作「計」，形近而誤，據文意改。
［七］此　原脱，據文意補。
［八］壽　原作「者」，據下文文意改。
［九］騰　原作「勝」，未是，據文意改。

陳東塾先生遺詩
東塾先生遺詩輯補

黄國聲　整理

整理説明

《陳東塾先生遺詩》一卷，共收詩二三九首，補遺十三首，由陳澧門人汪兆鏞輯録，於一九三一年刊行。陳氏嘗自言：「僕少時喜爲詩，年二十四歲始棄去。自此以後，興到爲詩者，一年不過數首，亦竟有終年無一首者。偶有應酬之作，皆不愜意，迫於不得不作耳，故皆不存稿也。」(《東塾遺稿·默記》)東塾生前堅持不出詩集，詩作亦不存稿，因而散佚滋多。在他去世近五十年後，始由汪氏陸續蒐輯，編刊行世，亦云幸矣。汪氏自言所輯「皆得之於爲人書箑幅及傳鈔本」，然後「按年編次，加按語以識之」。報稱師門，爲意至善。惟蒐羅範圍未廣，其有見於清人詩文集中者，圖書館珍藏手迹者，以及東塾曾孫陳之邁編《東塾續集》中者，未見蒐及。今從上述資料中輯得佚詩三十二首，編爲《東塾先生遺詩輯補》。另有斷句及楹帖若干，無可附麗，謹附於後。又汪氏對陳詩的編年，多明晰而有據，然亦偶有未加細考而編次失當者，今爲援據故實，考訂年月，以案語附於各篇之後，而不另行編次。

目録

補遺

東塾先生遺詩輯補

陳東塾先生遺詩

臘月朔日厚甫師招同吳石華何惕庵兩學博楊黼香張玉堂學海堂探梅因與玉堂登鎮海樓

按：學海堂創建於道光四年。先生《自記》：「道光七年丁亥，年十八，學使翁心存送入粵秀書院肄業，院長爲元和陳鍾麟厚甫。」「十二年壬辰正月，厚甫先生歸杭州。」以此推之，詩當作於壬辰以前。

城市窮年靜掩關，欣然一笑見青山。藏書地覺梅花古，問字人如野鶴閑。詩骨健增游興勇，師步行登山。酒徒緣爲病魔慳。桂星垣以病不至。滄溟萬頃樓千尺，放眼同君絕頂攀。

觀音岩

按：先生《自記》：「壬辰鄉舉，年二十三。是年冬，計偕北上。」以下數篇當是途中作也。

萬石積鐵堆嵯峨，澄江繞足生盤渦。攙天抉起一千尺，影入水府驚蛟鼉。何年鬼斧劈山裂，最斗絶處穿蜂窩。天梯石棧搆飛閣，攝衣直上捫懸蘿。蜿蜒一徑閟深黑，洞入山腹如旋螺。天光倒射忽開豁，寶刹涌現香雲多。當頭巨石壓檐落，天然花萼舒秋荷。白衣仙人合掌坐，低眉静閲千帆過。險中乃得大自在，回視世路皆委蛇。游人膜拜乞籤驗，神詞籤詩，古未有也，《説文》：「籤，驗也。」今借用之。我欲一試心婞娿。人生入世一何似，茫如挂席浮江河。風來順逆那可必，自整檣櫓遑知他。此身窮達已前定，神縱告我將如何？即今游迹亦鴻爪，放舟去去輕如梭。且書山石記名姓，歸來剔蘚重摩挲。

過惶恐灘作家書

千里家書手自裁，到時老母笑顔開。悤悤兩箇平安字，惶恐灘頭遠寄來。

阻風滕王閣下張韶臺文學招飲醉後作歌

大風從北來，長雲障天天不開。寒江洶洶白波怒，但聞訇㕞觸岸聲如雷。滕王高閣何崔嵬，千年孤立牢不穨。登高四顧一何有，吴頭楚尾昏塵霾。千艘萬舳不得過，危檣僵立成枯柴。落霞無光孤鶩没，嗟爾作賦之人安在哉！衡陽歸雁啼正苦，使我不得久徘徊。返坐孤篷向昏黑，凍雨打舟急有力。舟輕浪湧勢轉側，篙師無語各屏息。故人翩然登我舟，攙我疾走登高樓。華筵大開樓上頭，一醉可以銷羈愁。千杯萬杯勸不已，玉山自倒吾醉矣。安得明朝攬衣起，晴江無波雨亦止。南風獵獵吹旗尾，慘霧愁雲去如洗，挂帆一去六千里。

十二月十九日大風雪登滕王閣與梁玉臣國珍龐乾生文綱兩同年拜東坡先生生日以滕王閣三字分韻得王字

坡仙一去七百載，游戲六合乘龍翔。下界拜公盡塵土，瓊樓玉宇知何鄉。我行千里下章水，滕王高閣凌蒼蒼。才人遺迹詩老壽，豈獨地勝兼時良。天公大笑敕滕六，蜚廉爲御聲琅琅。爲公今日作玉戲，留我此地傾霞觴。珠簾畫棟洗塵艷，玉樓銀海森寒芒。吹簫何處覓二客，酹酒兼顧呼三王。自我檥船已信宿，日日斷渡顛風颺。天才自愧在王後，敢望神助煩馬當？且向髯翁借詩筆，共作白戰追歐陽。頓從秋水落霞外，別闢詩境生清光。莫令一序獨千古，拔戟成隊今何妨。南飛鶴去公醉矣，但乞勿笑狂生狂。

寒鴉曲

日已落，鴉欲棲，山昏樹黑江雲低。天寒日短不得食，歸飛啞啞枝上啼。歸來底事啼轉苦，知有孤雛隔煙渚。此間林密堪共棲，江路茫茫念煞汝。沙岸風多宿未安，嚴天霜雪羽毛單。江邊亦有遠游子，愁絶天涯反哺難。

舟中除夕

家遠心常到，途長歲已新。幾曾今夕酒，離卻白頭人。此地三千里，明朝廿四春。吾身無限事，少壯莫逡巡。

山塘元夜 癸巳

金閶門外雪初消，七里山塘泛畫橈。一片吴宫舊時月，照人沈醉可憐宵。

登虎丘浮圖絶頂作歌

虎丘樓觀光玲瓏，寶塔突出撑晴穹。山僧朝夕共膜拜，香煙直上青濛濛。虹梁霞棟凌虚起，風鈴雨鐸層雲裏。四面高張佛手擎，寺有觀音像，四面千臂。千尋下壓虎聲死。丹梯曲曲盤蜿蜒，我誓鼓勇登其巔。吴山越水細如織，千里絡繹來眼前。川原城郭盡平地，目力不到成雲煙。不知此身離地五百尺，但覺衣邊花雨浮諸天。罡風横空來，拂面聲琅然。朱欄碧瓦盡浮動，衣帶四起飛聯翩。身輕骨瘦儻吹去，坐使下界千人仰面疑飛仙。長嘯人不聞，白日忽西匿。吴王醉魄呼不來，古鐵沈沈葬寒色。有酒但酹真孃墓，散花不到生公石。玉樹瓊枝有枯槁，山中玉蘭一株，大合抱，近枯朽矣。翠殿璇宫自金碧。山有行宫，爲南巡駐蹕處。君不見金閶門邊春色新，嘈嘈萬斛綺羅塵。誰知七級浮圖頂，上有蒼茫獨立人。

贈張亨甫即題其南來詩録兼以送别二首

坡仙去後羅浮冷，萬里能來有幾人。君方游羅浮歸。上界三峯供放眼，遠行一劍獨隨身。客游遍數半天下，詩卷常留照海濱。彩鳳文章孤鶴骨，此才豈合久風塵。

我向圖中始識君，鄭雲麓觀察與君别於都門，爲寒宵話别圖，方命澧題詩而君適至。南來新喜塵談聞。騷壇争長盟誰主，别調孤行曲要分。君論詩服膺漁洋，謂黄仲則如清商之調，非中聲也。眼界千秋明似月，天涯一聚影如雲。無因共訪樵夫去，石鼎寒煙悵夕曛。君於嶺南詩人推黎二樵，欲往拜其墓。

素馨斜

珠江江畔素馨斜，臨水人家盡種花。藍田日暖生香玉，青塚人歸倚暮霞。李義山《青陵臺》詩：「萬古貞魂倚暮霞。」劉郎昔日思傾國，詔選三城好顔色。豐容盛鬋及笄年，鈿盒金釵定情夕。君王方置媚川都，儘有明珠换緑珠。點來梅萼裝宫額，琢出蓮花試玉趺。竟體芳蘭人盡羡，漢宫無復誇飛燕。照影時臨玉液池，看花同上沈香殿。花落花開秋復春，楚腰瘦損鬱金裙。可憐宴罷紅雲散，落葉哀蟬不忍聞。西湖丹藥無消息，惆悵留仙留不得。漫山風雨杜鵑紅，孤塚秋煙螢火碧。轉瞬瀧頭作戰場，名花難説小南强。康陵寂寞金魚冷，明季有發劉龑墓者，得碧盤，中有金魚影一事。見《廣東新語》。一様荒蕪弔夕陽。紫雲明月無留影，劉郎去執降王梃。紅粉凋零莫怨嗟，玉鈎斜勝臙脂井。至今黄土尚餘馨，化作嬌花倍有情。珠兒珠女無愁思，寒食年年來踏青。

聲案：此詩一題二首，今存鈔件於中山大學圖書館，題下注云「己酉」。詩前有東塾親筆題云：「此余少時詩社之作，此首詩社取第一。」另一首題云：「此首詩社取第九。」又親筆眉批點出作意者數處，蓋倩人抄録攜往講堂示範者。惟己酉爲道光二十九年，東塾年已四十，不得云「少時之作」。其爲乙酉之筆誤歟？乙酉爲道光五年，東塾十六歲。《東塾集·與陳懿叔書》云：「澧十五六歲時，篤好爲詩，立志欲爲詩人。」可證。汪氏編次於道光十三年之後。未合。

虎門觀潮

五虎南下山蜿蜒，山山直到南溟邊。千盤萬轉地力盡，但有巨海疑無天。屹然湧出大小虎，勢與番禺作門户。峯巒面面鬭狰獰，潮汐時時互吞吐。潮來大海茫無涯，廣陵曲江安足誇。欲捲獅洋快一瀉，直抵羊石誰能遮。島嶼濛濛影浮動，帆檣葉葉風吹送。入夜喧豗月有聲，凌晨黯澹天如夢。陽侯得意方睢盱，天遣山君蹲海隅。下瞰蛟鼉見窟宅，上應參伐張牙鬚。海潮至此勢一束，鯨吸鼇呿皆屈伏。樓堞連山鐵壁環，波濤倒地銀山縮。神物千年鎮此門，如何羝觸忽崩奔。寒潮夜夜聲嗚咽，中有淒涼烈士魂。謂辛丑殉難諸將士。火輪出入紛如織，徒使英雄淚霑臆。天河洗甲會有期，海水澆螢豈無力。即令滄海靖煙塵，刻石磨厓氣象新。請看手挽狂瀾倒，砥柱中流大有人。

聲案：此詩汪氏定爲庚子（道光二十年）前之作。然詩中夾注有「謂辛丑殉難諸將士」語，汪氏之誤不待言矣。時人吴梯《岱雲續編》卷下《虎門觀潮》詩序云：「道光己酉（二十九年），英夷固請入朝。制軍率夷酋泛舟虎門，以伐其謀。粤人即事徵詩。」時應之者衆。東塾此作，即其一也。

大水歎

按：以下三篇載《學海堂三集》，未審何年所作。先生《自記》：「庚子冬，補學海堂學長。」當是庚子前作也。

羊城積雨盈街衢，溼我架上千卷書。朝來著屐過田舍，問訊水勢今何如。老農告我水已大，上游傳説基圍破。江頭萬斛老龍船，昨日揚帆田上過。陽侯爲虐誠何心？縱彼蛟蜃爲驕淫。盤桓不肯赴滄海，忍使繡壤成荒沈。我謂陽侯豈得已，非水逼人人逼水。君不見大庾嶺上開山田，鋤犂狼藉蒼崖巔。剗削山皮剩山骨，草樹鏟盡胡能堅？山頭大雨勢如注，洗刷沙土填奔川。遂令江流日淤淺，洲渚千百相鈎連。又不見海門沙田日加廣，家家築壘洪波上。海潮怒挾泥沙來，入此長圍千萬丈。三年種得草青青，五年輸租報官長。海門日遠路日紆，坐見滄溟成土壤。陽侯束手敢與争？迫窘詰屈難爲情。欲留不能去不得，暫借君家田上行。人情貪得死不悔，豈知世事浮雲改。欲驅山海盡成田，反使田疇盡成海。老農聞言三歎吁，信我此論良非誣。不然粤地際南海，自昔水潦常無虞。今時水即舊時水，何致比歲淹田廬？闢萊任地本良策，其奈利害相乘除。一方受利數郡害，徒使吾儕常向隅。嗚呼親民之吏慎勿疏，再謀開壅吾其魚！

聲案：汪氏謂此詩作於庚子前，是也。惜未確定年月。庚子前廣州之大水災，爲道光十三年癸巳。梁廷枏、蔡藼清、梁信芳、何玉成、李鴻儀諸家詩集均有詠及，東塾此篇，應亦作於是年。

水車行

漆桶爲腹長而方，巨筒獨立中爲腸。夾以雙管置兩旁，外出木柄鳥翼張。柄摇管動相低昂，如爐鼓鞴笙吹簧。一氣湧出筒中央，驅水逆行出其吭。牛皮爲喉千尺强，裊裊空際烏龍翔。其端有物如欃槍，一人執之升高墻。隨其所指傾銀潢，是名水車厥制良。誰其創者自西洋，通市上國來五羊。羊城古號寶玉鄉，百貨所集人攘攘。通衢列肆自成行，錦文珠玉難斗量。富家第宅如侯王，飛樓華榱亘虹梁。粉白列屋東西厢，明鐙百枝何輝煌。大酒肥肉醉且狂，祝融大笑聲琅琅。下視萬瓦如蜂房，棟宇一枯柴僵。北風淒淒冬夜長，粵山一炮心惶惶。粵秀山邏卒見城中火起，則舉炮。水車忽過驚雷硠，四輪箭激飛騰驤。人牽車如馬服箱，背負巨綆奔踉蹌。或執炬火照夜光，或攜瓶罌汲陂塘。或荷雲梯高若墻，或持鈎叉銛有鋩。一一强壯無羸尪，呼聲震天勇莫當。赫如鋭卒臨疆埸，惟見萬笠青篔簹。牽水車者皆戴竹笠。千乘雲集填康莊，萬手摇柄聲砰磅。須臾飛雨傾淋浪，忽如水戰決土囊。祝融大敗氣不揚，偃旗棄甲無披猖。水車人歸喜過望，徐行按轡無奔忙，有如奏凱登明堂。但聞路邊兒喚娘，欲歸無家食無糧，號寒有客無衣裳。昨日大賈或富商，墨查炭屑如高岡。此皆翡翠兼明璫，可憐焦土悲咸陽。嗚呼人事實不臧，窮奢極靡禍所藏。高明鬼瞰理則常，水車爾豈能周防？一言請告梓與桑，壬午之難胡可忘？西關一火萬室荒，豈無水車不得將。島夷束手空悲傷，壬午西關火，焚數萬家，夷人救火，并焚其水車。人心敦樸天降康。莫以寶貨誇金相，陰陽和會無災殃，閉門懸車大吉祥。水田萬頃多稻粱，去騎秧馬同徜徉。

論詞絶句六首

月色秦樓綺思新，西風陵闕轉嶙峋。青蓮隻手持雙管，秦柳蘇辛總後塵。

冰肌玉骨洞仙歌，九字何曾記憶訛。刪取七言成贋鼎，枉教朱十笑東坡。

自琢新詞白石仙，暗香疏影寫清妍。無端忽觸胡沙感，争怪經師作鄭箋？張皋文謂《疏影》詞爲二帝之憤。

道學西山繼考亭，文章獨以正宗名。吟成花又嬌無語，卻比詞人倍有情。

也解雕鎪也自然，鐙前雨外極纏綿。何因獨賞唐多令，只爲清疏似玉田。

超玄誰似玉田生，愛取唐詩翦截成。無限滄桑身世感，新詞多半説淵明。玉田詞多用唐人詩句。

燈　影

暝色濛濛入户遲，窗紗紅透閃參差。一庭香霧銷無月，四壁秋蟲夢有詩。孤館漏長攤卷夜，深閨人静卸妝時。兩般同是情如繪，除卻銀釭若箇知。

簾　影

留得餘香滿座温，深深庭院似黄昏。春陰一桁花無色，秋雨千絲夢不喧。銀押放時波在地，玉鈎開處月當門。碧筠摇動迴紋漾，疑有瀟湘舊淚痕。

鞭　影

江山如畫據鞍吟，一綫羈魂裊不禁。萬里蠶叢分指點，廿年駒隙感光陰。西風古驛離人夢，落日平原老馬心。莫向人間争要道，回頭鴻爪費追尋。

帆影

煙痕水色兩模糊，倒映涼雲一幅鋪。極浦波平疑不動，長江風利去如無。壓來細雨春愁重，立斷斜陽望眼孤。最是酒醒潮落後，五更殘月滿菰蒲。

聲案：東塾於道光十二年北上會試，與梁國珍、龐文綗同行，舟中爲詩唱和。見《自記》及《東塾集·與陳懿叔書》。又詩有「廿年駒隙感光陰」句。時東塾二十三歲，蓋舉成數言之。以上四詩當爲是年所作。

正月十日厚甫師招游西湖賦呈四首

按：先生《自記》：「乙未正月，謁厚甫師於杭州。」

春風吹我畫中行，載酒叨陪杖履輕。人飲湖光多□骨，天知游興助新晴。林梢雪破甦山翠，鏡面波柔曳櫓聲。滿酌笑呼賢太守，香山遺愛尚分明。長君茹香守處州，以事至杭，是日同游。

水邊金碧舊樓臺，憶昔宸游氣象開。花鳥自迎閑客笑，湖山猶望翠華來。長堤繫馬無垂柳，深院敲門有綠苔。欲與老僧談往事，晚鐘林外夕陽催。

偏安形勝四邊無，底用回頭盼汴都。社稷中興泥馬健，英雄老去蹇驢孤。於今頑鐵人猶恨，從古忠臣獄易誣。太息吴山峯第一，爲誰點綴入新圖。

且莫臨風説古愁，煙容水態筆難收。纔欣西子初相識，更與東坡訂後游。帆影飛揚催日下，酒痕瀲灧記杭州。孤山香雪春長駐，歸路爲公十日留。

春日寓靈祐寺懷君模子琴黼香芑堂將至 丙申

古寺安吟榻，高眠晝掩門。城深客到少，庭晚鳥歸喧。草樹春猶淺，風沙日易昏。此時遠行者，驅馬亦投村。

和張南山先生爲梁茝鄰中丞作商爵詩 按：先生《自記》：「丁酉館於南山先生家。」

我生夙好金石文，上窮斯籀下隸分。惜哉三代物罕覯，薛尚功王厚之摹刻徒紛紜。近者桂林有商爵，中丞拂拭生奇芬。其銘三字子孫父，倒薤筆力懸千斤。松心先生善説古，博徵載籍詞斷斷。先生爲作《商器父字説》。歌詩唱和各奇絶，更得篆法心所欣。我觀古文筆鋭出，蝌蚪掉尾形蝹蝹。周鼓秦碑玉箸法，瘦硬有似秋鷹筋。從兹下閲漢吴魏，兩體屹若張兩軍。漢石闕及碑額皆玉箸法，魏「上尊號」、「受禪」等碑額亦然。范式碑及吴「天發神讖」「禪國山」碑則用鋭筆，其源出於蝌蚪書。夙疑中郎論篆勢，微本濃末何云云。此篆垂垂如禾穗，足證篆法符前聞。蔡伯喈《篆勢》云：「微本濃末。」又云：「穨若黍稷之垂穎。」更考唐人篆碑額，源流一綫無歧紛。唐碑額篆書此體甚多。惟應三體鼎足立，彼十八體空塵氛。恨未摩挲拓翠墨，遠想法物情徒殷。又聞豐碑有西嶽，亦歸鄴架儲香芸。此碑云是伯喈筆，玄石已歎野火焚。幸遇公卿雅好古，阮梁先後鈎摹勤。昔過松廬見傳刻，墨光滿紙浮氤氲。中丞得華山碑山史本重刻之，前在聽松廬見拓本甚精。願乞先生索紙本，吉金樂石來如雲。便當西望拜嘉惠，古錦什襲香三熏。

題潘鴻軒百花卷子

拈出五色筆，齊開百種花。暄之滄海日，爛若赤城霞。草木誰能狀，詩書信有華。騷壇推巨手，莫認畫師家。

聲案：汪氏繫此詩於道光十七年至二十年之間，未合。鴻軒孫潘飛聲《在山泉詩話》卷四云：「先祖明經公百花長卷，作於咸豐戊午避亂江村時，題者極夥，陳蘭甫京卿云：『拈出五色筆，齊開百種花。』原注云：『昨讀大作七古長篇，才力富健，欣服之至。』」可知爲咸豐八年之作。

敬題叔父休厓公遺硯圖

叔父曰嗟某來前，示爾圖畫兼詩篇。誦詩已竟啓畫卷，訝此神妙秋毫巔。容顏蒼蒼髮鬚白，雙目含笑精神全。一孫手撫一懷抱，曰昶曰祚皆翩翩。呼奴汲水滌雙硯，畀彼異日供磨研。叔父曰非我作古，此事倣自范氏賢。范君歿後孫五歲，手捧遺硯能潸然。兩孫他年解念祖，亦視此硯心拳拳。某拜受教願有說，事雖學范壽則延。期頤百歲且未艾，親見兩孫磨硯穿。我爲頌禱叔也笑，退自悲涕揮漣漣。嗟余不逮事王父，瞻仰遺像悽几筵。我父早衰晚生我，自古少子得愛偏。爾時不減昶與祚，亦遺一硯方如磚。而今此硯猶在匣，嗚呼我父亡廿年。長時不忍啓匣視，鸜眼含淚清涓涓。我今及壯身七尺，腐儒無事惟高眠。我父如在當大杖，君母幸以無能憐。前時謂我將有室，賜以嫁時妝鏡圓。此鏡豈徒照顏色，照我喜懼心交纏。云何落第返鄉里，母也不見惟呼天。屈指吾生數涕淚，較范氏子多百年。吁嗟賦命一何薄，視昶與祚如神仙。雖然命薄敢自薄，懼不自立羞黃泉。文章餘事不足貴，所貴與硯同精堅。昶祚兩孩豈解此，願與乃父同勉旃。叔也明年正七十，望孫猶後望子先。我言至此叔首肯，命作韻語書餘箋。我詩俚俗且如話，父黨無容於禮當無愆。

聲案：此詩當作於道光十七年。東塾父大經卒於嘉慶二十四年，故詩云：「嗚呼我父亡廿年。」叔父休厓公大綸生於乾隆三十四年，故詩云：「叔也明年正七十。」核之年月，正相合。

懷亡友侯君模

按：先生《自記》：「丁酉，侯君模卒。」此當是庚子、辛丑間作。

歲月信易得，別來行四年。誰能攜一卷，相質到重泉。老淚硯池水，秋魂墓草煙。晨燈兼夜燭，期爾再生緣。

論印五首

看篆樓荒賸古苔，青銅無恙鎖紅埃。侍郎一去牙弦絶，擬挂徐君墓樹來。潘毅堂舍人看篆樓藏古銅印最夥。舍人歿，印歸其兄子季彤觀察。季彤，余妻兄也。余索印譜未得。余座主程春海侍郎爲余言欲得此譜，余無以應，而侍郎捐館矣。

大謝掀髯絶技稱，龍山老尹一聾丞。青門寂寞樵夫死，可許傳來無盡燈。順德尹右，能刻印，年老耳聾。余師謝里甫先生嘗稱其鑄銅爲絶技，異時恐不可復得。余乃倩鑄二印。尹頗得法於黎二樵，二樵得法於吴青門，然尹視吴、黎則不及矣。

不數江河萬古流，居然別派盛杭州。補蘿迦室人垂白，聞道徐公出一頭。近來刻印者多尚杭州派，而趙次閑尤有名。余倩作二印，頗未精。仁和曹葛民爲余言，徐楙字問渠尤勝。

心手追摹力不疲，魚門自許極豪釐。吴家博士彌珍惜，拳石殷勤學洗碑。歸善黄錀，字魚門，有仿古銅印譜。吴石華廣文倩刻一印，歲久漫滅，命其其子小華依仿重刻之。其愛重如此。

小孟山人號篆愁，只應造物忌雕鎪。摩挲金石吾同癖，夜夜籠燈上小樓。孟蒲生孝廉善刻印，有印文曰「小孟山人」，又號所居爲「篆愁廬」。今年館於清水濠，余恒過夜談。

白雲洞觀瀑

白雲不出洞，化作瀑泉飛。直立雪千尺，迴環山四圍。盤渦漱石齒，寒翠逼人衣。詩老骨真健，謂南翁。日斜渾未歸。

逍遥臺

百尺懸厓上，高臺眺夕陽。飛仙御雲氣，倚劍立蒼茫。舄下分諸嶺，窗中納大荒。鯤鵬定何物，吾欲問蒙莊。

夜宿雲厂

屋以山爲壁，人如鳥作巢。峯巒排枕畔，星斗挂林梢。室小雲常滿，欄迴樹欲交。岩棲真得地，何日共誅茅。

翠岩

兹山本空洞，終古積煙霞。暗壁垂岩乳，晴雲護井華。岩上有無葉井，旁多大樹，而落葉不入，故名。捫苔通石徑，穿樹得郇家。欲解詩腸渴，敲門乞苦茶。西樵茶最有名。

聲案：道光二十年，東塾與張維屏同游西樵山，觀白雲洞瀑，游翠岩，夜宿雲厂，清吟相酬。見張維屏《聽松廬駢體文鈔》卷四《樵言》。以上四首當即斯游時作。

柳

按：先生詞稿有辛丑蘆溝詠柳之作，此詩當是同時，謹編於此。

二月長安道，天寒柳未青。故鄉離别處，綠遍短長亭。客裏身難繫，風前酒易醒。無端春已老，飛絮又浮萍。

甲辰四月出都與李碧玲能定同行舟過黄天蕩風日澄美碧玲援筆寫巨松一幅余爲題詩懸之舟中以志逸興

煙銷日出静魚龍，遥望棲霞積翠濃。穩坐篷窗無一事，長江洗筆寫虬松。

拜先祖考先祖妣墓夜宿在此山莊作二首

按：先生《自記》：「道光二十八年戊申，葬考妣於馬嶺。」此詩有「痛思吾父母，雙棺未入地」之句，當在戊申前，謹編於此。

出郭向先塋，行行苦炎暍。停車傍松林，暑汗得涼翳。整衣拜墓下，兆域謹周視。當年馬鬣封，竭蹷老兄弟。先君、先叔父。勞勞覓高燥，此事嗟不易。子孫保封樹，永永當勿替。痛思吾父母，雙棺未入地。雖云竭誠信，遲遲小子罪。今將卜安厝，廣輪法先制。薄暮傍修篁，臨風愴流涕。

夕陽下西嶺，明月出東峯。徘徊不得歸，且宿茲山中。山中有敝廬，一徑行可通。昔惟我叔父，闢此地數弓。手植一株柏，柯葉青童童。今夜不能寐，坐此招涼風。迴望兩華表，但見雲千重。中宵耿無言，唧唧聞荒蛩。

贛州

歸路偏迴互，勞人熟往還。近家先夢到，爲客得身閑。夜火鸕鷀水，秋聲蟋蟀山。羈愁不可觸，野趣亦相關。

曲江

過嶺舟仍換，開帆日已沈。雨來添淺水，家近急歸心。連舫嚴關合，攤書濁酒斟。鄰船任喧聒，久客愛鄉音。

題陳禮部其鋥詩稿八首

嶺南屈指論風雅，多少才人漫品題。請向吾宗數詩老，前推獨漉後棠谿。

古風似杜似蘇韓，近體遺山與義山。五字偶然留古艷，齊梁餘韻在人間。

鐵崖詠史氣淋漓，樂府名存曲調非。一變聱牙歸格律，不須辛苦學妃豨。集中詠史多近體，不沿鐵崖樂府，真可謂善變矣。

小詩琢句也新奇，緑筍紅柑妙色絲。集中句。拈出菜花黄過酒，有人低首捋吟髭。余誦「二月菜花黄過酒」之句，桂星垣以爲得未曾有。

畫省歸來幾度秋，鼠鬚繭紙自風流。何因鐵馬金戈響，添得詩人一段愁。

多恐群公不喜看，轉喉觸諱事真難。須知太息兼流涕，只爲西京策治安。

纔成詩佛又填詞，象管鸞牋自一時。底用國工田正德，自吟新曲寫琴絲。

大集觥觥快睹先，汗青還望遍流傳。定知幾筆秋蛇字，附驥猶堪五百年。集首篆題，先生屬作。

盧伯材閣讀招飲席間聞梁玉臣舍人卒於獻縣途次潸然有作簡伯材

盧家蘭室伯材家精舍名。華筵開，有客日暮遲不來。余後至。來時座中皆歎息，主人欷歔客無色。爲言梁舍人，征途溘朝露，南北路遥遥，安得知其故。無病而卒。嗚呼人生行路難！隻身萬里辭鄉關。野館無人旅櫬薄，念之涕淚流潺潺。嗚呼人生行路難！我昔上公車，賃君廡下宿。有酒對案斟，有書并坐讀。一室如斗燈如螢，夜夜高談震鄰屋。有時長安秋月明，六街夜静無車聲，我獨與君攜手行。大呼酒家門，一斗還同傾。畫屏紅燭擁爐坐，纖歌一曲調銀箏。不知門外秋霜冷如水，但覺曉光入户群鴉鳴。人生樂事能有幾？雲散風流一彈指。相將早晚歸故鄉，憔悴貂裘蘇季子。出門又作日邊游，依然意氣横九州。讀東觀書信可樂，索長安米餘何求。夜潮嗚嗚孤客舟，欲發未發聞鵂鶹。五更風起一帆去，追送不及珠江頭。便從庾嶺下章水，徑度揚子踰邗溝。短衣匹馬向燕薊，客程漸遠疏書郵。忽聞一紙萬里至，已作鬼籙今生休。白日暮，華筵開，今我對酒令心哀。信知長安樂，不如歸去來。一夢春明竟如此，百年辛苦何爲哉！平原歎逝知誰共，尚有城南盧伯材。

聲案：伍崇曜編《楚庭耆舊遺詩》續集卷二十八選録玉臣詩，前有譚瑩題云：「歲甲辰，舍人奉諱南歸。迨丙午還都而遽作古人矣。」丙午爲道光二十六年，詩即是年所作。

次南山先生春游韻二首

昔游京國樂春臺，京師樂部。今喜鄉關劇飲來。翠管紅牙三疊艷，銀花火樹百枝開。草堂今日多佳興，畫壁旗亭有俊才。下里豈堪酬白雪，吟邊剛被雨聲催。

觴詠剛懷宴茂林，微聞三歎感遺音。危言盛世原無罪，勇退中流自有心。共羡先生詩筆健，不辭賤子酒杯深。野亭花柳還孤負，擬待新晴蠟屐尋。

聲案：詩當作於道光二十六年丙午。張維屏《新春宴游唱和詩》收入此和作，維屏自序署道光丙午春社前一日，可證。

南山先生招同温伊初聽松園看月

草堂東面開，最好看明月。誰云海上生，乃在橋邊出。堂下一片水，橋南萬林樾。水月兩鏡磨，林影一山凸。須臾鏡漸高，臺樹盡如雪。其中恰三人，清光洗毛髮。不知酒已醒，但覺涼沁骨。瑶臺白玉京，南山先生誦舊作看月詩「三更坐玉京」及東坡「恍然一夢瑶臺客」之句。此境不可説。卻思渡江人，夜潮鷗夢闊。玉生、欖軒、子遠先歸。

戊申除夕得桂星垣寄詩賦此奉答即書卷後別書一紙寄呈星垣使兩家子弟藏之如來書所云也三首

臘盡迎新歲，書來見故人。地分江海遠，情入夢魂真。散帙共懷舊，寄示程侍郎遺集。俸錢能饋貧。惠白金。呼兒誦詩卷，要使識交親。

少小如兄弟，中年耐別離。可能衰老日，長有笑言時。世事悠悠改，光陰冉冉馳。劇談猶感慨，何況是相思。

見説形神健，來書中語。能勝案牘煩。匡時資史學，昔在京師見星垣常讀史。謁帝有恩言。聞將入都。末俗師儒廢，空山著述存。猶思按圖籍，匹馬走中原。

咸豐元年元旦惠州寓舍作　辛亥

響竹喧喧酒夢醒，晨光澹澹到窗櫺。中年霜鬢欺人白，隔歲寒燈向我青。窮餓故應勝冷宦，歸休行欲老岩扃。九重此日多新政，閑坐漁磯子細聽。

閏中秋同張南山先生金醴香杜洛川珠江看月

中秋兩度百年期，康熙五十七年閏八月，至今一百三十三年矣。莫負今宵共酒卮。玉宇瓊樓天渺渺，花香人語夜遲遲。「花香人語」一作「檀槽銀燭」。[一]談深粤嶠東西事，過盡吾生少壯時。席間偶談兵事，又有詢及余鄉舉之年者。一醉何須更惆悵，咸豐景象似康熙。

聲案：咸豐元年閏八月，詩作於是年。

正月二十二日入江南境率賦一律寄小峯月湖碩卿三侄 壬子

故鄉西望峭[二]帆遲，漠漠江天有所思。震澤波光摇遠目，金陵山色展修眉[三]。客途辛苦吾將老，群從凋零此一時。金陵族人凋謝者多，方來叔父又在粤，今時光景與昔不同，故必當歸謁先塋也。期爾來尋鴻爪迹，松楸深處訪苔碑。

四月晦東阿舊縣題壁

昔時旅店愁無那，旅店而今夜讀書。學道中年隨處好，不知老境更何如？

韜　光

按：先生《自記》：「壬子六月游西湖。」

小坐虚亭酌冷泉，舊時吟侶半成仙。丙申與侯君模、子琴同游，今君模下世十餘年矣。竹陰紅日韜光路，補得游蹤十九年。

寄柳賓叔同年

元始春秋學，寥寥二百年。本朝諸儒無專治《穀梁春秋》者，宋元明不必論矣。大師今屹起，空谷喜跫然。宿草懷先友，遺書賸一編。寄君歸博采，應得共流傳。侯君模《穀梁禮證》一卷寄上。

讀書飲酒醉後得詩五首

讀書至百遍，其義乃可知。動云觀大意，但得毛與皮。古人千載上，似與後賢期。有詩[四]一二語，令我十日思。思索有窮極，鬼神爲通之。六藝出孔庭，譬若懸象垂。天圜包地外，獨以一管窺。七衡與六間，歷歷無可疑。請告同學子，讀書亦如斯。

著書亦何爲？中有不得已。但求後世名，此意吁可鄙。斷斷角門户，大亂將不止。我讀古人書，有疑記别紙。或爲墨守發，或爲廢疾起。宗旨在削繁，積習戒鬭靡。先友求心安，念之在後死。

更待五百年，揚雲有知己。侯君模云：「著書當求心之所安，眼光須到五百年後，勿爲時名也。」

生世有天幸，師友偏多賢。談藝得捧手，抒情時拍肩。性拙本寡交，交輒金石堅。我聞古人語，相保期百年。而我屢歎逝，宿草淚漣漣。逝者歸山邱，遠者疏魚牋。明當邀酒徒，日日酒家眠。

飲酒本銷愁，醉後愁茫茫。僂指古今事，翻覆已千場。來日當大難，聊復傾一觴。欲語不得語，屈曲九迴腸。熙熙登春臺，不知雪與霜。無病苦呻吟，得毋嗤我狂？

萬物有盛衰，不擇大與小。一身如一國，五官日勞擾。吾年未四十，此際未名老。攬鏡窺朱顏，不似舊時好。心形互相役，行見白髮早。人生當讀書，百歲苦不了。況懷千載憂，局促就枯槁。惟當論養生，精神以爲寶。

聲案：道光二十九年，東塾四十歲，今詩言「吾年未四十」，則當作於道光末年也。汪氏繫此詩於咸豐二年之後，殊有未安。

又五首

我近少讀書，惟讀地理志。十目乃一行，阮太傅語。不肯放隻字。居然有創獲，破空析疑義。思我與班生，俱生太平世。皇風大一統，四海歸圖誌。所以二千年，遥遥得冥契。鄺亭多耳食，南北限所際。安得共一堂，相與評同異。

大地窮四極，周天包九重。雙丸迭升降，浩浩流無窮。疇人既失職，西士乃争鋒。天圜得曾子，儒者咸推崇。謂可奪西學，點綫談黄鍾。凌次仲。豈知墨子書，算術賅西中。其書苦難讀，誰歟爲發蒙。惟應談天衍，鄒特夫。壓倒公孫龍。

自我識鄒生，如鍼得磁石。信讀書千卷，不如話一夕。其形清且臞，目光不盈尺。短視。偏能讀古書，章句無鈎棘。風神亦瀟灑，仙鶴比標格。累月不過談，一談輒日昃。欲邀城北徐，與講三統厤。

徐君講小學，神游皇頡初。因物畫其形，文字斯權輿。諧聲日孳乳，惟此握其樞。而君抉奥窔，探驪真得珠。數年不相見，相見有成書。獻疑紙盈寸，强半歎起予。文人古相輕，此語毋乃誣。

我聽徐君言，讀書宜節勞。不解學静坐，且復課兒曹。迴思束髮時，放學如逋逃。而今乃癡絶，午夜猶焚膏。著得數卷書，空言安足豪。置之四庫中，九牛增一毛。不如沽美酒，且去持蟹螯。時子遠饋糟蟹，故云。

聲案：東塾《自記》云：「道光二十六年，著《漢書地理志水道圖説》、《穀梁春秋條例》遂輟業。」今詩有「我近少讀書，惟續地理志」句，則當作於道光末年也。汪氏繫於咸豐二年之後，恐未合。

讀書八首

國朝經史學，彬彬稱極盛。風氣最精博，乾隆與嘉慶。賢相爲提倡，文達紀。與文正。朱。近者卅餘年，儒風乃不競。不復講經史，但以小楷勝。人才驟衰頹，天下自此病。何人壞風氣，後世有論定。

人才有三途，其一由天分。其一由閱歷，其一由學問。天分非人力，不可强而奮。閱歷在辦事，不可坐而進。惟有勉學問，得尺尺寸寸。十駕功不舍，駑駘亦神駿。曰何必讀書，此語不可訓。

我聞世人言，讀書人多迂。然則古聖賢，著書何爲歟？祖龍昔焚書，謂使黔首愚。今乃謂迂愚，其過由讀書。持此問祖龍，祖龍笑其誣。

論語二十篇，束髮即受讀。古人讀半部，謂治天下足。今人誰不讀？讀者誰不熟？非讀聖賢語，讀試場題目。讀書盡如此，恐非天下福。

人生不讀書，智過古聖人。孔聖實生知，敏求尚懃懃。周公制周禮，因夏而因殷。安坐不讀書，必是無懷民。蒼頡尚未生，安有書與文。

世間有寶玩，美玉與古器。買之千百緡，好者不惜費。一日幾摩挲，反覆更諦視。此但娱耳目，不能益神智。何如聖賢書，中有精妙義。其美不可言，其古莫與媲。其價又不昂，人人皆可致。此物真至寶，如何不知貴。

永晝無一事，出門觀雜劇。雜劇演古事，觀者日絡繹。吾爲進一解，古事在史籍。治亂與興亡，驚心而動魄。有賢亦有奸，有順亦有逆。有戰伐喧闐，有文采炫赫。諸君試觀此，觀此較有益。

學而時習之，論語第一言。王何必曰利，五字冠七篇。試讀此二語，其他猶後焉。孔孟豈欺我，弟子豈誤編。此必是大義，服膺謹拳拳。其餘經史學，於後更勉旃。

又三首

我爲嶺南人，請言嶺南事。往者成果亭中丞。盧厚山制府。祁，竹軒制府。來此作大吏。每日讀通鑑，前後竟無異。此必乾嘉來，名臣第一義。後賢遞師法，恪守不失墜。本來司馬公，此書號資治。欲爲名臣者，固宜知此意。

我聞王文端，德如古皋夔。豈與文章士，争美浮華詞。門生阮文達，一言啓其師。師爲元老臣，昭代事宜知。編輯備瀏覽，文端屢頷頤。其後應顧問，天語褒美之。因此薦文達，開府建牙旗。

蕭山汪輝祖，一代循良吏。生平著二書，學治與佐治。時有疑難案，屢斷屢翻異。汪引儀禮文，兩造息其議。嘗言讀經史，有益於吏事。勝於崑山腔，酒令葉子戲。

又二首

石勒本羯奴，不識一丁字。偏愛聽讀書，使人讀史記。讀至立六國，頓足訝失計。再讀借箸籌，乃歎留侯智。彼才固雄狡，亦由識史事。如何識字人，見書乃不嗜。

唐時仇士良，老教諸閹宦。勿使唐天子，讀書知治亂。知書識憂懼，我輩必疏遠。士良小人尤，事事逞驕悍。所畏者惟書，垂死以爲患。可知書有神，小人亦忌憚。如何鬚眉人，有書不喜看。得毋受彼教，我欲發三歎。

感舊三首

先師程侍郎，春海先生。雄文兼碩儒。嘗於侍坐間，問我讀何書。我以漢書對，又問讀何如。我言性善忘，讀過仍如無。師云豈在記，記誦學至粗。豈欲獵華辭，以資詞賦歟？漢室之興衰，班史之規模，讀之能識此，乃爲握其樞。廿年記師説，書此銘座隅。

我年未弱冠，初見張南康。南山先生。請問讀書法，乞爲道其詳。答云四庫書，提要挈宏綱，千門兼萬户，真如古建章。從此識門徑，漸可升其堂。又言讀書者，古書味最長。當時一古字，語重聲琅琅。我得此二語，如暗室得光。我舉此二語，先生云已忘。賤子不敢忘，書此什襲藏。

我與侯君模，風義兼師友。望衡對宇間，日日得捧手。其學博而通，文藻亦富有。諸史最專門，瓣香竹汀叟。著書求心安，片語我謹守。今稍有成書，附君或不朽。藝文君網羅，地理我析剖。傷哉墓木拱，酹以一杯酒。

沈伯眉屬題豐湖秋泛圖

杭州西湖六七到，晴雨雪月盡其妙。惠州西湖游竟難，來時正值湖水乾。庚戌二月[五]。此圖水清柳又碧，恨不當時共游歷。更吟坡老江郊詩，垂釣小潭坐磐石。余在惠州問蘇詩所謂「磐石小潭」，無知者。余與朱墨莊、馮鐵華同訪至歸善縣城外得之。

題劉樸石自書詩卷

樸石先生，時番禺留館翰林惟先生一人，親友皆勸入都供職，而先生以掌教書院自給，遂終老焉。澧未受業於先生，而與先生第八子名澧字蘭汀者同入學，相友善，當時謂之二澧。蘭汀甫及弱冠而殁，可悲也。題此卷因并及之。

遥想五十載，禺山一翰林。清貧守師道，蒐輯抱詩心。遺墨劇當寶，故家猶可尋。謂禹臣世兄。從來爲感歎，展卷更沈吟。

示兒子宗誼宗侃二首

城南讀書韓氏符，蘇家玉糝人間無。昔賢有子只如此，我能於爾多求乎？我今願爾肯讀書，芋魁作羹我不須。書聲琅琅我歡喜，濁酒一杯吾醉矣。

我年十五吁可悲，家無父兄愚且癡。我年二十差可樂，爲有益友桂星垣、楊黼香。兼賢師。厚甫先生。其時年少自奮勵，執筆亦能文與詩。爾今福命與我異，可憐只識一丁字。

朗山之官通州瀕行見示詞集淒鏘縣麗讀之不能釋手奉題一律即以贈行

青燈濁酒過殘年，把卷長吟更黯然。酩酊市樓飄蠟淚，淒涼城角感烽煙。一官又去八千里，此地由來尺五天。灞上棘門前日事，爲添幽怨入冰弦。

聲案：汪氏繫此詩於咸豐四年之前，未合。陳璞於同治二年作《山堂話別圖》，自題云：「昨山堂集餞陳朗翁之通州。越日，復集餞鐵翁之浙，俱爲圖贈行。」陳朗翁即陳良玉朗山，鐵翁則馮譽驄鐵華也。又顔薰《顔紫墟詩鈔》有《學海堂公餞陳朗山之官通州學博》詩，題下自注云「癸亥」。癸亥爲同治二年，東塾詩即是時所作。

題許小琴藏唐六如畫

桃花修竹水邊春，自壽詩成自寫真。才子風流吾不羨，羨他長作太平人。唐六如原題：「自恨不才還自慶,半生無事太平人。」

甲寅避寇蘿岡洞五首

幽絶蘿岡洞,桃源在世間。聚糧先隔歲,拔宅共游山。烽火重城閉,村墟盡日閑。主人解留客,棲託意相關。

避賊全家在,偷閑一卷親。廿年積心血,幾日警兵塵。世事誰能料,文章或有神。名山藏已定,不必問傳人。

兀坐愁炎暑,閑行愛晚風。林深喧鳥雀,水淺戲兒童。早稻垂垂熟,新炊户户同。天心真可感,世亂得年豐。

憶昔探梅到,而今二十年。故人長已矣,侯君模、桂星垣。山色自蒼然。憂樂心情别,飛馳歲月遷。結茅吾有願,長住洞中天。

林壑當門見,亭軒入畫看。池清知水活,山遠覺天寬。聞道兵戈苦,深慚飲啄安。何當掃群盜,主客一杯歡。

閑身

閑身貧病裏，清景亂離中。煮酒燃秋竹，吟詩和夜蛩。寸心江浸月，萬事葉隨風。簑笠煙江上，何人識此翁。

有感 丙辰

晉時王凝之，世事五斗米。孫恩攻會稽，凝之爲内史。寮佐請設備，内史偏禁止。靖室自禱祠，出告諸將吏。吾已請大道，擊賊自破矣。賊至破其城，凝之遇害死。

聲案：汪氏定此詩爲咸豐六年丙辰之作，未知所據。《東塾遺稿》第四十一册《瑣記》有「讀魏書裴粲傳」條云：「前時抄此條，非有所指，乃近日葉相國之於夷寇，正復相類，爲之慨然。戊午正月六日書。」又另條云：「信卜筮，謂賊不來而不設備，葉相似之。」今詩所諷喻，正葉名琛誤國被擄事，則爲咸豐八年戊午所作也。

白蟻行 有序

廣州卑溼多白蟻，人皆苦之，故作是詩。

西家茅屋風雨破，東家百尺頹垣墮。中有一家不動安如山，主人含笑華堂坐。華堂藻井連芝栭，洞房曲室珠簾垂。其間白蟻不可以數計，借問主人知不知？昨日雕梁蟻蠹折，今日畫屏蟻蝕裂。主人閉門門不開，白蟻白蟻爾勿來。

二石詠　有序　丁巳

作此二詩時，在梁小韓家。夷炮碎其書室，又擊死其鄰人。余甚恐，捫心曰：「心猶在乎？」作詩以自試，見案上有二石，即詠之。笑曰：「心尚在也。」

古雪立三尺，千年凝不流。版門修竹外，添得幾分秋。宣石。墨池有老蛟，夜半挺而立。出水不能飛，鱗鬣曉猶溼。英石。

炮子謠一首

炮子來，打羊城，城裏城外皆炮聲。炮聲一響子到地，打墻墻穿打瓦碎，輕者受傷重者斃。老夫中夜起長歎，尋思炮子何由至。炮子之來自外洋，外洋人至由通商。通商皆由好洋貨，鐘鏢絨羽爭輝煌。鐘鏢絨羽人人喜，誰知引出大炮子。吁嗟乎！炮子來，君莫哀，中國無人好洋貨，外洋炮子何由來？

請君莫畏大炮子，百炮纔聞幾人死。請君莫畏火箭燒，徹夜纔燒二三里。我所畏者鴉片煙，殺人不計億萬千。君知炮打肢體裂，不知喫煙腸胃皆熬煎。君知火燒破産業，不知喫煙費盡囊中錢。嗚呼太平無事喫鴉片，有事何必怕炮怕火箭！

得藕江書卻寄

炮火轟豗際，音書反覆看。從來出豪傑，所遇必艱難。劍淬鋒逾勁，松高氣自寒。良朋真益我，安卧且加餐。時每夜聽炮聲畢，乃寢。

戲作少年從軍行贈桂均

誰家白面馬上郎，錦袍銀鎧繡裲襠。一鞭獨出疾如鳥，牙旗葉葉隨飛揚。道旁觀者神皆聳，共識少年真將種。讀得兵書自不群，射穿鐵甲猶餘勇。塞垣老兵霜滿鬢，營門醉卧呼人扶。少年少年酌爾一杯酒，看爾封侯印如斗。

續紞如曲 戊午七月，續程侍郎作也。

四更已過天五更，嘈嘈四壁風雨聲。可憐三點兩點雨，屋漏淋淋竟如許。佳人倚竹羅袖單，瘦腰獨耐霜天寒。人間夢裏黑如漆，一粟短檠燈未殘。自抱瑶琴膝上彈，一彈再鼓三長歎。琴聲泠泠雨聲止，坐待天街月如水。

再續䌷如曲

四更已過天五更，長林密密鵂鶹鳴。壁間雄劍錚有聲，踊躍欲與妖鳥争。劍兮劍兮爾且韜爾鋒，勿吐光氣驚群蒙。人間鳥獸不堪斫，勸君勿試蓮花鍔。吾當佩爾高山巔，手抉霄漢開雲煙。

避夷寇寓横沙作

颯颯西風暑氣清，匡牀酒醒夜三更。高梧碎竹圓荷葉，供得先生聽雨聲。

八月十五夜

孤燈照几遲遲睡，細雨敲窗暗暗愁。明月不來人又去，徐子遠往惠州。不知今夕是中秋。

十八夜

黑雲[六]吹散雨初收，澹月濛濛白[七]上樓。幾箇瓜犀一杯[八]酒，獨來池上補中秋。

十九夜

中秋一醉不嫌遲，莫負今宵把酒巵。人有幽懷愛深夜，天將明月答新詩。四山雨氣全成水，一桁樓陰倒入池。野鶴閑鷗都睡了，此時清興有誰知。

廿一夜

樓頭缺月已三更，猶向池邊覓句行。蟹火漁燈風翦翦，豆棚瓜架露晶晶。潮痕退岸還歸海，山影和煙不見城。此際横街秋草徧，更無人迹有蛩鳴。舊居在西横街。

廿二夜

傍水竹欄花鴨睡，對門萊墢草蟲聲。他時[九]記取横沙住，夜夜哦詩看[十]月明。

自横沙過泌衝

沙洲十里繞潯岡，小艇摇摇泛夕陽。除卻蕪城兼廢壘，依然秋色滿江鄉。

贈招北海

按：招北海名培中，專治《周禮》。先生曾以此詩示桂皓庭，見桂氏家藏手札。

鄭君昔注禮，往往舉漢制。淵源出先鄭，此學本家世。鄭云成此家世之訓。宋儒陳傅良。與徐筠。後出加訾議。見《困學紀聞》及《玉海》。我聞詁經者，以通古今異。《毛詩》疏云：「詁者，古也。古今異言，通之使人知也。」知古亦知今，鄭學本如是。鄭志云：「既知今，亦當知古。」所以注禹貢，亦引地理志。周官作今釋，我告南海桂。文燦。一一引通禮，會典與則例。横沙見招君，講禮適相契。昏禮景禦塵，喪禮亖鬲繫。舉此示鄉人，古禮勿鄙棄。願君著一書，詳悉爲疏記。持以告昌黎，儀禮讀亦易。

戊午冬日和沈伯眉移居

去年衰亂憶前年，又到今年更慨然。戰守事機成一鬨，提攜家累已三遷。浮華已付[十二]東流水，實學如撐上瀨船。案有殘書樽有酒，醒時開卷醉時眠。

自題所著書後

按：先生《自記》：「戊午，四十九歲。」

暮暮朝朝手一編，也談地理也談天。牙籤涉獵三千卷，錦瑟侵尋五十弦。今年四十九。髻齔回思如昨日，亂離又恐及衰年。羊城兵燹驚心後，賸稿猶思取次鐫。

和張韶臺謝孟蒲生刻印并簡蒲生八首

緑劍山人擅妙詞，即論摹印亦吾師。解人更有張公子，瘦硬通神説杜詩。

梅雪開編挹古香，芝泥紅艷燦成行。山人可是無官職，看取纍纍印一囊。蒲生有《梅雪軒印譜》。

古銅繆篆妙難名，新法圭棱異態生。儻比美人顔色好，捧心原不礙傾城。

休笑頑銅洗剔勞，較將文石得堅牢。千年後有如君者，姓字摩挲學奏刀。余愛銅印，蒲生謂油砝著銅輒殖敗，不喜之。然其《印譜》仿古銅印最多，故以此嘲之。

金石評量學不孤，劇談渾忘日將晡。夜歸不畏揶揄輩，手有丹書辟鬼符。余愛銅印，常攜印歸。蒲生、韶臺皆居清水濠，其西傍城根，人云多鬼，故戲及之。

剸肝鏤腎趣無窮，寸鐵居然有化工。刻石燕然何日事，與君顛頷老雕蟲。時夷寇方劇。

識字從來亦苦辛，枉談蒼雅費精神。鴻都石冷無車馬，懸肘黄金自有人。

蒐句無功刻印刓，近來好懶興全删。無端偶學邯鄲步，又費浮生半日閑。余自幼喜刻印，後以惜目力不爲也。近來復不喜爲詩，今年恒過蒲生，乃稍刻印，又以韶臺索和，率成八絶句以塞責耳。

題畫絶句十首

唐六如花卉

灑出金壺墨汁鮮，何須殺粉與調鉛。桃花庵裏觀遺像，讀畫而今更惘然。昔年過揚州桃花庵，有畫六如居士像於壁上者，今不知尚在否？

關思山水

石骨稜稜古澗深，千厓落木氣蕭森。道人不怕風霜峭，自倚危欄側帽吟。

青藤道人荷花

荷花欹側葉離披，葉底深藏白鷺鷥。正是野塘長夏日，墨雲壓水雨來時。

石谿道人山水

石徑縈紆路幾盤，秋林蕭瑟葉聲乾。杖藜扶我入山去，一角遠峯相對寒。

蕭尺木山水

空山多古木，清谿帶茅屋。欲攜離騷文，來此閉門讀。

丁雲鵬山水

扁舟赤壁畫圖工，恰好題詩十月中。真箇江山難復識，欲攜斗酒問坡翁。題此詩時，戊午歲十月之望也。

大滌子山水

筆如風雨，墨如波濤。淋灕慘澹，畫中之豪。

張瀓山水

淺水平橋野屋涼，雙松藤蔓晚蒼蒼。分明黄鶴山樵筆，只少題名篆一行。

金鐸翎毛

兩箇鸜之與鴿之，翩翩對語立花枝。墨痕新洗端谿硯，看取雙睛欲活時。

馬江香女史花卉

折得兩枝花，膽瓶也堪插。春風吹繡簾，飛入小胡蜨。

題畫梅

羡君一匹好東絹，澹墨横斜寫一枝。合與幽齋作清供，寒泉滿注古銅彝。

題畫石

何人畫石寫宣和，玉骨玲瓏意態多。忽憶西湖池上石，近來兵燹定如何？近聞杭州兵事，故連及之。

題畫五首

幾人解畫米家山，墨瀋雖濃意自閑。山外白雲雲外樹，此中真合掩柴關。

野徑茅亭草自芳，無人來此眺斜陽。若教會得雲林意，畫箇山僧也不妨。

蕭蕭古岸傍長亭，漠漠斜陽帶遠汀。記得當年離別處，至今楊柳不曾青。

翠石玲瓏碧樹圓，衣冠奇古兩神仙。何須水子與山子，握管方能學老蓮。

九月秋風塞雁肥，馬前瞥見一行飛。會看勁箭穿雲落，圍坐平沙痛飲歸。

題曾曉山花南草堂圖

花山一角碧嶙峋，静掩柴扉草自春。我有先人敝廬在，何時鷄犬話比鄰？

己未正月十八日横沙閑步至沙背作

天時有新舊，人事徒多憂。愛此春日遲，欣與童冠游。解帶步村外，吹面春風柔。春水滿平池，緑萍隨水流。臨水照我影，得似去年否？循山步見遠，坐石意自留。微陰漸成雨，林外聞春鳩。

聞蛩

雨餘月出晚涼天，聲在荒苔草徑邊。似語幽窗破岑寂，是何愁緒太纏綿。從知物類俱多怨，省識時光又半年。我慣攤書深夜坐，未妨唧唧損清眠。

梅花

梅花性清寒，何物不可插？老瓦腹空洞，何物不能納？莫受狂風吹，莫受飛雪壓。來此斗室中，伴我度殘臘。無米不用乞，無菜不用挾。但有口如瓶，我自用我法。畫筆寫横斜，詩語相贈答。且試開懷抱，一醉倒酒榼。

庚申二月陳朗山招集浮丘寺四首

聯袂春游二月天，不須水曲與山邊。吾宗妙選談詩境，□到申培訓故前。申培受詩於浮丘伯。

品畫評書興已闌，近來霧眼總迷漫。開編無限滄桑意，知是彌天釋道安。寺僧多藏書畫，有澹歸詩卷。

最愛禪房花木深，也宜筆硯也宜琴。石桃似我渾無賴，只解閑階弄夕陰。寺有石桃二株，實似桃，不可食。

示疾維摩獨掩關，停杯悵望笑緣慳。上頭崔顥詩難和，費我浮生半日閑。鄭小谷比部小恙不至，先成七古一篇。

六月二十四日陳奎垣招同玉生朗山特夫集長壽寺

假山磊落[十二]水周遭，傍水闌干卍字牢。萍葉舞翻龍雨猛，荷花擎出佛樓高。邀僧食肉真無礙，對酒談兵也自豪。難得主人延佇久[十三]，衝泥來往莫辭勞。

題朗山詩集

樓空樹漸穿窗入，檻倒花多照水開。絶似晚唐好風調，吾宗真不愧清才。上二語用集中原句。

題半帆亭修禊圖

時勞制府命修補《學海堂經解》，設局於此。

廣州城西長壽寺，花木深深春色麗。往日承平修禊圖，而今亂後修書地。半帆亭下水粼粼，流去人間四十春。後四十年訪書局，也應還有賦詩人。

重刻天發神讖碑以詩紀之

東吴神讖之碑文，篆書隸筆疑八分。阮文達公説。我思故鄉此古刻，惜我□□碑先焚。信哉好古生苦晚，借得紙本生歡欣。年少眼明有同嗜，俞梧生。雙鈎細若蛛絲紋。我今老矣不自珍，廿年故紙堆灰塵。竭來書局有好事，付之西樵鐫翠珉。屬君缺泐要如舊，勿似□□[十四]貪圓匀。更爲辨析一二字，勿似萃編徒失真。若論篆法我有説，□□□□□□□。按：此恐非完篇。

朗山將游閩海索詩贈行爲賦六言二首

作教官没意思，此語聞之晦翁。歸去石田茅屋，更乘高浪長風。

觀海心胸頓開，登山腰脚仍健。謫仙賦百篇詩，循吏噉二升飯。朗翁足疾已瘳，鄙意猶欲勸節飲也。

聲案：汪氏繫此詩於咸豐十年至同治元年之間，未合。考民國《順德縣續志》卷十八《黎兆棠傳》云：「號召民。同治七年，服闋，閩省督撫奏調赴閩，委辦通商事務。」陳璞《尺岡草堂遺集·送陳朗珊之閩序》云：「今召民觀察將赴閩而吾友朗珊適自通州歸里，觀察招之，載以偕往。」東塾此詩，當即是年所作。

子韶舟行遇暴風有詩志感僕昔於富陽遇暴風乃知舟行不若陸行之安穩深有感於亭林語也

亭林云：「不喜乘舟食稻，而喜餐麥跨鞍。」

扁舟風浪我曾諳，歸卧蓬廬夢亦安。纔信跨鞍兼食麥，亭林不復憶江南。

題古樵畫山水卷子

一角山城倚暮煙，小舟來往水雲邊。江村風月都忘卻，何況蘆花淺水船。唐人罷釣歸來絶句，古翁嘗喜誦之，而此卷不寫此景，殆忘之耶？

題朗山梅窩

詩翁窩裏住，其間盡寒梅。我如一隻鶴，踏雪解尋來。

梅花成一窩，安樂似康節。何人錫此名，瓣香拜老鐵。謂徐鐵孫。

題黃鶴山樵桃花源圖爲沈兼之丈作

世間豈有桃花源，五柳先生工寓言。雖無真境有畫境，黃鶴山樵留手痕。畫成長卷三十尺，移取武陵來几席。秦時山色晉時花，千樹殷紅萬峯碧。穿林傍水曲曲行，三家兩家紛送迎。帽簷衣袂盡古意，飛燕浴鳧皆有情。漁翁不向此間住，卻讓山樵得其趣。當年我若來捕魚，誓不迴帆出山去。山樵畫迹見亦多，此畫妙絶真殊科。合教付與吴興沈，千卷濃香熏古錦。君藏書甚富。吴興索詩吾自慚，俗書塗抹真不堪。君不見山樵紙尾自題記，一行小篆秦人字。

題北苑山居圖爲羅六湖作

愛畫誰如羅六湖，宋元明畫千軸儲。一朝棄置不復顧，獨賞北苑山居圖。如探驪龍得頷珠，紛紛鱗甲皆其餘。如伯樂得千里馬，豈與凡馬争先驅。此圖欵識一字無，獨據御筆宣和書。不須題跋論真贋，割去孟頫鮮于樞。有山幾疊樹幾株，水有舟航陸有廬。尋常畫境出仙筆，吾師賞鑑良非虚。惜哉吾師今已徂，欲摹副本誰能摹。篴江病叟又化去，與君讀畫長嗟吁。此卷有謝先生里甫題跋，熊篴江嘗借臨而無題詠，今篴江殁矣。

題蔣小樹小紅雪樓圖

吾愛蔣夫子，清風今尚存。藏書數椽屋，種樹百年根。詩卷在天地，園林宜子孫。何當探梅去，一叩竹間門。

送鄭小谷歸廣西五首　同治元年壬戌

雄談累萬言，促席過千鍾。如何臨歧日，鬱轖滿我胸。人生同志者，百歲幾得逢。亦知聚必散，安得常相從。其奈各斑白，況復多煙烽。珠海雲漫漫，鬱溪水淙淙。吾將縛行縢，拄以九節筇。一訪小谷叟，一登獨秀峯。

獨秀峯高哉，壁立青嶄嶄。此叟亦一峯，橫絶天西南。昔者翕浮雲，來止鵝之潭。今也乘迴風，桂海鸞爲驂。來兮何所聞，去兮何所耽。雪鴻印指爪，萬卷皆雕劖。謂校補《皇清經解》。去去一回首，三城堆夕嵐。中有擘窠字，是我千仞庵。先生爲書庵扁。

千仞本無庵，我意取自勵。感君書跋尾，高論了無滯。君如秋夜月，清光滿空際。并無蟾與樹，中間作蒙翳。我如幽岩泉，垂霤涓涓細。欲穿泰山石，不知幾年歲。空明復空明，磨礪復磨礪。懷哉古之人，落落有神契。

神契夫如何？傾耳談文章。讀書飽萬卷，字字出肺腸。不似孟與韓，歐陽子云：「孟韓文雖高，不必似之。」況乃歸與方。高舉巨靈掌，一掃傀儡場。別有千秋業，恨未知其詳。酒畔對掀髯，所聞一豪芒。來日不可料，往事亦可創。尊著《愚一録》昔被賊刼去。何當殺青竟，早付名山藏。

名山可藏書，何處藏我身？不能學黄老，汩汩同其塵。君爲耕田夫，蓑笠自寫真。小谷有識字耕田夫圖。我爲假田客，亦厭頭上巾。夔龍既不羨，厨顧亦不倫。獨可學沮溺，耦耕寂寞濱。一别又天涯，安得若比鄰。惟愿中興日，同爲太平民。

題古樵學海堂重開對酒圖

按：先生《自記》：「壬戌冬修學海堂落成。」

刼火焚書似祖龍，秋天破屋又顛風。定知俎豆馨香在，不遣丹青户牖空。新竹喜看千个活，故人難得一樽同。酒邊欲乞河東筆，署我山堂種樹翁。

聲案：汪氏據東塾《自記》定此詩作於同治元年壬戌，未合。東塾集外文《重修學海堂碑記》云：「同治元年修葺堂宇，七月之朔，圮於風災。二年，重修落成。」則《自記》云云，或有誤記。又陳璞（號古樵）《尺岡草堂遺詩》卷六有《癸亥冬日，學海堂重修落成，同周秩卿大令，譚玉生、陳蘭甫、李夢畦、陳朗山四學博，李恢垣員外，金芑堂孝廉對酒，余爲圖題詩其上，諸君皆有作》詩，則東塾此篇，即當時題圖之作。癸亥爲同治二年，亦與《碑記》合。

題舒錦庭古眉峽殺賊圖

山風颼颼陣雲黑，參軍大呼呼殺賊，壯士聞之躍三百。峽前峽後路不平，群賊到此不得生，腹背盡是舒家兵。舒家兵，猛如虎，殺賊歸來勇可賈。君不見參軍白馬戰袍紅，畫圖颯颯生英風。

題隨山館詩集

嶺南風雅衰頹日，拔戟詞壇大有人。幕府文章歸典碩，山堂詩筆迴清新。兵戈已見滿天地，杯酒何須問主賓。正憶秋城聞角夜，霜風殘月最傷神。

木棉花盛開邀南山先生章冉玉生青皋芑堂研卿諸君集學海堂 癸亥

半天霞氣擁層巒，曉踏虚堂雨乍乾。戰後山餘芳草碧，春來花似酒顔丹。去年此日鄉愁黯，萬紫千紅淚眼看。難得故林無恙在，莫辭沉醉共憑欄。

聲案：汪氏定此詩爲同治二年癸亥之作，誤。蓋詩題之南山先生張維屏早於咸豐九年去世，烏得躬與斯會？張維屏《松心十集·花地集》卷三有《三月初九日，陳蘭甫孝廉招同梁章冉廣文廷枏、譚玉生明經瑩、許青皋茂才玉彬、金芑堂孝廉錫齡、李研卿茂才應田集學海堂看木棉》詩，題旨及與會者皆同。《花地集》所收爲道光十七年六月至二十六年十二月詩作，今觀張詩有「烽火尚驚心」句，陳詩有「戰後山餘芳草碧」句，知皆作於鴉片戰争後之道光二十二年也。

題黄香石半園圖

室内琴畫書，窗外梅竹柳。柴門寂無人，不見香石叟。

林香谿孝廉與其師何子貞先生遇於廣州作海天琴思圖屬題

人間師弟尋常有，難得同時享盛名。況復老來重聚首，喜從客裏話平生。茫茫大海乘桴意，穆穆春風鼓瑟情。我亦有琴彈不得，成連去後變秋聲。謂程春海師。

李夢惺母黄七十壽徵詩

見説高齋鬱古香，吉金樂石積琳琅。夢惺多藏金石文字。此中皆是千年物，可侑高堂進一觴。

十一月二日雪後登學海堂梅花已作蓓蕾獨酌至醉率賦二首 甲子

按：《番禺縣志》：「道光十五年十二月大雪。」至同治三年爲三十年，以詩中首句推之，當是此年之作。

羊城卅載不見雪，侵曉屋簷堆玉沙。急喚籃輿登犖确，尚能秃管詠尖叉。隔江歷歷露山骨，傍磡㟴㟴埋草芽。更有幽人閑似我,欵門來此問梅花。有二客來,問其姓字,一張康衢,一沈子清。

梅花如豆復如椒,將爲山堂破寂寥。澹日穿林渾欲溼,「渾欲溼」一作「初自媚」。冷煙和雨未全銷。强尋「尋」一作「循」。高磴資「資」一作「憑」。笻竹,笑「笑」一作「預」。揀横枝挂酒瓢。誰料先生「先生」一作「衰翁」。猶「猶」一作「還」。健在,白鬚與雪共飄蕭。

聲案:汪氏據首句「卅載」之語,推定詩作於同治三年,嫌無佐證,恐未是。考陳璞《尺岡草堂遺集》卷七有《辛未十一月初三日,寒甚,同人賞雪學海堂,吾粵無雪,但雨凝作冰耳,爲賦此篇》詩。中有句云:「三十七年真一瞬,仍對梅花把酒卮。」自注云:「道光乙未大雪,傳爲異事。」所述月日與東塾詩題略同,則「卅載」之語,蓋舉成數言之,未可拘泥也。辛未爲同治十年,東塾此詩殆即是年所作。

偃波亭

偃波亭,里人屬爲書扁,并索詩,率賦兩絶句。

此亭二百年,老輩有碑版。康熙與乾隆,盛事猶在眼。

名亭昔有意,滄海不揚波。但祝長如此,年年舞且歌。

春日游杏林莊五首

我游杏林莊，先憩芭蕉亭。赤日不能到，小雨亦可聽。欲研一斗墨，書盡萬葉青。

一徑繚而曲，轉入深翠中。竹影與蒼苔，滿亭緑濛濛。天然妙入畫，幾折闌干紅。

小閣號藏春，窈窕有春意。瓶花與盆石，一一工位置。閣外春更濃，兩樹小桃醉。

主人仙者流，骨瘦顔如童。丹成肯濟世，時來城市中。欲往從之游，清坐談參同。

幽軒俯清池，三面緑陰裹。其中設胡牀，醉眠無不可。但覺花影移，不知夕陽墮。

杏林莊老人峯歌

杏林老人愛奇石，遠取太湖近英德。或穿岩洞交玲瓏，或矗峯巒争岃崱。或平如几人可坐，或立如屏字可刻。其餘小石養菖蒲，白者凝脂黄蠟色。就中一峯迥絶倫，乃審厥象如老人。石骨戌削皮嶙峋，長頭傴背偏有神。吾觀滿園之石此獨尊，衆石羅列皆兒孫。得非羅浮一峯遠移至，群仙拱手送出黄龍雙洞門。羅浮有老人峯。此峯來此真不惡，清谿如練花如幄。覆以檀欒竹百竿，圍以闌干亭一角。亭中晏坐長眉翁，與石對峙成兩峯，俯仰揖讓長相從。翁昔手種一株松，即今鱗甲將成龍，而翁朱顔緑鬢尚有童時容。問翁甲子不可算，但與老人峯壽將毋同。君不見老人峯頭春色濃，杏花又放千枝紅。

聲案：此詩汪氏繫於同治三年至五年之間，未知所據。《番禺縣續志》卷三十九《金石》載此詩，末署「同治丁亥九月，陳澧書」。則爲同治六年也。

擬月中人望地毬歌

阮太傅《望遠鏡中看月歌》奇絶千古，有云：「月中人性當清靈，也看恒星與五星。也有疇人好子弟，抽鏡窺吾明月形。」因擬此篇代答。

一輪明月大如箕，高懸青天無動移。夜夜三更輪正滿，傍晚上弦侵曉虧。滿時天氣苦炎熱，虧時凛烈寒生肌。借問此輪是何物？其中桂樹何迷離。此樹終宵不停走，一十五轉無差池。或轉而下或轉上，螺旋之度微斜規。試訪疇人好子弟，爲我測算考渾儀。答云此月之圍九萬里，我之地毬環繞之。月中晝夜一何短，五日只當吾兩時。我見日食彼所蔽，暗影令我無朱曦。我地影小不到彼，使彼終古不食恒如斯。世間乃有此奇物，聞言將信猶狐疑。疇人自言精製鏡，授以一鏡使仰窺。窺見月中無不有，有一仙者朱衣披。謂太傅也。亦持一鏡屹相望，望畢握管還吟詩。我亦吟詩寄清興，月中仙人知不知。四十萬里之外遠酬和，千秋萬歲兩地長相思。

聲案：汪氏原繫此詩於同治三年之後，未合。詩序稱阮元爲太傅，《清史稿·阮元傳》

云：「道光二十六年，晉太傅。二十九年卒，謚文達。」則詩當作於道光二十六年至二十九年之間。

西湖泛雪圖石屏以小象裝於屏背題二絶句

憶昔西湖訪寓公，家厚甫師。一舟摇曳水雲中。而今石上依稀是，只有朱顔恐不同。

儀徵作記阮太傅《大理石畫記》。也應無，片石全摹西子湖。著我圖中飲山渌，神清骨冷似林逋。

聲案：此與前首同，當亦作於道光末年。

題倪雲臞豆棚閑話圖三首

古音菽豆本同聲，禮記投壺假借明。清水濠邊談小學，至今猶憶孟蒲生。

水天閑話好詩題，錦瑟年華似玉溪。苦憶荷渠潘比部，自書銀牓小亭西。謂潘伯臨。

今日披圖一惘然，浮家各各避烽煙。瓜犀酒琖横沙月，最憶咸豐戊午年。

題雲臞詩稿後

桂林此日信多才，喜見新詩一卷開。讀到涼蟬無遠近，知從樊榭鑄金來。洪稚存云：「樊榭家家欲鑄金。」

爲雲臞題山堂壽迂圖

遠想倪高士，遥遥五百年。生辰能考據，雅集各詩篇。酒畔書兼畫，觀雲林書畫數種。園中屋似船。牓曰不浪舟。雲林如可作，應喜耳孫賢。

同治丙寅仲冬嚮亭太守五福六十生朝製文稱祝附以小詩

剛正循聲著，吾欽五大夫。旌麾返溟渤，松菊訪荒蕪。君老喜益壯，我文良不誣。從今書惠政，歲歲彩毫濡。

方子箴都轉招同朱雲門李恢垣劉雲生張蘭軒飲於碧玲瓏館賦簡　戊辰

嶺南名宦兼詩客，百年前數趙甌北。誰其繼者南城曾，置酒徵詩仲翔宅［十五］。其間經師專注疏，亦有名公考金石。北平、儀徵爲經學考據，不專於詩，如是者凡數公，不能悉數。戴文節有《訪粤集》。乃今喜見方方伯。方伯詩才浩瀚如江河，長風鼓盪頃刻生濤波。戴公訪粤後寥寥，戴中有珊瑚木難吐寶氣，又復光怪倏忽騰蛟鼉。題詩判牘雙管可齊下，頓覺陳思八斗非才多。編成大集命我序，我雖脱稿猶娱嬰。自慚五十學已晚，欲比高適猶蹉跎。方伯酌我金叵羅，勸我莫惜衰顏酡。春花鬬紅竹交翠，紫鳳起舞鸞能歌。園中有孔雀火鷄之屬。奇峯照影落酒琖，英石假山。坐覺眼前咫尺通煙蘿。座客英姿皆颯爽，朱公高韻椒花舫。選理熟精推李善，才思涌出推劉敞。朱子謂劉原父有許多才思湧出來。張公子，太史公，詩法傳自南山翁。近與方伯傳詩筒，鏘然仙樂酣笙鏞[十六]。我抱無弦琴，不辨徵與宫，只合爨底成焦桐。又聞仙祠新搆王山峯，上有仙詩千字光熊熊。方伯新修鄭仙祠，賦詩百韻。有如天梯石棧一千步，老我欲上嗟龍鍾。且作狂歌揮醉墨，淋漓題上碧玲瓏。

聲案：汪氏定此爲同治七年戊辰之作，未合。方濬頤《二知軒詩續鈔》卷一爲同治五年正月至四月詩作，内有《招陳蘭甫、李恢垣、劉雲生、張蘭軒、朱雲門飲於碧玲瓏館，漫賦三十二韻》及《蘭甫賦七言長歌并以〈漢書地理志水道圖説〉、〈漢儒通義〉、〈聲律通考〉三書見贈，即次韻奉酬》詩，詩後附録東塾此篇，蓋會後賦簡也。

題枕干録

如皋冒公伯蘭咸豐二年宰乳源，剿土賊，爲革役投賊者所害。臨殁，謂諸子曰：「刺我者左目下有黑子，汝等記之，爲我復讐。」後十數年，其第四子筱珊太守復宰是邑。賊適逭歸，仍竄名爲縣役，左目下果有黑子。廉得其實，遂擒治之，并其黨數人斬於市，剖心以祭。有前死者，斲棺戮其屍，時同治七年也。同人歌詠之，太守刊《枕干録》，徵題。

如皋冒侯字伯蘭，咸豐二年宰乳源。勇往捕賊深入山，縣役通賊戕其官。一解。冒侯垂死，告小冒侯：爾記父之讐，左目下有黑子，爾斬其頭。二解。小冒侯，哭受命。越十餘年，復爲乳源令。三解。父讐得矣。縛之如縛豕。如曰不然，視左目黑子。四解。子戮父讐，何待告上官。捧頭祭父，如薦牲牷。五解。大冒侯之靈，冥冥中能殺賊。小冒侯之孝，淚漣漣而霑臆。曰：嗚呼！殺讐子之職，殺賊官之職。六解。小冒侯，字筱珊。受國恩，爲好官。殺讐一事尤可傳。請付史筆垂不刊。七解。

戊辰六月余游端州遇王君耕伯云有余評點漢書及絶妙好詞箋得之史實甫之子實甫死久矣今以見歸余受漢書而以此書贈耕伯并題絶句於目録後江南倦客者余昔年填詞以此自號云

腸斷梅谿折素弦，還君絶妙好詞箋。江南倦客今頭白，不按紅牙二十年。

舟中看雨

熱雲如芙蓉，亭亭壓山背。黝然死灰色，飛電出其内。雷聲漸隱隱，雨在十里外。長風忽吹來，勢迫飛鳥退。岸旁千疊山，頃刻失所在。風氣如潮湧，雨點似石大。我舟艤平沙，繫纜了不礙。陰晴變萬狀，縱目得一快。新涼舒勞筋，餘潤灑渴肺。今夜伸脚眠，清夢入虛籟。

聲案：汪氏繫此詩於同治七年，未是。李能定《花南軒筆記》卷六云：「甲辰會試，與蘭甫偕行。蘭甫作《舟中看雨》詩。」并備録全篇。甲辰爲道光二十四年。

題文徵明石湖别業圖卷二首

最愛畫中青緑山，層層翠色聳螺鬟。披圖卻憶攤羊峽，一葉扁舟獨往還。

茅屋幾間臨水開，何須六角好亭臺。桃花楊柳春如許，欲借漁舟打槳來。

題鄭紀常夢幻圖

白雲如海石如船，中有高人枕石眠。閉目厭看塵世事，游心直到古時天。神清骨冷原無夢，人静山空或遇仙。此境不知何處是，羅浮上界鐵橋邊。

題郭樂郊畫牡丹二首

樂郊居士好題詩，石鼎詩中屢見之。書案丹鉛堪作畫，知他不用買燕支。

花枝欹側葉婆娑，雖不精工古意多。紙尾鈐朱誰篆刻，看來不是尹公他。樂[十七]居士之甥尹右，善刻印，余少時見之。

示門人某

多好竟無成，不精安用夥。善哉坡公詩，吾友嘗規我。楊黼香嘗舉此二語相規。彈指十年間，結習今猶頗。藩籬空涉獵，精力坐摧墮。吾門□□□，穎敏夙許可。少年方嚮學，詎復患積惰。惟憂志不篤，勇進轉顛跛。絶潢豈到海，浪蕊鮮成果。自今力文史，一意捐細瑣。覆簣期成山，挾矢必注垜。眼明境無翳，識定舟有柁。願將苦言贈，那顧笑口哆。古人與相期，此計庶無左。

聲案：楊黼香以東坡詩規東塾，事在道光十五年，見《東塾集》卷四《與陳懿叔書》。今詩有「彈指十年間」語，則當作於道光二十五年。汪氏原繫此詩於同治七年之後，未合。

潘鴻軒茂才重葺小園栞定詩稿賦贈一首

高梧吹緑到孫枝，密篠團雲護曲籬。老子婆娑學爲圃，兒童長大可言詩。君方課孫。同斟九日白衣酒，自定千秋黄絹辭。風月琴尊久岑寂，朅來猶覺似當時。「風月琴尊」，伯臨比部齋額也。

聲案：潘鴻軒恕《雙桐圃詩鈔》卷首收有此詩，題爲《鴻軒文學新構小亭，校刊大集，奉題一律》，末署「癸亥小除夕，陳澧」。癸亥爲同治年二年。汪氏繫此詩於同治七年，失考。

己巳梁星藩（綸樞）重游泮水賦贈二首

六十年前一少年，而今矍鑠老神仙。還將舊日簪花事，説與孫曾一莞然。

我來觀禮泮池濱，照影蕭蕭白髮新。博得先生添一笑，當年猶未有斯人。

吴八郎中晉壬贈詩賦此奉答即以送別君居獅子禪林在敝廬之西甚近也

敢言漢學與高文，金石沈酣更讓君。（「漢學高文」「金石沈酣」，皆來詩語。）戲筆偶然皆贊歎，（余偶作畫，君題詩賞之。）瀕行過我重殷勤。詩人自古情多厚，別路而今手暫分。便祝使車還度嶺，禪林西畔訪閑雲。

七月十五夜偕汪芙生南園看月 （壬申）

詩人與明月，同我到南園。一樹柳絲少，半池荷葉繁。臺高名以棧，地僻景如邨。更約中秋夜，還來共一尊。

題黄芑香秋琴圖册二首

古樂如今獨有琴,著書吾欲訪知音。思君紅樹秋山外,遥向飛鴻寄此心。奉寄拙著書數種。
古怨猶傳白石仙,近來手校付雕鐫。何時野水閑鷗館,静坐聽君試轉弦。時倪耘渠刻《姜白石集》。

送方子箴都轉移任兩淮五首

我初讀公詩,未與公識面。羡公八斗才,心駭目爲眩。承公折簡招,來赴西園宴。座中有王子,藺汀大使。僚屬此英彦。浮文皆脱略,真意乃歡忭。出示篋中詩,爛若雲錦絢。今日萬本傳,而我早讀遍。篇目本浩繁,删落出精鍊。當時命我序,僭越爲論譔。愧以譾陋文,乃爲大集弁。從此更唱和,愈多愈奇變。歷曆數年事,展卷情如見。

長春舊山館,乃在越井岡。蛟鼉所窟宅,山氣鬱不揚。公來更締構,樹石生輝光。於此教粤士,臯比設書堂。命我爲講授,經史古文章。三辭復三讓,此事實有妨。主賓禮不敵,豈敢抗顔行。公言慎勿辭,此席誰能當。承乏遂兩載,講畫必周詳。殷勤告諸生,此事非尋常。自從阮傳來,古學今更昌。他年精舍樹,即是召公棠。

教士有良法,首在多刻書。要□一畝宫,各有千卷儲。自從兵燹起,梨棗多焚如。後來良可憂,風氣愈空疏。挽回乏大力，寒士徒嗟吁。大吏詢芻蕘，蔣香泉中丞。嘉惠意不虛。其奈累萬金，雖有仍如無。公乃發封樁，書局開通衢。命我司校讎，私意快且愉。衆手集剞劂，衆目辨魯魚。此局支十年，何止書五車。此惠被海内，何止及偏隅。

詩酒正言歡，公招飲西園，觀新得岳武穆奏草，命賦詩。驪歌忽已唱。詔從炎嶠外，移駐清淮上。我本江南客，臨風重惆悵。不能縛行縢，相隨附官舫。我家雨花臺，先世有塋壙。戰伐凡幾年，松楸豈無恙。再拜前致詞，一語一悽愴。公今涖金陵，旌麾遠相望。我仍屬部民，江粤兩依仰。乞公念寒族，下令爲尋訪。使修馬鬣封，朱提謹遺餉。思及我先人，世世永不忘。

我呼一葉舟，送公珠海湄。花田煙雨間，茶話得移時。往時多不見，欲見每遲遲。而今不忍別，欲別還依依。公心本忠厚，公性尤坦夷。藹然情可親，去後令人思。我目已昏瞀，我體尤虛羸。惟有著書願，雖老猶未衰。公去當示我，幾卷江南詞。我書倘著成，寄公析其疑。此外我無言，但指白鬚髭。望公重度嶺，開府樹牙旗。

聲案：汪氏繫此組詩於同治十一年後，未合。方子箴濬頤《二知軒詩續鈔》卷六有《舟中寄懷蘭甫即次其贈行韻》詩，後附東塾此題五首。此卷卷首有方氏自注云：「古今體詩一三六首，戊辰五月至十一月。」則爲同治七年之作也。

寄和王補帆撫部凱泰元韻二首

旌麾一别忽三年，傾想光風隔海天。七字高吟還寄遠，群公快睹各争先。記同把酒談經義，又和煎茶締墨緣。公官粤藩時，嘗於席間與澧論高郵之學。又以閩中諸公用蘇韻詩命和，即以贈行。最喜朝陽鳴彩鳳，琅琅聲到白鷗邊。公條奏六事摺子，澧常誦之。

理學閩儒本擅場，文公闕里共趨蹌。五經書院追先漢，《湖海文傳》有王氏元啓撰《談易窺豹録序》，云：「明萬曆間，長樂縣令傅宗皋仿漢專門講授之法，爲五經書院，其後有傳經數世者。」澧讀此序而敬慕之。十子詩壇踵盛唐。殿版近聞新鏤刻，甲科何止重文章。試從南海瞻東海，神往西湖致用堂。公詩注云：「近於西湖書院舊址創建致用堂。」

聲案：俞樾《福建巡撫王公神道碑》云：「同治九年，自粤遷福建巡撫。」詩言一别三年，則當作於同治十一年間。

游頂湖簡衡齋二首　光緒元年乙亥

小亭深樹路彎彎，入寺全將好景删。獨有先生能選勝，平臺望見四圍山。山路樹石甚佳，寺内無景。君至方丈前平臺呼余看山色，果見四面皆山也。

買得紅藤杖一枝，在寺中買一藤杖。來看飛瀑瀉龍池。人間真有清涼境，請雨亭中坐片時。瀑布旁有小亭，爲長官求雨處。坐亭中看瀑，忘爲六月時也。

中秋夜粤秀山看月

薄暮登山堂，酌酒待明月。緣何叢篠外，有此碎金屑？徐徐漸斜升，高出衆林樾。鎔成一片冰，中邊盡瑩徹。照我琉璃鍾，酒味增清洌。興發登山寺，一路踏秋雪。小坐山響樓，苦茗亦可啜。俯視重城中，萬螢互明滅。中秋懸燈竿，謂以酬佳節。風俗六十年，聊與山僧説。

余以前詩録示金湝生運同承和韻二首并以先集見貽賦謝

老去自寬未才盡，兩年中秋成兩詩。天籟偶然發南郭，知音不意來鍾期。世傳儒雅有家集，我得拜嘉還什襲。生平亦有詅癡符，蠹簡而今轉枯澀。近日修改拙著《東塾讀書記》未成。

聲案：此光緒二年作。金武祥《粟香隨筆》卷一録此詩并記其事，略云：丙子（光緒二年）余至嶺南，蘭甫爲書屏扇，録其近作中秋五古。武祥和之，蘭甫答以此詩。

題俞麟士凌雲課詩圖

蒙山溪水入溨溨入江，凌雲之山屹立相舂撞。江山如此必奇絶，何況東坡先生著此邦。使君興發排高宴，招取諸生來染翰。吟得新詩一百七十篇，凌雲諸生會者百七十人。一齊寫與坡翁看。

題黎忠愍公山水

省識蓮鬚下筆親，卻從慘澹見精神。怪他黄牡丹詩卷，持比此圖應未真。前年有以忠愍黄牡丹畫卷索題者，恐非真迹，此幅較可信耳。

學海堂小集

春稼待時雨，春宵愛月明。攜壺山閣坐，倚檻夕陽明。雨至花竹活，月來亭榭清。吾生如意事，此即二難并。

贈于晦若式枚

桂海奇才出，鋒棱不可當。問年甫終賈，論史似錢王。虎氣〔十八〕必騰上，語言宜善藏。參天一千尺，渾不露文章。

聲案：汪氏繫此詩於光緒二年後，失考。于式枚生於咸豐三年。詩用終軍、賈誼年十八以才名著典故，則當作於同治九年間矣。

贈王定甫拯

蕭條猶幸同時，風雨羅浮合離。能讀書人難遇，不得志者所爲。嶺嶠東路西路，梅花南枝北枝。明年對雪相憶，今夕深杯莫辭。王西莊云：「能讀書人，千載難逢。」

聲案：汪氏原繫此詩於光緒元年之後，未合。中山大學圖書館藏東塾此詩手迹，末題云：「己巳仲冬之望，定甫先生招同過倪雲渠少尹寓齋，晚飯話别，夜登粤秀山學海堂，探梅玩月。先生倒用丙寅贈答詩韻見示，捧誦歎服，不能和，乃變七言爲六言詩請教，不啻避三舍矣。陳澧未定稿。」己巳爲同治八年。

龍首骨歌

西樵之山古在大海中，山根窟穴多魚龍。一千餘年海水變平陸，萬頃稻田萬家屋。中有吾宗太史家，天如編修。穿渠蓄水栽桑麻。百夫舉鍤驚且譁，舁出龍頭之骨真專車。色如鏐鐵形谽谺，其前穹窿左右窪。中通一孔後兩杈，厥角已折存者雙髻丫。庚庚横理離而佩，或云非角乃其牙。孰能昭晰從紛拏，總之非蛟非鱷非螣蛇。粤江雨晴天氣朗，太史開筵粤山上。招邀衆客盡豪翰，喜得巨觀同歎賞。青蓮學士李君仲約。本好奇，自言龍骨昔見之。洞庭龍門墮其一，楚客藏弆節與肢。短小與此非等夷。愈知此物海内未曾有，秉史筆者宜書所見無異辭。史穆堂太史、陳古樵郡丞時修《廣州府志》。又嘗調鉛吮墨煩畫師，真形摹繪窮毫氂。後有張華博物作志得有考於斯。談龍甫畢快呼酒，諸公題詩八叉手，倡者山堂一病叟。今日良會信非偶，記取五月望日歲丁丑。

光緒己卯仲冬冒哲齋太守招集精舍時梅花盛開同集多七十老人何青士都轉賦詩見眎和作一首

雪意釀成雨，菊坡催放梅。酒同太守醉，花對老人開。戲語各徵典，食單都費才。羡君有仙骨，飛步謝追陪。青翁最健步。

王玉仲招看荷花

南園人在芑堂。荷花死，但有浮萍無緑水。老夫手種藕如船，歎息榮衰一彈指。忽聞城北有荷花，花在輞川摩詰家。臨水虚亭縛青篛，浮香曲岸鋪紅霞。好花好友都難得，芙生在坐。但恨城南隔城北。我欲看花日日來，竟須身有雙飛翼。余兩足跛，乘肩輿亦苦。

精舍看梅贈汪莘伯

歲晚過精舍，到門如到家。天留娱老地，山有後開花。微醉訝冬暖，獨吟忘日斜。恰逢詩弟子，相對一甌茶。

去冬春海峻之警盤子壽招游小港看梅花余有詩書於峻之警盤扇上今爲此詩書贈春海

山堂枯寂如山村，昔年梅花誰返魂？南溪群童恣攀折，落日未落山先昏。去年小港一千樹，我友招我穿山園。今年雙足竟頹廢，敝裘蕭颯難爲温。菊坡精舍山石畔，頗黎窗格横清暾。先生卧看亦佳趣，時有粉蜨來窺門。林和靖詩「粉蜨如知合斷魂」，不知嶺南梅花開時有蜨也。山寒人散我歸去，亦欲覓句無清言。幸有田家瓦盆在，精舍花農送盆梅。伴我一酌羅浮樽。

庚辰南海王茹泉署正鑑心重游泮水賦贈二首

德性温温似古賢，渾金璞玉自精堅。滿城新進來瞻仰，想見醇風嘉慶年。

十年兄事得追隨，此日相迎集泮池。屈指六年吾亦到，先生也贈兩章詩。

補遺

題蕭欖軒姓氏千文即集其篇中字二首

誰編姓氏作篇章，蕭史文函古墨香。多少兒童渾莫辨，趙錢孫李尚聲揚。
淵雲同里譽曾馳，南越新留相國支。君先世居温江，今附貫廣州。鳳起龍雕才若海，那容興嗣獨稱奇。

題馮尹平幽阱雪鴻

黄霸昔受書，賓王亦詠蟬。古人處幽患，浩然樂其天。今有大馮君，亦爲縲紲牽。沈沈叢棘中，默坐參畫禪。君恩許荷戈，萬里走冰天。當如長孫晟，手畫山與川。轉瞬金鷄赦，東向揚歸鞭。還應添畫本，關外柳可憐。

聲案：馮竹儒輯《幽阱雪鴻題詠》收録此詩，末署「同治元年四月，陳澧題贈」。

戊寅六月再題尹平幽阱雪鴻

畫卷而今得再看，慨然雪涕復長歎。丹青黯黯精魂在，生死勞勞道路難。一品官階恩最重，百年墳墓事初完。更聞國史蒙宣示，孝義千秋永不刊。

黄芑香屬書扇面方讀朗山詩而聞朗山作古人矣悲吟不成詩寫我哀而已

學書初學諸城劉，著書今繼番禺侯。侯君模有《三國志補注》。片帆閩海返粤海，瑶琴一曲彈清秋。懷中尚有聚頭扇，吟詩如見詩翁面。豈知寂寞舊梅窩，令我悲吟淚如霰。

聲案：此光緒七年所作。陳璞《即補直隸州知州陳君墓誌銘》云：「君諱良玉，字朗山。光緒七年九月十三日卒。」可證。

題林和靖畫象

原注：辛丑小除夕。

衣幍蕴藉出塵姿，吟嘯空山筆硯隨。短櫂記尋湖畔路，寒林蕭瑟雪深時。今年正月游西湖，大雪，欲登孤山不果。

題王鶴舟畫

峯頭飛瀑欲活，洞口白雲自閑。羨煞人家三兩，開門長對青山。

題俞仰山兄弟力田圖 圖爲謝退谷作。

漠漠斯人徒，不如弟與兄。紛紛謀食計，不如耘與耕。朝出荷鋤去，暮歸驅犢行。相友復相助，念此手足情。饔飧與共樂，疆理兩不爭。君看田中禾，亦是同根生。

四芝歌爲臥庵先生作即送入都 原注：時丙午十一月。此詩載四芝圖中。圖爲石寶田作，題云四芝者，子敏先生秉鐸定安時，署齋外所産之木芝也。袖歸見眎，屬爲斯圖。按臥庵先生姓名未詳，殆字子敏，號臥庵。

臥庵先生高臥南海南，呼龍帶雨耕煙嵐。歸來示我芝四本，仙風拂拂開瑶函。一芝勢若巨靈掌，欲擘太華排雲上。一芝幻作舒翼形，得非張果蝙蝠精。一芝變態獨娟妙，海棠静倚春風笑。最後一芝氣氤氲，泰山初出膚寸雲。奇哉四芝各光怪，石髓千年堅不壞。世間塵壒那有此，挺生合在南溟外。南溟之水遠接天，先生來往如游仙。不須方書論服食，對此可以療疾兼延年。君不見先生顔色朝霞鮮，身輕如鶴飛翩躚。手把靈芝踏雲氣，御風直到蓬萊巔。

題馮鐵華山堂話别圖二首

圖爲陳古樵作，并題云：「昨山堂小集，餞陳朗翁之通州；越日復集，餞鐵翁之潮。俱爲圖贈行。」按：此首當與前贈朗山之通州詩同時作也。

山郭紅棉水緑波，山堂舉酒悵如何？烽煙遠近催離别，文字深嚴苦琢磨。原注：君屢以所著詩文見示。

汗竹勳名君不忝，著書歲月我無多。中興自有雲臺將，莫惜漁樵老薜蘿。

贈倪雲渠詩扇

原注：雲渠以事未至，作此詩書扇奉贈。何伯瑜在座，談及新得定武蘭亭五字未損本，故有第五句。

晴日人皆喜，名園我復來。鳴琴雙鳥下，看畫百花開。禊事思摹帖，諧談助引杯。詩人偏聽鼓，折簡漫相催。

十一月十三夜山堂梅花下看月

寒日初沈月在天，梅花與月鬭嬋娟。白光著樹猶疑雪，香霧漫山欲化煙。每愛獨游真老境，得逢歡賞又今年。呼童寄語尋詩客，莫負清輝後夜圓。

右東塾先生遺詩一卷。先生爲學，於群經、諸史、輿地、小學、音韻、樂律、算術及百家九流之言靡不賅貫，而以治經爲宗，溝通漢宋，不立門户，詩詞特其緒餘。先年曾刊所爲《憶江南館詞》，繼復採獲古今體詩二百四十餘首，蓋先生少日喜爲詩，旋棄去，晚歲間有所作，多不經意，故詩無存稿。今所録者，皆得之於爲人書箑幅及傳鈔本而已。諸篇不盡署年月，偶在哲孫仲獻文學許見先生《自記》小册，檢覈惣有端緒，爰按年編次，加按語以識之，都爲一卷。其字句殘蝕，謹從闕如，此固不足以概先生，先生亦不藉詩傳，而生平指趣，師友淵源，略可考見焉。先生自刻所著《東塾讀書記》、《漢儒通義》、《切韻考》、《聲律通考》、《漢書地理志水道圖説》及門人廖廷相等編刻文集，版藏里第，丁卯匪亂，悉付之煨燼，世變日棘，可爲深恫。先生嘗謂孟子論天下治亂而曰我欲正人心、息邪說，怵然於上無禮下無學之爲害，因著書推究學術遷流蕃變之原，而折衷經訓，以爲政治由於人才，人才由於學術，學術明然後人才、政治有濟於天下。此爲論學大要，意至深遠。詩亦往往寓微恉於其間，願讀先生詩者有以進窺學術之所在，當於世道有裨，毋區區徒以詩論也。辛未十一月門人汪兆鏞校刊竟謹書卷末。

【校記】

［一］「玉宇」二句　手迹作「玉露金風天漠漠，檀槽銀燭夜遲遲」。

［二］峭　手迹作「挂」。

［三］金陵山色展修眉　手迹作「金陵野色展修眉」。

［四］詩　據詩意，似當作「時」。

［五］二月　張友仁《惠州西湖志》卷十一據原圖録此詩，作「十二月」。沈澤棠《懺庵隨筆》録此詩，亦爲「十二月」。

［六］黑雲　手迹作「墨雲」。

［七］白　手迹作「欲」。

［八］一杯　手迹作「半壺」。

［九］他時　手迹作「他年」。

［十］看　手迹作「向」。

［十一］已付　手迹作「早賦」。

［十二］磊落　手迹作「錯落」。

［十三］久　手迹作「意」。

［十四］□□　汪宗衍《陳東塾先生年譜》咸豐十年條引此詩，此二□作「儀徵」。

［十五］「置酒」句　方濬頤《二知軒詩續鈔》卷一附録本詩，此句下有東塾自注云：「曾賓谷中丞建虞仲翔祠。」

［十六］鏞　同上書作「鐘」。

［十七］樂居士　樂字下疑脱「郊」字。

［十八］虎氣　此二字原闕，今據《晚晴簃詩匯》卷一三七所録此詩補。

素馨斜曲

花田一片花如雪，上有娟娟漢時月。賣花人棹小舟來，吹散香風滿城闕。素馨本是美人魂，生長名花尚有村。此日玉魚無覓處，當年銅輦最承恩。承恩數上沈香殿，特敕紅雲陪曲宴。笑擘離支脱絳襦，更穿末麗成珠鈿。群玉山頭定不如，枉教仙子降樊胡。人言賤妾如飛燕，卻怪君王愛媚猪。君王大有蕭閑樂，劉鋹自號蕭閑大夫。不識鉛華容易落。花隖空栽薄命花，藥洲難覓延年藥。金釭一霎掩黃昏，草長離宮深閉門。若向劉家徵故事，也應重見李夫人。休恨黃泉不相見，白天雨至江山變。南漢時童謡云：羊頭二四，白天雨至。此時倘唱後庭花，地下猶應淚如霰。霸圖消歇換滄桑，香塚花開總斷腸。插鬢尚添中婦艷，問名猶比小南强。珠江多少勾留處，花氣薰人三里霧。吟到銀絲夜半香，人人共羨漁洋句。莫問秋墳幾度秋，花開還上美人頭。懿陵只在城東路，荒草茫茫無限愁。方孚若《南海百詠》序云：「陵山在郡東北二十里，龜趺石獸，歷歷俱存，皆是葬婦人墓，疑是懿陵也。」

聲案：《素馨斜曲》一題二首，其一已見汪兆鏞輯《東塾先生遺詩》中，此爲第二首。蓋皆東塾倩人謄録少時舊作，然後親筆改定誤字，眉批作意及轉折脉絡，詩後復題云：「此二首不過吴梅村派，但因此課賦卷多無層次，故抄舊詩與學侣共觀之，使知作賦能如此二詩之層次，則不至窘促矣。」

録自東塾手迹（中山大學圖書館藏）

送桂星垣入都

八月西風涼，肅肅撼庭樾。我友將遠行，執手與我别。自言歸七載，歲月付悠忽。晝錦詎懷土，舞綵愛繞膝。師友望我至，書來語諄切。久矣離玉署，行當赴瑶闕。緊余素寡交，朋儕指可屈。與君□□門，數年古歡結。形骸莽脱略，肝膽□□□。談諧挾天真，直諒露風骨。君才作鵬摶，我性抱鳩拙。謬託針芥投，請陳芻蕘説。翰林古史官，謨誥待秉筆。天禄披寶書，明堂揆鴻業。餘力角辭賦，精心事撰述。含咀鄭賈義，馳驟遷固列。修綆汲古心，素練濟時質。麟角期有成，蟲雕意豈屑。况當弱冠齡，有似東出日。夙願緩有待，飛光去已瞥。語君復自勵，努力各振刷。嗟我守敝廬，帖括日牽掣。古書供蠹飽，俗學愧蛾術。三年苦刻楮，一發冀穿札。倘得從子游，京國叙契闊。君言固所願，待爾速脂轄。轉思行路難，關河渺阻越。歲寒黑貂敝，道遠青蚨竭。長安居不易，人海浩填咽。子未諳塵勞，我頗淡中熱。顧惟志桑弧，豈得老蓬蓽。聞言起三歎，悟破轉自失。萍浮逐波掀，帆飽任風掣。昂藏七尺軀，位置有造物。蕭蕭班馬鳴，裊裊行旌發，依依酒已盡，汩汩語未訖。珠江有楊柳，秋老不堪折。薊門有鴻雁，寄書慰飢渴。離心掛北斗，鄉夢繞南粤。青雲高鳥飛，滄海巨鯨跋。

拙句奉贈星垣仁兄大人入都，請即教正。辛卯八月□日，蘭浦弟陳澧。

録自手書扇面（中山大學圖書館藏）

壬辰臘月舟過韶州聞星垣編修已南下賦此卻寄

故人早賦歸來歌，長途百日何逶迤。我方北徵逐歸雁，滿意良晤無差訛。停船借問路旁客，兹晨破浪揚帆過。想當中流突迎面，來檣去艫行相磨。此時篷窗倘一拓，瞥見失喜將如何。我舟逆風若飛鷁，君舟下瀨如投梭。坐令咫尺忽千里，蒼煙寒日愁吟哦。竟欲迴帆疾追及，茫茫目斷空江波。亦知會合故難必，交臂而失理則那。待我明年返鄉里，君亦歸赴金鑾坡。慎勿中途更相失，人生相見參商多。

失　題

短簿祠邊放櫂過，春江風暖四弦知。莫彈暮雨蕭蕭曲，正是燈紅月白時。

〔注〕此詩採自陳援庵（垣）所藏扇，題云：「夢惺大兄屬書舊詩。此前四十年作。」款署「壬申二月」。壬申爲同治十一年，前四十年當爲道光十三年癸巳。短簿祠在虎丘雲岩寺，祀晉司徒王珣。此詩蓋東塾先生初上公車，過蘇州時作。

瑞洪順風至滕王閣

帆影落鄱湖，湖風白浪麤。天長憐鳥倦，江闊覺身孤。高閣重登眺，流年付道途。不堪勞遠目，斜日滿平蕪。

〔注〕此詩録自便面原迹，題識云：瑞洪順風至滕王閣舊作，少伯賢友雅鑒。陳澧。

俞梧生將之廉州賦此贈行

丱角嬉游久，悠悠各鬢絲。驚心戎馬地，握手别離時。古刻東吴石，新編北宋詞。遲君歸日近，相賞酒盈卮。

原注：時廉州方用兵，故有第三句。梧生舊摹天發神讖碑，余正欲刻石。所著《壁月小紅樓詞》，去年得讀一過，故并及之。

羅六湖以寂惺圖屬題時余方游羅浮歸承惠贈羅浮觀瀑圖并自言□歲時舊游今欲往以詩訂之俟秋涼後當以一瓢一笠相從於雲水間耳

四山松竹皆無聲，纖雲散盡孤月明。道人忘言結跏坐，一朵遠峯相對青。道人者誰六湖子，早卸朝衫返鄉里。大千世界一蒲團，四百峯頭雙屐齒。非僧非道非神仙，色色空空玄又玄。問君何處得此境，活潑潑地鳶魚天。人間擾擾紅塵窄，與君同抱煙霞癖。商量并坐何處坐，華首臺邊洗衲石。

己巳十一月之望與定甫先生同過倪雲渠少尹寓齋小飲話別夜登學海堂探梅玩月先生倒用丙寅贈答詩韻見示其語精妙歎服不能和乃變七言爲六言不啻避三舍矣

蕭條猶幸同時，風雨羅浮合離。能讀書人難遇，不得志者所爲。嶺嶠東路西路，梅花南枝北枝。明年對雪相憶，今夕深杯莫辭。

前詩寄呈聞失於水書此再寄尚有餘紙再書二十八字壬申九月

病起逡巡寫舊詩，只憑千里寄相思。不知到日寒梅樹，開過樓窗第幾枝。

〔注〕六言詩已收入遺詩中，序及後附七言詩則未收入。

送馮子立太守歸里

人生有大福，孰如老萊子。采衣舞爛斑，敝屣視金紫。樂哉大馮君，解組歸去矣。一笑塞翁馬，得失不憂喜。何況十年來，良政在人耳。庾公德可頌，陽冰筆能紀。我聞韋蘇州，賦詩思田里。世事嗟茫茫，愁心詎遣此。乃思古之人，身退意未已。此外何足云，不復掛牙齒。

爲許涑文題顧𡸣庵畫

讀畫閑談此一時，驂鸞他日再題詩。錢塘江上看紅葉，頭白歸來也未遲。

題何聿修亢宗山水

落葉紛紛不可掃，山人清曉開門早。昨宵大雪滿山來，幾欲梅花都壓倒。

以上録自陳之邁編《東塾續集》

秀水舟中口占

柳隄窄窄櫓枝摇，晚飯孤篷濁酒澆。絶似吾鄉好風景，三窗船過漱珠橋。

杭州贈曹葛民

舊識西泠曹柳橋，只今詩鬢已蕭蕭。十年兩度衝風雪，翡翠巢邊話寂寥。

蘇　州

自笑孤篷亦太孤，餘杭過了又姑蘇。風流不似鴟夷子，載得西施泛五湖。

自孟瀆河泝江至鹽河

桑林萬樹只空枝，春色來時不厭遲。預喜歸途無暑氣，緑陰如畫一船移。

代書答袁琴知來書似洪稚存文稚存有小印文曰曠代逸才

一騎傳書寶月臺，到時珠海片帆開。吴頭楚尾行千里，雨外燈前誦百回。庾信文章君未老，揚雄奇字我猶猜。嶺南亦有昆山玉,不數江南曠代才。

失題

冥冥氛祲五羊城,尚有新詩冰雪清。漢學唐風關世運,周妻何肉亦人情。華夷誰遣貪通市,仙佛從來慣召兵。不幸腐儒言竟中,祇應沈飲日韜精。

題梅花水仙卷子

咸豐己未春三日,我與韓翁醉筆揮。酒後不知花不似,梅花太大水仙肥。

聲案:此爲東塾與梁小韓合作卷子。東塾於詩後復題云:「子韶不嫌不似,遂以贈之。」

失題

春秋二百餘年事,一事驚人自古稀。周室公卿凡伯貴,楚丘戎伐執而歸。

以上録自東塾手迹(中山大學圖書館藏)

題吴昌壽穗城棠頌圖

中丞始釋褐，宦粤作州縣。歘歷至方伯，特達荷天眷。其間劇勞苦，大小數十戰。利器别盤錯，大任先磨練。行軍既果毅，理民更廉善。優優政已敷，懇懇意無倦。名高風度樓，詔下通明殿。擢公撫楚北，聞命即馳傳。楚民歡如雷，粤民涕如霰。羊城十萬家，攀轅競祖餞。請告羊城人，勿作一孔見。公如泰山雲，霖雨天下遍。

録自吴仰賢《小匏庵詩話》卷八

寄懷潘曾瑩

昔年住京國乙未、丙申，大雅久聞名。此日渺天末，新詩遥寄情。餘波及書畫，高致澹公卿。老矣不相見，相思聊繼聲。

録自潘曾瑩《小鷗波館詩鈔》卷十二（原無題，代擬）

長眉道人畫扇贈焕啓大兄題以二絶句

一角奇峰隔水天，三生欲問舊因緣。誰知竟有移山力，來與眉翁伴水仙。

紅杏林中小洞天，主人長與石爲緣。竹亭四面群峰合，我道眉翁是石仙。

録自鄧大林《杏林題詠四集》卷一

題杏林莊主人蔭泉畫牡丹

非紫非紅色更新，酒酣寫出十分春。當時倚醉來研墨，可是君謨鬥茗人。

録自鄧大林《杏莊題詠四集》卷一

題杏林莊畫菊

自笑蹒跚曳履遲，更無清興訪東籬。重陽過了黄花在，欲向名園乞幾枝。

録自鄧大林《杏莊題詠四集》卷二

咸豐癸丑三月三日鄧蔭泉招同人修禊杏林莊

右軍修禊序，永和癸丑年。年年有修禊，此會獨留存。實由書法美，萬本爲摹鐫。咸豐今癸丑，杏林集群賢。誰能與右軍，書法相後先。請君作圖畫，水竹寫幽妍。後人覽斯圖，猶今視昔然。傳之千載下，遠想長眉仙。

題潘讓卿行書字幅

卧聽今雨舊雨，坐看前山後山。不許時來俗駕，柴門雖設常關。陳澧。

録自鄧大林《杏林莊修禊集》卷一

録自程焕文主編《黄海章珍藏書畫圖録》

題明賢詩社圖卷

前代園林盛，群賢共駐車。庭留千歲鶴，檻列四時花。雅集圖空在，題名字半斜。期君繼壇坫，早晚向京華。

蓉石仁兄同年屬題，即請正之。辛丑小除夕，陳澧。

録自方濬頤《夢園書畫録》卷十五

恢垣吏部招同子箴方伯展雲詹事玉仲司馬少伯茂才集南園時七月六日也率賦二十八韻請諸公教和

南園古詩壇，百年久寥曠。宜有謫仙人謂恢翁，結社此酬唱前年學海堂有南園結社啓。君言建旗鼓，百戰兩大將箴翁展翁近多唱和。詰朝來同盟，牛耳我可讓。吾衰苦才盡，聞此忽神王。幸得在行間，聊欲觀壁上。象州有高弟玉翁受學於象州鄭小谷，筆陣迴清壯。吾宗有才子，衡宇屹相向少伯館於南園東偏。同來赴此會，文史共跌宕。評詩啓高談，促席出佳釀。良庖硎新發箴翁羡恢翁廚饌精好，大户酒無量。是日秋暑酷，赫若竈火煬。解衣任盤礴，晏笑兼謔浪。醉聞荷氣清，熱愛柳風颺。酒闌日西墮，新月吐微亮。今夕是何夕，牛女耿相望。星辰有離合，猶不免怊悵。人世得歡會，何不恣酣暢。使君文無害，計日駛官舫。宮僚晝錦還，行復赴蓬閬。王子尋墓田，耕讀戀先壙。陳生舉孝廉，公車促行裝。他時各相憶，此會定不忘。惟我與李侯，竟托形骸放。棄官來奉祠，不復憂無狀。峩峩十先生，百粤舊宗仰。軒楹肅清高，水木交溶漾。群公請留題，風雅庶相抗十先生祠扁曰抗風軒。

録自方濬頤《二知軒詩續鈔》卷十

失題四首

（一）

憶昔春明夢，琴樽樂未休乙未在都，同爲消寒之會。即今嶠南使，桃李燦成行。惠我留佳句見贈詩稿，逢君説故鄉余家乾隆中自江寧遷粤。山中有黄菊，乘興補重陽九月望後同集學海堂。

拙句奉贈子九大夫大人同年，即請雅教。

（二）

煙霞千仞閉，滄海幾回枯。碧甃流丹汞，瑶壇上緑蕪。溪深人過少，松暝鶴來孤。願探琴心妙，藏身向玉壺。

虞階二兄雅鑒。陳澧。

（三）

昨夜微霜葉尚青，寒林掩映露疏星。枝頭一抹朝曦後，小鳥飛來試短翎。

己未除夕後三日，小琴别駕尊兄屬題。陳澧。

（四）

我尋明福洞，遠赴列仙期。海雪自千古，山花長四時。西華春不老，北斗夜何其。似有鈞天奏，長空鶴下遲。

鏡波仁兄雅鑒。陳澧。

録自傳世手迹影本

奉和詩用東坡試院煎茶詩韻呈補帆中丞

學精毛鄭兼韓生，公深於經學，尤專於《詩》。銘臨石臞之後復以通經鳴。政比廣平督五管，燕國遺愛之碑奚重輕。經義治事闢齋二,湖州教士此遺意。陶鑄群才金錫煎,能令屬文流峽泉。公創建應元書院於粤秀山麓。廉如清獻琴鶴蒞西蜀,惟有新書數卷比珠玉。□俞太史□兩集。同人望公如渴饑,粤人又欲攀轅隨。孤生拜送旌麾去,却憶衙齋説經時。

補帆中丞大人開府八閩,以子嚴、樵雲、樹臣三觀察用坡公《試院煎茶》詩韻命和,賦呈鈞鑒。惟和詩最後而書於右方爲不安耳。時庚午九月望後二日,番禺陳澧呈稿。

録自傳世手迹影本

息柯先生將度嶺而北以團扇索拙詩念半年來過從之樂故不作送行詩而作留行詩先生其許我乎當有以答我也

海内老名士,而今有幾人?知交雖已晚,同好自相親。先生與余皆好古金石文字。客路雪方滿,此鄉天早春。驪歌且莫唱,觴詠及芳辰。

録自楊翰《息遺草堂詩鈔》

嶺南倡和詩題辭

眉山兄弟與涪翁,自昔騷壇唱和同。集中詩多似蘇黄。百詠如今有孚若,此篇擬古得文通。松陵集以齊名著，石鼎詩緣險語工。更作一歌歌始放，謂《放歌行》，用之、看全韻。鯨魚跋浪豫章風。

録自楊懋建編《嶺南倡和詩》

和黄理崖秋分日喜雨

書生常抱杞人憂，喜雨詩來暫解愁。已卜今年豐晚稻，卻防連日漲洪流。江關露布無群盜，金陵賊潰。畿輔飛蝗又幾州。西望蒼梧東望海，冥冥祲氛未曾休。

録自黄昭融《聽春樓詩文存》

失　題

鈔書銷盡舊詩才，何意蕪音入聽來。豈有文章傳正印，不辭酩酊罰深杯。達官風雅今爲盛，際海氛祲亦暫開。江北江南勞夢想，與公同上望鄉臺。

聲案：蔣超伯《垂金蔭緑軒詩鈔》卷二有《讀漢儒通義、禹貢圖説，蘭甫詩適至，依韻奉酬》詩，詩後附録蘭甫此作，蓋蘭甫前已贈《漢儒通義》諸書與蔣氏，此復以詩述懷也。

五月二十日叔起廉訪招同子箴都轉蘭畦柱臣兩觀察集榕堂爲吴梅村生日命賦詩用梅村送曹秋岳韻愧不能成率賦一律即題見賜榕堂續録後敬呈教削

五百餘年肅政臺，垂金蔭緑畫堂開。偶尋秋岳分藩句，共醉梅村獻壽杯。花藥洲邊神樹古，鵷鸞隊裏野鷗來。夢溪談與容齋筆，心折同時澹雅才。

以上録自蔣超伯《垂金蔭緑軒詩鈔》

失題二首

壘成奇石壺中九，湧出神山海上三。小坐乍疑舟泛泛，屋形爲舟。清游渾忘府潭潭。銀花火樹燈光艷，梔子芭蕉雨氣酣。遠聽禽言唤都護，定知孔雀在東南。

酒户輸他飲中入，恢翁善飲。文壇邀我讓之三。公命澧主講菊坡精舍。養疴飽食二升飯，召翁不飲。送別情深千尺潭。蘭軒將入都。此日新知談正樂，介翁初相見。詰朝挑戰興猶酣。公詩先成。夜闌歸去攜詩卷，見示新詩一卷。心醉餘音雅以南。

録自方濬頤《二知軒詩續鈔》

聲案：方氏詩卷三有《二十六日招丁芥帆士彬舍人、黎召民兆棠觀察、陳蘭甫學博、李恢垣吏部、張蘭軒吉士飲於碧玲瓏館》詩，詩後附録此二律，蓋爲該次雅集而作。

昆吾先生七十九壽賦詩奉祝

學海老名士，壽考誰最長。南山正八十，香石三歲强。我觀昆吾翁，遠過黄與張。今年七十九，豪健非尋常。手不執拄杖，口不講醫方。斗酒與彘肩，飲啖神揚颺。長我二十年，笑我孱且尫。有似孔文舉，隱憂盛孝章。感翁愛我厚，使我心中藏。近來共歡宴，多在杏林莊。心遠地又偏，縱論無所妨。我憂文運否，五厄真可傷。士不習經傳，但聞禱文昌。翁亦發浩歎，危坐聲琅琅。爲我講孟子，萬目歸一綱。世俗講書者，但爲試科場。書名且不識，近有刻書謂「大全」爲王罕皆所作者。經訓更倀倀。翁今講大義，如幽室得光，邠卿有章指，此可相頡頏。翁昔編聖製，詩注存山堂。蠹魚食幾字，蛛網封幾行。我曾捧而讀，讀畢手訂裝。又爲録副本，庶可免佚亡。知古又知今，此學本鄭鄉。「知古知今」，語本鄭志。所以周禮注，漢制引最長。宋儒妄嗤點，乃誤浚儀王。宋人譏鄭君以漢制解《周禮》，而《困學紀聞》乃採其説。翁素尊漢學，奥博不可量。我請舉漢事，侑翁進一觴。願翁爲申公，蒲輪降天閶。否則遺鼂錯，受書及門墻。全家飲菊水，延壽如南陽，壽至百餘歲，翁是漢張蒼。

昆吾先生大壽，敬賦一詩，奉祝先生與夫人偕老，又得抱曾孫，一門之慶，不可殫述，故有

「南陽菊水」之句云。此同治六年，歲在丁卯孟冬之月三日，小弟陳澧并識。

録自樊封《蟫紅集》

題黄小宋璟歸粵草

病夫喜讀新詩卷，詩味醰醰入茗甌。匹馬馳驅半寰宇，一官慈惠在中州。竭來久客思墳墓，豈爲閑吟訪釣游。我亦欲歸歸不得，江天翹首憶松楸。余先金陵人，近年欲掃先塋，老病不能也。今春命兒子代往。

録自黄璟《四百三十二峯草堂詩》

論詩絶句

循吏而今有子孫，江天吟嘯布衣尊。西神一集才如海，肯讓更生與悔存。丁采之

録自徐世昌《晚晴簃詩匯》卷一五二

失題三首

葉中堂，告官吏，十五日，必無事。十三夷炮打城驚，十四城破炮無聲。十五無事靈不靈？乩仙耶？點卦耶？籤詩耶？擇日耶？

夷船夷炮環珠口，紳衿翰林謁中堂。中堂絶不道時事，但講算術聲琅琅。四元玉鑑精妙極，近來此秘無人識。中堂真有學問人，不作學政真可惜。

洋炮打城破，中堂書院坐。忽然雙淚垂，廣東人誤我。廣東人誤誠有之，中堂此語本無疑。試問廣東之人千百萬，貽誤中堂是阿誰？

録自陳琰《藝苑叢話》

聲案：此詩譏刺葉名琛喪師辱國事。原無題，亦未署作者。吴沃堯家藏抄本，亦録存此詩，惟字句、章次略有不同，蓋傳抄致歧也（見所著《趼廛筆記》，收入《我佛山人短篇小説集》中，花城出版社，一九八四年九月）。咸豐八年，朱鑑成游粤，入兩廣總督黄宗漢幕，曾撰《漢陽相公行》詩，亦詠名琛事，中有句云：「粤游偶讀粤中詩，廣東人誤誠有之。見陳蘭甫詩。」知實爲東塾所作。余有拙文《鴉片戰争詩歌三題》，曾詳考之（文載《晚清民國文學研究集刊［一］》頁一一七——一一九，灕江出版社，一九九五年十二月）。

斷句

涼聲暗滴豆花雨，暑氣全消荷葉風。

手撥古琴如弄水，案排奇石當看山。

□聽琴聲如雁落，偶臨草帖似龍跳。

觀理深時心自静，鈔書多後學皆通。

爲學與年進，讀書須日鈔。

觀理如觀火，鈔書勝讀書。

以上録自手迹（中山大學圖書館藏）

雲捧樓臺出天上，風飄鐘磬落人間。戊午八月崇雅樓戲墨。

録自汪兆鏞《嶺南畫徵略》卷八引《留庵隨筆》

老覺古人親。乙丑九月十九夜得句。

録自《東塾遺稿》

憶江南館詞

憶江南館詞補録

黄國聲　整理

整理説明

《憶江南館詞》一卷，原名《燈前細雨詞》，作者於道光二十四年編定。其後太平軍攻陷南京，作者「以先世爲上元人，凡甲辰後所爲詞，雖無多篇，并前作題爲《憶江南館詞》，以寄思念故鄉之意。晚年復手自删定」。故詞集僅存詞二十五闋，可見删落必多，去取之嚴。後由門人汪兆鏞於一九一四年刊刻行世。詞集已有汪氏校記，故僅予標點。另外，補輯得佚詞八闋及《題竹灣圖》曲一套，作爲補録附於後。

自序

余少日偶爲小詞，桂君星垣見之曰：「此詩人之詞也。」自是十餘年不復作，或爲之，歲得一二闋而已。去歲黄君蓉石、許君青皋邀爲填詞社，凡五會，而余僅成二詞，兩君謂余真詞人也。此三君皆工詞而其言如此。蓋詞之體與詩異，詩尚雅健，詞則靡矣。方余學爲詩，故詞少婉約，今十餘年，不學詩久矣，或可以爲詞歟？然亦才分薄耳，昔之詩人工詞者豈少耶！今年下第歸，行篋書少，鉛槧遂輟，江船雨夜，稍稍爲詞以銷旅愁。時方以廣文待選，取杜詩語題之曰「燈前細雨詞」，并舊作都爲一卷。甲辰新秋，章貢舟中識。

謹案：先京卿以大挑得教職，追選任河源，到官兩月即告病歸，而粵賊起矣。既而賊踞金陵，以先世爲上元人，凡甲辰後所爲詞，雖無多篇，并前作題曰《憶江南館詞》，以寄思念故鄉之意。晚年復手自删定。兹將遺稿重寫，仍録前序，并附注於後。壬子重陽，宗穎謹記。

先京卿詞存稿不多，遺命不必付梓，如海内有選詞者，付選刻數首足矣。憬吾孝廉曩從先京卿游，頃索讀此編，謹用寫上，如有訛脱，幸諟正之。宗穎又識。

目録

憶江南館集外詞

憶江南館詞補録

憶江南館詞

風入松

八月三日集水明樓，中間紅緑二語最爲張韶臺所賞，書爲樓上楹帖。又於中秋夜集，以北曲《風入松》譜此詞授歌者，頗協律云。

夕陽城郭水邊樓，纖月挂樓頭。客來剛是黄昏後，儘安排、酒琖茶甌。花雨紅飛硯几，山痕緑到簾鈎。　檀槽銀燭小屏幽，一曲盪清愁。潮生風熟人歸去，待明朝、更約盟鷗。看到月兒圓了，還來一醉中秋。

鳳凰臺上憶吹簫

越王臺春望，癸卯二月越臺詞社作。

芳樹嘑鴣，野花園蜨，嫩晴剛引吟筇。訪故王臺榭，依約樵蹤。零落當年黄屋，都分付、蜑雨蠻風。添惆悵，望佗城一片，海氣冥濛。　青山向人似笑，笑淘盡潮聲，誰是英雄。只幾堆新壘，鳥散雲空。休説樓船下瀨，傷心見、斷鏃苔封。還依舊、攀枝亂開，萬點春紅。萬紅友《詞律》載此調李易安詞，「休休，者回去也」，謂第二休字用韻，非也。易安此詞已有「欲説還休」句，不當重休字。余此闋依易安詞填之，而山字不用韻，以正萬氏之誤。

緑意

苔痕。越臺詞社作。

空庭雨積，漸染成淺黛，延緣墻隙。正是池塘，春草生時，難辨兩般顔色。閑門深掩無人到，已滿地、翠煙如織。又暗添、幾縷蝸涎，裊裊篆紋猶溼。　應誤迴闌倚遍，怕行近，滑入穿花雙屐。似澹還濃，漠漠平鋪，只道緑槐陰密。晚來幽恨知多少，訝看到、斜陽成碧。謝樹頭、吹落嫣紅，點點破伊岑寂。

一枝春

羊城人日，例有花埭之游，余以小病，閉閤不出。案頭水仙作花，山農復致緋桃數十枝，紅艷欲醉。頹然隱几，口占小詞寫之。

響竹喧餘，笑題詩、此日心情都懶。薰爐燕几，換了酒旗歌板。瑶妃睡起，步羅韈、肯來相伴。還暗憶、門掩春山，幾樹艷如人面。村童折來紅綻，趁湘簾、日映銅瓶波暖。明脂靚粉，媚我破琴枯硯。晴川畫艦，怕游屐、麴塵撩亂。儘岑寂、聊慰今年，看花霧眼。

水龍吟

壬辰九月之望，吾師程春海先生與吴石華學博登粤秀山看月，同賦此調，都不似人間語，真絶唱也。今十五年，兩先生皆化去。余於此夜與許青皋、桂皓庭登山，徘徊往迹，澹月微雲，增我怊悵，即次原韻。

詞仙曾駐峯頭，鸞吟縹緲來天際。成連去後，冰弦彈折，百重雲水。碧月仍圓，蒼山不改，舊時煙翠。只長林墜葉，西風過處，都吹作，秋聲起。　此夜三人對影，倚高寒、紅塵全洗。珠江滚滚，暗潮銷盡，十年前事。欲問青天，素娥卻似，霧迷三里。賸出山迴望，燈明佛屋，有閑僧睡。

前調

是月十九日，皓庭招集學海堂，爲補重陽之會。醉後叠前韻。

是誰前度登高，蒼苔屐齒留巖際。興來此日，也堪重詠，玉山藍水。菊有花時，蟬無聲後，漸疏林翠。正危闌縱目，夕陽紅處，看城郭，炊煙起。忽覺秋心浩渺，倚西風，螺杯新洗。憑高釃酒，而今只願，八荒無事。容我蹉跎，長騎欵段，少游鄉里。便傾壺醉倒，山空人静，學希夷睡。

齊天樂

辛丑春試報罷出都，驛柳萬條，惹人鞭鐙。時鄉關烽火，音書杳然，困頓輪蹄，吟情久廢，偶倚横竹，以盪愁魂。

盧溝橋外垂楊樹，依依送人千里。缺月平隄，殘陽古岸，逗得些些詩思。東風又起，捲飛絮如雲，亂隨流水。多少春光，恁教度盡客愁裏。　高樓幾人倦倚，望天涯極目，應損眉翠。短笛魂銷，長亭淚澀，別後光陰彈指。歸期近矣，只依舊征衫，青青如此。且覓巢痕，學他雙燕子。

甘州

辛丑，張韶臺和余盧溝詠柳之作，自是唱酬遂多。今歲同至揚州，余往金陵，韶臺先歸。空江獨吟，追憶前事，慨然成詠。

記盧溝煙柳和新詞，淒斷小銀箏。正風前畫角，夢中紅袖，一樣關情。此日天涯依舊，書劍共飄零。卻恐愁邊鬢，添了星星。　憔悴江南倦客，更句留十日，酒夢纔醒。賸清弦獨撫，深夜伴孤槳。只如今、怕吟楊柳，甚年年、慣作別離聲。歸來好，南園煙水，料理鷗盟。

百字令

甲辰春首，贛州舟中見新月，同舟有誦老杜鄜州詩者，感而賦此。歸時坐碧桃花下，倚橫竹吹之，當銷盡虛幌中幾許淚痕也。

一年明月，記今宵初向，篷窗相見。千里碧雲堆暝色，漏出春痕如綫。淺靨含顰，長眉帶瘦，似恨江天遠。照人羈旅，素娥應也腸斷。　此際光溼雲鬟，碧桃花底，簾影玲瓏捲。一箇春星如豆小，斜趁迴廊低轉。欲拜還慵，遲眠又愛，無語釵梁倦。團圓猶待，幾回偎桂輪滿。

齊天樂

十八灘舟中夜雨。

倦游諳盡江湖味，孤篷又眠秋雨。碎點飄燈，繁聲落枕，鄉夢更無尋處。幽蛩不語，只斷葦荒蘆，亂垂煙渚。一夜瀟瀟，惱人最是繞隄樹。　清吟此時正苦。漸寒生竹簟，秋意如許。古驛疏更，危灘急溜，并作天涯離緒。歸期又誤，望庾嶺模糊，溼雲無數。鏡裏明朝，定添霜幾縷。

滿庭芳

馬彬士孝廉春闈報罷，歸途遇舊相識，愁病不支，相對於邑，慨然有白傅琵琶之感。屬填此闋，以解閑愁。

蓮葉陂塘，柳絲門巷，有客重繫游驄。桃花一樹，不似舊時紅。相見何如未見，漫贏得、粉淚千重。添腸斷，愁枝病蕊，禁得幾春風？　匆匆。來又去，棲鸞樹在，度鵲橋空。歎一樣天涯，飄泊還同。怕聽琵琶怨曲，撩春恨、堆上眉峯。相思夢，休隨粉蝶，再入百花叢。

浣溪紗

歸次贛州舟中作。

千里晴江曲曲流。布帆無力滯歸舟。更遲幾日又新秋。　岸柳學人腰樣瘦，草蟲說我夢中愁。情懷不似少年游。

鵲橋仙

七夕嶺北舟中戲作。

銀河淺淺，雙星此會，只架橋兒一座。假饒隔了一重山，便烏鵲、也飛難過。閨中乞巧，燈前兒女，笑語片時愁破。獨憐孤客在天涯，卻似那、匏瓜一箇。

摸魚兒

東坡江郊詩序云：「歸善縣治之北，數百步抵江，少西有磐石小潭，可以垂釣。」余訪得之，題以此闋。

繞城陰、雁沙無際，水光摇漾千頃。蒼崖落地平於掌，滢翠倒涵天鏡。風乍定，看絶底明漪，曾照東坡影。林煙送暝。只七百年來，斜陽換盡，一片古苔冷。幽尋處，付與牧村樵徑。江郊詩句誰省？平生我亦煙波客，笠屐儻堪持贈？雲水性，便挈鷺提鷗，占取無人境。商量畫幢。向碎竹叢邊，荒蘆葉畔，添箇小漁艇。

甘州

惠州朝雲墓，每歲清明，傾城士女酹酒羅拜。坡公詩云：「丹成逐我三山去，不作巫陽雲雨仙。」余謂朝雲倘隨坡公仙去，轉不如死葬豐湖耳。

漸斜陽、澹澹下平隄，塔影浸微瀾。問秋墳何處？荒亭葉瘦，廢碣苔斑。一片零鐘碎梵，飄出舊禪關。杳杳松林外，添做蕭寒。　須信竹根長卧，勝丹成遠去，海上三山。只一抔香塚，占斷小林巒。似家鄉、水仙祠廟，有西湖爲鏡照華鬘。休腸斷，玉妃煙雨，謫墮人間。

高陽臺

元日獨游豐湖，湖邊有張氏園林，叩門若無人者，遂過黄塘寺，啜茗而返。憶去年此日，游南昌螺墩，不知明年此日，又在何處也？

新曙湖山，釄寒城郭，釣船猶閣圓沙。短策行吟，何曾負了韶華？虚亭四面春光入，愛遥峯、緑到檐牙。欠些些，幾縷垂楊，幾點桃花。　去年今日螺墩醉，記石苔留墨，窗竹揺紗。底事年年，清游多在天涯？平生最識閑中味，覓山僧、同説煙霞。卻輸他，斜日關門，近水人家。

百字令

市橋有水松，大數十圍，雷折其榦，近根數支猶活，望之如小山。旁一里許有陳將軍墓，相傳爲東晉人。南山先生與予來觀，欲築亭於樹下。先生賦詩，予填詞和之。

何年夸父，把鄧林移作，天南一柱？倒挂蒼龍纔見首，雨鬣風髯無數。神臂横撑，霜皮直裂，隱隱聞雷斧。海鵬飛倦，一枝來宿深處。　旁有高塚麒麟，行人指點，道是將軍樹。夜半翠濤天際響，時見雲旗來去。醲酒長歌，結茅小築，留得驚人句。題名崖石，與君同壽千古。

點絳脣

題畫，送沈偉士之高州。

一葉輕帆，送君去也重回首。幾絲煙柳，摇得斜陽瘦。　簾影苔痕，簫譜闌珊後。重陽又，登高時候，負了黄花酒。

念奴嬌

題扶醉士女圖

濛濛春月，更重重花影，深深庭院。似倦似愁還似病，底事翠欹紅軟。醉惱杯深，歡嫌漏促，不許人偷换。潮痕滿頰，桃花未抵人面。　髣髴碧玉闌邊，雲香月澹，畫里人曾見。添箇籠燈明瀲灔，照徹鳳翹低顫。記也難真，説來若夢，付與閑鶯燕。春來春去，藤花亂落如霰。

點絳脣

爲林明之題守梅圖

醲雪光陰，嫩寒初透重衾薄。窗前緑萼，一夜思量著。　定有疏花，開到茅亭角。巡檐索，□□□□，只傍林家鶴。

水龍吟

紫蘭，俞梧生屬賦。

夕陽斜映湘山，湘娥窈窕摇雲帔。國香標格，玉兒太瘦，紅兒怎比。倩影亭亭，温湯出浴，霞杯微醉。是樊川俊賞，同心早訂，誰會得，尊前意？　最愛春芽茁處，較新蒲、吐茸還膩。赤鱗狂舞，惹他嬌鳳，銜將仙佩。夢裏糢糊，雲迴妙曲，醒來猶記。甚回文信杳，霍家釵上，有相思淚。

霓裳中序第一

夜來香

疏籬繞翠蔓，未到斜陽黄尚淺。螻蟻先知香滿，便葉底藤梢，也都尋遍。花籃唱晚，正摘來清露初泫。教斜戴、搔頭碧玉，一色恐難辨。　應伴素馨成串，更末麗銀絲亂顫。輕颸微度鏡檻，暗裏魂銷，人在深院。涼宵鬟影倦，到卸卻金釵猶戀。判今夜，與伊同睡，移插枕函畔。

綠意

黄理崖獲異蜨，大如掌，淺碧色，中有小紅暈，素艷可喜。詫爲未見，倩工畫者爲圖，屬題。

羅浮鳳子，是甚時蘸了，西湖活水？俗謂淺碧色爲西湖水。荷背纔翻，竹粉初勻，顏色也都難似。何來小暈拋紅豆，訝點點、相思牢記。算百花、養得芳容，最是素蘭秋蕊。　向晚晴天卵色，乍飛去，愛趁涼颸游戲。此蜨終日不動，日暮乃飛。依約香羅，疊雪輕衫，行近綠陰叢裏。煩君小硯揩蕉白，爲寫出、風前雙翅。借畫眉黛筆餘痕，染上砑光銀紙。

水調歌頭

代鷗答稼軒

白鷗没浩蕩，萬里孰能馴？海人從我游者，我自愛相親。堪笑鴟貪腐鼠，仰視鵷鶵曰嚇，不可與同群。更有鵝與鴨，也解惱比鄰。　歎飄飄，誰似我，一閑身？舍南舍北春水，日日往來頻。遥望一行白鷺，都上青天飛去，各自有前因。但乞鏡湖住，此外盡浮雲。

前調

朱墨莊見予《代鷗答稼軒》詞而賞之，因用稼軒盟鷗韻以柬墨莊。

百年三萬日，幾日笑顔開？何須呢呢兒女，恩怨語低回。且學寓言莊叟，又似滑稽方朔，射覆待君猜。今日吾醉矣，明日抱琴來。　笑古人，成白骨，長蒼苔。只留幾卷樂府，助我飲千杯。聽到一彈三歎，試問誰爲此曲？慷慨有餘哀。省識斷腸處，休買白楊栽。

憶江南館集外詞

百字令

夏日過七里瀧，飛雨忽來，涼沁肌骨。推篷看山，新黛如沐，嵐影入水，扁舟如行緑頗黎中。臨流洗筆，賦成此闋。儻與樊榭老仙倚笛歌之，當令衆山皆響也。

江流千里，是山痕寸寸，染成濃碧。兩岸畫眉聲不斷，催送蒲帆風急。疊石皴煙，明波蘸樹，小李將軍筆。飛來山雨，滿船涼翠吹入。　便欲艤棹蘆花，漁翁借我，一領閑簑笠。不爲鱸香兼酒美，只愛嵐光呼吸。野水投竿，高臺嘯月，何代無狂客？晚來新霽，一星雲外猶溼。《隨山館旅譚》卷一。

虞美人

題馬湘蘭畫蘭竹。

風梢露葉亭亭立，翠墨看猶溼。小名題處是花名，一段瀟湘殘夢不曾醒。　秦淮依舊波如鏡，不見巫雲影。畫屏指點認春痕，只有江南倦客最銷魂。海山仙館藏本。

醉吟商

龍溪書院門外，見羅浮山。

漸坐到三更，月影正穿林杪。水邊吟嘯，此際無人到。一片白雲低罩，羅浮睡了。爲鄭紀常書便面。

臺城路

尋呼鸞道故址不得。

短笻粵秀山前路，煙嵐半遮林杪。往日離宫，幾回清蹕，問有何人憑弔？青鸞信杳。漫贏得疏林，數聲啼鳥。石徑寒山，參差不辨舊馳道。　當年玉龍井畔，翠華堪想像，千騎縈繞。寶馬香車，霓旌羽蓋，仙子樊胡迎到。紅雲散了。歎朝漢高臺，共埋秋草。只賸黄昏，佛樓燈影小。手寫稿本。

憶江南館詞校字記

《越王臺春望》「訪故王臺榭」《粵東詞鈔》本「訪」作「問」。

《苔痕》「晚來幽恨知多少？訝看到、斜陽成碧。」《粵詞》本作「黄昏小立成淒黯，恰看到、斜陽成碧」。「點點破伊岑寂」《粵詞》本「點點」作「一霎」。

《羊城人日》「村童折來紅綻」，《粵詞》本「綻」作「顫」。「趁湘簾、日映銅瓶波暖。」《粵詞》本作「趁輕雲、嫩日烘開微暖」。「儘岑寂」《粵詞》本作「岑寂裏」。

《學海堂補重陽》「看城郭」《粵詞》本作「看萬户」。「螺杯新洗」《粵詞》本作「碧天如洗」。「容我蹉跎」《粵詞》本作「不恨蹉跎」。

《張詔臺和盧溝詠柳》「正風前畫角，夢中紅袖，一樣關情。」《粵詞》本作「悵飛花飛絮，催人過盡，水驛山程」。「賸清弦獨撫」《粵詞》本作「愛吟牋檢點」。

《十八灘舟中夜雨》「古驛疏更，危灘急溜。」《詞綜補》「疏更」作「更長」。「急溜」作「溜急」。

《贛州舟中》「千里晴江」爲徐子遠書小幀「晴江」作「章江」。

《東坡江郊》「水光」《詞綜補》作「江光」。「看絶底、明漪曾照東坡影。」《詞綜補》作「看百尺澄潭，中有東坡影。」《懺盦隨筆》録本作「看渺渺澄潭」。「林煙送暝」《詞綜補》作「林紆路迴」。「只七百年來，斜陽換盡」，《詞綜補》「只」作「算」，「換」作「過」。「詩句誰省」《詞綜補》作「詩意誰領」。「笠屐儻堪持贈」《詞綜補》

「笠屐」作「簑笠」，「儻」作「尚」。

《惠州朝雲墓》「須信竹根長卧」「須信」，《詞綜補》作「不恨」。「似家鄉水仙祠廟」「似家鄉」，《詞綜補》作「依約傍」。「西湖爲鏡」「爲」，《詞綜補》作「如」。

《元日獨游豐湖》「新曙湖山，釀寒城郭」，《詞綜補》「新」作「清」，「釀」作「醸」。「虚亭四面春光入，愛遥峯、緑到檐牙。」《詞綜補》作「水心亭子春先到，看遥山、緑近檐牙」。「底事年年，清游多在天涯？」《詞綜補》作「底事清游，年年都在天涯」。

《題畫送沈偉士》「一葉輕帆，送君去也重回首。」《粵詞》本作「江上長亭，看君西去頻回首」。「簾影苔痕」《粵詞》本作「水檻風臺」。

《七里瀧》「江流千里」，爲徐書幀「千里」作「七里」。「艤棹蘆花」爲徐書幀「花」作「中」。

右《憶江南館詞》一卷，番禺陳先生撰。先生少喜填詞，中歲後專治經，不欲以詞人傳。所爲詞見於許青皋、沈伯眉兩先生輯《粵東詞鈔》中者僅八首。壬子秋，孝堅世兄出先生手定稿相視，都凡二十五首，爰迻録一過。嗣復採獲四首，皆原稿所未載，附録爲集外詞。諸本字句有異同者，别爲《校字記》一篇。久擬付刊，孝堅以先生遺命勿刻阻之。今年春，孝堅歸道山。每撫此編，惜往日之云徂，哀大雅之不作，人間何世，失墜是懼。先生不欲刻詞，特自謙之意耳。謹命工剞劂，刊成，用識簡末。甲寅八月，門人汪兆鏞記。

憶江南館詞補録

憶秦娥

曲江舟中遇偉士

闗山路，詞人千里還相遇。還相遇，檀槽銀燭，滿樓香霧。夜深催掛蒲帆去，明朝惜别知何處？知何處？紅梅驛畔，冷煙殘雨。

如夢令

春日對雲館作

亭畔碧桃花樹，一日繞花千度。幾日不曾來，換了滿階紅雨。歸去，歸去，去向百花中住。

望漢月

舟夜聞笛

日暮碧雲千里，柳外孤篷才繫。一聲長笛是誰家？定在小紅樓裏。　夜深蓮漏轉，愁聽得、乍低還起。知他何事暗銷魂，吹到月斜人睡。

念奴嬌

張韶臺孝廉前在南昌，歸里攜一雛姬，至清遠峽小病，雨中奄然而逝，葬之峽山。韶臺悼之，既屬余文其碣，復作《凝碧灣》曲本，屬題。

一灣愁碧，記年時曾照，雙鬟嬌影。手弄花枝隨大婦，清曉同窺鸞鏡。佇月衣單，淩波步怯，釀得春成病。五更風雨，嫩紅無語飛盡。　愁絶兩岸青山，深深埋玉，零落花田冷。夜半秋墳詩唱徹，更比哀猿怕聽。斷石縈煙，涼泉瀉峽，尚帶殘妝粉。香魂休睡，試憑横竹吹醒。

以上録自李能定《花南軒筆記》

百字令

題桂星垣《玉堂歸娶圖》，道光十八年戊戌九月作。

霓裳詠罷，看迎到天上，玉京神女。低拜金蓮雙足下，艷入蓮花欲語。九曲銀河，幾重金屋，遠過蓬山路。花磚休到，儘伊細畫眉嫵。　卻憶絳闕朝回，群仙挹袖，到五雲深處。話別催妝新畫本，萬樹宫花齊舞。一卧滄江，重游閬苑，載得飛瓊去。巢痕未掃，好携仙眷同住。陳援庵先生藏本。

録自陳之邁編《東塾續集》

金縷曲

實甫將之潮州，見示留别諸弟詞，次韻奉贈。

欲别還回首，算今年、風亭月榭，幾番携手。正愛閑吟兼淺醉，忽掛蒲帆東走。定暗憶、蠻腰樊口。詞筆春風同按譜，悵而今，剩我孤檠守。誰與共，論秦柳？　黄金白璧人間有。只杜郎、鬢絲偷换，華年孤負。我比長康癡更絶，欲向通天臺奏。但願乞、朱顔如舊。難學東山陶寫意，算與君，同是中年後。須共盡，離筵酒。

又

前詞已成，餘意未盡，復疊韻仿稼軒壯語，呈實甫。

痛飲如犀酒，把人間、勞勞萬事，雲煙揮手。天馬行空誰繫得，自駕尻輪飛走。笑塵世、難逢開口。底用四愁兼五噫，怕腰圍瘦似東陽守。空感歎，漢南柳。蓬萊海上傳聞有。只憐他、六鼇辛苦，要將山負。試訪吹笙王子晉，鵝管天風迭奏。看城郭、歸來依舊。人世滄桑今幾見，問成仙畢竟誰先後？且一酌，中山酒。

秦樓月

燕臺別，蘆溝萬柳花如雪。花如雪，望中猶見，帝城雙闕。仙凫飛去東西粵，五羊城裏中秋節。中秋節，瑣闈千卷，眼光如月。

《秦樓月》一闋奉題稼亭大夫《燕臺録別圖》，即請正誤。庚午八月，陳澧蘭甫。

以上録自東塾手迹（中山大學圖書館藏）

附曲一套

題竹灣圖

［步步高南雙調］ 論生涯只有瀟湘浦，才得清如許。家在畫中居，流水三分隔斷人間路。一笑寄吟軀。渭川侯，聊當銜頭署。

［醉扶歸］ 這一帶碧琅玕影空堂互。那一帶緑檀欒翠滴小窗虚。引薰風醉後月相扶，透斜陽疏處雲來補。此中真箇俗塵無，儘勾留一綫秋光駐。

［皂羅袍］ 玉版禪心參悟，看先生面目，如此清臞。秋聲入夢雨來初，濃陰留客雲深處。宜煙宜雨，溪山舊廬；一簑一笠，烟波釣徒。那詩人合在淇園住。

［好姐姐］ 好安排茶鐺藥爐，好料理風軒月户，只座中佳士，日與此君俱。但贏取，紫簫按曲歌金縷，斑管臨池校緑書。

［尾聲］ 竹中碧玉椽無數，笑富貴人家總不如，算落得朝朝來報平安語。

録自寧淇瀾《竹灣題贈録》

讀詩日録

梁守中　點校

齋耕日録

[illegible]中[illegible]

點校説明

《讀詩日録》爲陳澧讀《詩經》時的摘句及評語，共六十五則。陳澧於卷首題有「讀《詩》，録精語，常常讀之」九字，極表稱賞。其中，有篇名有摘句有評語的爲三十四則，只有篇名和摘句的爲二十四則，只有篇名和評語的爲五則，僅有篇名的爲二則。

陳澧所摘《詩經》的句子，多爲名句。如《擊鼓》之「死生契闊，與子成説。執子之手，與子偕老」，《相鼠》之「人而無禮，胡不遄死」，《黍離》之「知我者謂我心憂，不知我者謂我何求」，《黄鳥》之「如可贖兮，人百其身」，《常棣》之「兄弟鬩於墻，外禦其務」，《采薇》之「昔我往矣，楊柳依依，今我來思，雨雪霏霏」，《蕩》之「靡不有初，鮮克有終」，《瞻卬》之「人之云亡，邦國殄瘁」，等等，均爲千古傳誦的名句，故録而不評。這些名句，有的已成爲結構固定的成語了。

陳澧《讀詩日録》中，有幾則只録篇名，而所加評語卻極爲簡練精當。如《氓》這一篇，寫一個棄婦訴説由相愛到被棄的經過，最後表示一刀兩斷的决絶。愛恨交織，感人至深。陳澧以「此篇絶妙」評之，可見是深爲感動的。又如寫妻子哭悼亡夫，期待他日於地下相會的《葛生》一詩，陳澧評道：

「此篇甚悲，讀之使人泪下。」又如《伐檀》、《蟋蟀》二詩，一爲諷刺剥削者不勞而獲，一爲勸人及時努力，陳澧把二詩合在一起評道：「二篇當三復。」表示要反覆誦讀。又道：「好樂無荒，以道制欲。」這兩句評語，則主要是針對《蟋蟀》一詩而發的。這些只録篇名而加的評語，均可看作是對全詩的總評。

在《讀詩日録》中，占了一半以上的是摘句而評。這些評語，褒貶分明，極有見地。如寫女子出嫁的《桃夭》一詩，陳澧摘録了「之子于歸，宜其室家」、「之子于歸，宜其家室」、「之子于歸，宜其家人」數句後評道：「『宜』字最有意味。凡婦人，當與一家之人無不合者，乃爲婦德也。」此評指出女子嫁人後，應力求做到一家和睦，才稱得上是有婦德。又如《匏有苦葉》一詩，摘引了「招招舟子，人涉卬否。人涉卬否，卬須我友」四句後，借「招」「涉」二字發了一通議論：「今則不待招之而涉矣。我則雖我友招之，亦不欲涉也。」表達了有所不爲之意。又如《鷄鳴》一詩的摘句：「蟲飛薨薨，甘與子同夢。」三句寫丈夫向妻子訴説，表示願與她同床共夢。陳澧認爲這個丈夫説得十分直露和大膽，故評道：「後世艷詩尚不能説至此。」又如《候人》一詩的摘句：「薈兮蔚兮，南山朝隮。婉兮孌兮，季女斯飢。」陳澧抓住「飢」字大加發揮，評道：「飢者，我輩分内事也。然此語言之甚易。非特飢不易忍也，但無酒可乎？非特酒也，色也，財也，盡無之可乎？故凡説忍飢則易，真忍飢則難。勿作假道學語也。」此評指出忍飢之難，矛頭直指道學家所謂「餓死事小，失節事大」這歧視婦女的謬論。又如

《鹿鳴》一詩的摘句：「我有嘉賓，德音孔昭。視民不恌，君子是則是效。」二句意謂君子要效法有聲譽、不輕佻的嘉賓。陳澧讀此詩句，結合眼前時俗敗壞，有感而發，慨然評道：「今之士大夫乃示民以恌，而則效者多矣。此風俗之所以壞也。」類似指斥時弊的，尚有《大東》一詩「私人之子，百僚是試」二句的評語。陳澧在評中先引朱熹的解釋道：「朱傳云：私人，私家皂隸之屬也。」然後指出：「今日正是如此。」意謂今日私家奴僕的子弟紛紛出任各種官職。還有，《節南山》一詩「瑣瑣姻亞，則無膴仕」二句的評語，也有類似的指斥。詩中的「膴仕」指高官厚禄。二句本謂掌有大權的官員不能讓那些庸碌無才的親戚去占據高位。陳澧一反其意，辛辣地評道：「今之大官皆使其姻亞爲膴仕矣！」以上諸評，有表示贊賞的，有表示非議的，也有借題發揮，對眼前情事表示不滿的。這些摘録和評論，對研究《詩經》及研究陳澧的思想和藝術見解，均有一定的價值。

《讀詩日録》爲陳澧手稿，現藏中山大學圖書館善本室。此手稿裝訂成四册，除第一册爲讀《詩經》之摘録及評述外，其餘三册，多爲讀史傳的摘録。這三册摘録并無談詩的内容，與《讀詩日録》的名稱不符，故此點校本僅取有關讀《詩經》的第一册點校，其餘三册則略而不用，以副其名。

一　葛覃

爲絺爲綌，服之無斁。

毛、鄭以「服」爲整治；　朱子以「服」爲服御。二説雖不同，然總當知凡事不可有厭斁之意。如毛、鄭説，則能勤；　如朱説，則能儉。而所以變氣質養德性者深矣。

二　桃夭

之子于歸，宜其室家。

之子于歸，宜其家室。

之子于歸，宜其家人。

「宜」字最有意味。凡婦人，當與一家之人無不合者，乃爲婦德也。

三　采蘋

誰其尸之，有齊季女[一]。

「齊」，嚴敬貌，女子必當如此。

四 小星

寔命不同。

安命。

五 何彼襛矣

曷不肅雝[二]，王姬之車。

婦人之道，「敬」、「和」二字盡之矣！

六 綠衣

我思古人，俾無訧兮。

我思古人，實獲我心。

事事思古，則無尤過矣。古人真獲我心也。

七　燕燕

仲氏任只，其心塞淵。終温且惠，淑慎其身。

「塞」、「淵」、「温」、「惠」、「淑」、「慎」六字，婦人當勉學之。

八　擊鼓

死生契闊，與子成説。執子之手，與子偕老。於嗟闊兮，不我活兮。於嗟洵兮，不我信兮。

九　凱風

棘心夭夭，母氏劬勞。

十　雄雉

百爾君子，不知德行。不忮不求，何用不臧。

十一 匏有苦葉

招招舟子，人涉卬否。人涉卬否，卬須我友。

今則不待招之而涉矣。我則雖我友招之，亦不欲涉也。

十二 谷風

黽勉同心，不宜有怒。采葑采菲，無以下體。德音莫違，及爾同死。

如不同心，亦當黽勉以同之。我躬不閱，遑恤我後。

十三 簡兮[三]

云誰之思，西方美人。

十四 北門

已焉哉，天實爲之，謂之何哉！

凡不如意事皆如此。

十五　北風

其虚其邪，既亟只且。

朱子曰：是尚可以寬徐乎。彼其禍亂之迫已甚，而去不可不速矣！

十六　定之方中

秉心塞淵。

朱子曰：蓋人操心誠實而淵深，則無所爲而不成。

十七　蝃蝀

朱傳引程子曰：人雖不能無欲，然當有以制之。無以制之而惟欲之從，則人道廢而入於禽獸矣。以道制欲則能順命。

《樂記》曰：以道制欲。

《坊記》曰：命以坊欲。

十八　相鼠

人而無禮，胡不遄死？

十九　淇奥

首章。

三章：有匪君子，如金如錫，如圭如璧。寬兮綽兮，猗重較兮。善戲謔兮，不爲虐兮。

二十　碩人

大夫夙退，無使君勞。

詩人之筆，深於人情，而語又甚莊重，不可及也。

二十一　氓

此篇絶妙。

二十二　木瓜

匪報也，永以爲好也。

二十三　黍離

知我者謂我心憂，不知我者謂我何求。

二十四　女曰鷄鳴

琴瑟在御，莫不静好。

二十五　出其東門

縞衣綦巾，聊樂我員。

縞衣茹藘，聊可與娛。

二十六　鷄鳴[四]

蟲飛薨薨,甘與子同夢。

後世艷詩尚不能説至此。

二十七　甫田

婉兮孌兮,總角丱兮。未幾見兮,突而弁兮。

二十八　園有桃

園有桃,其實之殽。心之憂矣,我歌且謡。不知我者,謂我士也驕。彼人是哉,子曰何其。心之憂矣,其誰知之。其誰知之,蓋亦勿思。

二十九　伐檀、蟋蟀

二篇當三復。

好樂無荒,以道制欲。

三十　綢繆

今夕何夕。

絶妙語。

三十一　葛生

三十二　蒹葭[五]

此詩甚悲，讀之使人泪下。

三十三　黄鳥

如可贖兮，人百其身。

三十四　衡門

衡門之下，可以棲遲。泌之洋洋，可以樂飢。

豈其食魚，必河之魴？ 豈其娶妻，必齊之姜？
豈其食魚，必河之鯉？ 豈其娶妻，必宋之子？

三十五 候人

薈兮蔚兮，南山朝隮。婉兮孌兮，季女斯飢。

飢者，我輩分内事也。然此語言之甚易。非特飢不易忍也，但無酒可乎？ 非特酒也，色也，財也，盡無之可乎？ 故凡説忍飢則易，真忍飢則難。勿作假道學語也。

三十六 鹿鳴

人之好我，示我周行。
我有嘉賓，德音孔昭。視民不恌，君子是則是效。

今之士大夫乃示民以恌，而則效者多矣。此風俗所以壞也。

我有旨酒，以燕樂嘉賓之心。

三十七　皇皇者華

駪駪征夫，每懷靡及。

周爰咨諏。

周爰咨謀。

周爰咨度。

周爰咨詢。

自以爲靡及而周咨，此奉使之道也。不然必敗事。

三十八　常棣

凡今之人，莫如兄弟。

兄弟鬩於墻，外禦其務。

妻子好合，如鼓瑟琴。兄弟既翕，和樂且湛。

宜爾室家，樂爾妻帑。是究是圖，亶其然乎！

三十九　伐木

相彼鳥矣，猶求友聲。矧伊人矣，不求友生。寧適不來，微我弗顧。寧適不來，微我有咎。

四十　採薇

昔我往矣，楊柳依依。今我來思，雨雪霏霏。

四十一　出車

豈不懷歸，畏此簡書。

簡書真可畏。

四十二　六月

侯誰在矣，張仲孝友。

獨舉孝友之人，以其足爲邦家之光也。

四十三　沔水

念彼不迹，載起載行。

朱傳云：「不迹」，不循道也。君子處衰也，憂憤如是。

我友敬矣，讒言其興。

四十四　鶴鳴

全篇。（鶴鳴於九皋）

四十五　白駒

皎皎白駒，在彼空谷。生芻一束，其人如玉。毋金玉爾音，而有遐心。

四十六　節南山

瑣瑣姻亞，則無膴仕。

今之大官皆使其姻亞爲膴仕矣！

君子如屆，俾民心闋。君子如夷，惡怒是違。我瞻四方，蹙蹙靡所騁。

方茂爾惡，相爾矛矣。既夷既懌，如相酬矣。

家父作誦，以究王訩。式訛爾心，以畜萬邦。

朱傳云：「訛」，化也。

四十七　正月

好言自口，莠言自口。

維號斯言，有倫有脊。

朱傳云：「號」，長言之也。「脊」，理也。「脊」不當訓爲「理」。

佌佌（原注：小人也）彼有屋，蔌蔌（原注：窶陋者）方有穀。民今之無禄，天夭是椓。哿矣富人，哀此惸獨。

四十八　十月之交

下民之孽，匪降自天。噂沓背憎，職競由人。

我不敢效我友自逸。

我又歎且惜我友自逸，屢勸其不自逸而不聽也。

四十九　小旻

潝潝訿訿，亦孔之哀。謀之其臧，則具是違。謀之不臧，則具是依。我視謀猶，伊於胡底。

哀哉爲猶，匪先民是程，匪大猶是經。維邇言是聽，維邇言是爭。

淺陋可笑。

五十　小宛

各敬爾儀，天命不又。

教誨爾子，式穀似之。

題彼脊令，載飛載鳴。我日斯邁，而月斯征。夙興夜寐，無忝爾所生。

五十一　小弁

不屬於毛，不離於里。天之生我，我辰安在。

君子無易由言,耳屬於垣。

五十二 大東

私人之子,百僚是試。

朱傳云:「私人」,私家皂隸之屬也。今日正是如此。

五十三 楚茨

子子孫孫,勿替引之。

勿替而引之,乃有此人家,否則無此人家矣!

五十四 角弓

此令兄弟,綽綽有裕。不令兄弟,交相爲瘉。

朱傳云:「令」,美;「瘉」,病也。

受爵不讓,至於已斯亡。

徐、葉是也。

老馬反爲駒，不顧其後。如食宜饇，如酌孔取。

毋教猱升木，如塗塗附。

五十五　菀柳

俾予靖之，後予極焉。

朱傳云：「靖」，定也。「極」，求之盡也。家庭中亦嘗有此事，使我不復敢靖之。前年爲潘氏事正是如此。

五十六　白華

鼓鐘於宫，聲聞於外。

五十七　大雅　既醉　卷阿

此二詩最佳。

五十八　大雅　民勞

敬慎威儀，以近有德。

鄭君戒子，舉此二語。

五十九　大雅　板

辭之輯矣，民之洽矣。辭之懌矣，民之莫矣。

我言維服，勿以爲笑。先民有言，詢于芻蕘。

天之方虐，無然謔謔。老夫灌灌，小子蹻蹻。

匪我言耄，爾用憂謔。多將熇熇，不可救藥。

牖民孔易，民之多辟，無自立辟。

宗子維城，無俾城壞，無獨斯畏。

六十　大雅　蕩

靡不有初，鮮克有終。

文王曰咨，咨汝殷商。曾是强禦，曾是掊克。曾是在位，曾是在服。天降滔德[六]，女興是力。

女炰烋於中國，斂怨以爲德。

俾晝作夜。

小大近喪，人尚乎由行。

雖無老成人，尚有典刑。曾是莫聽，大命以傾。

六十一　大雅　抑

人亦有言，靡哲不愚。

白圭之玷，尚可磨也。斯言之玷，不可爲也。

無易由言，無曰苟矣。莫捫朕舌，言不可逝矣。

無言不讎，無德不報。

相在爾室，尚不愧於屋漏。無曰不顯，莫予云覯。神之格思，不可度思，矧可射思[七]。

其維哲人，告之話言，順德之行。其維愚人，覆謂我僭，民各有心。

匪用爲教，覆用爲虐。

六十二　大雅　桑柔

誰生厲階，至今爲梗。

衰亂之後，必追想到此。

誰能執熱，逝不以濯。其何能淑，載胥及溺。

維此聖人，瞻言百里。

貪人敗類。

六十三　瞻卬

如賈三倍，君子是識。婦無公事，休其蠶織。

丈夫則孳孳爲利，婦人則懶惰，衰世之象。

人之云亡，邦國殄瘁。

六十四　召旻

潰潰回遹，實靖夷我邦。

皋皋訿訿，曾不知其玷。

「皋皋」，頑不知道；「訿訿」，窳不共事。「不知其玷」，而國危矣。其後乃有不知道而强自謂知道者，不共事而强自謂共事者。此等人出而愈危矣！

昔先王受命，有如召公，日辟國百里，今也日蹙國百里。於乎哀哉！維今之人，不尚有舊。

六十五　周頌　敬之[八]

日就月將（原注：將，進也），學有緝熙於光明（原注：續爲明之）。佛時仔肩，示我顯德行。

「佛」，弼通；「仔肩」，任也。

【校記】

[一] 齊　陳澧手稿作「齋」。

[二] 雍　陳澧手稿作「雝」。

[三] 按：此篇陳澧手稿誤書爲《谷風》篇。

[四] 按：此篇屬《齊風》，陳澧手稿於「鷄鳴」二字前，尚有一「齊」字。

[五] 按：此篇只列出篇名，既無摘句，又無評語。

〔六〕滔　陳澧手稿作「慆」。

〔七〕射　陳澧手稿作「斁」。

〔八〕按：此篇陳澧手稿僅得「周頌」二字，篇名「敬之」二字原無，今爲補上。

白石詞評

梁守中　點校

點校説明

陳澧一代大儒，餘事爲詞，頗標高格。著有《憶江南館詞》一卷，存詞二十五首，另門人汪兆鏞輯得四首，今人黄國聲輯得八首（俱見本册），數量不多，然已足稱一代大家。近人陳乃乾輯編《清名家詞》，於粤人詞獨取《憶江南館詞》，并譽其「存詞無多，迥異凡響」，極表推重。

陳澧詞清剛雅健，卓然可傳。比他稍後的衆多詞學大家，均給予很高的評價。譚獻《篋中詞續》評云：「蘭甫先生，孫卿、仲舒之流，文而又儒，粹然大師，不廢藻詠。填詞朗詣，洋洋乎會於風雅，乃使綺靡、奮厲兩宗，廢然知返。」朱孝臧《望江南・雜題我朝諸名家詞集後》譽云：「甄詩格，凌沈幾家參？若舉經儒長短句，巋然高館憶江南。綽有雅音涵。」張爾田在《吴眉孫詞集序》中亦云：「余亦嘗論一代之詞，於我清聲家外，獨右陳蘭甫。」又在一九三四年覆夏承燾信中云：「故國三百年，不以詞名而其詞卓然可傳者，只一陳蘭甫。蘭甫經學大師，而其詞乃度越諸子，則以詞外有事在也。」（《天風閣學詞日記》）衆人均稱譽陳澧以經儒而爲長短句，粹雅清高，卓然爲清詞大家。故錢仲聯在《近百年詞壇點將録》中，以「天壽星混江龍李俊」比之，「取爲水軍頭領之首，爲近百年詞壇張目」。其《水龍吟》(詞仙曾駐峯頭)、《齊天樂》(倦游諳盡江湖味)、《摸魚兒》(繞城陰雁沙無際)、《百字令》(江流千里)、《水龍吟》(是誰前度登高)、《高陽臺》(新曙湖山)、《甘州》(漸斜陽淡淡下平堤)諸詞,均爲傳世名作。

陳澧不獨善爲詞,在詞學方面也很有見解。其《憶江南館詞》中,有《鳳凰臺上憶吹簫》一詞,下闋起句「青山向人似笑」,六字連在一起,不從萬樹《詞律》的斷句,詞末自注云:「萬紅友《詞律》載此調李易安詞『休休,者回去也』,謂第二『休』字用韻,非也。易安此詞已有『欲説還休』句,不當重『休』字。余此闋依易安詞填之,而『山』字不用韻,以正萬氏之誤。」此注言之成理,從中可見一位學者對學問的嚴謹態度。

陳澧曾手評《絶妙好詞箋》及《白石詞》,濃圈密點,品評頗見眼力。梁啓超跋其手評《絶妙好詞箋》云:「全書字字皆筆圈,評雖不多,而一一皆精絶,所評嚴於斧鉞,可謂一洗凡馬。」梁氏此跋,以之移評陳澧手批之《白石詞》,也同樣恰當。後人有將陳氏手批之《白石詞》及《絶妙好詞箋》中所評之姜夔詞,匯録爲一册,名之曰《白石詞評》。

《白石詞評》共收姜夔詞二十七首,每首所加評語,詳略不等,有少至僅爲三個字的,也有多逾兩百字的。所評於用字、煉句、運意、句讀、音韻、提落、起結、虚實、收放、遞轉、照應、脱化、層次、謀篇、筆法、神韻、寄託、用典諸方面發明至多,對白石詞研究頗有價值。

《白石詞評》中第一首爲《小重山令·賦潭州紅梅》，陳澧在詞題上評云："細玩白石各詞，詠景詠物，俱有一段深情纏綿悱惻於其間。至其偶拈一義，用典必靈化無痕，尤爲獨步。"此評謂白石詞寫景、詠物與抒情，融爲一體，尤其妙於用典，已達"靈化無痕"的境地。這段評語，并非僅對《小重山令》一詞而發，實可看作是對白石詞的總評。

陳澧對白石詞頗爲傾倒，品評之間，極表稱賞。如評《醉吟商小品》末二句"一點芳心休訴，琵琶解語"爲"絶唱"，并謂"此似從『畫堂前人不語，誰解語』脱胎"。又評《一萼紅》中"南去北來何事，蕩湘雲楚水，目極傷心"數句云："豪極矣，而神不外散。何等勇力！高唱入雲。"又評《琵琶仙》末二句"想見西出陽關，故人初别"云："加『想見』二字，使異樣生新，妙在有逆挽之勢。結則悲壯而用歇後語，便有不盡之神。"又評《長亭怨慢》末二句"算空有并刀，難剪離愁千縷"云："音調嘹亮，裂石穿雲。"又評《淡黄柳》末四句"怕梨花落盡成秋色。燕燕飛來，問春何在，惟有池塘自碧"云："『梨花』句已妙極，結句尤妙不可言。"又評《暗香》結尾"又片片、吹盡也，幾時見得"云："末句微帶生硬而别有風味。所謂不着一實筆，白石獨到處也。"又評《疏影》結尾"等恁時、再覓幽香，已入小窗横幅"云："别用一意作收，善於謀篇。説到花落矣，誰解如此作收？"又評《法曲獻仙音》首二句"虚閣籠寒，小簾通月"云："起句奇麗，接句幽而不滯。"又評《翠樓吟》中"花銷英氣"句云："驚心動魄之句。"又評詠蟋蟀的《齊天樂》云："詠物當以此爲式。嘗見拈詠物題者，蒐羅典故，堆垛滿紙，令人懵然不解；又恐人不解，乃詳加自注，真是事類賦矣。」

以上諸評，從煉句煉意，談到謀篇作法，别有會心，見解精妙。姜白石詞，以寫個人身世及離别相思之情爲多，也有一些紀游和詠物之作，眷懷國事的作品較少。陳澧的《白石詞評》，對這少量的感傷時事的詞作，頗加關注，特爲拈出，加以評點。如《揚州慢》一詞，寫兵燹後揚州的景象，頗爲淒冷。陳澧評其「清角吹寒，都在空城」二句云：「淒入心脾，哀感頑艷。」又如《疏影》一詞，評「昭君不慣胡沙遠，但暗憶、江南江北」句云：「張皋文（即張惠言）謂此『以二帝之憤發之』，皋文論詞多穿鑿，惟此似得之，否則何忽説到『胡沙』耶？」北宋末，金兵南侵，徽、欽二宗被擄北行，陳氏故有此評。又如評《齊天樂》中「候館迎秋，離宫吊月，别有傷心無數。豳詩漫與，笑籬落呼燈，世間兒女。寫入琴絲，一聲聲更苦」數句云：「候館離宫，懷汴都也；豳詩漫與，想盛時也；兒女呼燈，不知亡國恨也。故以更苦語結之。」陳澧從前閲讀此詞，不明其所指，後「忽因『離宫』二字，乃會作者之意」，故有此深刻之評語。屈向邦深以此評爲是，譽之爲「千載下白石之唯一知己」。屈氏在跋中又道：「自來評白石詞者，多以爲只《暗香》、《疏影》二詞，借二帝之憤發之，較有内容外；其餘惟以風流氣韻，標映一世，比之蘇辛，内容空虚多矣。今得先生評語，而知白石眷懷家國，隨感而發，非只以風流氣韻標映一世爲高者，特讀者未能悉心索隱闡微耳。」屈氏此評，也可稱得上是白石、東塾二人的知音了。

陳澧評白石詞，以賞譽居多；但他不是一味揄揚，也有并不説好的。如評《法曲獻仙音》中「不道秀句」四字爲「拙」，又評《秋宵吟》中「墜月皎」三字爲「硬」。又如他對詠荷花的《念奴嬌》詞的小序中，既提到「武陵」，又説到「吴興」和「西湖」，認爲地點「稍欠分明」。由於陳澧精音韻，解詞律，故對白石詞中一些用字或用韻，也有不同的看法。如對《浣溪沙》「打頭風浪惡禁持」一句中的「惡」字評道：「『惡』字恐誤，疑是『怎』字。」接着從音韻學的角度解説：「『怎』字是『作麽』二字急言之，故造此字從『乍』也。『麽』字合脣音，『作』字之末，繼以合脣，則成『怎』字音矣。」陳澧又對白石名作《長亭怨慢》「樹若有情時，不會得、青青如此」句中的押韻表示異議，評道：「『此』字宜改『許』字乃合韻，上『許』字宜改『處』字。」所謂「上『許』字」，乃指「暮帆零亂向何許」一句中的「許」字。二句改後，則爲「暮帆零亂向何處」及「不會得、青青如許」。按詞韻，此《長亭怨慢》中的「絮」、「户」、「許」、「樹」、「暮」、「數」、「付」、「主」、「縷」諸字，均屬第四部「語」、「麌」、「御」、「遇」韻通押，而「此」字屬「紙」韻，不同部，出韻。陳澧所疑所改是有道理的。歷代詞評家對這個出韻的字，似不見有異議，不知何故？陳澧讀後獻疑，并提出改動的意見，是頗有獨立見解的。

陳澧極賞姜白石詞，時時精讀，細加品味。由於對白石詞玩味甚深，故陳澧所作，很受白石的影響。細觀陳氏《憶江南館詞》，清剛雅健，意境幽雋，甚有韻味，深得白石煉字、琢句、運意、謀篇之妙。其所作詞，詞前多有小序，寫得簡練俊雅，也與白石詞相似。現録詠富春江七里瀧的《百字令》小序於下，以見一斑。序云：「夏日過七里瀧，飛雨忽來，涼沁肌骨。推篷看山，新黛如沐。嵐影入水，扁舟如行緑頗黎中。臨流洗筆，賦成此闋。倘與樊榭老仙倚笛歌之，當令衆山皆響也。」此序文情辭俱佳，堪與姜白石詠荷花的《念奴嬌》序文相媲美。

《白石詞評》以梁啓超飲冰室藏東塾手評《絶妙好詞箋》，并黄紹昌過録東塾手評《白石集》批校於桂林倪雲癯（鴻）刊本上者，匯輯而成。此書最初的整理者爲周康燮，於一九七〇年由香港龍門書店刊行。書後附有屈向邦的跋文。本點校本即據此書整理而成。陳澧的手稿，在同一句中，有時有兩條評語，原整理本以①②標出，本整理本則統歸於①，而以「又」字把第二條并列於①中，使眉目更清楚些。原有陳澧評語後的「按」，因是周康燮所加，故以「周康燮按」標明；點校者所加的按，則標爲「梁按」，以示區别。

夏承燾先後編撰的《姜白石詞編年箋校》和《姜白石詞校注》，考訂詳贍，最稱賅博，因未及見陳澧的《白石詞評》，故其書末所輯自南宋至近代的各家詞評，未有收録此作。今點校整理出版，補其未備，對熱心研究白石詞者，當有一定的參考價值。

目録

小重山令

賦潭州紅梅①

人繞湘皋月墜時。斜横花樹小，浸愁漪。一春幽事有誰知？東風冷，香送茜裙歸。　鷗去昔游非。遥憐花可可，夢依依。九疑雲杳斷魂啼。相思血②，都沁緑筠枝③。

陳澧評：

①細玩白石各詞，詠景詠物，俱有一段深情纏綿悱惻於其間。至其偶拈一義，用典必靈化無痕，尤爲獨步。

②「紅」字一點已足。切「紅」字，只此一句，餘俱不沾沾於貼合，而自得神理。此等不宜多寫，只用小令。

③樓鑰《攻媿集》云：潘端叔惠紅梅一本，全體皆梅也，香亦如之，但色紅爾。來自湖湘，非他種比，自此當稱爲紅江梅以別之。王文公、蘇文忠、石曼卿諸公有紅梅詩，意其未見此種也。

好事近

賦茉莉

涼夜摘花鈿，苒苒動摇雲緑。金絡一團香露，正紗厨人獨。　朝來碧縷放長穿，釵頭挂層玉。記得如今時候，正荔枝初熟①。

陳澧評：

①白石曾至嶺南耶？抑爲粤人賦也。

鷓鴣天

己酉之秋，苕溪記所見。

京洛風流絶代人。因何風絮落溪津。籠鞋淺出鴉頭襪，知是凌波縹緲身。　紅乍笑，緑長嚬，與誰同度可憐春。鴛鴦獨宿何曾慣，化作西樓一縷雲①。

陳澧評：

①末句好。

醉吟商小品

又正是春歸，細柳暗黄千縷。暮鴉啼處。夢逐金鞍去。一點芳心休訴。琵琶解語①。

陳澧評：

①絶唱。此似從「畫堂前人不語，誰解語」脱胎。

梁按：此詞詞牌後本有一段小序，過録者無録，不知何故。今補録於下：

石湖老人謂予云：「琵琶有四曲，今不傳矣，曰《濩索（一曰濩弦）梁州》、《轉關緑腰》、《醉吟商湖渭州》、《歷弦薄媚》也。」予每念之。辛亥之夏，予謁楊廷秀丈於金陵邸中，遇琵琶工解作《醉吟商湖渭州》，因求得品弦法，譯成此譜，實雙聲耳。

浣溪沙

丙辰歲不盡五日，吴松作。

雁怯重雲不肯啼。畫船愁過石塘西。打頭風浪惡禁持①。　春浦漸生迎棹緑，小梅應長亞門枝。一年燈火要人歸。

陳澧評：

①「惡」字恐誤，疑是「怎」字。「怎」字是「作麼」二字急言之，故造此字從「乍」也。「麼」字合脣音，「作」字之末，繼以合脣，則成「怎」字音矣。猶「嬸」字是「叔母」二字急言之，「母」字合脣音，「叔」字之末，繼以合脣，則成「嬸」字音矣。

霓裳中序第一

丙午歲，留長沙，登祝融，因得其祠神之曲，曰《黄帝鹽》、《蘇合香》。又於樂工故書中得商調《霓裳曲》十八闋,皆虛譜無辭。按沈氏《樂律》:《霓裳》道調。此乃商調。樂天詩云:「散序六闋。」此特兩闋。未知孰是。然音節閑雅,不類今曲。予不暇盡作,作中序一闋傳於世。予方羈游,感此古音,不自知其辭之怨抑也。

亭皋正望極。亂落紅蓮歸未得。多病卻無氣力。況紈扇漸疏,羅衣初索。流光過隙。歎杏梁、雙燕如客。人何在,一簾淡月,仿佛照顏色①。幽寂。亂蛩吟壁。動庾信、清愁似織。沉思年少浪迹。笛里關山,柳下坊陌。墜紅無信息。漫暗水、涓涓溜碧。漂零久,而今何意,醉卧酒壚側②。

陳澧評:

① 純作嗚咽之音。

② 通首俱沉頓,得此一結動蕩之。

慶宮春

紹熙辛亥除夕,予別石湖歸吴興,雪後夜過垂虹,嘗賦詩云:「笠澤茫茫雁影微,玉峯重疊護雲衣。長橋寂寞春寒夜,只有詩人一舸歸。」後五年冬,復與俞商卿、張平甫、銛朴翁自封禺同載詣梁溪,道經吴松。山寒天迥,雲浪四合。中夕相呼步垂虹,星斗下垂,錯雜漁火,朔吹凛凛,卮酒不能支。朴翁以衾自纏，猶相與行吟。因賦此闋，蓋過旬塗稿乃定。朴翁咎予無益①，然意所耽不能自已也。平甫、商卿、朴翁皆工於詩，所出奇詭，予亦强追逐之。此行既歸，各得五十餘解。

雙槳蒓波，一蓑松雨，暮愁漸滿空闊。呼我盟鷗，翩翩欲下，背人還過木末。那回歸去，蕩雲雪、孤舟夜發。傷心重見，依約眉山，黛痕低壓。　採香徑裏春寒，老子婆娑，自歌誰答。垂虹西望，飄然引去，此興平生難遏。酒醒波遠，政凝想、明璫素襪。如今安在，唯有闌干，伴人一霎②。

陳澧評：

①填一詞而過旬乃定，真無益也。然如此則不能工，故余絶意不爲也。（周康燮按：「然」字下兩句疑有脱漏。）（梁按：「然」字後疑脱「非」字。）

②作此詞時蓋小紅方嫁也。

齊天樂　黄鐘宫

丙辰歲，與張功父會飲張達可之堂，聞屋壁間蟋蟀有聲，功父約予同賦，以授歌者。功父先成，辭甚美。予徘徊茉莉花間，仰見秋月，頓起幽思，尋亦得此。蟋蟀，中都呼爲促織，善鬥。好事者或以三二十萬錢致一枚，鏤象齒爲樓觀以貯之。

庾郎先自吟愁賦，凄凄更聞私語①。露濕銅鋪，苔侵石井，都是曾聽伊處②。哀音似訴。正思婦無眠，起尋機杼③。曲曲屏山，夜涼獨自甚情緒④。西窗又吹暗雨。爲誰頻斷續，相和砧杵。候館迎秋，離宫吊月，别有傷心無數⑤。豳詩漫與。笑籬落呼燈，世間兒女。寫入琴絲，一聲聲更苦。(原注：宣政間，有士大夫製《蟋蟀吟》。)⑥

陳澧評：

①妙在「先」「愁」，若二語倒易，則索然矣。

②誰解如此放活。

③力除實筆、直筆、正筆，又幾經洗煉乃能臻此。

④又添一層。

⑤特與「處」字韻分别。

⑥桂星垣云：「豳詩」句無味。「候館」「離宫」，懷汴都也；「豳詩漫與」，想盛時也；「兒女」「呼燈」，不知亡國恨也。故以「更苦」語結之。星垣之語乃廿餘年以前所談，記之卷端。今又數年矣！忽因「離宫」二字，乃會作者之意，惜不得起星垣而共論之。丙辰四月十一日夜二鼓書。(周康燮按：丙辰爲咸豐六年，時東塾四十六歲。桂星垣名文燿，南海人。道光九年進士入翰林，官至江南淮海兵備道。咸豐四年卒，年四十八歲。事迹具《廣州府志》及陳澧《東塾集·桂君墓碑銘》。)

又：序云「中都」，注云「宣和」，益信前言之不謬。

又：詠物當以此爲式。嘗見拈詠物題者，蒐羅典故，堆垛滿紙，令人懵然不解；又恐人不解，乃詳加自注，真是事類賦矣。

滿江紅

《滿江紅》舊調用仄韻，多不協律。如末句云「無心撲」三字，歌者將「心」字融入去聲，方諧音律。予欲以平韻爲之，久不能成。因泛巢湖，聞遠岸簫鼓聲，問之舟師，云：「居人爲此湖神姥壽也。」予因祝曰：「得一席風徑至居巢，當以平韻《滿江紅》爲迎送神曲。」言訖，風與筆俱駛，頃刻而成。末句云「聞佩環」，則協律矣。書以綠箋，沉於白浪，辛亥正月晦也。是歲六月，復過祠下，因刻之柱間。有客來自居巢云：「土人祠姥，輒能歌此詞。」①按曹操至濡須口，孫權遺操書曰：「春水方生，公宜速去。」操曰「孫權不欺孤」，乃撤軍還。濡須口與東關相近，江湖水之所出入。予意春水方生，必有司之者，故歸其功於姥云。

仙姥來時，正一望、千頃翠瀾。旌旗共、亂雲俱下，依約前山。命駕群龍金作軛，相從諸娣玉爲冠。（原注：廟中列坐如夫人者十三人。）向夜深、風定悄無人，聞佩環②。神奇處，君試看。奠淮右，阻江南。遣六丁雷電，別守東關。卻笑英雄無好手，一篙春水走曹瞞③。又怎知、人在小紅樓，簾影間④。

陳澧評：

①當時詞人制詞，士人即能歌之，今則徒作長短句耳！猶唐人之作古樂府，不可歌也，而猶沾沾於平仄，安言協律？甚無謂也。

②是仙姥。

③筆力自有神奇。

④末二句微欠莊重。

又：豪宕之後，以幽艷作收，遂乃相間成色。讀「英雄」兩句，誰知如此挽合作收？是何神勇！

又：「命駕」二句富艷極矣，必須前後以清句間之。

一萼紅

丙午人日，予客長沙別駕之觀政堂。堂下曲沼，沼西負古垣，有盧橘幽篁，一徑深曲。穿徑而南，官梅數十株，如椒如菽，或紅破白露，枝影扶疏。着屐蒼苔細石間，野興横生。亟命駕登定王臺，亂湘流入麓山。湘雲低昂，湘波容與。興盡悲來，醉吟成調。

古城陰。有官梅幾許，紅萼未宜簪①。池面冰膠，墻腰雪老，雲意還又沉沉②。翠藤共、閑穿徑竹，漸笑語、驚起卧沙禽。野老林泉，故王臺榭，呼喚登臨。南去北來何事，蕩湘雲楚水，目極傷心③。朱户黏鷄，金盤簇燕，空歎時序侵尋。記曾共、西樓雅集，想垂楊、還裊萬絲金④。待得歸鞍到時，只怕春深⑤。

陳澧評：

① 詠梅只如此，可知不必多着筆。

② 又添一層，如善作畫者，重重皴染，乃深厚有味。

③ 豪極矣，而神不外散。何等勇力！高唱入雲。

④「楊」，一作「柳」。

⑤ 曲則不盡。

念奴嬌

予客武陵，湖北憲治在焉。古城野水，喬木參天。予與二三友日蕩舟其間，薄荷花而飲，意象幽閑，不類人境。秋水且涸，荷葉出地尋丈。因列坐其下，上不見日，清風徐來，緑雲自動；間於疏處窺見游人畫船①，亦一樂也。朅來吴興，數得相羊荷花中。又夜泛西湖，光景奇絶，故以此句寫之②。

鬧紅一舸，記來時、嘗與鴛鴦爲侶③。三十六陂人未到，水佩風裳無數。翠葉吹涼，玉容銷酒，更灑菰蒲雨④。嫣然摇動，冷香飛上詩句。　日暮青蓋亭亭，情人不見，争忍凌波去⑤。只恐舞衣寒易落，愁入西風南浦。高柳垂陰，老魚吹浪，留我花間住。田田多少，幾回沙際歸路⑥。

陳澧評：

①此等奇絶之景，白石尚不收入詞句，但點綴題語，命意可知。

②此詞於武陵、吴興、西湖，稍欠分明。

③「嘗」，一作「長」。

④對句後又深一步。

⑤「凌波」二字如此用法，可悟入矣。

⑥結句未安。

法曲獻仙音　俗名大石，黄鐘商

張彦功官舍在鐵冶嶺上，即昔之教坊使宅。高齋下瞰湖山，光景奇絶。予數過之，爲賦此。

虚閣籠寒，小簾通月①，暮色偏憐高處。樹鬲離宫，水平馳道，湖山盡入尊俎。奈楚客，淹留久②，砧聲帶愁去③。　屢回顧。過秋風、未成歸計。誰念我、重見冷楓紅舞。喚起淡妝人，問逋仙、今在何許④。象筆鸞箋，甚而今、不道秀句⑤。怕平生幽恨，化作沙邊煙雨⑥。

陳澧評：

①起句奇麗，接句幽而不滯。

②是詞不是詩。

③「夢逐愁聲去」，「砧聲帶愁去」，押「去」韻俱妙。（梁按：姜白石《玲瓏四犯》有句爲「夢逐潮聲去」。陳評之「愁聲」，當是「潮聲」之誤。）

④豪邁之氣收入幽細，此白石所以獨步。

⑤「不道秀句」，四字拙。

⑥幽絶。

琵琶仙　黄鐘商

《吴都賦》云：「户藏煙浦，家具畫船。」唯吴興爲然。春游之盛，西湖未能過也。己酉歲，予與蕭時父載酒南郭，感遇成歌。

雙槳來時，有人似、舊曲桃根桃葉。歌扇輕約飛花，蛾眉正奇絶①。春漸遠，汀洲自緑，更添了、幾聲啼鴂②。十里揚州,三生杜牧,前事休説。又還是、宫燭分煙,奈愁裏匆匆换時節。都把一襟芳思③,與空階榆莢。千萬縷、藏鴉細柳,爲玉尊、起舞回雪。想見西出陽關,故人初别④。

陳澧評:

① 句則平常,意則奇麗,試玩其虚字。

② 尋常語耳,説來自然入妙,此全在神韻不同。

③ 「都」,一作「卻」。

④ 加「想見」二字,使異樣生新,妙在有逆挽之勢。結則悲壯而用歇後語,便有不盡之神。

玲瓏四犯

此曲雙調,世别有大石調一曲。

越中歲暮,聞簫鼓感懷。

疊鼓夜寒,垂燈春淺,匆匆時事如許①。倦游歡意少,俯仰悲今古。江淹又吟恨賦。記當時、送君南浦。萬里乾坤,百年身世,唯有此情苦②。　揚州柳垂官路。有輕盈换馬,端正窺户。酒醒明月下,夢逐潮聲去。文章信美知何用③,漫赢得、天涯羈旅④。教説與,春來要、尋花伴侣⑤。

陳澧評:

① 起兩句忽落,蓋一遞一轉之法。

②一提一落。

③又提。

④「漫贏得」好。

⑤應起句，完密。

水龍吟

黄慶長夜泛鑒湖，有懷歸之曲，課予和之。

夜深客子移舟處，兩兩沙禽驚起。紅衣入槳，青燈摇浪，微涼意思。把酒臨風，不思歸去，有如此水。況茂陵游倦，長干望久，芳心事，簫聲里。　屈指歸期尚未。鵲南飛、有人應喜。畫闌桂子，留香小待，提攜影底。我已情多，十年幽夢，略曾如此。甚謝郎、也恨飄零，解道月明千里①。

陳澧評：

①忽然颺開説謝郎，其實自負。

八歸

湘中送胡德華

芳蓮墜粉，疏桐吹緑，庭院暗雨乍歇。無端抱影銷魂處，還見篠墻螢暗，蘚階蛩切。送客重尋西去路，問水面、琵琶誰撥。最可惜、一片江山，總付與啼鴂。　長恨相從未款，而今何事，又對西風離別。渚寒煙淡，棹移人遠，縹緲行舟如葉。想文君望久，倚竹愁生步羅襪。歸來後、翠尊雙飲，下了珠簾，玲瓏閑看月①。

陳澧評：

① 意境人人所有，而出語幽秀，自然不同。

摸魚兒

辛亥秋期，予寓合肥。小雨初霽，偃卧窗下，心事悠然。起與趙君猷露坐月飲，戲吟此曲，蓋欲一洗鈿盒金釵之塵。他日野處見之，甚爲予擊節也①。

向秋來、漸疏班扇，雨聲時過金井。堂虛已放新涼入，湘竹最宜攲枕。閑記省。又還是、斜河舊約今再整。天風夜冷。自織錦人歸，乘槎客去，此意有誰領。　空贏得，今古三星炯炯。銀波相望千頃。柳州老矣猶兒戲，瓜果爲伊三請。雲路迥。漫説道、年年野鵲曾并影。無人與問。但濁酒相呼，疏簾自卷，微月照清飲。

陳澧評：

①此詞自不惡，「甚爲擊節」則猶未也。

揚州慢

中吕宫

淳熙丙申至日，予過淮揚。夜雪初霽，薺麥彌望。入其城則四顧蕭條，寒水自碧。暮色漸起，戍角悲吟，予懷愴然，感慨今昔，因自度此曲。千巖老人以爲有黍離之悲也。

淮左名都，竹西佳處，解鞍少駐初程①。過春風十里，盡薺麥青青②。自胡馬、窺江去後③，廢池喬木，猶厭言兵。漸黄昏④，清角吹寒，都在空城⑤。杜郎俊賞，算而今、重到須驚。縱豆蔻詞工，青樓夢好，難賦深情。二十四橋仍在，波心蕩、冷月無聲⑥。念橋邊紅藥，年年知爲誰生⑦。

陳澧評：

①一頓。

②又頓。

③提。

④跌。

⑤淒入心脾，哀感頑艷。

⑥月影湖光，一片空靈，何處捉摸。

⑦後闋一放一收，又各有兩轉。

長亭怨慢 中吕宫

予頗喜自製曲，初率意爲長短句，然後協以律，故前後闋多不同。桓大司馬云：「昔年種柳，依依漢南。今看摇落，淒愴江潭。樹猶如此，人何以堪！」此語予深愛之。

漸吹盡、枝頭香絮。是處人家，緑深門户。遠浦縈回，暮帆零亂、向何許。閲人多矣，誰得似、長亭樹。樹若有情時，不會得、青青如此①。日暮。望高城不見，只見亂山無數。韋郎去也，怎忘得、玉環分付。第一是早早歸來，怕紅萼、無人爲主。算空有并刀，難剪離愁千縷②。

陳澧評：

①「此」字宜改「許」字乃合韻。上「許」字宜改「處」字。

②音調嘹亮，裂石穿雲。

淡黄柳 正平調近

客居合肥赤闌橋之西，巷陌淒凉，與江左異，唯柳色夾道，依依可憐。因度此闋，以紓客懷。

空城曉角，吹入垂楊陌。馬上單衣寒惻惻。看盡鵝黄嫩緑，都是江南舊相識。正岑寂。明朝又寒食。强攜酒，小橋宅①。怕梨花、落盡成秋色。燕燕飛來，問春何在，唯有池塘自碧②。

陳澧評：

①似斷似續，音節高妙。

②「梨花」句已妙極，結句尤妙不可言。「梨花落盡成秋色」，李長吉《十二月樂詞》句也。後來張玉田亦多用唐人詩句點竄入詞。

暗香 仙吕宫

辛亥之冬，予載雪詣石湖。止既月，授簡索句，且徵新聲。作此兩曲，石湖把玩不已，使工妓隸習之，音節諧婉，乃名之曰《暗香》、《疏影》。

舊時月色①，算幾番照我，梅邊吹笛。唤起玉人，不管清寒與攀摘。何遜而今漸老，都忘卻、春風詞筆。但怪得、竹外疏花，香冷入瑶席②。江國，正寂寂。歎寄與路遥，夜雪初積。翠尊易泣，紅萼無言耿相憶③。長記曾攜手處，千樹壓、西湖寒碧④。又片片、吹盡也，幾時見得⑤。

陳澧評：

①「舊時月」三字用劉夢得詩，添一「色」字，便妙絶。

②此等詞措辭命意固佳，尤當玩其用虛字。

③按：「言」字應一讀，《詞律》未注明。

④將收處用四顧之筆，便不直瀉。

⑤末字微帶生硬而別有風味。

又：所謂不着一實筆，白石獨到處也。

疏影 仲吕宫

苔枝綴玉①，有翠禽小小②，枝上同宿。客裏相逢，籬角黃昏，無言自倚修竹。昭君不慣胡沙遠，但暗憶、江南江北③。想佩環、月夜歸來，化作此花幽獨④。 猶記深宮舊事，那人正睡裏，飛近蛾綠。莫似春風，不管盈盈，早與安排金屋。還教一片隨波去，又卻怨、玉龍哀曲。等恁時、重覓幽香，已入小窗橫幅⑤。

陳澧評：

①「舊時月色」妙在傳神，「苔枝綴玉」工於體物。

又：起韻四字必須煉，有單煉，有雙煉。

②第二句查玉田詞，作「滿地碎陰」。

③用典由自己意造，與「何遜」二句同一翻新。（梁按：「同」字，周康燮輯本誤作「用」。）

又：張皋文謂此「以二帝之憤發之」，皋文論詞多穿鑿，惟此似得之，否則何忽説到「胡沙」耶？

又：忽用提筆，自然跌宕。

④靈活緊醒，此虛字法也。

⑤别用一意作收，善於謀篇。

又：説到花落矣，誰解如此作收。

惜紅衣　無射宫

吴興號水晶宫，荷花盛麗。陳簡齋云：「今年何以報君恩，一路荷花相送到青墩。」亦可見矣。丁未之夏，予游千岩，數往來紅香中，自度此曲，以無射宫歌之。

簟枕邀涼，琴書换日，睡餘無力。細灑冰泉，并刀破甘碧。墻頭唤酒，誰問訊、城南詩客。岑寂。高柳晚蟬，説西風消息①。　虹梁水陌。魚浪吹香，紅衣半狼藉。維舟試望，故國眇天北。可惜渚邊沙外，不共美人游歷。問甚時同賦，三十六陂秋色。

陳澧評：

①昔韶臺最愛「琴書换日」句，星垣最愛「説西風消息」句。（周康燮按：韶臺爲張祥晉，番禺人，維屏子。道光十八年舉人，官至廣西左江道。咸豐八年卒，年四十二。陳澧爲作墓碑，見《東塾集》卷五。星垣見《齊天

樂》按。)

徵招

越中山水幽遠，予數上下西興、錢清間，襟抱清曠。越人善爲舟，卷篷方底，舟師行歌，徐徐曳之，如偃卧榻上，無動揺突兀勢，以故得盡情騁望。予欲家焉而未得，作《徵招》以寄興。《徵招》、《角招》者，政和間大晟府嘗制數十曲，音節駁矣。予嘗考唐田畸《聲律要訣》云：「徵與二變之調，咸非流美。」故自古少徵調曲也。徵爲去母調，如黄鐘之徵，以黄鐘爲母，不用黄鐘乃諧，故隋唐舊曲不用母聲。琴家無媒調，商調之類皆徵也，亦皆具母弦而不用。其説詳於予所作琴書。然黄鐘以林鐘爲徵，住聲於林鐘，若不用黄鐘聲，便自成林鐘宫矣；故大晟府徵調兼母聲，一句似黄鐘均，一句似林鐘均，所以當時有落韻之譏。予嘗使人吹而聽之，寄君聲於臣民事物之中，清者高而亢，濁者下而遺，萬寶常所謂「宫離而不附」者是已。因再三推尋唐譜并琴弦法而得其意：黄鐘徵雖不用母聲，亦不可多用變徵蕤賓、變宫應鐘聲；若不用黄鐘而用蕤賓、應鐘，即是林鐘宫矣；餘十一均徵調仿此。其法可謂善矣。然無清聲，只可施之琴瑟，難入燕樂；故燕樂闕徵調，不必補可也。此一曲乃予所制，因舊曲正宫《齊天樂》慢前兩拍是徵調，故足成之；雖兼用母聲，較大晟曲爲無病矣。

此曲依《晉史》，名曰黄鐘下徵調，《角招》曰黄鐘清角調。

潮回卻過西陵浦，扁舟僅容居士①。去得幾何時，黍離離如此。客途今倦矣。漫贏得、一襟詩思。記憶江南，落帆沙際，此行還是。迤邐剡中山，重相見、依依故人情味。似怨不來游，擁愁鬟十二。一丘聊復爾。也孤負、幼輿高志。水葓晚，漠漠摇煙，奈未成歸計。

陳澧評：

① 此詞起二句與《齊天樂》同，然則一句一拍也。

秋宵吟　越調

古簾空，墜月皎①。坐久西窗人悄。蛩吟苦，漸漏水丁丁，箭壺催曉。引涼颸，動翠葆。露脚斜飛雲表。因嗟念、似去國情懷，暮帆煙草。　帶眼銷磨，爲近日、愁多頓老。衛娘何在，宋玉歸來，兩地暗縈繞。摇落江楓早。嫩約無憑，幽夢又杳②。但盈盈、泪灑單衣，今夕何夕恨未了。

陳澧評：

①「墜月皎」三字硬。

② 言情處偏作無數重疊，令讀者輒唤奈何。

淒涼犯

仙吕調犯商調

合肥巷陌皆種柳，秋風夕起騷騷然。予客居闔户，時聞馬嘶。出城四顧，則荒煙野草，不勝淒黯，乃著此解。琴有《淒涼調》，假以爲名。凡曲言犯者，謂以宫犯商、商犯宫之類。如道調宫「上」字住①，雙調亦「上」字住，所住字同，故道調曲中犯雙調，或於雙調曲中犯道調；其他准此。唐人樂書云：「犯有正、旁、偏、側。宫犯宫爲正，宫犯商爲旁，宫犯角爲偏，宫犯羽爲側。」此説非也。十二宫所住字各不同，不容相犯。十二宫特可犯商、角、羽耳。予歸行都，以此曲示國工田正德，使以啞觱栗角吹之，其韻極美。亦曰《瑞鶴仙影》。

緑楊巷陌。秋風起，邊城一片離索。馬嘶漸遠，人歸甚處，戍樓吹角。情懷正惡。更衰草、寒煙淡薄。似當時②、將軍部曲，迤邐度沙漠。　追念西湖上，小舫攜歌，晚花行樂。舊游在否，想如今、翠凋紅落。漫寫羊裙，等新雁、來時繫着。怕匆匆、不肯寄與誤後約。

陳澧評：

①「住」字，即沈存中所謂殺聲，蔡季通所謂畢曲，張叔夏所謂結聲。宋人歌曲最重此聲，凌次仲不知也。

②正所謂「不勝淒黯」。

翠樓吟 雙調

淳熙丙午冬，武昌安遠樓成，與劉去非諸友落之，度曲見志。予去武昌十年，故人有泊舟鸚鵡洲者，聞小姬歌此詞，問之，頗能道其事，還吴爲予言之。興懷昔游，且傷今之離索也。

月冷龍沙，塵清虎落，今年漢酺初賜。新翻胡部曲，聽氈幕、元戎歌吹，層樓高峙。看檻曲縈紅，檐牙飛翠。人姝麗，粉香吹下，夜寒風細。　此地。宜有詞仙，擁素雲黄鶴，與君游戲。玉梯凝望久，歎芳草，萋萋千里。天涯情味。仗酒祓清愁，花銷英氣①。西山外，晚來還卷，一簾秋霽。

陳澧評：

① 驚心動魄之句。

跋

曩讀東塾先生《憶江南館詞》，覺其格調清剛，神似白石；而其論詞，則未得觀，未能與所爲詞相印證。今歲三月於周學長康燮許，獲讀先生此本，玩其所評，校所爲詞，頗有相契之處；因知先生之詞，果得力於白石也。評語極簡括，惜墨如金，而批郤導窾，洞中肯綮，發前人所未發，所得實較前人爲深。其評《齊天樂》賦蟋蟀云：「『候館』、『離宫』，懷汴都也；『豳詩漫與』，想盛時也；『兒女』『呼燈』，不知亡國恨也。故以『更苦』語結之。」云云。則是千載下白石之唯一知己。自來評白石詞者，多以爲只《暗香》、《疏影》二詞，借二帝之憤發之，較有内容外；其餘惟以風流氣韵，標映一世，比之蘇、辛，内容空虚多矣。今得先生評語，而知白石惓懷家國，隨感而發，非祇以風流氣韵標映一世爲高者；特讀者未能悉心索隱闡微耳。即此一端，先生之用功，固有獨到處。其他評語，雖一字一句，皆足以啓發後人，爲研究白石詞之秘鑰。周學長蒐求而刊布之，其有功於士林，豈淺鮮哉。

庚戌仲秋，同邑後學屈向邦謹跋。